TEMAS ATUAIS DE DIREITO E PROCESSO DO TRABALHO
TEORIA E PRÁTICA

LEONE PEREIRA **MARCOS** SCALERCIO **RENATO** SANTIAGO

TEMAS ATUAIS DE DIREITO E PROCESSO DO TRABALHO
TEORIA E PRÁTICA

COVID-19 E AS MEDIDAS TRABALHISTAS DE EMERGÊNCIA

LEI N. **14.151/2021**   MPV N. **1.045/2021**   MPV N. **936/2020**
LEI N. **14.020/2020**   MPV N. **1.046/2021**   MPV N. **927/2020**

Copyright © 2022 by Editora Letramento
Copyright © 2022 by Leone Pereira
Copyright © 2022 by Marcos Scalercio
Copyright © 2022 by Renato Santiago

Diretor Editorial | Gustavo Abreu
Diretor Administrativo | Júnior Gaudereto
Diretor Financeiro | Cláudio Macedo
Logística | Vinícius Santiago
Comunicação e Marketing | Giulia Staar
Assistente de Marketing | Carolina Pires
Assistente Editorial | Matteos Moreno e Sarah Júlia Guerra
Designer Editorial | Gustavo Zeferino e Luís Otávio Ferreira

Conselho Editorial | Alessandra Mara de Freitas Silva; Alexandre Morais da Rosa; Bruno Miragem; Carlos María Cárcova; Cássio Augusto de Barros Brant; Cristian Kiefer da Silva; Cristiane Dupret; Edson Nakata Jr; Georges Abboud; Henderson Fürst; Henrique Garbellini Carnio; Henrique Júdice Magalhães; Leonardo Isaac Yarochewsky; Lucas Moraes Martins; Luiz Fernando do Vale de Almeida Guilherme; Nuno Miguel Branco de Sá Viana Rebelo; Renata de Lima Rodrigues; Rubens Casara; Salah H. Khaled Jr; Willis Santiago Guerra Filho.

Todos os direitos reservados.
Não é permitida a reprodução desta obra sem
aprovação do Grupo Editorial Letramento.

Dados Internacionais de Catalogação na Publicação (CIP) de acordo com ISBD

P436t   Pereira, Leone

              Temas atuais de direito e processo do trabalho: teoria e prática / Leone Pereira, Marcos Scalercio, Renato Santiago. - Belo Horizonte, MG : Casa do Direito, 2022.
              756 p. ; 15,5cm x 22,5cm.

              Inclui bibliografia e índice.
              ISBN: 978-65-5932-151-3

              1. Direito trabalhista. 2. Processo de trabalho. I. Scalercio, Marcos. II. Santiago, Renato. III. Título.

                                                              CDD 344.01
2022-324   CDU 349.2

Elaborado por Odílio Hilario Moreira Junior - CRB-8/9949

Índice para catálogo sistemático:
1. Direito trabalhista 344.01
2. Direito trabalhista 349.2

Belo Horizonte - MG
Rua Magnólia, 1086
Bairro Caiçara
CEP 30770-020
Fone 31 3327-5771
contato@editoraletramento.com.br
editoraletramento.com.br
casadodireito.com

Casa do Direito é o selo jurídico do
Grupo Editorial Letramento

SOBRE OS AUTORES

Prof. Dr. Leone Pereira (PhD) é Sócio e Advogado Trabalhista do Escritório Leone Pereira Advogados (LPA). Pós-Doutor em Direito pela Universidade de Coimbra/Portugal. Pós-Doutor em Direito pela Universidade de Santiago de Compostela/Espanha. Doutor e Mestre em Direito pela PUC/SP. Especialista em Direito pela Universidade Cândido Mendes/RJ. Professor de Direito do Trabalho (Individual e Coletivo), de Direito Processual do Trabalho e de Prática Trabalhista. Autor de Obras e Artigos Jurídicos. Palestrante. Coordenador da Área Trabalhista e Professor do Damásio Educacional. Professor do Ibmec/SP. Conselheiro Efetivo da OAB/SP. Titular da Cadeira n. 19 da Academia Brasileira de Direito da Seguridade Social (ABDSS). Coordenador e Professor do Núcleo Trabalhista Leone Pereira do INIEC (Instituto Internacional de Educação Continuada). Coordenador e Professor da Pós Trabalhista online da FAAP (Fundação Armando Alvares Penteado). Membro do GETRAB-USP (Grupo de Estudos de Direito Contemporâneo do Trabalho e da Seguridade Social da Faculdade de Direito da Universidade de São Paulo).

Instagram: @professorleonepereira
YouTube: ProfLeonePereira

Marcos Scalercio é Juiz do Trabalho da 2ª Região (SP). Aprovado nos Concursos para a Magistratura do Trabalho dos TRTs da 1ª e da 24ª Região. Mestrando pela PUC/SP. Pós-Graduado em Direito e Processo do Trabalho. Professor de Direito do Trabalho, de Direito Processual do Trabalho e Prática Trabalhista do Damásio Educacional. Palestrante. Professor convidado para ministrar palestras nas Escolas Judiciais dos TRTs da 1ª, 2ª, 5ª, 7ª e 17ª Região.

Instagram: @marcosscalercio
YouTube: MarcosScalercio

Renato Monteiro Santiago é Sócio e Advogado do Escritório Monteiro Santiago Sociedade de Advogados. Professor de Direito do Trabalho, de Direito Processual do Trabalho e Prática Trabalhista do Damásio Educacional. Autor de Obras e Artigos Jurídicos.

Instagram: @renatomsantiago

AGRADECIMENTOS

Agradeço a Deus, por ser a fonte inspiradora inesgotável de energia para enfrentarmos as provas e expiações da jornada da vida.

À minha família: Leone Pereira da Silva, Cecilia Suriani da Silva, Irene Suriani (*in memoriam*) e Leandro Suriani da Silva, por serem pessoas fundamentais da minha existência.

À Gabriela Mesquita Zampiva, pelo amor, carinho, compreensão, apoio, dedicação, inspiração e estímulo durante toda a revisão, atualização e ampliação da presente obra!

A todos os operadores do Direito do Trabalho, Direito Processual do Trabalho e Direito Previdenciário, por militarem, estudarem e discutirem estas ciências jurídicas belas, com nítido viés social e humanitário.

Aos meus alunos e leitores, agradeço imensamente todo o apoio, incentivo, sugestões e críticas construtivas!

LEONE PEREIRA JUNIOR

Dedico esta obra aos meus pais, Mario e Maria, meus irmãos, minhas sobrinhas queridas, por sempre estarem ao meu lado, me apoiando em todas as minhas decisões e iniciativas.

Agradeço aos meus colegas e amigos, Leone Pereira e Renato Santiago pela parceria no projeto.

E, acima de todos, a Deus, por me dar força, sensibilidade e energia para realizar o presente trabalho.

MARCOS SCALERCIO

Larissa, dedico esta obra à você. Muito obrigado por compreender a importância deste trabalho. Muito obrigado pelo tempo de convívio abdicado no período de elaboração desta obra! Sem o seu amor, compreensão, paciência e incentivo não seria possível. Não posso deixar de te agradecer por carregar em seu ventre o nosso filho(a), que já é muito amado.

Agradeço ao meu filho, Moroni, por ser a minha inspiração; aos meus pais, Laurindo e Maria, por serem exemplos de integridade, trabalho e superação.

Agradeço à minha irmã, Ana Paula, pelos conselhos, amizade e parceria; ao meu irmão, Edgar, por ser um grande exemplo de dedicação e estudo.

Deixo registrado os meus agradecimentos à minha sogra, Eliana, pelo incentivo e apoio.

Sou imensamente grato aos meus amigos, mestres e mentores, Leone Pereira e Marcos Scalercio. É uma honra ter a amizade de vocês e poder fazer parte deste projeto.

Agradeço a Deus, por ser uma fonte infindável de luz e verdade.

RENATO MONTEIRO SANTIAGO

sumário

25		APRESENTAÇÃO
29		**CAPÍTULO I.** **UBERIZAÇÃO E PLATAFORMAS DIGITAIS** **NAS RELAÇÕES DE TRABALHO**
29	1.	RELAÇÃO DE TRABALHO E RELAÇÃO DE EMPREGO
29	1.1.	RELAÇÃO DE TRABALHO
30	1.2.	RELAÇÃO DE EMPREGO
33	2.	TRABALHO AUTÔNOMO
33	3.	UBERIZAÇÃO E PLATAFORMAS DIGITAIS
59		**CAPÍTULO II.** **EMPREGADOS DOMÉSTICOS**
59	1.	FATOS E NÚMEROS NO MUNDO
59	2.	FATOS E NÚMEROS NO BRASIL
62	3.	CONCEITO E CARACTERIZAÇÃO
66	4.	IDADE MÍNIMA
66	5.	JORNADA DE TRABALHO E FGTS
68	6.	TRABALHO DESEMPENHADO EM VIAGEM
68	7.	MP 936/20 E A LEI 14.020/20 NO ÂMBITO DOMÉSTICO
74	8.	OUTRAS CONTROVÉRSIAS
76		**CAPÍTULO III.** **TERCEIRIZAÇÃO**
76	1.	INTRODUÇÃO
78	2.	TERCEIRIZAÇÃO
80	2.1.	EMPRESA PRESTADORA DE SERVIÇOS
81	2.2.	EMPRESA TOMADORA
83	3.	ATIVIDADE-MEIO E ATIVIDADE-FIM
84	3.1.	*TERCEIRIZAÇÃO LÍCITA*
85	4.	RESPONSABILIDADE NA TERCEIRIZAÇÃO

86	5.	ASPECTOS PROCESSUAIS
88		**CAPÍTULO IV.** **DIREITO DESPORTIVO EM TEMPOS DE PANDEMIA**
88	1.	DESPORTO
93	2.	MEIO AMBIENTE DO TRABALHO DO ATLETA PROFISSIONAL
100	3.	CONTRATO DE TRABALHO DO ATLETA PROFISSIONAL
104	4.	JORNADA DE TRABALHO E ADICIONAL NOTURNO DO ATLETA
109	5.	DIREITO DE ARENA
119		**CAPÍTULO V.** **LGPD – LEI GERAL DE PROTEÇÃO DE DANOS NAS RELAÇÕES DE TRABALHO**
119	1.	INTRODUÇÃO: ANÁLISE HISTÓRICA DA PROTEÇÃO DE DADOS
125	2.	DIREITOS FUNDAMENTAIS PROTEGIDOS PELA LGPD
127	2.1.	LIBERDADE
129	2.2.	AUTODETERMINAÇÃO INFORMATIVA E O DIREITO À LIBERDADE.
131	2.3.	PRIVACIDADE
132	3.	**ABRANGÊNCIA**
134	4.	**TRATAMENTO DOS DADOS NAS RELAÇÕES DE TRABALHO**
134	4.1.	DEFINIÇÕES
137	4.2.	PRINCÍPIOS DA ATIVIDADE DE TRATAMENTO DE DADOS
140	4.3.	NORMA COLETIVA: (IM)POSSIBILIDADE DE REGULAMENTAÇÃO DA PROTEÇÃO DE DADOS.
142	4.4.	FASE PRÉ-CONTRATUAL
147	4.5.	FASE CONTRATUAL
148	4.5.1.	*TERCEIRIZAÇÃO E TRABALHO TEMPORÁRIO*
149	4.5.2.	*GRUPO EMPRESARIAL*
149	4.5.3.	*SUCESSÃO DE EMPREGADORES*
150	4.5.4.	*CARTÓRIO EXTRAJUDICIAL OU TITULAR DE SERVIÇOS NOTARIAIS E DE REGISTROS*
151	4.5.5.	*TELETRABALHO*
152	4.5.6.	*EMPREGADOS CONTRATADOS OU TRANSFERIDOS PARA PRESTAR SERVIÇOS NO EXTERIOR*
157	4.5.7.	*CARTÃO DE PONTO: A LGPD MITIGOU O PODER DIRETIVO DO EMPREGADOR?*

161	4.6.	FASE RESCISÓRIA / PÓS-CONTRATUAL
164	4.7.	ENCARREGADO OU DATA PROTECTION OFFICER (DPO)
164	5.	**CONSENTIMENTO DO EMPREGADO**
167	5.1.	CONSENTIMENTO NO TRABALHO INFANTO-JUVENIL
169	6.	**RESPONSABILIZAÇÃO DO AGENTE TRATADOR**
172	7.	**ÓRGÃO FISCALIZADOR NA RELAÇÃO DE TRABALHO**
174	8.	**INÍCIO DA VIGÊNCIA**
177		**CAPÍTULO VI.** **CONTRATO DE TRABALHO INTERMITENTE**
177	1.	**INTRODUÇÃO**
180	2.	**DIREITO COMPARADO**
186	3.	**NATUREZA JURÍDICA E CLASSIFICAÇÃO**
191	4.	**REGRAS DO CONTRATO DE TRABALHO INTERMITENTE**
196	5.	**DIREITOS DO TRABALHADOR INTERMITENTE**
199		**CAPÍTULO VII.** **DISCRIMINAÇÃO NO AMBIENTE DE TRABALHO**
199	1.	**INTRODUÇÃO**
201	2.	**DISCRIMINAÇÃO POR MOTIVO DE SEXO OU ORIENTAÇÃO SEXUAL**
204	3.	**DISCRIMINAÇÃO RACIAL E ESTÉTICA NO AMBIENTE DE TRABALHO**
208	4.	**DISCRIMINAÇÃO DA PESSOA COM DEFICIÊNCIA E A DISCRIMINAÇÃO AFIRMATIVA**
211	5.	**DISCRIMINAÇÃO POR ALGORITMO OU "DISCRIMINAÇÃO POR MINERAÇÃO DE DADOS" (DISCRIMINATION BY DATA MINING)**
218		**CAPÍTULO VIII.** **ASSÉDIO MORAL**
218	1.	**CONCEITO**
220	2.	**FORMAS**
223	3.	**ASSÉDIO MORAL VS. ASSÉDIO SEXUAL**
223	4.	**CONSEQUÊNCIAS NO CONTRATO DE TRABALHO E INDENIZAÇÕES**

234	5.	**PROCEDIMENTOS DO EMPREGADOR PARA EVITAR O ASSÉDIO**
235		**CAPÍTULO IX.** **DURAÇÃO DO TRABALHO**
238	1.	**JORNADA 12 X 36**
239	2.	**CONTROLE DE JORNADA**
240	3.	**EMPREGADOS QUE NÃO ESTÃO SUBMETIDOS AO CONTROLE DE JORNADA**
241	4.	**COMPENSAÇÃO DE JORNADA E BANCO DE HORAS**
241	4.1.	COMPENSAÇÃO DE JORNADA
243	4.2.	SEMANA ESPANHOLA
243	4.3.	BANCO DE HORAS
246		**CAPÍTULO X.** **TELETRABALHO**
251		**CAPÍTULO XI.** **FÉRIAS E FERIADOS**
251	1.	**FÉRIAS**
251	1.1.	CARACTERÍSTICAS
252	1.2.	PERÍODO AQUISITIVO
254	1.3.	PERDA DO DIREITO DE FÉRIAS
255	1.4.	DA CONCESSÃO DAS FÉRIAS
256	1.5.	FÉRIAS COLETIVAS
256	1.6.	DAS FÉRIAS EM TEMPOS DE PANDEMIA
276	2.	**FERIADOS**
281		**CAPÍTULO XII.** **REMUNERAÇÃO E SALÁRIO**
281	1.	**DEFINIÇÃO**
282	2.	**SALÁRIO PAGO "POR FORA"**
285	3.	**3. FÓRMULAS QUE REGEM O SALÁRIO**
285	3.1.	3.1. SALÁRIO BÁSICO
286	3.2.	PARCELAS SOBRESSALÁRIOS
287	3.2.1.	PARCELAS QUE INTEGRAM O SALÁRIO:
287	3.2.2.	PARCELAS QUE NÃO INTEGRAM O SALÁRIO (NATUREZA JURÍDICA INDENIZATÓRIA):

288	4.	**SALÁRIO IN NATURA OU SALÁRIO UTILIDADE**
289	5.	**EQUIPARAÇÃO SALARIAL**
292		**CAPÍTULO XIII.** **MEDIDA PROVISÓRIA Nº 936/2020**
293	1.	**APLICAÇÃO DA MEDIDA PROVISÓRIA N. 936/2020**
293	2.	**OBJETIVOS DA MEDIDA PROVISÓRIA N. 936/2020**
294	3.	**REDUÇÃO PROPORCIONAL DE SALÁRIO E JORNADA**
299	4.	**SUSPENSÃO DO CONTRATO DE TRABALHO**
301		**CAPÍTULO XIV.** **PROGRAMA EMERGENCIAL DE MANUTENÇÃO DO EMPREGO E DA RENDA - LEI 14.020/2020**
301	1.	**OBJETIVOS**
302	2.	**MEDIDAS**
302	3.	**COMPETÊNCIA PARA INSTITUIR O BEM**
302	4.	**BENEFÍCIO EMERGENCIAL DE PRESERVAÇÃO DO EMPREGO E DA RENDA**
302	4.1.	DIREITO INTERTEMPORAL
303	4.2.	HIPÓTESES DE PAGAMENTO
304	4.3.	BENEFICIÁRIOS
306	4.4.	EMPREGADOS QUE NÃO FORAM CONTEMPLADOS PELO BEM:
306	5.	**PROCEDIMENTO**
306	5.1.	COMUNICAÇÃO TEMPESTIVA (AO MINISTÉRIO DA ECONOMIA)
307	5.2.	COMUNICAÇÃO INTEMPESTIVA (AO MINISTÉRIO DA ECONOMIA)
307	6.	**REDUÇÃO PROPORCIONAL DE JORNADA DE TRABALHO E DE SALÁRIO**
307	6.1.	FORMA DE REDUÇÃO
307	6.2.	PRAZO:
308	6.3.	REQUISITOS:
310	6.4.	CESSAÇÃO:
311	7.	**SUSPENSÃO DO CONTRATO DE TRABALHO**
311	7.1.	FORMA DE SUSPENSÃO
311	7.2.	PRAZO:
311	7.3.	REQUISITOS:
312	8.	**AJUDA COMPENSATÓRIA MENSAL**

313	9.	GARANTIA PROVISÓRIA NO EMPREGO
318		**CAPÍTULO XV.** **EFEITOS DA LEI 14.020/2020 SOBRE O CÁLCULO DO 13º SALÁRIO E DAS FÉRIAS DOS TRABALHADORES**
318	1.	INTRODUÇÃO
319	2.	BENEFICIÁRIOS
321	3.	REDUÇÃO PROPORCIONAL DA JORNADA E DO TRABALHO
323	4.	SUSPENSÃO TEMPORÁRIA DO CONTRATO DE TRABALHO
324	5.	EFEITOS DA LEI 14.020/20 NO CÁLCULO DO 13º SALÁRIO E NAS FÉRIAS DOS TRABALHADORES
329		**CAPÍTULO XVI.** **CADUCIDADE DA MP 927/20**
330	1.	INTERTEMPORALIDADE DA MP 927
333	2.	TELETRABALHO
337	3.	FÉRIAS
339	4.	FERIADOS
340	5.	COMPENSAÇÃO DE JORNADA E BANCO DE HORAS
341	6.	OUTROS ASSUNTOS RELEVANTES
343		**CAPÍTULO XVII.** **ESTABILIDADES**
343	1.	CONSIDERAÇÕES INICIAIS
346	2.	CONCEITO
351	3.	ESTABILIDADE DECENAL OU POR TEMPO DE SERVIÇO
355	4.	ESTABILIDADE DO SERVIDOR PÚBLICO CELETISTA (ART. 19 E DO ADCT E ART. 41 DA CF/88)
360	5.	GARANTIAS PROVISÓRIAS DE EMPREGO OU ESTABILIDADES PROVISÓRIAS
360	5.1.	EMPREGADA GESTANTE
372	5.2.	DIRIGENTE SINDICAL
378	5.3.	EMPREGADO REPRESENTANTE DA CIPA
380	5.4.	EMPREGADO ACIDENTADO
383	5.5.	EMPREGADO MEMBRO DA COMISSÃO DE CONCILIAÇÃO PRÉVIA (CCP)

383	5.6.	REPRESENTANTE DOS EMPREGADOS (REFORMA TRABALHISTA).
385	5.7.	MEMBROS DO CONSELHO NACIONAL DA PREVIDÊNCIA SOCIAL
385	5.8.	MEMBROS DO CONSELHO CURADOR DO FGTS
385	5.9.	DIRETORES DE SOCIEDADE COOPERATIVA

386 CAPÍTULO XVIII.
LEI N. 14.151 DE 12 DE MAIO DE 2021: AFASTAMENTO DA TRABALHADORA GESTANTE DURANTE A PANDEMIA DO NOVO CORONAVÍRUS

386	1.	INTRODUÇÃO
387	2.	ABRANGÊNCIA DA NORMA
390	3.	OBRIGATORIEDADE DO AFASTAMENTO E RESPONSABILIDADE PELO PAGAMENTO DA REMUNERAÇÃO
396	4.	SUBSTITUIÇÃO DO REGIME DE TRABALHO PRESENCIAL E AS MEDIDAS TRABALHISTAS ALTERNATIVAS
399	5.	POLÊMICAS ENVOLVENDO O AFASMTAMENTO DA EMPREGADA GESTANTE E AS CONSEQUENCIAS DA OMISSÃO DO EMPREGADOR

405 CAPÍTULO XIX.
MEIO AMBIENTE DO TRABALHO

405	1.	INTRODUÇÃO
410	2.	DEVERES DO EMPREGADOR E DO EMPREGADO
411	3.	EQUIPAMENTO DE PROTEÇÃO INDIVIDUAL (EPI)
414	4.	EXAME MÉDICO
417	5.	PERICULOSIDADE
420	6.	INSALUBRIDADE
421	7.	OUTROS TEMAS DISCUTIDOS

422 CAPÍTULO XX.
DOENÇA OCUPACIONAL E O CORONAVÍRUS

422	1.	ENQUADRAMENTO DO COVID-19 COMO DOENÇA OCUPACIONAL
440	2.	DEFINIÇÃO DE ACIDENTE DE TRABALHO
442	3.	DEFINIÇÃO DE DOENÇA OCUPACIONAL
445	4.	ACIDENTE DE TRABALHO POR EQUIPARAÇÃO

447	5.	NEXO CAUSAL E CONCAUSALIDADE
452	6.	RESPONSABILIDADE CIVIL DO EMPREGADOR
454	7.	A ATUAÇÃO DOS ÓRGÃOS DE FISCALIZAÇÃO E DO MINISTÉRIO PÚBLICO DO TRABALHO
457	8.	MEDIDAS PREVENTIVAS
463		**CAPÍTULO XXI.** **EXTINÇÃO DO CONTRATO DE TRABALHO**
463	1.	INTRODUÇÃO
465	2.	CESSAÇÃO DO CONTRATO DE TRABALHO
466	3.	FORÇA MAIOR
472	4.	FACTUM PRINCIPIS
476	5.	DISPENSA EM MASSA
477	6.	PROGRAMA DE DEMISSÃO VOLUNTÁRIA (PDV)
478	7.	DISPENSA POR JUSTA CAUSA
481	8.	RESCISÃO INDIRETA
482	9.	OBRIGAÇÕES DECORRENTES DO TÉRMINO DO CONTRATO
482	9.1.	PRAZO DE PAGAMENTO DAS VERBAS RESCISÓRIAS
483	9.2.	MULTA
485	9.3.	COMPENSAÇÃO
485	9.4.	PROCEDIMENTO PARA RESCISÃO DO CONTRATO
486	9.5.	QUITAÇÃO NA RESCISÃO (ART. 477, § 2º DA CLT)
487	9.6.	MULTA DO ARTIGO 467 DA CLT
488		**CAPÍTULO XXII.** **VERBAS RESCISÓRIAS**
488	1.	INTRODUÇÃO
489	2.	CESSAÇÃO DO CONTRATO DE TRABALHO
491	3.	3. EXTINÇÃO DO CONTRATO DE TRABALHO POR INICIATIVA DO EMPREGADO: PEDIDO DE DEMISSÃO
492	4.	EXTINÇÃO DO CONTRATO DE TRABALHO POR INICIATIVA DO EMPREGADOR: DISPENSA SEM JUSTA CAUSA
493	4.1.	DISPENSA INDIVIDUAL:
493	4.2.	DISPENSA COLETIVA
494	5.	PROGRAMA DE DEMISSÃO VOLUNTÁRIA (PDV)

495	6.	**DISTRATO**
496	7.	**DISPENSA POR JUSTA CAUSA**
498	8.	**RESCISÃO INDIRETA**
499		I) EXIGIR DO EMPREGADO SERVIÇOS SUPERIORES ÀS SUAS FORÇAS, DEFESOS POR LEI, CONTRÁRIOS AOS BONS COSTUMES, OU ALHEIOS AO CONTRATO
499		II) FOR TRATADO PELO EMPREGADOR OU POR SEUS SUPERIORES HIERÁRQUICOS COM RIGOR EXCESSIVO
500		III) EXPOR O EMPREGADO A PERIGO MANIFESTO DE MAL CONSIDERÁVEL
500		IV) NÃO CUMPRIR O EMPREGADOR AS OBRIGAÇÕES DO CONTRATO
500		(A) NÃO PAGAMENTO DE SALÁRIO.
501		(B) NÃO RECOLHIMENTO DO FGTS.
501		(C) NÃO PAGAMENTO DE HORAS EXTRAS.
501		V) PRATICAR O EMPREGADOR OU SEUS PREPOSTOS, CONTRA ELE OU PESSOAS DE SUA FAMÍLIA, ATO LESIVO DA HONRA E BOA FAMA
501		VI) OFENSA FÍSICA, SALVO EM CASO DE LEGÍTIMA DEFESA, PRÓPRIA OU DE OUTREM
502		VII) O EMPREGADOR REDUZIR O SEU TRABALHO, SENDO ESTE POR PEÇA OU TAREFA, AFETANDO A SUA REMUNERAÇÃO
502	9.	**CULPA RECÍPROCA**
502	10.	**FORÇA MAIOR**
504	11.	**FACTUM PRINCIPIS**
505	12.	**OBRIGAÇÕES DECORRENTES DO TÉRMINO DO CONTRATO**
505	12.1.	PRAZO DE PAGAMENTO DAS VERBAS RESCISÓRIAS
507	12.2.	MULTA
508	12.3.	COMPENSAÇÃO
509	12.4.	PROCEDIMENTO PARA RESCISÃO DO CONTRATO
510	12.5.	QUITAÇÃO NA RESCISÃO (ART. 477, § 2º DA CLT)
510	12.6.	MULTA DO ARTIGO 467 DA CLT
511		**ANEXO**
515		**CAPÍTULO XXIII. DIREITO COLETIVO**
516	1.	**LIBERDADE SINDICAL**
516	2.	**UNICIDADE SINDICAL**

Página	Item
517	3. RECEITAS SINDICAIS
518	4. ESTRUTURA SINDICAL BRASILEIRA
518	5. 5. NEGOCIADO SOBRE O LEGISLADO E CONFLITO ENTRE CONVENÇÃO COLETIVA E ACORDO COLETIVO DE TRABALHO
522	6. LEGITIMAÇÃO PARA ENTABULAR ACORDO OU CONVENÇÃO COLETIVA DE TRABALHO
522	7. ATUAÇÃO SINDICAL EM TEMPOS DE PANDEMIA

CAPÍTULO XXIV. COMPLIANCE — 524

Página	Item
524	1. INTRODUÇÃO
525	2. COMPLIANCE
528	3. FERRAMENTAS DE COMPLIANCE
530	4. PODER EMPREGATÍCIO
533	5. BACKGROUND CHECK
534	6. MEDIDAS PREVENTIVAS

CAPÍTULO XXV. COMPETÊNCIA MATERIAL DA JUSTIÇA DO TRABALHO — 537

Página	Item
537	1. JURISDIÇÃO E COMPETÊNCIA
540	2. ANÁLISE DO INCISO I DO ART. 114 DA CONSTITUIÇÃO FEDERAL
553	3. ANÁLISE DO INCISO II DO ART. 114 DA CONSTITUIÇÃO FEDERAL
555	4. ANÁLISE DO INCISO III DO ART. 114 DA CONSTITUIÇÃO FEDERAL
556	5. ANÁLISE DO INCISO IV DO ART. 114 DA CONSTITUIÇÃO FEDERAL
561	6. ANÁLISE DO INCISO V DO ART. 114 DA CONSTITUIÇÃO FEDERAL
562	7. ANÁLISE DO INCISO VI DO ART. 114 DA CONSTITUIÇÃO FEDERAL
566	8. ANÁLISE DO INCISO VII DO ART. 114 DA CONSTITUIÇÃO FEDERAL

566	9.	ANÁLISE DO INCISO VIII DO ART. 114 DA CONSTITUIÇÃO FEDERAL
568	10.	ANÁLISE DO INCISO IX DO ART. 114 DA CONSTITUIÇÃO FEDERAL

570 CAPÍTULO XXVI. PRESCRIÇÃO E DECADÊNCIA

570	1.	INTRODUÇÃO
573	2.	PRESCRIÇÃO NO DIREITO DO TRABALHO
578	3.	CAUSAS IMPEDITIVAS, SUSPENSIVAS E INTERRUPTIVAS DA PRESCRIÇÃO
580	4.	PRESCRIÇÃO DO FGTS
581	5.	PRESCRIÇÃO INTERCORRENTE
582	6.	PRESCRIÇÃO EM TEMPOS DE PANDEMIA
584	7.	DECADÊNCIA NO DIREITO DO TRABALHO

586 CAPÍTULO XXVII. PETIÇÃO INICIAL TRABALHISTA

586	1.	INTRODUÇÃO
589	2.	RECLAMAÇÃO TRABALHISTA VERBAL
590	3.	RECLAMAÇÃO TRABALHISTA ESCRITA
593	4.	EMENDA DA PETIÇÃO INICIAL TRABALHISTA
595	5.	INDEFERIMENTO DA PETIÇÃO INICIAL TRABALHISTA
596	6.	ADITAMENTO DA PETIÇÃO INICIAL TRABALHISTA

598 CAPÍTULO XXVIII. DEFESA TRABALHISTA

598	1.	INTRODUÇÃO
601	2.	CONTESTAÇÃO
602		A) PRINCÍPIO DA IMPUGNAÇÃO ESPECÍFICA OU DO ÔNUS DA IMPUGNAÇÃO ESPECIFICADA (ART. 341 DO CPC/15)
604		B) PRINCÍPIO DA EVENTUALIDADE OU DA CONCENTRAÇÃO DE DEFESAS (ARTIGO 336 DO CPC/15)
605	2.1.	DEFESA PROCESSUAL
606		A) INÉPCIA DA PETIÇÃO INICIAL (ARTIGO 330, I E § 1º E ARTIGO 485, I DO CPC)
606		B) INCOMPETÊNCIA ABSOLUTA

607	2.2.	DEFESA INDIRETA DE MÉRITO / DEFESA DE MÉRITO INDIRETA
607	2.3.	DEFESA DIRETA DE MÉRITO / DEFESA DE MÉRITO DIRETA
608	2.3.1.	COMPENSAÇÃO
609	2.3.2.	DEDUÇÃO
609	**2.3.3.**	**RETENÇÃO**
610	2.4.	REVELIA
611	2.5.	ASPECTOS PRÁTICOS
615	**3.**	**EXCEÇÕES RITUAIS NA JUSTIÇA DO TRABALHO**
617	**4.**	**RECONVENÇÃO NA JUSTIÇA DO TRABALHO**
618	4.1.	REQUISITOS CUMULATIVOS DE ADMISSIBILIDADE DA RECONVENÇÃO NA JUSTIÇA DO TRABALHO
621		**CAPÍTULO XXIX.** **ÔNUS DA PROVA**
621	**1.**	**NOTAS INTRODUTÓRIAS**
621	**2.**	**PRINCÍPIOS SOBRE PROVA**
622	2.1.	PRINCÍPIO DO CONTRADITÓRIO E AMPLA DEFESA
622	2.2.	PRINCÍPIO DA UNIDADE DA PROVA
622	2.3.	PRINCÍPIO DA AQUISIÇÃO PROCESSUAL OU DA COMUNHÃO DAS PROVAS
622	2.4.	PRINCÍPIO DO LIVRE CONVENCIMENTO MOTIVADO
623	2.5.	PRINCÍPIO DA PRIMAZIA DA REALIDADE
623	2.6.	PRINCÍPIO DA APTIDÃO DA PROVA
623	2.7.	PRINCÍPIO DA VEDAÇÃO DA PROVA ILÍCITA
624	**3.**	**O QUE PROVAR?**
624	3.1.	OBJETO DA PROVA
624	3.2.	FATOS QUE NÃO DEPENDEM DE PROVA
624	**4.**	**ÔNUS DA PROVA**
628	**5.**	**INVERSÃO DO ÔNUS DA PROVA**
631		**CAPÍTULO XXX.** **AUDIÊNCIA TRABALHISTA**
631	**1.**	**LOCAL**
631	**2.**	**HORÁRIO**
632	**3.**	**ATRASO**
634	**4.**	**PUBLICIDADE**

634	5. **DESIGNAÇÃO DA AUDIÊNCIA**
634	6. **PODER DE POLÍCIA NA AUDIÊNCIA**
635	7. **ESPÉCIES**
636	8. **PROCEDIMENTO DA AUDIÊNCIA UNA**
636	8.2.1. PREGÃO
636	8.2.2. . LOCAL DE SENTAR
636	8.2.3. PRIMEIRA TENTATIVA DE CONCILIAÇÃO
637	8.2.4. ENTREGA DA DEFESA
637	8.2.5. DEPOIMENTO PESSOAL
637	8.2.6. OITIVA DAS TESTEMUNHAS
638	8.2.7. RAZÕES FINAIS
638	8.2.8. SEGUNDA TENTATIVA DE CONCILIAÇÃO
638	8.2.9. SENTENÇA
639	9. **AUSÊNCIA NA AUDIÊNCIA**
639	9.2.1. RECLAMANTE
640	9.2.2. RECLAMADA
642	9.2.3. AUSÊNCIA DE AMBAS AS PARTES
642	9.2.4. AUSÊNCIA DO ADVOGADO
643	10. **CONCILIAÇÃO**
645	11. **AUDIÊNCIA VIRTUAL**
649	**CAPÍTULO XXXI.** **ADVOCACIA TRABALHISTA NOS TRT'S**
649	1. **RECURSO ORDINÁRIO**
657	1.1. RECURSO ORDINÁRIO NO PROCEDIMENTO SUMARÍSSIMO
657	2. **CONTRARRAZÕES AO RECURSO ORDINÁRIO**
660	3. **COMPETÊNCIA ORIGINÁRIA DOS TRIBUNAIS REGIONAIS DO TRABALHO**
665	4. **ACOMPANHAMENTO DO PROCESSO NO TRIBUNAL E SUSTENTAÇÃO ORAL**
669	5. **SESSÃO DE JULGAMENTO TELEPRESENCIAL**
672	**CAPÍTULO XXXII.** **RECURSO DE REVISTA**
672	1. **INTRODUÇÃO**
674	2. **CONCEITO**

678	3.	**PRESSUPOSTOS DE ADMISSIBILIDADE RECURSAL GENÉRICOS**
680	4.	**PRESSUPOSTOS DE ADMISSIBILIDADE RECURSAL ESPECÍFICOS**
680		A) PREQUESTIONAMENTO
682		B) TRANSCENDÊNCIA
683	5.	**HIPÓTESES DE CABIMENTO**
685		ALÍNEA "A": DIVERGÊNCIA JURISPRUDENCIAL NA INTERPRETAÇÃO DE LEI FEDERAL.
686		ALÍNEA "B" DO ARTIGO 896 DA CLT:
687		ALÍNEA "C" DO ARTIGO 896 DA CLT
688	6.	**CABIMENTO DE RECURSO DE REVISTA NO PROCEDIMENTO SUMARÍSSIMO**
688	7.	**RECURSO DE REVISTA NA EXECUÇÃO TRABALHISTA**
689		**CAPÍTULO XXXIII. RESPONSABILIDADE PATRIMONIAL NA EXECUÇÃO**
693	1.	**BENS DOS SÓCIOS**
696	2.	**SÓCIO RETIRANTE**
699	3.	**DESCONSIDERAÇÃO DA PERSONALIDADE JURÍDICA**
702	4.	**DESCONSIDERAÇÃO INVERSA DA PERSONALIDADE JURÍDICA**
704	5.	**SUCESSÃO DE EMPREGADORES**
705	6.	**GRUPO ECONÔMICO**
707	7.	**BENS DOS CÔNJUGES OU COMPANHEIROS**
708	8.	**OUTRAS CONTROVÉRSIAS**
710		**CAPÍTULO XXXIV. AÇÃO RESCISÓRIA NO PROCESSO DO TRABALHO**
710	1.	**INTRODUÇÃO**
712	2.	**COMPETÊNCIA**
712	3.	**LEGITIMIDADE ATIVA**
712	4.	**LEGITIMIDADE PASSIVA**
713	5.	**CAUSA DE PEDIR**
713	6.	**PEDIDO**

713	7.	7. HONORÁRIOS ADVOCATÍCIOS SUCUMBENCIAIS
714	8.	SUSPENSÃO DA DECISÃO ATACADA
714	9.	CONCILIAÇÃO NA RESCISÓRIA
714	10.	AÇÃO RESCISÓRIA DE AÇÃO RESCISÓRIA
714	11.	COMENTÁRIOS À SÚMULA 100 DO TST
718	12.	HIPÓTESES DE CABIMENTO DA AÇÃO RESCISÓRIA DO ARTIGO 966 DO CPC/15
718		*INCISO I : SE VERIFICAR QUE FOI PROFERIDA POR FORÇA DE PREVARICAÇÃO, CONCUSSÃO OU CORRUPÇÃO DO JUIZ.*
719		*INCISO II: FOR PROFERIDA POR JUIZ IMPEDIDO OU POR JUÍZO ABSOLUTAMENTE INCOMPETENTE.*
720		*INCISO III: RESULTAR DE DOLO OU COAÇÃO DA PARTE VENCEDORA EM DETRIMENTO DA PARTE VENCIDA OU, AINDA, DE SIMULAÇÃO OU COLUSÃO ENTRE AS PARTES, A FIM DE FRAUDAR A LEI.*
720		*INCISO IV: OFENDER A COISA JULGADA.*
721		*INCISO V: VIOLAR MANIFESTAMENTE NORMA JURÍDICA.*
721		*INCISO VII: OBTIVER O AUTOR, POSTERIORMENTE AO TRÂNSITO EM JULGADO, PROVA NOVA CUJA EXISTÊNCIA IGNORAVA OU DE QUE NÃO PODE FAZER USO, CAPAZ, POR SI SÓ, DE LHE ASSEGURAR PRONUNCIAMENTO FAVORÁVEL.*
723		**CAPÍTULO XXXV. ESTUDOS DA JURISPRUDÊNCIA TRABALHISTA EM TEMPOS DE PANDEMIA**
723	1.	MEIO AMBIENTE DO TRABALHO
730	2.	EQUIPAMENTO DE PROTEÇÃO INDIVIDUAL (EPI)
736	3.	EMPREGADOS EM GRUPO DE RISCO
738	4.	SUPRESSÃO DE ADICIONAIS EM TEMPOS DE PANDEMIA
739	5.	TELETRABALHO EM TEMPOS DE PANDEMIA
742	6.	ACORDOS HOMOLOGADOS EM JUÍZO.
745	7.	ATUAÇÃO SINDICAL EM TEMPOS DE PANDEMIA
750	8.	AUDIÊNCIA VIRTUAL

APRESENTAÇÃO

Esse livro, que aqui apresentamos, versa sobre temas atuais e polêmicos de Direito e Processo do Trabalho, dentre os quais destacamos as medidas emergenciais para o enfrentamento do estado de calamidade pública, reconhecido pelo Decreto Legislativo 6/2020 e da emergência de saúde pública de importância internacional decorrente do coronavírus (covid-19), em conformidade com a Lei 13.979/2020.

Tem origem na concretização de um projeto denominado Treinamento Trabalhista para empregados e empregadores, liderado por mim, Leone Pereira, pelo amigo Marcos Scalercio, com a participação do amigo Renato Santiago.

É a compilação de uma série de treinamentos ministrados à trabalhadores, empresários, contadores, estudantes, advogados, dentre outros entusiastas da área trabalhista.

A obra está dividida em vinte capítulos: Teletrabalho; Doença Ocupacional e o Coronavírus; Medida Provisória 396/20; *Compliance*; Duração do Trabalho; Extinção do Contrato de Trabalho; Terceirização; Férias e Feriados; Ônus da Prova; Uberização e Plataformas Digitais nas Relações de Trabalho; Programa Emergencial de Manutenção do Emprego e da Renda (Lei 14.020/2020); Remuneração e Salário; Direito Coletivo; Assédio Moral; Empregados Domésticos em tempos de pandemia; Recurso de Revista; Caducidade da MP 927/20; Responsabilidade Patrimonial na Execução; Estabilidades; e, Lei Geral de Proteção de Dados (LGPD) nas relações de trabalho.

Procuramos utilizar uma linguagem simples, clara e precisa, sem perder a técnica, concentrando-nos no público alvo do treinamento trabalhista – dentre eles empregados, empregadores, estudantes, militantes da advocacia – mas não só nestes, por se tratar de uma obra que poderá ser utilizada como instrumento de estudo e apoio por qualquer profissional da área trabalhista.

Todo o trabalho baseou-se na análise verticalizada dos temas propostos, sob o prisma prático e teórico, contendo posicionamentos doutrinários, jurisprudência, ementas das decisões recentes dos tribunais, perguntas e respostas ao final de cada capítulo, legislação, quadros comparativos, mapas mentais e notícias dos tribunais.

Da nossa parte, procuramos consolidar tudo que há de mais atual, apresentando discussões, posicionamentos diferentes, para servir de fonte de informação e estudo, sobre os grandes temas da prática trabalhista, sob o enfoque dos impactos originados pela pandemia do coronavírus no Direito do Trabalho.

O nosso objetivo é que este material seja de grande utilidade aos profissionais e estudantes do Direito e Processo do Trabalho.

Maio de 2021.

Os autores,

PROF. DR. LEONE PEREIRA (PHD)

MARCOS SCALERCIO

RENATO MONTEIRO SANTIAGO

DIREITO DO TRABALHO

CAPÍTULO I.
UBERIZAÇÃO E PLATAFORMAS DIGITAIS NAS RELAÇÕES DE TRABALHO

1. RELAÇÃO DE TRABALHO E RELAÇÃO DE EMPREGO

1.1. RELAÇÃO DE TRABALHO

Ao longo da história o trabalho passou por diversas fases, e desde a revolução industrial vem sofrendo grande das tecnologias que, por sua vez, estão traçando novos rumos às relações de trabalho gerando uma constante atualização legislativa.

Os meios de direção em comando nas relações de emprego estão sendo modificados através da utilização de sites, plataformas, aplicativos e algoritmos.

O núcleo básico da relação jurídica no ramo trabalhista concentra-se na relação de trabalho, mais propriamente na relação de emprego.

A doutrina enxerga uma distinção entre os termos "relação de trabalho" e "relação de emprego".

A primeira expressão tem caráter genérico referindo-se a toda relação jurídica caracterizada por uma prestação de serviços consubstanciada no trabalho humano. Abrange, portanto, a relação de emprego, o trabalho autônomo, o trabalho eventual, o trabalho avulso, o trabalho rural, dentre outros.

Já a relação de emprego é uma espécie de relação de trabalho, pois a sua configuração depende da existência de alguns requisitos dispensáveis às demais relações de trabalho. É a modalidade de pactuação de trabalho mais relevante, sendo certo que as normas jurídicas foram construídas em torno da relação de emprego.

Délio Maranhão distingue os termos da seguinte maneira *"relação jurídica de trabalho é a que resulta de um contrato de trabalho, denominando-se de relação de emprego quando se trata de um contrato de trabalho subordinado"*.[1]

Dito isso, passaremos a analisar as duas espécies de relação de trabalho que são objeto de divergência na relação contratual por algoritmo: o trabalho autônomo e a relação de emprego.

1.2. RELAÇÃO DE EMPREGO

Os critérios para a caracterização da relação de emprego passam necessariamente pelo conceito de empregado e empregador.

A esse respeito, o artigo 2º e 3º da CLT fornecem os elementos essenciais para a caracterização do vínculo empregatício. Tais requisitos são conhecidos como elementos fáticos-jurídicos da relação de emprego. Dentre eles estão: (a) prestação de trabalho por uma pessoa física; (b) Pessoalidade; (c) não eventualidade; (d) onerosidade (e) subordinação.

Iremos a analisar cada um dos requisitos.

> Prestação de trabalho por uma pessoa física - O empregado necessariamente deve ser uma pessoa física ou natural, uma vez que a legislação trabalhista foi criada para proteger o trabalho humano, excluindo de tal proteção às pessoas jurídicas.
> Pessoalidade ou *"intuitu personae"* - Esse requisito decorre do serviço prestado por uma pessoa física e representa a contratação de uma pessoa determinada, em virtude das suas qualidades pessoais, eficiência, conhecimento técnico, de modo que o empregado não poderá enviar outra pessoa para prestar serviços em seu lugar.
> Não eventualidade - A não eventualidade significa que a prestação de serviços deve ser realizada de forma habitual, traduzindo a ideia de permanência. Não poderá ser ocasional, visto que o contrato de trabalho é um pacto por trato sucessivo.

Mauricio Godinho Delgado[2], ensina que para a caracterização do trabalho de natureza não eventual pressupõe:

---

[1] Leite, Carlos Henrique Bezerra. Curso de direito do trabalho. – 11. ed. – São Paulo : Saraiva Educação, 2019.

[2] Mauricio Godinho Delgado. Curso de direito do trabalho. 18. ed.— São Paulo: LTr, 2019.

i) descontinuidade da prestação do trabalho, entendida como a não permanência em uma organização com ânimo definitivo;
ii) não fixação jurídica a uma única fonte de trabalho, com pluralidade variável de tomadores de serviços;
iii) curta duração do trabalho prestado;
iv) natureza do trabalho tende a ser concernente a evento certo, determinado e episódico no tocante à regular dinâmica do empreendimento tomador dos serviços;
v) em consequência, a natureza do trabalho prestado tenderá a não corresponder, também, ao padrão dos fins normais do empreendimento.

O referido jurista afirma que a eventualidade não traduz intermitência – regulamentada pelo art. 452-A da CLT -, esclarecendo que dificilmente será configurada a eventualidade se o trabalhador estiver inserido na dinâmica normal da empresa.

> Onerosidade - É o valor econômico da força de trabalho colocada à disposição do empregador, ou seja, é a contrapartida econômica em benefício do trabalhador (o conjunto de parcelas correspondente à remuneração do empregado) em virtude da relação empregatícia.
> Subordinação - É a principal característica da relação de emprego. O artigo 3º da CLT afirma que será considerado empregado aquele que trabalha "sob a dependência do empregador".

Através desse elemento fático-jurídico o empregado está sujeito aos poderes diretivos do empregador, o que propicia a organização e direção da prestação pessoal de serviços por este.

A "subordinação", segundo a etimologia, deriva de **sub** (baixo) e **ordinare** (ordenar), traduzindo a noção um estado de dependência ou obediência em relação a uma hierarquia de posição ou de valores.

O jurista Mauricio Godinho Delgado[3] leciona que a subordinação pode ser analisada sob os seguintes prismas:

(i) Subordinação jurídica – aquela que deriva do contrato de trabalho e do poder de direção empresarial, resultante da relação de emprego.
(ii) Subordinação econômica – coloca o empregador no vértice da pirâmide socioeconômica. Significa que o empregado é dependente economicamente do empregador. Essa definição é muito criticada pelos teóricos, já que em algumas situações o empregado é economicamente superior em relação ao empregador.

---

[3] Mauricio Godinho Delgado. Curso de Direito do Trabalho. 18. ed.— São Paulo : LTr, 2019.

(iii) Subordinação técnica – o empregador detém o conhecimento indispensável ao processo de produção em que se encontra inserido o empregado. Essa definição também é criticada pela doutrina, pois não representa uma correta visualização do processo organizativo, porquanto há processos produtivos que a tecnologia é adquirida e controlada pelo empresário, sem necessidade de um conhecimento intelectual sobre o objeto controlado.

Delgado explica que na dimensão clássica a subordinação *"consistente na situação jurídica derivada do contrato de trabalho, pela qual o trabalhador compromete-se a acolher o poder de direção empresarial no tocante ao modo de realização de sua prestação laborativa. Manifesta-se pela intensidade de ordens do tomador de serviços sobre o respectivo trabalhador"*. Sob o ponto de vista da dimensão objetiva a subordinação *"se manifesta pela integração do trabalhador nos fins e objetivos do empreendimento do tomador de serviços"*.

Por fim, a dimensão estrutural da subordinação[4] é aquela que se expressa:

> *"(...) pela inserção do trabalhador na dinâmica do tomador de seus serviços, independentemente de receber (ou não) suas ordens diretas, mas acolhendo, estruturalmente, sua dinâmica de organização e funcionamento). Nesta dimensão da subordinação, não importa que o trabalhador se harmonize (ou não) aos objetivos do empreendimento, nem que receba ordens diretas das específicas chefias deste: o fundamental é que esteja estruturalmente vinculado à dinâmica operativa da atividade do tomador de serviços".*

A doutrina vislumbra outros aspectos e conceitos ligados a subordinação como a parassubordinação. O conceito de parassubordinação não é unânime, entretanto, como ensina a professora Vólia Bomfim Cassar[5], "a parassubordinação é a manifestação tênue sutil da subordinação". É um modelo intermediário entre o trabalho subordinado é o trabalho autônomo, em que o trabalhador pacto a contratos mercantis como tomador de serviço, mas não possui liberdade para negociar.

É imperioso dizer, ainda, que não há exigência na CLT de que o empregado preste serviços com exclusividade ao empregador, não compondo o rol de requisitos para a configuração do vínculo empregatício.

É possível, portanto, a prestação de serviços para diversas empresas simultaneamente.

---

4 Mauricio Godinho Delgado. Curso de direito do trabalho. 18. ed.— São Paulo: LTr, 2019.

5 Cassar, Vólia Bomfim. Direito do Trabalho. 11 ed. Rio de Janeiro: Forense, 2015.

2. TRABALHO AUTÔNOMO

O trabalhador autônomo é o trabalhador mais próximo da figura do empregado. O vínculo de trabalho autônomo afasta-se da relação de emprego *essencialmente* pela ausência da *subordinação e da pessoalidade*.

No serviço autônomo o trabalhador não se submete às ordens do tomador do serviço, quanto ao modo pelo qual deve desenvolver o seu trabalho.

Esse trabalho difere-se do vínculo empregatício, haja vista que o trabalhador autônomo fixará, em negociação com o tomador, as condições que o trabalho será prestado e o valor que será auferido por ele. Por óbvio, essa liberdade de negociação

3. UBERIZAÇÃO E PLATAFORMAS DIGITAIS

A evolução tecnológica está rompendo as matrizes das relações jurídicas tradicionais, na medida em que a interação entre os indivíduos está cada vez mais digital. O uso intenso das ferramentas tecnológicas modificou sobremaneira a execução de tarefas simples, como assistir um filme, agendar um compromisso, escutar músicas, pedir um táxi ou meio de transporte, de se comunicar com os amigos ou familiares – tudo através de aplicativos ou plataformas digitais.

No campo econômico-social não é diferente. As tecnologias têm exercido uma influência determinante no contexto atual, alterando completamente as características econômicas e consequentemente as relações de trabalho, cirando formas de trabalho atípicas.

Como afirmou Paulo Nader "**o direito deve estar sempre se refazendo, em face da mobilidade social**. A necessidade de ordem, paz, segurança, justiça, que o direito visa a atender, exige procedimentos sempre novos. **Se o direito se envelhecer, deixa de ser um processo de adaptação, pois passa a não exercer a função para qual foi criado**. Não basta, portanto, o ser do direito na sociedade, é indispensável o ser atuante, o ser atualizado. Os processos de adaptação devem-se renovar, pois somente assim o direito será um instrumento eficaz na garantia do equilíbrio e harmonia social" (OLIVEIRA 1997) destaca que a doutrina estrangeira define essas mudanças como "*capitalismo de pla-*

taformas", "capitalismo de algoritmos"[6], no qual as tecnologias são as principais ferramentas para a organização das empresas.

Em alguns casos as empresas utilizam-se de expedientes preponderantemente tecnológicos para o seu funcionamento como é o caso das *startups*", "*fintechs*", e aquelas que se valem do uso de inteligência artificial e "*Big Data*". No mercado atual podemos citar como exemplo as empresas **Uber, Airbnb, Ifood, Loggi, Nubank, QuintoAndar**.

Existem dois tipos de dois tipos de plataforma digital de trabalho: i) *plataformas online na web*, na qual as tarefas são desenvolvidas de forma remota pelos trabalhadores; ii) *plataformas com base na geolocalização*, onde as tarefas são realizadas num determinado local por um trabalhador. Tais plataformas abrangem diversos serviços como, v.g., freelance, consulta médica, táxi, entrega e domésticos.

As empresas recebem as demandas através de aplicativos, distribui os serviços aos prestadores de serviços, modificando as práticas de gestão de recursos humanos, substituindo o trabalho humano por algoritmos, bem como a avaliação e a administração da remuneração pelo trabalho. Isso causou profundas mudanças no que atina ao bem-estar e as condições de trabalho em todo o mundo, notadamente em países de renda média e baixa.

A doutrina e a jurisprudência utilizam a designação *"peer-to-peer platforms"* ou *"peer platform markets"* (mercado de plataformas de parceria), para se referir ao compartilhamento de bens entre pessoas, por meio de sistema informatizado, e "sharing economy" (economia compartilhada), em alusão à prestação de serviços por detentores de veículos particulares é intermediada por aplicativos geridos por empresas de tecnologia. Também, usa as seguintes locuções para denominar os trabalhadores em plataformas digitais de trabalho: *"trabalhadores de gig", "crowdworkers"* ou *"trabalhadores de plataforma"*.[7]

---

[6] PERULLI, Adalberto, "Capitalismo delle piattaforme e diritto del lavoro: verso un nuovo sistema di tutele?", en PERULLI, A. (a cura di), Lavoro autónomo e capitalismo delle piattaforme, Università Ca'Foscari Venezia – Dipartamento di Economia. Collana del Centro studi giuridici, nº 14, Wolters Kluwer – CEDAM, Milano, 2018, p. 122.

[7] Organização Internacional do Trabalho (OIT) < https://www.ilo.org/wcmsp5/groups/public/---dgreports/---dcomm/---publ/documents/publication/wcms_771749.pdf > [acessado em 09/06/2021].

Essa nova relação jurídica – entre o trabalhador e a empresa de tecnologia – ascendeu a discussão sobre a natureza jurídica desse vínculo. Para uma vertente interpretativa o vínculo entre as partes é de natureza civil, pois decorre de um contrato de intermediação digital, competindo à Justiça Estadual Comum apreciar eventuais dissídios daí decorrentes. Para outros, a relação jurídica entre a plataforma e o prestador de serviços é de natureza trabalhista, enquadrando a atividade como relação de trabalho "lato sensu" – trabalho autônomo -, de modo que a Justiça do Trabalho é materialmente competente para apreciação de eventuais litígios.

Nesse ponto, o STJ ao julgar o Conflito Negativo de Competência n. 164.544, entendeu que o vínculo contratual mantido entre um motorista de aplicativo e a empresa de tecnologia caracteriza uma relação de emprego ou trabalho, mas, sim, uma relação de cunho eminentemente civil, na medida em que os executores de tais atividades atuam como empreendedores individuais, sem vínculo de emprego com a empresa proprietária da plataforma. Em virtude disso, reconheceu a competência *in ratione materiae* da Justiça Estadual para processar e julgar esses litígios.[8] Contudo, existem diversas decisões no âmbito da Justiça do Trabalho que reconhece a natureza jurídica laboral do trabalho dos

---

[8] CONFLITO NEGATIVO DE COMPETÊNCIA. INCIDENTE MANEJADO SOB A ÉGIDE DO NCPC. AÇÃO DE OBRIGAÇÃO DE FAZER C.C. REPARAÇÃO DE DANOS MATERIAIS E MORAIS AJUIZADA POR MOTORISTA DE APLICATIVO UBER. RELAÇÃO DE TRABALHO NÃO CARACTERIZADA. SHARING ECONOMY. NATUREZA CÍVEL. COMPETÊNCIA DO JUÍZO ESTADUAL. 1. A competência ratione materiae, via de regra, é questão anterior a qualquer juízo sobre outras espécies de competência e, sendo determinada em função da natureza jurídica da pretensão, decorre diretamente do pedido e da causa de pedir deduzidos em juízo. 2. Os fundamentos de fato e de direito da causa não dizem respeito a eventual relação de emprego havida entre as partes, tampouco veiculam a pretensão de recebimento de verbas de natureza trabalhista. A pretensão decorre do contrato firmado com empresa detentora de aplicativo de celular, de cunho eminentemente civil. 3. As ferramentas tecnológicas disponíveis atualmente permitiram criar uma nova modalidade de interação econômica, fazendo surgir a economia compartilhada (sharing economy), em que a prestação de serviços por detentores de veículos particulares é intermediada por aplicativos geridos por empresas de tecnologia. Nesse processo, os motoristas, executores da atividade, atuam como empreendedores individuais, sem vínculo de emprego com a empresa proprietária da plataforma. 4. Compete a Justiça Comum Estadual julgar ação de obrigação de fazer c.c. reparação de danos materiais e morais ajuizada por motorista de aplicativo pretendendo a reativação de sua conta UBER para que possa voltar a usar o aplicativo e realizar seus serviços. 5. Conflito conhecido para declarar competente a Justiça Estadual.

serviços prestados por intermédio de plataformas digitais, haja vista que tais atividades são desempenhadas por uma pessoa física (prestação pessoal) em benefício de um tomador de serviços (a plataforma), sendo suficiente para atrair a competência material da Justiça do Trabalho, nos moldes do art. 114, I, da CF/88.

As controvérsias sobre o tema não param por aí. Discute-se, ainda, no campo do Direito do Trabalho, se a atividade é classificada como relação de trabalho ou se existe um vínculo empregatício entre o profissional e a empresa de tecnologia. Para uma primeira vertente interpretativa o serviço prestado com intermediação de plataformas digitais (ou aplicativos) se aproxima do trabalho autônomo, pois não existe subordinação jurídica entre o trabalhador e a plataforma digital, pessoalidade ou habitualidade na prestação dos serviços. Já uma segunda corrente doutrinária, em sentido oposto contrário, defende o enquadramento da situação-tipo como relação de emprego, destacando que a *habitualidade* consiste na expectativa da prestação de serviços, tanto pelo trabalhador quanto pela empresa que administra a plataforma digital ou aplicativo; a *pessoalidade* reside na impossibilidade de substituição do trabalhador, na medida em que o prestador de serviços deve ser cadastrado previamente na plataforma e passar por um rigoroso processo de habilitação; a *onerosidade,* caracteriza-se com o pagamento dos valores pagos pela plataforma ao trabalhador - ressaltando-se a ausência de liberdade do trabalhador para fixar, majorar ou minorar aas taxas de serviços, traço característico do trabalho autônomo; e, por fim, a *"subordinação por algoritmo"*, caracterizada pelo controle das atividades por meio de plataforma digital ou sistema de aplicativo, que distribui e monitora instantaneamente o cumprimento das tarefas.

A "subordinação por algoritmo" é reconhecida inclusive no âmbito internacional. A Corte Francesa, no julgamento do Recurso Nº. S 19-13.316, o trabalhador que se conecta à plataforma digital se incorpora ao serviço organizado da empresa organizada por algoritmo, sendo fiscalizado através da rota é pré-determinada, do monitoramento das viagens, além de receber sanções – inclusive o banimento – em caso de descumprimento das tarefas que lhe forem designadas.

(STJ - CC: 164544 MG 2019/0079952-0, Relator: Ministro MOURA RIBEIRO, Data de Julgamento: 28/08/2019, S2 - SEGUNDA SEÇÃO, Data de Publicação: DJe 04/09/2019)

A "*subordinação por algoritmo*" também é denominada de "subordinação jurídica disruptiva". Fausto Siqueira Gaia ensina que a subordinação jurídica disruptiva *"é o liame jurídico, oriundo do uso de aparatos tecnológicos no processo produtivo, que vincula o empregado ao empregador, por meio do qual este, em razão da dependência funcional do uso da força de trabalho para o desenvolvimento da atividade produtiva, exerce a gestão, o controle e o poder disciplinar sobre a força de trabalho contratada. É disruptiva porque rompe com as construções tradicionais apresentadas para o conceito de subordinação jurídica, ora vinculado apenas aos aspectos subjetivos da relação entre empregado ora associado apenas aos aspectos objetivos da atividade desenvolvida. [...] A programação de algoritmos, que dita e distribui os locais de atuação dos motoristas por meio de aplicativos, que informa à plataforma tecnológica em tempo real e qual a frequência o trabalhador vem recusando serviços, e que serve de canal para a avaliação e para a punição do trabalhador, substituiu a atuação pessoal e presencial do empregado e seus prepostos no exercício dos poderes de gestação, de organização e disciplinar".*[9]

Há quem defenda que essa nova forma de economia compartilhada, é uma forma de precarização das relações de trabalho e retrocesso social, na medida em que o trabalhador passou a compartilhar os custos do negócio com o empregador, adquirindo os bens (bicicleta, patinete, moto, carro, etc.) para executar os serviços e as vantagens auferidas dessa relação não asseguram um patamar civilizatório mínimo ao trabalhador[10].

A posição institucional do Ministério Público do Trabalho sobre a matéria é no sentido da existência de vínculo empregatício entre esses profissionais e as empresas de transporte por plataformas digitais, quando preenchidos os requisitos da relação de emprego. Defendem que os direitos e garantias mínimas previstos na Constituição Federal e na CLT são devidos a esses trabalhadores, conforme consta nas considerações da Nota Técnica n. 01/2020 da Coordenadoria Nacional de Combate às Fraudes nas Relações de Trabalho (CONAFRET) do MPT. Sublinham, ainda, a precariedade das condições a qual estão submetidos, mormente no contexto da pandemia, sendo premente a adoção de medidas com vistas a reduzir os riscos inerentes ao trabalho, através de normas de saúde, higiene e segurança do trabalho.[11]

---

9 Fausto Siqueira Gaia. Uberização do Trabalho. São Paulo, SP: Lumen Juris, 2019.

10 Idem.

11 Nota Técnica n. 01/2020 da CONAFRET do MPT – " [...] *CONSIDERANDO que, embora o Ministério Público do Trabalho mantenha o posicionamento institucional acerca*

Em virtude deste posicionamento a instituição tem atuado nacionalmente em defesa dos trabalhadores em plataformas digitais, propondo diversas Ações Civis Públicas em face das empresas de tecnologia, dentre as quais destacamos: a) Loggi (ACP n. 1001058-88.2018.5.02.0008; ACP 0000749-58.2020.5.09.0028); b) iFood (ACP n. 1000100-78.2019.5.02.0037; ACP n. 1000396-28.2020.5.02.0082); c) Cabify (ACP n. 0101136-58.2019.5.01.0022; ACP n. 0100332-26.2020.5.01.0032); d) Ixia (ACP n. 1000272-17.2020.5.02.0059); e) Parafuzo (ACP n. 0000198-92.2021.5.09.0012); f) Levoo (ACP n. 1000489-03.2021.5.02.0002); g) Projeto A TI (ACP n. 1000489-47.2021.5.02.0052); h) Rappi (ACP n. 1000405-68.2020.5.02.0056); i) Uber Eats (ACP n. 1000436-37.2020.5.02.0073; ix) Uber (ACP n. 0000458-84.2020.5.07.0005); j) Lalamove (ACP n. 1000512-60.2020.5.02.0041); k) 99 Tecnologia (ACP n. 0000461-18.2020.5.07.0012); l) Wappa (ACP n. 1000443-32.2020.5.02.0072); m) James (ACP n. 1001430-41.2020.5.02.0081).[12]

Na paradigmática decisão proferida pela 8ª Vara da Justiça do Trabalho de São Paulo/SP, nos autos da nos autos da Ação Civil Pública nº. 1001058-88.2018.5.02.0008, frisou-se a imprescindibilidade de assegurar um patamar civilizatório mínimo ao trabalhador em empresa por aplicativo:

> "Conforme os fins e objetivos da Organização Internacional do Trabalho, constantes da Declaração da Filadélfia (1944), ratificada pelo Brasil em 13/04/1948, por intermédio do Decreto de Promulgação nº 25.696/1948, estabeleceu-se que 'o trabalho não é mercadoria'. O preambulo da Constituição Federal de 1988 confirma que a Constituinte pretendeu 'instituir um Estado Democrático de Direito destinado a assegurar o exercício dos direitos sociais e individuais (...) o desenvolvimento, a igualdade e a justiça como valores supremos de uma sociedade fraterna, pluralista e sem preconceitos, fundada na harmonia social e comprometida, na ordem interna e internacional, com a solução pacífica das controvérsias (...)". No

---

da necessidade de se reconhecer o vínculo trabalhista desses profissionais, com as empresas de transporte por plataformas digitais, quando presentes os requisitos da relações de emprego, para que, dentre outros, sejam-lhes assegurados direitos mínimos garantidos pela Constituição Federal e pela CLT, na presente data é fato que prosseguem trabalhando de forma precária e vulnerável, especialmente no presente contexto de pandemia;[...]".

12 MPT. < https://mpt.mp.br/pgt/noticias/justica-estabelece-vinculo-de-emprego-entre-uber-e-motorista-e-nao-homologa-tentativa-de-acordo > [acessado em 08/06/2021]

art. 1º da Constituição Federal de 1988 constam como fundamentos da República a cidadania, a dignidade da pessoa humana, os valores sociais do trabalho e da livre iniciativa. Estas são, portanto, as pilastras sobre s quais se erigiu a República então democrática de 1988. O art. 3º previu os objetivos fundamentais desta República, dentre os quais a construção de uma sociedade livre, justa e solidária, a garantia do desenvolvimento nacional, a erradicação da pobreza e da marginalização, a redução das desigualdades sociais e regionais, a promoção do bem de todos sem discriminação. No Brasil atual, o trabalho, a segurança e a previdência social são direitos sociais garantidos pelo art. 6º da Constituição Federal de 1988. Os direitos sociais foram alçados a direitos fundamentais, sendo o trabalho protegido o patamar mínimo civilizatório para a dignidade do trabalhador. A valorização do trabalho restou disposta como fundamento da ordem econômica do País, conforme art. 170, caput, da Constituição Federal de 1988, e o seu inciso VII estipulou pleno emprego como princípio geral da atividade econômica. Consolidaram-se os direitos mínimos aos trabalhadores urbanos ou rurais no art. 7º, dispondo-se sobre a igualdade de direitos entre o trabalhador com vínculo permanente e o avulso (CF, art. 7º, XXXIV). Daí se percebe que a constituição Federal abrangeu todos os trabalhadores que trabalham à conta de outrem [...]".DA PROTEÇÃO AO TRABALHADOR POR APLICATIVO Como se viu, o motorista de van ou o motofretista atendem aos clientes da LOGGI e da LB4, recebendo da LOGGI a determinação de seu frete, sua rota, seu trabalho, tempo de entrega, forma de entrega, tudo pelo aplicativo. Portanto, não é a utilização de meios tecnológicos que desnatura a contratação entre as partes como relação de emprego. De fato, a nova modalidade de prestação de serviços não pode colidir com outras normas cogentes do ordenamento, como os arts. 2º e 3º da CLT, que definem o conceito de empregador e empregado, bem como o art. 9º do mesmo diploma, que imputa a nulidade aos atos praticados com o objetivo de desvirtuar, impedir ou fraudar a aplicação dos preceitos contidos na CLT. Como dispôs o preâmbulo da nossa Constituição Federal de 1988, o Estado Brasileiro constituiu-se para assegurar os direitos sociais e dentre eles estão o trabalho, a segurança e a Previdência Social (art. 6º). Alijar os trabalhadores por aplicativos dos direitos sociais constitui evidente afronta à Constituição. Note-se que sequer se possibilita a supressão de tais direitos aos avulsos (art. 7º, XXXIV da CF), que não são identificáveis num primeiro momento, nem trabalham com a antiga noção de subordinação de um laborista com vínculo empregatício. Como se falar em harmonia social, em cidadania, em dignidade da pessoa humana sem se estender a todos os trabalhadores os direitos sociais constitucionalmente assegurados? Como se atingir os objetivos da República previstos no art. 3º sem a redução das desigualdades sociais, sem a redução da marginalização - aí incluída a do trabalho - sem a erradicação da pobreza, atrasando-se, por consequência, o desenvolvimento nacional e a construção de uma sociedade justa? Deixar o trabalhador por aplicativo à margem das garantias e dos direitos sociais afigura-se inconstitucional, repita-se. Deixá-lo à margem da garantia de segurança, de limitação de jornada, de férias, de descanso semanal remunerado, de décimo terceiro salário significa retroceder nos direitos sociais a um tempo muito anterior à própria CLT de 1943. Significa o retrocesso à Idade Média, ao "laissez faire", mas sem qualquer proteção. A exclusão de tais trabalhadores do manto dos direitos sociais é um retorno ao momento anterior à Revolução Industrial, ocorrida há dois séculos atrás. Há dois séculos atrás, na França e na Inglaterra já se estipulava a limitação à jornada, o direito ao DSR. Há um século já se regulava salário-mínimo, a proteção contra acidentes, os seguros sociais. Por que então retroceder? Houve muita luta, muitas mortes para que se estabelecessem direitos trabalhistas mínimos no mundo todo. Não há como se dar as costas à História: a evolução humana demonstrou ser este o melhor caminho. A imposição de um patamar mínimo de civilidade é que fará o País progredir, com mais renda e proteção social aos que vendem sua força de trabalho a um aplicativo que também representa progresso. Não há como a nação progredir como tal deixando cidadãos à margem da evolução e das conquistas sociais. Uma nação não pode ser próspera apenas para o topo da pirâmide, sob pena de ser, no seu todo, pobre e desafortunada. [...] Para que uma nação seja próspera, cada qual deve ter a exata noção de seu valor e de sua responsabilidade: deve o trabalhador cumprir seu ofício com dedicação e eficiência, deve o empregador dar condições dignas de trabalho e remuneração justa e cabe ao Estado fornecer tanto ao empregador quanto ao trabalhador todas as condições para que ambos possam desenvolver suas atribuições no máximo de suas capacidades. Enquanto alguns países desenvolvidos tentam fixar um patamar civilizatório mínimo, regulando a manutenção de direitos sociais, outros tentam se beneficiar da venda de produtos barateados em decorrência de trabalho indigno. Isso representa "dumping social", que precisa ser coibido mundialmente e o Brasil não pode se esquivar deste esforço. É necessária a escolha pelo patamar mínimo civilizatório, a fim de afrontar os preceitos da Constituição Federal de 1988. [...] Reconhecer vínculo empregatício entre empregado de pequena empresa de frete e não reconhecer com as maiores do segmento implicaria em chancelar franca concorrência desleal entre as empresas, com indevido favorecimento de mercado. A lei preserva a livre concorrência, mas não a concorrência desleal, como se sabe. Também não se avilta o direito à propriedade, na medida em que toda propriedade privada deve atender à sua função social. Não se pretende atrapalhar o empreendimento fundado na brilhante criação de plataformas de aplicativos para a facilitação de serviços e de sua prestação, no caso, a logística. Apenas há que se respeitar direitos preexistentes e preestabelecidos, sob pena de se ofuscar o ganho que traz a genialidade dos aplicativos com um trabalho miserável, cansativo e perigoso, tratando de forma desigual os condutores que trabalham por aplicativo. Trabalhadores com maior poder de consumo, segurança e lazer, são a base de qualquer economia saudável, com qualidade de vida. Diante de todo o exposto, julga-se procedente o pleito de declaração de relação de emprego entre a LOGGI TECNOLOGIA LTDA. e os condutores profissionais que prestam serviços de transporte de mercadoria através de suas plataformas digitais. A declaração de emprego desta sentença, em que pese o número de fretistas ligados às rés, cerca de 15.000, não merece comoção. A decisão não visa alterar a pequena liberdade dos condutores no aceite ou não da proposta de entrega ofertada pela LOGGI. A presente serve à melhoria das condições de trabalho e segurança dos condutores. E visa à inserção das rés na construção de um promissor modelo de condições de trabalho por aplicativo, do ponto de vista social e econômico. Ressalte-se que a presente declaração de emprego vincula toda e qualquer relação jurídica de condutores com a LOGGI, visto que se dá no bojo de uma Ação Civil Pública. A exceção se dá para as ações de improcedência individuais acobertadas pelo manto da coisa julgada, única relação jurídica imune à decisão do presente processo. (Ação Civil Pública n°. 1001058-88.2018.5.02.0008; 8ª Vara da Justiça do Trabalho de São Paulo/SP, Juíza Lávia Lacerda Menendez, Data da Publicação: 06/12/2019)

A ação supra citada está sobrestada, porquanto é objeto de discussão no tema n. 1.075 – *a Constitucionalidade do art. 16 da Lei 7.347/1985, segundo o qual a sentença na ação civil pública fará coisa julgada erga omnes, nos limites da competência territorial do órgão prolator* – conforme determinado no *"leading case"* (RE 1101937), de relatoria do Ministro Alexandre de Moraes.

A jurisprudência dos Tribunais Trabalhistas não é unânime acerca do tema. Ora reconhece o vínculo empregatício, apontando a existência de fraude trabalhista, assim como a presença de subordinação por meios telemáticos ou informatizados de comando, controle e supervisão, além de ausência de autonomia na negociação do preço do serviço, outrora se convence da inexistência do vínculo empregatício, sob o fundamento de carência de pessoalidade e subordinação, em função da possibilidade de substituição do prestador de serviços, flexibilidade da jornada de trabalho e ausência de penalidade pelo tempo de inatividade. Analisemos os seguintes julgados:

> **TRABALHO POR MEIO DE PLATAFORMAS DIGITAIS** (*crowd economy, gig economy, freelance economy - economia sob demanda*). **VÍNCULO DE EMPREGO. POSSIBILIDADE. ACORDO CELEBRADO NO DIA ANTERIOR À SESSÃO DE JULGAMENTO. NÃO HOMOLOGAÇÃO. JURIMETRIA. 1.** As partes juntaram petição de acordo, em 19.04.21 (um dia antes desta sessão), às 18h15, requerendo a retirada do processo de pauta de julgamento para a homologação do ajuste. O pedido foi apresentado menos de 24 horas antes do horário da presente sessão, embora o prazo para o despacho seja de cinco dias (art. 226, I, CPC c/c art. 769, CLT). **2.** Não há direito lí-

quido e certo quanto à homologação do acordo no âmbito judicial, o qual deve ser apreciado pelo magistrado, nos termos da Súmula nº 418 do C. TST. **3.** De breve análise superficial e estritamente processual, sem adentrar ao mérito da questão, verifica-se que o valor do acordo (R$ 35.000,00) não é razoável, considerando o valor de remuneração apontada (R$ 3.000,00), o tempo do contrato de trabalho (aproximadamente um ano) e os direitos incidentes à hipótese. **4.** Ademais, consta do acordo a isenção tributária plena, embora haja obrigação de recolhimento (*caput* e inciso V do art. 11 da Lei nº 8.213/1991; *caput* e inciso V do art. 9º do Decreto nº 3.048/1999; *caput* e inciso IV do art. 4º e art. 9º da IN RFB nº 971/2009, com redação dada pela IN RFB nº 1.453/2014). Logo, a pretensão das partes, tal como proposta, implica ofensa ao art. 104, II, do CC. **5.** A estratégia da reclamada de celebrar acordo às vésperas da sessão de julgamento confere-lhe vantagem desproporcional porque assentada em contundente fraude trabalhista extremamente lucrativa, que envolve uma multidão de trabalhadores e é propositadamente camuflada pela aparente uniformidade jurisprudencial, que disfarça a existência de dissidência de entendimento quanto à matéria, aparentando que a jurisprudência se unifica no sentido de admitir, a priori, que os fatos se configuram de modo uniforme em todos os processos (jurimetria). **6.** Entretanto, o art. 7º do CPC assegura às partes *"paridade de tratamento em relação ao exercício de direitos e faculdades processuais, aos meios de defesa, aos ônus, aos deveres e à aplicação de sanções processuais, competindo ao juiz zelar pelo efetivo contraditório"*. O contraditório deve, portanto, garantir a possibilidade de influenciar o julgador no momento da decisão. Nesse contexto, verifica-se a incompatibilidade entre a observância do princípio da cooperação e o abuso do direito processual caracterizado pela adoção dessa estratégia de manipulação da jurisprudência. **7.** Reitere-se que não se está a desestimular ou desmerecer os meios consensuais de resolução dos conflitos, cuja adoção é estimulada pelo CPC. Trata-se de mecanismo capaz de produzir pacificação social de forma célere e eficaz, cuja adoção é incentivada pelo Poder Judiciário, que tem investido na mediação e na conciliação. Na hipótese, entretanto, é indispensável impedir o abuso de direito e a violação do princípio da paridade de armas (art. 7º do CC). **8.** Mencione-se que no primeiro grau a reclamada não apresentou nenhuma proposta conciliatória, e, às vésperas da sessão de julgamento, faz acordo em valor de R$ 35.000,00. **9.** Mencione-se que o artigo 142 do CPC preceitua que: «Convencendo-se, pelas circunstâncias, de que autor e réu se serviram do processo para praticar ato simulado ou conseguir fim vedado por lei, o juiz proferirá decisão que impeça os objetivos das partes (...)». No mesmo sentido o artigo 80 do mesmo código, ao considerar como litigante de má-fé aquele que usar do processo para conseguir objetivo ilegal. **10.** Nesse contexto, indefere-se o pedido de retirada do processo de pauta e deixa-se de homologar o acordo apresentado pelos requerentes, por não preenchidos os requisitos formais do art. 104 do CC (objeto lícito, possível e determinado ou determinável) e verificado o abuso de direito e a violação do princípio da paridade de armas (art. 7º do CC) e com base no artigo 142 do CPC. **TRABALHO POR MEIO DE PLATAFORMAS DIGITAIS** (*crowd economy, gig economy, freelance economy - economia sob demanda*). **VÍNCULO DE EMPREGO**. **1**. O reclamante afirmou, na inicial, que foi admitido pela reclamada, como motorista, com salário mensal médio de R$ 3.000,00. Relatou que mantiveram dois contratos de trabalho: o primeiro de 10/08/2017 a 17/07/2018 e o segundo de 26/07/2019 a 24/09/2019. Sustentou a presença dos requisitos previstos no artigo 3º da CLT e postulou o reconhecimento da relação de emprego. **2**. A reclamada alegou que a relação jurídica com os «motoristas parceiros» não é de emprego. **3**. Ao admitir a prestação de serviços, a empresa atraiu o ônus de demonstrar fato impeditivo ao direito (artigo 818, I, da CLT), encargo do qual não se desincumbiu a contento. **4**. O contrato oferecido pela plataforma ao passageiro evidencia que a natureza da atividade é de transporte. É cediço que o seu lucro não advém do aluguel pela utilização da plataforma, mas dos serviços de transporte de passageiros e cargas leves. **5**. Para desenvolver o negócio que a transformou em uma das maiores empresas do mundo, a UBER precisa manter à sua disposição um grande quantitativo de trabalhadores (*<u>crowd</u>*) aptos a executar a viagem contratada **<u>imediatamente</u>** após a formalização do contrato de transporte entre o passageiro e a empresa. Portanto, necessita que os motoristas estejam vinculados à atividade econômica que desenvolve, disponibilizando lhe seu tempo e sob a sua direção, pois não há outro modo de apresentar-se ao mercado com presteza e agilidade no atendimento dos serviços de transporte que oferece nas 24 horas do dia, incluídos domingos e feriados. **6**. Nesse contexto, diante do princípio da primazia da realidade, reconhece-se que a atividade preponderante da ré é o transporte de passageiros, independentemente do que conste formalmente do seu instrumento societário e dos contratos que induzem a ideia de que o motorista, objetivando aproximação com os clientes, celebrou contrato de aluguel da plataforma. **7. A respeito dos requisitos da relação de emprego, oportuno esclarecer alguns aspectos:** a) a não-eventualidade diz respeito à continuidade, de modo intermitente ou contínuo, do labor prestado pelo trabalhador em favor da empresa; b) a CLT equipara os efeitos jurídicos da subordinação exercida por meios telemáticos e informatizados àquela empreendida por meios pessoais e diretos (parágrafo único do art. 6º); c) a liberdade quanto ao cumprimento da jornada de trabalho não é óbice ao reconhecimento do vínculo de emprego; d) a exclusividade não é requisito caracterizador da relação empregatícia. **8**. O preposto da reclamada admitiu a existência de restrição à autonomia do trabalhador com relação à forma de recebimento e ao veículo a ser utilizado ao afirmar que *"em pagamentos em dinheiro, o motorista pode conceder descontos, mas não nos realizados via cartão de crédito; (...) o motorista tem a obrigação de indicar qual o veículo que será utilizado na plataforma; a exigência da UBER é que os veículos sejam posteriores ao ano de 2009".* **9**. A primeira testemunha da reclamada confirmou a grande ingerência da empresa nas atividades desenvolvidas pelos motoristas (**subordinação**), bem como a adoção de sistema de avaliação dos trabalhadores (**poder disciplinar/subordinação**) e os estímulos como o pagamento de bônus e prêmios, inclusive para aumentar o período de disponibilidade do trabalhador à empresa, **10.** A segunda testemunha da reclamada confirmou que os trabalhadores não têm autonomia sobre os valores cobrados (**subordinação**); recebem bônus e/ou premiações e podem ser advertidos e até dispensados (**poder diretivo / subordinação**) se não se adequarem à política da empresa e insistirem em condutas que possam gerar prejuízos à plataforma (**alteridade**). **11.** Da análise da prova dos autos, percebe-se que **a subordinação se revela de várias formas:** a) cobranças sofridas pelos motoristas, de modo a realizar o maior número possível de viagens; b) distribuição dos trabalhadores, pelo aplicativo, nas diversas áreas da cidade, de modo a atenderem regularmente maior número de clientes; c) os motoristas conhecem o destino da viagem apenas no seu início, nunca antes, o que esvazia a sua autonomia com relação à organização da atividade, já que o poder sobre a distribuição das viagens pertence à plataforma; d) a UBER fiscaliza a atuação dos condutores, por meio dos próprios usuários, que recebem mensagem para avaliação; e) a ré recebe reclamações dos clientes e aplica penalidades aos motoristas, exercendo poder disciplinar por meio de advertências, suspensões e desligamento da plataforma; f) as movimentações do trabalhador são monitoradas em tempo real, por meio de sistema operacional via satélite; g) o trabalhador não tem qualquer ingerência no preço final que é cobrado do cliente. **12.** Frise-se, o motorista de aplicativos de transporte não possui qualquer influência na negociação do preço e na cobrança do serviço ao cliente. A definição do valor da corrida, inclusive com relação à fixação dos chamados preços dinâmicos (**conforme horário e demanda do serviço**), é feita exclusivamente pela empresa. O valor é cobrado, na maior parte, por meio de cartões previamente cadastrados no aplicativo. A gestão da negociação do preço do serviço, portanto, pertence ao detentor do aplicativo e não ao motorista. **13.** Estando **presentes todos os requisitos do art. 3º da CLT, com base na análise da prova oral e documental,** sobretudo diante a **verificação da existência de meios telemáticos e automatizados de comando, controle e supervisão (parágrafo único do art. 6º da CLT), deve ser reconhecida a relação de emprego. TRABALHO EM PLATAFORMAS. GIG ECONOMY. 1.** O Brasil deve cumprir as normas internacionais do trabalho, que têm por objetivo orientar os esforços das nações para estabelecer patamares mínimos de direitos trabalhistas, com vistas à promoção da dignidade humana - o que é particularmente relevante no contexto da evolução tecnológica que desencadeou o fenômeno global de transformação das formas de trabalho, que devem ser analisadas à luz da valorização da pessoa humana e da sua dignidade, saúde e segurança. **2.** Essa tendência de modificação no modelo tradicional do trabalho lastreado nas relações de emprego, com o crescimento da chamada

Economia de Aplicativos, incrementada pela ascensão da inteligência artificial e robótica, merece olhar atento da sociedade, como alerta a OIT nos documentos intitulados *Strengthening social protection for the future of work* e *Trabalho para um futuro mais brilhante*. **3.** O desafio, alerta a OIT, reside no fato de que as políticas sociais foram pensadas para os trabalhadores que se enquadram nas relações de emprego padrão (**emprego**). O trabalho por aplicativo, muitas vezes, é mal remunerado, inclusive abaixo do salário-mínimo, e não existem mecanismos oficiais para lidar com o tratamento injusto. A organização recomendou o desenvolvimento de um sistema de governança que defina e exija que as plataformas respeitem certos direitos e proteções mínimos. **4.** A faceta moderna da organização do trabalho é o controle por programação ou comandos (ou por algoritmo). A partir da programação, da estipulação de regras e comandos preordenados e mutáveis (pelo programador), ao trabalhador é incumbida a capacidade de reagir em tempo real aos sinais que lhe são emitidos para realizar os objetivos assinalados pelo programa. Os trabalhadores, nesse novo modelo, devem estar mobilizados e disponíveis à realização dos objetivos que lhe são consignados. Existe uma suposta e conveniente autonomia do motorista, subordinada à telemática e ao controlador do aplicativo. Trata-se da direção por objetivos. **5.** O algoritmo, que pode ser modificado a qualquer momento, pela reprogramação (*inputs*), garante que os resultados finais esperados (*outputs*) sejam alcançados sem a necessidade de dar ordens diretas aos trabalhadores, que, na prática, não agem livremente, mas **exprimem reações esperadas.** Aqueles que seguem a programação recebem premiações, na forma de bonificações e prêmios, enquanto aqueles que não se adaptarem aos comandos e objetivos são punidos ou desligados. **6.** Ressalte-se que a empresa instrumentaliza o serviço durante todo o dia por meio de estímulo às jornadas extensas, com prêmios. O algoritmo procura melhorar a remuneração desses trabalhadores nos horários em que há maior necessidade dos usuários da plataforma. **7. Passa-se da ficção do trabalhador-mercadoria para a ficção do trabalhador-livre. JURISPRUDÊNCIA COMPARADA. 1.** O trabalho em plataformas é uma questão global, que vem sendo enfrentada pelos tribunais de diversos países, em decisão proferida pela Corte de Justiça da União Europeia foi decidido que o serviço de intermediação (Uber) deve ser considerado como parte integral de um serviço geral, cujo principal componente é o serviço de transporte e, em razão disso, não deve ser classificado como «serviço de sociedade de informação» [...] mas como «serviço no campo do transporte». **2.** Mais recentemente, a Suprema Corte do Reino Unido reconheceu que os motoristas da Uber são *workers* e não trabalhadores autônomos, aplicando a teoria do *Purposive Approach*, desenvolvida por Guy Davidov, no sentido de que a interpretação da lei deve ser realizada a partir dos seus objetivos e o resultado interpretativo deve ser aquele que traz melhores resultados de acordo com essas finalidades. O Tribunal Inglês reconheceu que há subordinação dos motoristas do aplicativo à empresa Uber. **3.** No caso da decisão da Suprema Corte do Reino Unido, deve ser esclarecido que o enquadramento dos trabalhadores na categoria de *workers*, e não de *employees*, observou, os limites do pedido; já que a subordinação foi amplamente reconhecida e que, ao analisar o grau de controle exercido pela UBER, a Corte ressaltou que a liberdade para definir sua própria jornada de trabalho não afasta o vínculo, citando os trabalhadores intermitentes como exemplo, e frisando a necessidade de centrar a análise nas condições de trabalho vivenciadas durante a jornada, qualquer que seja ela. **4.** Acrescente-se que, em março de 2020, **a Corte de Cassação da França** reconheceu a existência de relação de emprego, passando pelo conceito de sujeição às ordens organizacionais, nos exatos termos do artigo 6º, parágrafo único, da CLT e frisa que a possibilidade de escolher o momento para se conectar não afasta o vínculo, pois, uma vez conectado, o motorista tem limitadas recusas, encontrando-se, portanto, à disposição da estrutura UBER. **O RECONHECIMENTO DO VÍNCULO DE EMPREGO COMO SUPOSTO INVIABILIZADOR DO NEGÓCIO (DO AVANÇO DA «MODERNIDADE E DA TECNOLOGIA»). 1.** O Procurador Regional do Trabalho Dr. Cássio Casagrande, no artigo «Com motoristas empregados, o Uber acaba? Os saltos tecnológicos do capitalismo e a regulação da economia digital», de 1.3.2021, afirma que: «Tudo isso apenas está se repetindo agora na «quarta» revolução industrial. O trabalho com a intermediação de aplicativos gerou uma massa de trabalhadores precários, destituídos de qualquer proteção. Cedo ou tarde, pelo legislativo ou pelo judiciário, a regulação virá. Se o Uber não conseguir manter certos direitos sociais para seus motoristas, a empresa pode, sim, desaparecer. E isso não é ruim, pelo contrário. Será substituída por outras mais eficientes. O mais provável é que ela puramente se adapte (já o está fazendo em estados como Nova Iorque e Califórnia, onde é obrigada por lei a pagar salário-mínimo e limitar a jornada de motoristas). Mas as corridas e entregas vão ficar mais caras para os consumidores se direitos forem reconhecidos aos motoristas? Provavelmente sim, porque hoje elas estão artificialmente baratas, pois o "modelo de negócios" destas empresas inclui superexplorar trabalhadores e sonegar contribuições fiscais e previdenciárias (e na verdade somos nós contribuintes que estamos subsidiando a empresa). O aumento no preço dos bens de consumo e serviço em razão da criação de direitos sociais é inevitável, e é um progresso. Do contrário, vamos defender que nossas roupas sejam feitas por crianças trabalhando em regime de servidão ou que se restabeleça o transporte urbano por tração humana. Creio que não queremos voltar aos tempos do "King Cotton" no Sul dos EUA, nem ao Brasil Império do palanquim e da liteira." O artigo do Dr. Cássio Casagrande mostra que a tecnologia sempre será bem-vinda, porém não pode ser utilizada como forma de subtrair os direitos dos trabalhadores. O baixo custo do serviço prestado por meio da plataforma não pode ser suportado pelos motoristas, pois quem desenvolve a atividade econômica tem a obrigação de respeitar os direitos fundamentais dos trabalhadores, sob pena de prática de concorrência desleal com os serviços até então estabelecidos, provocando uma erosão social com o aniquilamento dos direitos fundamentais dos trabalhadores. **2.** Diante do exposto, dou provimento ao recurso ordinário do trabalhador para reconhecer o vínculo de emprego. (TRT-15 RO 0011710-15.2019.5.15.0032 SP, Relator Des. João Batista Martins César, 6ª Turma -11ª Câmara -, Data de Publicação: 26/04/2021)

VÍNCULO EMPREGATÍCIO. REQUISITOS INDISPENSÁVEIS PARA CARACTERIZAÇÃO. Para a caracterização de vínculo empregatício faz-se necessária a presença concomitante dos requisitos: pessoalidade, onerosidade, não eventualidade e subordinação jurídica. Admitida a prestação de serviços, incumbe à reclamada o encargo probatório quanto à ausência de alguns dos requisitos mencionados acima. Não desincumbindo a ré deste ônus, impõe-se reconhecer o vínculo empregatício entre as partes, nos moldes do art. 3º da CLT. (TRT-3 RO 010639922019503005 MG, Relatora Des. Angela C. Rogedo Ribeiro, 1ª Turma, Data de Publicação: 07/10/2020).

AÇÃO PROPOSTA NA VIGÊNCIA DA LEI Nº 13.467/2017. RECURSO DO AUTOR. MOTORISTA DE APLICATIVO. UBER DO BRASIL TECNOLOGIA LTDA. EMPRESAS DE TRANSPORTE DE PASSAGEIROS. PRINCÍPIO DA PRIMAZIA DA REALIDADE ART. 9º, 442 DA CLT E RECOMENDAÇÃO 198 DA OIT. VÍNCULO DE EMPREGO. PRESENÇA DOS ELEMENTOS FÁTICO-JURÍDICOS CONTIDOS NOS ART. 2º, 3º e 6º, PARÁGRAFO ÚNICO, DA CLT. SUBORDINAÇÃO E CONTROLE POR PROGRAMAÇÃO ALGORÍTMICA. CONFIGURAÇÃO. A tão falada modernidade das relações através das plataformas digitais, defendida por muitos como um sistema colaborativo formado por "empreendedores de si mesmo", tem ocasionado, em verdade, um retrocesso social e precarização das relações de trabalho. Nada obstante o caráter inovador da tecnologia, o trabalho *on demand* através de aplicativo tem se apresentado como um "museu de grandes novidades" : negativa de vínculo de emprego, informalidade, jornadas exaustivas, baixa remuneração e supressão de direitos trabalhistas como férias e décimo terceiro salário. Comprovando-se nos autos que o autor, pessoa física e motorista da UBER, plataforma de trabalho sob demanda que utiliza a tecnologia da informação para prestação de serviços de transporte, laborava em favor desta com pessoalidade, não eventualidade, onerosidade e subordinação, seguindo diretrizes de controle algorítmico e padrão de funcionamento do serviço, impõe-se o reconhecimento do vínculo de emprego pleiteado com o pagamento das verbas trabalhistas e rescisórias a ele inerentes. HORAS EXTRAS. ATIVIDADE EXTERNA. POSSIBILIDADE DE CONTROLE TELEMÁTICO. COMPROVAÇÃO. ADICIONAIS DEVIDOS. Embora se reconheça que o motorista de UBER tem certa autonomia para se pautar no seu cotidiano e distribuição do trabalho, a empresa, por outro lado, tem total possibilidade de exercer controle telemático sobre sua jornada, já que a atividade é exercida mediante uso de plataforma digital, com equipamento em conexão online, o que, por óbvio, permite o monitoramento remoto do trabalho, e, por conseguinte, afasta a hipótese contida no art. 62, I, da CLT. Assim, comprovado o labor em horas extras, devidos são os adicionais, na forma da Súmula 340 do TST. Recurso a que se dá parcial provimento. RECURSO PATRONAL. DESLIGAMENTO DO AUTOR DA PLATAFORMA DE SERVIÇOS SEM AVISO PRÉVIO. AUSÊNCIA DE DANOS MORAIS. RESPONSABILIDADE CIVIL INEXISTENTE. Embora reprovável pela falta do aviso prévio, a conduta da reclamada de desligar o autor de sua plataforma de serviços de forma imotivada, não tem o condão de gerar danos morais passíveis de reparação. A situação se assemelha aquela vivenciada pelo empregado típico dispensado sem justa causa por seu empregador sem aviso prévio e sem o percebimento das verbas rescisórias. Nessa hipótese, a jurisprudência, inclusive do C. TST, é vasta no sentido de que não há responsabilidade civil na espécie. Entende-se que a dispensa imotivada sem o cumprimento do quanto previsto na legislação enseja consequências próprias, cuja reparação se dá no âmbito material, não implicando, por si só, em violação aos direitos da personalidade e nem no reconhecimento in re ipsa do abalo. Recurso provido no aspecto. (TRT-13 - RO: 00006996420195130025 0000699-64.2019.5.13.0025, 2ª Turma, Data de Publicação: 25/09/2020) VÍNCULO DE EMPREGO. MOTORISTA. UBER. AUSÊNCIA DE SUBORDINAÇÃO E DE "ALIENIDADE". O reclamante admite expressamente que se utilizava da conta de outro colega de trabalho para prestar serviços de transporte. E, ainda, que podia se fazer substituir por outros motoristas a ele vinculados, que não havia controle sobre a jornada de trabalho nem aplicação de penalidades em função do tempo de inatividade, que detinha ampla liberdade para aceitar ou cancelar corridas e estabelecer seus horários de trabalho e que retinha a maior parte dos ganhos financeiros decorrentes do serviço de transporte (75% ou 80%), podendo aplicar descontos ou onerar o valor da corrida. Circunstâncias incompatíveis com o elemento subordinação e da chamada "alienidade", característica intrínseca ao trabalho produtivo no sistema capitalista. (TRT-2 10010172320195020385 SP, Relator: RUI CESAR PUBLIO BORGES CORREA, 6ª Turma - Cadeira 4, Data de Publicação: 11/11/2020) RECURSO ORDINÁRIO. VÍNCULO EMPREGATÍCIO. REQUISITOS. MOTORISTA DE APLICATIVO. O reconhecimento de vínculo empregatício entre as partes depende necessariamente do preenchimento de todos os requisitos estabelecidos nos artigos 2º e 3º da CLT, quais sejam: habitualidade, pessoalidade, subordinação e mediante remuneração. A ausência de quaisquer dos requisitos é suficiente para descaracterização da relação de emprego. (TRT-1 - RO: 01003530220175010066 RJ, Relator: FLAVIO ERNESTO RODRIGUES SILVA, Data de Julgamento: 21/11/2018, Décima Turma, Data de Publicação: 14/12/2018)

Em recente decisão o Tribunal Superior do Trabalho afastou o vínculo empregatício entre uma plataforma de aplicativos e um motorista, por entender que não havia subordinação no caso analisado. O Relator do caso, Ministro Breno Medeiro, consignou em seu voto que o trabalhador admitiu a possibilidade de ficar "off line" e este fato "*traduz, na prática, a ampla flexibilidade do autor em determinar sua rotina, seus horários de trabalho, locais que deseja atuar e quantidade de clientes que pretende atender por dia"*. Delineou a *"possibilidade de avaliação dos motoristas pelos usuários, e vice-versa, sequer tangencia com a presença de subordinação, consubstanciando, em verdade, ferramenta de feedback para os usuários finais quanto à qualidade da prestação de serviços do condutor, de interesse de todos os envolvidos"*, conforme aresto a seguir transcrito:

> RECURSO DE REVISTA. ACÓRDÃO PUBLICADO NA VIGÊNCIA DA LEI Nº 13.015/2014. VÍNCULO DE EMPREGO. MOTORISTA. UBER. AUSÊNCIA DE SUBORDINAÇÃO. TRANSCENDÊNCIA JURÍDICA RECONHECIDA. Destaque-se, de início, que o reexame do caso não demanda o revolvimento de fatos e provas dos autos, isso porque a transcrição do depoimento pessoal do autor no acórdão recorrido contempla elemento fático hábil ao reconhecimento da confissão quanto à autonomia na prestação de serviços. Com efeito, o reclamante admite expressamente a possibilidade de ficar "off line", sem delimitação de tempo, circunstância que indica a ausência completa e voluntária da prestação dos serviços em exame, que só ocorre em ambiente virtual. Tal fato traduz, na prática, a ampla flexibilidade do autor em determinar sua rotina, seus horários de trabalho, locais que deseja atuar e quantidade de clientes que pretende atender por dia. Tal autodeterminação é incompatível com o reconhecimento da relação de emprego, que tem como pressuposto básico a subordinação, elemento no qual se funda a distinção com o trabalho autônomo. Não bastasse a confissão do reclamante quanto à autonomia para o desempenho de suas atividades, é fato incontroverso nos autos que o reclamante aderiu aos serviços de intermediação digital prestados pela reclamada, utilizando-se de aplicativo que oferece interface entre motoristas previamente cadastrados e usuários dos serviços. Dentre os termos e condições relacionados aos referidos serviços, está a reserva ao motorista do equivalente a 75% a 80% do valor pago pelo usuário, conforme consignado pelo e. TRT. O referido percentual revela-se superior ao que esta Corte vem admitindo como bastante à caracterização da relação de parceria entre os envolvidos, uma vez que o rateio do valor do serviço em alto percentual a uma das partes evidencia vantagem remuneratória não condizente com o liame de emprego. Precedentes. Recurso de revista conhecido e provido. (TST-RR-1000123-89.2017.5.02.0038, 5ª Turma, rel. Min. Breno Medeiros, julgado em 5.2.2020)

Noutro julgado, também rechaçou o vínculo empregatício. Vejamos:

> RECURSO DE REVISTA OBREIRO - VÍNCULO DE EMPREGO ENTRE O MOTORISTA DE APLICATIVO E A EMPRESA PROVEDORA DA PLATAFORMA DE TECNOLOGIA DA INFORMAÇÃO (UBER) - IMPOSSIBILIDADE DE RECONHECIMENTO DIANTE DA AUSÊNCIA DE SUBORDINAÇÃO JURÍDICA - TRANSCENDÊNCIA JURÍDICA RECONHECIDA - RECURSO DESPROVIDO. 1. Avulta a transcendência jurídica da causa (CLT, art. 896-A, § 1º, IV),

na medida em que o pleito de reconhecimento do vínculo de emprego envolvendo os recentes modelos de contratação firmados entre motoristas de aplicativo e empresas provedoras de plataformas de tecnologia por eles utilizadas ainda é nova no âmbito desta Corte, demandando a interpretação da legislação trabalhista em torno da questão. 2. Ademais, deixa-se de aplicar o óbice previsto na Súmula 126 desta Corte, uma vez que os atuais modelos de contratação firmados entre as empresas detentoras da plataforma de tecnologia (Uber) e os motoristas que delas se utilizam são de conhecimento público e notório (art. 374, I, do CPC) e consona com o quadro fático delineado pelo Regional. 3. Em relação às novas formas de trabalho e à incorporação de tecnologias digitais no trato das relações interpessoais - que estão provocando uma transformação profunda no Direito do Trabalho, mas carentes ainda de regulamentação legislativa específica - deve o Estado-Juiz, atento a essas mudanças, distinguir os novos formatos de trabalho daqueles em que se está diante de uma típica fraude à relação de emprego, de modo a não frear o desenvolvimento socioeconômico do país no afã de aplicar regras protetivas do direito laboral a toda e qualquer forma de trabalho. 4. Nesse contexto, analisando, à luz dos arts. 2º e 3º da CLT, a relação existente entre a Uber e os motoristas que se utilizam desse aplicativo para obterem clientes dos seus serviços de transporte, tem-se que: a) quanto à habitualidade, inexiste a obrigação de uma frequência predeterminada ou mínima de labor pelo motorista para o uso do aplicativo, estando a cargo do profissional definir os dias e a constância em que irá trabalhar; b) quanto à subordinação jurídica, a par da ampla autonomia do motorista em escolher os dias , horários e forma de labor, podendo desligar o aplicativo a qualquer momento e pelo tempo que entender necessário, sem nenhuma vinculação a metas determinadas pela Uber ou sanções decorrentes de suas escolhas, a necessidade de observância de cláusulas contratuais (v.g. valores a serem cobrados, código de conduta, instruções de comportamento, avaliação do motorista pelos clientes), com as correspondentes sanções no caso de descumprimento (para que se preserve a confiabilidade e a manutenção do aplicativo no mercado concorrencial), não significa que haja ingerência no modo de trabalho prestado pelo motorista, reforçando a convicção quanto ao trabalho autônomo a inclusão da categoria de motorista de aplicativo independente, como o motorista da Uber, no rol de atividades permitidas para inscrição como Microempreendedor Individual - MEI, nos termos da Resolução 148/2019 do Comitê Gestor do Simples Nacional; c) quanto à remuneração, o caráter autônomo da prestação de serviços se caracteriza por arcar, o motorista, com os custos da prestação do serviço (manutenção do carro, combustível, IPVA), caber a ele a responsabilidade por eventuais sinistros, multas, atos ilícitos ocorridos, dentre outros (ainda que a empresa provedora da plataforma possa a vir a ser responsabilizada solidariamente em alguns casos), além de os percentuais fixados pela Uber, de cota parte do motorista, entre 75% e 80% do preço pago pelo usuário , serem superiores ao que este Tribunal vem admitindo como suficientes a caracterizar a relação de parceria entre os envolvidos. 5. Já quanto à alegada subordinação estrutural, não cabe ao Poder Judiciário ampliar conceitos jurídicos a fim de reconhecer o vínculo empregatício de profissionais que atuam em novas formas de trabalho, emergentes da dinâmica do mercado concorrencial atual e, principalmente, de desenvolvimentos tecnológicos, nas situações em que não se constata nenhuma fraude, como é o caso das empresas provedoras de aplicativos de tecnologia, que têm como finalidade conectar quem necessita da condução com o motorista credenciado, sendo o serviço prestado de motorista, em si, competência do profissional e apenas uma consequência inerente ao que propõe o dispositivo. 6. Assim sendo, não merece reforma o acórdão regional que não reconheceu o vínculo de emprego pleiteado na presente reclamação, sob o fundamento de ausência de subordinação jurídica entre o motorista e a empresa provedora do aplicativo Uber. Recurso de revista desprovido. (TST - RR: 105555420195030179, Relator: Ives Gandra Martins Filho, Data de Julgamento: 02/03/2021, 4ª Turma, Data de Publicação: 05/03/2021)

Na jurisprudência internacional de Direito do Trabalho encontramos posicionamentos favoráveis ao reconhecimento do vínculo empregatício na relação jurídica entre as plataformas de aplicativos e seus respectivos prestadores de serviço. A Corte Francesa, no julgamento do Recurso Nº. S 19- 13.316, assinalou que o fato o empregado poder eleger o horário de prestação de serviços, por si, não desconfigura a relação de trabalho subordinado, pois quando o trabalhador se conecta à plataforma, em verdade está se incorporando ao serviço organizado da empresa por algoritmo, submetendo-se à rota pré-determinada pela empresa. Compreende que a empresa controla as viagens e aplica sanções ao trabalhador como, v.g., o banimento.[13]

> [...] 7. Según el artículo L. 8221-6 del Código de Trabajo, se presume que las personas físicas, en el ejercicio de la actividad que da lugar a la inscripción en los registros o directorios que este texto enumera, no están vinculadas con el mandante por un contrato de trabajo. No obstante, puede establecerse la existencia de un contrato de trabajo cuando esas personas presten servicios en condiciones que las coloquen en un vínculo de subordinación jurídica permanente con respecto al mandante. 8. Según la jurisprudencia reiterada del Tribunal (Soc., 13 de noviembre de 1996, Nº 94-13187, Bol. V Nº 386, Société Générale), la relación de subordinación se caracteriza por la realización de un trabajo bajo la autoridad de un empleador que tiene la facultad de dar órdenes e instrucciones, controlar su

---

[13] Cour de Cassation. Arrêt n°374 du 4 mars 2020 (19-13.316) - Cour de cassation - Chambre sociale - ECLI:FR:CCAS:2020:SO00374. <https://www.courdecassation.fr/IMG/20200304_arret_UBER_espanol.pdf > [acessado em 09/06/2021].

cumplimiento y sancionar las faltas de su subordinado. 9. Según la misma jurisprudencia, el trabajo en un servicio organizado puede constituir un indicio de subordinación cuando el empleador determina unilateralmente las condiciones de ejecución. 10. A este respecto, el Tribunal de Apelación sostuvo que el Sr. X... se vio obligado, para poder convertirse en "colaborador" de Uber BV y su aplicación homónima, a inscribirse en el Registro de Oficios y que, lejos de decidir libremente cómo organizar su negocio, buscar clientes o elegir sus proveedores, ha integrado así un servicio de transporte creado y enteramente organizado por Uber BV, que existe únicamente gracias a dicha plataforma, un servicio de transporte a través del cual no constituye su propia clientela, no fija libremente sus tarifas o las condiciones de ejercicio de su servicio de transporte, las cuales son regidas en su totalidad por la empresa Uber BV. 11. El Tribunal de Apelación sostuvo, en relación con la libertad de conexión y la libre elección de los horarios de trabajo, que el hecho de poder elegir los días y los horarios de trabajo no excluye por sí mismo una relación laboral subordinada, ya que cuando un conductor se conecta a la plataforma de Uber, se incorpora a un servicio organizado por la empresa Uber BV. 12. En cuanto a las tarifas, el Tribunal de Apelación señaló que se fijan contractualmente mediante los algoritmos de la plataforma Uber por medio de un mecanismo de predicción, imponiendo al conductor una ruta determinada que no es libre de elegir, ya que el contrato prevé en su artículo 4.3 una posibilidad de ajuste de la tarifa por parte de Uber, en particular si el conductor eligió una "ruta ineficiente", el Sr. X... presentó varias correcciones de la tarifa que le fueron aplicadas por Uber BV y que reflejan el hecho de que le daba instrucciones y controlaba su cumplimiento. 13. En cuanto a las condiciones de ejercicio del servicio de transporte, el Tribunal de Apelación consideró que la aplicación Uber ejercía un control en materia de aceptación de los viajes, ya que, sin ser contradicho, el Sr. X. declara que, después de tres negativas de solicitudes, se envía el mensaje "¿Sigues ahí?", con la carta invitando a los choferes que no desean aceptar viajes a "simplemente" desconectarse, que esta invitación debe ser interpretada respecto a lo estipulado en el punto 2.4 del contrato, según el cual: "Uber" también se reserva el derecho de deshabilitar o restringir el acceso o el uso de la Aplicación de Conductores o los Servicios de Uber por el Cliente o cualquiera de sus choferes o por cualquier otra razón, a la discreción razonable de Uber", que tienen por efecto el de alentar a los conductores a permanecer conectados con el fin de esperar hacer un viaje y así permanecer constantemente a disposición de Uber BV durante la duración de la conexión, sin poder realmente elegir libremente, como lo haría un conductor independiente, el viaje que les convenga o no, especialmente debido a que el punto 2.2 del contrato estipula que el conductor "obtendrá el destino del usuario, ya sea en persona en el momento de la recogida, o a través de la Aplicación de Conductores si el usuario elige introducir el destino a través de la Aplicación Móvil Uber", lo que implica que el criterio de destino, que puede condicionar la aceptación de un viaje es a veces desconocida por el conductor cuando debe responder a una solicitud de la plataforma Uber, lo que confirma el acta del agente judicial labrada el 13 de marzo de 2017, en la que se constata que el conductor sólo tiene ocho segundos para aceptar el viaje que se le propone. 14. En cuanto a la facultad de imponer sanciones, además de las desconexiones temporales sobre la base de tres negativas a realizar un viaje, que Uber reconoce, y las correcciones tarifarias aplicadas si el conductor eligió una "ruta ineficiente", el Tribunal de Apelación sostuvo que la fijación por parte de Uber BV de una tasa de cancelación de pedidos, que puede variar en "cada ciudad" según el Reglamento de la Comunidad Uber, puede dar lugar a la pérdida de acceso a la cuenta en cuestión, así como a la pérdida permanente de acceso a la aplicación Uber en caso de denuncias de "comportamiento problemático" de los usuarios, a los que M. X... ha sido expuesto, independientemente de que los hechos denunciados estén establecidos o de que la pena sea proporcional a su comisión. 15. El Tribunal de Apelación, que dedujo así de todo lo anterior que la condición de trabajador autónomo del Sr. X... era ficticia y que Uber BV le había dado instrucciones, controlado su cumplimiento y ejercido la facultad de imponer sanciones, ha justificado legalmente su decisión, sin distorsionar los términos del contrato y sin incurrir en las reclamaciones del alegato, inoperante en sus puntos séptimo, noveno y duodécimo.

Por todo lo expuesto, el Tribunal: DECLARA inadmisible la intervención voluntaria del sindicato Confederación General del Trabajo-Fuerza Obrera; RECHAZA la apelación; Condena a Uber France y Uber BV a pagar las costas; En virtud del artículo 700 del Código de Procedimiento Civil, ordena a Uber France y a Uber BV a pagar al Sr. X... la suma de 3.000 euros; rechaza las demás demandas; Así lo hizo y juzgó el Tribunal de Casación, Sala de lo Social, y lo pronunció el Presidente en su audiencia pública de cuatro de marzo de dos mil veinte" (versão em espanhol).

Na mesma linha, Francisco Alberto RUAY SÁEZ[14] cita a existência uma decisão proferida pelo Tribunal de Londres, no caso número 2202551/2015 (& Others, de 28 de Octubre de 2016), e pelo Tribunal de Montevideo (Juzgado Letrado de Trabajo de Trabajo de 6º Turno de Montevideo, Sentencia Nº 77 de 11 de noviembre de 2019), que reconheceram a existência de novos indícios de relação trabalho:

Uber dicta instrucciones: El tribunal considera que a pesar de que el conductor puede elegir cuándo trabajar y cuándo no, eso no excluye la laboralidad dado que cuándo está trabajando debe aceptar los viajes –o se arriesga a ser "desactivado"-. Además el conductor desconoce la información esencial, como por ejemplo dónde quiere ir el pasajero, por lo

---

[14] Francisco Alberto RUAY SÁEZ (coord. Federico Rosenbaum). Declaración de relación laboral y capitalismo de plataformas en Chile. Revisión de criterios a propósito de una sentencia de antaño. Revista jurídica del trabajo. Marzo de 2020.

> que no se puede decir que el conductor realmente puede elegir qué viajes aceptar y cuáles no dado que le falta la información esencial para tomar realmente la decisión; **Uber entrevista y selecciona a los conductores**; Uber establece la ruta a seguir por el conductor (por defecto). Y fija el precio a pagar; Uber impone condiciones a los conductores (ej. Coche de menos de 10años); **Uber recibe las quejas de los conductores e impone soluciones que el conductor debe aceptar**. Ej. Si un cliente cree que el conductor há realizado una ruta más larga de la debida puede quejarse a Uber y Uber puede descontar parte de la retribución del conductor para devolvérsela al cliente".

Alguns doutrinadores definem subordinação existente nesta relação jurídica como "disruptiva". Esse termo foi cunhado por Joseph L. Bower e Clayton Christensen significando uma ruptura na forma tradicional de produção de um bem ou atividade empresarial em virtude da utilização da tecnologia.

A "disrupção", nas lições de Fausto Siqueira Gaia[15], significa a interrupção normal de um processo, uma quebra de padrões no modelo da relação de trabalho e a forma como as pessoas interagem com as empresas, segundo os traços da contemporaneidade que marca o uso das tecnologias nas relações de trabalho, quebrando a relação tradicional do trabalho de forma presencial. Gaia sustenta que a subordinação pode ser conceituada como "disruptiva"[16]:

> *"A subordinação jurídica disruptiva, portanto, é o liame jurídico, oriundo do uso de aparatos tecnológicos no processo produtivo, que vincula o empregado ao empregador, por meio do qual este, em razão da dependência funcional do uso da força de trabalho para o desenvolvimento da atividade produtiva, exerce a gestão, o controle e o poder disciplinar sobre a força de trabalho contratada. É disruptiva porque rompe com as construções tradicionais apresentadas para o conceito de subordinação jurídica, ora vinculado apenas aos aspectos subjetivos da relação entre empregado ora associado apenas aos aspectos objetivas da atividade desenvolvida.*
>
> *(...) A programação de algoritmos, que dita e distribui os locais de atuação dos motoristas por meio de aplicativos, que informa à plataforma tecnológica em tempo real e qual a frequência o trabalhador vem recusando serviços, e que serve de canal para a avaliação e para a punição do trabalhador, substituiu a atuação pessoal e presencial do empregado e seus prepostos no exercício dos poderes de gestação, de organização e disciplinar. O aspecto subjetivo da subordinação jurídica passa a sofrer, nesses novos modelos de negócio envolvendo tecnologias, um processo de disrupção, o que implicou*

---

15 Fausto Siqueira Gaia. Uberização do Trabalho. São Paulo, SP: Lumen Juris, 2019.

16 Ibidem. Gaia, 2019.

modificações sobre as formas tradicionais pelas quais eram manifestados os poderes de gestão e controle do empregador sobre o empregado".

Nota-se que a partir das tecnologias da informação e comunicação, nasceu um novo modelo de negócio, que deu uma nova roupagem ao processo de produção e a forma de prestação de serviços do trabalhador, necessárias às consecuções do negócio.

Sandro Nahmias Melo expõe que *"a intermediação dos serviços de transporte por plataformas, com gerenciamento de serviços humanos por algoritmos, tem uma marca distintiva: a ausência de visualização de uma figura humana na gerência dos serviços"*. Complementa afirmando que *"a falta de visualização de um gestor humano coopera com a percepção – estruturalmente equivocada – de que o motorista de aplicativo tem total autonomia no desenvolvimento do seu trabalho, já que não responde a ninguém – humanamente considerado"*, sendo certo que o cumprimento de inúmeras regras por este trabalhador evidencia o contrário.[17]

Pensamos que o trabalhador passou a compartilhar os custos do negócio com o empregador, na medida é preciso adquirir ou locar os instrumentos de trabalho para viabilizar a execução dos serviços, como, por exemplo, bicicleta, patinete, moto, carro, etc. A organização da atividade empresarial não mais é vertical, mas, sim, horizontal. O trabalhador é interligado ao empregador por meio de plataformas digitais e aplicativos. A gestão da atividade não é realizada de forma pessoal e direta, mas por meio de algoritmos, sistemas e meios telemáticos e informatizados de comando, controle e supervisão, capazes de interligar o trabalhador e o empregador.

É inegável o impacto econômico e social produzido pelas empresas de aplicativo e plataformas digitais. A um só tempo são capazes de atender as demandas de uma multidão de consumidores com praticidade e agilidade, com preços adaptados à necessidade dos seus clientes, bem como albergar uma gama de trabalhadores sem emprego formal. Mas, a ausência de limitação de jornada, de garantia de uma renda mínima (ou de volatilidade da renda), de critérios claros de acesso e desligamento, além da vulnerabilidade social – ou seja, a desproteção em caso de eventual acidente de trabalho, doença, invalidez, maternidade, entre outras contingências sociais – colocam o

---

[17] Sandro Nahmias Melo in O Direito do Trabalho na crise da COVID-19. Coordenadores A. A. Belmonte; L. Martinez; N. Maranhão – Salvador: Editora JusPodivm, 2020.p.665

trabalhador à margem dos direitos e garantias mínimas assegurados pela Constituição Federal, mormente a dignidade da pessoa do trabalhador (art.1º, II, CF), a erradicação da pobreza (art. 3º, III), os direitos sociais e o patamar civilizatório mínimo conferido ao trabalhador (art. 6º e 7º da CF).

As regras, princípios e institutos jurídicos de Direito do Trabalho foram construídas em torno da relação de emprego considerando a sua relevância – por abranger um conjunto de normas que propiciam a efetivação da dignidade da pessoa do trabalhador, assegurando-lhe um *patamar civilizatório mínimo*.[18] Os trabalhadores ou prestadores de serviços em empresas de plataformas digitais não podem ficar ao largo desses direitos mínimos.

Assim, filiamo-nos àqueles que defendem a caracterização do vínculo empregatício, porquanto os trabalhadores estão subordinados ao empregador de uma forma moderna: por algoritmos. As formas de controle direto foram automatizadas, isto é, substituídas por de instrumentos telemáticos e informatizados de controle, comando e supervisão. A gestação da atividade do empregado é realizada por meio da plataforma digital. As atividades, o percurso e o tempo estimado de execução das tarefas são determinados pelo sistema informatizado. É a denominada *subordinação por algoritmo*, também denominada de *subordinação jurídica disruptiva*.

De mais a mais, depreende-se a presença de habitualidade na relação jurídica ora analisada, pois as partes têm a expectativa da prestação de serviços. Também, verifica-se que o contrato pactuado com o trabalhador é *intuitu personae* levando em consideração as características pessoais do trabalhador, na medida em que a empresa de tecnologia exige o cadastro prévio na plataforma, bem como o preenchimento dos *requisitos de elegibilidade* para ser um prestador de serviços; possuir boa avaliação, o que franqueará o acesso do trabalhador a usuários (VIPs) e a programas de vantagens mantidos com empresas parceiras; a indicação do local ou cidade de origem, bem como a atualização constante desses dados; não é possível compartilhar, ceder ou transferir a conta cadastrada a terceiros, ficando sujeito às penalidades do código de conduta. Vemos, portanto, que o trabalhador passa por um rigoroso processo até a efetiva habilitação.

---

18 Idem. Delgado, 2019, p. 334.

É válido dizer que a taxa de prestação de serviços é paga pelo cliente diretamente à empresa de tecnologia, não havendo qualquer discricionariedade ou ingerência do trabalhador na fixação dos valores cobrados pela atividade desempenhada. Posteriormente, é repassado um percentual dos valores da viagem ao trabalhador, estando, neste ato, configurada a onerosidade. Na visão da doutrina protetiva, a principal característica do serviço autônomo é a liberdade de negociar o preço do dos serviços diretamente com o tomador.

Além disso, recordamos que é possível sustentar o vínculo empregatício com base na teoria da subordinação estrutural. A doutrina aponta que existirá a subordinação quando o empregado está inserido na dinâmica da atividade empresarial do tomador de seus serviços, independentemente de receber (ou não) ordens diretas. De fato, o empregado de empresas de plataforma digital está inserido na dinâmica empresarial. A possibilidade de imposição de punições ao trabalhador – como a perda de pontos no ranking, advertências, suspensões do aplicativo e até o banimento – são características próprias da relação de trabalho, a rigor, não verificadas no trabalho autônomo.

A singularidade do trabalho por aplicativo ou plataformas digitais gera uma crise de incertezas sobre o enquadramento jurídico mais adequado à espécie. Por esta razão, existe um forte movimento mundial no sentido de se estabelecer regras claras sobre a relação jurídica debatida. A Organização Internacional do Trabalho tem se debruçado sobre o tema, realizando inúmeras audiências, debates, seminários, conferências e estudos científicos sobre o trabalho através de plataformas digitais, objetivando a promoção do emprego e do trabalho decente. Majoritariamente os referidos estudos indicam a necessidade de regulamentação da matéria, para que aproximar o trabalhador dos direitos trabalhistas e sociais mínimos.[19]

No Brasil, existem vários projetos de lei em tramitação na Câmara dos Deputados e no Senado Federal visando regulamentar a matéria.[20]

---

19 ILO. International Labour Organization. World Employment and Social Outlook: The role of digital labour platforms in transforming the world of work < https://www.ilo.org/wcmsp5/groups/public/---dgreports/---dcomm/---publ/documents/publication/wcms_771749.pdf > [acessado em 09/06/2021].

20 Na Câmara dos Deputados tramitam atualmente os Projetos de Lei n. 5.069/2019, 5622/2019, 6015/2019, 3515/2020, 3538/2020, 1697/2021, 3554/2020, 3572/2020, 3577/2020, 3797/2020, 4172/2020, 3748/2020,

Observa-se, contudo, uma ausência de consenso entre os legisladores quanto ao enquadramento jurídico da prestação de serviços por aplicativo, ora classificada como relação de emprego (PL n. 5069/2019; PL n. 5622/2019; PL n. 6015/2019), trabalho intermitente (PL n. 1603/2021 SF) e outrora como meros prestadores de serviços (PL n. 3797/2020). As justificativas para a propositura de tais projetos destacam de forma majoritária a singularidade da organização de trabalho por meio de plataformas digitais, a insegurança jurídica, a precariedade das condições de trabalho, além da falta de proteção trabalhista e social.

Em conclusão, enfatizamos que o direito não acompanha a evolução da sociedade, cabendo ao legislador adequar as normas jurídicas à realidade social, de maneira que garanta estabilidade às relações jurídicas e o plexo de direitos mínimos aos trabalhadores.

3954/2020, 4111/2020 e 6423/2019. Também existem projetos de lei em tramite perante o Senado Federal, v.g., o PL n. 1603/2021.

CAPÍTULO II.
EMPREGADOS DOMÉSTICOS

Os trabalhadores domésticos representam uma parte significativa da força de trabalho. Estão entre os trabalhadores mais vulneráveis.

Esses trabalhadores prestam serviços em casas de família, muitas vezes sem registro formal.

1. FATOS E NÚMEROS NO MUNDO[21]

- Existem 67 milhões de trabalhadoras(es) domésticas(os) adultas(os) no mundo, segundo estimativas da OIT para 2013.
- Deste número, 80% ou 55 milhões são mulheres.
- A América Latina e o Caribe conta com 18 milhões de trabalhadoras(es) domésticas(os), dos quais 88% são mulheres.
- O trabalho doméstico representa 27% da ocupação feminina na região.
- O trabalho doméstico é uma das ocupações com níveis de remuneração mais baixos no mundo, com médias de salário abaixo da metade do salário médio no mercado de trabalho.
- Cerca de 90% das(os) trabalhadoras(es) domésticas(os) não têm acesso à seguridade social.

2. FATOS E NÚMEROS NO BRASIL

- Em 2016, o Brasil tinha 6,158 milhões de trabalhadoras(es) domésticas(os[22]), dos quais 92% eram mulheres.
- Apenas 42% destas(es) trabalhadoras(es) contribuem para a previdência social e só 32% possuem carteira de trabalho assinada.

---

[21] https://www.ilo.org/brasilia/temas/trabalho-domestico/lang--pt/index.htm
[22] (Fonte: PNAD Contínua Trimestral do IBGE)

- A grande maioria das(os) trabalhadoras(es) domésticas(os) são mensalistas. As diaristas, por sua vez, enfrentam a possibilidade de situações de trabalho mais precárias e tem sua própria responsabilidade de contribuir para a previdência social.
- Apenas 4% da categoria de trabalhadoras domésticas e trabalhadores domésticos é sindicalizada.
- O número de crianças e adolescentes em situação de trabalho infantil doméstico no Brasil teve uma diminuição de 61,6% entre 2004 e 2015, passando de 406 mil para 156 mil.
- Em 2015, 88,7% das(os) trabalhadoras(es) domésticas(os) entre 10 e 17 anos no Brasil eram meninas e 71% eram negras(os).

A categoria doméstica não recebeu qualquer regulamentação jurídica durante muito tempo. A CLT excluiu expressamente os empregados domésticos das normas protetivas no art. 7º, "a". Apenas em 1972 o trabalho doméstico recebeu foi regulamentado timidamente, com a edição da Lei n. 5.859/72, que conferiu três direitos ao trabalhador doméstico.

A Lei n. 5.859/72 definia o empregado doméstico como *aquele que presta serviços de natureza contínua e de finalidade não lucrativa à pessoa ou à família, no âmbito residencial destas* (art. 1º).

Com o surgimento da Constituição Federal de 1988 o trabalho doméstico foi positivado no art. 7º, parágrafo único, que acrescentou mais oito direitos: salário mínimo; irredutibilidade de salário; 13º salário; repouso semanal remunerado, preferencialmente aos domingos; gozo de férias anuais remuneradas com, pelo menos, um terço a mais do que o salário normal; licença à gestante, sem prejuízo do emprego e do salário, com duração de cento e vinte dias; licença-maternidade, nos termos fixados em lei; aviso-prévio proporcional ao tempo de serviço, sendo no mínimo trinta dias, nos termos da lei; aposentadoria).

Em 2013, o referido dispositivo foi alterado, através da Emenda Constitucional nº 72, ampliando o rol de direitos dos empregados doméstico.

DIREITOS DO EMPREGADO DOMÉSTICO	
1º Momento: <u>Antes</u> do advento da EC 72/2013	2º Momento: <u>Após</u> do advento da EC 72/2013.
Salário mínimo.	Salário mínimo.
Irredutibilidade de salário. Descanso semanal remunerado (repouso semanal remunerado).	Irredutibilidade de salário. Descanso semanal remunerado (repouso semanal remunerado).
Décimo terceiro salário.	Décimo terceiro salário.
Licença maternidade.	Licença maternidade.
Licença paternidade.	Licença paternidade.
Aviso prévio.	Aviso prévio.
Férias.	Férias.
Aposentadoria.	Aposentadoria.
Previdência Social.	Previdência Social.
1º parte: novos direitos de <u>aplicabilidade imediata ou direta</u> (normas constitucionais de eficácia plena)	
	Garantia do salário nunca inferior ao mínimo aos que percebem remuneração variável.
	Proteção do salário na forma da lei, constituindo crime sua retenção dolosa.
	Duração do trabalho normal não superior a 8 (oito) horas diárias e 44 (quarenta e quatro) horas semanais. Os domésticos passaram a ter controle de horário de trabalho com os respectivos direitos.
	Adicional de hora extra de no mínimo 50% (cinquenta por cento). Redução dos riscos inerentes ao trabalho por meio de normas de higiene, saúde e segurança.
	Reconhecimento das convenções e acordos coletivos de trabalho.
	Proibição de diferença de salários, de exercício de funções e de critério de admissão por motivo de sexo, idade, cor ou estado civil
	Proibição de qualquer discriminação no tocante a salário e critérios de admissão do trabalhador portador de deficiência;
	Proibição de trabalho noturno, perigoso ou insalubre a menores de dezoito e de qualquer trabalho a menores de dezesseis anos, salvo na condição de aprendiz, a partir de quatorze anos;

2º parte: novos direitos que ainda dependiam de regulamentação infraconstitucional específica, regulamentados pela Lei Complementar 150/2015.	
	FGTS
	Adicional noturno.
	Seguro desemprego.
	Salário família.
	Auxílio creche.
	Proteção da relação de emprego contra a despedida arbitrária ou sem justa causa.
	SEGURO: (SAT) – Seguro contra acidente de trabalho.

3. CONCEITO E CARACTERIZAÇÃO

Doméstico é aquele que presta serviços de forma contínua, subordinada, onerosa e pessoal e de finalidade não lucrativa à pessoa ou a família no âmbito residencial destas.[23]

Os elementos que caracterizam a relação empregatícia doméstica são: (i) o trabalho desempenhado por uma pessoa física; (ii) pessoalidade; (iii) onerosidade; (iv) subordinação; (v) continuidade - a prestação de serviço de natureza contínua, por mais de dois dias por semana; (vi) a prestação de serviço para pessoa ou família; (vii) a realização do serviço na residência de pessoa ou família ou no âmbito residencial desta; e (viii) a participação em atividade sem fins lucrativos.

O novo conceito teve a preocupação de aprimorar o conceito anterior com a inserção dos requisitos caracterizadores do vínculo empregatício: subordinada, onerosa e pessoal.

Havia uma discussão se o empregado doméstico tinha vínculo empregatício ou não. O empregado doméstico, acima de tudo, é um empregado, portanto, possui vínculo empregatício. Não há mais dúvida com relação a isso.

---

[23] Art. 1o LC 150/2015 – "Ao empregado doméstico, assim considerado aquele que presta serviços de forma contínua, subordinada, onerosa e pessoal e de finalidade não lucrativa à pessoa ou à família, no âmbito residencial destas, por mais de 2 (dois) dias por semana, aplica-se o disposto nesta Lei."

No passado já foi possível o reconhecimento de um doméstico que ia trabalhar uma vez por semana, durante longos anos, justificando tal reconhecimento na *continuidade* da relação de emprego.

No âmbito da relação urbana a habitualidade não é muito clara. Não há especificação da quantidade de dias. No caso do professor, por exemplo, não há uma regra definida na CLT sobre a quantidade de dias que caracterizaria a habitualidade.

Desde a Lei n. 5.854/72 pairava dúvida acerca do significado e da extensão da expressão "continuidade". A doutrina divergia sobre a equivalência entre as expressões "não eventualidade" e "continuidade". Uma corrente doutrinária defendia que a continuidade é mais densa, conforme ensinamentos da professora Alice Monteiro de Barros (apud Luciano Martinez, 2019).[24] O caráter distintivo entre o trabalho doméstico regular e o trabalho doméstico intermitente (diarista) era definido a partir de um critério temporal. Vejamos:

> DIARISTA — RELAÇÃO DE EMPREGO — A chamada "diarista" (faxineira, lavadeira, passadeira etc.), que trabalha nas residências, de forma descontínua, não é destinatária do art. 1º da lei 5.859/72, que disciplina o trabalho doméstico. Referido dispositivo legal considera doméstico "quem presta serviços de natureza contínua e de finalidade não lucrativa à pessoa ou à família, no âmbito residencial destas...". É necessário que o trabalho executado seja seguido, não sofra interrupção. Logo, um dos pressupostos do conceito de empregado doméstico é a continuidade, inconfundível com a não eventualidade exigida como elemento da relação jurídica advinda do contrato de emprego firmado entre empregado e empregador, regidos pela CLT. Constata-se, também da legislação estrangeira, uma tendência a exigir-se a continuidade como pressuposto do conceito de empregado doméstico. Na Itália, os empregados domésticos têm sua situação regulamentada por Lei Especial (n. 339, de 1958), mas desde que prestem serviço continuado pelo menos durante quatro horas diárias, aplicando-se o Código Civil aos que trabalham em jornada inferior. A legislação do Panamá (Lei n. 44, de agosto de 1995), por sua vez, disciplina o trabalho doméstico no título dos contratos especiais e exige que o serviço seja prestado de "forma habitual e contínua", à semelhança da legislação da República Dominicana (art. 258 do código do trabalho). A lei do contrato de trabalho da Argentina não diverge dessa orientação, quando considera doméstico quem trabalha "dentro da vida doméstica" de alguém, mais de quatro dias na semana, por mais de quatro horas diárias e por um período não inferior a um mês (Decreto-Lei n. 326/1956, regulamentado pelo Decreto n. 7.979/1956, in Octávio Bueno Magano, **Manual de direito do**

---

24 Luciano Martinez. Curso de Direito do Trabalho.10ª ed. Saraiva: 2019.

trabalho, v. II, 4. ed., 1993, p. 113). Verifica-se, portanto, que também a legislação estrangeira examinada excluiu do conceito de doméstico os serviços realizados no âmbito residencial, com frequência intermitente. O que se deve, então, considerar como serviço contínuo para se caracterizar o vínculo doméstico? A legislação brasileira é omissa, devendo ser aplicado, supletivamente, o direito comparado, como autoriza o art. 8º da CLT. A legislação da Argentina, país, como o Brasil, integrante do MERCOSUL, oferece um exemplo razoável do que seja contínuo para fins de trabalho doméstico, isto é, a atividade realizada por mais de quatro dias na semana, por mais de quatro horas, por um período não inferior a um mês. À falta de previsão legal no Brasil do que seja serviço contínuo, o critério acima tem respaldo no art. 8º da CLT e favorece a harmonia da interpretação atinente ao conceito em exame entre as legislações de dois países integrantes do MERCOSUL, como recomenda o processo de integração. A adoção desse critério evita, ainda, interpretações subjetivas e, consequentemente, contraditórias a respeito da temática (TRT 3ª R., RO 01773-2003-008-03-00-9, 2ª T., rel. Juíza Alice Monteiro de Barros, DJMG, 15-10-2004, p. 8).

Com o surgimento da Lei 150/2015, essa celeuma terminou. O art. 1º, do referido Diploma, afirma que será considerado empregado doméstico aquele que trabalha mais de dois dias. Daí, podemos afirmar com segurança que o empregado diarista será aqueles que presta serviços no âmbito doméstico por até 2 dias.

O fato de o trabalhador ser contratado como diarista não retira a competência da Justiça do Trabalho para processar e julgar eventuais litígios surgidos dessas relações, nem mesmo a responsabilidade do tomador de serviços - o empregador doméstico, no sentido lato sensu da expressão –, v.g., pelo pagamento dos salários ou pelo acidente de trabalho.

Uma nova discussão que surgiu a respeito da continuidade é ser a expressão "mais de dois dias", prevista na Lei 150/2015, significa dizer que o trabalho doméstico deve ser aquele desempenhado por período igual a 3 dias.

Há uma linha acadêmica que defende que ainda que seja superior a 2,5 dia de prestação de serviços já caracterizaria a relação de trabalho doméstico, pois a lei estabelece categoricamente período superior a 2 dias.

Outro requisito específico da relação de emprego doméstica é a *finalidade não lucrativa*.

Se os serviços domésticos tiverem objetivos lucrativos, ainda que de forma indireta, o enquadramento não será mais como empregado doméstico.

Exemplo prático: Empregado doméstico que lavava louça que era utilizada pela família para fazer refeições que a família vendia (finalidade lucrativa). Juiz entendeu que a louça era derivada da atividade lucrativa da família, afastou o vínculo doméstico e deu vínculo como se empregado urbano fosse.

O aproveitamento da mão de obra do trabalhador doméstico em serviços de natureza lucrativa - denominado de serviços mistos ou **"promiscuidade nos serviços doméstico"** - acarreta o reconhecimento da relação empregatícia urbana ou rural, pois são mais vantajosas ao trabalhador.

Outro requisito importante na relação empregatícia doméstica é que o *serviço deve ser prestado para pessoa ou família*. Significa dizer que a pessoa jurídica jamais poderá ser empregadora doméstica.

É importante dizer que todos os integrantes do núcleo familiar, desde que juridicamente capazes, são solidariamente responsáveis pelo pagamento das obrigações oriundas da relação de trabalho, uma vez que todos se beneficiam da prestação dos serviços doméstico (sendo credores dessa prestação de serviços) e, como consequência, são devedores da contraprestação correspondente.

Segundo doutrina e a jurisprudência dominante não é possível a sucessão de empregadores na relação empregatícia doméstica, isso porque tal instituto jurídico é incompatível com as peculiaridades do trabalho doméstico.

O empregador doméstico pode ser representado em juízo por qualquer integrante do núcleo familiar (art. 843, §1º e 3º, da CLT e Súmula 377 do TST).

Além disso, o serviço deve ser prestado no *âmbito residencial de pessoa ou família*.

Luciano Martinez[25], ensina que

> *"Entende-se como 'âmbito residencial' a esfera, o campo por onde se estendem as atividades familiares, sem que elas necessariamente estejam restritas ao interior das casas residenciais. Assim, o trabalho prestado pelo motorista particular, que leva e traz os integrantes do núcleo familiar da casa para o trabalho/escola e vice-versa, é considerado doméstico. Do mesmo modo, considera-se materialmente doméstico o serviço prestado pelo jardineiro de*

---

25 Martinez, Luciano. Curso de direito do trabalho – 10. ed. – São Paulo : Saraiva Educação, 2019.

área externa ao imóvel familiar, o piscineiro, o marinheiro do iate de passeio ou, piloto de e ou, ainda, o guarda-costas estritamente familiar.

Como regra, portanto, o serviço é prestado no interior da residência do empregador doméstico. Contudo, esse conceito pode ser abrangido para a área externa ao imóvel familiar.

4. IDADE MÍNIMA

O parágrafo único do art. 7º da Lei Maior, com redação dada pela EC 72/2013, faz a menção inciso XXXIII do mesmo dispositivo.

Por essa regra deveria considerar a idade mínima como 16 (dezesseis) anos para fins de trabalho doméstico.

Entretanto, esse dispositivo tem choque com a Convenção 182 OIT que foi ratificada no Brasil pelo Decreto 6.481/2008 que estabelece a idade mínima de 18 (dezoito) anos para o trabalho doméstico.

Isso foi resolvido com a Lei Complementar 150/2015, que estabeleceu expressamente a idade mínima para o serviço doméstico a partir dos 18 anos, entrando em harmonia com a redação da Convenção da OIT.

5. JORNADA DE TRABALHO E FGTS

Dentre todos os direitos conquistados pelo empregado doméstico a limitação da jornada de trabalho é o mais importante, isso porque a limitação da jornada está intimamente ligada às normas de proteção à saúde e higiene do trabalho. É importante preservar a incolumidade física e psíquica do trabalhador, já que o serviço doméstico, embora pouco reconhecido, é um serviço desgastante.

A partir da EC 72/2013 os incisos XIII e XVI do art. 7º, a jornada de trabalho está limitada 8 horas diária e 44 horas semanais. Além do direito à duração do trabalho normal não superior a oito horas diárias e quarenta e quatro semanais, tornou-se possível a compensação de jornada ao trabalhador doméstico.

Essa compensação foi regulamentada pela Lei Complementar 150 de 2015 que estabeleceu a dispensa de acréscimo de salário e instituído regime de compensação de horas, mediante acordo individual escrito entre empregador e empregado (art. 2º, §5º, da LC 150/2015).

Ainda, tonou possível a instituição de jornada de trabalho em regime de 12 por 36 (art. 10 da LC 150/2015).

> *Art. 10 da LC 150/2015: É facultado às partes, mediante acordo escrito entre essas, estabelecer horário de trabalho de 12 (doze) horas seguidas por 36 (trinta e seis) horas ininterruptas de descanso, observados ou indenizados os intervalos para repouso e alimentação.*

Também, regulamentou-se que tempo de repouso, as horas não trabalhadas, os feriados e os domingos livres em que o empregado que mora no local de trabalho nele permaneça não serão computados como horário de trabalho (§ 7º do art. 2º da LC 150/2015).

No que diz respeito ao intervalo intrajornada, será obrigatória concessão de intervalo para refeição e descanso pelo período de, no mínimo, 1 hora e, no máximo, 2 horas, sendo possível a sua redução para 30 minutos, mediante acordo escrito entre empregador e empregado.

Caso o empregado resida no local de trabalho o intervalo pode ser desmembrado em dois períodos de no mínimo 1 hora, cada um deles, estando limitado a 4 horas ao dia.

O controle do horário de trabalho do empregado doméstico é obrigatório (art. 12). Logo, o empregador deve manter o registro da jornada de trabalho do empregado doméstico, seja por meio manual, ou mecânico, ou eletrônico, ou qualquer outro meio idôneo.

Como se trata de uma imposição legal instituída pelo legislador, caso o empregador seja demandado, terá o ônus de provar a jornada de trabalho, pois a lei impôs a produção de prova específica. Do contrário, a jornada será tida como verdadeira (presunção relativa de veracidade), na forma da súmula 338 do TST.

Além da jornada de trabalho, o Fundo de Garantia do Tempo de Serviço foi outra grande conquista do empregado doméstico.

Na vigência da Lei 5854/72 a inclusão do empregado doméstico no regime do FGTS era facultativa. A inclusão era um direito potestativo do empregador que podia ou não incluir o empregado em tal regime.

A partir da EC n. 72/2013, o FGTS passou a ser direito de todo doméstico, independentemente da vontade do empregador.

Nesse sentido, a Lei complementar 150/2015 regulamentou tal direito, afirmando que

> "é devida a inclusão do empregado doméstico no Fundo de Garantia do Tempo de Serviço (FGTS), na forma do regulamento a ser editado pelo Conselho Curador e pelo agente operador do FGTS, no âmbito de suas competências, conforme disposto nos arts. 5º e 7º da Lei n. 8.036, de 11 de maio de 1990, inclusive no que tange aos aspectos técnicos de depósitos, saques, devolução de valores e emissão de extratos, entre outros determinados na forma da lei" (art. 21).

Também, institui que o empregador depositará 8% a título de FGT sobre a remuneração do empregado doméstico, bem como a importância de 3,2% sobre a remuneração devida, no mês anterior, a cada empregado, destinada ao pagamento da indenização compensatória da perda do emprego, sem justa causa ou por culpa do empregador.

A obrigatoriedade de inscrição e de efetuar os depósitos do FGTS tornou-se possível após a regulamentação realizada por meio Resolução do Conselho Curador do FGTS 780/2015, da Circular CAIXA 694/2015 e da Portaria Interministerial 822/2015.

6. TRABALHO DESEMPENHADO EM VIAGEM

Antes da Lei complementar 150/2015 era muito comum o empregado doméstico acompanhar os familiares durante as viagens de férias escolares ou de veraneio, sem qualquer acréscimo salarial por isso.

A Lei Complementar 150/2015 instituiu a possibilidade de o empregado doméstico acompanhar o empregador em viagem, sendo imprescindível a prévia existência de acordo escrito (art. 11, 1º, LC 150/2015).

Serão computados na jornada de trabalhado do empregado doméstico, apenas as horas efetivamente trabalhadas no período, podendo ser compensadas as horas extraordinárias em outro dia ou convertido em acréscimo no banco de horas, a ser utilizado a critério do empregado.

A remuneração dos serviços desempenhados durante a viagem deve ser acrescida do adicional de, no mínimo, 25% (vinte e cinco por cento) superior ao valor do salário-hora normal. Esse adicional se assemelha ao adicional de transferência e será devido enquanto durar a viagem.

7. MP 936/20 E A LEI 14.020/20 NO ÂMBITO DOMÉSTICO

A crise gerada pela pandemia do novo coronavírus afetou diversos setores da sociedade, levando milhares a se recolherem em seus lares, com o objetivo de preservar o principal bem jurídico do ser humano: a vida.

Impactou diretamente a economia e a forma de desenvolvimento da maioria das atividades. Os serviços, antes prestados preponderantemente de forma presencial, passaram a ser executados em "home office" ou "teletrabalho", com exceção de alguns setores tidos como essenciais, a exemplo, os serviços médicos, transporte de passageiros, telecomunicações, energia elétrica, serviços funerários, comércio e distribuição de alimentos, etc.

Instalou-se uma preocupação, no âmbito internacional, com as condições de trabalho dos empregados domésticos, especialmente no que atina ao meio ambiente de trabalho doméstico e a garantia das normas de proteção à saúde dos trabalhadores.

Juan Jacobo Velasco, Oficial Nacional de Informação Laboral da OIT na América Latina, destaca que *"A crise da Covid-19 revela a vulnerabilidade das trabalhadoras domésticas remuneradas, principalmente quanto aos riscos de contágio da doença, visto que seu local de trabalho (casa) é fechado e suas tarefas envolvem interação com os membros da família. Destaca-se a escassez ou ausência de legislação sobre condições mínimas de saúde e segurança para os TDRs. Além disso, 8 em cada 10 TDRs na região são informais. Portanto, se não podem frequentar o local de trabalho, na prática deixam de receber os rendimentos do trabalho. Ao mesmo tempo, a aplicação das regras que permitem a manutenção da relação de trabalho num contexto de crise é muito mais fraca, pelo que muitos TDRs têm de residir nas casas onde prestam serviço durante o período de quarentena"*.[26]

No Brasil, a realidade não foi diferente. Inicialmente, o legislador não se preocupou com as especificidades do trabalho desenvolvido no âmbito doméstico ao editar as normas de enfrentamento do estado de calamidade pública e da emergência da saúde pública gerado pelo novo coronavírus (Covid-19).Entretanto, os valores consagrados na

---

26 *"La crisis del Covid-19 deja en evidencia la vulnerabilidad de las trabajadoras domésticas remuneradas, sobre todo respecto de los riesgos de contagio de la enfermedad, dado que su lugar de trabajo (el hogar) es cerrado y sus tareas implican interacción con los miembros del hogar al que prestan servicios. Resalta la escasa o ausencia de legislación sobre las condiciones de seguridad y salud mínimas para las TDRs. A ello se suma que 8 de cada 10 TDRs en la región son informales. Por ende, si no pueden asistir a su lugar de trabajo, en la práctica dejan de recibir ingresos laborales. A su vez, es mucho más débil la aplicación de las normas que permiten mantener el vínculo laboral en un contexto de crisis, por lo que muchas TDRs deben vivir en los hogares en los que prestan servicio durante la época de cuarentena".* (In El COVID-19 y la precariedad que enfrentan las trabajadoras domésticas remuneradas, OIT, <https://www.ilo.org/santiago/publicaciones/reflexiones-trabajo/WCMS_741458/lang--es/index.htm> [acessado em 16/09/2021]

Constituição Federal – a dignidade da pessoa humana, os valores sociais do trabalho (art. 1º, III e IV, CF), o direito à saúde (art. 6º, CF), a redução dos riscos inerentes ao trabalho, por meio de normas de saúde, higiene e segurança (art. 7º, XXII e art. 225, V, CF) – não permitiam ao legislador relegar os trabalhadores domésticos.

O Brasil é signatário da Convenção n. 189 e da Recomendação n. 201 da Organização Internacional do Trabalho (OIT) – incorporadas ao ordenamento jurídico interno através do Decreto Legislativo n. 172, de 4 de dezembro de 2017 – cujo escopo é estabelecer proposições relativas ao trabalho decente nas relações juslaborais domésticas. Dentre as diretrizes impostas por essas normas, está o dever de garantir um ambiente de trabalho seguro e saldável aos trabalhadores domésticos, assim como proteger os trabalhadores domésticos, eliminando ou reduzindo ao mínimo, os perigos e riscos relacionados com o trabalho, com vistas a prevenir acidentes, enfermidades e mortes e promover a segurança e saúde no trabalho nos domicílias que constituam locais de trabalho (art. 13 da Convenção 189 da OIT; art. 19 da Recomendação n. 201). Também, impõe a paridade de tratamento em relação aos trabalhadores em geral, além do dever de proteção social aos trabalhadores domésticos.

A extinta Medida Provisória n. 927 de 22 de março de 2020, instituiu medidas trabalhista para enfrentamento do estado de calamidade pública e da pandemia do novo coronavírus, permitindo aos empregadores adotar o regime de teletrabalho, antecipar férias individuais, conceder férias coletivas, aproveitar e antecipar feriados, a constituição de regime especial de compensação de jornada por meio de banco de horas, além do pagamento diferido do FGTS. De maneira complementar, a Medida Provisória n. 936 de 1º de abril de 2020 criou o Programa Emergencial de Manutenção do Emprego e da Renda, autorizou a redução proporcional de jornada de trabalho e do salário, bem como a suspensão temporária do contrato de trabalho.

Nenhuma dessas medidas tratou expressamente do trabalho doméstico no contexto da pandemia. Todavia, em uma análise inicial, parte da doutrina defendia a extensão dessas normas aos trabalhadores domésticos.[27] O

---

27 Nesse sentido, o professor Guilherme Guimarães Ludwig defende, ao analisar a Medida Provisória n. 927, sustenta que *"Nesta norma são apresentadas medidas trabalhistas que se aplicam não apenas aos trabalhadores celetistas, mas também aos temporários, rurais e, no que couber, aos domésticos (MP 927, art. 33). Visam a equacionar extraordinária e temporariamente o complexo e delicado conflito trazido com o isolamento social imposto à sociedade, entre as necessidades: a) de manter postos de trabalho e direi-*

silencio legislativo foi rompido com a conversão da Medida Provisória n. 936 na Lei n. 14.020, de 6 de julho de 2020, ao admitir a participação da empregada doméstica gestante no Programa Emergencial de Manutenção do Emprego e da Renda (art. 22 da Lei n. 14.020/2020). Isso reforçou a interpretação extensiva feita pela doutrina quanto a aplicação das medidas trabalhistas de enfrentamento à pandemia do Covid-19 aos empregados domésticos, em particular a inclusão dos trabalhadores no Programa Emergencial de Manutenção do Emprego e da Renda.

E não podia ser diferente. A Lei Complementar n. 150/2015, ao regulamentar o contrato de trabalho doméstico, admitiu a aplicação subsidiária de outras normas trabalhistas à relação empregatícia doméstica, mormente os preceitos contidos na Consolidação das Leis do Trabalho (art. 19 da LC n. 150/2015), em caso de omissão e compatibilidade das normas com as especificidades do trabalho doméstico.[28] As normas de enfrentamento ao estado de calamidade pública são plenamente compatíveis com o trabalho doméstico, pois objetivam a preservação do emprego, da renda e da saúde dos trabalhadores.

Com a caducidade da MP n. 927 e o encerramento dos prazos de prorrogação para a celebração dos acordos (de redução proporcional de jornada e de salário, suspensão temporária do contrato de trabalho) e de pagamento dos benefícios emergenciais previstos na MP 396 (convertida na Lei n. 14.020/2020), o legislador entendeu por bem reeditar o teor dessas medidas através das Medidas Provisórias nº. 1.045 e 1.046, de 27 de abril de 2021.

Dito isso, entendemos que o empregador doméstico poderá se valer dos expedientes trabalhistas relacionados nas normas enfrentamento à pandemia do novo coronavírus, desde que sejam compatíveis com o trabalho doméstico. São compatíveis com o trabalho doméstico: a)

---

tos trabalhistas, de um lado; e b) de reduzir a produção e a prestação de serviços, de outro, garantindo a sobrevivência das empresas. Um grande desafio". (in Medidas trabalhistas Emergenciais no Estado de Calamidade Pública: Uma análise constitucional e sistemática das medidas provisórias 927, 936, 944, 945 e 946/2020 < https://andt.org.br/wp-content/uploads/2021/04/MEDIDAS-TRABALHISTAS-EMERGENCIAIS-NO-ESTADO-DE-CALAMIDADE-PU%CC%81BLICA-.pdf > Acessado em 17/09/2021).

28 Lei Complementar 150/2015, art. 19: "Observadas as peculiaridades do trabalho doméstico, a ele também se aplicam as Leis n. 605, de 5 de janeiro de 1949, n. 4.090, de 13 de julho de 1962, n. 4.749, de 12 de agosto de 1965, e n. 7.418, de 16 de dezembro de 1985, *e, subsidiariamente, a Consolidação das Leis do Trabalho (CLT), aprovada pelo Decreto-Lei n. 5.452, de 1º de maio de 1943".*

a antecipação de férias individuais; b) a concessão de férias coletivas, caso o empregador tenha mais de um empregado doméstico; c) o aproveitamento e a antecipação de feriados; d) o diferimento no recolhimento do Fundo de Garantia do Tempo de Serviço – FGTS; e) a redução proporcional de jornada de trabalho e de salário; f) a suspensão temporária do contrato de trabalho.

Não podemos esquecer que a primeira vítima da Covid-19 no Brasil foi uma empregada doméstica no Estado do Rio de Janeiro, que foi contaminada no local de trabalho, fato que reforça a necessidade de resguardar os interesses dos trabalhadores domésticos em tempos de pandemia.[29] É extremamente importante que o empregador doméstico observe todas as normas de saúde e higiene, sobretudo as recomendações do Ministério da Saúde e as portarias do Ministério da Economia, relacionados ao uso de equipamentos de proteção individual - como máscara, álcool em gel, etc. – além de manter um distanciamento mínimo dentro da residência, para evitar o contágio. Essa cautela se mostra pertinente tanto para a proteção do trabalhador quanto para a proteção dos membros da entidade familiar. Não sendo possível, deverá utilizar as medidas de enfrentamento da pandemia para diminuir o risco de contágio no ambiente de trabalho doméstico.

Destacamos, ainda, que a Lei 14.151, de 12 de maio de 2021, determina o afastamento da empregada gestante das atividades de trabalho presencial durante a pandemia do novo coronavírus. A finalidade dessa norma é proteger a saúde e a maternidade das trabalhadoras no período de pandemia, diante da escalada no número de gestante vitimadas pela covid-19. As trabalhadoras domésticas gestantes são abrangidas por essa norma, já que o ambiente de trabalho doméstico também oferece riscos de infecção pela Covid-19.

Cabe ao empregador doméstico reduzir os riscos inerentes ao trabalho, por meio da adoção de normas de saúde, higiene e segurança, conforme impõe o art. 7º, XXII e § único da CF). A esse respeito o STF decidiu, em sede liminar, que o coronavírus pode ser considerado doença ocupacional[30], sendo, portanto, essencial o cumprimento das

---

29 https://noticias.uol.com.br/saude/ultimas-noticias/redacao/2020/03/19/primeira-vitima-do-rj-era-domestica-e-pegou-coronavirus-da-patroa.htm

30 As polêmicas em torno da Medida Provisória 927/20 desencadearam o ajuizamento de Ações Direta de Inconstitucionalidade questionando a conformidade com o texto Constitucional. Ao analisar os pedidos liminares, pleiteado nas ADIs

normas de saúde, para evitar o adoecimento do empregado e a responsabilização do empregador doméstico.

Apesar de a Lei 14.151/2021 não especificar a quem incumbe o dever de pagar a remuneração da empregada gestante afastada das atividades presenciais, destacamos que Lei 14.020/2020 e a Medida Provisória n. 1.045/2021 autorizam a participação da gestante no Programa Emergencial de Manutenção do Emprego e da Renda até o evento caracterizador do início do benefício de salário-maternidade – ou seja, a partir do 28º dia que antecede o parto; o parto; adoção ou guarda; e o aborto espontâneo ou previstos em lei (art. 22 da Lei n. 14.020/2020 e art. 13 da MP n. 1.045/2021).

Após regular tramitação, o Projeto de Lei de Conversão da Medida Provisória n. 1.045/2021 em Lei foi rejeitado conjuntamente pelo Senado Federal, com base na ausência dos pressupostos de relevância e urgência, adequação financeira e orçamentária, além da falta de pertinência temática da matéria, haja vista que o texto original da medida provisória foi modificado pela Câmara dos Deputados para inserir uma "minirreforma trabalhista", alterando a CLT para instituir o Programa Primeira Oportunidade e Reinserção no Emprego (Priore), o Regime Especial de Trabalho Incentivado, Qualificação e Inclusão Produtiva (Requip) e o Programa Nacional de Prestação de Serviço Social Voluntário.

6342, 6344, 6346, 6348, 6349, 6352 e 6354, o Relator, Ministro Marco Aurélio Melo, indeferiu as liminares pleiteadas, mas considerando a relevância dos pedidos, a própria decisão de indeferimento ao crivo do Plenário do Supremo Tribunal Federal. Posteriormente, o Plenário, ao analisar a decisão proferida pelo Relator, "por maioria, negou referendo ao indeferimento da medida cautelar **tão somente em relação aos artigos 29 e 31 da Medida Provisória 927/2020** e, nos termos do voto do Ministro Alexandre de Moraes, Redator para o acórdão, **suspendeu a eficácia desses artigos**, vencidos, em maior extensão, os Ministros Edson Fachin, Roberto Barroso, Rosa Weber e Ricardo Lewandowski, nos termos de seus votos, e os Ministros Marco Aurélio (Relator), Dias Toffoli (Presidente) e Gilmar Mendes, que referendaram integralmente o indeferimento da medida cautelar. O entendimento majoritário, nos termos do voto do Ministro Alexandre de Moraes, restou decidido que o art. 29, constitui prova diabólica, acarretando séria dificuldade para o trabalhador provar o nexo causal entre a patologia e a atividade desempenhada, inclusive nas atividades desempenhadas por médicos, enfermeiros, pessoas que trabalham em farmácias, supermercado, motoboys, etc. Também, vai de encontro à decisão proferida no RExt nº 828.040, com repercussão geral, que prevê a responsabilidade objetiva do empregador em alguns casos de acidente de trabalho. Em tempos de pandemia, as medidas de saúde

8. OUTRAS CONTROVÉRSIAS

1. TERCEIRIZAÇÃO: A terceirização do serviço doméstico é controversa. É cada vez mais comum empresas oferecerem trabalho doméstico. A legislação não veda esse tipo de serviço. A grande questão é sobre a subordinação. O tomador dos serviços poderá dar ordens(?), o que é difícil não ocorrer na relação em comento. Destaca-se que a empresa intermediadora poderá ser responsabilizada civilmente[31].

2. GREVE: No que se refere a aplicação da Lei de Greve no ambiente doméstico, porque a literalidade do art. 2°, exige a paralisação coletiva. Entretanto, à luz da constituição federal, o MPT defende a possibilidade da greve solitária – realizado por um único trabalhador. No que se refere à negociação coletiva, esse direito foi ampliado. A grande dificuldade é em relação a representatividade. Em São Paulo existe um sindicato dos Empregados Domésticos. A representação do empregador é mais escassa, ainda, pois dificilmente existe sindicato da categoria econômica.

3. MULTA DO ART. 477 DA CLT: A multa do art. 477 da CLT não é aplicável no âmbito doméstico, nos termos do art. 19 da Lei Complementar 150/2015.

4. QUESTÕES PROCESSUAIS: Todos os entes familiares são solidariamente responsáveis pelo pelas verbas trabalhista. No caso do empregador doméstico falecido, o empregado deve ajuizar uma ação em face do espólio, uma vez que a sucessão trabalhista não é automática, se os herdeiros não foram tomadores de serviço. Qualquer pessoa pode ser preposta do empregador doméstico. No que se refere a prova, o trabalhador ou o empregador, pode chamar para testemunhar o porteiro, o segurança, a empregada da vizinha. Se houver divórcio, há algum prazo para a responsabilização do cônjuge que se retirar do âmbito doméstico? Prevalece o entendimento que não, pois o art. 10-A da CLT não se aplica do âmbito doméstico. A empregada doméstica litigante

---

[31] Lei 7.783/1989

Art. 1° As agências especializadas na indicação de empregados domésticos são civilmente responsáveis pelos atos ilícitos cometidos por estes no desempenho de suas atividades.

Art. 2° No ato da contratação, a agência firmará compromisso com o empregador, obrigando-se a reparar qualquer dano que venha a ser praticado pelo empregado contratado, no período de 1 (um) ano.

LEI No 7.195, DE 12 DE JUNHO DE 1984.

Dispõe sobre a responsabilidade civil das agências de empregados domésticos.

de má-fé perde o benefício da justiça gratuita? A justiça gratuita a parte tem que comprovar. O TST entendeu que não afasta, pois trata-se de institutos jurídicos diferentes.

CAPÍTULO III.
TERCEIRIZAÇÃO

1. INTRODUÇÃO

Etimologicamente terceirização significa a contratação de serviços de terceiros por uma empresa, para a realização de certas tarefas.

A doutrina clássica afirma que essa expressão é um neologismo criado no âmbito empresarial - com origem na palavra terceiro, compreendido como um intermediário, interveniente – para representar a designação de parte dos serviços de uma determinada empresa à outra. Ao invés de executar os serviços diretamente com os seus empregados, contrata outra empresa para tanto.

É uma relação jurídica formada por três atores sociais: o trabalhador (terceirizado), o prestador dos serviços (empresa intermediária) e a empresa contratante (empresa tomadora dos serviços; que descentralizou os serviços). Essa relação se difere da relação tradicional, uma vez que o trabalhador não é contratado diretamente pelo beneficiário da prestação dos serviços. A relação tradicional é bilateral, isto é, formada por dois atores sociais: empregado (trabalhador) e empregador – sem qualquer intermediário.

Historicamente a terceirização tem demonstrado que há um rebaixamento nos direitos dos trabalhadores terceirizados em comparação com aqueles que são contratados diretamente pela empresa tomadora dos serviços, havendo uma desvalorização do trabalho e da dignidade do trabalhador.

A doutrina e a jurisprudência sempre analisaram esse tema com restrição, uma vez que não havia uma legislação regulamentando a matéria com clareza ou que estabelecesse balizas para as problemáticas relacionadas ao tema.

A CLT fez tímidas menções a formas de subcontratação de mão de obra como, por exemplo, o contrato de empreitada e subempreitada (art. 455 da CLT).

Na década de 70, impulsionado pelo neoliberalismo, esse tema se tornou o centro dos debates como forma de desconstruir o Estado de Bem-Estar Social (Welfare State).

Primeiro, criou-se normas sobre a terceirização com aplicação no setor público (Decreto-Lei 200/67 e Lei 5.645/70). Em 1974, a terceirização foi estendida ao setor privado com o surgimento da Lei 6.019/1974 (que dispõe sobre o trabalho temporário nas empresas urbanas), e posteriormente da Lei 7.102/83 (que permitia o trabalho de vigilância nas atividades bancárias, de forma terceirizada).

O Tribunal Superior do Trabalho editou os enunciados 256[32] e 331[33], na década de 90, pacificando os dissensos interpretativos acerca desse tema, traçando balizas fundamentais sobre a terceirização.

---

[32] Súmula n° 256 do TST - CONTRATO DE PRESTAÇÃO DE SERVIÇOS. LEGALIDADE (cancelada) - Salvo os casos de trabalho temporário e de serviço de vigilância, previstos nas Leis n°s 6.019, de 03.01.1974, e 7.102, de 20.06.1983, é ilegal a contratação de trabalhadores por empresa interposta, formando-se o vínculo empregatício diretamente com o tomador dos serviços.

[33] Súmula n° 331 do TST - CONTRATO DE PRESTAÇÃO DE SERVIÇOS. LEGALIDADE (nova redação do item IV e inseridos os itens V e VI à redação) - Res. 174/2011, DEJT divulgado em 27, 30 e 31.05.2011 - I - A contratação de trabalhadores por empresa interposta é ilegal, formando-se o vínculo diretamente com o tomador dos serviços, salvo no caso de trabalho temporário (Lei n° 6.019, de 03.01.1974). II - A contratação irregular de trabalhador, mediante empresa interposta, não gera vínculo de emprego com os órgãos da Administração Pública direta, indireta ou fundacional (art. 37, II, da CF/1988). III - Não forma vínculo de emprego com o tomador a contratação de serviços de vigilância (Lei n° 7.102, de 20.06.1983) e de conservação e limpeza, bem como a de serviços especializados ligados à atividade-meio do tomador, desde que inexistente a pessoalidade e a subordinação direta. IV - O inadimplemento das obrigações trabalhistas, por parte do empregador, implica a responsabilidade subsidiária do tomador dos serviços quanto àquelas obrigações, desde que haja participado da relação processual e conste também do título executivo judicial. V - Os entes integrantes da Administração Pública direta e indireta respondem subsidiariamente, nas mesmas condições do item IV, caso evidenciada a sua conduta culposa no cumprimento das obrigações da Lei n.° 8.666, de 21.06.1993, especialmente na fiscalização do cumprimento das obrigações contratuais e legais da prestadora de serviço como empregadora. A aludida responsabilidade não decorre de mero inadimplemento das obrigações trabalhistas assumidas pela empresa regularmente contratada. VI – A responsabilidade subsidiária do tomador de ser-

Mesmo com um parco arcabouço jurídico e críticas enfáticas à essa modalidade de contratação, a terceirização da mão-de-obra sempre esteve presente no âmbito empresarial. As empresas transferiram atividades acessórias (atividade-meio), como serviços de portaria, limpeza, segurança, manutenção, recepção, etc. A doutrina e jurisprudência sempre vedou a transferência da atividade principal (atividade-fim).

Com a Reforma Trabalhista (Lei 13.467/2017) o tema ganhou novos contornos, na medida que modificou a Lei 6.019/1974, que se tornou um microssistema sobre a terceirização, passando a regulamentar tanto o trabalho temporário quanto prestado para a empresa prestadora ou tomadora dos serviços.

Esse tema será debatido ao longo do nosso treinamento.

2. TERCEIRIZAÇÃO

Entre as décadas de 80 e 90 o modelo de organização de trabalho (*taylorista/fordista*) perdeu força, abrindo espaço para novas formas de trabalho, a fim de propiciar uma redução nos custos do processo produtivo.

A terceirização, inicialmente utilizada no âmbito do setor público, passou a ser parte do modelo organizacional das empresas, por constituir um método de gestão mais econômico e possibilitar a dedicação exclusiva à atividade principal (atividade-fim) e a descentralização das atividades secundárias (atividades-meio).

O professor Luciano Martinez [34] delineia que nessa época as

> "*empresas periféricas passaram a contratar trabalhadores sem qualificação ou pouco qualificados para operações de curto tempo (trabalho temporário) ou para a realização de serviços instrumentais*", e as "*empresas centrais concentraram seus esforços na contratação de trabalhadores qualificados para a operação e fiscalização do processo produtivo final*".

As empresas prestadoras de serviços – que realizavam atividades periféricas – se associaram às empresas tomadoras de serviços (empresas centrais), mediante contrato de prestação de serviços, denominando a referida relação jurídica como terceirização.

---

viços abrange todas as verbas decorrentes da condenação referentes ao período da prestação laboral.

34 Luciano Martinez. Curso de Direito do Trabalho. 10ª ed. Saraiva: 2019.

A jurista Alice Monteiro de Barros (apud Nascimento, 2011)[35] conceitua a terceirização como [*A terceirização sob a nova ótica do Tribunal Superior do Trabalho*, T&P, n. 4, mar. 1995, p. 3-8], *"o fenômeno da terceirização consiste em transferir para outrem, atividades consideradas secundárias, ou seja, de suporte, atendo-se a empresa à sua atividade principal; esta, se concentra na sua atividade-fim, transferindo as atividades-meio".*

José Augusto Rodrigues Pinto (*Curso de direito individual do trabalho*) afirma que:

> *"O que se está tratando, sob essa nova denominação, é apenas de um contrato de prestação de serviço de apoio empresarial, que exprimirá, decerto, com mais eloquência e precisão, seu conteúdo e sua finalidade com o batismo de contrato de apoio empresarial ou, igualmente, contrato de atividade de apoio".*

A relação de emprego, a rigor, é bilateral. Temos de um lado o empregador e, do outro, o empregado.

Na terceirização, por sua vez, a relação jurídica é trilateral, ou seja, há um terceiro intermediando a mão de obra – a empresa prestadora de serviços. Temos de um lado a empresa tomadora dos serviços e, de outro, a prestadora. Essas empresas estão vinculadas por um contrato de prestação de serviços. Os trabalhadores são subordinados diretamente à empresa prestadora e não à tomadora, recebendo o nome de trabalhadores terceirizados.

As primeiras normas referentes a terceirização surgiram no âmbito da Administração Pública, com o escopo de descentralização o serviço administrativo, com a contratação de trabalhadores por empresas interpostas, para a realização de serviços secundários como, por exemplo, limpeza, manutenção, etc.

O art. 10, §7º, do Dec.-Lei n. 200, de 1967 diz que "Para melhor desincumbir-se das tarefas de planejamento, coordenação, supervisão e controle com o objetivo de impedir o crescimento desmesurado da máquina administrativa, a Administração procura desobrigar-se da realização material de tarefas executivas, recorrendo, sempre que possível, a execução indireta, mediante contrato, desde que exista, na área, iniciativa privada suficientemente desenvolvida e capacitada a desempenhar os encargos de execução".

---

[35] Nascimento, Amauri Mascaro. Curso de direito do trabalho : história e teoria geral do direito do trabalho : relações individuais e coletivas do trabalho. – 26. ed. – São Paulo : Saraiva, 2011.

Em seguida, a Lei n. 5.645, de 1970, esclareceu algumas atividades que poderiam ser delegadas para as empresas privadas, em seu art. 3º:

> "As atividades relacionadas com transporte, conservação, custódia, operação de elevadores, limpeza e outras assemelhadas serão, de preferência, objeto de execução mediante contrato, de acordo com o art. 10, § 7º, do Decreto-lei n. 200."

No âmbito das empresas privadas a terceirização surgiu com a Lei n. 6.019/74 e Lei n. 7.102/83, com a regulamentação do trabalho temporário e o trabalho de vigilante bancário.

A Lei n. 8.036/1990 que regulamenta o FGT, tentou conceituar o trabalho terceirizado, em seu art. 15, § 1º, como a relação de trabalho que admitir trabalhadores a seu serviço, bem assim aquele que, regido por legislação especial, encontrar-se nessa condição ou figurar como fornecedor ou tomador de mão de obra, independentemente da responsabilidade solidária e/ou subsidiária a que eventualmente venha obrigar-se.

Em 2017, a Reforma Trabalhista (Lei n. 13.467/2017), alterou a Lei n. 6.019/1974, modificando completamente a temática da terceirização. Essas mudanças verificaremos ao longo deste trabalho.

2.1. EMPRESA PRESTADORA DE SERVIÇOS

A empresa prestadora de serviços é uma pessoa jurídica de direito privado, detentora de capacidade econômica, que executa qualquer atividade, inclusive a atividade principal, de outra empresa, conforme dispõe o art. 4º-A (caput e §§ 1º e 2º), da Lei 6.019/74, com a redação dada pelas Leis 13.429/17 e 13.467/17.

A nova legislação admite que a empresa prestadora possa, na consecução das obrigações assumidas junto à empresa tomadora, optar em gerir a mão de obra ou proceder à subcontratação de outras empresas para a realização dos serviços. Ou seja, é possível a "quarteirização" dos serviços; a terceirização da terceirização; a transferência da prestação de serviços por uma prestadora de serviços (intermediadora) a outra empresa também prestadora de serviços (intermediadora).

É importante dizer que inexiste vínculo empregatício entre os trabalhadores terceirizados ou os sócios da empresa prestadora de serviços e a empresa contratante (tomadora dos serviços). Entretanto, se verificada a fraude na contratação por empresa interposta, havendo pessoalidade e subordinação entre o trabalhador temporário ou entre o sócio da empresa prestadora de serviço e a empresa tomadora, é possível o reconhecimento do vínculo empregatício, com base no art. 9º da CLT, prevalecendo a realidade dos fatos (princípio da primazia da realidade).

Os requisitos para o funcionamento da empresa de prestação de serviços estão estampado no art. 4º-B da Lei 6.019, quais sejam:

- prova de inscrição no Cadastro Nacional da Pessoa Jurídica (CNPJ);
- registro na Junta Comercial;
- capital social compatível com o número de empregados, observando-se os seguintes parâmetros:
  - até dez empregados – capital mínimo de R$ 10.000,00;
  - mais de dez e até vinte empregados – capital mínimo de R$ 25.000,00;
  - mais de vinte e até cinquenta empregados – capital mínimo de R$ 45.000,00;
  - com mais de cinquenta e até cem empregados – capital mínimo de R$ 100.000,00;
  - mais de cem empregados – capital mínimo de R$ 250.000,00.

2.2. EMPRESA TOMADORA

A empresa tomadora dos serviços (empresa contratante) é a pessoa natural ou jurídica de Direito Público ou Privado que celebra contrato com empresas de prestação de serviços a terceiros, com a finalidade de contratar serviços

As principais características são:

(i) a contratante e a empresa prestadora de serviços a terceiros devem desenvolver atividades diferentes e ter finalidades distintas;
(ii) a contratante não pode manter o trabalhador em atividade diversa daquela para a qual este fora contratado pela empresa de prestação de serviços a terceiros;
(iii) em se tratando de empresas do mesmo grupo econômico, cuja prestação de serviços se dê em uma delas, o vínculo empregatício se estabelece entre a contratante e o trabalhador colocado à sua disposição de acordo com o disposto no art. 2º da CLT (art. 3º, § 3º);
(iv) o contrato de prestação de serviços a terceiros pode abranger o fornecimento de serviços, materiais e equipamentos (art. 3º, § 4º).

O contrato entre as duas empresas (prestadora e tomadora) possui natureza empresarial. Se o contratante for pessoa de Direito Público, em havendo o procedimento da licitação, o contrato é de natureza administrativa com efeitos empresariais.

A empresa prestadora de serviços é a empregadora do trabalhador temporário, de modo que será responsável pelo cumprimento das obrigações trabalhista perante o empregado.

A jurisprudência dominante entende que a responsabilidade da empresa franqueadora é reconhecida quando se ficar evidente que a primeira tinha ingerência na atividade da franqueada. Segundo essa vertente interpretativa a ingerência demonstra a existência de um contrato de prestação de serviços e não de franquia.

De acordo com o art. 5º-A (Lei 6.019, com a redação das Leis 13.429 e 13.467), quanto à empresa tomadora têm-se que:

(i) contratante é a pessoa física ou jurídica que celebra contrato com empresa de prestação de serviços determinados e específicos (art. 5º- A, caput[36]). Não é possível que se tenha o desvio da mão de obra contratada, visto que é vedada à contratante a utilização dos trabalhadores em atividades distintas daquelas que foram objeto do contrato com a empresa prestadora de serviços (art. 5º-A, § 1º), sob pena de vínculo empregatício com a tomadora dos serviços.

(ii) os serviços contratados poderão ser executados nas instalações físicas da empresa contratante ou em outro local, de comum acordo entre as partes (art. 5º-A, § 2º).

(iii) é responsabilidade da contratante garantir as condições de segurança, higiene e salubridade dos trabalhadores, quando o trabalho for realizado em suas dependências ou local previamente convencionado em contrato (art. 5º-A, § 3º);

(iv) a contratante poderá estender ao trabalhador da empresa de prestação de serviços o mesmo atendimento médico, ambulatorial e de refeição destinado aos seus empregados, existente nas dependências da contratante, ou local por ela designado (art. 5º-A, § 4º). Não é uma obrigação, mas, sim, uma faculdade;

É imperioso destacar que o contrato entre a empresa prestadora dos serviços e a empresa tomadora (contratante) deve conter a qualificação das partes, a especificação do serviço a ser prestado, o prazo para realização do serviço (se for o caso) e o respectivo valor.

---

36 Art. 5º-A da Lei 6019/74: Contratante é a pessoa física ou jurídica que celebra contrato com empresa prestadora de serviços relacionados a quaisquer de suas atividades, inclusive sua atividade principal.

3. ATIVIDADE-MEIO E ATIVIDADE-FIM

Em virtude do cenário político-econômico o legislador realizou mudanças nas normas trabalhistas, objetivando flexibilizar a legislação trabalhista e estimular o mercado a contratar novos trabalhadores devido crise econômica instalada no país.

Dentre as normas alteradas, a Lei n. 13.467/2017 conferiu um novo texto da Lei n. 6.019/74. Acrescentou o art. 4º-A que possibilita a transferência "pela contratante da execução *de quaisquer de suas atividades, inclusive sua atividade principal*, à pessoa jurídica de direito privado prestadora de serviços que possua capacidade econômica compatível com a sua execução".

Ao longo dos outros dispositivos repetiu a possibilidade da transferência de qualquer atividade pela contratante (tomadora dos serviços), como, no art. 4º-C – "quando e enquanto *os serviços, que podem ser de qualquer uma das atividades da contratante, forem executados* nas dependências da tomadora ..." – e no art. 5º-A – "Contratante é a pessoa física ou jurídica *que celebra contrato com empresa de prestação de serviços relacionados a quaisquer de suas atividades, inclusive sua atividade principal*".

Essa mudança significou uma superação à jurisprudência trabalhista que sempre proibiu a terceirização da atividade principal da empresa tomadora de serviço (contratante) e enxergava a existência de fraude na relação de trabalho nesta hipótese, ou seja, uma intermediação ilegal da mão de obra, com o objetivo de desvirtuar e fraudar a relação jurídica trabalhista bilateral (entre o empregado e o empregador).

A *atividade-fim* é entendida como a tarefa relacionada ao objetivo social da empresa, a atividade principal, normalmente identificado em seus estatutos constitutivos. Já a **atividade-meio é considerada como** aquela que visa facilitar o alcance dos propósitos da empresa, são atividades periféricas, como, por exemplo, atividades ligadas ao serviço de limpeza, conservação, vigilância, etc.,

Para evitar a chamada *"pejotização"* - na qual o empregado deixa de prestar serviços como pessoa física e passa a prestar serviços para as suas antigas empregadoras como pessoa jurídica, "PJ" – o art. 5º-A da Lei 6.019/74 prevê que:

> "... não pode figurar como contratada, nos termos do art. 4º-A desta Lei, a pessoa jurídica **cujos titulares ou sócios tenham, nos últimos dezoito**

meses, prestado serviços à contratante na qualidade de empregado ou trabalhador sem vínculo empregatício, exceto se os referidos titulares ou sócios forem aposentados"

No mesmo sentido dispõe o art. art. 5º-D da Lei n. 6.019/74. Vejamos:

> Art. 5º-D. O empregado que for demitido não poderá prestar serviços para esta mesma empresa na qualidade de empregado de empresa prestadora de serviços antes do decurso de prazo de dezoito meses, contados a partir da demissão do empregado.

A reforma legislativa foi tão profunda que permitiu não somente a terceirização da atividade principal (atividade-fim), mas, também, a "quarteirização". Esse fenômeno é caracterizado pela contratação de uma empresa de serviços para gerenciar as parcerias. É uma derivação, ou melhor, uma espécie de descentralização do processo produtivo.

O art. 4º-A possibilitou expressamente a quarteirização, na medida que autoriza a empresas prestadora de serviços contratar outras empresas para realizar os serviços contratados:

> Art. 4º-A. Considera-se prestação de serviços a terceiros a transferência feita pela contratante da execução de quaisquer de suas atividades, inclusive sua atividade principal, à pessoa jurídica de direito privado prestadora de serviços que possua capacidade econômica compatível com a sua execução.
> § 1º A empresa prestadora de serviços contrata, remunera e dirige o trabalho realizado por seus trabalhadores, ou subcontrata outras empresas para realização desses serviços.

A doutrina, que já tecia duras críticas à terceirização, questiona de forma veemente a quarteirização, uma vez que precariza as condições de trabalho.

3.1. TERCEIRIZAÇÃO LÍCITA

A jurisprudência procura diferenciar a terceirização lícita e a terceirização ilícita (Súmula 331 do TST), estabelecendo balizas para a identificação da licitude ou não da terceirização.

A licitude pode ser verificada pela inexistência ou não da subordinação e a pessoalidade entre o trabalhador terceirizado e a empresa tomadora dos serviços.

A jurisprudência admite apenas a contratação de prestação de serviços entre duas entidades empresariais, mediante a qual a empresa terceirizante responde pela direção dos serviços efetuados por seu trabalhador no estabelecimento da empresa tomadora. A subordinação e a pessoalidade devem se manter entre a empresa prestadora dos serviços e o trabalhador terceirizado.

Nesse aspecto o art. 4º-A, §1º, da Lei 6.019/74, enfatiza que cabe à empresa prestadora de serviços contratar, remunerar e dirigir o trabalho realizado por seus trabalhadores, ao invés de ser a empresa tomadora desses serviços.

A esse respeito, o STF, em 2019, no julgamento do RE n. 958.252/MG (Rel. Min. Luiz Fux) e a ADPF n. 324/DF, decidiu que a terceirização pode atingir a atividade-meio e a própria atividade-fim do tomador de serviços terceirizados.

Portanto, a terceirização é ilícita quando presente a subordinação e pessoalidade entre o trabalhador terceirizado e a empresa tomadora dos serviços, estando configurados os requisitos do vínculo empregatício direito (art. 2º, *caput*, e 3º, *caput*, CLT).

Ainda que seja válida a terceirização da atividade fim, conforme decidido pelo STF em 30.08.2019 e reiterado no dia 19.06.2020, a terceirização é irregular quando a direção da prestação de serviços for exercitada pela própria entidade tomadora (empresa contratante), conforme se depreende do art. 4º-A, § 1º, da Lei n. 6.019/74.

Além disso, para que a terceirização seja válida é imprescindível que a empresa prestadora de serviços seja dotada de capacidade econômica compatível com a sua execução (art. 4º-A, *caput*, da Lei 6.019/74).

4. RESPONSABILIDADE NA TERCEIRIZAÇÃO

A responsabilidade no trabalho terceirizado era tratada pela Lei do Trabalho Temporário (Lei 6.019/74), no art. 16, que estabelece a *responsabilidade solidária* da empresa tomadora dos serviços e a empresa prestadora dos serviços pelas verbas trabalhistas, contribuições *previdenciárias, remuneração* e *indenização no* caso de *falência* da empresa de trabalho temporário.

A jurisprudência sempre buscou formas de a conferir eficácia aos direitos trabalhista referente à terceirização, o que se concretizou com a estabilização dos dissensos com o surgimento da Súmula 331 do TST. Esse normativo, ao tratar dessa matéria, entendeu que *"o inadimplemento das obrigações trabalhistas,* por parte do empregador, implica na *responsabilidade subsidiária* do tomador dos serviços quanto àquelas obrigações, desde que este tenha participado da relação processual e conste também do título executivo judicial" (Súmula 331, IV, TST).

O entendimento jurisprudencial sumulado claramente percebe a existência de responsabilidade do tomador de serviços por todas as *obrigações* decorrentes da terceirização, de forma subsidiária.

A Reforma Trabalhista adotou esse entendimento, fixando a responsabilidade subsidiária da entidade tomadora de serviço pelas parcelas inadimplidas pela empresa prestadora de serviços (art. 5º-A, § 5º, da Lei n. 6.019)

No que se refere à responsabilidade da Administração pública a jurisprudência possibilidade de fixar a responsabilidade subsidiária, posto não se admite a ideia de *Estado irresponsável*.

Vale ressaltar que, para tanto, a entidade estatal deve ter praticado terceirização com empresa

Inidônea, ou seja, empresa que se torne inadimplente com relação a direitos

Trabalhistas, restando configurada a culpa *in eligendo* (má escolha do contratante).

Ainda, deve estar presente a culpa *in vigilando, ou seja, a* má fiscalização das obrigações contratuais e seus efeitos.

5. ASPECTOS PROCESSUAIS

A priori, cabe ressaltar que as relações terceirizadas de labor têm suas lides processadas e resolvidas no âmbito da Justiça do Trabalho, conforme art. 114, I, da Constituição Federal.

Entretanto, para que seja possível a responsabilidade subsidiária do tomador de serviços, é necessária a declaração judicial.

Isso posto, o tomador deve compor o polo passivo da demanda trabalhista.

A Súmula 331 do TST, em seus itens IV e V, prevê:

> IV - O inadimplemento das obrigações trabalhistas, por parte do empregador, implica a responsabilidade subsidiária do tomador dos serviços quanto àquelas obrigações, **desde que haja participado da relação processual e conste também do título executivo judicial.**
> V - Os entes integrantes da Administração Pública direta e indireta respondem subsidiariamente, nas mesmas condições do item IV, caso evidenciada a sua conduta culposa no cumprimento das obrigações da Lei n.º 8.666, de

21.06.1993, especialmente na fiscalização do cumprimento das obrigações contratuais e legais da prestadora de serviço como empregadora. A aludida responsabilidade não decorre de mero inadimplemento das obrigações trabalhistas assumidas pela empresa regularmente contratada.

Isso se justifica, pois é necessário o respeito aos princípios constitucionais processuais do juiz natural, do contraditório e ampla defesa, do devido processo legal, assegurando a participação do tomador de serviços na lide, de modo que pode discutir a sua responsabilidade e eventuais limites dessa responsabilidade.

Além disso, o cotidiano dos processos judiciais trabalhistas demonstra a necessidade de o operador do direito delimitar o período de prestação de serviços do trabalhador terceirizado, pois a responsabilização da empresa tomadora dos serviços fica limitada ao período da prestação laboral (item VI da Súmula 331 do TST).

É dever da parte autora delimitar o objeto da lide, para possibilitar o efetivo contraditório da pela parte reclamada.

CAPÍTULO IV.
DIREITO DESPORTIVO EM TEMPOS DE PANDEMIA

1. DESPORTO

A expressão "desporto" geralmente é vista como sinonímia de esporte[37], ou de qualquer exercício ou prática que tenha como objetivo o aprimoramento da saúde ou do físico[38].

Rafael Terreiro Fachada, em sua tese de mestrado, defende que "não há diferenciação, ao nosso ver, entre os significados dos vocábulos, sendo meramente a origem das palavras de culturas diversas", destacando que expressão "desport" – e as suas variações, como, por exemplo, disport (em inglês), deporte (em espanhol) e desporto (em português) – era comummente empregada para descrever uma recreação, jogo, ou competição de habilidades físicas, inexistindo qualquer distinção entre elas[39].

Para justificar o seu posicionamento cita as definições da Carta Europeia do Desporto (1992) e o Estatuto do Conselho Federal de Educação Física. Vejamos.

> *"No artigo segunda da Carta Europeia do Desporto, de 1992, podemos encontrar uma definição que procuramos: 'Entende-se por desporto todas as formas de atividades físicas que, através de uma participação organizada ou não, têm por objetivo a expressão ou o melhoramento da condição física e psíquica, o desenvolvimento das relações sociais ou a obtenção de resultados*

---

[37] Instituto Antônio Houaiss de Lexicografia. Pequeno Dicionário Houaiss da Língua Portuguesa. – 1. ed. – São Paulo: Moderna, 2015.

[38] Amauri Mascaro do Nascimento. Curso de direito do trabalho. – 26. ed. – São Paulo : Saraiva, 2011.

[39] Rafael Terreiro Fachada. Direito Desportivo Enquanto uma Disciplina Autônoma. Mestrado em Direito. São Paulo: PUC/SP, 2016. Fonte: https://tede.pucsp.br/bitstream/handle/19325/2/Rafael%20Terreiro%20Fachada.pdf [acessado em 10/10/2020]

da competição a todos os níveis.' A análise e elaboração de uma definição pátria passam ainda, obrigatoriamente pelo Estatuto do Conselho Federal de Educação Física (CONFEF), que conceitua o termo: Art. 9º (...) §2º - O termo desporto/esporte compreende sistema ordenado de práticas corporais que envolve atividade competitiva, institucionalizada, realizada conforme técnicas, habilidades e objetivos definidos pelas modalidades segundo regras pré-estabelecidas que lhe dá forma significado e identidade, podendo também ser praticado com liberdade e finalidade lúdica estabelecida por seus praticantes, realizado em ambiente diferenciado, inclusive na natureza (jogos: da natureza, radicais, orientação, aventura e outros). A atividade esportiva aplica-se, ainda, na promoção da saúde e em âmbito educacional de acordo com o diagnóstico e/ou conhecimento especializado, em complementação a interesses voluntários e/ou organização comunitária de indivíduos e grupos não especializados". (grifos acrescidos)

Entretanto, existe vertente interpretativa em sentido contrário. O Ministro Alexandre Agra Belmonte entende que o *"Desporto não é sinônimo de esporte. Quando se fala em praticar esporte, emprega-se a palavra no sentido de modalidade de exercício, jogo ou atividade física. Já o termo desporto significa a prática organizada do esporte, o esporte federado, o esporte regulamentado e organizado por federações, geralmente visando à competição".*[40]

Amauri Mascaro do Nascimento[41] apontava que a expressão desporto tem origem na *"linguagem gremial dos marinheiros mediterrâneos, que, à sua vida trabalhosa do mar, opunham à sua vida deliciosa do porto. Desporte é estar de portu. Na cultura de Provença aparecem as palavras deports e solatz, a primeira significando mais o jogo de conversação e poesia, a segunda representando exercícios corporais, caça, danças etc".*

Acrescenta que "na Antiguidade foi usado para assegurar, durante a paz, o estado físico dos soldados. Integrou os rituais religiosos. A Grécia o exaltou, e os vencedores dos jogos olímpicos eram elevados à condição de heróis nacionais".

Esse conjunto de princípios e regras recebem o designativo de Direito Desportivo, embora há quem utilize a locução Direito Esportivo por entender que são expressões de sentido semelhante.

Baseando-se nessas premissas podemos conceituar o Direito Desportivo como um conjunto de princípios e regras que disciplinam

---

40 Alexandre Agra Belmonte. Direito Desportivo, Justiça Desportiva e principais aspectos jurídico-trabalhistas da relação de trabalho do atleta profissional. Revista TRT 1ª Região. 47 ed. – Rio de Janeiro: TRT-1, 2010.

41 Idem. Nascimento, 2011.

a prática de atividades físicas, de forma organizada ou não, com o escopo de promover a saúde (física e psíquica) ou atividade competitiva.

Por se tratar de um campo temático específico, com teoria, metodologia e legislação particular, é considerada uma disciplina autônoma.

Os princípios que norteiam o Direito Desportivo são[42]:

a) *"Princípio do jogo limpo ou fiair play – é o dever de honestidade durante as práticas desportivas, exigindo um comportamento ético do atleta;*
b) *Princípio da Igualdade ou par conditio – é o dever de paridade entre os atletas, sob o ponto de vista do evento e da capacidade físico-intelectual, para que tenham as mesmas condições técnico-desportivas;*
c) *Princípio pró-competição ou pro competitione – consiste na impossibilidade de alterar o resultado das competições, exceto quando verificada a ocorrência de fato grave que ocasione reflexos no resultado da disputa, como, v.g., o doping.*
d) *Princípio da autonomia desportiva – é a desvinculação do desporto ao governo ou política, de modo que é assegurada a liberdade de associação, criação das associações, sem que haja interferência estatal na sua organização e funcionamento (art. 217, I, da CF).*
e) *Princípio da diferenciação profissional – dissocia-se, por esse princípio, a figura do atleta profissional e o amador (não-profissional). O atleta profissional é aquele que possui um contrato especial de trabalho desportivo, auferindo o seu sustento, como regra, a partir do vínculo empregatício mantido com a entidade desportiva (Lei 9.615/98). De outro lado, o atleta amador (não-profissional) é aquele que pratica atividade esportiva de forma recreativa, sem retirar daí o seu sustento, mesmo que participe de competições.*
f) *Princípio da proteção e fomento às modalidades de criação nacional – é o dever de proteção e difusão das modalidades esportivas nacionais como, por exemplo, o futebol de salão, a peteca, os jogos indígenas, etc.*
g) *Princípio do esgotamento da Justiça Desportiva – é importante que se diga a Justiça Desportiva, prevista no art. 217 da CF, não pertence ao Poder Judiciário, embora tenha as mesmas características estruturais deste. É um órgão administrativo cuja a incumbência é processar e julgar administrativamente os litígios desportivos, referentes à disciplina e às competições. É imprescindível o exaurimento das instâncias da Justiça Desportiva, para, então, submeter o conflito desportivo ao Poder Judiciário (art. 217, §1º, CF)".*

Além disso, o Direito Desportivo é categorizado em: i) Direito Desportivo Disciplinar – regula os princípios e regras de conduta dos atletas, bem como a aplicação de sanções administrativas pelos órgãos de

---

[42] Idem. Fechada, 2016.

competentes; ii) Direito Desportivo Internacional Privado – é um plexo de normas desportivas internacionais, geralmente regulamentada por entidade desportiva privada internacional; iii) Direito Desportivo Internacional Público – são políticas públicas implementadas por organismos internacionais (por exemplo, a ONU ou UNESCO), com o desígnio propagar o esporte como meio de promover a educação, saúde, o desenvolvimento do ser humano e a paz; iv) Direito Desportivo Empresarial – abrange os atos negociais realizado entre entidades desportivas e as relações comerciais da entidade de prática desportiva, como, por exemplo, a transferência entre atletas; v) Direito Desportivo do Trabalho – disciplina a relação de trabalho dos atletas com as entidades de prática desportiva[43].

De acordo com o art. 217 da Constituição Federal de 1988 o Estado deve promover políticas públicas de incentivo ao esporte formal e não-formal (informal).

A Lei Pelé (Lei 9.615/1988), que regulamenta as normas gerais de desporto, prevê nos parágrafos 2º do art. 1º, que a prática desportiva informal é caracterizada pela liberdade lúdica dos seus participantes, ou seja, de forma recreativa. Aqui estão abrangidos, por exemplo, o desporto educacional e o desporto de participação (art. 3º, I e II, da Lei Pelé)

Já o esporte formal, em regra, é caracterizado pela pratica profissional do desporto, em alto rendimento, ou seja, segundo as regras de prática desportiva, nacionais e internacionais, com a finalidade de obter resultados, mediante remuneração pactuada em contrato especial de trabalho desportivo entre o atleta e a agremiação de prática desportiva (art. 3º, III e §1º, da Lei Pelé).

Em tempos de pandemia, as relações jurídicas desportivas foram fortemente afetadas.

O setor desportivo movimenta bolhões de dólares anualmente (cerca de 750 bilhões de dólares)[44]. Com pandemia do coronavírus, e o consequente *lockdown*, as práticas desportivas foram paralisadas ou adiadas - devido ao risco de contágio aos atletas e principalmente ao público que acompanha regularmente os espetáculos desportivos – dentre elas vários campeonatos de futebol, ligas de basquete, automobilismo,

---

43 Idem. Fechada, 2016.

44 Fonte: https://exame.com/negocios/coronavirus-esporte-perde-bilhoes-e--nem-games-estao-salvos/ [acessado em 11/10/2020]

até mesmo as Olimpíadas de 2020, resultando em perdas financeiras incalculáveis, inclusive ao e-sports (esporte de jogos eletrônicos).

As relações desportivas do trabalho não ficaram imunes ao impacto da pandemia do conronavírus.

No Brasil, o legislador buscou editar medidas de emergência específicas para regulamentar as relações de trabalho durante a pandemia e preservar o emprego e a renda: Medida Provisória 927/20 e a Lei 14.020/20 (resultante da conversão da Medida Provisória 936/20 em Lei).

Evidentemente os trabalhadores que não exercem atividade desportiva estão abrangidos pelas referidas medidas.

De outro lado, paira dúvida se tais medidas podem ser aplicadas aos atletas.

O Ministro Alexandre Agra Belmonte[45] defende a possibilidade de aplicação de tais medidas ao contrato de trabalho desportivo, sob o seguinte argumento:

> "[...] A Presidência da República, então, expediu várias medidas provisórias para minimizar de forma emergencial e excepcional os impactos na receita empresarial. Essa receita, em última análise, é a responsável pelo pagamento dos salários dos trabalhadores. E se um por acaso as entidades desportivas ou entidades de outra natureza ficarem sem receita, como será realizado o pagamento dos salários desses trabalhadores? A indagação é se as medidas provisórias podem ser utilizadas pelas entidades de prática desportiva para obtenção de crédito emergencial e também para suspender o contrato de trabalho do atleta e, também, para reduzir a jornada de trabalho do atleta com a consequente redução salarial. [...] Tal qual acontece com os cinemas, teatro, casa de shows, essas atividades que tiveram que paralisar totalmente o seu funcionamento, são atividades muito próximas das entidades de prática desportiva. Se alguém precisa desta medida [provisória] 936/2020 é exatamente essas entidades de prática desportiva, porque elas não estão funcionando. Se não estão funcionando não estão promovendo jogos, promovendo campeonatos e promovendo receitas. E se não estão promovendo receita como que ela irá pagar os salários dos jogadores de futebol, por exemplo?"

---

[45] Webpalestra: Os impactos da covid-19 nas relações esportivas. Ministro do TST Alexandre de Souza Agra Belmonte e Flávio de Albuquerque Moura - Advogado e Presidente da Comissão de Direito Desportivo da OAB/AL. Organização: Escola Judicial do TRT2. Fonte: https://www.youtube.com/watch?v=2ykqI9Or-CM [acessado em 11/10/2020]

Embora esses mecanismos não indiquem de forma expressa, a legislação trabalhista emergencial alcança as atividades esportivas, de forma que as entidades de prática desportiva puderam se valer dessas normas para antecipar as férias dos atletas, suspender temporariamente o contrato de trabalho, ou, ainda, reduzir proporcionalmente ou salário e a jornada de trabalho dos atletas.

Segundo o art. 28, §4º, da Lei Pelé, "Aplicam-se ao atleta profissional as normas gerais da legislação trabalhista e da Seguridade Social, ressalvadas as peculiaridades constantes desta Lei [...]".

Os incisos do §4º, do referido dispositivo, estabelece que o atleta terá direito às férias anuais remuneradas, coincidente com o recesso das atividades desportivas, bem como a jornada normal de trabalho de 44 horas semanais.

Se tais direitos são conferidos aos atletas, em condições similares às dos trabalhadores regidos pela Consolidação das Leis do Trabalho, por qual razão não estariam abrangidos pelas medidas emergenciais trabalhistas?

Não há qualquer óbice na legislação geral desportiva ou qualquer ressalta na legislação trabalhista emergencial quanto a aplicação dessas normas ao contrato de trabalho desportivo. Se assim desejasse teria feito, tal como ocorreu com os servidores públicos (estatutários e celetistas) da União, dos Estados, do Distrito Federal e dos Municípios, aos órgãos da administração pública direta e indireta, bem como das empresas públicas, sociedades de economia mista, inclusive às suas subsidiárias, e organismos internacionais (art. 3º, § único, da Lei 14.020/20).

2. MEIO AMBIENTE DO TRABALHO DO ATLETA PROFISSIONAL

A Constituição Federal consagra a dignidade da pessoa humana, os valores sociais do trabalho a livre iniciativa como fundamentos do Estado Democrático de Direito (art. 1º, III e IV, CF), bem como o direito à saúde (art. 6º), a redução dos riscos inerentes ao trabalho, por meio de normas de saúde, higiene e segurança (art. 7º, XXII).

O art. 225, V, da Constituição Federal estabelece que "Todos têm direito ao meio ambiente ecologicamente equilibrado, bem de uso comum do povo e essencial à sadia qualidade de vida, impondo-se ao Poder Público e à coletividade o dever de defendê-lo e preservá-lo para as presentes e futuras gerações", incumbindo ao Poder Público "controlar a produção, a comercialização e o emprego de técnicas, métodos e substâncias que comportem risco para a vida, a qualidade de vida e o meio ambiente".

Raimundo Simão de Melo[46] aponta que

> No inciso XIII do art. 7' assegura-se a "duração do trabalho normal não superior a oito horas diárias e quarenta e quatro semanais, facultada a compensação de horários e a redução da jornada, mediante acordo ou convenção coletiva de trabalho"; no inciso XIV, 'jornada de seis horas para o trabalho realizado em turnos ininterruptos de revezamento, salvo negociação coletiva'; e, no inciso XXIII, 'adicional de remuneração para as atividades penosas, insalubres ou perigosas, na forma da lei'. São exemplos de tutela constitucional do meio ambiente do trabalho que visam a eliminação ou diminuição dos riscos para saúde e integridade física dos trabalhadores".

No âmbito do internacional as convenções nº 148, 155, 161 e 170 da Organização Internacional do Trabalho regulamentam a matéria.

A esse conjunto de normas protetivas, sob a ótica do Direito do Trabalho, dá-se o nome de meio ambiente do trabalho, ou seja, um conjunto de normas que visam propiciar um ambiente salubre e seguro ao empregado, evitando o surgimento de doenças e acidentes de trabalho.

A doutrina classifica o meio ambiente em: (a) meio ambiente natural; (b) meio ambiente artificial; (c) meio ambiente cultural; e, (d) meio ambiente do trabalho.

A esse respeito, Ricardo Jahn e Gustavo Borges[47] ensinam que

> "O meio ambiente natural ou físico é constituído de solo, água, flora e fauna, representando o equilíbrio dinâmico entre os seres vivos na terra e o meio em que vivem (CF, art. 225, § 1º, inc. I e VII). [...] O meio ambiente artificial é o espaço urbano habitável, constituído pelo conjunto de edificações, ligado ao conceito de cidade (não exclui os espaços rurais artificiais criados pelo homem). Diz respeito aos espaços fechados e equipamentos públicos, sendo seu principal valor a sadia qualidade de vida e a dignidade da pessoa humana. [...] O meio ambiente cultural diz respeito à história, formação e cultura de um povo. Embora artificial, como sendo obra do homem, difere do anterior, que é cultural, tendo assim um sentido especial. [...] O meio ambiente do trabalho é o local onde as pessoas desempenham

---

[46] Raimundo Simão de Melo. Impactos da reforma trabalhista sobre o meio ambiente do trabalho e a saúde dos trabalhadores. Revista do Advogado. Ano XXXVIII N'137. São Paulo: AASP, Março de 2018

[47] RICARDO JAHN e GUSTAVO BORGES. SAÚDE E SEGURANÇA DO TRABALHADOR E "NOVAS" RELAÇÕES DE TRABALHO. Revista de Direito do Trabalho. ___: Revista dos Tribunais, janeiro de 2019.

suas atividades laborais, sejam remunerados ou não, cujo equilíbrio está baseado na salubridade do meio e na ausência de agentes que comprometam a incolumidade físico-psíquica dos trabalhadores, independente da condição que ostentam (homens ou mulheres, maiores ou menores de idade, celetistas ou servidores públicos, autônomos, etc.)".

Para Sidnei Machado (LTr, 2001, p. 66-67 apud. Carlos Henrique Bezerra Leite, 2019), o meio ambiente de trabalho é *"conjunto das condições internas e externas do local de trabalho e sua relação com a saúde dos trabalhadores".*

Carlos Henrique Bezerra Leite indica que o conceito de meio ambiente de trabalho deve ser analisado sob uma concepção moderna, pois relaciona-se com os direitos humanos - notadamente o direito à vida, à segurança e à saúde -, superando, portanto, a concepção tradicional que reduzia o meio ambiente de trabalho às normas técnicas da CLT e das Normas Regulamentadoras do Ministério do Trabalho[48].

O direito constitucional ao meio ambiente salubre e equilibrado é um direito fundamental individual do trabalhador, como medida protetiva à saúde, à vida, à dignidade do trabalhador, bem como um direito social ou coletivo, pois, segundo a melhor doutrina, trata-se de um direito fundamental de terceira geração.

No âmbito infraconstitucional *a* Lei 6.938/81, que dispõe sobre a política nacional do meio ambiente, define a expressão "meio ambiente", como *"o conjunto de condições, leis, influências e interações de ordem física, química e biológica, que permite, abriga e rege a vida em todas as suas formas".*

A Consolidação das Leis do Trabalho reservou um capítulo exclusivamente para tratar das normas de segurança e medicina do trabalho (art. 154 a 201), considerando a relevância da matéria.

Segundo o art. 155 da CLT compete ao órgão de âmbito nacional, em matéria de segurança e medicina do trabalho, a incumbência de: a) estabelecer normas de saúde, higiene e segurança de trabalho; b) coordenar, orientar, controlar e supervisionar a fiscalização e as demais atividades relacionadas com a segurança e a medicina do trabalho em todo o território nacional, inclusive a Campanha Nacional de Prevenção de Acidentes do Trabalho; c) conhecer, em última instância, dos recursos, voluntários ou de ofício, das decisões proferidas pelos

---

[48] Leite, Carlos Henrique Bezerra. Curso de direito do trabalho. – 11. ed. – São Paulo : Saraiva Educação, 2019.

Delegados Regionais do Trabalho, em matéria de segurança e medicina do trabalho.

Atualmente a competência para regulamentar sobre segurança, medicina e saúde do trabalho é da Secretaria Especial de Previdência e Trabalho do Ministério da Economia - que incorporou a maioria das atribuições do extinto Ministério do Trabalho e Emprego.

A esse respeito é importante ressaltar que existe um movimento, no cenário político atual, que pretende a "modernizar *as NRs*", com a revogação de boa parte dessas normas – atualmente trinta e sete normas regulamentadoras - sob o pretexto de simplificar as regras e melhorar as regras vigentes.

Para uma linha de pensadores essa medida seria inconstitucional, pois representaria um retrocesso social, na medida que violariam os direitos humanos (a dignidade da pessoa humana; o direito à vida e à saúde) os direitos fundamentais previsto na constituição, bem como o princípio da máxima eficácia e efetividade das normas definidoras dos direitos fundamentais, do princípio da confiança e da própria noção do mínimo essencial[49].

J. J. Gomes Canotilho (apud Guilherme Guimarães Feliciano; Paulo Douglas de Almeida Moraes, 2019) afirma que

> *"o princípio da proibição do retrocesso social pode formular-se assim: o núcleo essencial dos direitos sociais já realizado e efetivado através de medidas legislativas deve considerar-se constitucionalmente garantido, sendo inconstitucionais quaisquer medidas que, sem a criação de esquemas alternativos ou compensatórios, se traduzam na prática em uma anulação, revogação ou aniquilação pura e simples desse núcleo essencial".*

Esse princípio decorre da finalidade do Estado Democrático de Direito, da efetivação do princípio estruturante do sistema jurídico constitucional - a dignidade da pessoa humana -, encontra amparo no compromisso com o desenvolvimento progressivo dos Estados na efetivação dos direitos sociais, de acordo com o art. 26 da Pacto de San José da Costa Rica.

---

[49] Guilherme Guimarães Feliciano; Paulo Douglas de Almeida Moraes. Normas de Saúde e segurança do trabalho na era Bolsonaro: a modernização das normas regulamentadoras. Verdades, possibilidades, constitucionalidade. **Revista LTr. - Vol.** 83 - ———_: LTr, 2019

Guilherme Guimarães Feliciano e Paulo Douglas de Almeida Moraes[50] explicam que

> "Trata-se da norma–princípio identificada por Sebastião Geraldo de Oliveira como princípio do risco mínimo regressivo; e que, bem sabemos, nada mais é que a manifestação, no campo do Direito Ambiental do Trabalho, do princípio da melhoria contínua, enunciado por diversos jusambientalistas e assim positivado, inclusive, no item 6.1 do Anexo 13-A da NR-15 (para os contextos de exposição ocupacional ao benzeno)"

Os referidos juristas destacam a importância das normas regulamentadoras, sob o prisma dos direitos fundamentais positivados na Constituição Federal e das normas internacionais ratificadas pelo Brasil, destacando ocorre um acidente de trabalho a cada quarenta e nove segundos e que a diminuição do conjunto de regras protetivas à saúde do trabalhador levaria à impactos econômicos estrondosos, já que, segundo as estatísticas da Organização Internacional do Trabalho, os acidentes de trabalho e as doenças ocupacionais, impactam em 4% do PIB de cada país:

> "Vê-se, pois, diante dos dados notificados, que convivemos com a média de um acidente de trabalho a cada 49 segundos. Dentre estes, 17.315 (dezessete mil, trezentos e quinze) acidentes resultaram em óbito, configurando uma morte decorrente de acidente de trabalho a cada 3 horas, 43m e 42s. Vê-se, ainda, o quão falaciosos são os argumentos de redução dos custos de produção como justificativa para a redução do arcabouço normativo de proteção da saúde e da segurança do trabalhador: as externalidades econômicas negativas, em função de acidentes de trabalho e doenças ocupacionais que não foram oportunamente impedidos, giram na monta de R$ 83.126.000,00 com pagamento de benefícios acidentários. A Organização Internacional do Trabalho estima que acidentes e doenças de trabalho consomem cerca de 4% do Produto Interno Bruto de cada país anualmente, o que significa, no Brasil, algo em torno de 272.000.000.000 (duzentos e setenta e dois bilhões de reais), considerando o PIB de 2018 (cerca de 6,8 trilhões)".

Thiago Mendonça de Castro[51], assertivamente pondera que a redução do acidente de trabalho e da doença ocupacional, é um tema que,

---

50 Guilherme Guimarães Feliciano; Paulo Douglas de Almeida Moraes. Normas de Saúde e segurança do trabalho na era Bolsonaro: a modernização das normas regulamentadoras. Verdades, possibilidades, constitucionalidade. **Revista LTr. - Vol. 83 -** ———: LTr, **2019**

51 Thiago Mendonça de Castro. Revista do TST. - vol. 85, no 4. A saúde e segurança do trabalho e os impactos mais comuns dos acidentes de trabalho. São Paulo: Lexmagister, 2019

"Importa ao empregado, por questões humanitárias, porque o acidente pode ser fatal e, quando não o for, tem a força de matar aos poucos o trabalhador, seja em razão do desmonte traumático que o acidente do trabalho causa no planejamento de vida deste trabalhador, seja em razão do estigma que carregará para sempre – o que poderá levar à marginalização do acidentado –, seja principalmente porque o acidente-doença do trabalho pode levar a vida de um pai de família, de um irmão, de uma mãe, de uma hora para outra. Importa à empresa porque, com um maior número de acidentes de trabalho, ela passa a pagar uma maior contribuição previdenciária, pode responder judicialmente por força de ações de responsabilidade civil, previdenciária, tributária, criminal, bem como poderá ter diversos custos administrativos e ainda poderá pagar um alto custo social quando a sociedade sabe que a empresa desrespeita os próprios empregados, fato que pode vir a inviabilizar sua sobrevivência. [...]também importa à sociedade, porque além de o Estado ter que reconhecer e conceder benefícios previdenciários acidentários, que são pagos com parte do custeio de toda a Seguridade Social, a qual abrange a Previdência Social, a Assistência Social e a Saúde (art. 194 da CF/88), a própria sociedade, que indiretamente já possui este primeiro custo, terá que absorver o impacto do processo de marginalização do indivíduo que, via de regra, não consegue voltar a trabalhar e, assim, voltar a contribuir com o sistema que o protege".

Por essa razão, o empregador deverá manter o ambiente de trabalho seguro e saudável, a fim de evitar o surgimento de doença ocupacional ou a ocorrência de acidente de trabalho (art. 157, CLT). Deverá, ainda, cumprir todas as normas de saúde e segurança do trabalho e as determinações específicas dos órgãos regionais, bem como facilitar a fiscalização pela autoridade competente.

Os atletas também estão sucessíveis à contaminação com o coronavírus. Portanto, se a agremiação esportiva optar pela manutenção do treinamento dos atletas, ou, ainda, participar de campeonatos ou jogos, mesmo sem a participação da torcida, deve adotar todos os protocolos preventivos, a fim de evitar a proliferação do vírus e a contaminação tanto dos atletas como também da equipe técnica e da área de saúde (90-E da Lei Pelé)[52].

A Medida Provisória n. 927/2020, cuja vigência exauriu em 19 de julho de 2020, considerando a ausência de conversão em lei, estabelecia a suspensão de exigências administrativa em segurança e saúde no trabalho como a realização de exames médicos ocupacionais, clínicos e complementares (art. 15 da MP n. 927/2020), dentre eles os treinamentos

---

[52] Lei 9.615/98, art. 90-E. O disposto no § 4o do art. 28 quando houver vínculo empregatício aplica-se aos integrantes da comissão técnica e da área de saúde.

periódicos e eventuais dos empregados previstos em regulamentadoras de segurança e saúde no trabalho, postergando-o para até 90 dias após o termino do estado de calamidade pública, sedo admissível, entretanto, a concretização do treinamento por meio de ensino a distância.

Na época, a constitucionalidade dessas medidas foi questionado no bojo da Ação Direta de Inconstitucionalidade (ADI) n. 6380 perante o Supremo Tribunal Federal (STF), por violar as normas de saúde, higiene e segurança do trabalho. O Plenário do Supremo Tribunal Federal, por maioria de votos, concedeu parcialmente um pedido de medida liminar para suspender a eficácia do art. 29. Entretanto, não teve o mérito analisado, haja vista a prejudicialidade resultante da perda da eficácia da medida provisória.

Mesmo que assim não fosse, a Lei Pelé estabelece a necessidade de a agremiação submeter os atletas profissionais à exames médicos e clínicos indispensáveis à pratica desportiva. Em consequência disso, pensamos que a agremiação, além de propiciar as medidas de proteção, deverá submeter todos os atletas a teste clinico para avaliar a presença ou não do vírus, a fim de verificar a aptidão para a prática do desporto (art. 34, III, da Lei 9.615/98).

Vale ressaltar, que se essas medidas não forem respeitadas, é possível a responsabilização da agremiação.

No início do isolamento social tivemos a notícia da contaminação de diversos atletas profissionais como, por exemplo, o atacante argentino da Juventus de Turin Paulo Dybala[53].

Durante a retomada de alguns torneios também tivemos notícia da contaminação de alguns atletas, como o pivô DeAndre Jordan e o armador Spencer Dinwiddie, ambos do Brooklyn Nets, integrantes da liga de basquete da NBA.

Após a retomada de alguns torneios no Brasil tivemos a contaminação em massa de diversos atletas, o que acendeu o alerta das agremiações e federações esportivas para redobrar as medidas de combate ao coronavírus no meio esportivo[54].

---

53 Fonte: https://www.gazetaesportiva.com/times/juventus/dybala-e-o-terceiro-atleta-da-juventus-a-testar-positivo-para-o-coronavirus/ [acessado em 11/10/2020]

54 Dez atletas da equipe de futebol do Goiás Esporte Clube testaram positivo para o coronavírus antes de uma partida contra o São Paulo Futebol Clube. Fonte: https://globoesporte.globo.com/go/futebol/times/goias/noticia/goias-tem-10-casos-de-co-

Recentemente, o Sindicato dos Empregados em Clubes, Federações e Confederações Esportivas e Atletas Profissionais do Estado do Rio de Janeiro ingressou com Ação Civil Pública perante o Tribunal Regional do Trabalho da 1ª Região para adiar uma partida de futebol entre o Palmeiras e o Flamengo, aduzindo que havia risco de contágio elevado aos atletas, pois 19 (dezenove) atletas do Flamengo estavam contaminados com o coronavírus.

O Tribunal Regional do Trabalho da 1ª Região deferiu medida liminar para suspender a partida de futebol. Entretanto, minutos antes da partida, o Tribunal Superior do Trabalho deferiu a liminar apresentada pela confederação Brasileira de Futebol (CBF) para cassar a tutela de urgência conferida pelo TRT, sob o argumento de que o Tribunal Regional excedeu a sua competência territorial aos suspender a partida de futebol que ocorreria em outro Estado (São Paulo), bem como uma decisão proferida em primeiro grau de jurisdição que proibia o clube de treinar ou jogar pelo período de 15 dias[55].

Nota-se, portanto, a imprescindibilidade de uma maior reflexão acerca da manutenção da retomada dos torneios ou da implementação de medidas de prevenção mais rigorosas, a fim de evitar o adoecimento dos atletas.

3. CONTRATO DE TRABALHO DO ATLETA PROFISSIONAL

O contrato de trabalho é definido, pelo professor Mauricio Godinho Delgado[56], como "acordo de vontades, tácito ou expresso, pelo qual uma pessoa física coloca seus serviços à disposição de outrem, a serem prestados com pessoalidade, não eventualidade, onerosidade e subordinação ao tomador".

O pacto entre a agremiação esportiva e o atleta profissional possui características especiais, conforme destaca o Ministro Alexandre Agra Belmonte[57]:

---

vid-19-no-elenco-horas-antes-da-partida-contra-o-sao-paulo.ghtml [acessado em 11/10/2020]

55 Fonte: https://www.conjur.com.br/2020-set-27/vice-presidente-tst-autoriza-jogo-entre-palmeiras-flamengo [acessado em 11/10/2020]

56 Mauricio Godinho Delgado. Curso de direito do trabalho - 18. ed.— São Paulo: LTr, 2019.

57 Ibidem. Belmonte, 2010.

> "a) é especial, porque submetido a regime que o diferencia da generalidade dos contratos de emprego. Por exemplo, é por prazo determinado, sem soma de períodos, cabe multa salarial, não enseja equiparação etc; b) é formal, porque precisa ser pactuado por escrito, com inserção obrigatória de dados como numeração em ordem cronológica, nomes das partes, tempo de duração e modo e forma de remuneração; c) é solene, porque necessita de registro na entidade de administração nacional da modalidade desportiva; d) tem prazo determinado de duração (mínimo de três meses e máximo de cinco anos)".

Nota-se que o contrato de trabalho do atleta profissional é um contrato por prazo determinado, formal, escrito e solene.

De acordo com o art. 30 da Lei Pelé o período de vigência do contrato de trabalho desportivo não poderá ser inferior a 3 meses nem superior a 5 anos.

Mas, caso o empregador não formalize o contrato de trabalho do atleta profissional, esse é possível o reconhecimento do vínculo empregatício desportivo?

A jurisprudência tem o entendimento de que a prestação de serviços desportivo pelo atleta profissional - de forma não eventual, onerosa, subordinadas, prestada por pessoa natural com pessoalidade – sem a formalização do contrato de trabalho, gera o reconhecimento do vínculo empregatício tradicional previsto na CLT, tendo em vista que as solenidades exigidas na Lei Pelé são imprescindíveis para a formação do contrato de trabalho desportivo. Nesse sentido colhemos a seguinte ementa:

> "[...] 3. VÍNCULO DE EMPREGO. ATLETA. JOGADOR DE FUTEBOL DE SALÃO. AUSÊNCIA DE FORMALIZAÇÃO DO CONTRATO DE TRABALHO . Caso em que o Tribunal Regional, após exame do contexto fático-probatório dos autos, registrou que restou comprovada a presença dos elementos caracterizadores da relação de emprego. Declarou o vínculo empregatício no período de 01/07/2003 até 30/12/2007 e destacou que a ausência de formalização de contrato de trabalho entre as partes não seria suficiente para afastar o reconhecimento da relação de emprego. Na forma do artigo 28 da Lei 9.615/98 (com redação anterior à conferida pela Lei 12.395/2011), vigente à época dos fatos, " A atividade do atleta profissional, de todas as modalidades desportivas, é caracterizada por remuneração pactuada em contrato formal de trabalho firmado com entidade de prática desportiva, pessoa jurídica de direito privado, que deverá conter, obrigatoriamente, cláusula penal para as hipóteses de descumprimento, rompimento ou rescisão unilateral " . **O referido dispositivo exige, portanto, para o reconhecimento do contrato de trabalho desportivo - espécie**

singular de relação jurídica de emprego -, a formalização do contrato de trabalho entre o atleta e a entidade de prática desportiva, no qual devem constar a remuneração pactuada e cláusula penal para as hipóteses de descumprimento, rompimento ou rescisão unilateral. <u>Trata-se de requisito "ad substantia", sem o qual será nulo e insuscetível de confirmação o negócio jurídico celebrado (CC, arts. 104, II, 160, IV, e 169),</u> ao qual não poderão concorrer os efeitos jurídicos previstos na legislação específica (Lei 9.615/98). **No campo do direito civil, nas hipóteses em que detectada a nulidade do negócio jurídico e estiverem configurados os requisitos de outra espécie,** os específicos efeitos dessa última modalidade negocial deverão ser reconhecidos quando se mostrar razoável supor que as partes o teriam desejado, se fossem capazes de prever a nulidade (art. 170 do CC). **A partir da nota ética que fundamenta a ordem jurídica, é preciso recordar que as partes devem guardar os princípios de probidade e boa-fé (CC, art. 422), na celebração, execução e mesmo após a extinção dos contratos, não sendo possível, por isso, presumir que tenham conscientemente celebrado,** em concurso ou isoladamente, negócios jurídicos viciados, com o intuito de fraudar a ordem jurídica, hipótese em que tais negócios serão nulos ou anuláveis (CC, art. 166, 167 e 171), a depender da gravidade do vício e quando forem insuscetíveis de coonestação (CC, arts. 167, 170 e 172). **Do postulado da boa-fé objetiva decorrem diversos deveres de conduta aos sujeitos transatores, entre os quais avulta o da confiança legítima, que não tolera abusos e comportamentos contraditórios e incoerentes, segundo a conhecida fórmula do "venire contra factum proprium" (CC, art. 187).** <u>Por isso, a contratação de pessoa natural para o exercício de atividades não eventuais, onerosas e subordinadas, ligadas ao desporto, ainda quando preterida a forma legalmente prevista, há de produzir os efeitos jurídicos próprios ao modelo genérico de contratação inscrito na Consolidação das Leis do Trabalho (CLT), afastando-se, portanto, a regência do sistema legal específico (Lei 9.615/98).</u> Há de se notar, por oportuno, que não se trata de situação em que a atividade desenvolvida dependa de qualificação legal específica (CF, art. 5º, XIII. c/c o art. 166, V e VI, do CC) ou que seu conteúdo seja ilícito (art. 166, II e III), caso em que a nulidade jamais poderia produzir quaisquer efeitos (art. 167). **Como espécie do gênero contrato-realidade, o vínculo jurídico trabalhista produz efeitos plenos, mesmo que não cumpridas as solenidades legais, com a assinatura da CTPS, retenções fiscais e previdenciárias e demais providências de estilo. Definitivamente, o "fato trabalho", havido com os exatos contornos dos arts. 2º e 3º da CLT, não pode passar ao largo do ordenamento jurídico,** especialmente para fins previdenciários, sob pena de afronta às próprias noções basilares de proteção e inclusão social (CF, art. 1º, III e IV, 7º, 170, "caput" e III, e 193). **No caso presente, o Tribunal Regional destacou a presença dos elementos configuradores da relação de emprego, razão pela qual, afastada a relação de emprego** de natureza desportiva (art. 28 da Lei 9.615/98), emerge o contrato de trabalho em sentido amplo. Recurso de revista não conhecido [...]." (ARR-178000-62.2008.5.01.0301, 5ª Turma, Relator Ministro Douglas Alencar Rodrigues, DEJT 26/06/2020).

A agremiação desportiva não pode se valer da própria torpeza, ou seja, deixar de formalizar o vínculo empregatício desportivo e se beneficiar da sua própria negligencia.

É possível, ainda, defender o enquadramento do vínculo empregatício desportivo, mesmo sem a formalização do contrato de trabalho.

O princípio da primazia da realidade, também denominado de princípio do contrato-realidade, traduz-se na verificação dos fatos tal como efetivamente se deu no cotidiano da prestação de serviços, sobrepondo-se à eventuais documentos. Em outras palavras, é a busca da verdade real no contrato de trabalho, com a finalidade de proteger o empregado contra fraudes ou práticas com a finalidade de impedir ou desvirtuar os preceitos da relação empregatícia.

A ausência de formalização do contrato de trabalho, por si só, não desnaturaliza o contrato de trabalho desportivo.

A ausência do contrato de trabalho, ao contrário do que ocorre nas relações de trabalho tradicional, não convola o pacto desportivo em contrato por prazo indeterminado, mas, tão somente faz presumir que as partes abdicaram o direito de estabelecer período diverso do permitido em lei (entre o mínimo 3 meses e 5 anos), haja vista as peculiaridades do contrato de trabalho desportivo. O mesmo raciocínio podemos utilizar para as cláusulas indenizatória ou compensatória.

Além disso, a ausência de registro do contrato de trabalho perante a entidade de administração do desporto (a federação), trata-se de mera irregularidade administrativa, de modo a gerar sanção de caráter desportiva-disciplinar.

Logo, se o trabalhador prestou serviços à entidade esportiva, na qualidade de atleta profissional, não há razão para não se reconhecer aquilo que efetivamente ocorreu na prática, de modo a assegurar ao trabalhador todas as parcelas remuneratórias atávicas à relação de trabalho desportiva.

4. JORNADA DE TRABALHO E ADICIONAL NOTURNO DO ATLETA

Inicialmente, a jornada normal de trabalho do atleta era de 48 horas semanais, organizada de acordo com os critérios que mais se adequasse ao treinamento (adestramento) e à exibição (participação em campeonatos), conforme previa o art. 6º da Lei 6354/1976.

Posteriormente, a Lei 9.615/1998 revogou o referido dispositivo, passando a prever jornada desportiva normal com duração de 44 horas semanais (art. 28, §4º, inciso VI) e, em seguida, a Lei 12.395/11 revogou integralmente a Lei 6.354/76.

As normas gerais da legislação trabalhista e da Seguridade Social aplicam-se ao atleta profissional (§4º, do art. 28 da Lei Pelé), de modo que se a jornada de trabalho do empregado superar 44 horas semanais, o atleta terá direito ao pagamento da jornada suplementar acrescida de, no mínimo, 50% sobre a jornada normal (art. 7º, XVI, da CF e art. 59, §1º, da CLT).

Preceitua o art. 28, §4º, da Lei 9.615/98 que o atleta profissional poderá ficar até 3 (três) dias consecutivos em concentração, a critério da agremiação desportiva, desde que esteja programada qualquer competição, de forma que o atleta ficar à disposição do empregador por ocasião da realização de competição fora da localidade onde tenha sua sede.

Diante da redação do referido artigo – que dispõe que o atleta "fica à disposição do empregado" por ocasião da realização da competição – parcela da doutrina entende que o período de concentração deve integrar o tronco básico da jornada de trabalho, sob o argumento de que se trata de tempo à disposição do empregador, sendo devido o pagamento de horas extras caso a somatória da jornada de trabalho ultrapasse o módulo semanal de 44 horas.

O Ministro Alexandre Agra Belmonte[58], por outro lado, defende que "[...] em virtude da natureza especial da relação, a prestação de serviços consiste em distribuir a jornada em partidas, treinos, concentração e excursões. Por consequência, não são aplicáveis aos profissionais do futebol as normas sobre horário de trabalho, inclusive o horário noturno, não fazendo, assim, jus a horas extras e ao adicional noturno".

No que diz respeito à concentração, a jurisprudência tem sedimentado o entendimento de que o tempo de concentração não é equiparável ao tempo à disposição do empregador, conforme arestos abaixo:

---

58 Idem. Belmonte, 2010.

ATLETA PROFISSIONAL. JOGADOR DE FUTSAL. PE´RIODOS DE CONCENTRAÇAÕ EM COMPETIÇÕES. HORAS EXTRAS. INDEVIDAS. O tempo de concentração do jogador de futebol/futsal é **costume inerente à prática desportiva profissional e visa resguardar a plena condição física e psicológica do atleta**, de forma que **sua performance seja potencializada e adequada em períodos de competições**. Não integra a jornada desportiva normal e, portanto, não enseja o pagamento de horas extras, nos termos do inciso I e II do §4º do art. 28 da Lei 9.615/98 (Lei Pelé). Sentença Mantida. (TRT-9 – RO: 0001347632014090661 PR, Relator: Sueli Gil El Rafhi, Data de Julgamento: 30/11/2016)

ATLETA PROFISSIONAL DE FUTEBOL. ACRÉSCIMO REMUNERATÓRIO POR PERÍODOS DE CONCENTRAÇÃO. HORAS EXTRAS. HORAS À DISPOSIÇÃO. INDEVIDAS. O inciso I do §4º do art. 28 da Lei 9.615/98 permite que a entidade de prática esportiva estabeleça a concentração até 3 dias consecutivos por semana. Logo, o tempo que o atleta se dedicou à concentração **não pode ser tomado como à disposição do empregador, mas contingência da profissão,** não merecendo o pagamento deste tempo como horas extraordinárias ou horas à disposição. Por outro lado, nos termos do inciso III do §4º do art. 28 da Lei 9.615/95, somente o caso de previsão contratual é que o atleta terá direito ao pagamento de acréscimo remuneratório em ração de períodos de concentração. (TRT-3 – RO 00110373320185030180, Relator Rodrigo Ribeiro Bueno, 9ª Turma)

Como destacado acima a agremiação esportiva poderia se valer das medidas prevista na Medida Provisória 927/20, cuja vigência exauriu em 19 de julho de 2020- com destaque para a antecipação das férias individuais e coletivas, bem como para o recolhimento diferido do FGTS. Também, nada obsta a adoção das medidas prevista na MP 936/20, convertida na Lei 14.020/20, como a redução proporcional do salário e da jornada de trabalho ou a suspensão do contrato de trabalho, desde que observe estritamente os preceitos e formalidade nela previstos.

As agremiações desportivas tiveram as suas receitas brutalmente afetadas pela pandemia do coronavírus, notadamente porque o local de apresentação dos espetáculos, ou melhor, dos jogos, implica em aglomeração de pessoas, situação vedada até os dias de hoje.

Por essa razão, tais medidas amenizam o impacto financeiro gerado às agremiações, viabilizando a manutenção da renda e do emprego dos atletas profissionais.

A concessão ou não do adicional noturno é uma questão controversa. Parte da jurisprudência entende que o contrato do atleta profissional, como regra, não contempla o adicional noturno, isso porque é um contrato de trabalho especial, no qual a legislação desportiva não prevê a concessão de tal benesse ao atleta. Vejamos:

> [...] 3. ADICIONAL NOTURNO. Irreparável a sentença no tópico. Não faz jus o atleta profissional ao pagamento do adicional noturno para jogos cujo término ocorra no horário posterior às 22 horas. Tal situação, como referido na origem (fl. 79), enquadra-se nas peculiaridades listadas nos incisos I a III do artigo 35 da Lei nº 9.615/98. Nesse sentido a decisão do TST, a qual se transcreve: "As condições peculiares do contrato do atleta profissional de futebol não toleram incursão no adicional noturno, em louvor dos critérios universalmente consagrados na exibição profissional do atleta. Esse tipo de prestação noturna participa visceralmente do contrato e se há de tê-la como abrangida na remuneração estipulada. TST – RR-3.866/82 – Ac. 1a T., 3.854/83, 16.12.83 – Rel. Min. Ildélio Martins." (TRT da 4ª Região, 6a. Turma, 0007300-24.2007.5.04.0101 RO, em 08/07/2009, Desembargadora Maria Cristina Schaan Ferreira - Relatora. Participaram do julgamento: Desembargadora Rosane Serafini Casa Nova, Desembargador Emílio Papaléo Zin)
>
> [...]2- Do labor prestado em feriados e adicional noturno. Pretende o autor o pagamento de horas extras em decorrência do labor prestado em feriados, bem como o pagamento de adicional noturno, em decorrência do encerramento de diversas partidas após às 22:00hs. Diante da especificidade da Lei nº 9.615/1998 (Lei Pelé), bem como do trabalho praticado pelo atleta profissional de futebol, entendo que este não se beneficia das normas da CLT e aquelas extravagantes, que regulamentam o labor em dias de feriados sem a folga compensatória e pagamento do adicional noturno. Ademais, consoante bem observou a r. sentença originária, a fls. 297 (frente e verso), as peculiaridades da atividade do atleta profissional de futebol aliadas à necessidade de submissão dos clubes empregadores a certos horários (seja por determinação da televisão ou da polícia ou das confederações) e à quebra da hipossuficiência jurídica autorizam um regime de labor especial à categoria, sendo fato público e notório que os atletas gozam de descanso remunerado no dia posterior às partidas realizadas, sendo que participam de, no mínimo, uma partida por semana. Nada a reformar. (TRT-2 RO 0000510-58.2015.5.02.0017, 11ª Turma, Desembargadora Relatora ODETTE SILVEIRA MORAES, Data da publicação: 04/10/2016)

Todavia, existe corrente em sentido contrário que defende a concessão do adicional noturno ao atleta profissional, haja vista que a Constituição Federal de 1988 impõe o pagamento de adicional para o trabalho desempenhado no período noturno (art. 7º, IX, CF), bem como o art. 28, §4º da Lei Pelé permite a aplicação das normas gerais trabalhistas naquilo que não for incompatível com as peculiaridades da lei especial ou a previsão contratual. No âmbito do Tribunal Regional do Trabalho da 1ª Região, a 10ª Turma, em processo de relatoria do

Desembargador Ricardo Areosa, deu provimento ao recurso ordinário interposto pelo trabalhador para deferir o pagamento das horas extras, sob o seguinte fundamento:

> [...] 1. ADICIONAL NOTURNO 1.1. Insurge-se o recorrente contra o indeferimento do seu pedido de pagamento de adicional noturno, alegando que as normas coletivas, bem como a legislação específica (Lei nº 9.615/98) não excluem o atleta profissional do percebimento de tal benefício previsto em lei hierarquicamente superior, qual seja, o art. 7º, IX, da Carta Magna. 1.2. A solução das questões postas em recurso, ou seja, os fundamentos de fato e de direito expostos no apelo do recorrente, bem como o pleito recursal daí derivado, comporta, unicamente, a apreciação de questões de ordem fática e de provas judiciais presentes nos autos. 1.3. Na inicial, o autor alegou que nunca recebeu adicional noturno pelo trabalho prestado após às 22:00 horas, nos dias em que o clube disputou partidas à noite. 1.4. Na contestação, o clube reclamado sustentou que não há previsão legal a amparar o pedido. 1.5. O reitor processual de origem indeferiu a pretensão sob o fundamento de que o autor, sendo um atleta de alto rendimento, tem todo o tempo destinado ao treinamento integrando sua rotina. 1.6. Com a devida vênia, embora o tema seja controvertido, temos posicionamento diverso ao da sentença, pois o fato de haver labor em horário noturno, como algo inerente a certa função ou atividade, não afasta o direito ao respectivo adicional. Tanto é assim que em diversas outras situações o trabalho em período noturno também pode ser considerado inerente ou natural à função desempenhada, como ocorre no caso de vigias e vigilantes, mas são normalmente devidos o adicional noturno e a hora noturna reduzida. 1.7. **Na esfera desportiva profissional, os jogos realizados frequentemente ultrapassam o horário diurno e adentram o horário noturno, inclusive nos jogos de basquete, modalidade esportiva do autor, onde as prorrogações se estendem até que haja uma equipe vencedora.** 1.8. A **Lei nº 6.354/76, que dispõ**e sobre as relações de trabalho do atleta profissional de futebol, **bem como a Lei nº 9.615/98** (também conhecida como Lei Pelé), **que instituiu normas gerais sobre desporto, efetivamente não previram o pagamento do adicional noturno.** 1.9. **Entretanto, muito embora a Lei Pelé possua caráter especial,** e ainda que sejam consideradas as evidentes peculiaridades do trabalho do atleta profissional, **o adicional noturno ganhou status constitucional, previsto no inciso IX, do art. 7º, da Carta Magna.** 1.10. A partir de então, a legislação infraconstitucional somente se limita a definir os percentuais aplicáveis ao caso concreto, sendo inadmissível que lei ordinária venha a afastar as garantias e direitos mínimos do trabalhador elevados ao patamar constitucional. 1.11. Se a Lei específica silencia a respeito da matéria, **não há que se falar em incompatibilidade, pois esta pressupõe um embate, um conflito de princípio e regras, entre algo que é previsto, que existe.** Só há incompatibilidade entre normas positivadas, o que não é o caso em exame, pois

a Lei nº 6.354/76, bem como a Lei Pelé, silenciaram a respeito do adicional noturno. 1.12. Cumpre ressaltar, ainda, que o **art. 28, § 1º, da Lei nº 9.615/98 - Lei Pelé, prevê a aplicabilidade ao atleta profissional das normas gerais da legislação trabalhista, <u>ressalvadas as peculiaridades expressas na referida lei ou integrantes do contrato de trabalho</u>**, sendo certo que **o art. 73 da CLT prevê o pagamento do adicional noturno**. 1.13. Desta forma, se a partida da qual tenha participado o atleta efetivamente tenha extrapolado o horário de 22:00 horas, impõe-se o pagamento do adicional noturno ao atleta, bem como suas repercussões sobre as demais parcelas remuneratórias, conforme previsto na Constituição Federal (art. 7º, inciso IX). 1.14. **Por tais fundamentos, admito e dou provimento ao recurso do autor, para deferir o pagamento do adicional noturno** nos dias em que as partidas nas quais o autor efetivamente tenha participado tenham ultrapassado o horário das 22:00 horas, a ser apurado em liquidação, julgando parcialmente procedente o item "o" do rol de pedidos de fls. 19. (TRT-1, RO 0056800-79.2003.5.01.0005, 10ª Turma, Relator Desembargador Ricardo Areosa, Data de publicação 18/04/2012)

Evidentemente a jornada de trabalho noturna é mais danosa ao trabalhador, na medida em que há um desgaste físico e psíquico maior, além da privação do convívio familiar e social.

Pensamos que o direito à remuneração do serviço noturno superior ao diurno, previsto expressamente no art. 7º, inciso IX, da CF, é um direito fundamental social conferido ao trabalhador que não pode ser sonegado em virtude da ausência de previsibilidade legal. O simples fato de o atleta se ativar em labor noturno já lhe assegura o acréscimo remuneratório.

Seguindo essa linha de entendimento, o professor Mauricio Godinho Delgado ensina "*a prestação noturna de trabalho é, obviamente, mais desgastante para o trabalhador, sob o ponto de vista biológico, familiar e até mesmo social. De fato, **o trabalho noturno provoca no indivíduo agressão física e psicológica intensas, por supor o máximo de dedicação de suas forças físicas e mentais em período em que o ambiente físico externo induz ao repouso**. Somado a isso, ele também tende a agredir, com substantiva intensidade, a inserção pessoal, familiar e social do indivíduo nas micro e macrocomunidades em que convive [...]*".[59]

Sobre os efeitos do trabalho noturno no contrato de trabalho esclarece:

---

[59] Idem. Delgado, 2019.

"A posição do Direito do Trabalho perante o labor prestado à noite caminha em duas direções diferenciadas, mas combinadas, conforme já se apontou: de um lado, na direção restritiva da prestação do trabalho noturno; de outro, se efetivamente prestado o trabalho em tais circunstâncias, na direção ampliativa das vantagens jurídicas derivadas dessa prestação. Esta segunda direção comporta, assim, os denominados efeitos jurídicos da jornada noturna. [...] a sobrerremuneração do trabalho noturno, em contraponto com o diurno, não pode deixar de ser concretizada pela ordem jurídica, em virtude de resultar de comando constitucional expresso. De fato, diz o art. 7º, IX, da Constituição de 1988 que é direito dos trabalhadores a "remuneração do trabalho noturno superior à do diurno" (na verdade, já desde a Constituição de 1946 estabelecia-se critério de ser o "salário do trabalho noturno superior ao do diurno" — art. 157, III, CF/46)." (grifos acrescidos)

E mais. As normas internacionais de Direito do Trabalho apontam para a indispensabilidade de pagamento de uma compensação pelo trabalho noturno, consoante as lições do professor Carlos Henrique Bezerra Leite[60]:

"O art. 3º da Convenção 171 da OIT manda adotar, "em benefício dos trabalhadores noturnos, as medidas específicas exigidas pela natureza do trabalho noturno (...), a fim de proteger a sua saúde, ajudá-los a cumprirem com suas responsabilidades familiares e sociais, proporcionar aos mesmos, possibilidades de melhoria na sua carreira e compensá-los de forma adequada"._

Com efeito, é possível, em nosso ponto de vista, a aplicação do adicional noturno ao atleta profissional (art. 7º, IX, CF e art. 73 da CLT), eis que se trata de direito fundamental conferido ao trabalhador, a Lei Pelé permite expressamente a aplicação subsidiaria da legislação geral trabalhista – aqui abrangidas as normas da CLT - e que não há incompatibilidade com princípios e regras do contrato de trabalho desportivo.

5. DIREITO DE ARENA

O direito de arena foi regulamentado pelo art. 100 da Lei nº 5.988/73. Esse dispositivo previa que:

"Art. 100. À entidade a que esteja vinculado o atleta, pertence o direito de autorizar, ou proibir, a fixação, transmissão ou retransmissão, por quaisquer meios ou processos de espetáculo desportivo público, com entrada paga. Parágrafo único. Salvo convenção em contrário, vinte por cento do preço da autorização serão distribuídos, em partes iguais, aos atletas participantes do espetáculo".

---

60 Idem. Bezerra Leite, 2019.

Em seguida, a Lei nº 8.672/93 (Lei Zico) revogou esse dispositivo. Na sequência a Lei nº 9.615/98 (Lei Pelé), com redação dada pela Lei 12.395/11, passou a dispor sobre a temática:

> "Art. 42. Pertence às entidades de prática desportiva o direito de arena, consistente na prerrogativa exclusiva de negociar, autorizar ou proibir a captação, a fixação, a emissão, a transmissão, a retransmissão ou a reprodução de imagens, por qualquer meio ou processo, de espetáculo desportivo de que participem. § 1º Salvo convenção coletiva de trabalho em contrário, 5% (cinco por cento) da receita proveniente da exploração de direitos desportivos audiovisuais serão repassados aos sindicatos de atletas profissionais, e estes distribuirão, em partes iguais, aos atletas profissionais participantes do espetáculo, como parcela de natureza civil.".

Em outras palavras as agremiações esportivas (clubes) ou as entidades de administração do desporto (federações ou confederações) são detentoras do direito de negociar, autoriza ou proibir a transmissão – além da emissão retransmissão ou reprodução de imagens – do espetáculo desportivo pelas emissoras de rádio, televisão, internet, plataformas digitais, etc.

Recentemente, esse dispositivo foi alterado pela Medida Provisória no 984 18 de junho de 2020, passando a prever o seguinte:

> "Art. 42. Pertence à entidade de prática <u>desportiva mandante</u> o <u>direito de arena</u> sobre o espetáculo desportivo, consistente na prerrogativa exclusiva de negociar, autorizar ou proibir a captação, a fixação, a emissão, a transmissão, a retransmissão ou a reprodução de imagens, por qualquer meio ou processo, do espetáculo desportivo".

Pela redação anterior do "caput" do art. 42, todas as agremiações esportivas (ou clubes) envolvidas no evento tinham direito de arena sobre o espetáculo desportivo e podiam negociar, autorizar ou proibir a transmissão do evento.

Contudo, a MP 984/2020 modificou essa sistemática, de forma que apenas a **agremiação esportiva mandante**, ou seja, a entidade esportiva responsável pela organização e produção do evento, terá direito sobre a transmissão do evento.

Conforme consta na exposição de motivos da MP 984/2020[61], a intenção do Governo Federal é permitir a comercialização do evento

---

61 EM nº 19/2020-MCID – [...] "Especificamente, a proposta de Medida Provisória altera o caput e acrescenta o §4º ao art. 42 que trata do direito de transmissão de eventos esportivos no Brasil, de forma a tratar do **direito de arena como perten-**

esportivo exclusivamente pelo clube organizador, a fim de facilitar a negociação – que dependia de consenso entre os clubes – e possibilitar novas formas de transmissão. Porém, a redação do dispositivo pode gerar interpretação equivocada, isso porque o texto legal diz que *"pertence à entidade de prática desportiva mandante o direito de arena sobre o espetáculo desportivo"*, o que leva a crer que a entidade esportiva participante não terá direito algum sobre a comercialização do evento.

A exploração comercial da imagem do atleta (através da captação, transmissão, ou retransmissão de imagem) assegura-lhe um percentual de 5% da receita proveniente da exploração de direito desportivos audiovisuais, é destinado aos atletas profissionais participantes do espetáculo.

cente ao mandante dos jogos, cabendo a ele, exclusivamente, definir quem irá transmiti-los. É de se destacar que o **modelo previsto neste projeto, que confere em caráter exclusivo o direito de arena a quem organiza e produz o evento desportivo**, é também adotado em Portugal e no México. A presente alteração **visa o melhor atendimento dos interesses do torcedor, isso porque, diante do cenário anterior, de que o direito de arena pertence aos Clubes participantes das partidas, a transmissão depende de acordo com ambas as agremiações, isto faz com que partidas entre equipes cujas licenças para transmissão são de empresas concorrentes, não sejam transmitidas ao público por falta de acordo entre as empresas** de comunicação concorrentes e entre os clubes. **Desta feita, estabelecer o direito de o clube mandante definir a transmissão de suas partidas, na prática, viabiliza o maior número de transmissões para os torcedores**. A entidade de prática desportiva que proporciona os meios organizativos e financeiros necessários para a realização do evento desportivo, cumprindo com todas as exigências legais para a sua realização e arcando com o custo de sua operação deve ter o direito de dispor sobre o seu produto, podendo negociar livremente de acordo com seus custos e receitas. Assim, tal previsão visa também proteger o poder de auto-organização e autoadministração dos entes desenvolvedores de práticas desportivas. Conferir o direito de negociação das transmissões exclusivamente aos mandantes das partidas permite a utilização de novas mídias e possibilita novas formas de transmissão diversas das plataformas tradicionais. **A diversidade de mídias que amplia a oferta de transmissão, mais uma vez beneficia o torcedor, além de facilitar a divulgação do produto do futebol**. Esclarece-se que a presente alteração objetiva manter a previsão de atribuir o direito de arena a ambas as entidades de prática desportiva participantes do evento desportivo, no caso de não haver mando de campo. Nesta hipótese, mantém-se a necessidade de realização de acordo para a transmissão da partida, tal como previsto na inclusão do §2[...]".

O §1º do art. 42 da Lei Pelé também sofreu modificação, vejamos:

Redação dada pela Lei nº 12.395, de 2011	Redação dada pela Medida Provisória nº 984, de 2020
Art. 42. [...] §1º Salvo convenção coletiva de trabalho em contrário, 5% (cinco por cento) da receita proveniente da exploração de direitos desportivos audiovisuais serão **repassados aos sindicatos de atletas profissionais, e estes distribuirão, em partes iguais**, aos atletas profissionais participantes do espetáculo, como parcela de natureza civil.	Art. 42. [...] §1º Serão **distribuídos, em partes iguais, aos atletas profissionais participantes do espetáculo** de que trata o **caput, cinco por cento da receita** proveniente da exploração de direitos desportivos audiovisuais, como **pagamento de natureza civil**, exceto se houver disposição em contrário constante de convenção coletiva de trabalho.

Nesse aspecto, ao instituir a MP 984, o Governo Federal pretende manter o pagamento do percentual de 5% sobre a arrecadação proveniente da transmissão audiovisual, destacando a natureza jurídica indenizatória da verba, ressalvando a possibilidade de ajuste em contrário mediante negociação coletiva.

Outra mudança importante é sobre o repasse dos direitos de arena. Pela redação anterior do §1º do art. 42 da Lei Pelé, o sindicato era responsável pelo repasse do direito de arena aos atletas, o que deixou de existir com a MP 984/20.

A justificativa para a distribuição direta pelo clube desportivo ao atleta, sem a intermediação sindical, é a falta de transparência ou de prestação de contas pelo ente sindical, bem como evitar falhas na distribuição do percentual legal, conforme consta na exposição de motivos[62].

De igual maneira, o art. 87-A, do mesmo Diploma Legal, dispõe que o atleta poderá ceder o direito ao uso da imagem ou explorá-lo, mediante contrato de natureza civil, cujos ajustes terão natureza diversa e inconfundível com contrato especial de trabalho desportivo. No caso de cessão do uso da imagem para a agremiação esportiva, o valor correspondente não poderá ultrapassar 40% da remuneração total paga ao atleta, composta pela somatória do salário e dos valores pagos pelo direito ao uso de imagem.

---

62 EM nº 19/2020-MCID – "Ainda no tocante ao direito de arena, o presente projeto altera o §1º para prever a distribuição devida aos atletas de forma direta entre as entidades de prática desportiva e os atletas profissionais participantes do espetáculo, sem a intermediação dos sindicatos de atletas profissionais. Isto porque, é a entidade de prática desportiva a titular do direito de arena e, portanto, a única responsável pelo repasse aos atletas profissionais. Assim sendo, evita-se eventuais falhas na distribuição do percentual legal por parte dos sindicatos, que, apesar de receberem o repasse dos Clubes, não presta contas da distribuição aos atletas [...]".

Tem prevalecido o entendimento de que o direito de arena tem natureza jurídica indenizatória, haja vista a alteração normativa realizada pela Lei nº 12.395/2011 – e agora a redação da MP 984/20, que expressamente prevê o caráter indenizatório de tal verba.

A Desembargadora Denise Pacheco[63], em interessante voto sobre a matéria, sustentou a impossibilidade de associação do direito de arena ao direito de imagem do atleta – que é individual e personalíssimo -, na medida que a transmissão coletiva da imagem dos atletas participantes do espetáculo decorre de característica ínsita ao contrato de trabalho desportivo.

Segundo a magistrada, no momento da contratação o atleta autoriza o uso ou cede implicitamente a sua imagem à entidade de prática desportiva, por se tratar de uma característica peculiar ao contrato especial de trabalho desportivo.

Ademais, na sua visão, o direito de arena não pode ser equiparado à gorjeta, pois o pagamento do percentual está condicionado à comercialização da transmissão (emissão retransmissão ou reprodução de imagens) do espetáculo pelo clube.

Enfatiza que o clube poderá ceder a transmissão a título gratuito, hipótese em que o contrato de trabalho não sofreria nenhuma consequência em sua execução, continuando o atleta a perceber normalmente as verbas salariais.

Por tais razões entende que o direito de arena possui natureza jurídica indenizatória, conforme se verifica no voto abaixo transcrito:

> "Como se observa nas legislações supratranscritas, desde sua origem o Direito de Arena expressamente pertence às entidades de prática desportiva ao qual esteja vinculado o atleta profissional, e consiste na "prerrogativa exclusiva de negociar, autorizar ou proibir a captação, a fixação, a emissão, a transmissão, a retransmissão ou a reprodução de imagens, por qualquer meio ou processo, de espetáculo desportivo de que participem" (excerto do caput do artigo 42 da Lei nº 9.615/98, com a redação dada pela Lei nº 12.395, de 16 de março de 2011). Nesse contexto, especificamente em relação à titularidade e à conceituação do Direito de Arena, cito o ensinamento do Prof. Jorge Miguel Acosta Soares, em obra específica sobre o tema: "Há outra explicação do **porquê da titularidade do Direito de**

---

[63] Desembargadora integrante do Tribunal Regional do Trabalho da 4ª Região, cujo voto foi vencedor no julgamento dos autos nº 0000826-77.2011.5.04.0010, que versava sobre a natureza jurídica do direito de arena (TRT da 4ª Região, 7a. Turma, 0000826-77.2011.5.04.0010 RO, em 19/03/2014).

Arena pertencer ao clube, e não ao jogador, que diz respeito exatamente às características do contrato de trabalho do atleta profissional. Como já visto, é característica intrínseca da atividade do atleta exibir-se em público. Seu contrato de trabalho somente se aperfeiçoa no momento da disputa da partida, no momento de sua apresentação. Para o jogador, a contratação representa o instrumento da **cessão de sua imagem profissional para o clube empregador**, para todas as atividades ligadas ao exercício da profissão. **Esse consentimento é obrigatório**, uma vez que a **natureza do cumprimento do contrato de trabalho de atleta exige a exibição da imagem do profissional**. Assim, **sua imagem como profissional, envergando a camisa de seu clube, não lhe pertence**. Por essa razão, a imagem do conjunto dos atletas em campo também não lhes pertence, mas sim ao empregador. Essa imagem da atividade coletiva é, na verdade, o Direito de Arena" (grifei - "Direito de imagem e direito de arena no contrato de trabalho do atleta profissional" - São Paulo: LTr, 2008 - pág. 107). Resta claro, portanto, que **é do clube-empregador a titularidade do Direito de Arena**, e que este **não se confunde com o direito de imagem, individual e personalíssimo de cada atleta**, uma vez que envolve a exibição coletiva do evento, vinculada a uma determinada entidade esportiva, sendo característica do contrato de trabalho do atleta profissional sua apresentação pública vestindo a camiseta de seu clube. Além de estabelecer a titularidade do Direito de Arena, a legislação expressamente estipula que, parte do **resultado econômico decorrente da negociação entabulada entre a entidade esportiva e as empresas de comunicação para a transmissão ou retransmissão de espetáculos esportivos, deverá ser distribuído aos atletas profissionais vinculados à entidade e que efetivamente participam do espetáculo**. Nesse contexto, discute-se na doutrina e na jurisprudência a natureza, salarial ou indenizatória, desse percentual do Direito de Arena que é repassado aos atletas profissionais que mantém contrato de trabalho com as entidades desportivas. Em julgamentos anteriores sobre a matéria, manifestei posicionamento de que tal verba caracterizar-se-ia como parcela salarial, na medida em que se revestiria da natureza de retribuição pela participação do atleta no evento esportivo, ou seja, seria típica contraprestação pelo desempenho da atividade profissional. Todavia, **repensando a matéria sob ótica diversa, passei a concluir que o percentual do Direito de Arena repassado aos atletas possui natureza indenizatória, descabendo falar**, com a devida vênia de renomados juristas que assim pensam, **na sua equiparação às gorjetas - remuneração paga por terceiros** - pois, como analisado, **a titularidade do Direito de Arena não é dos atletas, mas sim da entidade esportiva**, a quem cabe comercializar, ou não, a imagem de sua equipe. Importante aqui é refletir sobre o fato de que, **na hipótese de não ocorrer tal comercialização pelo clube (ou de ela ser cedida a título gratuito), o contrato de trabalho não sofre nenhuma consequência em sua execução, continuando o atleta a perceber normalmente as verbas salariais** que efetivamente caracterizam contraprestação pelo desempenho da atividade profissional, e tendo ele que participar do espetáculo sem nada receber a esse título. Nesse particular, cito, novamente, a doutrina de **Jorge Miguel Acosta Soares** ao enfrentar a participação dos atletas na distribuição do Direito de Arena: "**Contudo, apesar de não poder ser reduzida, essa participação pode não existir. É o caso do clube que, por qualquer motivo, cede gratuitamente a imagem do espetáculo para uma determinada emissora de televisão.** O Direito de Arena **pertence à agremiação desportiva, que pode cedê-lo sem receber qualquer retribuição pecuniária em contrapartida.** Neste caso, por nada ter recebido quando da cessão, o clube não é obrigado a pagar nada a título de participação dos atletas. Os jogadores participam dos valores auferidos com o Direito de Arena, desde que exista algum valor. O direito destes decorre do direito das entidades" (grifei - "Direito de imagem e direito de arena no contrato de trabalho do atleta profissional" - São Paulo: LTr, 2008 - pág. 109). Constatado que os **atletas profissionais só participam do rateio do Direito de Arena quando a entidade esportiva a que estejam vinculados efetivamente comercialize a transmissão do espetáculo com determinada emissora de comunicação, e considerando que essa cessão possa ocorrer a título gratuito, nada sendo devido aos atletas nesse caso, como admitir a natureza salarial do Direito de Arena?** A hipótese não é de difícil compreensão! Determinado clube de futebol, por exemplo, seja por participar de uma competição de menor importância, sem atrativos econômicos para os patrocinadores, seja por participar de partida amistosa, nas chamadas pré-temporadas, cede gratuitamente a uma emissora de televisão o direito de transmitir as imagens da partida. Nesse caso, **estamos diante de normal execução do contrato de trabalho,** desempenhando o atleta, a mando do clube, a atividade profissional para a qual foi contratado (jogar futebol), e **em razão disso recebe como contraprestação todas as verbas remuneratórias que lhe são devidas, mas nada recebe a título de Direito de Arena**, a demonstrar que tal verba não possui natureza salarial. Como destacado anteriormente na aludida citação doutrinária, **o Direito de Arena nada mais é que a prerrogativa que as entidades esportivas possuem de ceder, a título gratuito ou oneroso, a imagem coletiva de sua equipe profissional** quando da participação em eventos esportivos. Assim, eventual resultado econômico da cessão das imagens, pela entidade esportiva, não tem o escopo de remunerar o desempenho individual de cada atleta no exercício de sua atividade profissional (o que demandaria o reconhecimento da natureza salarial da verba). **Tal como ocorre com o direito de imagem individual, de cada atleta, o Direito de Arena possui natureza indenizatória, porquanto vinculado à divulgação da imagem coletiva da equipe esportiva. A legislação pátria, ao estabelecer que determinado percentual do resultado econômico da cessão do Direito de Arena seja repassado aos atletas, não altera a natureza jurídica ora reconhecida,** pois, como ressaltado anteriormente, **não se trata** de remuneração paga por terceiros (analogia com as gorjetas), mas sim indenização pelo uso da imagem coletiva dos atletas inseridos em uma equipe de entidade esportiva. Dito isso, nego provimento ao recurso do autor". (TRT da 4ª Região, 7a. Turma, 0000826-77.2011.5.04.0010 RO, em 19/03/2014, Desembargadora Tânia Regina Silva Reckziegel - Relatora. Participaram do julgamento: Desembargadora Denise Pacheco, Desembargador Wilson Carvalho Dias)

Apesar disso, corrente em sentido contrário defende que essa parcela possui natureza jurídica salarial, sob o argumento de que se trata de parcela autônoma integrante da remuneração do atleta profissional, similar às gorjetas. Vejamos a ementa abaixo:

> DIREITO DE ARENA. NATUREZA JURÍDICA. O direito de arena, previsto no art. 42 da Lei Pelé (Lei nº 9.615/98), é parcela paga aos atletas em contraprestação pela exibição comercial de sua imagem durante a prática de competição ou atividade esportiva, ou seja, trata-se de direito vinculado ao momento em que o esportista está no desempenho de sua atividade profissional, motivo pelo qual tal verba decorre da relação de emprego e, por isso, possui natureza remuneratória, devendo integrar a remuneração do autor, nos moldes previstos no art. 457, §3º, da CLT e Súmula 354, incidindo contribuição previdenciária e recolhimentos do FGTS. (TRT-1, RO 0101117-98.2016.5.01.0073, Desembargador Relator José Antonio Teixeira da Silva, data de Publicação 28/09/2018).
> "RECURSO DE REVISTA. CONTRATO ESPECIAL DE TRABALHO. ATLETA PROFISSIONAL. DIFERENÇAS DE DIREITO DE ARENA RELATIVAS AOS CAMPEONATOS REALIZADOS EM 2009/2010. ACORDO JUDICIAL QUE REDUZ O DIREITO DE ARENA PARA PERCENTUAL DE 5% E LIMITA-SE ÀS PARCELAS DEVIDAS ATÉ 1999. LIMITAÇÃO TEMPORAL DO AJUSTE. INAPLICABILIDADE. Extrai-se do v. julgado de origem que o acordo coletivo que o reclamado pretende ver aplicado ao caso concreto possui limitação temporal que não alcança o reclamante. Ao passo que o autor foi contratado em 2009, o ajuste em discussão previa quitação da parcela -direito de arena os valores devidos até 1999, não alcançando, portanto, o contrato de trabalho do autor. A controvérsia não remete, portanto, à validade do ajuste, mas da impossibilidade de projeção de seus efeitos para os contratos de trabalho futuros. Incólumes, assim, os arts. 42, § 1º, da Lei nº 9.615/98, 7º, XXVI, da CF/88 e 444, da CLT. Recurso de revista não conhecido. DIREITO DE ARENA. NATUREZA JURÍDICA SALARIAL. É certo que a parcela paga a título de direito de arena visa remunerar o atleta, não sendo possível afastar o entendimento de que se trata de parcela de natureza salarial, decorrendo daí os reflexos pretendidos pelo autor. Nesse sentido a jurisprudência desta c. Corte vem firmando o entendimento, quando alude especificamente ao direito de arena como parcela que, sendo paga por terceiros, deve ser integrada ao salário do atleta, por aplicação analógica da Súmula 354 do c. TST . Precedentes do c. TST. Recurso de revista

conhecido e desprovido." (TST - RR: 2198- 06.2011.5.03.0005, Relator: Aloysio Corrêa da Veiga, Data de Julgamento: 11/09/2013, 6ª Turma, Data de Publicação: DEJT 13/09/2013)

"RECURSO DE REVISTA . DIREITO DE ARENA. NATUREZA JURÍDICA. ALTERAÇÃO DO PERCENTUAL POR ACORDO. IMPOSSIBILIDADE. 1. O direito de arena se refere ao direito das entidades de prática desportiva para autorização ou não da fixação, transmissão ou retransmissão pela televisão ou qualquer outro meio que o faça, de evento ou espetáculo desportivo, sendo que, do valor pago a essas entidades, 20% (vinte por cento), como mínimo, será destinado aos atletas participantes, dividido em partes iguais, conforme previsão legal. 2. Por sua vez, a base constitucional do direito de arena é a letra a do inciso XXVIII do art. 5º da Constituição Federal, que assegura a -proteção, nos termos da lei, às participações individuais em obras coletivas, e à reprodução da imagem e voz humanas, inclusive nas atividades esportivas.- 3. Nesses termos, o direito de arena é consequência da participação do atleta nos jogos, decorrente de seu vínculo de emprego com o clube e integra a remuneração do atleta empregado, com natureza jurídica salarial. 4. Por outro lado, o § 1º do art. 42 da Lei nº 9.615/98 era claro ao prever que o valor referente ao direito de arena seria, no mínimo , de vinte por cento, pelo que a expressão -salvo convenção em contrário- se referia à forma de distribuição do percentual entre os atletas ou a possibilidade de se aumentar referido adicional. Não é possível a redução do valor de vinte por cento. Recurso de revista não conhecido." (TST - RR 0141100-54.2008.5.04.0024, Relator: Alberto Luiz Bresciani de Fontan Pereira, Data de Julgamento: 23/10/2013, 3ª Turma, Data de Publicação: DEJT 25/10/2013)

Nesta linha, o professor Mauricio Godinho Delgado ensina que *"a inserção, na Lei Pelé, de novo dispositivo (§ 1º do art. 42), por meio da recente Lei n. 12.395, de 2011, pode introduzir alteração na linha interpretativa até então dominante. É que o **novo preceito legal enquadra, explicitamente, como parcela de natureza civil**, a participação do atleta trabalhador na cota-parte do direito de arena explorado pelo empregador, cujo montante é pago pelas entidades de 'mass media' envolvidas. (...) **O novo preceito normativo busca afastar o enquadramento salarial ou remuneratório da verba** paga pela cessão do direito de uso da imagem do atleta profissional, ainda que seja resultante de relação jurídica conexa ao contrato de trabalho. Opta a nova regra pela **natureza meramente civil da parcela, desvestida de caráter salarial ou remuneratório"*.[64]

---

64 Idem. Delgado, 2019.

Vemos, portanto, tanto pela redação da Lei n. 12.395, de 2011 ou da MP 984/2020, pacificou o dissenso ao instituir caráter indenizatória à verba devida ao atleta.

Ainda, no que se refere as parcelas remuneratórias, o atleta recebe outras parcelas ínsitas ao contrato de trabalho desportivo, como: *a) Luvas* – *"Esta parcela consiste na retribuição material paga pela entidade empregadora ao atleta profissional em vista da celebração de seu contrato de trabalho, seja originalmente, seja por renovação".* B) *Bichos* – *"Trata-se de parcela econômica variável e condicional, usualmente paga ao atleta pela entidade empregadora em vista dos resultados positivos alcançados pela equipe desportiva (títulos alcançados, vitórias e, até mesmo, empates obtidos, se for o caso). A verba possui clara natureza contraprestativa, sendo entregue como incentivo ao atleta ou em reconhecimento por sua boa prestação de serviços (ou boa prestação pelo conjunto da equipe desportiva). Como se vê, tem nítida característica de prêmio trabalhista"*[65].

---

65 Idem.

CAPÍTULO V.
LGPD – LEI GERAL DE PROTEÇÃO DE DANOS NAS RELAÇÕES DE TRABALHO

1. INTRODUÇÃO: ANÁLISE HISTÓRICA DA PROTEÇÃO DE DADOS

Depois de ingressarmos na Era Digital as interações entre os indivíduos e a tecnologia estreitaram-se na mesma velocidade em que as informações são transmitidas.

A pesquisa nacional por amostra contínua (IBGE - Instituto Brasileiro de Geografia e Estatística 2020) constatou que cerca de 70% dos brasileiros estão conectados à internet através de microcomputadores, tablet e telefone móvel celular.

A União Internacional de Telecomunicações (ITU, sigla em inglês) estima que metade da população mundial ou 4,1 bilhões de pessoas usam a internet (ONU 2020).

Vivemos em um tempo disruptivo, marcado pelos avanços tecnológicos. Existe um alto volume de transmissão de informações durante as interações realizadas por meio das ferramentas tecnológicas ou da navegação nas mais variadas plataformas ligadas à rede mundial de computadores.

Os indivíduos usam os aparatos tecnológicos para executar tarefas simples - como assistir um filme, agendar um compromisso, escutar músicas, pedir um táxi por aplicativo, se comunicar com amigos ou familiares – e para desenvolver as tarefas de maior complexidade, como administrar uma empresa, operar na Bolsa de Valores ou outras tarefas profissionais.

Todas as movimentações ocorridas no ambiente digital são rastreadas pelas empresas de tecnologias. Os dados dos usuários são coletados, processados ou armazenados, para a criação de perfis (*profiling*), com base nas informações, pesquisas, hábitos e comportamentos dos usuários durante a navegação na plataforma ou na internet.

Diante deste cenário as empresas de tecnologia criaram os denominados "termos de usos" ou "políticas de privacidade", com condição para o uso ou acesso às plataformas, de forma a demonstrar a adoção de boas práticas em relação aos dados coletados e os procedimentos de segurança.

Essas medidas propiciaram uma sensação de segurança durante um curto espaço de tempo, mas as interações cada vez mais intensas exigiam a criação de normas específicas para estabelecer diretrizes gerais e de proteção à privacidade do usuário.

As empresas de tecnologias - como o Google, Facebook, Amazon e Tesla – movimentam trilhões de dólares com o tratamento de dados dos usuários, impactando principalmente na forma de consumo de bens e serviços. Essas empresas são consideradas "Superestados" ou "Estados Digitais Supranacionais" que governam uma comunidade de bilhões de indivíduos conectados às suas plataformas, sendo capazes de influir na decisão de cada um dos usuários a partir de dados pessoais e sensíveis fornecidos à plataforma.

No ano de 2016 ocorreu o vazamento de dados de cerca de 50 milhões de usuários do Facebook. Uma empresa do setor tecnológico, chamada Cambridge Analytica (Uk), coletou informações pessoais dos usuários (nome, estado civil, documentos, localidade, e etc.), sem o consentimento destes, para influenciar no resultado das eleições dos Estados Unidos da América (BBCNews 2018).

A principal atividade desenvolvida pela empresa Cambridge Analytica, no início das operações, era a realizar o treinamento das forças de defesa do exército britânico, exército americano, CIA e da OTAN, a mapear e criar um fluxo de dados específico para impedir a cooptação de jovens pelas tropas inimigas (Al-Queada e Estado Islâmico), baseada na mineração e na análise de dados coletados na internet.

Essa mesma metodologia foi empregada posteriormente para mapear cerca de 4 a 5 mil pontos da personalidade de cada eleitor americano e influenciar o comportamento e o voto desses indivíduos. Isso foi considerado uma violação aos direitos da personalidade e um risco à democracia.

Diante desse cenário a comunidade internacional vislumbrou a imperatividade de regular o tratamento, compartilhamento e transferência internacional de dados, bem como a responsabilidade das empresas de tecnologias, com vistas a preservar a dignidade da pessoa humana, a privacidade dos indivíduos e a democracia.

Paulo Nader (OLIVEIRA 1997) destaca que "[...]**o direito deve estar sempre se refazendo, em face da mobilidade social**. A necessidade de ordem, paz, segurança, justiça, que o direito visa a atender, exige procedimentos sempre novos. **Se o direito se envelhecer, deixa de ser um processo de adaptação, pois passa a não exercer a função para qual foi criado**. Não basta, portanto, o ser do direito na sociedade, é indispensável o ser atuante, o ser atualizado. Os processos de adaptação devem-se renovar, pois somente assim o direito será um instrumento eficaz na garantia do equilíbrio e harmonia social".

No âmbito internacional, União Europeia editou a *General Data Protection Regulation (GDPR)*[66], uma sólida legislação de controle e operação de dados aplicável aos seus Estados-membros, como forma de combater o tratamento indiscriminado dos dados e preservar a privacidade dos usuários no ambiente digital[67]. Essa lei criou uma autoridade de supervisão, para atuar de forma independente na fiscalização do cumprimento da legislação; uma autoridade de certificação, de selos e marcas de proteção de dados; o Conselho Europeu de Proteção de Dados; regulamentou o tratamento de dados pelo Poder Público; regulamentou as hipóteses exclusão da incidência das lei, com destaque para as atividades de segurança pública europeia; instituiu o direito à compensação ou reparação por eventuais danos e sanções administrativas.

No Brasil, o Marco Civil da Internet (Lei 12.965/2014) estabeleceu de forma tímida alguns princípios, garantias, direitos e deveres para o uso da internet.

Dentre os princípios que inspiraram e orientaram o legislador a elaborar esta norma estão: a garantia da liberdade de expressão, comunicação e manifestação de pensamento; a proteção da privacidade

---

66 Regulation (EU) 2016/679 (General Data Protection Regulation) in the current version of the OJ L 119, 04.05.2016.

67 Art. 1 da GDPR: Assunto e objetivos – 1. O presente regulamento estabelece regras relativas **à proteção das pessoas singulares no que diz respeito ao tratamento de dados pessoais e regras relativas à livre circulação de dados pessoais**. 2. O presente regulamento **protege os direitos e liberdades fundamentais** das **pessoas singulares** e, em particular, o seu **direito à proteção dos dados pessoais**. 3.A livre circulação de dados pessoais na União não pode ser restringida nem proibida por razões relacionadas com a proteção das pessoas singulares no que diz respeito ao tratamento de dados pessoais.

e a proteção dos dados pessoais (art. 2º da Lei 12.965/2014)[68]. Esse diploma legal assegurou aos usurários o direito à inviolabilidade da intimidade, vida privada, inviolabilidade e sigilo das comunicações privadas pela internet, prevendo a reparação de dano material ou moral decorrente de sua violação, o fornecimento de informações claras e completas sobre coleta, uso, armazenamento, tratamento e proteção de dados pessoais (art. 7º, da Lei 12.965/2014)[69].

---

[68] Lei 12.965/2014, Art. 2º A disciplina do uso da internet no Brasil tem como fundamento o respeito à liberdade de expressão, bem como: I - o reconhecimento da escala mundial da rede; II - os direitos humanos, o desenvolvimento da personalidade e o exercício da cidadania em meios digitais; III - a pluralidade e a diversidade; IV - a abertura e a colaboração; V - a livre iniciativa, a livre concorrência e a defesa do consumidor; e VI - a finalidade social da rede.

[69] Lei 12.965/2014, Art. 7º O acesso à internet é essencial ao exercício da cidadania, e ao usuário são assegurados os seguintes direitos: I - inviolabilidade da intimidade e da vida privada, sua proteção e indenização pelo dano material ou moral decorrente de sua violação; II - inviolabilidade e sigilo do fluxo de suas comunicações pela internet, salvo por ordem judicial, na forma da lei; III - inviolabilidade e sigilo de suas comunicações privadas armazenadas, salvo por ordem judicial; IV - não suspensão da conexão à internet, salvo por débito diretamente decorrente de sua utilização; V - manutenção da qualidade contratada da conexão à internet; VI - informações claras e completas constantes dos contratos de prestação de serviços, com detalhamento sobre o regime de proteção aos registros de conexão e aos registros de acesso a aplicações de internet, bem como sobre práticas de gerenciamento da rede que possam afetar sua qualidade; VII - não fornecimento a terceiros de seus dados pessoais, inclusive registros de conexão, e de acesso a aplicações de internet, salvo mediante consentimento livre, expresso e informado ou nas hipóteses previstas em lei; VIII - informações claras e completas sobre coleta, uso, armazenamento, tratamento e proteção de seus dados pessoais, que somente poderão ser utilizados para finalidades que: a) justifiquem sua coleta; b) não sejam vedadas pela legislação; e c) estejam especificadas nos contratos de prestação de serviços ou em termos de uso de aplicações de internet; IX - consentimento expresso sobre coleta, uso, armazenamento e tratamento de dados pessoais, que deverá ocorrer de forma destacada das demais cláusulas contratuais; X - exclusão definitiva dos dados pessoais que tiver fornecido a determinada aplicação de internet, a seu requerimento, ao término da relação entre as partes, ressalvadas as hipóteses de guarda obrigatória de registros previstas nesta Lei; XI - publicidade e clareza de eventuais políticas de uso dos provedores de conexão à internet e de aplicações de internet; XII - acessibilidade, consideradas as características físico-motoras, perceptivas, sensoriais, intelectuais e mentais do usuário, nos termos da lei; e XIII - aplicação das normas de proteção e defesa do consumidor nas relações de consumo realizadas na internet.

O Marco Civil da Internet também instituiu regras de proteção aos registros de coleta, armazenamento, guarda e tratamento de registros pessoais ou de comunicações, além dos parâmetros de responsabilização dos provedores de conexão e aplicação de internet.

Em seguida o Decreto nº. 8.771/2016 regulamentou o Marco Civil da Internet estabelecendo alguns procedimentos para guarda e proteção de dados por provedores de conexão e de aplicações, apontando medidas de transparência na requisição de dados cadastrais pela administração pública e estabeleceu parâmetros para fiscalização e apuração de infrações.

Atento às vulnerabilidades dos dados pessoais no meio digital e impulsionado pelos escândalos internacionais de vazamento de dados que envolviam grandes empresas de tecnologia, o legislador brasileiro editou a Lei 13.709 de 14 de agosto de 2018.

Esse regramento teve inspiração na *General Data Protection Regulation (GDPR)* [70] da União Europeia, por se tratar da legislação internacional mais completa a respeito da temática.

Inicialmente, a Lei 13.709/2018 tinha a finalidade de alterar o Marco Civil da Internet (Lei 12.965/2014), a fim de dispor sobre a proteção de dados pessoais. O texto do projeto de lei aprovado pela Câmara dos Deputados e pelo Senado Federal (PL 4060/2012 e PLC 53/2018), criava uma Autoridade Nacional de Proteção de Dados, sob o regime autárquico especial vinculada ao Ministério da Justiça[71].

Entretanto, os dispositivos foram vetados pelo Presidente da República, sob o argumento da existência de inconstitucionalidade no processo legislativo, considerando que a criação de órgão da administração pública, no âmbito da União, é de competência privativa do Presidente da República (art. 61, §1º, II, "e", da CF)[72].

---

[70] Regulation (EU) 2016/679 (General Data Protection Regulation) in the current version of the OJ L 119, 04.05.2016

[71] Mensagem de Veto nº. 451/2018: *"Art. 55. É criada a Autoridade Nacional de Proteção de Dados (ANPD), integrante da administração pública federal indireta, submetida a regime autárquico especial e vinculada ao Ministério da Justiça. [...]* **Razão dos vetos.** Os dispositivos incorrem em inconstitucionalidade do processo legislativo, por afronta ao artigo 61, § 1º, II, 'e', cumulado com o artigo 37, XIX da Constituição."

[72] Art. 61 da CF: A iniciativa das leis complementares e ordinárias cabe a qualquer membro ou Comissão da Câmara dos Deputados, do Senado Federal ou do Congresso Nacional, ao Presidente da República, ao Supremo Tribunal

Posteriormente o Presidente da República editou a Medida Provisória nº 869 de 27 de dezembro de 2018, com o propósito de suprir os vetos da Lei 13.709/2018, decorrente do vício no processo legislativo da anterior, e instituir a Autoridade Nacional de Proteção de Dados (ANPD) como órgão de regulação, controle e fiscalização vinculado à Presidência da República.

A medida foi convertida na Lei 13.853 de 8 de julho de 2019, oportunidade em que a norma passou a ser chamada de Lei Geral de Proteção de Dados (LGPD).

A proteção de dados era objeto de análise do Poder Legislativo desde o ano 2012 (Projeto de Lei 4060/12 de autoria do deputado Milton Monti PR-SP), mas ganhou força após o escândalo internacional de vazamento de dados que influiu no resultado das eleições dos Estados Unidos da América e pela perda de oportunidades de investimentos financeiros, decorrentes da ausência normativa sobre a proteção de dados.

Nesse aspecto, o Brasil estava legislativamente atrás de países da América do Sul (como o Chile, Argentina e Uruguai), que já dispunham de uma legislação sobre a proteção de dados.

Federal, aos Tribunais Superiores, ao Procurador-Geral da República e aos cidadãos, na forma e nos casos previstos nesta Constituição. § 1º São de iniciativa privativa do Presidente da República as leis que: I – fixem ou modifiquem os efetivos das Forças Armadas; II – **disponham sobre**: a) criação de cargos, funções ou empregos públicos na administração direta e autárquica ou aumento de sua remuneração; b) organização administrativa e judiciária, matéria tributária e orçamentária, serviços públicos e pessoal da administração dos Territórios; c) servidores públicos da União e Territórios, seu regime jurídico, provimento de cargos, estabilidade e aposentadoria; d) organização do Ministério Público e da Defensoria Pública da União, bem como normas gerais para a organização do Ministério Público e da Defensoria Pública dos Estados, do Distrito Federal e dos Territórios; **e) criação e extinção de Ministérios e órgãos da administração pública, observado o disposto no art. 84, VI**; f) militares das Forças Armadas, seu regime jurídico, provimento de cargos, promoções, estabilidade, remuneração, reforma e transferência para a reserva. § 2º A iniciativa popular pode ser exercida pela apresentação à Câmara dos Deputados de projeto de lei subscrito por, no mínimo, um por cento do eleitorado nacional, distribuído

2. DIREITOS FUNDAMENTAIS PROTEGIDOS PELA LGPD

Embora a urgência na edição da norma de proteção de dados teve inegável influência de ordem econômica – considerando que a internalização de medidas de proteção de dados tornou-se condição indispensável para a concretização de negócios, parcerias, e cooptação de investimento financeiro de empresas do setor internacional - a Lei Geral de Proteção de Dados (LGPD) tem como objetivo *"proteger os direitos fundamentais de liberdade e de privacidade e o livre desenvolvimento da personalidade da pessoa natural"* (art. 1º).

A expressão "direitos fundamentais" é um gênero, no qual estão abrangidas diversas espécies de direitos: individuais, coletivos, sociais, políticos e concernentes à nacionalidade[73].

Gilmar Ferreira Mendes e Paulo Gustavo Gonet Branco[74] esclarecem que *"a locução 'direitos fundamentais' é reservada aos direitos relacionados com posições básicas das pessoas, inscritos em diplomas normativos de cada Estado. São direitos que vigem numa ordem jurídica concreta, sendo, por isso, garantidos e limitados no espaço e no tempo, pois são assegurados na medida em que cada Estado os consagra".*

Esses consagrados juristas explicam que o surgimento da Declaração Universal dos Direitos Humanos impulsionou a proteção e universalização dos direitos dos homens, na medida que os Estados-membros assumiram o compromisso de internalizar ou incorporar as regras nela previstas às suas respectivas Constituições, de modo que

> *"Os direitos fundamentais que, antes, buscavam proteger reivindicações comuns a todos os homens passaram a, igualmente, proteger seres humanos que se singularizam pela influência de certas situações específicas em que apanhados. Alguns indivíduos, por conta de certas peculiaridades, tornam-se merecedores de atenção especial, exigida pelo princípio do respeito à dignidade humana. Daí a consagração de direitos especiais aos enfermos, aos deficientes, às crianças, aos idosos... O homem não é mais visto em abstrato, mas na concretude das suas diversas maneiras de ser e de estar na sociedade".*

Os direitos fundamentais estão topograficamente dispostos no início da Carta Magna (Título II), logo após o Título I que trata dos princí-

---

[73] J. J. Gomes Canotilho...[et al.] ; outros autores e coordenadores Ingo Wolfgang Sarlet, Lenio Luiz Streck, Gilmar Ferreira Mendes. Comentários à Constituição do Brasil – 2. ed. – São Paulo : Saraiva Educação, 2018.

[74] Gilmar Ferreira Mendes, Paulo Gustavo Gonet Branco. Curso de direito constitucional – 12. ed. – São Paulo : Saraiva, 2017.

pios fundamentais - dentre os quais encontram-se a organização, forma, objetivos, fundamentos e princípios estruturantes do Estado, além da forma de governo.

É pacífico, no entanto, que há direitos fundamentais ou "direitos-deveres" –porque são deveres conexos ou correlatos aos direitos – espalhados pelo texto constitucional. Citamos como exemplo o direito fundamental a um meio ambiente equilibrado e à saúde (art. 225 e 196, respectivamente, da CF), que são vinculados ao direito fundamental à saúde previsto no art. 6º da CF. Nesse sentido, Pedro Lenza[75] destaca

> *"como manifestou o STF, corroborando a doutrina mais atualizada, que os direitos e deveres individuais e coletivos não se restringem ao art. 5.º da CF/88, podendo ser encontrados ao longo do texto constitucional, expressos ou decorrentes do regime e dos princípios adotados pela Constituição, ou, ainda, decorrentes dos tratados e convenções internacionais de que o Brasil seja parte".*

A doutrina tradicional classifica os direitos fundamentais em gerações (ou dimensões, como alguns preferem denominar).

José Celso de Mello Filho (Moraes 2016), atual decano do Supremo Tribunal Federal, ensina que os direitos fundamentais estão divididos em três gerações:

> *"enquanto os direitos de **primeira geração** (direitos civis e políticos) – que compreendem as liberdades clássicas, negativas ou formais – realçam o princípio da liberdade e os direitos de **segunda geração** (direitos econômicos, sociais e culturais) – que se identificam com as liberdades positivas, reais ou concretas – acentuam o princípio da igualdade, os direitos de **terceira geração**, que materializam poderes de titularidade coletiva atribuídos genericamente a todas as formações sociais, consagram o princípio da solidariedade e constituem um momento importante no processo de desenvolvimento, expansão e reconhecimento dos direitos humanos, caracterizados enquanto valores fundamentais indisponíveis, pela nota de uma essencial inexauribilidade." (grifos acrescidos)*

Paulo Bonavides (Lenza 2019), entretanto, indica a existência mais duas dimensões dos direitos fundamentais, delineando que a globalização política introduziu a última fase de institucionalização do estado, destacando a democracia direta, a informação e o formalismo (direito fundamental de quarta geração), bem como entende que o direito à paz deve ser enquadrado autonomamente, por considera-lo como um supremo direito da humanidade (direito fundamental de quinta geração).

---

[75] Lenza, Pedro. Direito constitucional esquematizado® / Pedro Lenza. – 23. ed. – São Paulo: Saraiva Educação, 2019.

A doutrina aponta, ainda, a existência de duas perspectivas dos direitos fundamentais: subjetiva e objetiva. A primeira indica que os direitos fundamentais são garantias de interesse individual. Contudo, sob uma segunda perspectiva (ou dimensão), essas garantias não se restringem à espera individual, uma vez que os direitos fundamentais são dotadas de cargas valorativas extensíveis a todo o ordenamento jurídico, tendo como desdobramento a eficácia irradiante (ou efeito de irradiação dos direitos fundamentais), fornecendo *"diretrizes para a aplicação e avaliação do direito infraconstitucional, implicando uma interpretação conforme os direitos fundamentais de todo o ordenamento jurídico"*, aspecto bem delineado pelo professor *Ingo Wolfgang Sarlet*[76].

Os preceitos fundamentais são considerados cláusulas pétreas, portanto, insuscetíveis de supressão pelo legislador (art. 60, §4º, da CF).

A Lei Geral de Proteção de Dados prima pela preservação da liberdade, da privacidade e do livre desenvolvimento da personalidade, considerados direitos fundamentais assegurados pela Lei Maior.

Esses princípios desaguam no princípio da dignidade da pessoa humana, considerado por muitos teóricos um "super-princípio" ou princípio estruturante.

2.1. LIBERDADE

A Constituição Federal consagra no art. 5º a liberdade de consciência (inciso VI), a liberdade de manifestação do pensamento (inciso IV), como também a inviolabilidade da intimidade, a vida privada, a honra e a imagem das pessoas, assegurado o direito a indenização pelo dano material ou moral decorrente de sua violação (inciso X).

A doutrina majoritariamente entende que a "liberdade" possui um conceito abrangente.

O professor Jayme Weingartner Neto[77], explica de forma precisa que a liberdade de consciência, a liberdade de pensamento e a liberdade de religiosa são liberdades fundamentar que estão conectadas ou inter-relacionadas. Vejamos:

---

[76] J. J. Gomes Canotilho...[et al.] ; outros autores e coordenadores Ingo Wolfgang Sarlet, Lenio Luiz Streck, Gilmar Ferreira Mendes. Comentários à Constituição do Brasil – 2. ed. – São Paulo : Saraiva Educação, 2018.

[77] Idem. Comentários à Constituição do Brasil – 2. ed. – São Paulo : Saraiva Educação, 2018.

> *"Há evidentes conexões e relações de precisão e de meio/fim entre os feixes complexos que formam as liberdades jusfundamentais básicas, vale dizer, entre liberdade religiosa, liberdade de consciência e liberdade de pensamento. Parece mais adequada a corrente majoritária na doutrina portuguesa (a inviolabilidade de consciência como raiz), ao passo que os comentadores brasileiros, em geral, derivam, na esteira de Pontes de Miranda, a liberdade religiosa da liberdade de pensamento (a liberdade religiosa como uma sua especialização)".*

O referido jurista define a liberdade de consciência como a *"autonomia moral-prática do indivíduo, a faculdade de autodeterminar-se no que tange aos padrões éticos e existenciais, seja da própria conduta ou da alheia – na total liberdade de autopercepção –, seja em nível racional, mítico-simbólico e até de mistério".*

José Celso de Mello Filho (Moraes 2016), destaca que *"[...] constitui o núcleo básico de onde derivam as demais liberdades do pensamento. É nela que reside o fundamento de toda a atividade político-partidária, cujo exercício regular não pode gerar restrição aos direitos de seu titular".*

Segundo o professor Flávio Martins Alves Nunes Júnior[78] a liberdade de consciência pode ser considerada expressão da liberdade de pensamento. O ilustre professor elucida que

> *"**Ninguém poderá ser cerceado por ter uma ideologia** diversa da maioria (comunista numa sociedade que majoritariamente defende o capitalismo, defensor dos direitos sociais numa sociedade que majoritariamente defende o liberalismo etc.). **O Estado terá principalmente um dever de abstenção, de não agir, impossibilitado de cercear essa liberdade individual.** Não obstante, como vimos no capítulo anterior, esse direito (como os outros) tem uma dimensão objetiva, que exige que o poder público impeça violações a essa liberdade, <u>seja por parte de seus agentes, seja por parte de particulares</u>"* (grifos acrescidos).

A Professora Maria Alice Monteiro de Barros explica o direito à integralidade intelectual, isto é, o direito à liberdade de pensamento, está inserido nos direitos da personalidade[79].

Inegavelmente a Lei Geral de Proteção de Dados, ainda que a sua regulamentação seja considerada tardia, tem uma enorme importância no livre desenvolvimento da personalidade da pessoa natural, visto que a contaminação ou influencia maliciosa de terceiros por meio da utilização de algoritmos e outras técnicas sofisticadas de processamen-

---

[78] Flávio Martins Alves Nunes Júnior. Curso de direito constitucional – 3. ed. – São Paulo : Saraiva Educação, 2019.

[79] Alice Monteiro de Barros. Curso de direito do trabalho. - 10 ed. – São Paulo, LTr: 2016

to de dados (*profiling* ou *data mining*), impactam diretamente na formação da personalidade dos indivíduos e influenciam a *autodeterminação* de certos grupos sociais.

Os dados tratados pelas grandes operadoras ou controladoras de dados têm capacidade de impactar, alterar ou orientar a decisão de uma sociedade inteira. Um exemplo claro disso foi a contratação da empresa Cambridge Analytica (Uk) pelo governo britânico e norte americano, para habilitar os soldados das forças armadas a usar o tratamento de dados durante a guerra, a fim de influenciar o modo de pensar e agir de uma comunidade ou indivíduo sem disparar um míssil.

A única forma de preservar esses direitos é permitir que o próprio indivíduo tenha condições de decidir quando, onde e em que momento os seus dados podem ser tratados pelos operadores e controladores, ressalvadas situações específicas.

Nesse aspecto a Lei Geral de Proteção de Dados e os demais regramentos internacionais são assertivos ao prover a proteção dos direitos da personalidade, da intimidade e a dignidade da pessoa humana[80] no ambiente digital. Estabelecem diretrizes para um ambiente movediço, para uma terra até então sem lei, assegurando a efetivação de postulados fundamentais positivados na Constituição e no Direito Internacional.

2.2. AUTODETERMINAÇÃO INFORMATIVA E O DIREITO À LIBERDADE.

A Lei Geral de Proteção de Dados é pautada no respeito à privacidade, autodeterminação informativa, liberdade de expressão, informação, comunicação e opinião; inviolabilidade da intimidade, honra e imagem; desenvolvimento econômico e tecnológico e a inovação; livre iniciativa, livre concorrência e a defesa do consumidor; direitos huma-

---

[80] De acordo com Jorge Reis Novais – citado pela doutrina do professor Flávio Martins Alves Nunes Júnior -, "a cada pessoa humana tem de ser reconhecida e materialmente garantida a autonomia, a liberdade e as condições materiais mínimas que lhe assegurem **a possibilidade de se assumir como sujeito da própria vida**, naturalmente, essa necessidade só pode ser considerada como um tal alcance, de fato, quando **a pessoa em causa apresenta concretamente as capacidades intelectuais, de consciência de si e da sua identidade e de volição, com a capacidade de autodeterminação correspondente, que lhe permitam ser *sujeito*"** (Flávio Martins Alves Nunes Júnior. Curso de direito constitucional – 3. ed. – São Paulo : Saraiva Educação, 2019)

nos; o livre desenvolvimento da personalidade; dignidade e exercício da cidadania pelas pessoas naturais (art. 2º da LGPD).

Dentre os fundamentos citados, o princípio da autodeterminação informativa merece uma atenção especial, pois está atrelado ao direito à liberdade.

A locução "autodeterminação informativa" - também conhecida como direito decisional e informacional - tem origem na doutrina alemã. Significa que o indivíduo tem liberdade para fazer uso dos seus dados pessoais.

Tatiana Malta Vieira (Queiroz 2015), escorada na jurisprudência alemã, afirma que o direito à autodeterminação informativa *"pressupõe que, mesmo sob as condições da moderna tecnologia de processamento de informações (...), que o indivíduo exerça sua liberdade de decisão sobre as ações a serem precedidas ou omitidas em relação a seus dados".*

Ingo Wolfgang Sarlet e André Rufino do Vale[81] enquadram a autodeterminação informativa como parte integrante do direito geral de liberdade, ensinando que

> *"o direito geral de liberdade (ou liberdade geral) também está aberto à integração com outras liberdades previstas nas declarações de direitos no plano internacional, além de guardar sintonia com a ideia de liberdades implícitas. Apenas para ilustrar a afirmação, é possível relacionar os exemplos **da liberdade de utilização da informática, o livre e igual acesso à rede de comunicação, a livre disposição dos dados pessoais (para os alemães, o direito à autodeterminação informativa)**, entre outros que poderiam ser nominados, e que não encontram previsão direta e expressa no texto constitucional. O **direito geral de liberdade**, nesse contexto, atua como uma espécie de **cláusula de abertura constitucional para liberdades fundamentais especiais não nominadas**. Dito de outro modo, o direito geral de liberdade funciona como um princípio geral de interpretação e integração das liberdades em espécie e de identificação de liberdades implícitas na ordem constitucional. Assim sendo, para reforçar a linha argumentativa já lançada, a positivação de um direito geral de liberdade tem a vantagem de introduzir no ordenamento jurídico uma cláusula geral que permite dela derivar, por meio de interpretação extensiva, outras liberdades não expressamente consagradas no texto constitucional. Com efeito, **a liberdade, como faculdade genérica de ação ou de omissão, concede ao indivíduo um amplíssimo leque de possibilidades de manifestação de suas vontades e preferências e de expressão de sua <u>auto-</u>***

---

[81] J. J. Gomes Canotilho...[et al.] ; outros autores e coordenadores Ingo Wolfgang Sarlet, Lenio Luiz Streck, Gilmar Ferreira Mendes. Comentários à Constituição do Brasil – 2. ed. – São Paulo : Saraiva Educação, 2018.

<u>nomia pessoal</u> *que não pode ser apreendido através de liberdades específicas previstas em textos normativos. (grifos acrescidos)*

2.3. PRIVACIDADE

A preservação da privacidade constitui objeto e fundamento da Lei Geral de Proteção de Dados (art. 1º e 2º da LGPD).

O art. 5º, inciso X, da Constituição Federal estabelece a inviolabilidade da intimidade, a vida privada, a honra e a imagem das pessoas, assegurado o direito a indenização pelo dano material ou moral decorrente de sua violação.

Para Tercio Sampaio Ferraz Jr. (Moraes 2016), a

> *"sua identidade diante dos riscos proporcionados pela niveladora pressão social e pela incontrastável impositividade do poder político. Aquilo que é exclusivo é o que passa pelas opções pessoais, afetadas pela subjetividade do indivíduo e que não é guiada nem por normas nem por padrões objetivos. No recôndito da privacidade se esconde, pois, a intimidade. A intimidade não exige publicidade porque não envolve direitos de terceiros. No âmbito da privacidade, a intimidade é o mais exclusivo dos seus direitos".*

Gilmar Ferreira Mendes e Paulo Gustavo Gonet Branco[82] delineiam que o direito à privacidade consubstancia no direito à solidão ou de encontrar a paz, equilíbrio, imprescindíveis à preservação da própria saúde mental:

> *"O direito à privacidade é proclamado como resultado da sentida exigência de o indivíduo 'encontrar na solidão aquela paz e aquele equilíbrio, continuamente comprometido pelo ritmo da vida moderna'. A reclusão periódica à vida privada é uma necessidade de todo homem, para a sua própria saúde mental. Além disso, sem privacidade, não há condições propícias para o desenvolvimento livre da personalidade. Estar submetido ao constante crivo da observação alheia dificulta o enfrentamento de novos desafios. A exposição diuturna dos nossos erros, dificuldades e fracassos à crítica e à curiosidade permanentes de terceiros, e ao ridículo público mesmo inibiria toda tentativa de autossuperação. Sem a tranquilidade emocional que se pode auferir da privacidade, não há muito menos como o indivíduo se autoavaliar, medir perspectivas e traçar metas".*

A utilização mineração e o tratamento dos dados pessoais sem o consentimento do usuário viola o seu direito a paz, na medida em que ex-

---

82 Gilmar Ferreira Mendes, Paulo Gustavo Gonet Branco. Curso de direito constitucional – 12. ed. – São Paulo : Saraiva, 2017.

põe informações que são exclusivas do indivíduo, merecendo proteção em todas as relações jurídicas.

3. ABRANGÊNCIA

A Lei Geral de Proteção de Dados (LGPD) regulamenta o controle, operação, tratamento, uso compartilhado de dados (ou o compartilhamento com terceiros), transferência e fiscalização de dados físicos e digitais, obtidos por pessoa natural ou jurídica, de direito público ou privado, com o fito de garantir os direitos fundamentais de liberdade, privacidade e o livre desenvolvimento da personalidade da pessoa natural.

Essa norma foi criada aprioristicamente para tratar das relações de consumo, de forma a evitar o direcionamento de fluxo de informações com base nos desejos, opiniões, compras, comportamentos e pesquisas feitas no ambiente virtual. Contudo, não está limitada aos dados colhidos no ambiente digital, nem às relações de consumo, isso porque não veda a aplicação a outros ramos do Direito.

Sob o enfoque objetivo, portanto, é possível aplicá-la em diversas áreas do Direito, tendo em vista que existe um intenso tratamento de dados na maioria das relações jurídicas. A exemplo, v.g., nas relações de trabalho o empregador colhe informações pessoais e documentos do empregado no momento da admissão, para a elaboração do contrato de trabalho, arquivamento das informações suscetíveis de conferência pelos órgãos de fiscalização ou cadastro das informações junto as instituições públicas.

A LGPD poderá ser aplicada às relações entre a Administração Pública e os particulares, por exemplo, o no tratamento de dados para cadastro de um paciente em um hospital público.

Sob o ponto de vista subjetivo, todos aqueles que realizam o tratamento de dados pessoais, sejam pessoas naturais, pessoas jurídicas de direito privado, pessoas jurídicas de direito público interno ou externo, independentemente do meio, do país de sua sede ou do país onde estejam localizados os dados (art. 3º, LGPD), desde que a operação ou a atividade de tratamento seja realizada em território nacional, o tratamento de dados tenha por finalidade a oferta ou o fornecimento de bens ou serviços, ou, ainda, os dados pessoais tenham sido coletados em território nacional.

Se o titular do dado pessoal estiver em território nacional no momento da coleta e a operação do tratamento ocorra no estrangeiro, haverá a incidência da LGPD, pois, nesta hipótese, a coleta será considerada realizada no em território nacional.

As pessoas jurídicas de direito público integrantes da administração direta dos Poderes Executivo, Legislativo, incluindo as Cortes de Contas, e Judiciário e do Ministério Público, bem como as autarquias, as fundações públicas, e demais entidades controladas direta ou indiretamente pela União, Estados, Distrito Federal e Municípios poderão realizar o tratamento de dados pessoais, para o atendimento de sua finalidade pública, sempre primando pela busca do interesse público, com o objetivo de executar as competências legais ou cumprir as atribuições legais do serviço público.

Todavia, será necessário informar as hipóteses de tratamento dos dados pessoais em veículos de fácil acesso (como o site oficial da instituição), de forma clara, atualizada, indicando a finalidade, os procedimentos e as práticas utilizadas no tratamento de dado (art. 23 da LGPD). As pessoas jurídicas de direito público, como regra, têm o dever de transparência e publicidade dos atos praticados pelos entes da Administração Pública (art. 37, caput, §3º, II; art. 5º, XXXIII; art. 216, §2º, da CF e Lei 12.527/2011).

Os serviços notariais exercidos pelos tabeliões em caráter privado, por delegação o Poder Público, terão os mesmos tratamentos dispensados aos entes da Administração Pública, tendo em vista que o tratamento de dados pessoais e a respectiva publicização são imprescindíveis para cumprir as suas competências, atribuições legais e finalidades (art. 23, §4º, LGPD).

A LGPD não se aplica ao tratamento de dados pessoais realizado:

a) por pessoa natural para fins exclusivamente particulares e não econômicos;
b) para fins exclusivamente jornalístico, artísticos ou acadêmicos;
c) para fins exclusivos de segurança pública, defesa nacional, segurança do Estado, ou atividades de investigação e repressão de infrações penais;
d) provenientes de fora do território nacional e que não sejam objeto de comunicação, uso compartilhado de dados com agentes de tratamento brasileiros ou objeto de transferência internacional de dados com outro país que não o de proveniência, desde que o país de proveniência proporcione grau de proteção de dados pessoais adequado.

Os dados pessoais fornecidos às autoridades de segurança pública serão regidos por legislação específica, sendo certo que a autoridade deverá adotar as medias proporcionais e estritamente necessárias, a fim de viabilizar o cumprimento da função pública.

É vedado, entretanto, o tratamento da totalidade dos dados, nestas hipóteses, por pessoa jurídica de direito privado (salvo, as empresas que possua capital integralmente público), na forma do art. 4º, §§ 1º e 4º da LGPD.

Os procedimentos investigatórios, a rigor são dotados de sigilo (art. 20 do CPP)[83].

4. TRATAMENTO DOS DADOS NAS RELAÇÕES DE TRABALHO

4.1. DEFINIÇÕES

A Lei Geral do Proteção de Dados, no art. 5º, traz definições claras sobre os objetos (dado pessoal, dado pessoal sensível, dado anonimizado, banco de dados, etc.), os sujeitos inseridos na cadeia de tratamento de dados (titular, controlador, operador, encarregado, etc.), a autoridade responsável pela fiscalização, dentre outras definições técnicas, para efeito de aplicação da Lei.

Analisaremos apenas as definições e os aspectos principais.

O tratamento de dados é delimitado como *"toda operação realizada com dados pessoais, como as que se referem a coleta, produção, recepção, classificação, utilização, acesso, reprodução, transmissão, distribuição, processamento, arquivamento, armazenamento, eliminação, avaliação ou controle da informação, modificação, comunicação, transferência, difusão ou extração (art. 5º, X).*

O dado pessoal, por seu turno, é a informação relacionada a pessoa natural identificada ou identificável. Estão compreendidos no dado pessoal da pessoa natural, por exemplo, o nome completo, apelido notório, a nacionalidade, o número da cédula de identidade, número do registro nacional de estrangeiro, carteira de habilitação, número do PIS/PASEP/NIT, número do título de eleitor (elementos identificadores do sujeito), assim como o apelido (alcunha ou agnome), idade, apelido e o estado civil (elementos que possibilitam identificação do sujeito), dentre outras.

O dado pessoal sensível, por sua vez, é aquele relacionado a origem racial ou étnica, convicção religiosa, opinião política, filiação a sindi-

---

[83] Art. 20 do CPP: A autoridade assegurará no inquérito o **sigilo necessário à elucidação do fato ou exigido pelo interesse da sociedade**. Parágrafo único. Nos atestados de antecedentes que lhe forem solicitados, a autoridade policial não poderá mencionar quaisquer anotações referentes a instauração de inquérito contra os requerentes.

cato ou a organização de caráter religioso, filosófico ou político, dado referente à saúde ou à vida sexual, dado genético ou biométrico, quando vinculado a uma pessoa natural. A esse respeito é importante diferenciar a expressão "religião" da locução "convicção religiosa"; "sexo" da locução de "dado referente à vida sexual".

A expressão "sexo", em regra, é utilizada para definir as características distintivas entre o homem e a mulher. Por dados referentes à vida sexual podemos compreender como as informações sobre a práticas ou atitudes sexuais de uma pessoa, a orientação sexual (heterossexual, homossexual, pansexual, por exemplo), a percepção sobre o próprio de gênero - em sentido amplo, como o transgênero, binário, não-binário, masculino, feminino. Pensamos que as características distintivas devem ser enquadradas como dado pessoal e as informações sobre a vida e orientação sexual, devem ser enquadradas como dado sensível.

Outro aspecto polêmico é sobre o enquadramento da religião. A mera indicação da fé professada por um indivíduo (v.g., cristianismo, budismo, hinduísmo) pode ser enquadrada como um dado pessoal, pois a generalidade da informação nem sempre indicará a convicção da pessoa natural.

Já a convicção religiosa pode ser entendida como a opinião, com base em razões íntimas, sobre algumas práticas, como, por exemplo, o uso de certos padrões de vestimentas, a ingestão de alimentos ou bebidas, prática sexual. Essas informações, por apresentar um grau de especificidade, tal como a indicação de associação à uma religião específica (Testemunha de Jeová, Congregação Cristã, Centro Espírita Kardecista), apresentam um grau maior de especificidade, de forma que deverão ser enquadrados como dados sensíveis.

O inciso III do art. 5º da Lei Geral de Proteção de Dados faz referência ao "dado anonimizado".

A priori, é preciso entender o significado da expressão "anonimizado". Essa palavra é uma flexão do verbo *anonimizar*, que significa tornar anônimo, desconhecido.

O referido dispositivo define o dado anonimizado aquele referente a titular que **não possa ser identificado**, considerando a utilização de meios técnicos razoáveis e disponíveis na ocasião de seu tratamento, isto é, o agente de tratamento emprega técnicas sofisticadas para a operação dos dados pessoais, disponíveis ao titular na ocasião da sua realização, de forma que não é possível identificar a quem pertence a informação tratada.

Podemos afirmar que a titularidade dos dados é desconhecida pelo agente de tratamento e não é possível conhece-la, por nenhum dos meios tecnológicos disponíveis.

Existe uma outra figura, muito próxima aos dados anonimizados: a pseudonimização.

De acordo com o art. 12, §4º, da LGPD, a pseudonimização *"é o tratamento por meio do qual um dado perde a possibilidade de associação, direta ou indireta, a um indivíduo, senão pelo uso de informação adicional mantida separadamente pelo controlador em ambiente controla do e seguro"*.

Esse instituto jurídico é previsto também no artigo 4º da GDPR[84]:

> "Art. 4 GDPR: Definições [...] 5. *'pseudonimização' significa o processamento de dados pessoais de tal forma que os dados pessoais não possam mais ser atribuídos a um titular de dados específico sem o uso de informações adicionais, desde que tais informações adicionais sejam mantidas separadamente e estejam sujeitas a medidas técnicas e organizacionais garantir que os dados pessoais não sejam atribuídos a uma pessoa singular identificada ou identificável;"* (tradução livre)

É uma "falsa" anonimização dos dados. O controlador oculta uma informação capaz de identificar o titular dos dados, armazenando-a em outro local. A princípio o titular do dado é desconhecido, mas poderá ser identificado através do acesso a outra informação mantida em um ambiente diferente.

A lei define o banco de dados como um *"conjunto estruturado de dados pessoais, estabelecido em um ou em vários locais, em suporte eletrônico ou físico"* (art. 5º, IV, LGPD).

A dinâmica do tratamento de dados é composta pelos seguintes sujeitos:

a. titular: pessoa natural a quem se referem os dados pessoais que são objeto de tratamento;
b. agentes de tratamento de dados pessoais:

---

84 *Art. 4 GDPR - Definitions - "[...] 5. **'pseudonymisation'** means the processing of personal data in such a manner that the personal data can no longer be attributed to a specific data subject without the use of additional information, provided that such additional information is kept separately and is subject to technical and organisational measures to ensure that the personal data are not attributed to an identified or identifiable natural person;"*

i. **controlador**: pessoa natural ou jurídica, de direito público ou privado, a quem competem as decisões referentes ao tratamento de dados pessoais;
ii. **operador**: pessoa natural ou jurídica, de direito público ou privado, que realiza o tratamento de dados pessoais em nome do controlador;
iii. **encarregado**: pessoa indicada pelo controlador e operador para atuar como canal de comunicação entre o controlador, os titulares dos dados e a Autoridade Nacional de Proteção de Dados (ANPD);

c. **órgão de pesquisa: órgão ou entidade da administração pública** direta ou indireta ou **pessoa jurídica de direito privado sem fins lucrativos** legalmente constituída sob as leis brasileiras, com sede e foro no País, que inclua em sua **missão institucional ou** em seu **objetivo** social ou estatutário a **pesquisa básica ou aplicada de caráter histórico, científico, tecnológico ou estatístico; e**
d. **autoridade nacional**: órgão da administração pública responsável por zelar, implementar e fiscalizar o cumprimento da LGPD em todo o território nacional.

4.2. PRINCÍPIOS DA ATIVIDADE DE TRATAMENTO DE DADOS

A Lei Geral de Proteção de Dados[85] designa expressamente alguns princípios – proposições basilares, com virtudes multifuncionais, sendo considerados verdadeiros *standards* (padrões) – para servir de inspiração e parâmetro de integração[86] na aplicação das normas de proteção de dados. São eles:

a. *boa-fé: são deveres anexos, de lealdade, probidade, transparência nas atividades de tratamento de dados;*
b. *"finalidade: realização do tratamento para propósitos legítimos, específicos, explícitos e informados ao titular, sem possibilidade de tratamento posterior de forma incompatível com essas finalidades;*
c. *adequação: compatibilidade do tratamento com as finalidades informadas ao titular, de acordo com o contexto do tratamento;*

---

85 Artigo 6º da LGPD.

86 Gilmar Ferreira Mendes, Paulo Gustavo Gonet Branco. Curso de direito constitucional – 12. ed. – São Paulo: Saraiva, 2017.

- **d. necessidade**: *limitação do tratamento ao mínimo necessário para a realização de suas finalidades, com abrangência dos dados pertinentes, proporcionais e não excessivos em relação às finalidades do tratamento de dados;*
- **e. livre acesso:** *garantia, aos titulares, de consulta facilitada e gratuita sobre a forma e a duração do tratamento, bem como sobre a integralidade de seus dados pessoais;*
- **f. qualidade dos dados:** *garantia, aos titulares, de exatidão, clareza, relevância e atualização dos dados, de acordo com a necessidade e para o cumprimento da finalidade de seu tratamento;*
- **g. transparência:** *garantia, aos titulares, de informações claras, precisas e facilmente acessíveis sobre a realização do tratamento e os respectivos agentes de tratamento, observados os segredos comercial e industrial;*
- **h. segurança:** *utilização de medidas técnicas e administrativas aptas a proteger os dados pessoais de acessos não autorizados e de situações acidentais ou ilícitas de destruição, perda, alteração, comunicação ou difusão;*
- **i. prevenção:** *adoção de medidas para prevenir a ocorrência de danos em virtude do tratamento de dados pessoais;*
- **j. não discriminação:** *impossibilidade de realização do tratamento para fins discriminatórios ilícitos ou abusivos;*
- **k. responsabilização e prestação de contas:** *demonstração, pelo agente, da adoção de medidas eficazes e capazes de comprovar a observância e o cumprimento das normas de proteção de dados pessoais e, inclusive, da eficácia dessas medidas".*

Dentre os princípios instituídos, merecem destaque os princípios da finalidade, segurança, prevenção, não discriminação e livre acesso.

A despeito da Lei geral de Proteção de Dados ser inspirada na *General Data Protection Regulation (GDPR), Regulation (EU) 2016/679,* na versão atual *OJ L 119, 04.05.2016,* não há regulamentação específica de direito do trabalho na norma brasileira. O regulamento europeu reservou um artigo para tratar especialmente do tratamento de dados nas relações do trabalho[87]. Vejamos.

---

[87] *"Art. 88 GDPR: Processing in the context of employment 1. Member States may, by law or by collective agreements, provide for more specific rules to ensure the protection of the rights and freedoms in respect of the processing of employees' personal data in the employment context, in particular for the purposes of the recruitment, the performance*

Art. 88 GDPR: Processamento no contexto de emprego
1. Os Estados-Membros podem, por lei ou por convenções coletivas, prever regras mais específicas para garantir a proteção dos direitos e liberdades no que diz respeito ao tratamento de dados pessoais dos trabalhadores no contexto do trabalho, em particular para efeitos de recrutamento, execução do contrato de trabalho, incluindo cumprimento das obrigações estabelecidas por lei ou por acordos coletivos, gestão, planejamento e organização do trabalho, igualdade e diversidade no local de trabalho, saúde e segurança no trabalho, proteção da propriedade do empregador ou do cliente e para o para fins do exercício e gozo, individual ou coletivo, de direitos e benefícios vinculados ao emprego e para efeito de cessação da relação de trabalho. 2. Essas regras devem incluir medidas adequadas e específicas para salvaguardar a dignidade humana, os interesses legítimos e os direitos fundamentais do titular dos dados, nomeadamente no que diz respeito à transparência do tratamento, à transferência de dados pessoais dentro de um grupo de empresas ou de um grupo de empresas que participam numa atividade econômica conjunta e sistemas de monitoramento no local de trabalho. 3. Cada Estado-Membro deve notificar à Comissão as disposições da sua legislação que adotar nos termos do n.º 1, até 25 de maio de 2018 e, sem demora, qualquer alteração subsequente das mesmas. (tradução livre - grifos acrescidos)

No âmbito das relações de trabalho, tal como ocorre no ambiente digital, há um imanente tráfego de dados pessoais dos trabalhadores, antes, durante e após o encerramento do contrato de trabalho.

A norma que serviu de paradigma à legislação brasileira, reservou um dispositivo para tratar do processamento do regulamento de proteção de dados nas relações de trabalho. Permitiu a criação de um regramento mais específico pelos Estados-Membros, por meio de lei ou instrumento coletivo, para assegurar proteção os dados pessoais especialmente na fase de recrutamento do trabalhador (fase pré-con-

---

of the contract of employment, including discharge of obligations laid down by law or by collective agreements, management, planning and organisation of work, equality and diversity in the workplace, health and safety at work, protection of employer's or customer's property and for the purposes of the exercise and enjoyment, on an individual or collective basis, of rights and benefits related to employment, and for the purpose of the termination of the employment relationship. 2. Those rules shall include suitable and specific measures to safeguard the data subject's human dignity, legitimate interests and fundamental rights, with particular regard to the transparency of processing, the transfer of personal data within a group of undertakings, or a group of enterprises engaged in a joint economic activity and monitoring systems at the work place. 3. Each Member State shall notify to the Commission those provisions of its law which it adopts pursuant to paragraph 1, by 25 May 2018 and, without delay, any subsequent amendment affecting them. (Suitable Recitals, (155) Processing in the Employment Context)"

tratual), durante a vigência do contrato de trabalho (fase contratual), para fins do exercício e gozo de direitos e benefícios vinculados ao emprego, bem como promover a igualdade e diversidade no local de trabalho (não-discriminação).

Também, tratou da necessidade de criação de regramento específico sobre transferência de dados entre pessoas jurídicas, entre grupos de empresas (ou grupo empresarial), além do sistema de monitoramento no local de trabalho.

4.3. NORMA COLETIVA: (IM)POSSIBILIDADE DE REGULAMENTAÇÃO DA PROTEÇÃO DE DADOS.

No Direito Coletivo do Trabalho brasileiro a autonomia coletiva confere aos entes sindicais o poder criativo de normas jurídicas para incidir sobre os contratos individuais de trabalho (princípio da autonomia coletiva ou da criatividade das normas jurídicas), por meio de instrumentos de negociação coletiva, notadamente o acordo coletivo de trabalho e a convenção coletiva de trabalho.

A nossa Constituição Federal reconhece as convenções e acordos coletivos de trabalho (art. 7º, XXVI, da CF) como um direito dos trabalhadores, como forma de aprimorar a sua condição social.

A Reforma Trabalhista instituiu a necessidade da mínima intervenção na autonomia da vontade coletiva (art. 8º, §3º, da CLT)[88].

Luciano Martinez[89] delineia que o "princípio da criatividade jurídica da negociação coletiva, os entes coletivos podem, ao lado das normas estatais, criar normas jurídicas pela materialização da negociação coletiva (acordo coletivo, convenção coletiva e contrato coletivo de trabalho), a qual é reconhecida pelo Estado".

---

[88] Para Sergio Pinto Martins "*O §3º do art. 8º da CLT mostra a necessidade de se observar a autonomia coletiva, que é a forma de se aplicar o inciso XXVI da Constituição*". Adverte que "*a norma coletiva não pode dispor contra a lei ou estabelecer aquilo que só pode ser criado ou alterado por lei, como é o caso do tributo. A intervenção da Justiça do Trabalho nas normas coletivas deve ser mínima e não máxima*". Sergio Pinto Martins. Direito do Trabalho – 36ª ed. – São Paulo: Saraiva Educação, 2020

[89] Luciano Martinez. Curso de direito do trabalho – 10. ed. – São Paulo : Saraiva Educação, 2019.

A Reforma Trabalhista acrescentou o artigo 611-A e 611-B à CLT, estabelecendo a prevalência da negociação coletiva sobre a lei (princípio do negociado sobre o legislado).

Nesse ponto, entendemos ser possível a criação de regras de proteção aos dados dos trabalhadores pelos entes coletivos, por meio de acordo ou convenção coletiva de trabalho, a fim de atender as especificidades da relação de trabalho no plano individual.

A negociação coletiva, por exemplo, poderia instituir a forma de obtenção do consentimento empregado, autorizar ou estabelecer parâmetros para o compartilhamento de dados entre empresas do mesmo grupo empresarial (tema que merece reflexão), regular o compartilhamento de dados com terceiros para a concessão de benefícios – como vale-transporte, vale-alimentação, plano de saúde, plano odontológico, seguro de vida ou contra acidentes, convênios instituições de cultura, lazer ou instituições de ensino, restaurantes, etc. -, tratar das normas de segurança dos dados pessoais sensíveis, com destaque para a biometria, utilizada em catracas de acesso aos prédios dos empregadores e para o registro da jornada de trabalho (ponto eletrônico).

Mas, é preciso deixar claro que o princípio da autonomia coletiva não é absoluto. Encontra limite no princípio da adequação setorial negociada, cujo a lei, sobretudo a Constituição Federal, impõe direitos e garantias mínimas ao trabalhador, que não podem ser menosprezados pelos entes coletivos.

Mauricio Godinho Delgado[90], sempre de forma brilhante, explica que

> *"[...] a lógica e o sentido da ordem constitucional brasileira relativamente aos poderes e limites da negociação coletiva trabalhista: esta constitui veículo para o aperfeiçoamento da ordem jurídica, em harmonia aos princípios e regras constitucionais fundamentais — jamais um mecanismo para o desprestígio ou precarização dessa ordem jurídica e das relações socioeconômicas por ela regulamentadas".*

Na mesma linha interpretativa o jurista Enoque Ribeiro dos Santos (apud Jorge Neto; Cavalcante, 2019)[91], esclarece:

---

[90] Mauricio Godinho Delgado. Curso de direito do trabalho — 18. ed.— São Paulo: LTr, 2019.

[91] Francisco Ferreira Jorge Neto, Jouberto de Quadros Pessoa Cavalcante. Direito do trabalho.– 9. ed. – São Paulo: Atlas, 2019.

> "[...] o principal direito fundamental garantido pela nossa Constituição Federal de 1988 é o da dignidade da pessoa humana, que constitui o arcabouço para a fruição dos demais direitos individuais e coletivos, como podemos depreender do art. 1º da Carta Magna. Logo, o fundamento da dignidade humana pode ser considerado como o princípio nuclear para a hermenêutica de todos os direitos e garantias conferidos à pessoa. Metaforicamente, poderíamos visualizar esses direitos como eflúvios do espírito humano, enraizados e agregados intrinsecamente à nossa própria alma pelo simples fato de termos nascido na condição humana".

O art. 611-B da CLT é uma das condicionantes legais da autonomia da vontade. Esse dispositivo indica um rol de temas que não podem ser objeto de exclusão ou redução por meio de negociação coletiva.

A negociação coletiva também está adstrita às matrizes principiológicas da Lei Geral de Proteção de Dados, pois o tratamento de dados deve atender as finalidades, propiciar livre acesso aos dados pelo trabalhador, segurança e prevenção de danos, para que os direitos fundamentais dos trabalhadores sejam preservados.

4.4. FASE PRÉ-CONTRATUAL

É comum o empregador receber uma enorme carga de dados pessoais dos trabalhadores na fase pré-contratual, pois aqueles que buscam uma ocupação no mercado de trabalho, a rigor, usam como instrumento de apresentação os seus currículos. Esses documentos contêm dados pessoais do trabalhador, inclusive informações sensíveis, em algumas hipóteses.

O trabalhador discrimina no currículo o seu nome completo, nacionalidade, sexo, idade (ou data de nascimento), endereço, telefone, e-mail, formação acadêmica, histórico profissional, discrição do perfil e qualidades pessoais e profissionais.

A rigor, o trabalhador preocupa-se em inserir o máximo de informações, pessoais e profissionais, na esperança de aumentar as chances de convocação para uma entrevista ou de contratação.

Em ambientes digitais – sites ou plataformas – o volume de informação pessoal pode ser ainda maior, pois permite um detalhamento maior das atribuições pessoais e profissionais, sendo admitido, em alguns casos, o envio de fotografia e a indicação de perfil nas mídias sociais.

Algumas empresas recebem os pedidos de oportunidades de emprego através de compartilhamento de informações por terceiros (sites parceiros ou rede social de busca de emprego, como o LinkedIn).

Todos esses dados, sejam físicos ou digitais, estão englobadas na proteção conferida pela LGPD, o que requer um cuidado maior dos empregadores no momento da contratação.

O recrutador deve solicitar o consentimento específico e detalhado para que seja válido e possível o tratamento de dados, conforme analisaremos em tópico próprio.

Deve ser assegurado ao trabalhador o direito ao "apagamento", exclusão ou eliminação dos dados pessoais, em caso de requerimento, para que as informações não sejam utilizadas indevidamente ou compartilhadas com terceiros (art. 5º, XIV, LGPD), sob pena de ser responsabilizados em caso de dano patrimonial ou moral, individual ou coletivo (art. 42 da LGPD).

Na fase pré-contratual, a rigor, a lei não impõe qualquer obrigação de manutenção do registro ou dados pessoais dos trabalhadores.

A empresa que estiver recrutando deve ter "legítimo interesse" para manter armazenado ou realizar outros tratamentos dos dados (art. 37 da LGPD) do trabalhador. Ou seja, o armazenamento dos dados pelo recrutador deve ter uma utilidade, um propósito, um aproveitamento justificável, v.g., a manutenção do currículo ou cadastro no banco de dados da empresa, para futuras convocações do candidato em caso de abertura de vagas, desde que o trabalhador tenha consentido de forma específica.

Ainda, não podemos deixar de enfatizar a vedação de medidas discriminatórias no tratamento dos dados pessoais. Segundo a Lei Geral de Proteção de Dados (Lei 13.709/2018) é inadmissível o tratamento de dados para fins discriminatórios ilícitos ou abusivos (Art. Art. 6º, IX da LGPD).

Isso significa dizer que o empregador não empregar técnicas ou métodos de mineração de dados de forma abusiva ou ilícita, de modo a discriminar o um trabalhador determinado ou um grupo de trabalhadores.

Essas regras se coadunam com as consecuções do Direito do Trabalho que tem como marca indelével a proteção dos trabalhadores e a vedação a condutas discriminatórias, seja em relação a salários, por motivo de cor, raça ou etnia, sexo, idade, ou em virtude de um impedimento de longo prazo de natureza física, mental, intelectual ou sensorial social, como é o caso da pessoa com deficiência (art. 7º da CF, em especial os incisos XX, XXX, XXXI, XXXII e XXXIII).

Alice Monteiro de Barros (apud ROMAR, 2018)[92], *"a ideia de pessoa é incompatível com a desigualdade entre elas"*, sendo que *"a não discriminação é, provavelmente, a mais expressiva manifestação do princípio da igualdade, cujo reconhecimento, como valor constitucional, inspira o ordenamento jurídico brasileiro no seu conjunto"*.

A professora Carla Teresa Martins Romar[93], de forma esclarecedora, diferencia preconceito e discriminação:

> *"Etimologicamente, **preconceito** significa conceito ou opinião formados antecipadamente, ideia preconcebida, intolerância, ódio irracional ou aversão a outras raças, convicções, religiões etc. **Discriminação** significa distinguir, diferenciar, segregar, dar preferência. **Preconceito é uma concepção interior. Discriminação é a exteriorização do preconceito**, sendo, por essa razão, objeto de tratamento pela ordem jurídica"*. (grifos do texto original)

Mauricio Godinho Delgado[94] conceitua a discriminação como *"a diferenciação em vista de fator injustamente desqualificante. São fatores injustamente desqualificantes na ordem constitucional e legal brasileiras, por exemplo: o sexo (ou gênero); a etnia, raça ou cor; a origem; a idade; a deficiência; o estado civil; a situação familiar; a orientação sexual; a nacionalidade e outros."*

O Brasil internalizou diversas normas de direito internacional que vedam a prática de condutas discriminatórias, dentre elas as convenções da ONU (Declaração Universal de Direitos Humanos, por exemplo), convenções da OEA e diversas convenções da OIT relacionadas ao tema.

Carla Teresa Martins Romar[95] cita a definição de discriminação prevista na Convenção 111 da Organização Internacional do Trabalho (OIT), conforme transcrito abaixo:

> *"Para os fins da Convenção n. 111 da OIT, discriminação significa (art. 1º): a) toda distinção, exclusão ou preferência, com base em raça, cor, sexo, religião, opinião política, nacionalidade ou origem social, que tenha por efeito anular ou reduzir a igualdade de oportunidade ou de trata-*

---

[92] Carla Teresa Martins Romar; coordenador Pedro Lenza. Direito do trabalho – 5. ed. – São Paulo : Saraiva Educação, 2018.

[93] **Idem**, 2018.

[94] Mauricio Godinho Delgado. Curso de direito do trabalho — 18. ed.— São Paulo: LTr, 2019.

[95] **Ibidem**, 2018.

mento no emprego ou profissão; b) qualquer outra distinção, exclusão ou preferência, que tenha por efeito anular ou reduzir a igualdade de oportunidades, ou tratamento no emprego ou profissão, conforme pode ser determinado pelo país -membro concernente, após consultar organizações representativas de empregadores e de trabalhadores, se as houver, e outros organismos adequados" (grifos acrescidos).

Vale ressaltar que os dados pessoais sobre origem racial ou étnica, convicção religiosa, opinião política, filiação a sindicato ou a organização de caráter religioso, filosófico ou político, dado referente à saúde ou à vida sexual, dado genético ou biométrico, quando vinculado a uma pessoa natural, são considerados dados sensíveis (art. 5º, II, da LGPD).

O tratamento dos dados pessoais sensíveis somente poderá ser ocorrer quando o titular ou o responsável legal consentir, de forma específica ou destacada, para finalidades específicas. Significa dizer que a pessoa natural, titular do dado sensível, terá que permitir de forma inequívoca a realização da operação pelo agente de agente de tratamento (art. 11 da LGPD).

A anuência do titular será dispensável quando a realização do tratamento de dado sensível for essencial para o cumprimento de obrigação legal ou do órgão controlador; tratamento compartilhado, pela administração pública, para a realização de políticas públicas; estudos por órgão de pesquisa; exercício regular de direitos; proteção da vida ou da incolumidade física do titular ou de terceiros; tutela da saúde e garantia da prevenção à fraude e à segurança do titular, nos processos de identificação e autenticação de cadastro em sistemas eletrônicos.

A empresa não poderá empregar métodos ou técnicas de tratamento de dados, ou técnicas de mineração de dados (*data mining*), utilizando aparatos tecnológicos, objetivando a criação de perfis (*profiling*), de modo a dar preferência, distinguir ou excluir o candidato com base na sua origem racial ou étnica, religião, opinião política, filiação a sindicato ou orientação sexual, durante o processo de recrutamento. Nesta hipótese estaremos diante da denominada *"discriminação por algoritmo"* ou *"discriminação por mineração de dados"* (*discrimination by data mining*).

A jurisprudência é firme no sentido de reconhecer a responsabilização do empregador em caso de discriminação na contratação (fase pré-contratual):

DISCRIMINAÇÃO DE SEXO NA CONTRATAÇÃO. OBRIGAÇÃO DE NÃO FAZER. **DANO MORAL COLETIVO. CONFIGURADO.** Para efeito de dano moral coletivo, o ilícito e seus consectários hão de ser dotados de tal gravidade que impliquem na imediata repulsa social, ultrapassando, portanto, aquela reação decorrente da mera inobservância de determinada norma trabalhista. **Destarte, evidenciada a discriminação na contração por razão de sexo, há submissão da coletividade (grupo, categoria ou classe de pessoas) a uma situação capaz de ensejar a indenização por dano moral coletivo.** (TRT-17 RO: 00011446120155170009, Relator: José Luiz Serafini, Data de Julgamento: 29/05/2018, Data de Publicação: 03/07/2018)

DANO MORAL COLETIVO. DISCRIMINAÇÃO NA CONTRATAÇÃO DE EMPREGADOS. Tendo sido demonstrado nos autos, através da confissão da preposta, a atitude da reclamada em estabelecer como **norma procedimental interna a discriminação de seus empregados ou potenciais empregados que tivessem ajuizado ações na Justiça do Trabalho, configura-se o dano moral coletivo.** (TRT-2 – RO 14920014200004 SE 0149200-14.2008.5.20.0004, Data de Publicação: DJ/SE de 15/06/2009)

"I - AGRAVO DE INSTRUMENTO EM RECURSO DE REVISTA INTERPOSTO NA VIGÊNCIA DA LEI 13.467/2017. TRANSCENDÊNCIA RECONHECIDA. **INDENIZAÇÃO POR DANOS MORAIS. CERTIDÃO DE ANTECEDENTES CRIMINAIS NA FASE PRÉ-CONTRATUAL . FUNÇÃO DE AJUDANTE DE PRODUÇÃO .** Demonstrada possível violação do art. 5.º, X, da Constituição Federal, impõe-se o provimento do agravo de instrumento para se determinar o processamento do recurso de revista. Agravo de instrumento provido. [...] **2 - INDENIZAÇÃO POR DANOS MORAIS. CERTIDÃO DE ANTECEDENTES CRIMINAIS NA FASE PRÉ-CONTRATUAL. FUNÇÃO DE AJUDANTE DE PRODUÇÃO. EXIGÊNCIA NÃO JUSTIFICADA .** A SBDI-1, por maioria de votos, no julgamento do Tema 1 da Tabela de Recursos de Revista Repetitivos, firmou tese de que a exigência da certidão de antecedentes criminais para a contratação de empregado somente se justifica em razão de funções específicas para as quais o empregado será contratado, configurando dano in re ipsa sua exigência injustificada , hipótese dos autos . Recurso de revista conhecido e provido " (RR-1090-34.2017.5.07.0032, 2ª Turma, Relatora Ministra Delaide Miranda Arantes, DEJT 01/03/2019).

A empresa ou pretenso empregador não poderá se valer de expedientes de mineração ou outras técnicas, para segregar, excluir ou distinguir os trabalhadores com base em dados pessoais sensíveis, sob pena reparação por dano material, moral e multas administrativas.

Após a aprovação no processo seletivo, em regra, o trabalhador entrega de todos os documentos pessoais – ou os documentos pessoais complementares – para a formalização do contrato de trabalho, dentre os quais destacamos: a carteira de identidade, o número do CPF, a carteira de trabalho (CTPS), o número do PIS, PASEP ou NIT, o título de eleitor, certidão de casamento, certidão de nascimento dos filhos, bem como a foto (3x4) do trabalhador – para a anotação do vínculo empregatício na carteira de trabalho e abertura da ficha de registro de empregado.

A empresa, por sua vez, realiza o compartilhamento dos dados do empregado com os órgãos públicos e terceiros (denominado de uso compartilhado de dados), para cadastro no Programa de Integração Social (PIS), registro do contrato de trabalho na carteira de trabalho digital (CTPS digital), informar a admissão do empregado no CAGED (Cadastro Geral de Empregados e Desempregados), abertura de conta vinculada ao FGTS (Fundo de Garantia do Tempo de Serviço), abertura de conta bancária ou conta-salário, inclusão do em benefício fornecido pela empresa ou previsto em norma coletiva (convenio médico, odontológico, vale-alimentação, por exemplo).

Além disso, quando a coleta de dados pessoais sensíveis for essencial para o exercício da atividade, como, por exemplo, a apresentação de exame toxicológico para o motorista, a apresentação de atestado de antecedentes criminais para o vigilante, ou de outros documentos médicos, o empregador deverá mantê-los de forma segura, realizar a pseudoanonimização dos dados - restringindo o acesso a empregados determinados, sempre que possível, a fim de evitar vazamento, a utilização indevida ou a publicização destas informações privadas.

No ato da formalização do contrato de trabalho o empregado fornece ao empregador todos os seus dados pessoais: carteira de identidade, número do CPF, entrega todos os seus documentos pessoais, como

4.5. FASE CONTRATUAL

Na fase contratual o empregador continua o tratamento de dados do empregado, posto que o contrato de trabalho é um pacto de trato sucessivo e a lei impõe certas obrigações ao empregador.

Mauricio Godinho Delgado[96] conceitua o contrato de trabalho como o *"negócio jurídico expresso ou tácito mediante o qual uma pessoa natural obriga-se perante pessoa natural, jurídica ou ente despersonificado a uma prestação pessoal, não eventual, subordinada e onerosa de serviços"*, com base no art. 442 da CLT.

Explica que é um contrato de trato sucessivo, no qual

> *"As prestações centrais desse contrato (trabalho e verbas salariais) sucedem-se continuadamente no tempo, cumprindo-se e vencendo-se, seguidamente, ao longo do prazo contratual. A relação de trabalho é uma relação de*

---

[96] Mauricio Godinho Delgado. Curso de direito do trabalho — 18. ed.— São Paulo: LTr, 2019.

> *'débito permanente', que incorpora como seu elemento típico a continuidade, a duração. Também as verbas devidas pelo empregador em geral tendem a vencer continuamente, parcela a parcela, ao longo do tempo contratual".*
> *(grifos acrescidos)*

Em virtude disso, exige uma contínua transmissão de dados entre o empregador e os órgãos públicos para cumprimento das obrigações legais, tal como: a emissão da Guia de Recolhimento do FGTS, relatório de informações sociais (através do sistema SEFIP), declaração informe de rendimento dos empregados, Relação Anual de Informações Sociais (RAIS) (Decreto 76.900/75), comunicação de acidente de trabalho ou doença ocupacional ao INSS (art. 22 da Lei 8.213/91). Também, existe compartilhamento de dados com empresas parceiras - plano de saúde, convênio odontológico, vale transporte, vale-refeição, restaurantes, dentre outras -, bem como o tratamento de dado pessoal sensível, sobre a filiação sindical para recolhimento das contribuições sindicais ou a realização da filiação.

O empregador, ao organizar a atividade empresarial, também realizada a coleta de dados quando emite um crachá de acesso às dependências ou setores da empresa; institui ponto eletrônico digital biométrico a fim de anotar a jornada de trabalho; recebe atestado médico do trabalhador; impõe ou realiza exames médicos periódicos; e recolhe a contribuição sindical dos empregados filiados ao ente sindical.

Utiliza os dados também para traçar estratégias empresariais, avaliar desempenho ou promover seus empregados.

Logo, deverá adotar as medidas de segurança e proteção aos dados pessoais dos seus empregados, pautando-se nas finalidades e princípios da LGPD.

4.5.1. TERCEIRIZAÇÃO E TRABALHO TEMPORÁRIO

As empresas prestadoras de serviço terceirizado usualmente compartilham os dados dos trabalhadores com as empresas tomadoras de serviços, especialmente para a realização do cadastro do trabalhador, permitir acesso às dependências, fornecer serviços de transporte, atendimento médico ou ambulatorial, na forma da Lei 6.019/74.

O trabalhador terceirizado deve autorizar o tratamento e uso compartilhado dos dados, de forma específica e detalhada, sob pena de responsabilidade solidária das empresas tomadora e prestadora de serviço (art. 42, II, da LGPD).

4.5.2. GRUPO EMPRESARIAL

Existindo grupo empresarial – definido como *"dois ou mais entes favorecidos direta ou indiretamente pelo mesmo contrato de trabalho, em decorrência de existir entre esses entes laços de direção ou coordenação em face de atividades industriais, comerciais, financeiras, agroindustriais ou de qualquer outra natureza econômica*[97]*"*, na forma do art. 2º, §2º, da CLT – haverá eventualmente uma troca de informações entre as empresas pertencentes ao grupo (uso compartilhado de dados), especialmente quando o trabalhador prestar serviços para mais de uma empresa do grupo.

Apesar de o grupo empresarial ser considerado um único empregador (Súmula 129 do TST)[98], o que em tese possibilitaria o tratamento dos dados por qualquer empresa – já que o grupo é o empregador – será necessário o consentimento específico e destacado do trabalhador para que o uso compartilhado dos dados seja regular.

A responsabilidade do grupo empresarial em caso de dano patrimonial ou moral ao trabalhador será solidária, seja por imposição da legislação trabalhista (art. 2º, §2º, da CLT), ou da própria LGPD (Art. 42, II da LGPD).

4.5.3. SUCESSÃO DE EMPREGADORES

Durante o contrato de trabalho poderá ocorrer mudança ou alteração na estrutura jurídica da empresa - a sucessão de empregadores – conforme dispõe o art. 10, art. 448 e art. 448-A da CLT.

Essa alteração subjetiva do contrato de trabalho não afeta a relação de emprego, considerando que a pessoalidade no contrato de trabalho é exigida apenas do empregado, sendo dispensável à figura do empregador.

Desta forma, não será necessário um novo consentimento em relação ao sucessor, se as condições especificadas nas clausula do contrato de trabalho ou do termo de consentimento permanecerem incólumes.

---

[97] Idem, 2019.

[98] Segundo a teoria do empregador único, acatada pela jurisprudência (Súmula nº 129 do TST), o que enseja a solidariedade ativa - viabilizando a exigência de prestação de serviços a qualquer empresa do grupo empresarial, por exemplo – e a solidariedade passiva, de forma que o trabalhador poderá cobrar o adimplemento das verbas contratuais e rescisórias de qualquer empresa pertencente ao grupo econômico.

No que concerne à responsabilidade por eventual dano patrimonial ou moral sofrido pelo empregado, devemos nos valer das regras previstas na CLT.

Conforme preconizado no art. 448-A da CLT, *"Caracterizada a sucessão empresarial ou de empregadores prevista nos arts. 10 e 448 desta Consolidação, as **obrigações trabalhistas**, <u>inclusive as contraídas à época em que os empregados trabalhavam para a empresa sucedida</u>, são de responsabilidade do sucessor"*.

Em caso de demonstração de fraude na transferência a empresa sucedida responderá solidariamente com a sucessora (§ único do art. 448-A da CLT).

4.5.4. CARTÓRIO EXTRAJUDICIAL OU TITULAR DE SERVIÇOS NOTARIAIS E DE REGISTROS

No que diz respeito ao cartório extrajudicial a Lei Geral de Proteção de Dados, no art. 23, §4º, dispõe que *os serviços notariais e de registro exercidos em caráter privado, por delegação do Poder Público, terão o mesmo tratamento dispensado às pessoas jurídicas de direito público. No parágrafo seguinte (§5º), preceitua que* os órgãos notariais e de registro devem fornecer acesso aos dados por meio eletrônico para a administração pública, tendo em vista as competências e atribuições legais do serviço público.

Pensamos que as prerrogativas conferidas aos titulares de cartórios extrajudiciais dizem respeito somente aos dados relativos aos serviços notariais e de registros (por exemplo, o registro de nascimento, casamento, óbito, registro de imóveis), pois a publicização desses dados é inata às finalidades do serviço prestado.

De outro lado, a contratação de empregados pelo titular da serventia é um ***ato de gestão*** desvinculado do múnus público para o qual foi designado. Os dados pessoais dos empregados, especialmente os dados sensíveis, em nada prejudicam a execução das competências legais ou o cumprimento das atribuições legais para a qual o titular da serventia foi designado.

Os dados pessoais dos empregados são informações eminentemente privadas, circunscrita aos diretos fundamentais dos trabalhadores, de modo que não devem ser abrangidos nos privilégios previsto no art. 23, §4º, da LGPD.

Mauricio Godinho Delgado, destaca o caráter privado da atividade notarial, do poder de estruturação e gestão do titular da serventia, inclusive quanto a contratação de empregados,

> "Os serviços notariais e de registro são exercidos em caráter privado (art. 236, caput, CF/88), sob direção e responsabilidade do titular da serventia, a quem é conferida uma delegação pública pessoal (art. 236, caput, CF/88; arts. 3º, 5º, 14 e 39, Lei n. 8.935, de 1994). Dessa maneira, o titular da serventia (art. 5º, Lei n. 8.935/94) tem a incumbência, entre outros poderes e encargos, de estruturar a organização e gestão dos serviços do cartório, mediante a contratação de empregados.".

A Lei 8.935/94, no artigo 20, autoriza o notário ou titular do registro a contratar escreventes e auxiliares como empregados, com remuneração livremente ajustada e sob o regime da legislação do trabalho. Corroborando esse raciocínio o art. 21 do mesmo diploma normativo deixa certo o caráter privado da atividade notarial:

> "Lei 8.935/94, Art. 21. O gerenciamento administrativo e financeiro dos serviços notariais e de registro é da responsabilidade exclusiva do respectivo titular, inclusive no que diz respeito às despesas de custeio, investimento e pessoal, cabendo-lhe estabelecer normas, condições e obrigações relativas à atribuição de funções e de remuneração de seus prepostos de modo a obter a melhor qualidade na prestação dos serviços".

Destarte, os titulares da serventia devem obter o consentimento do trabalhador para realizar o tratamento dos dados, quando necessário, e protege-los, na forma do capítulo II da LGPD, sob pena de responsabilização.

4.5.5. TELETRABALHO

Um outro tema que merece atenção é o tratamento de dados nas atividades sob o regime de teletrabalho, potencializado pelo estado de calamidade pública decorrente da pandemia do coronavírus.

O teletrabalho é definido como *"a prestação de serviços preponderantemente fora das dependências do empregador, com a utilização de tecnologias de informação e de comunicação que, por sua natureza, não se constituam como trabalho externo"* (art. 75-B da CLT).

Nesse regime de trabalho a comunicação é realizada preponderantemente de forma digital. O empregador delega as tarefas por e-mail, mensagens de aplicativo, telefone ou outras plataformas digitais. Os empregados se valem dos mesmos canais de comunicação para enviar relatórios de trabalho, informações e documentos, inclusive de caráter pessoal.

Os empregados participam de reunião de equipe, reunião com clientes do empregador e treinamentos utilizando plataformas digitais como o Zoom, Cisco Webex e Google Meet.

Para realizar o controle de jornada no teletrabalho as empresas implementaram o reconhecimento facial, a captura de imagem, o ponto eletrônico por aplicativo (MarQPonto, Mywork e Senior). Esta última medida é interessante porque o processo de registro do ponto é feito a partir de um *smartfone*, no qual o empregado inseri dados biométricos, ou aproxima de crachá (tecnologia NFC), escaneia o código QR, para registrar o horário e permitir o controle da jornada pelo empregador (Arruda 2020). O empregado deve estar inscrito na plataforma previamente para marcar o ponto por aplicativo, o que exigirá a informação dos seus dados pessoais ao aplicativo.

Esse regime de trabalho inspira uma proteção especial dos dados pessoais do trabalhador, a implementação de medidas de segurança, a fim de evitar o vazamento de dados tanto da empresa como os pessoais e sensíveis do teletrabalhador.

Para tanto, o empregador deverá requerer o consentimento específico e detalhado para tratar os dados pessoais do teletrabalhador.

Na hipótese da operação de dados pessoais por terceiro (operador) designados pelo empregador (contralador), como é o caso da *startup* ou empresa de tecnologia que gerencia o aplicativo de controle de ponto, responde de forma solidária por eventuais danos causados ao empregado (art. 42, I, LGPD).

4.5.6. EMPREGADOS CONTRATADOS OU TRANSFERIDOS PARA PRESTAR SERVIÇOS NO EXTERIOR

Os empregados contratados no Brasil ou transferidos por seus empregadores para prestar serviço no exterior também estão compreendidos na proteção de dados pessoais prevista na LGPD.

A transferência internacional de dados é uma das grandes preocupações da Lei Geral de Proteção de Dados e das normas internacionais de proteção de dados.

A Lei 7.064/82 dispõe sobre a situação de trabalhadores contratados ou transferidos para prestar serviços no exterior.

Os empregados designados para prestar serviços de natureza transitória, por período não superior a 90 (noventa) dias, ficará fora do alcance destas normas, se tiver ciência expressa da transitoriedade do serviço e receba passagem de ida e volta, bem como as diárias relativas ao período de trabalho no exterior.

Segundo se extraí da redação do art. 2º da Lei citada, considera-se transferido: *"I - o empregado removido para o exterior, cujo contrato estava sendo executado no território brasileiro; II - o empregado cedido à empresa sediada no estrangeiro, para trabalhar no exterior, desde que mantido o vínculo trabalhista com o empregador brasileiro; III - o empregado contratado por empresa sediada no Brasil para trabalhar a seu serviço no exterior".*

A legislação brasileira de proteção ao trabalho, quando mais favorável do que a legislação do local da execução dos serviços, deve ser aplicada ao contrato de trabalho do empregado contratado no Brasil ou transferido para prestar serviços no exterior (art. 3º, II, da Lei 7.064/82). Isso decorre da aplicação da teoria do conglobamento[99].

É defender a aplicação da norma de proteção de dados estrangeira, nos moldes da teoria do conglobamento ou do conglobamento mitigado, quando mais favorável ao trabalhador do que a legislação brasileira. As normas de proteção de dados são consideradas legislações de proteção ao trabalho, na medida em que englobam direitos fundamentais do trabalhador, notadamente a dignidade da pessoa do trabalhador, privacidade, intimidade, e a liberdade (de consciência, de

---

[99] No livro de Prática Trabalhista, o professor Leone Pereira ensina que o conflito de normas no Direito do Trabalho é resolvido a parir de três teorias: *"a) Teoria do Conglobamento: defende a aplicação do diploma normativo que, no conjunto de normas, forem mais favoráveis ao trabalhador, sem fracionar os institutos jurídicos. É a posição tradicional. b) Teoria da Acumulação ou da Atomização: defende a aplicação dos dois diplomas normativos, extraindo-se de cada um as regras mais favoráveis ao trabalhador, isoladamente consideradas. Perceba que um terceiro instrumento normativo será criado, formado pelo conjunto de regras jurídicas mais favoráveis ao trabalhador dos outros dois instrumentos. (...). c) Teoria do Conglobamento Mitigado, Orgânico, por Instituto, Intermediária ou da Incindibilidade dos Institutos: defende a criação de um terceiro diploma normativo, formado pelas regras jurídicas mais favoráveis ao trabalhador, respeitando-se a unidade do instituto ou matéria (critério da especialização) (...). Concluindo, o nome conglobamento mitigado significa a aplicação das regras jurídicas mais favoráveis ao obreiro, respeitada a unidade não de todo o diploma normativo em análise, mas somente do instituto ou matéria".* Parte da doutrina entende que deve ser aplicada a teoria do conglobamento mitigado à Lei 7.064/82 (Leone Pereira. Trabalhista. Coleção Prática Jurídica – 10.ed. -São Paulo: Saraiva Educação, 2020).

autodeterminação afirmativa, de desenvolvimento da personalidade). Destarte, não se pode questionar a natureza jurídica normativa, para afastar a legislação estrangeira quando mais favorável ao trabalhador.

Mauricio Godinho Delgado[100] recorda que "as *relações empregatícias marítimas* se submetem, de maneira geral, a diretriz própria, regendo-se pela *lei do pavilhão do navio,* que tende a ser, normalmente, a do país de domicílio do armador/empregador".

O art. 5º, inciso XVI, da LGPD define o uso compartilhado de dados como a *"comunicação, difusão, <u>transferência internacional</u>, interconexão de dados pessoais ou tratamento <u>compartilhado de bancos de dados</u> pessoais por órgãos e entidades públicos no cumprimento de suas competências legais, ou entre esses e entes privados, reciprocamente, com autorização específica, para uma ou mais modalidades de tratamento permitidas por esses entes públicos, <u>ou entre entes privados</u>".*

Já a transferência internacional é definida como *"transferência de dados pessoais para país estrangeiro ou organismo internacional do qual o país seja membro"* (art. 5º, inciso XV, da LGPD).

A empresa que contratar o trabalhador no Brasil para prestar serviço no exterior ou desejar transferir o empregado para o exterior, deverá observar a LGPD no que atina à transferência internacional de dados.

O artigo 33 da Lei Geral de Proteção de Dados traz um rol taxativo das hipóteses de transferência internacional de dados:

> "Art. 33. A transferência internacional de dados pessoais <u>somente</u> é permitida nos seguintes casos:
> I - para países ou organismos internacionais que proporcionem grau de proteção de dados pessoais adequado ao previsto nesta Lei;
> II - quando o <u>controlador</u> oferecer e comprovar garantias de cumprimento dos princípios, dos direitos do titular e do regime de proteção de dados previstos nesta Lei, na forma de:
> a) cláusulas **contratuais específicas** para determinada transferência;
> b) cláusulas-padrão contratuais;
> c) normas corporativas globais;
> d) selos, certificados e códigos de conduta regularmente emitidos;
> III - quando a transferência for necessária para a **cooperação jurídica internacional** entre órgãos públicos de inteligência, de investigação e de persecução, de acordo com os instrumentos de direito internacional;

---

[100] Mauricio Godinho Delgado. Curso de direito do trabalho — 18. ed.— São Paulo: LTr, 2019.

*IV - quando a transferência for necessária para a **proteção da vida ou da incolumidade física** do titular ou de terceiro;*
V - quando a autoridade nacional autorizar a transferência;
VI - quando a transferência resultar em compromisso assumido em acordo de cooperação internacional;
*VII - quando a transferência for necessária para a **execução de política pública ou atribuição legal do serviço público**, sendo dada publicidade nos termos do inciso I do caput do art. 23 desta Lei;*
VIII - quando o <u>titular tiver fornecido o seu consentimento específico e em destaque</u> para a transferência, com informação prévia sobre o caráter internacional da operação, distinguindo claramente esta de outras finalidades; ou
IX - quando necessário para atender as hipóteses previstas nos incisos II, V e VI do art. 7º desta Lei.
*Parágrafo único. Para os fins do inciso I deste artigo, as **pessoas jurídicas de direito público** referidas no parágrafo único do <u>art. 1º da Lei nº 12.527, de 18 de novembro de 2011 (Lei de Acesso à Informação)</u>, no âmbito de suas competências legais, e responsáveis, no âmbito de suas atividades, **poderão requerer à autoridade nacional a avaliação do nível de proteção a dados pessoais** conferido por país ou organismo internacional".*

O compartilhamento internacional de dados pessoais do trabalhador contratado ou transferido para prestar serviços em sede, filial ou empresa parceira localizada no exterior, depende da existência de uma das hipóteses citadas no art. 33 da LGPD, dentre as quais destacamos:

a. o consentimento específico do empregado em clausula contratual em que consta expressamente o caráter internacional da operação de dados, de forma destacada em relação às demais clausulas;
b. a obtenção de autorização de transferência pela autoridade nacional (ANPD – Autoridade Nacional de Proteção de Dados);
c. oferecer e comprovar garantias de cumprimento dos princípios, dos direitos do titular e do regime de proteção de dados, por meio de cláusulas contratuais específicas, cláusulas-padrão contratuais, normas corporativas globais, selos, certificados e códigos de conduta.

No plano internacional a General *Data Protection Regulation (GDPR)*[101], *criou uma autoridade de certificação e selos. Vejamos:*

---

101 Art. 42 GDPR: Certification ¹1. The Member States, the supervisory authorities, the Board and the Commission shall encourage, in particular at Union level, the establishment of data protection certification mechanisms and of data protection seals and marks, for the purpose of demonstrating compliance with this Regulation of processing operations by controllers and processors. ²The specific needs of micro, small and medium-sized enterprises shall be taken into account. ¹2. In addition to

*Arte. 42 GDPR: Certificação - 1 1. Os Estados-Membros, as autoridades de supervisão, o Conselho de Administração e a Comissão devem incentivar, em particular a nível da União, a criação de mecanismos de certificação de proteção de dados e de selos e marcas de proteção de dados, a fim de demonstrar o cumprimento do presente regulamento das operações de tratamento por controladores e processadores. 2 As necessidades específicas das micro, pequenas e médias empresas devem ser levadas em consideração. 1 2. Além da adesão por controladores ou processadores sujeitos ao presente regulamento, mecanismos de certificação de proteção de dados, selos ou marcas aprovados nos termos do parágrafo 5 deste artigo **podem ser estabelecidos com o objetivo de demonstrar a existência de salvaguardas adequadas fornecidas por controladores ou processadores que são não sujeitos ao presente regulamento** nos termos do artigo 3.º no âmbito das transferências de dados pessoais para países terceiros ou organizações internacionais, nos termos referidos no artigo 46.º, n.º 2, alínea f). 2Esses controladores ou processadores devem assumir compromissos vinculativos e exequíveis, por meio de instrumentos contratuais ou outros instrumentos juridicamente vinculativos, para aplicar as salvaguardas adequadas, incluindo no que diz respeito aos direitos dos titulares dos dados. [...]*
*1 A 7. certificação deve ser emitida a um controlador ou processador por **um período máximo de três anos**, podendo ser renovada, nas mesmas condições, desde que continuem a ser cumpridos os critérios pertinentes. 2 A certificação deve ser retirada, conforme aplicável, pelos organismos de certificação referidos no <u>artigo 43.º</u> ou pela autoridade supervisora competente, se os critérios para a certificação não forem ou já não forem cumpridos. [...]". (grifos acrescidos – tradução livre)*

A União Europeia estabeleceu a criação de mecanismos de certificação selo e marcas de proteção de dados para: a) demonstrar o cum-

---

adherence by controllers or processors subject to this Regulation, data protection certification mechanisms, seals or marks approved pursuant to paragraph 5 of this Article may be established for the purpose of demonstrating the existence of appropriate safeguards provided by controllers or processors that are not subject to this Regulation pursuant to Article 3 within the framework of personal data transfers to third countries or international organisations under the terms referred to in point (f) of Article 46(2). ²Such controllers or processors shall make binding and enforceable commitments, via contractual or other legally binding instruments, to apply those appropriate safeguards, including with regard to the rights of data subjects. [...] ¹7. Certification shall be issued to a controller or processor for a maximum period of three years and may be renewed, under the same conditions, provided that the relevant criteria continue to be met. ²Certification shall be withdrawn, as applicable, by the certification bodies referred to in Article 43 or by the competent supervisory authority where the criteria for the certification are not or are no longer met. [...]" (Regulation (EU) 2016/679 (General Data Protection Regulation) in the current version of the OJ L 119, 04.05.2016).

primento integral das normas de proteção de dados, no caso de obrigatoriedade imposta pelo regulamento; b) comprovar a dispensa do cumprimento das obrigações previstas no regulamento, nas hipóteses que o tratador estiver dispensado. A referida norma estabeleceu, ainda, um prazo de validade da certificação, selo ou marca (de 3 anos), exigindo a renovação periódica.

No Brasil, a definição das regras de emissão e uso dos selos e certificados será realizada pela autoridade nacional (ANPD), bem como aquelas relativas ao conteúdo de cláusulas-padrão contratuais, verificação de cláusulas contratuais específicas para uma determinada transferência e normas corporativas globais.

A autoridade nacional poderá designar um organismo de certificação para a emissão dos selos e certificados (§3º, art. 35, LGPD), podendo ser revistos ou anulados pela autoridade nacional (§4º, art. 35, LGPD).

A autoridade nacional poderá solicitar informações complementares, realizar diligências, quando necessário, para efetuar a análise de cláusulas contratuais de tratamento de dados constante em documentos ou de normas corporativas globais submetidas à aprovação (§2º, art. 35, LGPD).

O grau de proteção de dados do país estrangeiro ou do organismo internacional mencionado será apurado pela autoridade nacional, conforme preceitua o art. 34 da LGPD.

Qualquer alteração nas garantias de cumprimento dos preceitos da norma de proteção e dos direitos do titular, deverá ser comunicado à Autoridade Nacional de Proteção de Dados.

4.5.7. CARTÃO DE PONTO: A LGPD MITIGOU O PODER DIRETIVO DO EMPREGADOR?

A Constituição Federal limita duração do trabalho normal a *"(...) 8 horas diárias e 44 semanais, facultada a compensação de horários e a redução da jornada, mediante acordo ou convenção coletiva de trabalho"* (art.7º, XIII). Determina o pagamento de adicional de, no mínimo, 50% sobre a jornada normal, em caso de labor extraordinário (art.7º, XVI).

Carlos Henrique Bezerra Leite[102] ensina que

> "As razões para a limitação da duração do trabalho são de ordem biológica, social, econômica, religiosa e familiar. Devido à sua importância, a

---

[102] Carlos Henrique Bezerra Leite Curso de direito do trabalho. – 11. ed. – São Paulo : Saraiva Educação, 2019.

Consolidação das Leis Trabalhistas (1943) dedicou um capítulo à duração do trabalho (arts. 57 a 75). As normas referentes à duração do trabalho humano têm por escopo principal proteger a integridade física e psíquica do trabalhador (ordem biológica), evitando-lhe a fadiga e possíveis problemas de saúde decorrentes do intenso esforço físico e/ou mental que o labor diário e o estresse possam originar. Em relação aos motivos de ordem econômica, a concessão do descanso (interjornada, intrajornada, semanal e anual) intensifica a produtividade do trabalhador, tanto em quantidade como em sua qualidade, influenciando diretamente o aumento do lucro do empregador. [...]Os fundamentos de ordem social e familiar são muito importantes, na medida em que é no período de descanso que o trabalhador tem a possibilidade de estar com seus amigos e familiares, o que contribui para uma maior satisfação pessoal e, consequentemente, reduz a probabilidade de advirem doenças de ordem psicológica (...)."

A limitação da jornada é fundamental para a manutenção da higidez física e mental do trabalhador.

No plano infraconstitucional o art. 74 da CLT impõe o dever de anotação da jornada de trabalho para os estabelecimentos com mais de 20 trabalhadores, por meio de registro manual, mecânico, ou eletrônico, conforme instruções expedidas pela Secretaria Especial de Previdência e Trabalho do Ministério da economia.

A exigência de marcação do cartão de ponto e a forma de registro – por meio manual, mecânico ou eletrônico - é uma prerrogativa do empregador, inserida no seu diretivo de controle do empregador (art. 2º, CLT)

A esse respeito, Mauricio Godinho Delgado[103] destaca que

"A regra geral, no Direito brasileiro, é que são controladas as jornadas laborativas do empregado. E isso é lógico, à medida que incide em benefício do empregador um amplo conjunto de prerrogativas autorizadoras de sua direção, fiscalização e controle sobre a prestação de serviços contratada (art. 2º, caput, CLT). Nesse quadro, presume-se que tal poder de direção, fiscalização e controle manifestar-se-á, cotidianamente, ao longo da prestação laboral, quer no tocante à sua qualidade, quer no tocante à sua intensidade, quer no tocante à sua frequência". (grifos acrescidos)

Sobre o poder de controle Bezerra Leite[104] ensina que:

---

[103] Mauricio Godinho Delgado. Curso de direito do trabalho — 18. ed.— São Paulo: LTr, 2019.

[104] Carlos Henrique Bezerra Leite Curso de direito do trabalho. – 11. ed. – São Paulo : Saraiva Educação, 2019.

> "[...] o poder de controle, que consiste no direito de o empregador fiscalizar as atividades profissionais de seus empregados, aí incluídas a revista dos obreiros na portaria ao final do expediente, a colocação de câmeras de circuito interno de televisão e a exigência de marcação do cartão de ponto".
> (grifos acrescidos)

O art. 5º, II da LGPD, define o dado pessoal sensível como o *"dado pessoal sobre origem racial ou étnica, convicção religiosa, opinião política, filiação a sindicato ou a organização de caráter religioso, filosófico ou político, dado referente à saúde ou à vida sexual, dado genético ou biométrico, quando vinculado a uma pessoa natural.*

O dado pessoal sensível poderá ser tratado somente quando o empregado (titular) ou seu representante legal consentir, de forma destacada e específica, para finalidade específicas, ou sem o consentimento do empregado, nas hipóteses que for indispensável para o cumprimento de uma obrigação legal ou regulatória pelo controlador; proteção da vida ou da incolumidade física do titular ou de terceiro; dentre outras situações previstas no art. 11 da LGPD.

É muito comum os empregadores instituírem cartão de ponto eletrônico biométrico para controlar a jornada de trabalho dos empregados.

A biometria, como dito acima, é um dado pessoal sensível do empregado (titular) e depende do seu consentimento para que seja tratado pelo controlador. A lei expressamente autoriza o controlador a utilizar os dados sensíveis quando for *indispensável* para o cumprimento de uma obrigação legal ou regulatória, ou para a garantia da prevenção à fraude e à segurança do titular, nos processos de identificação e autenticação de cadastro em sistemas eletrônicos, resguardados os direitos mencionados no art. 9º da LGPD e exceto no caso de prevalecerem direitos e liberdades fundamentais do titular que exijam a proteção dos dados pessoais - dentre outras hipóteses que não serão objeto de análise na presente discussão.

Caso o empregado não conceda o consentimento para o tratamento dos seus dados biométricos o empregador poderá exigir o fornecimento pelo empregado?

Numa primeira análise a resposta parece simples, mas não é.

Os estabelecimentos com mais de 20 trabalhadores são obrigados a realizar o controle de jornada, consubstanciando, assim, uma obrigação legal direcionada ao empregador (art. 74, §2º, CLT).

As empresas com menos de 20 trabalhadores no mesmo estabelecimento estão desobrigadas de realizar o controle de jornada. Em caso de ausência de consentimento para o uso da biometria (dado pessoal sensível) na marcação de ponto, o empregador não poderá suprir a falta de consentimento alegando a necessidade de cumprimento de obrigação legal.

Já as empresas com mais de 20 trabalhadores no mesmo estabelecimento estão obrigadas por lei a realizar o controle da jornada de trabalho. A LGPD autoriza o tratamento dos dados sensíveis, sem o consentimento do titular, quando, repita-se: *indispensável*, ao cumprimento de obrigação legal ou regulatória pelo empregador (controlador), o que nos remete a outra pergunta.

A marcação de ponto eletrônico biométrico, ou que de outra forma utilize dado pessoal sensível, é considerada *indispensável*?

O empregador pode alegar que sim, aduzindo que a forma de marcação do controle de jornada está inserida no poder diretivo de controle, fiscalização e organizacional, conferido pelo art. 2º da CLT. Também, pode alegar que tem o dever legal de registrar o horário de trabalho (art. 74, §2º, CLT), portanto, indispensável ao cumprimento da obrigação imposta por lei (art. 11, II, "a", da LGPD). Por fim, pode sustentar que a utilização dos dados biométricos é imprescindível para evitar a ocorrência de fraudes (art. 11, II, "g", da LGPD).

De outro lado, é possível defender que a marcação de ponto eletrônico biométrica é *dispensável*, considerando que o empregador dispõe de outros meios ou formas de controle de jornada, como a marcação manual ou mecânica, ou até mesmo a marcação eletrônica sem a utilização dos dados pessoais sensíveis – como, v.g., o ponto eletrônico por aproximação de cartão. Pode argumentar que a nova Lei de proteção de mitigou o poder diretivo do empregador, na medida que não permite a utilização de dados pessoais sensíveis, como regra, sem a anuência do empregado, salvo nas hipóteses previstas no inciso II, do art. 11 da LGPD.

Ainda, existe uma outra discussão interessante envolvendo uma nova forma de controle de jornada: o cartão de ponto *por aplicativo*.

Para realizar o controle de jornada no teletrabalho, ou substituir o controle de ponto eletrônico biométrico, as empresas passaram a utilizar o ponto eletrônico por aplicativo (MarQPonto, Mywork, Folhacerta, Senior, dentre outros).

O processo de registro do ponto é feito a partir de um *smartfone*, no qual o empregado informa os dados biométricos no próprio aparelho, ou aproxima um crachá (tecnologia NFC), ou escaneia o código QR, para registrar o horário e permitir o controle da jornada pelo empregador (Arruda 2020).

No que se refere ao uso dos dados biométricos ensejará as discussões acima.

Ademais, tendo em vista a necessidade de inscrição prévia na plataforma para marcar o ponto no aplicativo, o empregado informará os seus dados pessoais ao aplicativo.

Se o aplicativo for controlado diretamente pelo empregador, este responde diretamente pelo tratamento dos dados do empregado.

Entretanto, se o empregador designar um terceiro para realizar o tratamento (operador), ambos serão responsáveis por garantir a proteção dos dados pessoais do trabalhador, a implementação de medidas de segurança, a fim de evitar o vazamento, responde de forma solidária por eventuais danos causados ao empregado (art. 42, I, LGPD), salvo exceções.

As empresas que contratarem os serviços de ponto por aplicativo, devem se atenta ao tratamento de dados realizado pelo operador, principalmente os dados pessoais sensíveis, para evitar futuras responsabilizações.

4.6. FASE RESCISÓRIA / PÓS-CONTRATUAL

Na fase rescisória e pós-contratual o empregador também tratará os dados do trabalhador, quando da elaboração do termo de rescisão do contrato de trabalho, baixa na carteira de trabalho - se for física, através da anotação; ou, se for digital, através da inserção de informação em sistema do Ministério da Economia.

Rescindido o contrato de trabalho, o empregador tem o prazo de dez dias para a entrega ao empregado de documentos que comprovem a comunicação da extinção contratual aos órgãos competentes, bem como efetuar o pagamento das verbas rescisórias discriminadas no instrumento de rescisão ou no recibo de quitação, de modo que deverá realizar o pagamento em dinheiro, depósito bancário ou cheque – ou em dinheiro ou depósito bancário quando o empregado for analfabeto

- no prazo de 10 dias a partir da data do término do contrato (art. 477, caput e §6º, CLT).

No caso de rescisão sem justo motivo o empregador deve recolher as contribuições fiscais e previdenciárias, depósito do FGTS sobre as verbas rescisórias, indenização, a rigor, de 40% sobre os depósitos do FGTS, através da Guia de Recolhimento Rescisório do FGTS (GRRF), liberar a chave de conectividade para permitir o levantamento do FGTS, realizar os registros para fins de liberação do seguro-desemprego (de forma digital ou através da expedição de guia), informar a rescisão contratual no Cadastro Geral de Empregados e Desempregados (CAGED).

De acordo com o artigo 477, § 8º da CLT, na hipótese de não pagamento das verbas rescisórias dentro do prazo mencionado será devida a multa no valor de 1 (um) salário para o trabalhador, bem como, multa administrativa em favor da União. Caso o empregado postule para si essa segunda penalidade o juiz deve decidir pela ilegitimidade ativa.

A lei impõe o dever de manter no local de trabalho os documentos que digam respeito ao fiel cumprimento do contrato de trabalho (art. 630, §§3º e 4º, da CLT), sob pena de imposição de multa administrativa, como: o livro e a ficha de registro de empregados; as guias de recolhimento do FGTS (art. 23 da Lei nº. 8.036/90); a Relação de Tomadores/Obras (RET); Comprovante de Declaração à Previdência (art. 32, § 11, da Lei nº 8.212/91); recibo de pagamento de salário, férias; RAIS, e os controles ocupacionais e relativos ao meio ambiente do trabalho (PCMSO, PPRA, SESMT).

Existem empresas que armazenam os dados e os documentos dos empregados durante anos, isso porque, além de servir de prova em processo judicial, poderá ser utilizado como prova do vínculo de emprego ou de fonte de informação para a expedição outros documentos - como o perfil profissiográfico previdenciário-, ou comprovar a regularidade perante a Previdência Social e demais órgãos de fiscalização.

Como veremos adiante a Lei Geral de Proteção de Dados dispensa a exigência de consentimento do empregado para o tratamento de dados ou compartilhamento com os órgãos públicos competentes, quando decorre de obrigação legal (art. 7º, II, e 11, II, da LGPD).

Os dados pessoais, a rigor, devem ser eliminados após o término do tratamento. Contudo, o empregador está autorizado a conservá-los para o cumprimento de obrigação legal ou regulatória (art. 15 e 16 da LGPD)[105].

O empregador também poderá manter os dados em seus registros, desde que efetue a anonimização (desvinculação do seu titular) e seja para uso exclusivo, sendo proibido o acesso de terceiros.

Na relação de emprego a maioria dos dados tratados devem ser conservados, seja por imposição legal, ou para fazer prova perante órgãos públicos. A conservação dos documentos é relevante não só ao empregador, mas também ao empregado, que poderá solicitar as cópias necessárias para outros fins, especialmente previdenciários.

Assim, no Direito do Trabalho serão raras as hipóteses de direito à eliminação, bloqueio ou suspensão, quando ocorrer o tratamento regular dos dados, exceto quando os dados forem desnecessários, excessivos ou não for observados os preceitos da lei (Art. 18, IV, LGPD)[106].

O empregador deve emitir, ainda, relatório de impacto à proteção de dados pessoais, a pedido da autoridade nacional, com a descrição dos processos de tratamento de dados pessoais que podem gerar riscos às liberdades civis e aos direitos fundamentais, bem como medidas, salvaguardas e mecanismos de mitigação de risco (art. 38, art. 10, §3º; art. 5º, XVII da LGPD).

---

105 LGPD, Art. 15. O término do tratamento de dados pessoais ocorrerá nas seguintes hipóteses: I - verificação de que a finalidade foi alcançada ou de que os dados deixaram de ser necessários ou pertinentes ao alcance da finalidade específica almejada; II - fim do período de tratamento; III - comunicação do titular, inclusive no exercício de seu direito de revogação do consentimento conforme disposto no § 5º do art. 8º desta Lei, resguardado o interesse público; ou IV - determinação da autoridade nacional, quando houver violação ao disposto nesta Lei.

LGPD, Art. 16. Os dados pessoais serão eliminados após o término de seu tratamento, no âmbito e nos limites técnicos das atividades, autorizada a conservação para as seguintes finalidades: I - cumprimento de obrigação legal ou regulatória pelo controlador; II - estudo por órgão de pesquisa, garantida, sempre que possível, a anonimização dos dados pessoais; III - transferência a terceiro, desde que respeitados os requisitos de tratamento de dados dispostos nesta Lei; ou IV - uso exclusivo do controlador, vedado seu acesso por terceiro, e desde que anonimizados os dados.

106 LGPD, Art. 18. O titular dos dados pessoais tem direito a obter do controlador, em relação aos dados do titular por ele tratados, a qualquer momento e mediante requisição:[...] IV - anonimização, bloqueio ou eliminação de dados desnecessários, excessivos ou tratados em desconformidade com o disposto nesta Lei;

4.7. ENCARREGADO OU DATA PROTECTION OFFICER (DPO)

O encarregado é o profissional designado intermediar a relação entre controlador de dados, o titular e a Autoridade Nacional de Proteção de Dados (ANPD), responsável pelo controle e fiscalização da Lei.

Esse profissional é conhecido no meio coorporativo como *Data Protection Officer (DPO)*. Tem a missão de realizar a proteção dos dados da sociedade empresária, dos respectivos clientes e funcionários.

O empregador deve indicar um encarregado (DPO), sendo certo que a sua identidade e informações deverão ser divulgadas, de forma clara e precisa (art. 41, §1º, LGPD).

A designação de um "responsável técnico" e a publicização da sua identidade e seus respectivos contatos, é essencial para que os titulares possam realizar suas reclamações, pedidos de esclarecimentos e de adoção de procedimentos, ou, ainda receber comunicações dos órgãos de controle e fiscalização, orientar funcionário, executar outras tarefas prevista em norma complementar (art. 41, §2º, LGPD).

5. CONSENTIMENTO DO EMPREGADO

O tratamento ou compartilhamento de dados com os órgãos do poder público dispensa o consentimento do trabalhador, considerando que a própria lei impõe essa obrigação ao empregador (art. 7º, II, e 11, II, da LGPD). Porém, o empregador deve solicitar o consentimento do empregado, de forma inequívoca, para compartilhar os dados com terceiros, a fim de habilitá-lo ao recebimento de eventual benefício concedido por mera liberalidade do empregador ou previsto em norma coletiva (art. 7º, I, e 11, I, da LGPD).

De acordo com o artigo 8º da LGPD preceitua que o consentimento "deverá ser fornecido por escrito ou por outro meio que demonstre a manifestação de vontade do titular", senso certo que o consentimento por escrito deve constar em uma clausula específica e de forma destacada em relação às demais cláusulas contratuais (§1º, art. 8º, LGPD). Ou seja, o consentimento deve ser apresentado de forma clara, em clausula contratual que seja possível distingui-lo dos outros assuntos.

Nesse ponto, podemos nos valer de uma exigência da *GDPR Europeia (art. 7º)*, para evitar nulidades: *"o pedido de consentimento deve ser apresentado de forma claramente distinguível dos outros assun-*

tos, de forma inteligível e facilmente acessível, utilizando e linguagem simples"[107].

O consentimento, portanto, deve ser especificado e atender às finalidades determinadas. As autorizações de tratamento de dados pessoais realizadas de forma genérica, isto é, de forma vaga, imprecisa ou inespecífica, serão consideradas nulas e, como consequência, poderá gerar a responsabilidade do agente de tratamento (§4º, art. 8º, LGPD).

Sugerimos a elaboração de uma cláusula específica no contrato de trabalho, de forma destacada, usando uma linguagem simples e acessível ao trabalhador, explicando dando ciência da obrigatoriedade legal do compartilhamento de dados com o Poder Público – muito embora a lei não exija o consentimento do titular nesses casos - e pedindo a anuência inequívoca de compartilhamento de dados para abertura de conta-salário, inclusão em benefício concedido pelo empregador ou previsto em norma coletiva.

O § 5º do art. 8º da LGPD prevê a possibilidade de revogação do consentimento a qualquer momento mediante manifestação expressa do titular, por procedimento gratuito e facilitado. Também, autoriza a ratificados os tratamentos realizados sob amparo do consentimento anteriormente manifestado enquanto não houver requerimento de eliminação.

Entretanto, na relação de emprego, esses dispositivos devem ser analisados com reservas.

---

[107] GDTR, Art. 7* **Condições de consentimento – 1)** Quando o tratamento se baseia no consentimento, o responsável pelo tratamento deve ser capaz de demonstrar que o titular dos dados consentiu com o tratamento dos seus dados pessoais. **2) 1** Se o consentimento do titular dos dados for dado no contexto de uma **declaração escrita** que também diga respeito a outros assuntos, o pedido de **consentimento deve ser apresentado de forma claramente distinguível dos outros assuntos**, de forma **inteligível e facilmente acessível,** utilizando e **linguagem simples**. [2] **Qualquer parte da declaração que constitua uma violação do presente regulamento não será vinculativa**. 3) [1] O titular dos dados terá o direito de retirar o seu consentimento a qualquer momento. [2] A retirada do consentimento não afetará a legalidade do processamento com base no consentimento antes de sua retirada. [3] Antes de dar o consentimento, o titular dos dados deve ser informado desse facto. [4] Deve ser tão fácil retirar quanto dar consentimento. 4) Ao avaliar se o consentimento é dado livremente, deve-se ter na máxima consideração se, *inter alia* , a execução de um contrato, incluindo a prestação de um serviço, está condicionada ao consentimento para o tratamento de dados pessoais que não sejam necessários para a execução de esse contrato. (**traduzido de forma livre)

Na fase pré-contratual entendemos ser possível o requerimento de revogação do consentimento de tratamento de dados pelo trabalhador, bem como a eliminação dos dados, pois, a rigor, não há legítimo interesse do empregador em manter ou conservar as informações pessoais do trabalhador no banco de dados, por exemplo.

Na fase contratual ou pós-contratual a revogação do consentimento poderá implicar na perda de um direito previsto em lei, norma coletiva ou regulamento empresarial. Isso poderá equivaler a um pedido de renúncia à vantagem ou condição mais benéfica conferida ao trabalhador.

O Direito do Trabalho base principiológica a proteção ao trabalhador, de forma que não permite, a princípio, a renúncia de um direito ou vantagem conquistada (princípio da irrenunciabilidade).

Entendemos que na fase contratual e na fase pós-contratual, salvo raras exceções, não é possível a revogação do consentimento ou eliminação dos dados, tendo em vista que poderá implicar na renúncia a um direito legal ou convencional, contrariando os princípios do Direito do Trabalho, notadamente a irrenunciabilidade de direitos.

Ademais, a manifestação de vontade do titular deve ser exercida de forma livre, espontânea e consciente, é um elemento essencial para a validade do consentimento.

Existindo qualquer vício de consentimento (na manifestação de vontade) do empregado, o tratamento dos dados não poderá ser realizado pelo empregador (art. 3º da LGPD).

Pablo Stolze Gagliano e Rodolfo Pamplona Filho[108] explanam que

> "A manifestação ou declaração de vontade, em geral, poderá ser expressa — através da palavra escrita ou falada, gestos ou sinais — ou tácita — aquela que resulta de um comportamento do agente. Há exteriorizações de vontade que, para surtirem efeitos, necessitam chegar à esfera de conhecimento da outra parte. Fala-se, pois, em declarações receptícias de vontade. Note-se que o emprego de meios que neutralizem a manifestação volitiva, como a violência física (vis absoluta), estupefacientes ou, até mesmo, a hipnose, tornam inexistente o negócio jurídico".

Haverá vício na manifestação de vontade quando houver erro, dolo, coação, lesão, estado de perigo, simulação (art. 138 e seguintes do Código Civil). Se houver a presença de algum dos vícios citados, a ma-

---

[108] Pablo Stolze Gagliano e Rodolfo Pamplona Filho. Manual de direito civil; volume único – São Paulo : Saraiva, 2017.

nifestação de vontade será considerada nula (ou anulável), de forma que será proibido a operação de danos nessas circunstâncias, sob pena de violação dos preceitos da LGPD.

A prova de que o consentimento caberá ao empregador (controlador), por expressa imposição legal. Assim, se o empregado alegar a ausência de consentimento, o empregador deverá comprovar a concessão da manifestação de vontade válida (art. 8º, §2º, LGPD).

5.1. CONSENTIMENTO NO TRABALHO INFANTO-JUVENIL

A Lei geral de Proteção de Dados autoriza o tratamento de dados de crianças e adolescentes, desde que respeitada a previsão do art. 14 da Lei e a legislação pertinente.

O Estatuto da Criança e do Adolescente (ECA), considera criança a pessoa até 12 anos incompletos e adolescente aquela que tem idade entre 12 e 18 anos de idade, conforme artigo 2º da Lei 8.069/1990.

A Constituição Federal autoriza o trabalho do menor a partir dos 16 anos, salvo na condição de aprendiz, a partir dos 14 anos (art. 7º, XXXIII).

O trabalho do menor goza de uma proteção maior, para assegurar desenvolvimento físico, psíquico, moral, social, cultural, assim como a saúde e a segurança do trabalhador infanto-juvenil (art. 3º do ECA; e art. 403, § único, da CLT)[109], pois o legislador buscou a *proteção integral* da criança e do adolescente.

Para Octávio Bueno Magano (apud Jorge Neto e Cavalcante)[110], "as normas de proteção são necessárias para que se possa assegurar ao menor o desenvolvimento *'físico, mental, moral, espiritual e social, de forma sadia e normal e em condições de liberdade e dignidade'*, na medida em que tais normas se fundam em razões *'biológicas, psicológicas, morais e culturais, o que explica que nelas o interesse público claramente prevaleça sobre o privado e que sua classificação se faça no âmbito do direito tutelar do trabalho'.*"

---

109 CLT, Art. 403. É proibido qualquer trabalho a menores de dezesseis anos de idade, salvo na condição de aprendiz, a partir dos quatorze anos. Parágrafo único. **O trabalho do menor não poderá ser realizado em locais prejudiciais à sua formação, ao seu desenvolvimento físico, psíquico, moral e social e em horários e locais que não permitam a frequência à escola.**

110 Francisco Ferreira Jorge Neto, Jouberto de Quadros Pessoa Cavalcante. Direito do trabalho – 9. ed. – São Paulo: Atlas, 2019.

Como destacado pelos juristas Jorge Neto e Cavalcante[111], escorados na doutrina da professora Alice Monteiro de Barros, "*A capacidade laboral plena é obtida aos 18 anos. 'Logo, no Direito do Trabalho, são absolutamente incapazes os menores de 16 anos, exceção feita ao aprendiz. Já os relativamente incapazes são os menores de 18 e maiores de 16 anos ou, se aprendizes, os menos de 16 e maiores de 14 anos (art. 1º Emenda Constitucional nº 20). O menor de 14 anos será sempre absolutamente incapaz'.*"

O art. 149, II e §1º, do ECA autoriza a participação da criança e do adolescente em evento artístico – na visão de alguns representa um "trabalho artístico" da criança ou do adolescente - mediante autorização judicial. A Competência para a concessão desta autorização, conforme restou decidido liminarmente na ADI 5326, referendada pelo plenário do Supremo Tribunal federal, é da Justiça Comum, especificamente da Vara da Infância e da Juventude.

De acordo com o art. 14 da LGPD o tratamento de dados deve ser realizado no melhor interesse da criança e do adolescente. O §1º da Lei condiciona o tratamento de dados pessoais da *criança* ao consentimento específico e destacado de pelo menos um dos pais ou pelo responsável legal, sendo certo que as informações de tratamento de dados "*deverão ser fornecidas de maneira simples, clara e acessível, consideradas as características físico-motoras, perceptivas, sensoriais, intelectuais e mentais do usuário, com uso de recursos audiovisuais quando adequado, de forma a proporcionar a informação necessária aos pais ou ao responsável legal e adequada ao entendimento da criança*" (§6º).

A primeira indagação que devemos fazer é: esse consentimento específico cabe apenas à criança ou o adolescente está abrangido no termo << "criança" >> utilizado pelo legislador? Se a resposta for afirmativa, os pais ou o responsável legal, deverá consentir especificamente para o tratamento dos dados do adolescente. Do contrário, a obrigatoriedade do consentimento do responsável legal torna-se questionável.

O contrato de trabalho dos menores relativamente incapazes - assim considerados *os menores de 18 e maiores de 16 anos ou, se aprendizes, os menos de 16 e maiores de 14 anos* - está condicionado à autorização do respectivo representante legal (art. 408, CLT)[112], que, inclusive, tem au-

---

111 Idem.

112 CLT, Art. 408 - Ao responsável legal do menor é facultado pleitear a extinção do contrato de trabalho, desde que o serviço possa acarretar para ele prejuízos de ordem física ou moral.

torização legal para pleitear a extinção do contrato de trabalho, quando o serviço puder acarretar algum prejuízo de ordem física ou moral. Ainda, prestam assistência ao menor na quitação do recebimento das verbas rescisórias (art. 439, CLT)[113].

Destarte, o consentimento para o tratamento dos dados pessoais do menor não será concedido pelos pais ou representantes legais, mas, em verdade, pelo próprio trabalhador devidamente assistido prelos representantes legais, haja vista que a lei autoriza a prática de certos atos pelo relativamente incapazes exigindo apenas a assistência para a validade do ato (3º do Código Civil).

No caso do trabalhador trabalho artístico do menor o consentimento para o tratamento dos dados será dos pais ou do representante legal, tendo em vista que se trata de pessoa absolutamente incapaz, seja do ponte de vista do Direito do Trabalho - por se tratar de menor de 14 anos – ou do Direito Comum, conforme art. 2º do Código Civil.

6. RESPONSABILIZAÇÃO DO AGENTE TRATADOR

Conforme o art. 42 da LGPD, "o controlador ou o operador que, em razão do exercício de atividade de tratamento de dados pessoais, causar a outrem dano patrimonial, moral, individual ou coletivo, em violação à legislação de proteção de dados pessoais, é obrigado a repará-lo".

Como exaustivamente dito, a referida lei prima pela proteção à liberdade (incluindo a liberdade de autodeterminação informativa), à privacidade e ao desenvolvimento livre da personalidade, de modo que o empregador não poderá utilizar os dados pessoais dos trabalhadores para induzir ou influenciar o seu comportamento, seja no ambiente de trabalho ou fora dele, nem mesmo utilizar dos seus dados de forma indevida, sem o seu consentimento, quando a lei exigir.

O desrespeito às normas de proteção aos dados pode gerar dano patrimonial ou extrapatrimonial, por envolver direitos fundamentais do trabalhador.

Caso o empregador use os dados do trabalhador para realizar uma discriminação, por motivo de raça ou etnia, sexo, idade, convicção re-

---

[113] CLT, Art. 439 - É lícito ao menor firmar recibo pelo pagamento dos salários. Tratando-se, porém, de rescisão do contrato de trabalho, é vedado ao menor de 18 (dezoito) anos dar, sem assistência dos seus responsáveis legais, quitação ao empregador pelo recebimento da indenização que lhe for devida.

ligiosa, política, associação à sindicato, por exemplo, poderá ser obrigado a reparar os danos daí decorrentes (art. 5º, V e X, da CF; art. 7º da CF, incisos XX, XXX, XXXI, XXXII e XXXIII).

Também será obrigado a reparar os danos causados pelo vazamento de dados pessoais.

Na prática, o momento de maior vulnerabilidade do trabalhador é o período pré-contratual, pois o empregador pode utilizar de subterfúgio para discriminar o trabalhador, por diversos motivos. Esse é o momento que inspira maior proteção aos empregados.

Durante o contrato de trabalho, as maiores problemáticas estão relacionadas aos dados pessoais sensíveis, sobretudo a biometria, já que é muito utilizada pelos empregadores. Além disso, é necessária a proteção do teletrabalhador, para que os dados e informações pessoais, majoritariamente concedidos por meios telemáticos ou informatizados, não vazem.

Ainda, é necessário o cuidado na captação da imagem do trabalhador, seja por reuniões realizadas por plataformas digitais, ou, ainda, por meio de instrumentos de vigilância no local de trabalho.

A jurisprudência veda a utilização de vigilância ostensiva ou em locais que violem a intimidade do trabalhador. Veja:

> **INDENIZAÇÃO POR DANOS MORAIS.** LIMITAÇÃO AO USO DOS BANHEIROS E **UTILIZAÇÃO DE CÂMERAS DE VIGILÂNCIA NOS VESTIÁRIOS.** Espécie em que restou demonstrado nos autos que a empresa restringia o uso dos banheiros, assim como **mantinha câmeras de vigilância dentro dos vestiários, em clara afronta à intimidade dos trabalhadores. Dano moral caracterizado.** (TRT-4 – RO 00202545320155040641, Data do Julgamento: 11/11/2016, 2ª Turma)
> **DANO MORAL.** INSTALAÇÃO DE CÂMERAS DE VIGILÂNCIA. OFENSA A DIREITOS DA PERSONALIDADE. É certo que o empregador detém o poder diretivo, que abrange o poder de fiscalização ou de controle, composto por um conjunto de prerrogativas que autorizam o acompanhamento da prestação laboral e a vigilância do meio ambiente de trabalho. Todavia, tal poder não tem caráter absoluto, não podendo aniquilar os direitos dos empregados, em especial os direito existenciais que decorrem da dignidade da pessoa humana, tais como os direitos da personalidade, sob pena de configurar-se abuso de direito. Assim a instalação de câmeras que podem captar imagens dos empregado desvestindo-se certamente afronta o seu direito à privacidade, ainda que as imagens não sejam amplamente divulgadas, causando dano moral que deve ser compensado. Recurso conhecido e parcialmente provido. (TRT-1 RO: 7556920105010018 RJ, Relatora Sayonara Grillo Coutinho Leonardo da Silva, Data do Julgamento: 15/08/2012, 7ª Turma, Data de Publicação: 28/08/2012).

A LGPD prevê expressamente que o operador responde **solidariamente** pelos danos causados pelo tratamento de dados, quando não cumprir as obrigações de proteção de dados, ou quando não tiver seguido as instruções lícitas do controlador.

Na hipótese de existir mais de um controlador – como é o caso do grupo empresarial, consórcio empresarial, ou, eventualmente, a terceirização – e estes estiverem envolvidos no tratamento dos dados pessoais do empregado, responderão de forma solidária (art. 42, §1º, II, LGPD).

O art. 43 da LGPD estabelece as excludentes de responsabilidade dos agentes tratadores, quais sejam: a) não ter realizado o tratamento de dados (ausência de conduta – ação ou omissão voluntária); b) embora tenham realizado o tratamento de dados pessoais que lhes é atribuído, não houve violação à legislação de proteção de dados (conduta lícita); c) culpa exclusiva da vítima (do titular dos dados) ou de terceiros.

O tratamento será irregular quando deixar de observar as regras previstas em lei, ou não propiciar a segurança a segurança esperada, consideradas as circunstâncias relevantes, como: o modo pelo qual é realizado; o resultado e os riscos que razoavelmente dele se esperam; as técnicas de tratamento de dados pessoais disponíveis à época em que foi realizado (art. 44, LGPD). Ao que tudo indica, essa regra foi inspirada no Código de Defesa do Consumidos, no que diz respeito à responsabilidade do fornecedor por vício ou defeito no serviço ou do produto (art. 20, §2º, CDC).

O empregador também deverá responder pelos dados decorrente da omissão (negligencia, imprudência ou imperícia), quando deixar de implementar medidas de segurança para a proteção dos dados dos trabalhadores.

Imagine que o empregador não implemente nenhuma medida de segurança para a proteção dos dados dos trabalhadores e um hacker invade o sistema da empresa e acessa uma imagem constrangedora de um funcionário, publicando-a nas redes sociais. Sendo demonstrada a omissão do empregador (o não-agir; não-fazer), na adoção de medidas de segurança, poderá ser responsabilizado (art. 44, § único).

No que se refere ao aspecto processual, o juiz poderá inverter o ônus da prova a favor do titular dos dados quando, a seu juízo, for verossímil a alegação, houver hipossuficiência para fins de produção de prova ou quando a produção de prova pelo titular resultar-lhe excessivamente onerosa. Nesse sentido, o art. 818 da CLT.

As ações de reparação por danos coletivos, comumente ajuizadas pelo Ministério Público do Trabalho, que tenham por objeto a responsabilização, podem ser exercidas coletivamente em juízo.

7. ÓRGÃO FISCALIZADOR NA RELAÇÃO DE TRABALHO

A Lei Geral do Proteção de Dados instituiu a Autoridade Nacional de Proteção de Dados (ANPD), um órgão da administração pública federal, integrante da Presidência da República, competente para controlar, regular e fiscalizar o cumprimento das normas de proteção de dados. (Art. 55-A e seguintes da LGPD).

A autoridade nacional tem a competência para aplicar penalidades administrativas quando verificado o descumprimento das normas de proteção aos dados, assegurando o direito ao contraditório e à ampla defesa, por meio de procedimento administrativo.

Dentre as sanções possíveis estão:

a) Advertência: consiste em uma admoestação ou chamada de atenção, para a adoção de medidas corretivas sobre o tratamento dos dados em um prazo determinado.
b) multa simples: embora a lei denomine de simples, a multa pode ser de até 2% (dois por cento) do faturamento da pessoa jurídica de direito privado, grupo ou conglomerado no Brasil, com base no seu último exercício-financeiro, estando limitada ao total de R$ 50.000.000,00 (cinquenta milhões de reais) por infração;
c) multa diária, observando os mesmos parâmetros de aplicação da multa simples, 2% sobre o faturamento do último exercício financeiro, limitado a R$ 50.000,000,00.
d) a publicização da infração, isto é a divulgação da punição sofrida, após devidamente apurada e confirmada a sua ocorrência;
e) bloqueio dos dados pessoais a que se refere a infração até a sua regularização;
f) eliminação dos dados pessoais a que se refere a infração;
g) suspensão parcial do funcionamento do banco de dados pelo período máximo de 6 (seis) meses, prorrogável por igual período, até a regularização da atividade de tratamento pelo controlador. Essa sanção é grave, uma vez que a operação ou tratamento dos dados será restrita, já que não poderá operar parte dos dados constantes no seu acervo.
h) suspensão do exercício da atividade de tratamento dos dados pessoais, isto é, a impossibilidade de tratamento de qualquer dado constante no seu acervo, pelo período máximo de 6 (seis) meses, prorrogável por igual período.

i) proibição parcial ou total do exercício de atividades relacionadas a tratamento de dados.

O art. 626 da CLT impõe que competentes do Ministério do Trabalho – atualmente incorporado ao Ministério da Economia -, ou àquelas que exerçam funções delegadas, a fiscalização do fiel cumprimento das **normas de proteção ao trabalho**.

A liberdade, a privacidade, a autodeterminação informativa e o livre desenvolvimento da personalidade, estão inseridos do plexo de direitos fundamentais do trabalhador (art. 1º, III e V; art. 5º, art. 6º e art. 7º, da CF), abrangendo as normas de proteção ao trabalho.

A proteção a esses direitos fundamentais está inserida nas competências do Ministério da Economia, especialmente da Secretaria Especial de Previdência e Trabalho, que é incumbida da fiscalização do cumprimento das normas trabalhistas.

As autoridades em matéria trabalhista possuem mais aptidões técnicas para fiscalizar o descumprimento das normas de proteção ao trabalho (leis, decretos, portarias, etc.), especialmente os direitos fundamentais.

É possível a defesa de uma competência concorrente do Ministério da Economia, para a fiscalização do cumprimento das normas de proteção de dados na esfera trabalhista, ou um dever de colaboração, a fim de efetivar o cumprimento da Lei Geral de Proteção Dados dos trabalhadores.

Conforme preconiza o art. 55-J, XXIII, da LGPD, a autoridade nacional tem competência para "articular-se com as autoridades reguladoras públicas para exercer suas competências em setores específicos de atividades econômicas e governamentais sujeitas à regulação."

Deste modo, poderá articular-se com as autoridades de fiscalização de normas trabalhista para a efetivação do cumprimento das normas de proteção de dados nas relações de trabalho.

Em última análise, é importante destacar o papel do Ministério Público do Trabalho que possui competência constitucional para instaurar procedimentos de investigação, poderes de notificação, requisição de informações e documentos, pactuar termos de ajustamento de conduta e ajuizar ações judiciais, (art. 129 da CF, art. 83 e 8º, da Lei Complementar 73/93), na esfera trabalhista.

É certo que essas são as primeiras reflexões acerca da aplicação das normas na esfera trabalhista, de forma que é necessário o legislador ou a Autoridade Nacional de Proteção de Dados estabelecer parâmetros claros e específicos de aplicação da legislação de proteção de dados nas relações de trabalho.

8. INÍCIO DA VIGÊNCIA

A Lei Geral de Proteção de Dados foi oficialmente publicada no dia 15 de agosto de 2018, com alguns vetos presidencial, dentre eles a instituição da Autoridade Nacional de Proteção de Dados, tendo em vista que havia um vício de iniciativa no processo legislativo que inviabilizava a referida autarquia – que segundo o projeto aprovado pela Câmara dos Deputados e pelo Senado Federal, estaria submetida a regime autárquico especial e vinculado ao Ministério da Justiça[114].

O art. 65 da LGPD estabelecia o início de vigência da norma de proteção de dados 18 (dezoito) meses após a sua publicação oficial. Em um primeiro momento, portanto, a lei entraria em vigor em fevereiro de 2020.

Posteriormente o Presidente da República editou a Medida Provisória nº 869 de 27 de dezembro de 2018, com o propósito de suprir os vetos da Lei 13.709/2018, decorrente do vício no processo legislativo da anterior, e instituir a Autoridade Nacional de Proteção de Dados (ANPD) como órgão de regulação, controle e fiscalização vinculado à Presidência da República, estabelecendo um novo prazo de vigência para a LGPD[115], com dois momentos distintos: (a) a partir da data da publicação da MP (28.12.2018) as regras relacionadas à autoridade nacional, para que pudesse ser estruturada imediatamente; e, (b) os demais dispositivos, 24 meses após a data da sua publicação, portanto, 29.12.2020.

A medida foi convertida na Lei 13.853 de 8 de julho de 2019, alterando o prazo de vigência da LGPD, na forma prevista na MP 969/2018.

---

114 Mensagem de Veto nº. 451/2018: *"Art. 55. É criada a Autoridade Nacional de Proteção de Dados (ANPD), integrante da administração pública federal indireta, submetida a regime autárquico especial e vinculada ao Ministério da Justiça. [...]* **Razão dos vetos.** *Os dispositivos incorrem em inconstitucionalidade do processo legislativo, por afronta ao artigo 61, § 1º, II, 'e', cumulado com o artigo 37, XIX da Constituição."*

115 MP 869/2018, art. 65: Esta Lei entra em vigor: I - quanto aos art. 55-A, art. 55-B, art. 55-C, art. 55-D, art. 55-E, art. 55-F, art. 55-G, art. 55-H, art. 55-I, art. 55-J, art. 55-K, art. 58-A e art. 58-B, no dia 28 de dezembro de 2018; e II - vinte e quatro meses após a data de sua publicação quanto aos demais artigos." (NR)

Em seguida, surgiu a pandemia do coronavírus, e o Congresso Nacional editou a Lei 14.010/2020, devidamente sancionada, que dispõe sobre o Regime Jurídico Emergencial e Transitório das relações jurídicas de Direito Privado (RJET) no período da pandemia do coronavírus (Covid-19). Essa Lei alterou novamente o prazo de vigência da LGPD, acrescentando o inciso I-A ao art. 65, com o seguinte teor:

> "Art. 20. O caput do art. 65 da Lei nº 13.709, de 14 de agosto de 2018, passa a vigorar acrescido do seguinte inciso I-A: 'Art. 65. (...) I-A – dia 1º de agosto de 2021, quanto aos arts. 52, 53 e 54; ....' (NR)

Novamente, por intermédio da Medida Provisória 959 de 29 de abril de 2020, a *vacatio legis* da Lei nº 13.709, de 14 de agosto de 2018, que estabelece a Lei Geral de Proteção de Dados Pessoais - LGPD.

> "Art. 4º A Lei nº 13.709, de 14 de agosto de 2018, passa a vigorar com as seguintes alterações: 'Art. 65. (...) II - em 3 de maio de 2021, quanto aos demais artigos.' (NR)"

A justificativa para a prorrogação da data de início da vigência dos dispositivos da LGPD foram os impactos econômicos e sociais causados pela pandemia do coronavírus, que teria gerado a incapacidade de parte da sociedade, bem como a necessidade de implementação das regras de proteção de dados de forma ordenada e sem insegurança jurídica[116].

No dia 26 de agosto de 2020, o Senado Federal aprovou a MP 959 de 2020, para adiar o início de vigência da Lei Geral de Proteção de Dados. Porém, o dispositivo que adiava o prazo de vigência foi considerado prejudicado, de forma que a aprovação da medida provisória não surtirá efeito.

No entanto, o início do vigor da LGPD ocorrerá somente após a sanção ou veto presidencial do projeto de lei de conversão de Medida Provisória, ainda em tramite nas casas legislativas, na forma do art. 62, §12 da CF.

---

[116] *Exposição de Motivos nº 00168/2020 ME: "[...] 10. Esta mesma Medida Provisória também propõe o adiamento da entrada em vigor dos dispositivos previstos na Lei Geral de Proteção de Dados em consequência de uma possível incapacidade de parcela da sociedade em razão dos impactos econômicos e sociais da crise provocada pela pandemia do Coronavírus. 11. A urgência e relevância da proposta decorrem da necessidade de imediata implementação do pagamento dos benefícios previstos na Medida Provisória nº 936, de 2020, e de garantir a aplicação da Lei Geral de Proteção de Dados de modo ordenado e sem insegurança jurídica. 12. São essas, Senhor Presidente, as razões que justificam o encaminhamento da presente Medida Provisória à sua apreciação. Respeitosamente, PAULO ROBERTO NUNES GUEDES Ministro de Estado da Economia".*

Devido ao surgimento de diversas dúvidas a respeito da vigência da norma, a assessoria de imprensa do Senado Federal, publicou a seguinte nota:

> "Nota de esclarecimento - Vigência da LGPD - A respeito da aprovação da MP 959/2020 e a vigência da Lei Geral de Proteção de Dados (LGDP), a Assessoria de Imprensa do Senado Federal esclarece: O Senado Federal aprovou nesta quarta-feira (26) a medida provisória nº 959/2020 que adiava, em seu art. 4º, o início da vigência da LGPD (Lei Geral de Proteção de Dados). Ocorre que o art. 4º, foi considerado prejudicado e, assim, o adiamento nele previsto não mais acontecerá. No entanto, a LGPD não entrará em vigor imediatamente, mas somente após sanção ou veto do restante do projeto de lei de conversão, nos exatos termos do § 12 do art. 62 da Constituição Federal: "Art. 62 (...) § 12. Aprovado projeto de lei de conversão alterando o texto original da medida provisória, esta manter-se-á integralmente em vigor até que seja sancionado ou vetado o projeto." Assim, ressaltamos que a Lei Geral de Proteção de Dados - LGPD só entra em vigor após a sanção ou veto dos demais dispositivos da MP 959/2020. Atenciosamente, Assessoria de Imprensa, Senado Federal."

A respeito do processo legislativo da medida provisória o professor José Levi Mello do Amaral Júnior[117] leciona que

> "Editada, é de **imediato submetida ao Congresso Nacional** para conversão ou não em lei (Constituição, art. 62, caput). **Segue processo bicameral** (art. 62, § 9º, in fine). Inicialmente, é examinada por uma comissão mista de Deputados e Senadores (art. 62, § 9º). A seguir, é **deliberada na Câmara dos Deputados (casa iniciadora** – art. 62, § 8º). Se acaso aprovada, vai ao **Senado Federal (casa revisora)**. Na hipótese de sofrer modificações nesse, retorna à Câmara. [...] Aprovada em ambas as casas, a medida provisória: (1) se acaso não modificada ("ratificação direta"), é promulgada pelo próprio Congresso Nacional; ou (2) **se acaso aprovada com modificações, vai à apreciação presidencial para sanção ou veto (art. 62, § 12)**". (grifos acrescidos)

Desta forma, a Lei Geral de Proteção de Dados (LGPD) entrará em vigor somente quando o texto definitivo do projeto de lei de conversão da Medida Provisória 959/2020 for aprovado pelas casas do Congresso Nacional, e levado à apreciação presidencial para sanção ou veto das modificações propostas pelas Casas do Legislativas.

---

117 J. J. Gomes Canotilho...[et al.] ; outros autores e coordenadores Ingo Wolfgang Sarlet, Lenio Luiz Streck, Gilmar Ferreira Mendes. Comentários à Constituição do Brasil – 2. ed. – São Paulo : Saraiva Educação, 2018.

CAPÍTULO VI.
CONTRATO DE TRABALHO INTERMITENTE

1. INTRODUÇÃO

Durante o período que precedeu a sociedade industrial, meados século XVIII, predominava o trabalho escravo, a servidão, de modo que não existiam normas de Direito do Trabalho.

As primeiras feições do Direito do Trabalho surgiram durante a Idade Média com as corporações de ofício que disciplinava, em estatuto próprio, o trabalho desemprenhado pelos mestres, companheiros e aprendizes, e evoluíram durante o período a sociedade pré-industrial, ao permitir a prática da locação de serviços mediante remuneração (*locatio operarum* ou *locatio operaris facendi*)[118].

Nas fases da sociedade industrial e pós-industrial, houve intensa normatização da relação de trabalho até chegarmos ao modelo atual de trabalho assalariado.

Segundo o art. 443 da CLT o contrato individual de trabalho é o acordo vontades pactuado de forma tácita ou expressa, verbal ou por escrito, por tempo determinado ou indeterminado, ou para a prestação de trabalho intermitente[119].

O contrato individual de trabalho em sentido amplo é o acordo de vontade para a prestação de serviços por uma pessoa natural à outra.

---

118 Amauri Mascaro do Nascimento explica que a locação de serviços ou *locatio operarum* é o *"contrato pelo qual uma pessoa se obriga a prestar serviços durante certo tempo a outra mediante remuneração"*, e a locação de obra ou *locatio operaris facendi* é *"o contrato pelo qual alguém se obriga a executar uma obra a outra pessoa mediante remuneração"*. (Amauri Mascaro do Nascimento. Inicialização ao direito do trabalho. – 41 ed. – São Paulo: LTr, 2018).

119 **CLT, Art. 443:** O contrato individual de trabalho poderá ser acordado tácita ou expressamente, verbalmente ou por escrito, por prazo determinado ou indeterminado, ou para prestação de trabalho intermitente.

A doutrina critica a nomenclatura empregada pelo legislador por considera-la abrangente. Alguns autores preferem a denominação "contrato de emprego".

Amauri Mascaro do Nascimento explica que a *"figura que estudamos é denominada, também, contrato de emprego, relação de emprego, relação de trabalho etc. Contrato individual de trabalho é a expressão acolhida pela maioria dos autores. Foi usada em 1815 por Hubert-Valleroux e em 1896 por Fabreguettes, como título de livro, substituindo a antiga expressão locação de serviços, ainda encontrada hoje em algumas leis civis para designar uma relação de trabalho com autonomia, sem subordinação"*[120].

Em seguida conceitua o contrato de trabalho (ou contrato de emprego, como prefere chama-lo) como *"a relação jurídica de natureza contratual tendo como sujeitos o empregado e o empregador e como objeto o trabalho subordinado, continuado e assalariado"*[121].

Na mesma linha de entendimento, Gustavo Felipe Barbosa Garcia entende que a denominação mais precisa seria *"expressão contrato de emprego, correspondendo à relação de emprego. Mesmo assim, a expressão contrato de trabalho encontra-se consagrada não só na doutrina e na jurisprudência, como na própria legislação, significando o vínculo de emprego."*.[122]

Para o professor Homero Batista Mateus da Silva *"o que se precisa reter é que a expressão 'contrato de trabalho' quer dizer 'contrato de trabalho subordinado'. Aliás, a própria CLT é uma Consolidação das Leis do Trabalho Subordinado, sendo pedante esperar que ela se chamasse Consolidação das Leis do Emprego – embora essa expressão seja mais técnica"*[123].

Aprioristicamente a Consolidação das Leis do Trabalho subdividia os contratos de trabalho por prazo determinado ou indeterminado, pactuado de forma tácita ou expressa, verbalmente ou por escrito.

O contrato de trabalho por prazo determinado é aquele *"cuja vigência dependa de termo prefixado ou da execução de serviços especificados*

---

[120] Amauri Mascaro Nascimento. Curso de direito do trabalho – 26. ed. – São Paulo : Saraiva, 2011.

[121] Idem, Nascimento, 2011.

[122] Gustavo Filipe Barbosa Garcia. Curso de direito do trabalho – 11ª ed., rev., atual. e ampl. – Rio de Janeiro: Forense, 2017.

[123] Homero Batista Mateus da Silva. CLT comentada - 2. ed. -- São Paulo : Thomson Reuters Brasil, 2018.

ou ainda da realização de certo acontecimento suscetível de previsão aproximada", conforme preceitua o art. 443, §1º, da CLT.

Já o contrato de trabalho por prazo indeterminado é aquele que não existe prazo ou data para terminar. É a forma mais usual na contratação de empregados. Quando as partes se omitirem quanto ao prazo do contrato de trabalho, presume-se que foi pactuado por tempo indeterminado.

A Reforma Trabalhista (Lei 13.467/2017) alterou a redação do art. 443 da CLT e inseriu os art. 452-A à CLT, para prever uma nova forma de contrato: o contrato de trabalho intermitente.

O novel dispositivo dispõe que: "*Considera-se como intermitente o contrato de trabalho no qual a prestação de serviços, com subordinação, não é contínua, ocorrendo com alternância de períodos de prestação de serviços e de inatividade, determinados em horas, dias ou meses, independentemente do tipo de atividade do empregado e do empregador, exceto para os aeronautas, regidos por legislação própria*" (§3º, do art. 443, CLT).

Em uma primeira análise denota-se que a principal característica do contrato de trabalho intermitente é a prestação de serviços de forma de forma subordinada, não contínua, com alternância de períodos de prestação de serviços e inatividade, sem que isso descaracterize a relação de emprego intermitente.

O trabalho intermitente é totalmente inovador e disruptivo, na medida que modifica as matrizes do Direito do Trabalho. O art. 2º e 3º da CLT exigem a prestação de serviços subordinada, não eventual (ou habitual), onerosa, por pessoa física, com pessoalidade, para a caracterização do *contrato individual de emprego*.

A inexigibilidade da habitualidade torna essa figura muito próxima ao trabalhador eventual e a mitigação da subordinação - considerando a possibilidade de recusa no convite de prestação de serviços – ao trabalhador autônomo.

O Ministério da Economia apontou que em dezembro de 2019 foram contratados cerca de 14.693 trabalhadores intermitente e ocorreram 5.868 dispensas nessa modalidade de contrato de trabalho, sendo certo que as principais profissões intermitentes são: atendente de lojas e mercados, assistente de vendas, faxineiro, operador de caixa, vendedor de comercio varejista, servente de obras, mecânico de manutenção de maquinas, promotor de vendas, repositor de mercadorias e garçom[124].

Em estudo recente, realizado em junho de 2020 pelo Cadastro Geral de Empregados e Desempregados (CAGED), ocorreu uma pequena variação nas contratações e dispensas, sendo certo que cerca de 86 trabalhadores pactuaram mais de um contrato de trabalho intermitente[125].

2. DIREITO COMPARADO

A figura do contrato de trabalho intermitente é nova, embora tenha sido implementada recentemente no Brasil.

Na Espanha o trabalho intermitente é denominado de trabalho "fixo-descontínuo", previsto no art. 16 do Estatuto dos Trabalhadores[126] espanhol que assim dispõe:

> *Artículo 16. Contrato fijo-discontinuo.*
> *1. El contrato por tiempo indefinido fijo-discontinuo se concertará para realizar trabajos que tengan el carácter de fijos-discontinuos y no se repitan en fechas ciertas, dentro del volumen normal de actividad de la empresa. A los supuestos de trabajos discontinuos que se repitan en fechas ciertas les será de aplicación la regulación del contrato a tiempo parcial celebrado por tiempo indefinido.*
> *2. Los trabajadores fijos-discontinuos serán llamados en el orden y la forma que se determine en los respectivos convenios colectivos, pudiendo el trabajador, en caso de incumplimiento, reclamar en procedimiento de despido ante la jurisdicción social, iniciándose el plazo para ello desde el momento en que tuviese conocimiento de la falta de convocatoria.*
> *3. Este contrato se deberá formalizar necesariamente por escrito en el modelo que se establezca y en él deberá figurar una indicación sobre la duración estimada de la actividad, así como sobre la forma y orden de llamamiento que establezca el convenio colectivo aplicable, haciendo constar igualmente, de manera orientativa, la jornada laboral estimada y su distribución horaria.*
> *4. Los convenios colectivos de ámbito sectorial podrán acordar, cuando las peculiaridades de la actividad del sector así lo justifiquen, la celebración a*

---

[124] Ministério da Economia. Acessado em: 15/09/2020. Fonte: http://pdet.mte.gov.br/images/ftp//dezembro2019/nacionais/1-sumarioexecutivo.pdf

[125] Ministério da Economia. Acessado em: 15/09/2020. Fonte: http://pdet.mte.gov.br/images/Novo_CAGED/Jul2020/1-sumarioexecutivo.pdf

[126] Gobierno de España – Ministerio de la Presidencia, Relaciones com las Cortes y Memoria Democrática. Acessado em 15/09/2020. Fonte: https://www.boe.es/biblioteca_juridica/codigos/codigo.php?id=93&modo=2&nota=0&tab=2

tiempo parcial de los contratos fijos-discontinuos, así como los requisitos y especialidades para la conversión de contratos temporales en contratos fijos-discontinuos.

O contrato fixo-descontínuo é um contrato individual de trabalho por prazo indeterminado, por escrito, com a indicação da estimativa da duração da atividade e da jornada de trabalho, para a realização de serviços que tenham caráter descontínuos, intervalado, sem continuidade, com interrupções, isto é, que não se repetem em um certo espaço de tempo dentro do volume de atividade normal de atividade da empresa. Nos períodos que o empregador tiver uma demanda maior convocará o trabalhador.

No Direito Italiano o *"Codice del Lavoro", em seu artigo 12, 2. "f", e 6, conceitua o trabalho intermitente como aquele destinado à prestação de serviços ocasionais por período não superior igual ou inferior a 6 dias úteis, quando nos últimos 30 dias o trabalhador não tenha prestado serviços ao mesmo empregador, ou cliente em geral, por mais de cinco dias úteis. Para cada dia de serviços que extrapolar o limite máximo de dias de prestação de serviços intermitente, o empregador deverá pagar uma indenização igual a um dia de remuneração bruta ao trabalhador. Vejamos:*

Articolo 12 - Contratto a termine e lavoro intermitente (sostituisce l'art. 2097 cod. civ.) 1. La prima assunzione del lavoratore alle dipendenze di un'azienda può avvenire con contratto a termine. […] f) al di fuori dei casi di cui alle lettere precedenti, assunzione per prestazioni intermittenti di. […] 6. Nel caso di cui al comma 2, lettera f), per ogni giorno di durata della prestazione eccedente il limite ivi indicato il lavoratore ha diritto a un indennizzo pari a un giorno di retribuzione lorda.

Em Portugal, o trabalho intermitente está previsto entre os artigos 157 e 160 do Código do Trabalho[127] português.

---

[127] Código do Trabalho [Portugal] - SUBSECÇÃO III Trabalho intermitente - Artigo 157.º Admissibilidade de trabalho intermitente 1 - Em empresa que exerça atividade com descontinuidade ou intensidade variável, as partes podem acordar que a prestação de trabalho seja intercalada por um ou mais períodos de inatividade. 2 - O contrato de trabalho intermitente não pode ser celebrado a termo resolutivo ou em regime de trabalho temporário. Artigo 158.º Forma e conteúdo de contrato de trabalho intermitente 1 - O contrato de trabalho intermitente está sujeito a forma escrita e deve conter: a) Identificação, assinaturas e domicílio ou sede das partes; b) Indicação do número anual de horas de trabalho, ou do número anual de dias de trabalho a tempo completo. 2 - Quando não tenha sido observada a forma escrita,

O conceito de trabalho intermitente estaria, em um primeiro momento, logado à natureza descontínua ou de intensidade variável da atividade da empresa. Em vista disso, o legislador português autoriza o pacto de contrato de trabalho intermitente, por escrito, para a prestação de serviços de forma intercalada por um ou mais períodos de inatividade, cabendo a indicação do número de horas de trabalho ou o número anual de dias de trabalho.

O doutrinador português André Almeida Martins (apud AMAURI CESAR ALVES, 2018)[128] explica que há duas modalidades de contrato de trabalho intermitente no Direito do Trabalho português:

"[...] modelo de contrato de trabalho intermitente introduzido pelo legislador comporta quer o designado trabalho alternado, quer o trabalho à chamada, duas espécies de um mesmo gênero que apresentam diferenças significativas querem a nível do específico regime jurídico, quer sobretudo a nível da dinâmica entre flexibilidade e repercussão das relações laboral na esfera da vida privada do trabalhador. No nº

---

ou na falta da indicação referida na alínea b) do número anterior, considera-se o contrato celebrado sem período de inatividade. 3 - O contrato considera-se celebrado pelo número anual de horas resultante do disposto no n.º 2 do artigo seguinte, caso o número anual de horas de trabalho ou o número anual de dias de trabalho a tempo completo seja inferior a esse limite. Artigo 159.º Período de prestação de trabalho 1 - As partes estabelecem a duração da prestação de trabalho, de modo consecutivo ou interpolado, bem como o início e termo de cada período de trabalho, ou a antecedência com que o empregador deve informar o trabalhador do início daquele. 2 - A prestação de trabalho referida no número anterior não pode ser inferior a seis meses a tempo completo, por ano, dos quais pelo menos quatro meses devem ser consecutivos. 3 - A antecedência a que se refere o n.º 1 não deve ser inferior a 20 dias. 4 - Constitui contraordenação grave a violação do disposto no número anterior. Artigo 160.º Direitos do trabalhador 1 - Durante o período de inatividade, o trabalhador tem direito a compensação retributiva em valor estabelecido em instrumento de regulamentação coletiva de trabalho ou, na sua falta, de 20 % da retribuição base, a pagar pelo empregador com periodicidade igual à da retribuição. 2 - Os subsídios de férias e de Natal são calculados com base na média dos valores de retribuições e compensações retributivas auferidas nos últimos 12 meses, ou no período de duração do contrato se esta for inferior. 3 - Durante o período de inatividade, o trabalhador pode exercer outra atividade. 4 - Durante o período de inatividade, mantêm-se os direitos, deveres e garantias das partes que não pressuponham a efetiva prestação de trabalho. 5 - Constitui contraordenação grave a violação do disposto nos 1 ou 2.

[128] AMAURI CESAR ALVES. Trabalho Intermitente e os Desafios da Conceituação Jurídica. - Nº 346 - Revista Síntese Trabalhista e Previdenciária, 2018.

1 do art. 159º do CT 2009 é delineada a distinção entre estas duas submodalidades do trabalho intermitente, na medida em que, por um lado, se permite que as **partes** estabeleçam no contrato "**a duração da prestação de trabalh**o, de modo consecutivo ou interpolado", definindo também "**o início e termo de cada período de trabalho**", assim optando pela **submodalidade do trabalho alternado**, ou então, por outro lado, e num registro de **maior flexibilidade de incerteza**, escolham antes a "**antecedência com que o empregador deve informar o trabalhador do início daquele**", o que caracteriza o **núcleo essencial** do chamado trabalho à chamada".

O trabalho à chamada possui uma incerteza maior, pois o empregado dependerá da convocação do empregador, de outro lado, o trabalho alternado, as partes pactuam o início e o fim de cada período.

Na Inglaterra o contrato de trabalho intermitente é chamado de "contrato zero hora", pois, tal como no direito português, não há uma certeza da prestação de serviços ou do recebimento da contraprestação, dada a ocasionalidade da convocação e da prestação dos serviços.

Lorena de Mello Rezende Colnago[129] destaca que "*A expressão 'contrato de zero hora' - tradução livre do artigo 27 A do Employment Rights Act 1996 da Inglaterra, com características de inexistência de garantia de prestação de serviços e de recebimento de salário*".

A esse respeito o enunciado 85 da 2ª 2ª Jornada Nacional de Direito Material e Processual do Trabalho entendeu que o contrato de trabalho intermitente no Brasil não encontra correspondência com ao contrato "zero horas" britânico, sendo obrigatória a indicação do número mínimo de horas da efetiva prestação de serviços, visto que não é possível o pacto de contrato com objeto indeterminado ou com condição puramente potestativa, na forma do art.104, II, 166, II, e 122 do Código Civil, aplicáveis ao Direito do Trabalho por força do art. 8º da CLT[130].

---

[129] Lorena de Mello Rezende Colnago. TRABALHO INTERMITENTE, TRABALHO "ZERO HORA", TRABALHO FIXO DESCONTÍNUO: A NOVA LEGISLAÇÃO E A REFORMA DA REFORMA. Revista LTr. - Vol. 82, nº 01 – LTr: 2018

[130] Enunciado 85 da 2ª Jornada Nacional de Direito do Trabalho: "NOS CONTRATOS DE TRABALHO INTERMITENTE, É OBRIGATÓRIO INDICAR A QUANTIDADE MÍNIMA DE HORAS DE EFETIVA PRESTAÇÃO DE SERVIÇOS, POIS NÃO SE ADMITE CONTRATO DE TRABALHO COM OBJETO INDETERMINADO OU SUJEITO A CONDIÇÃO PURAMENTE POTESTATIVA, CONSOANTE ARTIGOS 104, II, 166 II E 122 DO CÓDIGO CIVIL, APLICÁVEIS SUBSIDIARIAMENTE À MATÉRIA, NOS TERMOS DO ART. 8º, PARÁGRAFO ÚNICO, DA CLT".

Esse contrato, antes de ser incorporado pela legislação brasileira, já era objeto de estudo pela doutrina. Amauri Mascaro do Nascimento já apontava a existência deste contrato de trabalho ao apontar a experiência de outros países, especialmente na Europa, como uma espécie de contrato de trabalho flexível:

"[...] São dois, no direito peninsular – italiano -, os contratos de trabalho intermitente. Em uma modalidade o trabalhador coloca-se à disposição do empregador, quando responde a uma chamada deste, e é livre para atendê-la ou não. Na segunda forma, o trabalhador fica à disposição do comitente nos períodos de execução dos serviços, mas também para ulteriores obrigações definidas em um pacto expresso, para que atenda à chamada do tomador do trabalho nos períodos em que a prestação da atividade não é desenvolvida (contratto a chiamatta). Nos períodos de disponibilidade o trabalhador não tem nenhum direito.".

O contrato de trabalho intermitente é alvo de duras críticas por parte da doutrina por considera-lo uma forma de precarização do trabalho, porque não assegura uma estabilidade financeira ao trabalhador, se comparado aos contratos de trabalho tradicionais; criou uma crise na definição dos requisitos da relação de emprego, considerando que não exige a habitualidade na prestação de serviços e traz incertezas quanto a natureza jurídica, o tempo mínimo e máximo de duração de inatividade.

AMAURI CESAR ALVES[131] tece duras críticas ao trabalho intermitente afirmando que

"O problema do contrato de trabalho intermitente, ao contrário do seu conceito, é muito claro: há relação de emprego, formalmente registrada em CTPS, mas sem garantia do pagamento de nenhum valor ao final de um mês. É o contrato de salário zero ou contrato zero hora. O empregador poderá ficar horas, dias, semanas, meses sem demandar trabalho, ficando o empregado, no mesmo período, aguardando um chamado sem receber salário. Trata-se claramente de se dividir os riscos do empreendimento com o empregado, sem que ele participe, obviamente, dos lucros".

A Organização Internacional do Trabalho preocupa-se com o emprego atípico no mundo, pois, diferentemente da relação de trabalho tradicional (típica), estão associadas a salários mais baixos, incerteza

---

[131] AMAURI CESAR ALVES. Trabalho Intermitente e os Desafios da Conceituação Jurídica. - Nº 346 - Revista Síntese Trabalhista e Previdenciária, 2018.

de pagamento ou rendimento, maior risco e insegurança relacionados com lesões e acidentes de trabalho, más condições de trabalho, fadiga, cobertura da Seguridade Social deficiente:

"O trabalho ocasional implica o **envolvimento dos trabalhadores por um período de tempo muito curto ou numa base ocasional e intermitente**, muitas vezes por um número específico de horas, dias ou semanas, **em troca de um salário** estabelecido nos termos do contrato de trabalho diário ou periódico. O trabalho ocasional *é uma característica importante do emprego assalariado informal em países em desenvolvimento com baixos rendimentos*. [...] exercem, por vezes, horários muito reduzidos e, consequentemente, podem obter um rendimento baixo, sobretudo se não beneficiarem de igualdade de tratamento relativamente aos trabalhadores a tempo completo no que diz respeito às remunerações. Quando existe a possibilidade de os trabalhadores à chamada e ocasionais serem convocados à conveniência do empregador e não são garantidos horários ou pagamentos mínimos, a segurança do seu rendimento e o equilíbrio entre a vida profissional e pessoal são prejudicados. **Estes problemas são exacerbados se os trabalhadores temerem que não lhes seja oferecido mais trabalho se recusarem uma oferta para um turno ou tarefa em particular**, ou caso sejam chamados e se apresentarem ao trabalho, mas o seu turno seja cancelado no último momento. **Por tudo isto, é importante dispor de medidas que ofereçam aos trabalhadores um número mínimo de horas garantidas e a oportunidade de terem uma palavra a dizer relativamente aos seus horários de trabalho, <u>incluindo a limitação da variabilidade do horário de trabalho</u>**. Contudo, <u>apenas alguns países estabeleceram um horário mínimo de trabalho</u> (...) com vista a garantir um rendimento mínimo. (grifos acrescidos)[132]

Maurício Godinho Delgado ao tratar do princípio da continuidade da prestação de serviços e da fixação do empregado na estrutura e dinâmica empresarial, adverte que a longa continuidade da relação de emprego permite a afirmação do trabalhador na sociedade, advertindo que *"se está submetido a contrato precário, provisório, de curta duração (ou se está desempregado), fica sem o lastro econômico e jurídico necessário para se impor no plano de suas demais relações econômicas na comunidade"*[133].

---

[132] Organização Mundial do Trabalho (OIT). O emprego atípico no mundo: desafios e perspectivas. Fonte: https://www.ilo.org/wcmsp5/groups/public/---dgreports/---dcomm/---publ/documents/publication/wcms_626383.pdf

[133] Mauricio Godinho Delgado. Curso de direito do trabalho -18. ed.— São Paulo: LTr, 2019.

Corrente em sentido oposto defende as regras do contrato de trabalho intermitente justificando que é uma forma de diminuir as altas taxas de desocupação, assegura garantias mínimas ao trabalhador – como, v.g., a remuneração do valor-hora não inferior ao valor-hora do salário mínimo, direito às férias proporcionais ou integral com 1/3, décimo terceiro proporcional, descanso semanal remunerado, além dos adicionais legais – e propicia segurança jurídica para as relações de trabalho. Complementam a tese argumentando que o Tribunal Superior do Trabalho autorizou o pagamento da remuneração proporcional à jornada de trabalho, ainda que o valor da remuneração mensal seja inferior ao salário mínimo, na medida em considerou válida a jornada de trabalho móvel ou variável.[134]

Em outra palavras, significa dizer que a principal consequência da jornada móvel variável é o pagamento do salário com base no número de horas de prestação de serviços realizadas pelo empregado. O empregador deve respeitar, entretanto, o valor-hora do salário mínimo. Nesse sentido a OJ 358 da SDI-1 do TST[135].

Essa jornada de trabalho é muito utilizada em restaurantes, bares, buffet e redes de *fast-food*.

3. NATUREZA JURÍDICA E CLASSIFICAÇÃO

Existem várias teorias que buscam identificar a natureza jurídica do contrato de trabalho. Prevalece que o contrato de trabalho possui natureza jurídica contratual, com regras próprias, já que a relação de trabalho cria direitos e obrigações decorrentes da prestação de serviços.

---

134 Henrique Correia. Curso de direito do trabalho. - 4 ed. – Salvador: JusPodvim, 2018.

135 OJ 358 da SDI-1 do TST. SALÁRIO MÍNIMO E PISO SALARIAL PROPORCIONAL À JORNADA REDUZIDA. EMPREGADO. SERVIDOR PÚBLICO. I - Havendo contratação para cumprimento de jornada reduzida, inferior à previsão constitucional de oito horas diárias ou quarenta e quatro semanais, é lícito o pagamento do piso salarial ou do salário mínimo proporcional ao tempo trabalhado. II – Na Administração Pública direta, autárquica e fundacional não é válida remuneração de empregado público inferior ao salário mínimo, ainda que cumpra jornada de trabalho reduzida. Precedentes do Supremo Tribunal Federal.

Alguns doutrinadores apontam a existência de sinonímia entre as expressões "contrato de trabalho" – prevista no art. 443 da CLT - e "contrato de emprego"[136].

Para esses autores o objeto do contrato de trabalho é a prestação de serviços nos moldes do art. 2º e 3º da CLT, sendo requisito indispensável para a sua formação a prestação de serviços por pessoa física, de forma pessoal, não eventual, subordinada e onerosa.

Sérgio Pinto Martins esclarece que *"O objeto do contrato de trabalho é a prestação de serviços subordinado e não eventual do empregado ao empregador, mediante o pagamento de salário. O trabalho autônomo prestação a uma pessoa física ou jurídica não gera contrato de trabalho, pois não há o elemento subordinação".*

A doutrina majoritária indica que são requisitos do contrato de trabalho a continuidade, subordinação, onerosidade, pessoalidade e a alteridade.

Entretanto, há outros que apontam que possuem significados diferentes, tal como ocorre na diferenciação teórica entre relação de trabalho (gênero) e relação de emprego (espécie). O contrato de trabalho seria gênero (abrangendo todas as relações de trabalho) e o contrato de emprego representa uma espécie, referindo-se estritamente às relações de emprego.

O contrato de trabalho intermitente rompe as matrizes tradicionais, posto que dispensa a continuidade na prestação de serviços e faz surgir algumas reflexões: É uma relação de emprego ou uma relação de trabalho? Qual a sua classificação deste contrato de trabalho?

Maurício Godinho Delgado a continuidade é um dos requisitos da relação de emprego (art. 3º, CLT) e revela a integração do trabalhador na estrutura e dinâmica empresarial. Adverte que esse princípio

"[…] faz presumida a ruptura contratual mais onerosa ao empregador (dispensa injusta), caso evidenciado o rompimento do vínculo. (…) O **mesmo princípio também propõe como regra geral o contrato trabalhista por tempo indeterminado, uma vez que este é o que melhor concretiza o direcionamento pela continuidade da relação empregatícia.** Em consequência dessa regra geral, tornam-se exceptivos, no Direito do Trabalho, os contratos a termo, os quais somente podem ser pactuados nas estritas hipóteses franqueadas por lei. Hoje, no Direito brasileiro, são cinco essas hipóteses. As três mais frequentes estão previstas no art. 443

---

136 Nesse sentido os professores Gustavo Felipe Barbosa Garcia e Homero Batista Mateus da Silva.

da CLT (trata-se de serviço cuja natureza ou transitoriedade justifique a predeterminação do prazo; ou de atividades empresariais transitórias; ou, ainda, de contrato de experiência). A seu lado, há o grupo de situações direcionadas por leis especiais a certas profissões delimitadas, como ocorre com os artistas profissionais e também com os atletas profissionais. Finalmente, há a hipótese da Lei n. 9.601, de 1998, que regulou o chamado contrato provisório de trabalho".

A continuidade ou a não eventualidade é uma característica, inclusive que difere o empregado do trabalhador não eventual.

Pela teoria da descontinuidade o trabalhador eventual seria aquele trabalho desempenhado de forma descontínua, fracionado, com interrupções em relação ao tomador de serviços. A teoria do evento considera trabalhador eventual aquele que é admitido para prestar um serviço determinado e específico, de forma casual. Por fim, a teoria dos fins do empreendimento, entende que o trabalhador eventual é aquele que chamado para realizar tarefas que não estão inseridas nos fins normais da empresa, isto é, tarefas esporádicas ou de curta duração[137], conforme explica o professor Maurício Godinho Delgado.[138]

Amauri Mascaro do Nascimento[139], antes mesmo da regulamentação do trabalho intermitente, explicava a similitude entre este e o trabalho eventual:

"**Trabalho intermitente** *não é o mesmo que trabalho eventual,* e difere daquele prestado pelo empregado num ponto, **a continuidade para a mesma fonte, porém com espaçamentos**, e do exercido pelo eventual num aspecto, a ocasionalidade da fonte para a qual o serviço eventual é prestado. Pode ser considerado uma modalidade do trabalho eventual, mas há diferenças entre as duas situações. **O intermitente difere do eventual pelo seu caráter cíclico continuado, com intervalos entre o fim de um e o início de outro trabalho para a mesma fonte**. Pode-se dizer que o eventual, como está no nome, é o trabalho para um evento de curta duração, enquanto o trabalho intermitente é o retorno constante, mas interruptivo, não seguidamente, como acontece com o empregado, e sim em intervalos significativos".

---

137 Idem. Delgado, 2019.

138 Idem. Delgado, 2019.

139 Nascimento, Amauri Mascaro. Curso de direito do trabalho– 26. ed. – São Paulo : Saraiva, 2011.

Equipara-se neste ponto ao trabalhador fixo-descontínuo previsto no Direito do Trabalho espanhol, que são trabalhadores permanentes que prestam serviços de forma cíclica.

Por essa definição podemos entender que o trabalho intermitente pode ser considerado uma relação empregatícia, pois revela a existência de continuidade na prestação de serviços para o mesmo empregador, de forma cíclica continuada, com intervalos na prestação de serviços, ou seja, alternância de períodos de prestação de serviços e de inatividade, diferenciando-se nesse aspecto do trabalho eventual, no qual não há a expectativa de retorno ou novas prestações de serviços em relação ao mesmo tomador de serviços.

A grande problemática é que o legislador indicou expressamente no parágrafo 3º, do art. 443, da CLT, que o contrato de trabalho intermitente é aquele no qual a prestação de serviços não é contínua. Logo, se não há continuidade (habitualidade ou não eventualidade), não poderá ser considerado uma relação de emprego, pois esse requisito é fundamental para a formação vínculo de emprego (art. 3º da CLT).

Acreditamos que o legislador se equivocou nesse ponto, pois se a intenção era instituir uma relação de emprego ou um contrato de emprego especial, deveria indicar que: *o trabalho intermitente é a prestação de serviços, com subordinação, na qual* **há continuidade cíclica** *na prestação de serviços* **para a mesma fonte tomadora**, *com alternância de período de prestação de serviços e inatividade, sendo certo que o período de inatividade será considerado hipótese de suspensão do contrato de trabalho - desobrigando o empregador de pagar salários e de computar o período no contrato de trabalho, além de dispensar o trabalhador da prestação de serviços – sendo reativado o contrato de trabalho através de uma nova convocação.*

Deste modo, se há uma perenidade na prestação de serviços, ainda que cíclica, poderíamos enxergar a possibilidade de enquadrar o trabalho intermitente na relação de emprego, notadamente no conceito de continuidade da relação de emprego.

Corroborando esse entendimento Henrique Correia[140] afirma que

"[...]o termo 'não eventual' reforça que a CLT permite que o reconhecimento do vínculo ocorra mesmo que haja fracionamento da prestação dos serviços, como, por exemplo, o trabalho apenas aos finais de semana. [...] O que diferencia o contrato de trabalho padrão por prazo

---

[140] CORREIA, Henrique. Direito do Trabalho. 4 ed. – Salvador: JusPodvim, 2018.

indeterminado do contrato de trabalho intermitente não é a presença do requisito da continuidade, mas sim a alternância de períodos de prestação de serviços e de inatividade, presente nestes últimos".

Sergio Pinto Martins defende que "se a continuidade do contrato de trabalho for muito espaçada, o elemento continuidade deixa de existir"[141].

É imperioso dizer que o próprio Amauri Mascaro do Nascimento, entretanto, não considerava o trabalho intermitente uma relação de emprego, mas, sim, uma mera relação de trabalho, por não vislumbrar a existência da continuidade da prestação de serviços. Baseava os seu entendimento nos seguintes argumentos:

"O eventual e o intermitente são subordinados, mas não são empregados, apesar da tendência de alguns juízos em declarar a relação de emprego entre o tomador de serviços e o intermitente. Essa relação não há. Pode apresentar-se outra situação, a do trabalho prestado para a mesma fonte em determinadas épocas do ano e em todos os anos, como a dos garçons e outros que, nas temporadas de férias ou fins de semana de feriados, vão reforçar os quadros de um hotel na montanha, situação que, para alguns, configura a intermitência, mas qualificada como relações de emprego por prazo determinado. No entanto há um inconveniente. Os contratos a prazos sucessivos são admitidos, entre as mesmas partes, se a natureza da atividade for compatível com a sua repetição"[142].

O contrato de trabalho intermitente não tem um termo (dies ad quem) fixado pelas partes aproximando-o do contrato de trabalho por tempo indeterminado. De outro lado, existe uma alternância de períodos de prestação de serviços e inatividade, sendo certo que essa periodicidade, ciclos, etapas ou durações, de prestação de serviços, o aproxima do contrato de trabalho por prazo determinado[143].

Por esse motivo esse contrato é classificado como um contrato de trabalho especial ou "sui generis", pois não tem um paralelo, manifestado obrigatoriamente de forma escrita.

---

141 MARTINS, Sergio Pinto. Direito do Trabalho. – 36. ed. – São Paulo: saraiva Educação, 2020.

142 Idem. Nascimento, 2011.

143 Idem. CORREIA, 2018.

4. REGRAS DO CONTRATO DE TRABALHO INTERMITENTE

O contrato de trabalho intermitente, embora haja divergência, parte da premissa da existência de um vínculo empregatício.

De acordo com o art. 443, §3º, da CLT é um trabalho subordinado, todavia a doutrina questiona a subordinação no contrato de trabalho intermitente, já que possui características próprias, como a possibilidade de recusa da convocação, o que atenuaria o conceito tradicional de subordinação.

Em tese, não há continuidade na prestação dos serviços, embora entendemos que é possível a continuidade cíclica da prestação de serviços para o mesmo empregador, e de fracionamento da prestação de serviços.

A característica marcante do trabalho intermitente é a alternância de períodos de prestação de serviços e de inatividade (sem prestação de serviços). O legislador não especificou uma periodicidade mínima ou máxima para a prestação de serviços ou de serviços, deixando a critério do trabalhador e do empregador pactuar o contrato de trabalho em horas, dias ou meses.

Na exposição de motivos do Enunciado 85 da 2ª Jornada Nacional de Direito Material e Processual do Trabalho, as magistradas Ana Paola Santos Machado Diniz e Maria da Graça Bellino de Athayde de Antunes Varela[144], defendem que não é possível que o empregador estipule um contrato de trabalho vazio de conteúdo, devendo indicar, inclusive, uma expectativa ou previsão dos períodos em que a prestação de serviços será exigida:

"Atente-se que essa condição puramente potestativa não opera no **modelo português** de contrato intermitente, ainda que a chamada, **ou no espanhol** de '*fijo descontínuo*', pois **nestes o empregador, ao menos, se obriga ao chamamento,** há incerteza apenas quanto ao momento em que ocorrerá, mas o trabalhador tem um mínimo de tempo de trabalho previamente assegurado, ainda que por projeção. No modelo português, está prevista, inclusive, a remuneração do período de inatividade, com o objetivo de assegurar a disponibilidade do empregado. Esse elemento externo, ou seja, **surgimento da necessidade cíclica, descaracteriza a condição como puramente potestativa**. Assim dispõe o art. 122 do CC [...]. **Assim sendo**, no contrato de trabalho intermitente **deverá constar:** a) a função para a qual está sendo contratado o trabalhador; b)

---

[144] Fonte: http://www.jornadanacional.com.br/listagem-enunciados-aprovados-vis2.asp?ComissaoSel=6 [acessado em: 16/09/2020]

o valor da hora de trabalho; c) **os períodos certos em que a prestação de serviços será exigida, o que se aplica para as atividades intermitentes previamente programadas pela empresa, delimitados em horas, dias ou meses**; d) **quando a necessidade de prestação de serviços não se repita em datas certas**, considerando-se o volume normal da atividade econômica, a **indicação da duração estimada da atividade**, ou seja, quantas horas a cada período, quantos dias a cada mês ou quantos meses a cada ano; e) a jornada a ser cumprida nos períodos certos ou a distribuição das horas de trabalho nos períodos incertos, objeto da estimativa na alínea anterior. A especificação no contrato desses elementos formativos do seu conteúdo é essencial, tendo reflexos importantes nas obrigações geradas para as partes". (grifos acrescidos)

Pela interpretação literal do art. 443, §3º, da CLT presume-se que não poderá ser pactuado por período inferior a uma hora.

Segundo o art. 443, §3º, da CLT, o contrato intermitente é admitido independentemente do tipo de atividade do empregado e do empregador, exceto para os aeronautas, regidos por legislação própria.

Existe corrente doutrinária que defende a inaplicabilidade do contrato de trabalho intermitente para atendimento das demandas permanentes, contínuas ou regulares da empresa, para substituição de posto de trabalho permanente, ou adoção de escala móvel ou variável[145].

A doutrina também critica a exclusão do contrato intermitente exclusivamente à categoria dos aeronautas, visto que não há uma justificativa aparente para tal exclusão.

A Constituição Federal, no art. 7º, inciso XXXII, dispõe que é proibida a *"distinção entre trabalho manual, técnico e intelectual ou entre os*

---

[145] Nesse sentido o Enunciado 85 da 2ª Jornada Nacional de Direito Material e Processual do Trabalho: CONTRATO DE TRABALHO INTERMITENTE E DEMANDAS PERMANENTES. 1. É ILÍCITA A CONTRATAÇÃO SOB A FORMA DE TRABALHO INTERMITENTE PARA O ATENDIMENTO DE DEMANDA PERMANENTE, CONTÍNUA OU REGULAR DE TRABALHO, DENTRO DO VOLUME NORMAL DE ATIVIDADE DA EMPRESA. 2. É ILEGAL A SUBSTITUIÇÃO DE POSTO DE TRABALHO REGULAR OU PERMANENTE PELA CONTRATAÇÃO SOB A FORMA DE TRABALHO INTERMITENTE. 3. O EMPREGADOR NÃO PODE OPTAR PELO CONTRATO DE TRABALHO INTERMITENTE PARA, SOB ESSE REGIME JURÍDICO, ADOTAR A ESCALA MÓVEL E VARIÁVEL DA JORNADA. 4. PRESENTE A NECESSIDADE DE TRABALHO INTERMITENTE, O EMPREGADO CONTRATADO NA FORMA DO ART. 443, § 3º, DA CLT TEM DIREITO SUBJETIVO À CONVOCAÇÃO, SENDO ILÍCITA SUA PRETERIÇÃO OU A OMISSÃO DO EMPREGADOR.

profissionais respectivos". A exclusão apenas do aeronautas representaria uma discriminação em relação às demais profissões ou categorias.

O artigo 452-A da CLT assegura o valor da hora de trabalho não inferior ao valor horário do salário mínimo ou àquele devido aos demais empregados do estabelecimento que exerçam a mesma função em contrato intermitente ou não. Nesse aspecto, se assemelha à jornada de trabalho móvel ou variável, em que o empregado recebe a remuneração proporcional às horas trabalhada, ainda que o valor mensal seja inferior ao salário mínimo mensal, mas é necessário o respeito ao valor-hora do salário mínimo.

Parte da doutrina entende que o respeito ao valor-hora do salário mínimo é insuficiente, sendo imperioso o pagamento do salário mínimo ao empregado para assegurar a manutenção de um nível salarial mínimo e digno (assegurando um patamar civilizatório mínimo), sob pena de afrontar o princípio da dignidade da pessoa humana, da valorização do trabalho, da justiça social e do direito fundamental à manutenção de um nível salarial mensal.

Nesse sentido, o Desembargador Arnaldo Boson Paes[146], ao justificar a proposta do Enunciado nº. 72 da 2ª 2ª Jornada Nacional de Direito Material e Processual do Trabalho, defende o pagamento de um salário mínimo como garantia de renda mínima ao trabalhador:

> [...] Com a instituição do contrato de trabalho intermitente, que não especifica as horas de trabalho garantido e prevê remuneração apenas das horas efetivamente trabalhadas, há necessidade de, a partir do artigo 7º, IV, da Constituição Federal, redefinir o conceito de retribuição mínima. [...] Além de produzir subemprego e baixos salários, o trabalho intermitente provoca instabilidade da remuneração. Sem jornada mínima garantida, a variação da renda do trabalhador inviabiliza o planejamento financeiro. [...] No direito internacional do trabalho, diversos instrumentos normativos buscam assegurar uma retribuição mínima. Essa orientação funda-se na ideia de que os salários não são a contrapartida de uma mera mercadoria, mas a única fonte de rendimentos da maior parte da população, a exigir especial proteção. [...]Nesse sentido o artigo 23, item 3, da Declaração Universal dos Direitos do Homem, o artigo 5º da Convenção nº 117 da OIT e o artigo 3º da Convenção nº 131 da OIT. Essas disposições almejam garantir um salário mínimo a todos os trabalhadores subordinados, suficiente para garantir-lhes uma vida digna.

Ademais, o trabalho intermitente é objeto da ADIn nº. 5826, pendente de julgamento, na qual se questiona a constitucionalidade dos

---

[146] Fonte: http://www.jornadanacional.com.br/listagem-enunciados-aprovados-vis2.asp?ComissaoSel=6 [acessado em: 16/09/2020]

dispositivos alterados a acrescentados à CLT, sob o argumento de que representa a criação de regimes flexíveis desse tipo viola princípios constitucionais como o da dignidade humana e do valor social do trabalho, bem como não garante uma remuneração mínima ao trabalhador, principalmente durante o período de inatividade.

O empregador convocará poderá convocar o empregado para a prestação de serviços por qualquer meio de comunicação eficaz (WhatsApp, e-mail, telefone ou telegrama, por exemplo), informando qual será a jornada, com pelo menos 3 (três) dias corridos de antecedência (§1º do art. 452-A da CLT).

A esse respeito, como dito acima, o empregador deve ao menos dar uma previsibilidade da convocação ao empregado, pois há uma expectativa da convocação prestação de serviços pelo empregado.

A convocação é um direito potestativo ou dever do empregador?

Há quem defenda a convocação como um ato discricionário do empregador, realizável de acordo com a sua conveniência e oportunidade. Portanto, tratar-se-ia de uma faculdade ou opção do empregador.

Para outra vertente interpretativa é dever do empregador realizar a convocação do trabalhador. Esse dever decorre da natureza e dos fins do contrato de trabalho intermitente: a alternância ou sazonalidade na prestação de serviços e períodos de inatividade. Entender de modo diverso, pode significar o desvirtuamento do objetivo do contrato de trabalho intermitente.

O item 4 do Enunciado nº. 90 da 2ª Jornada Nacional de Direito Material e Processual do Trabalho, afirma a convocação é direito subjetivo do trabalhador.

Sergio Pinto Martins ensina que *"Intermitente é o período sem interrupção, que tem intervalos, descontínuos. Seria o período que ocorre entre o trabalhador trabalhar e ficar sem prestar serviços"*[147].

Com base nesta última vertente interpretativa, com a qual concordamos, o empregador que se omitir no dever de convocar o empregado ou deixar de convocar com a finalidade de punir o trabalhador – seja em virtude de uma gestação, doença ou outra razão – poderá ser responsabilizado a indenizar o trabalhador por eventual dano moral ou material

---

[147] Idem. MARTINS, 2020.

causado ao trabalhador, na forma do art. 223-A e seguintes da CLT, art. 186 e 927 do Código Civil e art. 5º, V e X, da Constituição Federal.

Recebida a convocação, o empregado terá o prazo de 1 dia útil para responder ao chamado, presumindo-se no silêncio a recusa. O silencio produz presunção relativa da recusa, podendo o empregado apresentar prova em sentido contrário.

A recusa da convocação não descaracteriza a subordinação, para fins de contrato intermitente (§3º do art. 452-A da CLT).

Aceita a oferta para o comparecimento ao trabalho, a parte que descumprir, sem justo motivo, pagará à outra parte, no prazo de 30 dias, multa de 50% da remuneração que seria devida, permitida a compensação em igual prazo.

A doutrina majoritária defende a inconstitucionalidade da aplicação desta multa por afrontar os princípios basilares da relação de trabalho: o princípio da proteção ao trabalhador hipossuficiente.

Nas relações individuais de trabalho há um desequilíbrio contratual, na medida em que o trabalhador é parte mais fraca nessa relação jurídica.

O Direito do Trabalho não admite que o empregado e o empregador sejam colocados em posições equivalentes, tendo em vista a vulnerabilidade socioeconômica do trabalhador, que é mais acentuada no trabalho intermitente. O princípio da proteção é um vetor interpretativo do Direito de Trabalho e um contrapeso ao desequilíbrio natural da relação jurídica trabalhista.

Mauricio Godinho Delgado[148] ensina que

"Informa este princípio que o Direito do Trabalho estrutura em seu interior, com suas regras, institutos, princípios e presunções próprias, uma teia de proteção à parte vulnerável e hipossuficiente na relação empregatícia — o obreiro —, visando retificar (ou atenuar), no plano jurídico, o desequilíbrio inerente ao plano fático do contrato de trabalho. O princípio tutelar influi em todos os segmentos do Direito Individual do Trabalho, influindo na própria perspectiva desse ramo ao se construir, desenvolver-se e atuar como direito. Efetivamente, há ampla predominância nesse ramo jurídico especializado de regras essencialmente protetivas, tutelares da vontade e interesses obreiros; seus princípios são fundamentalmente favoráveis ao trabalhador; suas presunções são ela-

---

[148] Idem. Delgado, 2019.

boradas em vista do alcance da mesma vantagem jurídica retificadora da diferenciação social prática. Na verdade, pode-se afirmar que sem a ideia protetivo-retificadora, o Direito Individual do Trabalho não se justificaria histórica e cientificamente. Parte importante da doutrina aponta este princípio como o cardeal do Direito do Trabalho, por influir em toda a estrutura e características próprias desse ramo jurídico especializado".

A imposição da multa ao trabalhador revela a violação aos preceitos fundantes do Direito do Trabalho, de forma que não é possível concordar com a constitucionalidade deste dispositivo, pois viola a dignidade da pessoa humana, os valores sociais do trabalho, a melhoria da condição dos trabalhadores, aprofundando o desequilíbrio contratual, numa relação em que o trabalhador é considerado hipervulnerável.

A lei adverte que a multa não será aplicada quando houver justo motivo, deixando ao intérprete a construção da definição do que é o justo motivo.

Também, não estabeleceu uma forma de cobrança desta multa ou possibilitou eventual compensação.

Com base no §5º do art. 452-A da CLT "O período de inatividade não será considerado tempo à disposição do empregador, podendo o trabalhador prestar serviços a outros contratantes".

Podemos concluir, portanto, que o período de inatividade não é considerado tempo à disposição do empregador.

O artigo 4º da CLT considera como tempo à disposição *"o período em que o empregado esteja à disposição do empregador, aguardando ou executando ordens, salvo disposição especial expressamente consignada".*

A disposição especial do contrato de trabalho intermitente, exclui a possibilidade de considerar o tempo de inatividade como tempo à disposição do empregador. Entretanto, caso verificado que o empregador estava em regime de prontidão ou de sobreaviso, é possível com que o período de inatividade seja desconsiderado com base no princípio da primazia da realidade ou nas hipóteses do *art. 9º da CLT.*

5. DIREITOS DO TRABALHADOR INTERMITENTE

Ao final de cada período de prestação de serviços, o empregado receberá o pagamento imediato das seguintes parcelas:

i. Remuneração: A celebração do contrato de trabalho gera ao empregado a obrigação de prestar serviços ao empregador e, como contrapartida, o empregador assume a obrigação de pagar o salário do trabalhador. O salário consiste na contraprestação paga diretamente pelo empregador, como retribuição aos serviços prestados pelo empregado. Já a remuneração é gênero de parcelas contraprestativas, isso porque pode ser quitada diretamente pelo empregador (salário, gratificações, comissões) ou, ainda, por terceiros, como, por exemplo, as gorjetas (art. 457 da CLT). Não estão compreendidos no salário, ainda que habituais, as importâncias pagas a título de ajuda de custo, auxílio-alimentação, diárias para viagem, prêmios e abonos (art. 457, §2º, da CLT).

ii. Férias proporcionais com acréscimo de 1/3;
iii. 13º salário proporcional;
iv. repouso semanal remunerado;
v. adicionais legais: O trabalhador poderá ser submetido à trabalho noturno, insalubre, perigoso, poderá receber pelas horas extras eventualmente prestadas, intervalos não concedidos, etc. Há corrente que defende a limitação de jornada de trabalho de 8 horas diária e 44 horas semanais, por não haver autorização para o labor extraordinário ou outro tipo de jornada (12 por 36, jornada espanhola, por exemplo).

A portaria 349/2018 do Ministério do Trabalho estabelece que na hipótese de o período de convocação exceder 1 mês, o pagamento das mencionadas parcelas não poderá ser estipulado por período superior a 1 mês, devendo ser pagas até o 5º dia útil do mês seguinte ao trabalhado.

Nesse sentido o artigo 459, § 1º da CLT, *in verbis*:

> Art. 459 CLT – *O pagamento do salário, qualquer que seja a modalidade do trabalho, não deve ser estipulado por período superior a 1 (um) mês, salvo no que concerne a comissões, percentagens e gratificações. § 1º Quando o pagamento houver sido estipulado por mês, deverá ser efetuado, o mais tardar, até o quinto dia útil do mês subsequente ao vencido.*

Outrossim, a OJ 159 SDI-1 do TST prevê que a *"inexistência de previsão expressa em contrato ou em instrumento normativo, a alteração de data de pagamento pelo empregador não viola o art. 468, desde que observado o parágrafo único, do art. 459, ambos da CLT."*

O recibo de pagamento deverá conter a discriminação dos valores pagos, relativos a cada uma das parcelas acima mencionadas

(§7º do art. 452-A da CLT), sendo vedado o salário complessivo (Súmula 93 do TST).

O empregador efetuará os respectivos recolhimento das contribuições previdenciárias e o depósito na forma da lei com base nos valores pagos no período mensal e fornecerá ao empregado comprovante do cumprimento dessas obrigações.

A cada 12 (doze) meses o empregado adquire direito a usufruir, nos 12 (doze) meses subsequentes, a 1 (um) mês de férias, período no qual não poderá ser convocado para prestar serviços pelo mesmo empregador (§9º do art. 452-A da CLT).

Entendemos que no caso de prestação de serviços por período inferior há 15 dias o trabalhador não terá direito ao pagamento da proporção de férias ou de 13º, eis que o art. 147 da CLT e o artigo 1º, §2º, da Lei 4.090, consideram a fração igual ou superior a 15 dias de trabalho como mês integral para esses fins.

A Lei de Greve, na parte final do parágrafo único do artigo 7º, prevê que é vedada a contratação de substitutos, salvo nas seguintes hipóteses:

a. quando não garantida a prestação no serviço mínimo, na hipótese de uma atividade em que a paralisação vai gerar um prejuízo irreparável pela deterioração irreversível de máquinas e equipamentos (artigo 9º da Lei);
b. na hipótese de a greve ser considerada abusiva, em razão do não atendimento mínimo em atividade essencial (artigo 14 da Lei).

O artigo 2º da Lei 6.019/74 estabelece que é vedada a contratação de trabalhadores temporários para substituir os grevistas, salvo nas hipóteses acima mencionadas.

Existe debate quanto a possibilidade da utilização do trabalhador intermitente para substituir os grevistas.

Corrente doutrinária majoritária entende que é possível a utilização do trabalhador grevista para substituir os grevistas, considerando que não se aplica vedação do parágrafo único do artigo 7º da Lei, uma vez que não se trata de contratação, pois trabalhador intermitente já é empregado da empresa.

Em sentido contrário existe posicionamento que não admite a utilização do trabalhador intermitente nestas hipóteses, pois seria uma forma de frustrar o direito de greve.

CAPÍTULO VII.
DISCRIMINAÇÃO NO AMBIENTE DE TRABALHO

1. INTRODUÇÃO

O princípio antidiscriminatório ou da não discriminação decorre do respeito à dignidade da pessoa humana (Art. 1º, III, CF), dos objetivos fundamentais da República, na busca pela construção de uma sociedade livre, justa e solidária, no bem estar de todos, sem preconceitos de quais quer formas de discriminação (Art. 3º, I e IV, CF), bem como no direito fundamental à igualdade (art. 5º, caput e I, CF).

O Direito do Trabalho que tem como marca indelével a proteção dos trabalhadores e a vedação a condutas discriminatórias, seja em relação a salários, por motivo de cor, raça ou etnia, sexo, idade, ou em virtude de um impedimento de longo prazo de natureza física, mental, intelectual ou sensorial social, como é o caso da pessoa com deficiência (art. 7º da CF, em especial os incisos XX, XXX, XXXI, XXXII e XXXIII).

Alice Monteiro de Barros (apud ROMAR, 2018)[149], defendia que *"a ideia de pessoa é incompatível com a desigualdade entre elas"*, sendo que *"a não-discriminação é, provavelmente, a mais expressiva manifestação do princípio da igualdade, cujo reconhecimento, como valor constitucional, inspira o ordenamento jurídico brasileiro no seu conjunto"*.

*Segundo Amauri Mascaro do Nascimento discriminação caracteriza-se "[...] pela presença de um elemento **subjetivo**, a **intenção** de discriminar, e de um elemento **objetivo**, a **preferência** efetiva por alguém em detrimento de outro sem causa justificada, em especial por motivo evidenciado, revelando escolha de preconceito em razão do sexo, raça, cor, língua, religião, opinião, compleição física ou outros fatores".*

---

[149] Carla Teresa Martins Romar. Direito do trabalho – 5. ed. – São Paulo : Saraiva Educação, 2018.

Acrescenta, que é um *"desvirtuamento, pelo empregador, do valor igualdade entre pessoas"*.[150]

A professora Carla Teresa Martins Romar[151], de forma esclarecedora, diferencia preconceito e discriminação:

> *"Etimologicamente, preconceito significa conceito ou opinião formados antecipadamente, ideia preconcebida, intolerância, ódio irracional ou aversão a outras raças, convicções, religiões etc. Discriminação significa distinguir, diferenciar, segregar, dar preferência. Preconceito é uma concepção interior. Discriminação é a exteriorização do preconceito, sendo, por essa razão, objeto de tratamento pela ordem jurídica".*

Mauricio Godinho Delgado[152] conceitua a discriminação como *"a diferenciação em vista de fator injustamente desqualificante. São fatores injustamente desqualificantes na ordem constitucional e legal brasileiras, por exemplo: o sexo (ou gênero); a etnia, raça ou cor; a origem; a idade; a deficiência; o estado civil; a situação familiar; a orientação sexual; a nacionalidade e outros."*

O Brasil internalizou diversas normas de direito internacional que vedam a prática de condutas discriminatórias, dentre elas as convenções da ONU (Declaração Universal de Direitos Humanos, por exemplo), convenções da OEA e diversas convenções da OIT relacionadas ao tema.

Carla Teresa Martins Romar[153] cita a definição de discriminação prevista na Convenção 111 da Organização Internacional do Trabalho (OIT), conforme transcrito abaixo:

> *"Para os fins da Convenção n. 111 da OIT, discriminação significa (art. 1º): a) toda distinção, exclusão ou preferência, com base em raça, cor, sexo, religião, opinião política, nacionalidade ou origem social, que tenha por efeito anular ou reduzir a igualdade de oportunidade ou de tratamento no emprego ou profissão; b) qualquer outra distinção, exclusão ou preferência, que tenha por efeito anular ou reduzir a igualdade de oportunidades, ou tratamento no emprego ou profissão, conforme pode ser determinado pelo país -membro concernente, após consultar organizações representativas de empregadores e de trabalhadores, se as houver, e outros organismos adequados".*

---

150 Amauri Mascaro Nascimento. Curso de direito do trabalho – 26. ed. – São Paulo : Saraiva, 2011.

151 Idem, 2018.

152 Mauricio Godinho Delgado. Curso de direito do trabalho — 18. ed.— São Paulo: LTr, 2019.

153 Ibidem, 2018.

Portanto, a discriminação consiste na ação ou omissão, baseada em ideias preconcebidas, intolerância ou ódio, em virtude de raça ou etnia, sexo, religião, opinião política, nacionalidade ou origem social, com o escopo de distinguir, excluir ou dar preferência, anulando ou reduzindo a paridade de oportunidades ou de tratamento no emprego ou profissão.

A Lei 9.029/92, no art. 1º, proíbe a adoção de qualquer prática *"discriminatória e limitativa para efeito de acesso à relação de trabalho, ou de sua manutenção, por motivo de sexo, origem, raça, cor, estado civil, situação familiar, deficiência, reabilitação profissional, idade, entre outros, ressalvadas, nesse caso, as hipóteses de proteção à criança e ao adolescente"*.

A dispensa por ato discriminatório assegura ao trabalhador, além da reparação pelo dano, a opção entre a reintegração com o pagamento das verbas trabalhistas referente ao período de afastamento ou a percepção do período de afastamento em dobro (art. 4º, da Lei 9.029/95). Trata-se de um direito potestativo do empregado.

A Súmula 443 do TST presume discriminatória a dispensa do empregado portador do vírus HIV ou outra doença que suscite estigma ou preconceito. A redação da súmula assegura o direito à reintegração.

Parte da doutrina entende que, além da indenização, o empregado terá direito ao pagamento das verbas referente ao período de afastamento. Outros defendem o direito potestativo ao empregado de ser reintegrado com o pagamento da remuneração do período de afastamento ou a ou a remuneração em dobro do período do afastamento, nos termos da Lei 9.029/95, haja vista que a dispensa é considerada discriminatória.

2. DISCRIMINAÇÃO POR MOTIVO DE SEXO OU ORIENTAÇÃO SEXUAL

Historicamente as mulheres e as instituições públicas buscam legitimamente a paridade de tratamento entre o homem e a mulher, através da conscientização do papel das mulheres na sociedade e na família (Convenção nº. 156 da Organização Internacional do Trabalho).

A nossa Constituição Federal no art. 5º, caput e inciso I, impõe a igualdade de direitos e obrigações aos homens e mulheres. Ato contínuo, no art. 7º, incisos XXX, XXXI, proíbe a discriminação salarial, de exercício de funções e de critério de admissão por motivo de sexo, com o escopo de conferir efetiva igualdade de oportunidade e tratamento entre homens e mulheres.

A professora *Maria Cecília Theodoro*[154] destaca que é um "(...) direito fundamental da mulher obter um trabalho decente, a ser tratada em igualdade de condições com os homens quanto à liberdade da escolha ocupacional, a ter igualdade de direito à saúde, segurança, remuneração e oportunidades, em razão da dignidade e do valor da pessoa humana, sendo vedada qualquer discriminação em razão do gênero, pautada em diferenciações biológicas que resultem na perpetuação de uma divisão sexual do trabalho (KERGOAT, 1996), de modo que todas as mulheres tenham o direito de participar de forma igualitária do mercado de trabalho produtivo".

O empregador deve tratar de forma isonômica as mulheres e os homens independentemente das características biológicas que os distinguem. Não pode usar essas distorções para admitir, promover, conceder benefícios ou dispensar os empregados.

Segundo o art. 391 da CLT o casamento ou o estado gravídico da mulher não é motivo para o rompimento do contrato de trabalho.

A prática de condutas limitadoras invisíveis ou imperceptíveis, com o objetivo de subjugar as mulheres a cargos inferiores aos homens dentro da estrutura organizacional, constituindo afronta direta a dignidade da trabalhadora[155].

Caracterizada a discriminação negativa, o empregador estará sujeito ao pagamento de indenização por dano moral decorrente da discriminação, como vemos na ementa a seguir:

> DANOS MORAIS. DISCRIMINAÇÃO AO TRABALHO DAS MULHERES. COMPROVAÇÃO. INDENIZAÇÃO MANTIDA. Com efeito, restou devidamente comprovado nos autos, que o reclamado, através de seu síndico agiu de maneira discriminatória com relação à dispensa de pessoas do sexo feminino em suas dependências, o que foi objeto, inclusive de inquérito civil investigatório por parte do Ministério Público do Trabalho. Provada, portanto, a conduta discriminatória por parte do agente causador do dano, mantém-se decisão que imputou a reclamada a reparação por danos morais. No tocante ao valor arbitrado, levando-se em consideração o porte da empresa e a intensidade da lesão, determino que o valor da indenização seja reduzido para R$ 5.000,00. Apelo parcialmente provido (TRT-10 – RO 12980.2009.00219000 AL – 12980.2009.002.19.00-0, Relator José Abílio Neves Souza, Data de Publicação: 10/06/2010).

---

154 J. J. G. Canotilho e L. L. S. G. F. M. Ingo Wolfgang Sarlet, Comentários à Constituição do Brasil, 2. ed., São Paulo: Saraiva Educação, 2018.

155 Idem

De outro lado, é possível a adoção de práticas discriminatórias positivas, isto é, são normas instituídas com o objetivo de corrigir certas desigualdades e diferenças, viabilizando o exercício de direitos - notadamente àqueles considerados fundamentais – por grupos considerados vulneráveis ou minoritários. Em outras palavras, a lei cria uma desigualdade para possibilitar a simetria material e o efetivo exercício de um direito, o que justifica, por exemplo, a diferença no prazo de concessão da licença-maternidade (120 dias, em regra) e a da licença-paternidade (5 dias, em regra).

Outro tema interrelacionado à discriminação por motivo de sexo são as discriminações com base em gênero ou orientação sexual.

É vedado ao empregador a prática de discriminações com base em orientação sexual (heterossexual, homossexual, bissexual, pansexual, por exemplo), ou no gênero com o qual o trabalhador se identifica, independentemente do sexo biológico.

A diversidade de gênero é objeto de defesa diversos setores da sociedade que buscam medidas para conferir a igualdade de oportunidade e tratamento na sociedade e no mercado do trabalho. A realidade tem demonstrado uma intensa carga de condutas discriminatória em face dos trabalhadores devido a sua orientação sexual ou gênero com o qual se identifica.

Recentemente uma empresa foi condenada ao pagamento de indenização por dano moral em consequência da despedida sem justo motivo do empregado que fez a opção pela mudança de sexo. O Tribunal Regional do Trabalho da 15ª Região presumiu que o rompimento do contrato de trabalho decorreu de ato discriminatório, conforme ementa abaixo transcrita:

> DANO MORAL. DISCRIMINAÇÃO. MUDANÇA DE SEXO. POSSIBILIDADE. Nos termos da Lei 8.029/95, a despedida sem justa causa do empregado que faz a opção pela mudança de sexo presume-se discriminatória, com a inversão do "onus probandi", sendo do empregador a prova de que a dispensa não se fez por motivo de preconceito. Isto é evidenciado pelo fato de nenhuma dispensa ser completamente imotivada, havendo sempre um fundo econômico, disciplinar, técnico ou doloso. O art. 1º, "a", da Convenção nº 111 da OIT qualifica a questão da discriminação na relação de trabalho em relação a distinção fundada no sexo do empregado. O princípio da não-discriminação está ligado ao princípio da igualdade, pressupondo a vedação de discriminações injustificadas, Nesse sentido, "mutatis mutandis", foi editada pelo C. TST a Súmula nº. 443. Comprovação que a reclamada dispensou a reclamante por conta da sua transexualidade e outros constrangimentos com o uso do banheiro feminino e a correção do nome no crachá. Presume-se, assim, que a ruptura

do contrato laboral decorreu de ato de discriminação decorrente da alteração de gênero da reclamante, causando-lhe sérios problemas e desgastes. Portanto, diante deste quadro fático, a reclamante tem direito à reparação do seu patrimônio moral". (TST-15 – RO: 00119892720175150046, 0022989-27.2017.5.15.0046, Relator: Luiz Felipe Paim da Luz Bruno Lobo, 11ª Câmara, Data de Publicação: 28/10/2019).

É comum verificarmos a prática de "brincadeiras", "bullying", perseguições, isolamento, dentre outras práticas discriminatórias, em virtude do gênero do trabalhador.

O empregador pode instituir políticas de diversidade, treinamentos ou regras de *compliance, a fim de propiciar um ambiente de trabalho respeitoso a todos, independentemente do gênero.*

3. DISCRIMINAÇÃO RACIAL E ESTÉTICA NO AMBIENTE DE TRABALHO

O racismo, de acordo com a história, é considerado uma das mais graves formas de violação de direitos humanos.

A ideia de uma pretensa superioridade de raça, etnia, cor ou povo, sobre o outro, tem raízes em um passado iluminista, colonialista e escravocrata, no qual um ser humano era "coisificado" pelo outro, com fundamento na imoral ideia de superioridade étnica ou de raça[156].

O professor Silvio Luiz de Almeida, uma das maiores autoridades da atualidade no assunto, descreve o racismo como *"uma forma sistemática de discriminação que tem a raça como fundamento, e que se manifesta por meio de práticas conscientes ou inconscientes que culminam em desvantagens ou privilégios para indivíduos, a depender do grupo racial ao qual pertençam"*[157].

A Organização das Nações Unidas foi criada, logo após a Segunda Guerra Mundial, lastreada no sentimento de preservação da paz, da liberdade e justiça como forma de assegurar a dignidade e no valor da pessoa humana, igualdade em dignidade e em direitos, *"sem distinção alguma, de raça, de cor, de sexo, de língua, de religião, de opinião política ou outra, de origem nacional ou social, de fortuna, de nascimento ou*

---

[156] Flávio Martins Alves Nunes Júnior. Curso de direito constitucional – 3. ed. – São Paulo : Saraiva Educação, 2019.

[157] Silvio Luiz de Almeida. Racismo estrutural - São Paulo : Sueli Carneiro ; Pólen, 2019.

de qualquer outra situação" (art. 2º da Declaração Universal de Direitos Humanos; Decreto 592/1992).

No âmbito do Direito Internacional vigora a Convenção Internacional sobre a Eliminação de todas as Formas de Discriminação Racial, tratado de Direitos Humanos, adotado pela Organização Das nações Unidas em 1965 e incorporado à legislação interna em 1969 (Decreto nº. 65.810/1969). De acordo com o preâmbulo do referido tratado *"qualquer doutrina de superioridade baseada em diferenças raciais é cientificamente falsa, moralmente condenável, socialmente injusta e perigosa, em que, não existe justificação para a discriminação racial".*

Ainda, o art. 1º do tratado citado, define que *"a expressão 'discriminação racial' significará qualquer distinção, exclusão restrição ou preferência baseadas em raça, cor, descendência ou origem nacional ou étnica que tem por objetivo ou efeito anular ou restringir o reconhecimento, gozo ou exercício num mesmo plano, (em igualdade de condição), de direitos humanos e liberdades fundamentais no domínio político econômico, social, cultural ou em qualquer outro domínio de vida pública".*

A Constituição Federal considera a prática do racismo como crime inafiançável (art., 5º, inciso XLII), assim como o art. 20, Lei n. 7.716/89. Além disso, as ofensas raciais também podem caracterizar o crime de injuria, na forma do art. 140, §3º, do Código Penal.

O Estatuto da Igualdade Racial (Lei 12.288/10) define a discriminação racial ou étnico-racial como "toda distinção, exclusão, restrição ou preferência baseada em raça, cor, descendência ou origem nacional ou étnica que tenha por objeto anular ou restringir o reconhecimento, gozo ou exercício, em igualdade de condições, de direitos humanos e liberdades fundamentais nos campos político, econômico, social, cultural ou em qualquer outro campo da vida pública ou privada" (art. 1º, § único, inciso I).

O referido estatuto prevê a adoção de medidas para garantir à população nega a efetividade da igualdade de oportunidade, o combate à discriminação e outras formas de intolerância, além de políticas públicas voltadas para a inclusão da população negra no mercado de trabalho.

A discriminação racial no âmbito das relações de trabalho traduz na práticas de condutas *injustamente desqualificantes* com base na sua raça, cor ou origem étnica. Segundo o TST essa prática deve ser veementemente combatida no ambiente de trabalho, tendo em vista que humilha, constrange segrega o trabalhador, nos termos da ementa abaixo:

"RECURSO DE REVISTA DO AUTOR. CPC/1973. RESCISÃO INDIRETA. CONFIGURAÇÃO. PRECONCEITO RACIAL. **FALTA GRAVE DO EMPREGADOR. ATO LESIVO DA HONRA E BOA FAMA DO EMPREGADO.** A rescisão indireta caracteriza-se pela faculdade de o empregado considerar extinto o contrato de trabalho, em face da ocorrência de conduta ilícita e reprovável do empregador, caracterizada pelo desrespeito a direito individual subjetivo ou injustificado descumprimento de obrigações legal ou contratual. **O Tribunal Regional, soberano na análise das provas, registrou que o superior hierárquico do autor o chamava por apelidos pejorativos, de cunho racial.** A utilização de expressões racistas, no meio ambiente de trabalho, é uma prática que deve ser veemente combatida. Ela humilha, constrange e segrega o trabalhador, atingindo diretamente sua honra subjetiva. Nesse contexto, diante da gravidade e reiteração da conduta delineada, **é inequívoca a ocorrência de falta grave,** ensejando, pois, a rescisão indireta do contrato de trabalho, nos moldes do artigo 483, "e", da CLT. Recurso de revista conhecido e provido. [...] **RESPONSABILIDADE CIVIL DO EMPREGADOR. DANOS MORAIS CAUSADOS AO EMPREGADO. CARACTERIZAÇÃO. ASSÉDIO MORAL. ATRIBUIÇÃO DE APELIDOS COM TEOR DE DISCRIMINAÇÃO RACIAL PELO SUPERVISOR DO AUTOR.** A responsabilidade civil do empregador pela reparação decorrente de danos morais causados ao empregado pressupõe a existência de três requisitos, quais sejam: a conduta (culposa, em regra), o dano propriamente dito (violação aos atributos da personalidade) e o nexo causal entre esses dois elementos. O primeiro é a ação ou omissão de alguém que produz consequências às quais o sistema jurídico reconhece relevância. É certo que esse agir de modo consciente é ainda caracterizado por ser contrário ao Direito, daí falar-se que, em princípio, a responsabilidade exige a presença da conduta culposa do agente, o que significa ação inicialmente de forma ilícita e que se distancia dos padrões socialmente adequados, muito embora possa haver o dever de ressarcimento dos danos, mesmo nos casos de conduta lícita. O segundo elemento é o dano que, nas palavras de Sérgio Cavalieri Filho, consiste na "[...] subtração ou diminuição de um bem jurídico, qualquer que seja a sua natureza, quer se trate de um bem patrimonial, quer se trate de um bem integrante da própria personalidade da vítima, como a sua honra, a imagem, a liberdade etc. Em suma, dano é lesão de um bem jurídico, tanto patrimonial como moral, vindo daí a conhecida divisão do dano em patrimonial e moral". Finalmente, o último elemento é o nexo causal, a consequência que se afirma existir e a causa que a provocou; é o encadeamento dos acontecimentos derivados da ação humana e os efeitos por ela gerados. **No caso, o quadro fático registrado pelo Tribunal Regional revela clara conduta assediadora e ofensiva à personalidade e aos direitos fundamentais assegurados ao autor. O que está em jogo é o menosprezo, o descaso com a condição humana.** Assim, não há que ser relativizado o **comportamento habitual do superior hierárquico e, menos ainda, visto como normal** às organizações empresariais ou a detentores de cargos de confiança. Evidenciado o dano, assim como a conduta culposa do empregador e o nexo causal entre ambos, deve ser mantido o acórdão regional que condenou a reclamada a indenizá-lo. Recurso de revista de que não se conhece. [...]" (RR-458-21.2013.5.12.0028, 7ª Turma, Relator Ministro Claudio Mascarenhas Brandao, DEJT 30/06/2020).

Há, ainda, a denominada discriminação estática, assim considerada como a distinção, preferência ou exclusão dos trabalhadores em virtude da sua aparência ou de estereótipos predefinidos pelo empregador, como a vedação ao uso de barba, tatuagem, ou a contratação de pessoas de acordo com um padrão de beleza ou peso determinado.

Os Tribunais Regionais têm reconhecido, ainda que timidamente, o dever de indenizar a discriminação com base na estética do trabalhador:

> DISCRIMINAÇÃO ESTÉTICA. CORTE DE CABELO. DANO MORAL. O fato de o empregador adotar uniforme e exigir dos empregados higiene pessoal decorre de seu Poder Diretivo. Contudo, o excesso que extrapola os limites da subordinação jurídica, como obrigar o empregado a adotar determinado corte de cabelo, caracteriza dano moral e deve ser indenizado. (TRT-2 – RO **1000700-98.2016.5.02.0039, RELATOR: ANTERO ARANTES MARTINS – 6ª Turma, Data da Publicação 06/07/2017)**
> **EMENTA: DANO MORAL. TRABALHADORA CUJA IMAGEM ERA RIDICULARIZADA PELA EMPRESA. CONSTRANGIMENTO MORAL. DIREITO À INDENIZAÇÃO.** O caráter continuado das agressões praticadas pela empresa a seus empregados, e à reclamante em especial, através de preposto (superior hierárquico), caracteriza a gestão por injúria, que importa indenização por dano moral. Na situação dos autos, restou provado que o **superior hierárquico discriminava os empregados obesos, humilhando e ridicularizando a autora e colegas que se enquadravam nesse perfil, e constrangendo-os através de apelidos e considerações desqualificadoras perante o corpo funcional.** Chegou-se ao ponto de serem **mostradas à demandante fotos de meninas magras dizendo que aquelas eram top, além de ser transferida de setor em razão de sua condição estética** para que não tivesse contato com o público, **práticas estas incompatíveis com a dignidade da pessoa dos trabalhad**ores, com a valorização do trabalho humano e a função social da propriedade, asseguradas pela Constituição Federal (art. 1º, III e IV, art.5º, XIII, art. 170, caput e III). É palmar que comentários e apelidos dessa natureza efetivamente **ferem o psiquismo e imagem da mulher, mormente no ambiente de trabalho,** e como tal, não podem ser tolerados. Nesse contexto, configurados os insultos à imagem, dignidade e personalidade da reclamante, praticados pelo empregador, através de preposto, andou bem o magistrado de piso ao deferir indenização pelo dano moral ocasionado. Recurso da reclamada

ao qual se nega provimento. . (TRT-2 – RO **1001466-58.2016.5.02.0070**, RELATOR: RICARDO ARTUR COSTA E TRIGUEIROS

Existe corrente doutrinária que argumenta que o empregador pode impor um padrão estético, dada a natureza da atividade desenvolvida, como, por exemplo, a indústria de alimentos.

A exigência de manutenção de cabelo curto ou proibição do uso de barba, além de outras medidas como o uso de máscara, seriam justificáveis e estariam ineridas no poder organizacional do empregador.

4. DISCRIMINAÇÃO DA PESSOA COM DEFICIÊNCIA E A DISCRIMINAÇÃO AFIRMATIVA

A Constituição veda a adoção de discriminação sobre critérios de admissão ou salário do trabalhador com deficiência (art. 7º, XXXI).

Entre os tratados e convenções internacionais sobre a proteção dos direitos das pessoas com deficiência estão: (a) a Declaração dos Direitos das Pessoas Portadoras de Deficiência, da ONU; (b) o Tratado de Nova Iorque (Convenção sobre os Direitos das Pessoas com Deficiência e de seu Protocolo Facultativo), da ONU, ratificado pelo Brasil como o status de Emenda Constitucional; (c) o Tratado de Marraquexe (para Facilitar o Acesso a Obras Publicadas às Pessoas Cegas, com Deficiência Visual ou com outras Dificuldades para Ter Acesso ao Texto Impresso), concluído no âmbito da Organização Mundial da Propriedade Intelectual (OMPI) e ratificado pelo Brasil como o status de Emenda Constitucional; (d) a Convenção 159, sobre Emprego e Reabilitação dos Portadores de Deficiência da OIT; (e) as Recomendações 99 e 168 da OIT.

De acordo com o art. 1º da Lei 13.146/2015 (Estatuto da Pessoa com deficiência), será considerada pessoa com deficiência aquela que tenha algum impedimento físico, intelectual, mental ou sensorial de longo prazo. Esses impedimentos, em interação com uma ou mais barreiras, devem constituir óbice para a participação plena e efetiva na sociedade em igualdade de condições com as demais pessoas.

O empregador deve se certificar que não haja a imposição de restrições ao trabalho ou qual quer tipo de discriminação durante o recrutamento, admissão, exames médicos, inclusive para fins de promoção ou reabilitação profissional. Também, deve garantir um ambiente de trabalho acessível e inclusivo.

O legislador criou normas com discriminações afirmativas ou positivas com o objetivo de corrigir certas desigualdades e diferenças, viabilizando o exercício de direitos fundamentais por grupos considerados vulneráveis ou minoritários.

Joaquim Barbosa (apud Martins, 2019, pag. 948) assim definiu:

> *"as ações afirmativas podem ser definidas como um conjunto de políticas públicas e privadas de caráter compulsório, facultativo ou voluntário, concebidas com vistas ao combate à discriminação racial, de gênero e de origem nacional, bem como para corrigir os efeitos presentes da discriminação praticada no passado, tendo por objetivo a concretização do ideal de efetiva igualdade de acesso a bens fundamentais como a educação e o emprego"*

As ações afirmativas tiveram origem no Direito norte-americano como forma de combate à segregação e exclusão dos negros.

O professor Flávio Martins esclarece que as ações afirmativas foram mencionadas pela primeira vez, em 1978, no caso *Regents of the University of California v. Bakke*, de 1978, no qual a Suprema Corte dos Estados Unidos da América, utilizou a raça ou origem étnica para superar o racismo e criar uma "clausula de igual proteção":

> *A primeira vez que a Suprema Corte dos Estados Unidos apreciou a constitucionalidade das affirmative actions foi no caso Regents of the University of California v. Bakke, de 1978. A Universidade teria estabelecido 16% das vagas do curso de medicina para minorias. Alan Bakke, branco, sentiu-se prejudicado pela regra, ajuizando a ação. A Suprema Corte, embora tenha declarado parte da lei inconstitucional, decidiu que o critério racial era válido: "para superar o racismo, nós devemos primeiramente levar a raça em consideração. Não há alternativa. E para que possamos tratar algumas pessoas com equidade, nós temos que tratá-las diferentemente. Nós não podemos – nós não devemos – permitir que a 'cláusula de igual proteção' perpetue a supremacia racial".*[158]

O Supremo Tribunal Federal, no julgamento da ADPF 186, decidiu pela validade das ações afirmativas (ou discriminação reversa) ao possibilitar a instituição de cotas raciais no processo seletivo de estudantes.

> ARGUIÇÃO DE DESCUMPRIMENTO DE PRECEITO FUNDAMENTAL. ATOS QUE INSTITUÍRAM SISTEMA DE RESERVA DE VAGAS COM BASE EM CRITÉRIO ÉTNICO-RACIAL (COTAS) NO PROCESSO DE SELEÇÃO PARA INGRESSO EM INSTITUIÇÃO PÚBLICA DE ENSINO SUPERIOR. ALEGADA

---

[158] Flávio Martins Alves Nunes Júnior. Curso de direito constitucional – 3. ed. – São Paulo : Saraiva Educação, 2019.

OFENSA AOS ARTS. 1º, CAPUT, III, 3º, IV, 4º, VIII, 5º, I, II XXXIII, XLI, LIV, 37, CAPUT, 205, 206, CAPUT, I, 207, CAPUT, E 208, V, TODOS DA CONSTITUIÇÃO FEDERAL. AÇÃO JULGADA IMPROCEDENTE. I – Não contraria - ao contrário, prestigia – o princípio da igualdade material, previsto no caput do art. 5º da Carta da República, a possibilidade de o Estado lançar mão seja de políticas de cunho universalista, que abrangem um número indeterminados de indivíduos, mediante ações de natureza estrutural, seja de ações afirmativas, que atingem grupos sociais determinados, de maneira pontual, atribuindo a estes certas vantagens, por um tempo limitado, de modo a permitir-lhes a superação de desigualdades decorrentes de situações históricas particulares. II – **O modelo constitucional brasileiro incorporou diversos mecanismos institucionais para corrigir as distorções resultantes de uma aplicação puramente formal do princípio da igualdade.** III – Esta Corte, em diversos precedentes, assentou a constitucionalidade das políticas de ação afirmativa. IV – Medidas que buscam reverter, no âmbito universitário, o quadro histórico de desigualdade que caracteriza as relações étnico- raciais e sociais em nosso País, não podem ser examinadas apenas sob a ótica de sua compatibilidade com determinados preceitos constitucionais, isoladamente considerados, ou a partir da eventual vantagem de certos critérios sobre outros, devendo, ao revés, ser analisadas à luz do arcabouço principiológico sobre o qual se assenta o próprio Estado brasileiro. V - **Metodologia de seleção diferenciada pode perfeitamente levar em consideração critérios étnico-raciais ou socioeconômicos, de modo a assegurar que a comunidade acadêmica e a própria sociedade sejam beneficiadas pelo pluralismo de ideias, de resto, um dos fundamentos do Estado brasileiro, conforme dispõe o art. 1º, V, da Constituição.** VI - **Justiça social,** hoje, mais do que simplesmente redistribuir riquezas criadas pelo esforço coletivo, **significa distinguir, reconhecer e incorporar à sociedade mais ampla valores culturais diversificados**, muitas vezes considerados inferiores àqueles reputados dominantes. VII – No entanto, **as políticas de ação afirmativa fundadas na discriminação reversa apenas são legítimas se a sua manutenção estiver condicionada à persistência, no tempo, do quadro de exclusão social que lhes deu origem**. Caso contrário, tais políticas poderiam converter-se benesses permanentes, instituídas em prol de determinado grupo social, mas em detrimento da coletividade como um todo, situação – é escusado dizer – incompatível com o espírito de qualquer Constituição que se pretenda democrática, devendo, outrossim, respeitar a proporcionalidade entre os meios empregados e os fins perseguidos. VIII – Arguição de descumprimento de preceito fundamental julgada improcedente.

Baseando-se nessas premissas, podemos afirmar que o legislador instituiu discriminações positivas (ou ações afirmativas) direcionadas às pessoas com deficiência, com o objetivo de proteger o mercado de trabalho e ao emprego da pessoa com deficiência, ao instituir as seguintes normas: (a) o preenchimento de 2 a 5 % dos cargos com pessoas reabilitadas ou com deficiência, nas empresas com 100 ou mais empregados (art. 93 da Lei 8.213/91); (b) condicionar a dispensa do empregado com deficiência ou reabilitado a contratação de outro trabalhador com deficiência ou reabilitado; (c) audiência de limitação de idade, ou do prazo de duração do contrato de trabalho, ao aprendiz com deficiência (art. 428, §§3º e 5º, CLT);e, (d) vedação de supressão, redução de direitos, ou discriminação, no tocante a salário e critérios de admissão do trabalhador com deficiência, por acordo ou convenção coletiva de trabalho (art. 611-B, XXII, CLT).

A adoção de medidas afirmativas direcionadas aos grupos considerados socialmente vulneráveis – em oposição àqueles reputados dominantes – é imprescindível para a inclusão e preservação do emprego daqueles trabalhadores enquadrados nestes grupos, bem como permite o alcance da efetiva igualdade e justiça social.

5. DISCRIMINAÇÃO POR ALGORITMO OU "DISCRIMINAÇÃO POR MINERAÇÃO DE DADOS" (DISCRIMINATION BY DATA MINING)

É comum o empregador receber uma enorme carga de dados pessoais dos trabalhadores na fase pré-contratual, pois aqueles que buscam uma ocupação no mercado de trabalho, a rigor, usam como instrumento de apresentação os seus currículos. Esses documentos contêm dados pessoais do trabalhador, inclusive informações sensíveis, em algumas hipóteses.

O trabalhador discrimina no currículo o seu nome completo, nacionalidade, sexo, idade (ou data de nascimento), endereço, telefone, e-mail, formação acadêmica, histórico profissional, discrição do perfil e qualidades pessoais e profissionais.

A rigor, o trabalhador preocupa-se em inserir o máximo de informações, pessoais e profissionais, na esperança de aumentar as chances de convocação para uma entrevista ou de contratação.

Em ambientes digitais – sites ou plataformas – o volume de informação pessoal pode ser ainda maior, pois permite um detalhamento maior das atribuições pessoais e profissionais, sendo admitido, em alguns casos, o envio de fotografia e a indicação de perfil nas mídias sociais.

Algumas empresas recebem os pedidos de oportunidades de emprego através de compartilhamento de informações por terceiros (sites parceiros ou rede social de busca de emprego, como o LinkedIn).

Todos esses dados, sejam físicos ou digitais, estão englobadas na proteção conferida pela LGPD, o que requer um cuidado maior dos empregadores no momento da contratação.

Segundo a Lei Geral de Proteção de Dados (Lei 13.709/2018) é **inadmissível o tratamento de dados para fins discriminatórios ilícitos ou abusivo**s (Art. Art. 6º, IX da LGPD).

A Lei Geral de Proteção de Dados[159] designa expressamente alguns princípios – proposições basilares, com virtudes multifuncionais, sendo considerados verdadeiros *standards* (padrões) – para servir de inspiração e parâmetro de integração[160] na aplicação das normas de proteção de dados, dentre os quais destacamos: a *não discriminação, ou seja, impossibilidade de realização do tratamento para fins discriminatórios ilícitos ou abusivos*.

A despeito da Lei geral de Proteção de Dados ser inspirada na *General Data Protection Regulation (GDPR), Regulation (EU) 2016/679*, na versão atual *OJ L 119, 04.05.2016*, não há regulamentação específica de direito do trabalho na norma brasileira.

O regulamento europeu reservou um artigo para tratar especialmente do tratamento de dados nas relações do trabalho, destacando a necessidade de respeito aos direitos fundamentais do trabalhadores, principalmente no momento do recrutamento[161]. Vejamos.

---

159 Artigo 6º da LGPD.

160 Gilmar Ferreira Mendes, Paulo Gustavo Gonet Branco. Curso de direito constitucional – 12. ed. – São Paulo: Saraiva, 2017.

161 *"Art. 88 GDPR: Processing in the context of employment 1. Member States may, by law or by collective agreements, provide for more specific rules to ensure the protection of the rights and freedoms in respect of the processing of employees' personal data in the employment context, in particular for the purposes of the recruitment, the performance of the contract of employment, including discharge of obligations laid down by law or by collective agreements, management, planning and organisation of work, equality and diversity in the workplace, health and safety at work, protection of employer's or customer's property and for the purposes of the exercise and enjoyment, on an individual or collective basis, of rights and benefits related to employment, and for the purpose of the termination of the employment relationship.* **2.** *Those rules shall include suitable and specific measures to safeguard the data subject's human dignity, legitimate interests and fundamental rights,*

> *Art. 88 GDPR: Processamento no contexto de emprego*
> *1. Os Estados-Membros podem, por lei ou por convenções coletivas, prever regras mais específicas para garantir a proteção dos direitos e liberdades no que diz respeito ao tratamento de dados pessoais dos trabalhadores no contexto do trabalho, em particular para efeitos de recrutamento, execução do contrato de trabalho (...). 2. Essas regras devem incluir medidas adequadas e específicas para salvaguardar a dignidade humana, os interesses legítimos e os direitos fundamentais do titular dos dados(...). (tradução livre - grifos acrescidos)*

Isso significa dizer que o empregador não empregar **técnicas ou métodos de mineração de dados** de forma abusiva ou ilícita, de modo a discriminar o um trabalhador determinado ou um grupo de trabalhadores.

Vale ressaltar que os dados pessoais sobre origem racial ou étnica, convicção religiosa, opinião política, filiação a sindicato ou a organização de caráter religioso, filosófico ou político, dado referente à saúde ou à vida sexual, dado genético ou biométrico, quando vinculado a uma pessoa natural, são considerados dados sensíveis (art. 5º, II, da LGPD).

O tratamento dos dados pessoais sensíveis somente poderá ser ocorrer quando o titular ou o responsável legal consentir, de forma específica ou destacada, para finalidades específicas. Significa dizer que a pessoa natural, titular do dado sensível, terá que permitir de forma inequívoca a realização da operação pelo agente de agente de tratamento (art. 11 da LGPD).

A anuência do titular será dispensável quando a realização do tratamento de dado sensível for essencial para o cumprimento de obrigação legal ou do órgão controlador; tratamento compartilhado, pela administração pública, para a realização de políticas públicas; estudos por órgão de pesquisa; exercício regular de direitos; proteção da vida ou da incolumidade física do titular ou de terceiros; tutela da saúde e garantia da prevenção à fraude e à segurança do titular, nos processos de identificação e autenticação de cadastro em sistemas eletrônicos.

---

*with particular regard to the transparency of processing, the transfer of personal data within a group of undertakings, or a group of enterprises engaged in a joint economic activity and monitoring systems at the work place. 3. Each Member State shall notify to the Commission those provisions of its law which it adopts pursuant to paragraph 1, by 25 May 2018 and, without delay, any subsequent amendment affecting them. (Suitable Recitals, **(155**) Processing in the Employment Context)"*

A empresa não poderá empregar métodos ou técnicas de tratamento de dados, ou técnicas de mineração de dados (*data mining*), utilizando aparatos tecnológicos, objetivando a criação de perfis (*profiling*), de modo a dar preferência, distinguir ou excluir o candidato com base na sua origem racial ou étnica, religião, opinião política, filiação a sindicato ou orientação sexual, durante o processo de recrutamento. Nesta hipótese estaremos diante da denominada **"discriminação por algoritmo" ou "discriminação por mineração de dados"** (*discrimination by data mining*).

A jurisprudência é firme no sentido de reconhecer a responsabilização do empregador em caso de discriminação na contratação (fase pré-contratual):

> **DISCRIMINAÇÃO DE SEXO NA CONTRATAÇÃO. OBRIGAÇÃO DE NÃO FAZER. DANO MORAL COLETIVO. CONFIGURADO.** Para efeito de dano moral coletivo, o ilícito e seus consectários há de ser dotados de tal gravidade que impliquem na imediata repulsa social, ultrapassando, portanto, aquela reação decorrente da mera inobservância de determinada norma trabalhista. **Destarte, evidenciada a discriminação na contração por razão de sexo, há submissão da coletividade (grupo, categoria ou classe de pessoas) a uma situação capaz de ensejar a indenização por dano moral coletivo.** (TRT-17 RO: 00011446120155170009, Relator: José Luiz Serafini, Data de Julgamento: 29/05/2018, Data de Publicação: 03/07/2018)
>
> DANO MORAL COLETIVO. DISCRIMINAÇÃO NA CONTRATAÇÃO DE EMPREGADOS. Tendo sido demonstrado nos autos, através da confissão da preposta, a atitude da reclamada em estabelecer como norma procedimental interna a discriminação de seus empregados ou potenciais empregados que tivessem ajuizado ações na Justiça do Trabalho, configura-se o dano moral coletivo. (TRT-2 – RO 14920014200004 SE 0149200-14.2008.5.20.0004, Data de Publicação: DJ/SE de 15/06/2009)
>
> "I - AGRAVO DE INSTRUMENTO EM RECURSO DE REVISTA INTERPOSTO NA VIGÊNCIA DA LEI 13.467/2017. TRANSCENDÊNCIA RECONHECIDA. **INDENIZAÇÃO POR DANOS MORAIS. CERTIDÃO DE ANTECEDENTES CRIMINAIS NA FASE PRÉ-CONTRATUAL . FUNÇÃO DE AJUDANTE DE PRODUÇÃO .** Demonstrada possível violação do art. 5.º, X, da Constituição Federal, impõe-se o provimento do agravo de instrumento para se determinar o processamento do recurso de revista. Agravo de instrumento provido. [...] **2 - INDENIZAÇÃO POR DANOS MORAIS. CERTIDÃO DE ANTECEDENTES CRIMINAIS NA FASE PRÉ-CONTRATUAL. FUNÇÃO DE AJUDANTE DE PRODUÇÃO. EXIGÊNCIA NÃO JUSTIFICADA. A SBDI-1, por maioria de votos, no julgamento do Tema 1 da Tabela de Recursos de Revista Repetitivos, firmou tese de que a exigência da certidão de antecedentes criminais para a contratação de empregado somente se**

justifica em razão de funções específicas para as quais o empregado será contratado, configurando dano in re ipsa sua exigência injustificada , hipótese dos autos . Recurso de revista conhecido e provido " (RR-1090-34.2017.5.07.0032, 2ª Turma, Relatora Ministra Delaide Miranda Arantes, DEJT 01/03/2019).

A empresa ou pretenso empregador não poderá se valer de expedientes de mineração ou outras técnicas, para segregar, excluir ou distinguir os trabalhadores com base em dados pessoais sensíveis, sob pena reparação por dano material, moral e multas administrativas.

Da mesma forma, o empregador não poderá se valer de subterfúgios tecnológicos para discriminar o empregado durante o contrato de trabalho, para obstar promoções, por motivo de raça ou etnia, sexo, idade, **convicção religiosa ou política**, **associação à sindicato**, por exemplo, poderá ser obrigado a reparar os danos daí decorrentes (art. 5º, V e X, da CF; art. 7º da CF, incisos XX, XXX, XXXI, XXXII e XXXIII).

Conforme o art. 42 da LGPD, "o controlador ou o operador que, em razão do exercício de atividade de tratamento de dados pessoais, causar a outrem dano patrimonial, moral, individual ou coletivo, em violação à legislação de proteção de dados pessoais, é obrigado a repará-lo".

O desrespeito às normas de proteção aos dados pode gerar dano patrimonial ou extrapatrimonial, ou adoção de práticas discriminatórias por algoritmos ou *"por mineração de dados" (discrimination by data mining)*.

A LGPD prevê expressamente que o operador responde **solidariamente** pelos danos causados pelo tratamento de dados, quando não cumprir as obrigações de proteção de dados, ou quando não tiver seguido as instruções lícitas do controlador. Significa dizer que o terceiro (operador de dados contratado pelo empregador-controlador) será pode ser responsabilizado caso participe do ato discriminatório.

Na hipótese de existir mais de um controlador – como é o caso do grupo empresarial, consórcio empresarial, ou, eventualmente, a terceirização – e estes estiverem envolvidos no tratamento dos dados pessoais do empregado, responderão de forma solidária (art. 42, §1º, II, LGPD).

O art. 43 da LGPD estabelece as excludentes de responsabilidade dos agentes tratadores, quais sejam: a) não ter realizado o tratamento de dados (ausência de conduta – ação ou omissão voluntária); b) embora tenham realizado o tratamento de dados pessoais que lhes é atribuído, não houve violação à legislação de proteção de dados (conduta lícita); c) culpa exclusiva da vítima (do titular dos dados) ou de terceiros.

O empregador também deverá responder pelos dados decorrente da omissão (negligencia, imprudência ou imperícia), quando deixar de implementar medidas de segurança para a proteção dos dados dos trabalhadores.

Imagine que o empregador não implemente nenhuma medida de segurança para a proteção dos dados dos trabalhadores e um hacker invade o sistema da empresa e acessa uma imagem constrangedora de um funcionário, publicando-a nas redes sociais. Sendo demonstrada a omissão do empregador (o não-agir; não-fazer), na adoção de medidas de segurança, poderá ser responsabilizado (art. 44, § único).

No que se refere ao aspecto processual, o juiz poderá inverter o ônus da prova a favor do titular dos dados quando, a seu juízo, for verossímil a alegação, houver hipossuficiência para fins de produção de prova ou quando a produção de prova pelo titular resultar-lhe excessivamente onerosa, nos termos do art. 42, §2º, da Lei Geral de Proteção aos Dados (Lei 13.709/2018). Nesse sentido, o art. 818 da CLT.

As ações de reparação por danos coletivos, comumente ajuizadas pelo Ministério Público do Trabalho, que tenham por objeto a responsabilização, podem ser exercidas coletivamente em juízo (art. 42, §3º, Lei 13.709/2018).

A *"discriminação por algoritmo"* ou *"discriminação por mineração de dados"* *(discrimination by data mining)*, poderá resultar na imposição de sanções pela Autoridade Nacional de Proteção de Dados (ANPD), como: a) advertência; b) **multa simples: de** até 2% (dois por cento) do faturamento da pessoa jurídica de direito privado, grupo ou conglomerado no Brasil, com base no seu último exercício-financeiro, estando limitada ao total de R$ 50.000.000,00 **(cinquenta milhões de reais) por infração**; c) multa diária, observando os mesmos parâmetros de aplicação da multa simples; d) a publicização da infração; e) bloqueio dos dados; f) eliminação dos dados; g) **suspensão parcial do funcionamento do banco** de dados pelo período máximo de 6 (seis) meses, prorrogável por igual período; **suspensão do tratamento dos dados pessoais** por até 6 (seis) meses, prorrogável por igual período; h) proibição parcial ou total do exercício de atividades relacionadas a tratamento de dados.

É possível sustentar a competência concorrente ou dever de colaboração do Ministério da Economia (Secretaria da Especial de Previdência e Trabalho), com base no art. 626 da CLT, no ato administrativo e ao Ministério Público do Trabalho (art. 129 da CF, art. 83 e 8º, da Lei Complementar 73/93).

CAPÍTULO VIII.
ASSÉDIO MORAL

1. CONCEITO

O assédio moral é definido com "*a conduta reiterada seguida pelo sujeito ativo no sentido de desgastar o equilíbrio emocional do sujeito passivo, por meio de atos, palavras, gestos e silêncios significativos que visem ao enfraquecimento e diminuição da autoestima da vítima ou a outra forma de tensão ou desequilíbrio emocionais graves*".[162]

A jurista Sônia Aparecida Costa Mascaro do Nascimento [163] ensina que o assédio moral se caracteriza por ser

> "*uma conduta abusiva, de natureza psicológica, que atenta contra a dignidade psíquica, de forma repetitiva e prolongada, e que expõe o trabalhador a situações humilhantes e constrangedoras, capazes de causar ofensa à personalidade, à dignidade ou à integridade psíquica, e que tenha por efeito excluir a posição do empregado no emprego ou deteriorar o ambiente de trabalho, durante a jornada de trabalho e no exercício de suas funções*".

A professora Alice Monteiro de Barros defendia que

> "*o termo 'assédio moral' foi utilizado pela primeira vez pelos psicólogos e não faz muito tempo que entrou para o mundo jurídico. O que se denomina assédio moral, também conhecido como mobbing (Itália, Alemanha e Escandinávia), acosso moral (Espanha), terror psicológico ou assédio moral entre nós, além de outras denominações, são, a rigor, atentados contra a dignidade humana e se manifestam, de início, na família e na escola, quando se confrontam, respectivamente, filhos e alunos com predileções ostensivas. Ora, a exibição de valores, o relato do brilho e da glória de uns com ostracismo do outro gera ciúmes, inveja e rivalidades. Por fim, o assédio moral*

---

[162] Mauricio Godinho Delgado. Curso de Direito do Trabalho. LTR. São Paulo: 2019

[163] NASCIMENTO, Sônia A. C. Mascaro. Assédio moral no ambiente do trabalho. Revista LTR, São Paulo, v. 68, n. 08, p. 922-930, ago. 2004.

deságua no trabalho, geralmente de forma estereotipada, e em várias outras áreas da sociedade".

A Organização Internacional do Trabalho, na Convenção 190 de 2019[164], sobre violência e assédio, reconhece o direito de todas as pessoas a um mundo de trabalho livre de violência e assédio, incluindo a violência e o assédio com base no gênero (assédio sexual).

Nessa convenção, o termo violência e assédio é conceituado como *"um conjunto de comportamento e práticas inaceitáveis, ou de suas ameaças, de ocorrência **única ou repetida**, que visem, causem, ou sem suscetíveis de causar dano físico, psicológico, sexual ou econômico, e inclui a violência com base no gênero".*

Vemos, portanto, que o assédio moral é a exposição do trabalhador a situações humilhantes no ambiente de trabalho, de forma repetitiva ou prolongada, acarretando dano à integridade psíquica ao trabalhador.

O assédio moral (violência psicológica) é a conduta mais denunciada no mundo do trabalho, estando relacionado a abusos verbais, não verbais, psicológico, sexual, *bullying, mobbing* e ameaças.

Também estão incluídas nesse conceito, a tentativa de descredibilizar da reputação do trabalhador; o seu isolamento, atribuição de atividades ou tarefas que não estão de acordo com a capacidade, competências e condições pessoais do trabalhador; e as metas inatingíveis.

No direito comparado o conceito de violência psicológica ou assédio, diz respeito a conduta praticada com o objetivo de ferir a integridade psicológica da vítima, bem como os efeitos daí decorrente.

O Código do Trabalho Francês [165], define o assédio moral como os atos repetitivos que tem a finalidade ou o efeito de degradar as condições de trabalho dos trabalhadores e das trabalhadoras de uma tal maneira que podem prejudicar o seu direito à dignidade, alterar a sua saúde física ou mental ou pôr em perigo o seu futuro profissional.

Em estudo da organização internacional do trabalho, foram colhidas do Direito Comparado, as seguintes definições:

---

[164] https://www.ilo.org/wcmsp5/groups/public/---europe/---ro-geneva/---ilo-lisbon/documents/genericdocument/wcms_729459.pdf

[165] https://www.ilo.org/wcmsp5/groups/public/---ed_norm/---relconf/documents/meetingdocument/wcms_630695.pdf

> "De acordo com a definição constante no Código do trabalho da Polónia, de 1974, na sua versão alterada, o mobbing abrange o assédio e a intimidação prolongados a um/a trabalhador/a, resultando numa avaliação diminuída das suas capacidades profissionais, ou visando humilhar ou ridicularizar, provocando o seu isolamento ou marginalização relativamente aos colegas de trabalho. A Lei sobre Relações no Trabalho da Eslovénia, de 2013, define o mobbing como qualquer comportamento errado ou claramente negativo ou insultuoso que se produz de uma forma repetida e sistemática contra um/a trabalhador/a ou trabalhadores/as a título individual no local de trabalho e em relação à atividade laboral. Na Austrália, considera-se que um trabalhador ou trabalhadora é vítima de bullyings e «quando se encontra no seu local de trabalho, um indivíduo ou um grupo de indivíduos se comporta repetidamente e de uma forma injustificada com o trabalhador ou trabalhadora ou com um grupo do qual faz parte, e o referido comportamento cria um risco para a saúde e segurança deste. Na Turquia, o bullying é definido como ações dirigidas a uma pessoa com o objetivo de a desencorajar e excluí-la do seu ambiente de trabalho, incluindo ações que podem ter um caráter deliberado e que visam importunar essa pessoa. De acordo com a Lei sobre Relações no Trabalho da Eslovénia, de 2013, o assédio define-se como qualquer comportamento impróprio associado a qualquer circunstância pessoal determinada, com o efeito ou a intenção de afetar a dignidade de uma pessoa e de criar um ambiente intimidatório, agressivo, degradante, vergonhoso ou insultuoso. Na Papua Nova Guiné, o assédio é definido como qualquer comportamento não desejado e não solicitado que seja ofensivo, intimidatório ou humilhante. As formas mais comuns de assédio são o bullying, a agressão física e as ameaça"[166].

Na doutrina brasileira há discussão sobre a necessidade (ou não) da reiteração da conduta para a caracterização do assédio moral, prevalecendo a vertente interpretativa que entende pela necessidade da reiteração da conduta.

2. FORMAS

O assédio moral é classificado pela doutrina de acordo com a abrangência. Vejamos.

   a. Assédio moral vertical descendente: ocorre quando o terror psicológico é praticado das chefias em direção ao chefiado, isto é, do superior hierárquico para o subordinado;
   b. Assédio moral vertical ascendente: quando o subordinado ou um grupo de trabalhadores prática terror psicológico contra o seu superior hierár-

---

[166] https://www.ilo.org/wcmsp5/groups/public/---ed_norm/---relconf/documents/meetingdocument/wcms_630695.pdf

quico. O objetivo é boicotar o chefe, para que seja haja a substituição do chefe. Citamos como exemplo, a conduta praticada por jogadores de futebol para "derrubar" o técnico.

c. Assédio moral horizontal: se caracteriza quando a conduta é praticada por um colega de trabalho em direção a outros colegas, ou seja, de um trabalhador contra trabalhador no ambiente de trabalho.
d. Assédio moral interpessoal: ocorre de maneira individual, direta e pessoal, com a finalidade de prejudicar ou eliminar o profissional na relação com a equipe;
e. Assédio moral institucional: ocorre quando a própria organização incentiva ou tolera atos de assédio. A agressão parte da própria instituição, por meio de seus gestores ou a partir de estratégias organizacionais desumanas para obter uma maior produtividade, criando uma cultura institucional de humilhação e controle.

O assédio moral pode estar ligado a abusos do poder de direção, busca incessante pelo cumprimento de metas desarrazoadas, uma cultura autoritária, rixas no ambiente de trabalho, sentimentos de inveja, etc.

A cartilha do Senado Federal[167] traz alguns exemplos de assédio moral:

- retirar autonomia funcional dos trabalhadores ou privá-los de acesso aos instrumentos de trabalho;
- sonegar informações úteis para a realização de suas tarefas ou induzi-los a erro;
- contestar sistematicamente todas as suas decisões e criticar o seu trabalho de modo exagerado ou injusto;
- entregar, de forma permanente, quantidade superior de tarefas comparativamente a seus colegas ou exigir a execução de tarefas urgentes de forma permanente;
- atribuir, de propósito e com frequência, tarefas inferiores ou distintas das suas atribuições;
- controlar a frequência e o tempo de utilização de banheiros; ^ pressionar para que não exerçam seus direitos estatutários ou trabalhistas;
- dificultar ou impedir promoções ou o exercício de funções diferenciadas;
- segregar o(a) assediado(a) no ambiente de trabalho, seja fisicamente, seja mediante recusa de comunicação;
- agredir verbalmente, dirigir gestos de desprezo, alterar o tom de voz ou ameaçar com outras formas de violência física;
- criticar a vida privada, as preferências pessoais ou as convicções do(a) assediado(a);

---

[167] https://www12.senado.leg.br/institucional/procuradoria/proc-publicacoes/cartilha-assedio-moral-e-sexual

- espalhar boatos a respeito do trabalhador(a), procurando desmerecê-lo perante seus superiores, colegas ou subordinados;
- invadir a vida privada com ligações telefônicas ou cartas;
- desconsiderar problemas de saúde ou recomendações médicas na distribuição de tarefas;
- isolar o(a) assediado(a) de confraternização, almoços e atividades juntamente com os demais colegas.
- dificultar ou impedir que as gestantes compareçam a consultas médicas fora da empresa;
- interferir no planejamento familiar das mulheres, exigindo que não engravidem;
- desconsiderar recomendações médicas às gestantes na distribuição de tarefas.

Essas condutas afetam violentamente a saúde mental do trabalhador, gerando ansiedade, medo, depressão e outras doenças psicológicas.

O Departamento de Justiça dos Estados Unidos, em 2004, destacou que

> Num contexto de uma crescente atenção relativamente a esta questão, os especialistas em segurança no trabalho e outros analistas estão de acordo em que, em termos gerais, para abordar a violência no local de trabalho é necessário tratar de diversos aspectos além da agressão física em si. Os homicídios e outras agressões físicas fazem parte de um contínuo que **inclui também a violência doméstica, a perseguição, as ameaças, o assédio, o *bullying*, o abuso emocional, a intimidação e outras formas de conduta que geram ansiedade, medo e um clima de desconfiança no local de trabalho.** Fazem todos parte do problema da violência no local de trabalho. (Departamento de Justiça dos Estados Unidos, 2004, pág. 13.)

Além das referidas consequências, o assédio moral acarreta culpa, vergonha, rejeição, tristeza, inferioridade e baixa autoestima, distúrbios digestivos, dores de cabeça, alteração do sono, crises de choro, irritabilidade, problemas familiares, isolamento, síndrome do pânico, estresse, esgotamento físico e emocional, podendo levar até ao suicídio do trabalhador. Pode ocasionar a redução da capacidade de concentração e da produtividade do trabalhador que é vítima do assédio, erros no cumprimento das tarefas e reações incompreensíveis em relações às ordens recebidas por superiores.

E não é só. O assédio gera consequências para a empresa, na medida em que há uma redução da produtividade, rotatividade de pessoal, aumento de erros e acidentes, excesso de falta dos trabalhadores, licenças médicas, indenizações trabalhistas, assim como expõe negativamente a imagem da empresa.

3. ASSÉDIO MORAL VS. ASSÉDIO SEXUAL

O assédio moral se difere do assédio sexual, embora sejam figuras próximas, relacionadas à dignidade do trabalhador, possuem conceitos distintos.

Enquanto o assédio moral se caracteriza através de condutas que objetivam aterrorizar psicologicamente o trabalhador, o assédio sexual é definido como a *conduta de importunação maliciosa e reiterada, explícita ou não, com interesse e conotações libidinosos, de uma pessoa física em relação a outra.* Trata-se de uma ofensa de natureza essencialmente emocional, psicológica, embora podendo ostentar também dimensão física.

Existe, portanto, uma conotação sexual nos atos de perseguição e importunação. O assédio sexual, na maioria das vezes, é praticado pelo assediador às escondidas, sem a presença de testemunhas, conquanto seja possível a sua caracterização se praticado na presença de terceiros. As maiores vítimas dessa conduta são as mulheres, sendo possível que o homem também seja vítima.

Os exemplos mais comuns de assédio sexual são insinuações (explícitas ou veladas), gestos, palavras, promessas de tratamento diferenciado, chantagem para permanência ou promoção, ameaças, represálias, perturbação, conversas indesejáveis (de conotação sexual), contato físico indesejado, etc.

4. CONSEQUÊNCIAS NO CONTRATO DE TRABALHO E INDENIZAÇÕES

Por todas as perspectivas o assédio moral constitui dano extrapatrimonial, uma vez que atinge a dignidade humana do trabalhador e a sua honra, vez que causa um grande abalo psicológico aos trabalhadores.

Como citado acima, a reiteração da conduta causa danos psíquicos e físicos ao empregado, desencadeando, na maioria das vezes, ansiedade, medo, depressão, síndrome do pânico, etc.

Esses bens dizem respeito aos direitos da personalidade, protegidos pela constituição federal no art. 5º, V e X, e, para a sua configuração devem estar provados o ato lesivo (culposo ou doloso), o dano, o nexo causal, nos termos do art.; 223-B e seguintes da CLT e do art. 186 e 927 do Código Civil.

Nos casos mais graves o assédio moral pode ser enquadrado como doença ocupacional por equiparação (art. 20 da Lei 8.213/91), por originar doenças psíquicas (depressão, ansiedade, síndrome do pânico, etc), ou pelo agravamento da doença (agindo como concausa). Nesse sentido, colhemos o interessantíssimo julgado proferido pelo Tribunal Regional do Trabalho da 3ª Região[168]:

> "O MM. Juízo da 1ª Vara do Trabalho de Uberlândia, mediante decisão da lavra do Exmo. Juiz Marco Aurélio Marsiglia Treviso (ID 536e466), cujo relatório adoto e a este incorporo, julgou **IMPROCEDENTES** os pedidos deduzidos por **LILIAN MEIRELES SILVA** em face de **3PI SERVIÇOS LTDA., VIRTUAL CONNECTION ADMINISTRAÇÃO E PARTICIPAÇÕES LTDA.** e **CLARO S.A.**, absolvendo as rés. Inconformada, a autora interpôs recurso ordinário sob o ID 1f796b4, pugnando pela reforma da sentença nos seguintes tópicos: i - assédio moral; ii - doença ocupacional e indenização por danos morais e materiais; iii - estabilidade provisória; iv - FGTS do período de afastamento; v - dispensa arbitrária/discriminatória; vi - diferenças de comissões e reflexos; vii - indenização pela diferença de benefício previdenciário que deixou de perceber; e viii - grupo econômico e responsabilidade solidária. Contrarrazões opostas por 3PI Serviços Ltda. sob o ID 8fd52a7, e por Claro S.A., sob o ID 87e69e5. Dispensada a manifestação do Ministério Público do Trabalho, visto que não evidenciado interesse público a ser protegido. É o relatório. **JUÍZO DE ADMISSIBILIDADE.** O recurso é tempestivo (sentença publicada em 12/07/18, segundo notificação de ID cf66c2d - ver aba "*Expedientes*" do PJe; e razões recursais protocolizadas em 23/07/18, sob o ID 1f796b4); regular a representação processual, nos termos da procuração de ID df1c48c; e dispensado o preparo, aferida a gratuidade judiciária deferida à obreira (ID 536e466, pág. 5). Presentes os requisitos intrínsecos e extrínsecos de admissibilidade, conheço do recurso. **JUÍZO DE MÉRITO. ASSÉDIO MORAL.** Reitera a autora que sofreu assédio moral por parte de seu supervisor, conforme demonstrado pela prova oral, o que a levou a desenvolver quadro de depressão, inclusive com afastamento do trabalho. Pugna pelo pagamento de indenização por danos morais. Ao exame. O dano moral traduz lesão sofrida por alguém no respectivo patrimônio ou sistema de valores ideais, como a vida privada, a honra, a intimidade, a imagem e a integridade física, denotando toda ordem de sofrimentos ou sensações dolorosas que afetam a subjetividade ou a expressão material/imaterial do ser, que é valorosa e digna por sua própria condição humana. O assédio moral, por sua vez, é modalidade de dano moral, qualificada como ato de violência psicológica, que se expressa com gestos, palavras, atitudes ou escritos tendentes a comprometer/desestabilizar o equilíbrio emocional ou a integridade psíquica do trabalhador,

---

[168] Consulta processual realizada em 24/07/2020 - https://pje-consulta.trt3.jus.br/consultaprocessual/detalhe-processo/00107668120175030043

por ofensivos à sua dignidade, personalidade ou valor pessoal, representando achaques geralmente intentados sob o manto do regular exercício das prerrogativas patronais. A autora foi contratada em 23/06/15, para exercer a função de *"agente de telemarketing"*, e dispensada, sem justa causa, mediante aviso prévio indenizado, em 18/04/16(ver TRCT, ID eaf35d4; e instrumento de ID 68b245a). Denunciou a obreira, *verbis*: "*A reclamante foi vítima de assédio moral, principalmente <u>por parte da coordenador, Senhor Reinaldo Silva, o qual passou a persegui-lo la no ambiente de trabalho e a tratar-lhe com rigor excessivo e de forma diferenciada em relação aos demais empregados. As retaliações, críticas destrutivas, cobranças intensas e ofensas à sua moral eram reiteradas, demasiadamente desmedidas e tinham o fito de minar-lhe psicologicamente</u>. Toda a perseguição perpetrada tinha como única finalidade colocá-la em posição desconfortável perante os demais colegas de trabalho, excluindo-a do ambiente de trabalho, o que chegou mesmo a acontecer, haja vista que, diante das represálias vivenciadas diariamente, passou a sofrer de transtornos psicológicos e teve que se afastar do labor por determinação médica. (...) <u>Em diversas oportunidades durante a contratualidade a Reclamante foi tratada de forma desrespeitosa e vexatória perante os demais colegas de trabalho, o que ocorria quando a Reclamante apresentava atestado em virtude de ter faltado justificadamente ao trabalho.</u> Nessas oportunidades seu supervisor gritava para todos que quisessem ouvir que a Reclamante não tinha caráter simplesmente por ter faltado ao trabalho. Em outras passagens, falava-se que os funcionários estavam para vender, e que caso morressem mandaria uma coroa de flores. Cabendo ressaltar que os fatos noticiados acima não ocorriam em uma sala separada dos demais funcionários, pelo contrário a Reclamante era humilhada na frente de todos os demais funcionários da 1ª Reclamada. <u>Em razão das humilhações noticiadas acima a reclamante passou a apresentar transtornos psicológicos que resultaram em um série quadro de ansiedade, medo, sudorese, insônia e outros, que levaram a Autora a submeter-se a tratamento psicológico e fazer uso de medicamentos controlados</u>*" (sic, ID 1049211, págs. 6/7, sem realces do original, grifei e negritei). A prova oral trouxe os seguintes elementos: "*que trabalhou na 1ª reclamada por cerca de 1 ano; que o depoente era vendedor de produtos da* NET*; (...) que o relacionamento do depoente com seus colegas de profissão era tranquilo; que o depoente nunca teve nenhum tipo de problema com qualquer colega de trabalho ou seu superior hierárquico; que o depoente sentava perto da reclamante; <u>que as vezes a reclamante amarrava seu cabelo para trás, e o Sr. Reinaldo, supervisor, a chamava de 'calopsita'; que tinha reuniões matinais; que a educação do supervisor era péssima, e ele dizendo que se não vendesse, poderia ir embora; que o supervisor tratava de forma diferente aqueles que vendiam menos na empresa; que este era um comportamento que o supervisor tinha com qualquer funcionário; que praticamente todos os dias, nas reuniões, o Sr. Reinaldo chegava a gritar com a autora, por situações relacionadas a</u>*

vendas; que a reclamante era uma boa vendedora" (Sr. Christopher Guardieiro Nascimento, testemunha inquirida a pedido da autora, ID c36feae, pág. 1, grifei e negritei). *"que trabalha na 1ª reclamada desde junho de 2015; que a depoente é coordenadora; (...) que o Sr. Reinaldo trabalhou com a depoente; que a depoente entrou como atendente, e tal pessoa foi seu supervisor; que atualmente a depoente exerce a mesma função que o Sr. Reinaldo exercia; que tal pessoa saiu da empresa; que se recorda que tal pessoa saiu por volta de 2016; <u>que o relacionamento de tal pessoa com os atendentes era tranquilo; que tal pessoa nunca praticou atos de grosseria com a depoente; que nunca presenciou tal pessoa sendo grosso com qualquer membro da equipe de trabalho</u>"* (Sra. Lidiane Cristina de Souza, testemunha ouvida a pedido da ré, ID c36feae, págs. 1/2, grifei e negritei). O Sr. Christopher Guardieiro Nascimento, ouvido a rogo da autora, confirmou que o Sr. Reinaldo, supervisor, chamava a obreira de *"calopsita"* quando *"amarrava seu cabelo para trás"*, sendo que *"tratava de forma diferente aqueles que vendiam menos na empresa"* e que *"praticamente todos os dias, nas reuniões, o Sr. Reinaldo chegava a gritar com a autora, por situações relacionadas a vendas"*. A Sra. Lidiane Cristina de Souza, por sua vez, disse, genericamente, que o Sr. Reinaldo *"nunca praticou atos de grosseria com a depoente"*, e *"que nunca presenciou tal pessoa sendo grosso com qualquer membro da equipe de trabalho"*. A versão relatada pela Sra. Lidiane Cristina de Souza não infirma o tratamento ríspido/grosseiro endereçado especificamente à autora pelo supervisor, diariamente nas reuniões, por situações relacionadas às vendas, nos moldes do depoimento prestado pelo Sr. Christopher Guardieiro Nascimento. Tenho, pois, por suficientemente comprovado o alegado assédio moral. Nesse contexto, quando o empregador extrapola os legítimos contornos de atuação do seu poder diretivo e expõe o empregado a vexatória e abusiva sujeição, maculando a dignidade do trabalhador, deve arcar com a reparação dos danos morais causados por essa conduta. A lesão moral, por se tratar de algo eminentemente incorpóreo, se presume diante do assédio moral sofrido, constituindo o denominado dano *"in re ipsa"*, não havendo como se cogitar da prova cabal e concreta do revés íntimo sofrido pela pessoa prejudicada. A doutrina e a jurisprudência são uníssonas em reconhecer que o quantum da indenização por danos morais/estéticos deve ser fixado em consonância com o princípio da razoabilidade (art. 5º, LIV, CR), tendo como anteparo o juízo de moderação e equidade do Julgador, atendendo aos seguintes critérios: i - deve satisfazer o ofendido de forma equivalente à gravidade dos danos sofridos e dos seus respectivos efeitos; ii - deve estar em sintonia com a situação econômica das partes; e iii - deve apresentar um viés educativo para o ofensor, dissuadindo-o da reiteração da prática danosa, omissiva ou comissiva. Além do caráter punitivo da indenização e do propósito pedagógico que lhe é inerente, essa deve ter também um efeito compensatório, considerada a avaliação precisa em torno do grau de culpa do ofensor e da sua capacidade econômica, atendendo, especialmente, o imperativo de mi-

norar o sofrimento da vítima. Considerando todos esses balizamentos, principalmente a extensão da lesão moral impingida à obreira e o respectivo padrão remuneratório, o grau de culpa da empregadora e a sua dimensão econômico-financeira, arbitro o pagamento de indenização por danos morais no importe de R$10.000,00. Parcial provimento conferido ao apelo, nestes termos. **DOENÇA OCUPACIONAL - DANOS MATERIAIS E MORAIS.** Brada a autora que, **em virtude do assédio moral** sofrido, desenvolveu quadro de depressão, restando patente a correlação de sua doença com fatores de ordem laborativa, motivo pelo qual faria jus ao pagamento de indenizações por danos materiais e morais vindicadas na inicial. À análise. A autora permaneceu afastada do trabalho, mediante benefício de auxílio-doença comum (código 31), de 29/01/16 até 11/04/16 (ver documentos de IDs 8a4fb21 e b54823a). De acordo com laudo médico pericial proveniente do INSS, a autora padecia de transtorno misto ansioso e depressivo (CID 10: F412), com início em 1º/12/15, constando o seguinte histórico: *"EMPREGADA, OP. TELEMARKETING. REFERE SINTOMAS DEPRESSIVOS / ANSIOSOS DESDE DEZEMBRO/15. QUEIXA-SE DE MEDOS INFUNDADOS, INSÔNIA, CHORO FÁCIL. TRAZ ATM DR MARCO TULIO BARETTA CRMMG 54344, EM 14/01/16 E EM 11/03/16, CID F419/F321 E F412, RESPECTIVAMENTE. SEGURADA EM USO DE ZOLOFT 50 MG/D (MESMA MEDICAÇÃO E DOSE DE JANEIRO, CONFORME CONSTA INFORMAÇÃO EM ATM). SEGURADA NEGA PSICOTERAPIA, ACOMPANHAMENTO NO CAPS, INTERNAÇÃO PELO QUADRO"* (ID dc8594a). O perito médico designado para aferição do quadro de saúde da autora, Dr. Geraldo Dias Ferreira Júnior (CRM 17474), cujo laudo foi juntado sob o ID 2d28ed4, apresentou a seguinte discussão: "<u>**No caso da reclamante, a mesma é portadora de quadro depressivo, evidenciado no exame psíquico da reclamada durante a avaliação pericial.** Cabe aqui esclarecer que a doença da reclamante se deve a um fator biológico, caracterizado pela redução na atividade do sistema serotoninérgico cerebral, é, portanto, uma doença por déficit de substância endógena. Também é importante ressaltar que a doença não é unicausal e é consenso que vários fatores estão ligados à gênese de um episódio depressivo. As questões ambientais e relacionadas ao mundo extra psíquico (vivência de eventos) tem o seu papel na gênese do processo depressivo, embora não possam ser responsabilizados pela manutenção da depressão, em outras palavras, pode ser agente desencadeador da doença. Melhor explicado, eventos estressantes provavelmente disparam a depressão nas pessoas expostas e vulneráveis.</u>
Na depressão fatores biológicos estão sempre presentes e são determinantes e os fatores ambientais e psicológicos podem apresentar como desencadeantes ou agravantes. <u>Analisando a história clínica relatada pela reclamante, a mesma descreveu vários casos de agressões verbais, chacotas e até mesmo assédio moral sofridas, tendo como autor seu supervisor, que a humilhava e desmerecia seu potencial no trabalho. Fatos como este</u>

são classificados como eventos de caráter ambiental e psicológicos e que tem potencial para desencadear ou agravar um episódio depressivo, não sendo eventos que concorrem diretamente para a ocorrência da doença, pois necessitaria da predisposição biológica que é de caráter genético e hereditário. Portanto são fatos que não tem nexo causal direto, mas estas situações por concorrerem para o desencadeamento de episódios depressivos em pessoas vulneráveis e predispostas apresenta nexo concausal com o aparecimento da doença depressão. Também é importante aqui ressaltar que se estes fatos estressantes relatados pela reclamante ocorreram, foge à constatação deste perito. Dependendo de outros meios jurisdicionais para confirmá-los. Assim como também é necessário deixar claro que outros fatos extralaborais como perda de entes queridos, decepções ou sonhos íntimos desfeitos em pessoas vulneráveis podem também serem fatores desencadeadores de quadro depressivo. *Quanto à incapacidade laborativa a reclamante no momento da perícia, após avaliação psíquica, se encontra totalmente incapacitada de forma temporária para exercer qualquer atividade laborativa. Está sem acompanhamento psiquiátrico ou uso de medicação desde junho de 2016. É provável que melhore ou resolva o quadro com acompanhamento psiquiátrico e uso de medicação adequada a sua patologia*" (ID 2d28ed4, págs. 25/26, grifei e negritei). Pontuou o *expert* que a autora é portadora de quadro depressivo, ocasionado primordialmente por fatores ou predisposição de ordem biológica, mas que variáveis ambientais têm seu papel na gênese do processo, de tal modo que eventos estressantes disparam a moléstia nas pessoas expostas e vulneráveis. Assinalou que, se positivada a história clínica relatada pela obreira, especificamente no tocante aos "*casos de agressões verbais, chacotas e até mesmo assédio moral sofridas, tendo como autor seu supervisor, que a humilhava e desmerecia seu potencial no trabalho*", é de se considerar que tais eventos tem potencial para desencadear ou agravar um episódio depressivo (nexo concausal), que, de toda forma, depende de predisposição biológica (genética e hereditária). Disse ainda que, no momento da perícia (novembro/2017), a autora se encontrava totalmente e temporariamente incapacitada para exercer qualquer atividade laborativa, sendo certo que provavelmente melhore ou resolva o quadro com acompanhamento psiquiátrico e uso de medicação adequada à sua patologia. Conforme verificado no tópico precedente, a prova oral demonstrou o tratamento ríspido/grosseiro sofrido pela autora em seu ambiente de trabalho, notadamente quando o Sr. Christopher Guardieiro Nascimento relatou que o supervisor, Sr. Reinaldo, "*tratava de forma diferente aqueles que vendiam menos na empresa*" e que "*praticamente todos os dias, nas reuniões, o Sr. Reinaldo chegava a gritar com a autora, por situações relacionadas a vendas*" (ID c36feae, pág. 1). Ante o exposto, à luz da perícia realizada nos autos, não padece dúvida que o assédio moral impingido à autora atuou, na condição de concausa, como fator desencadeante do quadro depressivo que a vitimou. As entidades mórbidas adquiridas, produzidas, desencadeadas ou agravadas por fatores de ordem laborativa também se equiparam ao acidente do trabalho, na forma dos arts. 20, I e II, e 21, I, da Lei 8.213/91. A conduta culposa da empregadora encontra-se cabalmente configurada, pelo tratamento vexatório e hostil ao qual se submetia a autora para execução de seu mister, em face da postura de seu supervisor. Não tendo sido carreada ao feito prova robusta em sentido contrário, capaz de infirmar a conclusão pericial, impende julgar a lide de acordo com os elementos assinalados no laudo. Nos termos dos arts. 157 da CLT e 19, § 1º, da Lei 8.213/91, cabe ao empregador oferecer condições para que as atividades sejam executadas de forma segura, objetivando evitar a ocorrência de acidentes e doenças ocupacionais. A Constituição, ao tutelar o meio ambiente (art. 225, *caput*), busca resguardar a qualidade de vida como valor fundamental, de sorte que, ao incluir o local de trabalho nessa proteção, estabelece, por consequência lógica, o dever do empregador de manter o ambiente laboral sadio, com vistas a preservar a higidez física e psíquica do trabalhador. Diante de todos os elementos acima demonstrados, estão perfeitamente caracterizados no caso os requisitos para qualificação da responsabilidade subjetiva da empregadora, a saber: i - o dano; ii - o nexo causal; e iii - a conduta comissiva e ilícita da sociedade empresária, qualificada pelo abuso de suas prerrogativas patronais por ocasião do exercício de seu poder diretivo. Faz jus a autora, portanto, à indenização dos danos materiais e/ou morais sofridos, por qualificada a natureza ocupacional do quadro depressivo que a acomete, nos moldes dos arts. 186 e 927 do Código Civil. Os danos materiais correspondem aos danos emergentes e aos lucros cessantes, nos termos do art. 402 do Código Civil, ao estatuir que "*as perdas e danos devidas ao credor abrangem, além do que ele efetivamente perdeu, o que razoavelmente deixou de lucrar*". Segundo leciona Sebastião Geraldo de Oliveira, o primeiro diz respeito, *verbis:* "*(...) prejuízo imediato e mensurável que surge em razão do acidente do trabalho, causando uma diminuição no patrimônio do acidentado. É o prejuízo mais visível porque representa dispêndios necessários e concretos cujos valores são apuráveis nos próprios documentos de pagamento, tais como: despesas hospitalares, honorários médicos, medicamentos (...)*" (Oliveira, Sebastião Geraldo de. Indenizações por Acidente do Trabalho ou Doença Ocupacional. 4ª ed. São Paulo: LTr, 2008. p. 197). Os lucros cessantes, por outro lado, correspondem aos rendimentos que a vítima deixou ou deixará de ganhar como decorrência do dano. Postulou a autora, a título de danos materiais, que "*deverá ser determinado às reclamadas que custeiem todos os gastos com consultas, terapias, medicamentos e demais gastos que já teve e que forem necessários para seu tratamento*", além de "*diferenças entre o valor recebido mensalmente a título de auxílio-doença e o valor mensal da remuneração auferida quando estava em atividade*" (ID 1049211, pág. 17). No que se refere aos danos emergentes, a autora não colacionou aos autos quaisquer comprovantes de despesas/gastos com o tratamento necessário, contemplando consultas, terapias e medicamentos, o que não pode ser de qualquer forma presumido por esta

Colenda Turma Julgadora. Ainda que o ilustre vistor tenha consignado que a autora "*está sem acompanhamento psiquiátrico ou uso de medicação desde junho de 2016*", e que "*é provável que melhore ou resolva o quadro com acompanhamento psiquiátrico e uso de medicação adequada a sua patologia*" (ID 2d28ed4, pág. 26), não existe quaisquer parâmetros para definição da indenização vindicada, no particular. A obreira não se dignou trazer aos autos estimativa verossímil e tecnicamente fundada do tratamento necessário, e dos respectivos custos, contemplando acompanhamento psiquiátrico e medicação adequada, tornando inviável ao Magistrado suprir, por ocasião do julgamento do feito, pedido que não foi devidamente formulado pela parte, sob pena de clara afronta à imparcialidade que deve pautar a prestação jurisdicional. Quanto aos lucros cessantes, a renda mensal assegurada por ocasião do afastamento previdenciário (de 29/01/16 até 11/04/16), qual seja, R$912,48 (ID b54823a), é inferior à remuneração percebida até então (por exemplo, total de vencimentos em setembro (R$1.090,14), outubro (R$1.093,45), novembro (R$1.226,52) e dezembro (R$1.380,70) de 2015, ID dc03a0d). Faz jus a autora, portanto, ao pagamento, a título de danos materiais por lucros cessantes, a diferenças entre o valor recebido a título de auxílio-doença e o valor médio da remuneração até então auferido quando estava em atividade. Ademais, caracterizada a natureza ocupacional do quadro depressivo que vitimou a obreira, por comprovado que o assédio moral sofrido atuou como concausa para a deflagração da moléstia, impende também deferir o pagamento de indenização por danos morais. Considerando todos os balizamentos discutidos no tópico precedente, principalmente a extensão da lesão moral impingida à obreira e o respectivo padrão remuneratório, o grau de culpa da empregadora e a sua dimensão econômico-financeira, **arbitro o pagamento de indenização por danos morais no importe de R$10.000,00**, especificamente devida em face da deflagração do quadro depressivo que acomete a obreira, por configurado fator concausal de ordem laborativa atrelado ao tratamento hostil e vexatório sofrido no ambiente de trabalho. Dou parcial provimento ao apelo para acrescer à condenação as seguintes parcelas: i - indenização por danos materiais a título de lucros cessantes, correspondente à diferença entre o valor recebido a título de auxílio-doença (no período de 29/01/16 a 11/04/16) e o valor médio da remuneração até então auferido quando estava em atividade; e ii - indenização por danos morais, no importe de R$10.000,00, especificamente devida em face da deflagração do quadro depressivo que acomete a obreira, por configurado fator concausal de ordem laborativa atrelado ao tratamento hostil e vexatório sofrido no ambiente de trabalho. Verificada a prevalência da posição jurídica da autora na pretensão objeto da perícia, impende inverter os ônus da sucumbência, no que se refere aos honorários periciais, fixados na origem em R$1.500,00 (ID 536e466, pág. 5), com fulcro no art. 790-B da CLT. **GARANTIA DE EMPREGO ACIDENTÁRIA - INDENIZAÇÃO SUBSTITUTIVA DO PERÍODO ESTABILITÁRIO Pede** a autora o pagamento de indenização substitutiva da garantia de emprego acidentária, alegando que a doença que a acomete apresenta etiologia ocupacional, com supedâneo no art. 118 da Lei 8.213/91. Com razão. Demonstrado que o assédio moral sofrido apresenta relação concausal com o quadro depressivo que assaltou a obreira, configurado está o direito à garantia de emprego acidentária, nos termos do art. 118 da Lei 8.213/91, segundo o qual "*o segurado que sofreu acidente do trabalho tem garantida, pelo prazo mínimo de doze meses, a manutenção do seu contrato de trabalho na empresa, após a cessação do auxílio-doença acidentário, independentemente de percepção de auxílio-acidente*". E, nos moldes do item II da Súmula 378 do TST, verbis: "*São pressupostos para a concessão da estabilidade o afastamento superior a 15 dias e a consequente percepção do auxílio-doença acidentário, salvo se constatada, após a despedida, doença profissional que guarde relação de causalidade com a execução do contrato de emprego*" (grifei). No caso vertente, restou provado que o quadro mórbido apresenta correlação concausal com fatores de ordem laborativa, e considerando que a autora obteve afastamento do trabalho mediante percepção de auxílio-doença por período superior a 15 dias (ID 8a4fb21), não há dúvida quanto à configuração da garantia de emprego acidentária, nos moldes do art. 118 da Lei 8.213/91, contemplando o período de 12 meses subsequente ao término do benefício previdenciário, ou seja, de 12/04/16 a 11/04/17. Por esse motivo, faz jus a autora ao pagamento de indenização substitutiva da garantia de emprego acidentária, abrangendo salários (devidamente reajustados por índices de reajuste normativos ocorridos no período) e demais parcelas remuneratórias que perceberia no período de 19/04/16 (dia que sucedeu o comunicado de dispensa; ver ID 57e8e71) até 11/04/17, apurada inclusive a média de comissões (e respectivos reflexos sobre os repousos) que recebeu quando o contrato de trabalho permaneceu ativo, além de repercussões em férias acrescidas de 1/3, 13ºs salários e FGTS mais 40%, de sob pena de vulneração do princípio da restituição integral. Provimento que confere ao apelo, nestes termos.

[...] **Acórdão** Fundamentos pelos quais O Tribunal Regional do Trabalho da Terceira Região, em sessão ordinária da sua Sétima Turma, hoje realizada, sob a presidência do Exmo. Desembargador Paulo Roberto de Castro, presente a Exma. Procuradora Maria Amélia Bracks Duarte, representante do Ministério Público do Trabalho, computados os votos do Exmo. Des. Fernando Antônio Viégas Peixoto e da Exma. Desa. Cristiana Maria Valadares Fenelon, JULGOU o presente processo e, unanimemente, **CONHECEU** do recurso ordinário interposto por **LILIAN MEIRELES SILVA**, e, no mérito, por maioria de votos, **DEU-LHE PARCIAL PROVIMENTO** para condenar, solidariamente, **3PI SERVIÇOS LTDA.** e **VIRTUAL CONNECTION ADMINISTRAÇÃO E PARTICIPAÇÕES LTDA.** a pagar à autora as seguintes parcelas: **a)** indenização por danos morais, decorrente de assédio moral, no importe de R$10.000,00; **b)** indenização por danos materiais a título de lucros cessantes, correspondente à diferença entre o valor recebido a título de auxílio-doença (no período de 29/01/16 a 11/04/16) e o valor médio da remuneração até então auferido quando estava em atividade; **c)** indenização substitutiva da garantia de emprego acidentária, contemplando o pagamento de salários (devidamente reajustados pelos índices de reajuste normativos ocorridos no período) e demais parcelas remuneratórias que perceberia de 19/04/16 até 11/04/17, apurada inclusive a média de comissões (e reflexos sobre os repousos) que recebeu quando o contrato de trabalho permaneceu ativo, além de repercussões em férias acrescidas de 1/3, 13ºs salários e FGTS mais 40%; e **d)** recolhimento dos depósitos do FGTS acrescidos da multa de 40%, com referência ao período em que autora permaneceu afastada do trabalho mediante percepção de auxílio-doença, nos moldes do art. 15, § 5º, da Lei 8.036/90. Vencida a Exma. Desa. Cristiana Maria Valadares Fenelon, que deferia indenização por dano moral por entender discriminatória a dispensa, no valor de R$10.000,00. [...] **(TRT3 –PROCESSO nº 0010766-81.2017.5.03.0043 (RO) - RELATOR(A): JUÍZA CONVOCADA SABRINA DE FARIA FRÓES LEÃO)**

A grande problemática do assédio moral consiste na produção da prova. Esses atos, em sua maioria, são praticados na clandestinidade, sendo difícil a demonstração dos fatos em juízo.

O ônus da prova é do empregado – na maioria das situações ocupa o polo ativo da reclamatória trabalhista -, considerando que constitui fato constitutivo do seu direito (art. 818, I, da CLT). Por vezes, o empregado não consegue se desincumbir desse ônus, gerando o indeferimento do assédio moral e dos pedidos de indenização daí decorrente.

A vítima deve anotar com detalhes todas as situações de assédio sofridas como data, hora e local; guardar documentos, e-mails, conversas de texto ou áudio - quando as ofensas forem perpetradas por aplicativos de mensagens. A vítima deve buscar ajuda dos colegas do trabalho, ou encaminhar e-mail ou outra mensagem para comunicar o setor responsável, superior hierárquico do assediador ou à ouvidoria da empresa, de modo a documentar a ocorrência dos fatos, além de possibilitar uma solução pela empresa.

Caso não haja sucesso na denúncia, poderá procurar o sindicato profissional ou órgão representativo de classe ou às Secretarias Regionais do Trabalho, Ministério Público do Trabalho.

Nos casos mais graves, a vítima poderá utilizar o prontuário, relatórios médicos, receituários, que comprovem a realização de tratamento médico e a relação entre a patologia e o terror psicológico sofrido.

Outro aspecto que merece relevo é a o valor referente a indenização. Essa temática foi recentemente alterada pela Reforma Trabalhista que inseriu o art. 223-A a 223-G à CLT.

Esses dispositivos representaram uma grande novidade, não só no âmbito do Direito do Trabalho – que não possuía regulamentação própria a respeito do dano extrapatrimonial nas relações de trabalho, se valendo, outrora, da aplicação subsidiária do Direito Comum, por força do art. 8º, da CLT – como também no sistema jurídico, já inexistia tarifação ao dano extrapatrimonial na legislação esparsa nacional.

O art. 223-G da CLT, escalona a indenização com base no salário contratual recebido pelo empregado e na natureza da ofensa (leve, média, grave e gravíssima), balizando a indenização de acordo com a natureza.

A questão é muito controversa, isso porque pode gerar situações discriminatórias, violando o princípio da isonomia, considerando que o critério de fixação da indenização leva em consideração o salário contratual dos empregados. Logo, se dois empregados sofrerem ofensas da mesma natureza, mas possuem salário contratual distintos, o valor da indenização não seria idêntico, ainda que se trate de situações equivalentes.

A Medida Provisória 808 de 2017 procurou corrigir esse equívoco alterando a redação do art. 223-G da CLT, para que o valor da indenização fosse fixado com base no valor do teto dos benefícios do Regime Geral de Previdência Social, porém, a medida provisória não foi votada pelas casas do Congresso Nacional, encerrando a sua vigência.

Atualmente, existe Ação Direta de Inconstitucionalidade (ADI 6.050), ajuizada pela Associação Nacional dos Magistrados Trabalhistas, questionando a constitucionalidade desses dispositivos. O julgamento da referida ação estava agendado para o dia 04/06/2020, no entanto o julgamento foi adiado.

A fixação da indenização não é tarefa fácil ao magistrado, diante da inexistência de critérios objetivos a serem utilizados pelo juiz nessa operação.

O Superior Tribunal de Justiça tem se valido de um critério bifásico para a fixação do dano extrapatrimonial, encabeçado pelo Ministro Paulo de Tarso Sanseverino.

Segundo o referido Ministro[169], *"Na primeira etapa, deve-se estabelecer um valor básico para a indenização, considerando o interesse jurídico lesado, com base em grupo de precedentes jurisprudenciais que apreciaram casos semelhantes. Na segunda etapa, devem ser consideradas as circunstâncias do caso, para fixação definitiva do valor da indenização, atendendo à determinação legal de arbitramento equitativo pelo juiz".*

De acordo com o magistrado, "as principais circunstâncias a serem consideradas como elementos objetivos e subjetivos de concreção são: a) a gravidade do fato em si e suas consequências para a vítima (dimensão do dano); b) a intensidade do dolo ou o grau de culpa do agente (culpabilidade do agente); c) a eventual participação culposa do ofendido (culpa concorrente da vítima); d) a condição econômica do ofensor; e) as condições pessoais da vítima (posição política, social e econômica)".

No nosso entender, a análise da fixação da indenização deve casuística, devendo o magistrado deve observar a extensão do dano, a gravidade da conduta do agente, as condições econômicas do agente e da vítima, para que o valor da indenização não seja exagerado ou ínfimo.

5. PROCEDIMENTOS DO EMPREGADOR PARA EVITAR O ASSÉDIO

O empregador pode adotar as seguintes condutas para evitar o assédio:

- Incentivar a efetiva participação de todos os colaboradores na vida da empresa, com definição clara de tarefas, funções, metas e condições de trabalho;
- Instituir um Código de Ética;
- Promover palestras, oficinas e cursos sobre o assunto;
- Incentivar as boas relações no ambiente de trabalho, com tolerância à diversidade de perfis profissionais;
- Observar o aumento faltas ao trabalho;
- Realizar avaliação de riscos psicossociais no ambiente de trabalho;
- Estabelecer canais de denúncia;
- Promover canais de avaliação entre os funcionários;
- Fiscalização constante pelos administradores e gestores da empresa;
- Não se omitir diante de situações de assédio moral;
- Oferecer apoio psicológico e orientação aos colaboradores que se julguem vítimas de assédio moral;

---

[169] http://www.stj.jus.br/sites/portalp/Paginas/Comunicacao/Noticias-antigas/2018/2018-10-21_06-56_O-metodo-bifasico-para-fixacao-de-indenizacoes-por-dano-moral.aspx

CAPÍTULO IX.
DURAÇÃO DO TRABALHO

Segundo o jurista Mauricio Godinho Delgado[170] a jornada de trabalho "é lapso temporal diário em que o empregado se coloca à disposição do empregador em virtude do respectivo contrato. É a medida principal do tempo de alho de disponibilidade do obreiro em face de seu empregador como resultado do comprimento do controle de trabalho que os vincula".

A jornada de trabalho tem estreita relação com o salário na medida em que este representa o montante pago pelo empregador, em virtude da força de trabalho dispensada pelo empregado na relação empregatícia.

Também, está associada às normas de proteção à saúde, segurança e higiene dos trabalhadores no ambiente de prestação de serviços.

Por essa razão o artigo 7º, inciso XIII, da Constituição Federal estabelece que a duração normal do trabalho não pode ser superior a 8 horas diárias e 44 horas semanais, facultada a compensação de horários é a redução de jornada, mediante acordo ou convenção coletiva de trabalho.

No aspecto econômico a jornada de trabalho cumpre um papel relevante, sobretudo nos tempos atuais, para combater crises econômicas, buscando alternativas para inserção do trabalhador no mercado de trabalho reduzindo a taxa de desocupação.

Volta e meia os legisladores utilizam de medidas de redução ou flexibilização da jornada e duração do trabalho, para obter avanços no sistema econômico.

A doutrina diferencia as terminologias duração de trabalho, jornada de trabalho e horário de trabalho.

---

[170] Curso de direito do trabalho—Mauricio Godinho Delgado. — 18. ed.— São Paulo: LTr, 2019.

A duração do trabalho compreende-se no período em que o empregado está à disposição do empregador em razão do contrato de trabalho, podendo ser por ano, meses, semanas ou dias.

Já jornada de trabalho é o tempo diário que o empregado se coloca à disposição do empregador, menos abrangente, portanto, do que a duração do trabalho.

O horário de trabalho, por sua vez, é o tempo entre o início e fim da jornada de trabalho.

Os critérios para o cálculo da extensão da jornada de trabalho são: o tempo efetivamente trabalhado, o tempo à disposição do empregador, bem como o tempo de deslocamento.

- A. **Tempo efetivamente trabalhado:** corresponde ao período em que o empregado realmente prestou serviços ao empregador. Por essa razão, exclui se desse período, por exemplo, os intervalos intrajornada e interjornada.
- B. **Tempo à disposição:** é compreendido no período em que o empregado está à disposição do empregador, independentemente de aguardar ordem ou executar algum serviço determinado por este, conforme previsto no artigo 4º da CLT. Insere-se no tempo à disposição a prontidão e sobreaviso.

A prontidão é o período em que o empregado permanece nas dependências da empresa aguardando ordens. O trabalhador não presta qualquer tipo de serviço, porém recebe 2/3 do horário normal em razão em permanecer à disposição do empregador. O período de prontidão não pode ser superior a 12 horas.

Já o sobreaviso representa a possibilidade de um empregado permanecer na sua residência ou outro local combinado, aguardando o comando do seu empregador para execução de alguns serviços. Em virtude da sua disponibilidade, o empregado recebe 1/3 da hora normal e pode ficar em regime de sobreaviso pelo período máximo de 24 horas.

Ainda sobre essa temática, a Reforma Trabalhista inseriu o parágrafo 2º ao artigo 4º da CLT prevendo algumas situações que não são consideradas tempo à disposição do empregador, ainda que superior ao limite de tolerância de 5 minutos previsto em lei. Quando o empregado permanecer nas dependências da empresa para:

- Buscar proteção pessoal, em face de insegurança nas vias públicas ou má condições climáticas.

- Realizar atividades particulares, como: práticas religiosas, descanso, lazer, estudo, alimentação, atividades de relacionamento social, higiene pessoal ou troca de roupa ou uniforme, quando não houver obrigatoriedade de realizar a troca na empresa.

É imperioso que a permanência do empregado nas dependências da empresa se dê exclusivamente em virtude da realização de atividades ou motivos de cunho pessoal.

Se o empregado permanecer nas dependências da empresa por imposição do empregador, mesmo nas hipóteses citadas, pode caracterizar tempo à disposição, devendo ser computado na jornada de trabalho.

O tempo de deslocamento (horas in itinere) representa o terceiro componente da jornada de trabalho. Consiste no tempo em que o empregado se desloca entre a sua residência e o trabalho, bem como o tempo despendido para o retorno à sua residência.

Historicamente a jurisprudência entendia que o tempo de deslocamento não se encontrava compreendido na noção de tempo à disposição previsto no artigo 4 da CLT.

Em 2001 o artigo 58, parágrafo 2º da CLT, foi alterado pela lei 10.243/2001, passando a ser possível, em caráter excepcional, a incorporação do tempo de deslocamento à jornada de trabalho, quando o empregador fornecesse o transporte e o local de trabalho fosse de difícil acesso e não servido por transporte público regular. Nesse sentido, a súmula 90 do TST.

Porém, com a Reforma Trabalhista, o referido dispositivo foi alterado novamente (§2º do artigo 58 da CLT) passando a prever que o tempo despendido pelo empregado desde a sua residência até a efetiva ocupação do posto de trabalho e para o seu retorno, caminhando ou por qualquer meio de transporte, inclusive o fornecido pelo empregador, não será computado na jornada de trabalho, por não ser tempo à disposição do empregador.

Essa novidade superou o entendimento consignado na súmula 90, 320 e 429 do TST, que considerava as horas "in itinere" nas jornadas de trabalho do obreiro.

O tronco básico da jornada de trabalho[171] é o lapso temporal situado no horário de trabalho do pacto laboral.

---

[171] Curso de direito do trabalho—Mauricio Godinho Delgado. — 18. ed.— São Paulo: LTr, 2019.

Entretanto, existem componentes que são complementares a essa matriz: os demais períodos trabalhados; o tempo em que o empregado está à disposição do empregador; as horas extras; as horas de prontidão; as horas de sobreaviso, etc. Todos esses períodos são componentes complementares e integram a jornada de trabalho.

O serviço prestado pelo empregado, ou que esteja à disposição do empregador (aguardando ou executando ordens), após a duração do trabalho normal – a rigor, de 8 horas diária e 44 horas semanais – será considerado trabalho extraordinário, o que assegura ao trabalhador o recebimento do adicional de hora extra de, no mínimo, 50% sobre o valor da hora normal, conforme disposto no art. 7º, XVI da CF.

1. JORNADA 12 X 36

A lei admite a prorrogação da jornada diária em casos excepcionais, tendo em vista que o principal objetivo da jornada de trabalho é proteger a saúde do trabalhador evitando fadiga física, psicológica, de modo a evitar acidentes de trabalho.

De modo excepcional, a jurisprudência admite o trabalho em escala de 12 horas de trabalho contínuo por 36 horas de descanso quando existir previsão legal ou convenção coletiva ou acordo coletivo de trabalho (Súmula 444, TST).

Esse tipo de jornada é muito praticado nas atividades de segurança, vigilância, hospitais, bombeiros civis e motoristas profissionais.

Com o surgimento da Lei Complementar 150 de 2015 esse tipo de jornada passou a ser possível ao empregado doméstico.

A Reforma Trabalhista (Lei 13.467/2017) passou a prever de forma expressa a possibilidade de instituição da jornada de 12 de trabalho contínuo por 36 horas de descanso (12x36), por meio de acordo individual escrito, convenção coletiva ou acordo coletivo de trabalho (art. 59-A, CLT).

Antes da Reforma Trabalhista não era possível instituir a jornada de trabalho 12 por 36 por intermédio de acordo individual escrito, mas tão somente através de negociação coletiva. A doutrina critica de forma contundente o art. 59-A, CLT, sobretudo a possibilidade de instituição da jornada de 12 por 36 mediante acordo individual, tendo em vista que o empregado não teria condições de negociar diretamente com o empregador as cláusulas do seu contrato de trabalho, dado o desequilíbrio no contrato de trabalho e a hipossuficiência do empregado na relação de trabalho.

Além disso, a concessão dos intervalos para repouso e alimentação tornaram-se facultativos, na medida em que o empregador poderá conceder ao empregado ou indenizá-los, conforme prevê o "caput" do artigo 59-A da CLT.

É importante dizer que a remuneração mensal pactuada pelo horário previsto na jornada 12 por 36 abrange os pagamentos devidos pelo descanso semanal remunerado e pelo descanso em feriados, sendo que os feriados e as prorrogações de trabalho noturno serão compensados, quando houver (artigo 59-A, parágrafo único, da CLT).

2. CONTROLE DE JORNADA

O poder empregatício confere a possibilidade de fiscalizar o trabalho desempenhado pelos empregados, através do controle de jornada.

A CLT previa, no artigo 74, §2º, a necessidade de manter o controle de jornada caso o empregador possuísse mais de 10 empregados.

Com a Lei da Liberdade Econômica (Lei 13.874/2019), a redação do artigo 74, §2º, da CLT, foi alterada. Houve a ampliação do número mínimo de empregados para a exigência da obrigatoriedade do controle de jornada.

A partir de então, as empresas que contam com mais de 20 empregados são obrigadas a realizar anotação de entrada e saída, em registro manual mecânico ou eletrônico, conforme as orientações expedidas pela Secretaria Especial de Previdência e Trabalho do Ministério da Economia (que incorporou as atribuições do antigo Ministério do Trabalho).

Ademais, se o trabalho for executado fora do estabelecimento do empregador, horário dos empregados deve constar em registro manual, mecânico ou eletrônico em poder do trabalhador.

Permitiu-se, ainda, a possibilidade de utilização do registro de ponto por exceção a jornada regular de trabalho, de modo apenas quando o empregado se ativar em labor extraordinário a jornada de trabalho será registrada no controle de jornada.

A jurisprudência exigia a negociação coletiva para legitimar o cartão de ponto por exceção.

Essa divergência perdeu relevância, na medida que a Lei da Liberdade Econômica positivou a possibilidade de implementação do registro de ponto por exceção, ampliando, inclusive a forma de instituição, sendo possível através de acordo individual escrito, convenção coletiva ou acordo coletivo de trabalho (art. 74, §4º, CLT).

3. EMPREGADOS QUE NÃO ESTÃO SUBMETIDOS AO CONTROLE DE JORNADA

A limitação da duração da jornada de trabalho em 8 horas diárias 44 horas semanais não é aplicada aos empregados previstos no artigo 62 da CLT. Isso decorre da impossibilidade de o empregador fiscalizar a jornada de trabalho dos empregados arrolados no referido dispositivo.

Para uma vertente doutrinária o artigo 62 da CLT não foi recepcionado pela Constituição Federal, considerando que a jornada de trabalho de 8 horas diárias e 44 horas semanais deve ser aplicada a qualquer trabalhador, independentemente da função desempenhada. Defendem que a jornada de trabalho é uma matéria de ordem pública por estar intimamente ligada à saúde e à dignidade do trabalhador. Contudo, esse posicionamento não prevalece.

O artigo 62 da CLT, recentemente foi alterado pela Reforma Trabalhista (Lei 13.467/2017), incluindo mais uma categoria no rol de trabalhadores excluídos da limitação de jornada prevista na Constituição Federal: o teletrabalhador.

Portanto, não se sujeita a jornada de 8 horas diárias e 44 horas semanais os seguintes empregados:

- Atividade externa - os empregados que exercem atividade externa incompatível com a fixação de horário de trabalho não estão sujeitos à jornada de 8 horas diárias 44 semanais. Essa condição deve ser anotada na carteira de trabalho do empregado e no livro de registro de empregados.
- Gerentes com poderes de gestão - os empregados que exercem cargo de confiança hoje estão e recebem gratificação de função não inferior a 40% do respectivo salário. É importante destacar que o empregado deve ter poderes para contratar, dispensar empregados, dar ordens, etc. Um debate jurisprudencial interessante é a situação em que o trabalhador propõe uma reclamação trabalhista requerendo apenas o pagamento do adicional de 40% referente à gratificação de função. Tem prevalecido o entendimento nessas hipóteses o empregado não faz jus a gratificação de função, mas, tão somente, as horas extras decorrentes de eventual extrapolação da jornada normal de trabalho, pois se entende que o tra-

balhador não exercia cargo de confiança, diante da ausência de pagamento da gratificação de função.
- Teletrabalho - Considera-se teletrabalho a prestação de serviços preponderantemente fora das dependências do empregador, com a utilização de tecnologias de informação e de comunicação que, por sua natureza, não se constituam como trabalho externo (artigo 75-B da CLT). Assim, os trabalhadores que executam o trabalho a distância, isto é, fora das dependências do empregador, estarão dispensados do controle de jornada, uma vez que não é possível a fiscalização.

Caso o juiz do trabalho verifique a exclusão de tais trabalhadores do controle de jornada tem o objetivo de fraudar os preceitos contidos na CLT, pode se valer do princípio da primazia da realidade para julgar o caso concreto, hipótese em que será deferido o pagamento de horas extras ao empregado, se for o caso.

4. COMPENSAÇÃO DE JORNADA E BANCO DE HORAS

4.1. COMPENSAÇÃO DE JORNADA

A compensação de jornada é um mecanismo que permite flexibilizar as regras referente a duração do trabalho. Nesse regime, o empregado pode trabalhar além da jornada normal em alguns dias, para descansar em outros, sem que fosse necessário o pagamento de horas extraordinárias.

Esse assunto sempre gerou divergência na doutrina e na jurisprudência. Alguns doutrinadores entendiam que a Constituição Federal, no artigo 7º, XIII, impôs a negociação coletiva como critério para o estabelecimento do regime de compensação de jornada na relação de emprego. Corrente doutrinária em sentido contrário defendia a possibilidade de instituição do regime de compensação de jornada através de negociação entre o empregado e o empregador.

Após longos anos de discussão sobre o assunto, o Tribunal Superior do Trabalho pacificou o entendimento do assunto editando a súmula 85 do TST. Para o TST a compensação de jornada de trabalho deve ser ajustada por acordo individual escrito, acordo coletivo ou convenção coletiva (Súmula 85, item I, do TST); É válida da compensação de jornada por meio de acordo individual, exceto se houver norma coletiva em sentido contrário (Súmula 85, item II, do TST); o não atendimento das exigências legais para a compensação de jornada, inclusive quando instituída mediante acordo tácito, não implica a repetição do pagamento das horas excedentes à jornada normal diária, se não ultrapassar a jornada máxima semanal, sendo devido apenas o respectivo adicional (Súmula 85, item III, do TST); a prestação de horas extras habituais descaracteriza o acordo de compensação de jornada, de forma que as horas que ultrapassarem a jornada semanal normal deverão ser pagas como horas extraordinárias e, quanto àquelas destinadas à compensação, deverá ser pago apenas o adicional de horas extras (Súmula 85, item IV, do TST); a instituição do "banco de horas" pode se dar somente por negociação coletiva (Súmula 85, item V, do TST); o acordo de compensação de jornada em atividade insalubre não é válido se não houver a inspeção prévia e permissão da autoridade competente, na forma do art. 60 da CLT, mesmo que seja estipulado em norma coletiva (Súmula 85, item VI, do TST).

A Reforma Trabalhista (Lei 13.467/2017) reabriu o debate sobre a compensação de jornada o título jurídico. Permitiu a instituição da compensação de jornada por meio de acordo individual tácito (art. 59, §6º, da CLT), além das formas já admitidas pela jurisprudência dominante (item I da Súmula 85 do TST): acordo individual escrito ou instrumento de negociação coletiva (acordo ou convenção coletiva de trabalho). No trabalho doméstico, regulamentado pela Lei Complementar 150/2015, também é admitida a instituição de compensação de jornada por meio de acordo individual escrito, na forma do art. 2º, §4º, da referida Lei.

A validade da compensação de jornada depende, portanto, de ajuste por meio de acordo individual tácito ou escrito, acordo coletivo ou convenção coletiva de trabalho. Além disso, deve respeitar o limite máximo de 10 horas de jornada diária (art. 59, § 2º, da CLT), bem como a compensação das horas trabalhadas deve ocorrer no período de, no máximo, um mês. A compensação é, portanto, mensal.

É possível a compensação de jornada também no regime de trabalho por tempo parcial (art. 58-A, § 5º, da CLT), desde que a jornada seja compensada até a semana imediatamente seguinte à sua execução. Lembrando que neste regime é possível o labor suplementar apenas nas jornadas de até 26 horas semanais, de forma que a compensação de jornada somente será válida para essa modalidade de regime trabalho por tempo parcial.

Segundo o art. 413, inciso I, da CLT, a jornada de trabalho do empregado menor de 18 anos poderá ser compensada, caso ultrapasse o limite diário de 8 horas, sendo necessário o ajuste mediante norma coletiva.

No novel art. 59-B da CLT estabelece que o desrespeito às exigências legais para compensação de jornada, inclusive quando estabelecida mediante acordo tácito, não implica a repetição do pagamento das horas excedentes à jornada normal diária, caso não ultrapasse a duração máxima semanal, sendo devido apenas o respectivo adicional, reiterando a previsão pacificada pelo TST (Súmula 85, III, do TST).

E mais: o parágrafo único do art. 59-B da CLT, diferentemente do posicionamento do TST no item IV da Súmula 85, dispõe que a prestação de horas extras habituais não descaracteriza o acordo de compensação de jornada ou banco de horas, superando o entendimento do item IV da súmula 85 do TST.

4.2. SEMANA ESPANHOLA

O TST pacificou o entendimento no sentido de validar a chamada "semana espanhola", assim considerada aquela em que o trabalhador presta uma jornada semanal de 48 horas em uma semana e, na semana seguinte, a jornada semanal se limita a 40 horas, e assim sucessivamente.

Prevalece o entendimento de que esse regime de compensação deve ser instituído por negociação coletiva para ser válido, conforme estabelece a OJ 323 da SBDI-1 do TST:

> OJ 323 da SBDI-1 do TST - ACORDO DE COMPENSAÇÃO DE JORNADA. "SEMANA ESPANHOLA". VALIDADE. É válido o sistema de compensação de horário quando a jornada adotada é a denominada "semana espanhola", que alterna a prestação de 48 horas em uma semana e 40 horas em outra, não violando os arts. 59, § 2º, da CLT e 7º, XIII, da CF/1988 o seu ajuste mediante acordo ou convenção coletiva de trabalho.

A compensação será válida apenas se precedida de negociação coletiva, instrumentalizada em convenção coletiva ou acordo coletivo. Do contrário, o empregado pode questionar a validade em ação reclamatória trabalhista.

4.3. BANCO DE HORAS

O banco de horas é uma espécie de compensação, denominada de compensação anual, estabelece que a folga compensatória ao empregado seria concedida em até um ano a contar da data da prestação de serviços por estabelecer uma situação mais prejudicial ao trabalhador, a jurisprudência consolidada na Súmula 85 do TST, preconizava a necessidade de negociação coletiva para que o banco de horas fosse instituído.

Essa temática também foi afetada pela Reforma Trabalhista que modificou a redação do artigo 59 da CLT. Dentre as novidades legislativas foram instituídas 2 modalidades de banco de horas: banco de horas anual e semestral.

O **banco de horas anual** pode ser instituído mediante acordo ou convenção coletiva de trabalho, desde que o excesso de horas de 1 dia seja compensado em outro, de forma que a soma das jornadas semanais de trabalho seja respeitada no período máximo de 1 ano (art. 59, §2º, da CLT). Também deve ser observado o limite de jornada diária de, no máximo, 10 horas de trabalho.

Já o **banco de horas semestral** consiste na possibilidade de um empregador estabelecer banco de horas por meio de **acordo individual escrito** diretamente com o empregado – sem a necessidade de intervenção do ente coletivo – para que a jornada de trabalho seja compensada no prazo máximo de 6 meses.

Caso o contrato de trabalho se encerre antes da compensação integral da jornada extraordinária de serviço instituída por meio do banco de horas, o trabalhador tem direito ao pagamento das horas extras que não foram compensadas, acrescidas do adicional de 50%.

Ainda, é possível a instituição de compensação de jornada semanal. Sobre o tema, Francisco Ferreira Jorge Neto e Jouberto de Quadros Pessoa Cavalcante[172], ensinam que "A **compensação semanal** foi prevista para o sábado, mas a lei não impede que possa ser em outro dia da semana. A conveniência do trabalhador em compensar a jornada, evitando deslocar-se até o estabelecimento para trabalho apenas parcial do dia, juntamente com a redução horária, introduzida pela CF, trazem consequências outras; a primeira a de que, apesar de inexistir apoio expresso na legislação, prevalece a jornada semanal, em detrimento da diária; a segunda é o artificialismo de quaisquer exigências para formalizar a realidade vantajosa para o empregado que é a compensação; assim, o acordo escrito trará maior segurança às partes, mas o acordo tácito não pode ser recusado como inválido."

No caso da **compensação de jornada semanal**, o empregado trabalha algumas horas a mais durante a semana para descansar aos sábados. A **compensação mensal, por outro lado,** consiste na jornada compensada dentro do próprio mês, o que significa que o excesso de

---

[172] Francisco Ferreira Jorge Neto, Jouberto de Quadros Pessoa Cavalcante. Direito do trabalho – 9. ed. – São Paulo: Atlas, 2019.

horas de trabalho (até o limite de duas horas extras diárias) deve ser compensado de uma semana para outra. Essas modalidades de compensação podem ser instituídas por meio de **acordo individual ou instrumento coletivo**.

Salienta-se que o não atendimento das exigências legais para compensação de jornada, inclusive quando estabelecida mediante acordo tácito, não implica a repetição do pagamento das horas excedentes à jornada normal diária, desde que não ultrapassada a duração máxima semanal, sendo devido apenas o respectivo adicional, na forma do artigo 59-B da CLT.

Vale ressaltar, por fim, que a prestação de horas extras habituais não diz configura o regime de compensação de jornada ou banco de horas do trabalhador. Nesse sentido o 59 -B, parágrafo único, da CLT.

CAPÍTULO X.
TELETRABALHO

O teletrabalho consiste em espécie do gênero trabalho à distância, diferenciando-se deste pelo fato de que o teletrabalho exige a utilização de meios telemáticos, informatizados e de comunicação.

Esse conceito é extraído do art. 6º da CLT, com redação dada pela Lei 12.551/2011. Vejamos:

> *Art. 6º Não se distingue entre o trabalho realizado no estabelecimento do empregador, o executado no domicílio do empregado e o realizado a distância, desde que estejam caracterizados os pressupostos da relação de emprego. Parágrafo único. Os meios telemáticos e informatizados de comando, controle e supervisão se equiparam, para fins de subordinação jurídica, aos meios pessoais e diretos de comando, controle e supervisão do trabalho alheio.*

O local de prestação de serviços é irrelevante para a caracterização do vínculo empregatício, pois, para fins de subordinação jurídica, os meios telemáticos ou informatizados de comando, controle e supervisão do trabalho se equiparam aos meios empregados pessoalmente.

A Reforma Trabalhista teve como porto de partida e referencial normativo a necessidade de atualização e modernização da legislação trabalhista, adequando às realidades atuais da sociedade.

O cenário econômico vivenciado à época contribuiu para a concretização da reforma, pois o Brasil atravessava o início de uma crise econômica, com uma alta taxa de desocupação no mercado de trabalho formal. Vislumbrou-se a necessidade de regulamentação do teletrabalho – popularmente chamado de trabalho em "home office" – para ampliar os postos de trabalho, diante da alta taxa de desocupação.

O Congresso Nacional aprovou e o Presidente da República sancionou a Lei 13.467/2017 – denominada de Reforma Trabalhista - que acrescentou os arts. 75-A a 75-E à Consolidação das Leis do Trabalho (CLT).

A partir de então, o teletrabalho é definido como *"a prestação de serviços preponderantemente fora das dependências do empregador, com a utilização de tecnologias de informação e de comunicação que, por sua natureza, não se constituam como trabalho externo"* (art. 75-B da CLT).

A principal característica do teletrabalho é a execução dos ofícios à distância, mediante o uso de computador, smartphone, tablet ou outro equipamento tecnológico, em local preponderantemente fora do estabelecimento do empregador.

A distribuição do trabalho, ordens e a fiscalização do cumprimento da tarefa é realizado a partir do uso de programas de computador ou informáticos, aplicativos, e-mail ou aparelhos de telefonia.

O empregado presta a maior parte de seus serviços em sua residência ou local diverso do estabelecimento de seu empregador, comunicando-se através de e-mails, aplicativos de mensagens, SMS, telefone, dentre outros.

O teletrabalho não se confunde com o trabalho em domicílio – embora seja outra modalidade de trabalho à distância –, nem com a "atividade externa".

A atividade em domicílio é uma das espécies de trabalho à distância em que o empregado presta serviços na sua própria residência ou em oficina de família, sem o uso de qualquer instrumento telemático ou informatizado, como, por exemplo, a costureira que produz roupas na sua residência para empresas.

A atividade externa, por sua vez, é aquela em que os serviços são desenvolvidos fora da sede da empresa, como o entregador, promotor de venda, vendedor pracista, vendedor viajante, motorista, etc. Recebem também a denominação de atividade "extramuros" ou "fora dos muros" da empresa.

Eduardo Gabriel Saad[173] destaca que *"[...] há quem classifique os contratos de trabalho na empresa e a domicilio. A primeira espécie é a mais comum – exercida nas dependências da empresa –; a segunda fora dos muros da empresa e no domicílio do empregado [...]. O teletrabalho é outra modalidade especial de trabalho à distância".*

---

[173] Consolidação das Leis do Trabalho: Comentada. Eduardo Gabriel Saad, José Eduardo Duarte Saad, Ana Maria Saad Castelo Branco. 51 ed. – São Paulo: LTr, 2019.

A esse respeito, mesmo que o empregado compareça às dependências do empregador para realização de atividades específicas (reuniões, treinamentos ou prestação de contas, etc), demandando a presença no estabelecimento, o teletrabalho não será descaracterizado.

E mais. A Reforma Trabalhista exige a previsão contratual expressa para instituir o teletrabalho. O empregador deve discriminar as atividades que serão desenvolvidas pelo empregado no contrato de trabalho.

Também, admite a alteração do regime de trabalho. Para a alteração do regime presencial para o regime de teletrabalho é necessário mútuo acordo entre o empregado e o empregador e aditivo contratual. Já a alteração do regime de teletrabalho para o presencial, basta a manifestação de vontade do empregador, sendo assegurado o prazo de transição, de mínimo, 15 dias, com correspondente registro em aditivo contratual.

O art. 75-D da CLT trata de um tema muito polêmico: dos custos dos equipamentos e da manutenção dos insumos.

Não houve a apresentação de uma solução pelo legislador. O dispositivo regulamenta apenas sobre a natureza jurídica dos equipamentos e insumos eventualmente fornecidos pelo empregador, além da exigência de acordo escrito.

O empregado submetido ao regime de teletrabalho não está sujeito a limitação de jornada, pois, a rigor, não há como o empregador exercer o controle da sua jornada de trabalho (art. 62, III, da CLT).

Tramita, atualmente, no Senado Federal, um projeto de lei que visa revogar o art. 62, III, da CLT, para estabelecer limitação de jornada ao teletrabalhador. A justificativa da proposta legislativa é de que a falta de limitação de jornada de trabalho pode ferir o direito à desconexão do teletrabalhador, privando-o do convívio familiar, do convívio com os amigos, do direito ao lazer, de atividades culturais e sociais.

Embora a CLT tenha excluído o controle de jornada do teletrabalhador, inviabilizando o deferimento de horas extras, caso seja constatado o controle, comando ou supervisão da jornada de trabalho do empregado por meio de programas de computador, aplicativos ou outros meios telemáticos e informatizados, o empregador terá que pagar as horas extras.

Essa forma de trabalho ganhou especial destaque com a pandemia do coronavírus (Covid-19), que obrigou a imposição de distanciamento social, impactando diretamente nas relações de trabalho.

No Brasil, o Congresso Nacional reconheceu o Estado de Calamidade Pública, através do Decreto legislativo 6, de 20/03/2020, em atenção a mensagem da Presidência República, acolhendo-o até 31/12/2020, o que impôs a adoção de medidas para enfrentamento da emergência de saúde pública de importância internacional decorrente do coronavírus.

A Medida Provisória 927/20, cuja vigência está encerrada, simplificou os procedimentos para atenuar os impactos econômicos e preservar o emprego e a renda.

Dentre essas medidas, permitia ao empregador, durante o estado de calamidade pública:

i. alterar o regime de trabalho presencial para o teletrabalho (ou determinar o retorno ao regime de trabalho presencial), independentemente da existência de acordos individuais ou coletivos, dispensado o registro prévio da alteração no contrato individual de trabalho;
ii. a notificação da alteração de regime (do presencial para o teletrabalho e vice-versa), por escrito ou meio eletrônico, com antecedência de, no mínimo, 48 horas.
iii. Acordo escrito, firmado previamente ou no prazo de trinta dias, contado da data da mudança do regime de trabalho, para regulamentar a aquisição, pela manutenção ou pelo fornecimento dos equipamentos tecnológicos e da infraestrutura necessária e adequada à prestação do teletrabalho, trabalho remoto ou trabalho a distância e ao reembolso de despesas arcadas pelo empregado;
iv. a instituição do regime de teletrabalho aos estagiários e aprendizes.

A medida provisória permitia a possibilidade do empregador pode fornecer aparelhos tecnológicos e a infraestrutura para a prestação dos serviços em teletrabalho por meio de comodato. Essas utilidades não têm natureza salarial, de modo que não se incorporam ao salário do teletrabalhador, nem servem de base para o cálculo de outras verbas de natureza trabalhista, fiscal ou previdenciária.

Na impossibilidade do oferecimento do regime de comodato, o período da jornada normal de trabalho será computado como tempo de trabalho à disposição do empregador.

A medida também estabelecia que o tempo de uso de aplicativos e programas de comunicação fora da jornada de trabalho normal do empregado não constitui tempo à disposição, regime de prontidão ou de sobreaviso, exceto se houver previsão em acordo individual ou coletivo.

Do ponto de vista prático, a instituição do teletrabalho apresenta como vantagem: a satisfação dos funcionários, levando a uma maior produtividade e lucratividade da empresa; a flexibilidade de horário de trabalho; redução de tempo de deslocamento até o trabalho e uma maior produtividade.

As desvantagens apresentadas pelo teletrabalho residem na redução do convívio com os demais colegas de trabalho, a ausência de estrutura adequada para a prestação dos serviços no domicílio do teletrabalhador.

Para a implementação do regime de teletrabalho a empresa ou empregador deve avaliar a aptidão dos trabalhadores para aderir a essa forma de prestação de serviços, sendo sensato o envolvimento de todos na organização do projeto.

Recomenda-se a implementação de um projeto piloto, por tempo determinado, para avaliação das benesses e dos pontos que merecem ajustes, bem como a criação de indicadores de produtividade.

CAPÍTULO XI.
FÉRIAS E FERIADOS

1. FÉRIAS

As férias são conceituadas como um direito do empregado de paralisar a prestação dos serviços, por iniciativa do empregador, durante um período, com a percepção da remuneração, para recuperação física e psíquica do trabalhador, evitando fadiga e esgotamento, além de propiciar o convívio social.

O jurista Mauricio Godinho Delgado conceitua as férias como *"o lapso temporal remunerado, de frequência anual, constituído de diversos dias sequenciais, em que o empregado pode sustar a prestação de serviços e sua disponibilidade perante o empregador, com o objetivo de recuperação e implementação de suas energias e de sua inserção familiar, comunitária e política"*. [174]

A Declaração Universal dos Direitos do Homem, no art. 24, enuncia que *"toda pessoa tem direito ao descanso e à remuneração, especialmente a uma limitação racional das horas de trabalho e a férias remuneradas periódicas"*.

O objetivo das férias é atender normas de saúde, higiene e segurança do trabalho, na medida em que propicia a recuperação física e mental do trabalhador, após um longo período de prestação de serviços.

1.1. CARACTERÍSTICAS

a. anualidade – a cada 12 meses de trabalho o empregado adquire o direito às férias, as quais devem ser concedidas nos 12 meses subsequentes;
b. remunerabilidade – o lapso temporal correspondente ao descanso deve ser remunerado.

---

[174] Mauricio Godinho Delgado. Curso de direito do trabalho. 18. ed.— São Paulo: LTr, 2019.

- c. continuidade – o fracionamento da duração das férias sofre limitações por parte da legislação, para que o empregado possa gozar o maior número de dias de descanso;
- d. irrenunciabilidade – as férias existem para serem gozadas, não podendo ser objeto de transação, sob pena de nulidade, salvo em relação ao abono de férias (art. 143);
- e. proporcionalidade –a duração do descanso pode ter redução, em função das ausências injustificadas do empregado durante o período aquisitivo. Também, é garantido ao empregado o direito ao pagamento proporcional do período aquisitivo incompleto em decorrência da extinção do contrato de trabalho.

1.2. PERÍODO AQUISITIVO

O período aquisitivo é o lapso temporal correspondente a 12 meses em que o empregado trabalha para adquirir o direito às férias (art. 129, CLT). Já o período concessivo é o período de 12 meses subsequentes ao lapso aquisitivo em que o empregador deve conceder as férias ao empregado.

Se as férias são concedidas dentro do período concessivo, o empregado tem direito ao afastamento do trabalho com a percepção de remuneração equivalente a 30 dias, acrescida de 1/3. Contudo, se o gozo das férias ocorrer fora do período concessivo, além da suspensão dos serviços com o pagamento da remuneração equivalente, o empregado faz jus à dobra, conforme art. 137 da CLT.

É importante destacar alguns conceitos, antes de avançar na temática do período aquisitivo. As férias podem ser classificadas da seguinte forma:

   i. férias vencidas – são aquelas a que o empregado já adquiriu o direito, mas ainda não as gozou. Em caso da extinção do contrato, as férias vencidas são devidas de forma simples (férias simples), se o período concessivo não houver expirado. Se houver a expiração, impõe-se o pagamento dobrado (férias em dobro) (art. 137, CLT). A dobra há de incidir inclusive quanto ao abono constitucional de 1/3
   ii. férias proporcionais – como não se completou o respectivo período aquisitivo, as férias são devidas observando-se a proporção por mês de serviço ou fração superior a 14 dias.

Se o empregador não conceder as férias no tempo oportuno a indenização correspondente será calculada com base na remuneração devida ao empregado à época da reclamação ou, se for o caso, à da extinção do contrato (Súmula 7 do TST).

As férias serão concedidas, a rigor, pelo prazo de 30 dias. Entretanto, esse período pode ser reduzido de acordo o número de faltas injustificadas dadas pelo empregado no curso do período aquisitivo.

Segundo o art. 130 da CLT, em caso de faltas injustificadas no curso do período aquisitivo, o empregado faz jus às férias na seguinte proporção:

i. 30 dias corridos, quando não houver faltado ao serviço mais de 5 (cinco) vezes;
ii. 24 dias corridos, quando houver tido de 6 a 14 faltas;
iii. 18 dias corridos, quando houver tido de 15 a 23 faltas;
iv. 12 dias corridos, quando houver tido de 24 a 32 faltas

Os empregados submetidos ao regime de trabalho de tempo parcial, a partir da Reforma Trabalhista, passou ser aplicada a regra acima, prevista no art. 130 da CLT.

O período de férias é computado como tempo de serviço. Não é permitido ao empregador descontar, do período de gozo de férias, as faltas justificadas do empregado ao serviço. Nesse sentido o art. 130, § 1º, CLT e a Súmula 89, TST.

O empregado pode faltar ao serviço, sem prejuízo da remuneração (e do desconto nas férias), nas seguintes hipóteses: As hipóteses para as justificativas quanto às faltas são:

i. até 2 dias consecutivos, no caso de falecimento do cônjuge, ascendente, descendente, irmão ou pessoa que, declarada em sua CTPS, viva sob sua dependência econômica;
ii. até 3 dias consecutivos, em virtude de casamento;
iii. 1 dia, em cada 12 meses de trabalho, para doação voluntária de sangue;
iv. por motivo de acidente do trabalho ou doença;
v. por 2 dias, no caso de alistamento eleitoral;
vi. no período em que estiver cumprindo exigência do Serviço Militar;
vii. nos dias em que estiver realizando exame vestibular para ingresso em estabelecimento de ensino superior;
viii. ausência do empregado, devidamente justificada, a critério da administração do estabelecimento;
ix. 120 dias de licença gestante. Essa licença poderá ser estendida para 180 dias, se a empresa estiver inscrita no Programa Empresa Cidadã ou a criança esteja acometida por sequelas neurológicas (*Aedes Aegypti*; Chikungunya; Zica Vírus);

x. licenciamento compulsório de 2 semanas da empregada por motivo de aborto não criminoso;
xi. paralisação dos serviços nos dias em que, por conveniência do empregador, não tenha havido trabalho;
xii. a suspensão preventiva para responder inquérito administrativo ou de prisão preventiva, quando for impronunciado ou absolvido;
xiii. testemunhar em juízo ou atuar como jurado;
xiv. 5 dias, licença paternidade, podendo ser concedido mais 15 dias, se a empresa estiver inscrita no Programa Empresa Cidadã;
xv. pelo tempo em que se fizer necessário, quando, na qualidade de representante de entidade sindical, estiver participando de reunião oficial de organismo internacional do qual o Brasil seja membro;
xvi. até 2 dias para acompanhar consultas médicas e exames complementares durante o período da gravidez de esposa ou companheira; (
xvii. 1 dia por ano para acompanhar filho de até 6 anos em consulta médica.

1.3. PERDA DO DIREITO DE FÉRIAS

A CLT enumera as situações em que o empregado perderá o direito às férias (art. 133 da CLT), quais sejam:

i. pede demissão, antes de completar o 1º período aquisitivo, e não for readmitido nos 60 dias subsequentes. Ressalta-se que a extinção do contrato de trabalho impõe o dever de o empregador realizar o pagamento da remuneração das férias proporcionais, salvo na dispensa por justa causa, conforme preconiza o art. 147, CLT e a Súmula 171 do TST;
ii. permanecer em licença remunerada por mais de 30 dias;
iii. deixar de trabalhar, percebendo remuneração, por mais de 30 dias, em virtude de paralisação parcial ou total da empresa. Nesta hipótese a empresa deve comunicar do Ministério do Trabalho, com antecedência mínima de 15 dias, as datas de início e fim da paralisação total ou parcial dos serviços da empresa, e, em igual prazo, comunicará, nos mesmos termos, ao sindicato representativo da categoria profissional, bem como afixará aviso nos respectivos locais de trabalho;
iv. receber da Previdência Social prestações de acidente de trabalho ou auxílio-doença por mais de 6 meses, ainda que descontínuos.

Ocorrendo alguma das situações mencionadas, iniciará um novo período aquisitivo a contar da data de retorno do empregado ao serviço.

As licenças não remuneradas solicitadas pelo trabalhador, não serão computadas no período aquisitivo de férias, visto que é considerada como causa de suspensão do contrato de trabalho.

1.4. DA CONCESSÃO DAS FÉRIAS

Após a aquisição do direito às férias, o empregador tem o prazo de 12 meses para concedê-las ao empregado após o término do lapso temporal aquisitivo (art. 134, CLT).

A não concessão no prazo legal implica o pagamento em dobro da remuneração (art. 137, *caput*, CLT).

Se, porventura, houver o gozo de parte das férias dentro do prazo legal, os demais dias deverão ser remunerados em dobro (Súmula 81, TST).

A concessão de férias é ato exclusivo do empregador, não dependendo de pedido ou concordância do empregado.

O art. 10, item 1º, Convenção 132 dispões que *"A ocasião em que as férias serão gozadas será determinada pelo empregador, após consulta à pessoa interessada em questão ou seus representantes, a menos que seja fixada por regulamento, acordo coletivo, sentença arbitral ou qualquer outra maneira conforme à prática nacional."*

Será dada ciência ao empregado, por escrito, do período concedido para descanso, com antecedência mínima de 30 dias. O período concedido deve constar na CTPS e na ficha de registro do empregado (art. 135, CLT).

A rigor, as férias serão concedidas em um único período (art. 134, *caput*). Em casos excepcionais, a concessão poderia ocorrer o fracionamento das férias. Nesse sentido o art. 134, § 1º da CLT e o permissivo no Direito Consuetudinário, disposto na Convenção 132, autorizando a fração das férias, sendo certo que um de seus períodos deve ser de, no mínimo, 14 dias (art. 8º, § 2º).

A Reforma Trabalhista passou a prever a possibilidade de fracionamento das férias em três períodos – antes era permitido no máximo dois períodos -, desde que se tenha a expressa concordância do empregado, um dos períodos não pode ser inferior a 14 dias, os demais períodos não poderão ser inferiores a cinco dias corridos, cada um, e, não se pode iniciar o gozo das férias no período de dois dias que antecede feriado ou repouso semanal remunerado.

Essa regra aplica-se tanto para os períodos aquisitivos que em curso, anteriores ou posteriores à vigência da Reforma Trabalhista.

O empregado menor de 18 anos, estudante, pode optar pelo gozo das férias no período de férias escolares (art. 136, § 2º).

Já os membros de uma família que trabalhem no mesmo estabelecimento ou empresa poderão usufruir conjuntamente do período de descanso, se assim solicitarem e desde que não cause prejuízo para o serviço (art. 136, § 1º). Na prática as empresas alegam prejuízo, esvaziando a possibilidade de concessão de férias de forma conjunta.

Outra questão interessante envolvendo esse assunto é a impossibilidade de o empregador conceder férias à trabalhadora durante o gozo do período de licença-maternidade. Também, se o parto ocorrer durante o período das férias, a doutrina e jurisprudência majoritária, entende que ocorre a interrupção do contrato de trabalho, e por consequência, a interrupção do gozo das férias, que será reiniciada após o término da licença-maternidade.

Vale ressaltar, por fim, que se a concessão das férias não for realizada no prazo previsto em lei, o empregador deve pagá-la em dobro.

1.5. FÉRIAS COLETIVAS

O empregador pode conceder férias coletivas a todos os empregados da empresa ou de determinados estabelecimentos ou setores, sem necessidade de prévia consulta dos empregados.

As férias coletivas poderão ser divididas em 2 períodos, mas nenhum dos períodos pode ser inferior a 10 dias.

As faltas do empregado no curso do período aquisitivo não podem ser descontadas das férias coletivas, conforme art. 130, § 1º, CLT.

O empregador deve comunicar o Ministério do Trabalho, com a antecedência mínima de 15 dias, as datas de início e fim das férias coletivas, precisando quais os estabelecimentos ou setores abrangidos pela medida, bem como o sindicato representativo da respectiva categoria profissional.

1.6. DAS FÉRIAS EM TEMPOS DE PANDEMIA

A Medida Provisória 927 de 22 de março de 2020 estabeleceu diretrizes trabalhistas para o enfrentamento do estado de calamidade pública decorrente da pandemia do coronavírus (Covid-19). Possibilitou aos empregadores, dentre outras medidas, a antecipação de férias individuais e a concessão de férias coletivas (art. 3º, incisos II e III da MP n. 927/2020). Flexibilizou, neste aspecto, os prazos para aviso, gozo e pagamento dos períodos de férias, com o escopo de *"facilitar o cumprimento do período necessário à contenção da transmissão e remissão da doença causada pelo coronavírus. Além de reduzir a circulação e a aglomeração de pessoas nos ambientes de trabalho"*, como medida alternativa para as empresas cujas atividades são inconciliáveis com o trabalho remoto.[175]

Tais medidas foram disciplinadas nos arts. 6º a 12 da MP n. 927/2020. Os artigos 6º ao 10 regulam sobre a possibilidade de antecipação das férias individuais durante a vigência do estado de calamidade pública, independentemente se o período aquisitivo de férias do empregado está completo ou em curso. Já os artigos 11 e 12, acomodam as disposições sobre a concessão de férias coletivas.

No que diz respeito as férias individuais, a Consolidação das Leis do Trabalho impõe a comunicação prévia da concessão das férias ao empregado, referente ao período aquisitivo de férias completo, de forma escrita e com antecedência mínima de 30 dias (art. 135 da CLT). Esta formalidade tem a finalidade de *"garantir ao trabalhador o direito de planejar suas férias, evitando que o tomador dos serviços comunique ao empregado no dia anterior, pegando-o desprevenido"*[176].

A MP n. 927/2020 encurtou o prazo mínimo de comunicação prévia da concessão das férias para 48 (quarenta e oito) horas, com o escopo de arrefecer os prejuízos econômicos gerados pelo fechamento temporário das empresas determinado pela Administração Pública (federal, estadual ou municipal), em razão da pandemia do COVID-19. Também, possibilitou a antecipação de férias, mesmo que o período aquisitivo não tenha transcorrido, ou seja, períodos futuros de férias.

Quanto a formalização da comunicação das férias, a MP n. 927/2020 prevê duas formas: a) por escrito; b) por meio eletrônico. A formalização por escrito já tinha previsão na legislação trabalhista infraconstitucional, conforme se verifica na redação do art. 135 da CLT. Acrescentou-se a possibilidade de o empregador utilizar os meios ele-

---

175 Exposição de Motivos º 00081 de 22 de março de 2020 do Ministério da Economia < http://www.planalto.gov.br/ccivil_03/_ato2019-2022/2020/Exm/Exm-MP-927-20.pdf > [acessada em 04/05/2021]

176 BOMFIM, Vólia. Direito do trabalho. – 9.ª ed. rev. e atual. – Rio de Janeiro: Forense; São Paulo: Método, 2017, p. 735.

trônicos disponíveis (e-mail, mensagem de texto, inclusive por aplicativos de mensagens como o WhatsApp e Telegram) para dar ciência da concessão das férias ao empregado. A comunicação, entretanto, exige a indicação do período de férias a ser gozado pelo empregado, isto é, a data do início e do fim do gozo das férias.

A doutrina diverge a respeito das consequências do desrespeito desse prazo. Vólia Bomfim entende *"que no caso de comunicação do período concessivo de férias em período inferior a 30 dias, há apenas uma infração administrativa por parte do empregador"*.[177] Para os signatários desta vertente interpretativa o fim almejado pela norma foi alcançado – o descanso pelo empregado – de forma que se considera satisfeita a sua pretensão. Se valem, portanto, do método de interpretação teleológico, prestigiando as consecuções da norma trabalhista, em detrimento da literalidade da lei.

Corrente em sentido contrário entende que a comunicação das férias nestas condições implica em nulidade de pleno direito, e, como consequência, o empregador deverá pagá-las em dobro.

Luciano Martinez explica que *"se não houve essa participação – o aviso antecipado de concessão das férias ao empregado, no prazo estabelecido em lei – não se pode dizer iniciado o período de férias, sendo nula de pleno direito a comunicação celebrada sem essa formalidade (vide o art. 9º da CLT)"*.[178] Defende, ainda, que em caso de solicitação de concessão imediata de férias pelo empregado este prazo será inexigível.

No âmbito do Tribunal Superior do Trabalho tem prevalecido o entendimento de que o descumprimento do prazo de comunicação prévia das férias não enseja o pagamento em dobro, por inexistência de previsão legal conforme precedentes abaixo:

> RECURSO DE REVISTA. INTERPOSIÇÃO SOB A ÉGIDE DAS LEIS Nº 13.015/2014 E 13.467/2017. FÉRIAS. COMUNICAÇÃO PRÉVIA DE 30 DIAS AO EMPREGADO. ART. 135 DA CLT. PAGAMENTO EM DOBRO. INDEVIDO. Trata-se de discussão acerca da possibilidade de pagamento em dobro das férias em razão da inobservância da comunicação com antecedência mínima de trinta dias para a concessão das férias. A Corte Regional decidiu que é devido o pagamento em dobro das férias na hipótese em que o aviso do período de férias não observa o prazo de 30 dias de antecedência previsto

---

[177] Ibidem. BOMFIM, 2017, p. 122.

[178] Martinez, Luciano. Curso de direito do trabalho– 11. ed. – São Paulo : Saraiva Educação, 2020, p.831.

no art. 135 da CLT. O art. 135 da CLT dispõe o seguinte: "Art. 135 - A concessão das férias será participada, por escrito, ao empregado, com antecedência de, no mínimo, 30 (trinta) dias. Dessa participação o interessado dará recibo". Já o art. 137 da CLT prevê o pagamento de férias em dobro nos casos de descumprimento do prazo previsto no art. 134, ou seja, a não concessão de férias dentro de 12 meses após o período aquisitivo. Por sua vez, a Súmula nº 450 do TST, ao definir mais uma hipótese em que será devido o pagamento em dobro, dispõe que "É devido o pagamento em dobro da remuneração de férias, incluído o terço constitucional, com base no art. 137 da CLT, quando, ainda que gozadas na época própria, o empregador tenha descumprido o prazo previsto no art. 145 do mesmo diploma legal". Da análise da Súmula nº 450 do TST e do art. 137 da CLT, infere-se que não existe disposição legal que determine o pagamento em dobro pela inobservância do prazo de 30 dias para a comunicação prévia das férias, disposto no art. 135 da CLT. Recurso de revista conhecido, por contrariedade (má aplicação) à Súmula nº 450 do TST, e provido. (TST - RRAg-100948-54.2017.5.01.0016, 3ª Turma, Relator Ministro Alexandre Agra Belmonte, **Publicado do acórdão: 05/03/2021)**

"RECURSO DE REVISTA REGIDO PELA LEI 13.015/2014. FÉRIAS. COMUNICAÇÃO PRÉVIA AO EMPREGADO. ART. 135 DA CLT. INOBSERVÂNCIA DO PRAZO DE 30 (TRINTA) DIAS. DOBRA INDEVIDA. Inexiste previsão legal de pagamento em dobro das férias em razão do descumprimento do prazo de 30 (trinta) dias, disposto no art. 135 da CLT, para a comunicação prévia ao empregado. Hipótese que caracteriza mera infração administrativa, nos termos do art. 153 da CLT. Precedentes. Recurso de revista conhecido e não provido. (RR - 20226-17.2014.5.04.0772, Relatora Ministra: Delaíde Miranda Arantes, Data de Julgamento: 18/04/2018, 2ª Turma, Data de Publicação: DEJT 20/04/2018).

"(...) DOBRAS DAS FÉRIAS. AUSÊNCIA DE AVISO ESCRITO COM ANTECEDÊNCIA DE 30 DIAS. Nos termos do artigo 135 da Consolidação das Leis do Trabalho, a concessão de férias impõe ao empregador o rigoroso cumprimento de requisitos formais, incumbindo-lhe participar, por escrito, a referida concessão ao obreiro com antecedência mínima de 30 (trinta) dias e proceder à respectiva anotação na CTPS e em livro ou nas fichas de registros dos empregados. No caso, com relação às férias, o Tribunal Regional destacou que "a legislação garante ao empregador a prerrogativa de estabelecer, de acordo com suas necessidades, o período em que o empregado desfrutará férias" e que, "por não escolher a data, o empregado tem o direito de ter ciência antecipada do período estabelecido, para que possa desfrutá-las de forma ampla e ilimitada". Concluiu, diante disso, que "da mesma forma que as infrações aos artigos 134 e 145, pelo procedimento do reclamado restou frustrada a finalidade do instituto, que é mais abrangente do que o simples descanso, pois deve propiciar ao empregado atividades destinadas ao seu equilíbrio emocional e mental, alcançados com a devida preparação, planejamento e programação, para as quais necessita de tempo antecedente ao gozo das férias, além de dinheiro". Assim, deferiu ao autor o recebimento da dobra das férias ao longo do período contratual, à exceção das férias gozadas de 20/12/2010 a 18/1/2011 e 19/12/2011 a 17/1/2012, pois, nesse período, entendeu que foi dado atendimento ao artigo 139 da CLT. Da leitura do artigo 135 da CLT, observa-se que não existe previsão de concessão de férias em dobro em decorrência da comunicação de férias extemporânea. Já o artigo 137 da CLT prevê o pagamento em dobro quando a concessão das férias ocorrer depois de transcorridos doze meses do fim do período aquisitivo (artigo 134 da CLT), ou em caso de descumprimento da regra do artigo 145 da CLT, qual seja pagamento da remuneração de férias até dois dias antes do início do período respectivo - hipótese diversa da dos autos. Dentro desse contexto, não há como se ter por concretizado o suporte fático determinante da incidência da hipótese normativa prevista no artigo 137 da CLT, razão pela qual a decisão deve ser reformada (precedentes desta Corte). Recurso de revista conhecido e provido. (...)" (RR-10146-62.2014.5.15.0036, Rel. Min. José Roberto Freire Pimenta, 2ª Turma , DEJT 10/11/2017).

Em relação ao adiantamento das férias individuais, a MP n. 927/2020 autorizou a concessão de férias referente ao: a) período aquisitivo completo; b) período aquisitivo em curso; c) período aquisitivo futuro. Não há dúvidas de que o empregador pode conceder as férias referente ao período aquisitivo já completado pelo empregado, pois já foram implementadas as condições para a sua concessão. É o que diz a redação do art. 130 da CLT[179].

Além disso, cabe ao empregador a escolha do melhor momento para a concessão das férias, já que tem a prerrogativa de organizar a atividade empresarial, bem como a prestação dos serviços (art. 2º, CLT). O empregador, como regra, elege o momento ideal de concessão das férias com base em fatores produtivos (de maior ou menor produtividade), financeiros (a existência ou não de fonte de pagamento das férias), econômicos (ambiente econômico externo, que influenciam de forma positiva ou negativa no fluxo de caixa da empresa), além da mão de obra disponível (o número de funcionários disponíveis para execução das tarefas) de forma a não prejudicar o funcionamento da atividade empresarial.

A antecipação das férias com período aquisitivo incompleto (em curso) se coaduna com o sistema constitucional vigente. Em poucos meses o empregado implementará as condições para a concessão das

---

179 CLT, Art. 130 – *"Após cada período de 12 (doze) meses de vigência do contrato de trabalho, o empregado terá direito a férias (...)".*

férias. Pensamos que essa medida respeita a função elementar das férias – o descanso anual – que tem como premissa a recuperação física e metal do trabalhador, evitando o estafamento físico e mental do trabalhador, bem como o surgimento de doenças ocupacionais e episódios de acidente de trabalho. A antecipação, neste caso, não acarretará prejuízos de ordem orgânica ao empregado, pois a implementação do direito às férias será concretizada em um momento próximo. Ainda que de forma restrita, o direito ao lazer, cultura e ao convívio familiar – e social, de forma virtual - estará preservado durante o gozo das férias.

Paulo Régis Machado Botelho defende que nesta situação *"faltando alguns meses para a implementação de um novo período aquisitivo, nada impede que o empregador possa utilizar o permissivo legal para determinar a concessão das férias"*. Acrescenta que *"essa possibilidade, aliás, é aventada quando se trata de férias coletivas"*.[180]

A MP n. 927/2020 também autoriza a antecipação de períodos futuros de férias, mediante acordo individual escrito. Ou seja, o empregado poderá ajustar com o empregador a concessão de períodos de férias que serão adquiridos em um momento vindouro do contrato de trabalho.

Neste ponto, parte da doutrina entende que a antecipação do gozo de férias de períodos aquisitivos que sequer se iniciaram é nula de pleno direito (art. 9º da CLT), mesmo com a anuência expressa do empregado, porquanto representaria uma renúncia ao direito de férias.[181]

O adiantamento de férias futuras refreia o descanso do empregado, que ficará longos períodos sem poder regenerar a sua saúde, ficando exposto ao risco de sofrer uma exaustão física ou emocional, doenças ocupacionais – inclusive a síndrome de Burnout – e até mesmo acidente de trabalho. Inibe, portanto, os preceitos fulcrais do instituto jurídico em comento.

Homero Batista Mateus da Silva aponta que as férias *"representam um dever, pois o empregado não pode prescindir das férias, acumular longos períodos para seus estudos ou para coincidência com planos de viagens ou simplesmente vender as férias para auferir maior renda. As férias cor-*

---

[180] Paulo Régis Machado Botelho, in O Direito do Trabalho na crise da COVID-19, 2020, p. 372.

[181] Idem.

respondem a uma forma de aumento da produtividade e diminuição dos acidentes de trabalho(...)".[182]

As férias, de acordo com a MP n. 927/2020, não poderão ser gozadas em período inferiores a cinco dias corridos. Neste aspecto, em regra, a CLT estabelece que as férias individuais são concedidas um único período. Possibilita, no entanto, o fracionamento do período de férias em três períodos, sendo certo que um deles não poderá ser inferior a 14 dias, e os demais não poderão ser inferiores a cinco dias corridos, cada um (art. 134, §1º, da CLT).

Durante o estado de calamidade pública a MP n. 927/2020 conferiu tratamento diferido aos trabalhadores que pertenças com grupo de risco do coronavírus (COVID-19), quanto a concessão de férias individuais ou coletivas. Significa que os empregados com idade igual ou superior a 60 anos (idosos), portador de alguma comorbidade (doenças cardíacas, pulmonares, de baixa imunidade, renais, diabéticos, obesos) e as gestantes de alto risco, serão priorizados para fins de concessão das férias (§ 3º da MP n. 927/2020).

Também, admitiu a suspensão das férias ou licenças remuneradas dos profissionais da área de saúde ou daqueles que desempenham funções essenciais, mediante comunicação prévia e formal ao trabalhador, *preferencialmente* com antecedência de 48 (quarenta e oito) horas (art. 7º da MP n. 927/2020).

A medida é elogiável. Contudo, entendemos que a suspensão das férias ou de licenças remuneradas dos profissionais da saúde não deve ser aplicada de forma indiscriminada. O empregador deve justificar a necessidade de suspensão do período de descanso, como, v.g., o aumento exponencial do número de pacientes em um hospital; a escassez ou ausência de profissionais com a mesma a especialidade do profissional de saúde. Repita-se: as férias tem um caráter importantíssimo, pois está intrinsicamente ligado às normas de saúde e medicina do trabalho.

Não se nega a dimensão da crise na saúde pública mundial, nem os esforços feitos por estes profissionais – que, em sua maioria, vai além do cumprimento dos seus deveres –, mas é preciso atenção à saúde destes trabalhadores, para que eles tenham condições de combater a crise sanitária do COVID-19.

---

182 Silva, Homero Batista Mateus da. CLT comentada. – 2. ed. – São Paulo: Thomson Reuters Brasil, 2018, p. 83.

O binômio suspensão das férias/licença (inviabilizando um período de descanso mínimo) e a natural sobrecarga de trabalho, pode trazer resultados catastróficos aos profissionais da saúde: exaustão física e emocional; estresse; depressão; ansiedade; Síndrome do Esgotamento Profissional (Burnout), dentre outras patologias psicossomáticas, a afetando diretamente na sua produtividade.

O Conselho Federal de Medicina, em pesquisa inédita, constatou que 96% dos médicos consideram que a pandemia afetou a vida pessoal e profissional, além da saúde mental dos profissionais de saúde; 14,5% dos entrevistados relatam a redução do tempo para refeição, família e lazer; 7,6% consideram que houve comprometimento das horas de descanso e da qualidade do sono. Reconhecem que este fator pode ter impacto negativo para o profissional de saúde.[183] Também existem relatos, no mesmo sentido, feitos por conselhos de fiscalização profissional correlatos à saúde.[184]

O empregador deve considerar a ampliação do seu quadro de funcionários, de maneira a alcançar um número de profissionais de saúde compatível com a demanda.

Ainda sobre o tema, o art. 7º da MP n. 927/2020 utiliza o termo *"preferencialmente"*, para se referir ao prazo de 48 horas para a comunicação prévia do empregado. Este prazo poderá ser maior ou menor, a depender das circunstâncias. O empregador deve conceder um prazo razoável ao empregado, para que ele possa retornar ao trabalho. Imagine se empregado estiver em isolamento social em município ou estado diverso do local de prestação de serviços, ao tempo da implementação de tais medidas, o empregador deve ajustar com o empregado um tempo plausível para a sua volta ao trabalho.

A MP n. 927/2020 flexibilizou o pagamento da remuneração de férias, do terço constitucional e do abono pecuniário (art. 8º e 9º). O

---

[183] Conselho Federal de Medicina (CFM). Pandemia gera estresse e sobrecarga de trabalho, mas reforça confiança dos pacientes na medicina. < https://portal.cfm.org.br/noticias/pandemia-de-covid-19-gera-estresse-e-sobrecarga-de-trabalho-medicos-mas-reforca-confianca-dos-pacientes-na-medicina/ > [acessado em 04/05/2021].

[184] Conselho Federal de Enfermagem (COFen). Conselhos de Enfermagem fiscalizam condições de trabalho da Enfermagem. < http://www.cofen.gov.br/conselhos-de-enfermagem-fiscalizam-condicoes-de-trabalho-da-enfermagem_86233.html > [acessado em 04/05/2021]

primeiro poderá ser efetuado até o 5º dia útil do mês subsequente ao início do gozo de férias. Não se aplicará o regramento previsto no art. 145 da CLT, que impõe o pagamento da remuneração das férias e, se for o caso, o abono, até 2 (dois) dias antes do início do respectivo período, sob pena de pagamento em dobro da remuneração de férias, incluído o terço constitucional (Súmula 450 do TST). Se o empregado for dispensado, os valores ainda não adimplidos a título de férias será quitado juntamente com o pagamento das verbas rescisórias.

O pagamento do terço constitucional e do abono pecuniário, poderá ser realizado pelo empregador após o início gozo das férias, até a data em que é devido o pagamento do décimo terceiro salário, ou seja, até o dia 20 de dezembro de cada ano, na forma do art. 1º da Lei 74.749/65. O abono pecuniário depende de requerimento do empregado, que poderá converter um terço de férias em abono, bem como da concordância do empregador (Art. 8º, § único, da MP n. 927/2020).

Botelho não enxerga *"em um primeiro olhar, prejuízo de grande monta ao empregado. Sob outro ângulo, permitirá que o empregador com problemas financeiros se organize para enfrentar a crise"* estando preservado o equilíbrio contratual durante o estado pandêmico.[185]

Nas férias coletivas, por sua vez, o legislador flexibilizou os períodos mínimos de fracionamento, bem como a comunicação ao Ministério do Trabalho (atualmente incorporado ao Ministério da Economia). Diferentemente das férias individuais, como não há permissivo legal, entende-se que as férias coletivas podem ser concedidas apenas para os empregados que estavam com período aquisitivo completo ou em curso.

É importante ressaltar que o empregador pode comunicar os seus empregados através de um simples e-mail ou outro meio eletrônico, no prazo de 48 horas antes do início do gozo das férias, adequando maneira de comunicação das férias às formas ao momento .

Outra inovação está relacionada ao prazo para pagamento das férias. A Medida Provisória permite o pagamento da correspondente remuneração pode ser efetuado até o quinto dia útil do mês subsequente ao início do gozo, bem como possibilita que o terço de férias seja quitado após sua concessão, estando limitado até a data em que é devida o décimo terceiro salário, mesmo prazo máximo em que deve ser quitado eventual abono pecuniário.

---

[185] Ibidem. Botelho, 2020, p. 376.

As medidas prescritas na MP n. 927/2020 permitiam a sua adoção durante o estado de calamidade pública, decretada pelo Ministro de Estado da Saúde, em 3 de fevereiro de 2020, nos termos do disposto na Lei nº 13.979, de 6 de fevereiro de 2020. O início da vigência da MP 927 se deu em 22 de março de 2020. O término da vigência da MP se deu em 19 de julho de 2020, considerando que foi rejeitada de forma tácita, após o Senado Federal deixar de submetê-la à votação, por divergências político-partidárias.

Em 27 de abril de 2021, o Governo Federal editou uma nova Medida Provisória (nº 1.046/2021), com teor muito aproximado da MP n. 927/2020, ressalvadas algumas particularidades. Na Exposição de Motivos nº 00031/2021, o Ministério da Economia explica que *"a situação de emergência de saúde pública e seus impactos nas relações de trabalho não foram superados no plano fático – motivo pelo qual –, faz-se necessária, novamente, a edição de Medida Provisória com medidas trabalhistas temporárias de preservação do emprego"*, acrescentando que *"as medidas de isolamento e de quarentena necessárias à contenção da transmissão do vírus e, consequentemente, à redução no número de casos da doença Covid-19, adotadas durante a vigência da Lei nº 13.979, 6 de fevereiro de 2020, provocaram forte impacto no setor produtivo e nas relações de trabalho, com efeitos que ainda perduram em setores da economia"*[186].

No que tange a reedição de medida provisória rejeitada (de forma expressa ou tácita), o art. 62, §10, da CF proíbe que seja realizada na mesma sessão legislativa, isto é, no mesmo anos legislativo. O Supremo Tribunal Federal tem precedentes que considera inconstitucional a reedição de medida provisória - caracterizada quando ocorrer a repetição integral ou parcial do texto replicado em medida provisória anterior – no mesmo ano legislativo.[187] Embora o texto da Medida

---

186 Exposição de Motivos nº 00031/2021 do Ministério da Economia. < http://www.planalto.gov.br/ccivil_03/_Ato2019-2022/2021/Exm/Exm-MP-1046-21.pdf > [acessado em 05/05/2021]

187 Impossibilidade de reedição, na mesma sessão legislativa, de medida provisória revogada, nos termos do prescreve o art. 62, §§2º e 3º. Interpretação jurídica em sentido contrário, importaria violação do princípio da Separação de Poderes. Isso porque o Presidente da República teria o controle e comando da pauta do Congresso Nacional, por conseguinte, das prioridades do processo legislativo, em detrimento do próprio Poder Legislativo. Matéria de competência privativa das duas Casas Legislativas (inciso IV do art. 51 e inciso XIII do art. 52, ambos da Constituição Federal). O alcance normativo do § 10 do art. 62, instituído com a

Provisória n. 927/2020 tenha sido reeditado substancialmente na Medida Provisória n. 1.046/2021, tais normas foram instituídas em sessões legislativas diferentes. A primeira na sessão legislativa de 2020, e a segunda na sessão legislativa de 2021. Com efeito, a MP 1.046/2021 não padece de inconstitucionalidade, neste aspecto.

De acordo com o art. 1º, *caput* e § *único*, da Medida Provisória 1.046/2021, o prazo de vigência será de 120 dias, contados da data de sua publicação, podendo ser prorrogado, por igual período, por ato do Poder Executivo federal. Sem embargo, a Constituição Federal estabelece que a medida provisória produz efeitos jurídicos imediatamente e terá o prazo de vigência de 60 dias, prorrogável automaticamente por igual período (60 dias) caso não tenha sua votação concluída, nos termos do art. 62, §7º, da Carta Magna. Logo, como regra, o prazo máximo de vigência da medida provisória será de 120 dias, em caso de prorrogação.

A única hipótese excepcional está prevista no art. 62, § 4º, da CF, que prevê a suspensão do prazo decadencial de 120 dias das medidas provisórias, se o período de vigência coincidir com o recesso do Congresso Nacional (60 dias + 60 dias, em caso de prorrogação + recesso do Congresso Nacional). Para o Supremo Tribunal Federal, este prazo é decadencial e constitui uma importante forma de freio e contrapeso, entre o Poder Executivo e o Legislativo, considerando que permite o controle legislativo sobre as medidas provisórias instituídas pelo Presidente da República. No julgamento da ADPF 661, o Plenário do STF entendeu, em sede de referendo de medida cautelar, que *"o art. 62 perderia a sua efetividade de harmonia entre os Poderes se estendêssemos esse prazo das medidas provisórias, mesmo após 120 dias"*. Nem mesmo a pandemia do COVID-19 é capaz de suspender ou elastecer este

---

Emenda Constitucional 32 de 2001, foi definido no julgamento das ADI 2.984 e ADI 3.964, precedentes judiciais a serem observados no processo decisório, uma vez que não se verificam hipóteses que justifiquem sua revogação. Qualquer solução jurídica a ser dada na atividade interpretativa do art. 62 da Constituição Federal deve ser restritiva, como forma de assegurar a funcionalidade das instituições e da democracia. Nesse contexto, imperioso assinalar o papel da medida provisória como técnica normativa residual que está à serviço do Poder Executivo, para atuações legiferantes excepcionais, marcadas pela urgência e relevância, uma vez que não faz parte do núcleo funcional desse Poder a atividade legislativa. É vedada reedição de medida provisória que tenha sido revogada, perdido sua eficácia ou rejeitada pelo Presidente da República na mesma sessão legislativa. [ADI 5.709, ADI 5.716, ADI 5.717 e ADI 5.727, rel. min. Rosa Weber, j. 27-3-2019, P, DJE de 28-6-2019.]

prazo, repita-se: decadencial, dada a importância deste sistema de freios e contrapesos.[188]

A inconstitucionalidade ocorre sempre que uma norma viola os preceitos contidos na Constituição Federal de 1988. A doutrina tradicional classifica a inconstitucionalidade em: a) inconstitucionalidade por omissão – a assim considerada as hipóteses em que a Constituição Federal de 1988 determina um dever de legislar, mas o Estado se omite, ou em caso de descumprimento de um mínimo existencial; b) inconstitucionalidade por ação – consiste em lei ou ato normativo que fere a Constituição Federal de 1988. Desdobra-se em inconstitucionalidade por ação material e formal. Na inconstitucionalidade material, o conteúdo da lei ou ato normativo fere os princípios ou regras da Lei Maior. Já a inconstitucionalidade formar, refere-se ao vício no processo de criações da norma.[189]

A inconstitucionalidade por ação formal subdivide-se em: i) inconstitucionalidade por ação formal orgânica – quando o órgão for incompetente elaborar a norma; ii) inconstitucionalidade por ação formal propriamente dita – o vício ocorre em uma das fases do processo legislativo, a exemplo, um vício de iniciativa; iii) inconstitucionalidade por ação formal por violação a pressupostos objetivos do ato normativo.

Sobre a inconstitucionalidade por ação formal por violação a pressupostos objetivos do ato normativo, o professor Flávio Martins Alves

---

188 *"[...] O controle legislativo sobre **medidas provisórias editadas pelo Presidente da República** é tão importante para o equilíbrio entre os poderes da República que **a Constituição Federal estabeleceu uma única hipótese excepcional de suspensão do prazo decadencial de 120 (cento e vinte) dias, durante o recesso do Congresso Nacional (CF, § 4º, art. 62)**. As alterações no funcionamento regimental das Casas Legislativas, em virtude da pandemia da COVID-19, não caracterizam recesso parlamentar, [...] Medida Cautelar referendada para autorizar que, durante a emergência em Saúde Pública decorrente da COVID-19, (a) as medidas provisórias sejam instruídas perante o Plenário da Câmara dos Deputados e do Senado Federal, ficando, excepcionalmente, autorizada a emissão de parecer, em substituição à Comissão Mista, por parlamentar de cada uma das Casas designado na forma regimental; (b) em deliberação nos Plenários da Câmara dos Deputados e do Senado Federal, operando por sessão remota, as emendas e requerimentos de destaque possam ser apresentados à Mesa, na forma e prazo definidos para funcionamento do Sistema de Deliberação Remota (SDR) em cada Casa. [ADPF 661 MC REF, rel. min. Alexandre de Moraes, j. 21-12-2020, P, DJE de 8-4-2021.]*

189 Nunes Júnior, Flávio Martins Alves. Curso de direito constitucional. – 3. ed. – São Paulo: Saraiva Educação, 2019, p. 558-601.

Nunes Júnior explica que *"Em algumas situações, a lei, ou ato normativo, é feita pela autoridade correta, legítima, respeita integralmente o seu procedimento de criação, mas não atende a um requisito objetivo externo. Por exemplo, imaginemos uma medida provisória de iniciativa do Presidente da República (autoridade legítima para fazê-la, nos termos do art. 62, CF) e que respeita todo o seu procedimento de análise e votação no Congresso Nacional, nos termos do art. 62 da CF, mas não preenche o requisito objetivo de elaboração: relevância e urgência. A medida provisória será inconstitucional".*

Inferimos que art. 1º, caput e § único, da MP n. 1.046/2021, padece de vício de inconstitucionalidade material, eis que o período de vigência nele previsto, viola frontalmente o prazo decadencial de 120 dias (60 dias + 60 dias, em caso de prorrogação automática) estabelecido pelo art. 62, §§ 3º e 7º, da Constituição Federal de 1988.

E mais. Existirá inconstitucionalidade formal acaso a MP n. 1.046/2021 seja convertida em lei após o lapso decadencial de 120 dias, conforme decidido pelo Supremo Tribunal Federal na ADPF 661 MC REF, de relatoria do Ministro Alexandre de Moraes *[j. 21-12-2020, P, DJE de 8-4-2021]*.

Superada esta questão, ressalta-se que a MP 1.046/2021 autorizou novamente a antecipação de férias individuais, a concessão de férias coletivas, o aproveitamento e a antecipação de feriados, dentre outras medidas (art. 2º). Regulamentou a antecipação de férias individuais nos arts. 5º a 10, e a concessão de férias coletivas nos arts. 11 a 13.

O texto da MP n. 927/2020 foi replicado na MP n. 1.046/2021 praticamente de forma integral. Foram realizadas algumas acomodações na estrutura textual dos dispositivos legais, sem alteração de sentido da norma, a fim de não dar margem a interpretações equivocadas, bem como algumas mudanças pontuais.

No art. 10 da MP n. 1.046/2021, que regulamenta o pagamento das férias individuais ou coletivas, ainda não adimplidas, em caso de rescisão do contrato de trabalho, houve a inclusão do parágrafo único, para dispor que *"As férias antecipadas gozadas cujo período não tenha sido adquirido serão descontadas das verbas rescisórias devidas ao empregado no caso de pedido de demissão"*. Noutras palavras, em caso de antecipação das férias por ato do empregador, em que o gozo das férias antecipadas ocorreu durante a pandemia da COVID-19, referente ao período aquisitivo em curso (período aquisitivo incompleto) ou período aquisitivo futuro (cujo período de férias será adquirido em um momento vindouro do contrato de trabalho), especificamente em caso de pedido de demissão do empregado.

O legislador utilizou a expressão *"descontadas"*. A lei não contém palavras inúteis, cabendo-nos, por conseguinte, perquirir o significado do termo.

Etimologicamente a palavra "desconto" significa deduzir, abater, compensar. Juridicamente, a compensação e a dedução possuem significados diversos.

A compensação é definida como uma forma de extinção das obrigações em que os titulares são ao mesmo tempo credores e devedores ao mesmo tempo. As dívidas se extinguem até o ponto em que se encontrarem (art. 368 do CC). Existem duas espécies de compensação: a) legal; b) convencional.

Pablo Stolze Gagliano e Rodolfo Pamplona Filho ensinam que "a compensação legal é a regra geral, exigindo, para sua configuração, o atendimento de diversos requisitos legais, o que apreciaremos nos tópicos a seguir. Nela, satisfeitos os requisitos da lei, o juiz apenas a reconhece, *declarando* a sua realização (já ocorrida no plano ideal), desde que provocado. Já a compensação convencional é decorrência direta da autonomia da vontade, não exigindo os mesmos requisitos para a compensação legal".[190]

São características da compensação: i) duas pessoas serem ao mesmo tempo credor e devedor uma da outra, as duas obrigações extinguem-se, até onde se compensarem; ii) a compensação efetua-se entre dívidas líquidas, vencidas e de coisas fungíveis; iii) trata-se de uma forma indireta de extinção das obrigações; iv) consubstancia uma espécie de defesa indireta de mérito (fato extintivo).

A teor do art. 477, §5º, da CLT, o empregador poderá realizar a compensação no momento do pagamento das verbas rescisórias, sendo certo que o valor compensado não poderá exceder o equivalente a um mês de remuneração do empregado.

No Processo do Trabalho, a compensação poderá ser arguida somente como matéria de defesa (art. 767 da CLT). No processo do trabalho o termo "defesa" tem sentido amplo, abrangendo a contestação, ex-

---

[190] Gagliano, Pablo Stolze; Pamplona Filho, Rodolfo Novo curso de direito civil, volume 2 : obrigações /– 18.ed. – São Paulo: Saraiva, 2017.

ceção (de incompetência territorial, de impedimento e suspeição) e a reconvenção. A esse respeito, o Tribunal Superior do Trabalho fixou o entendimento na Súmula 48, de que a compensação só poderá ser arguida com a contestação. Ainda, estabeleceu na Súmula 18, que apenas as dívidas de natureza trabalhista poderão ser objeto de compensação.

Prevalece o entendimento de que a compensação realizada em juízo, não limita ao valor previsto no art. 477, § 5º, da CLT, ficando ao encargo do magistrado trabalhista extinguir as dívidas até onde se compensarem.

Marcelo Moura adota o mesmo entendimento: *"O limite da compensação alegada na defesa não é o valor de uma remuneração mensal do empregado, como prevê a norma do art. 477, §5º, da CLT. Esta restrição só é aplicável na rescisão contratual e não para a alegação de defesa em juízo"*.[191]

A dedução, de outro lado, representa a possibilidade do abatimento dos valores já pagos ao empregado, constantes no demonstrativo de pagamento de salário, termo de rescisão do contrato de trabalho ou outros recibos, do valor total da condenação judicial. Em outros termos, trata-se de uma objeção processual (matéria de ordem pública), com base no princípio da vedação ao enriquecimento sem causa, de modo que o juiz deve conhecê-la de ofício. Também, pode ser alegada em qualquer momento processual, em qualquer tempo e grau de jurisdição, mas o ideal é a alegação na primeira oportunidade pela parte interessada.[192]

A situação prevista no art. 10 da MP n. 1.046/2021 caracteriza-se como uma hipótese de compensação, encerrando os debates doutrinários que recaiam sobre o tema.[193] Por conseguinte, o desconto das férias antecipadas por ato do empregador em tempo de pandemia no caso de pedido de demissão, embora gozadas pelo empregado e cujo período não tenha sido adquirido, não poderá superar o valor equiva-

---

[191] Marcelo Moura. Consolidação das Leis do Trabalho para concurso público – 8ª ed. – JusPodivm, 2018, p. 912.

[192] Schiavi, 2018, p. 670.

[193] Neste sentido, Paulo Régis Machado Botelho já argumentava que *"No contexto dos aspectos factuais existem argumentos razoáveis favoráveis e contrários à possibilidade de decote das verbas rescisórias amparadas nas antecipações de valores efetivadas pelo empregador. O risco do negócio, o enriquecimento sem causa, a situação econômica da empresa, o setor ou ramo de atuação do ente empresarial, etc., devem ser sopesados pelo intérprete, em comunhão com a trilogia contratual acima referenciada"* – a boa-fé objetiva, o equilíbrio contratual e a função social do contrato. (in O Direito do Trabalho na crise da COVID-19, 2020, p. 373)

lente a um mês de remuneração do empregado, conforme prescrito no art. 477, § 5º, da CLT.

Neste cenário, outra questão que poderá ser suscitada: é possível a realização da compensação nas demais hipóteses de ruptura do contrato de trabalho não contempladas pelo art. 10 da MP n. 1.046/2021?

A premissa para a realização da interpretação de uma norma é a verificação se o texto é efetivamente claro, pois não cabe interpretações onde não existem dúvidas. Também, o exegeta deve perquirir a vontade da lei ou a vontade do legislador. A doutrina aponta que o conceito de clareza é relativo, pois o que para um aparenta ser evidente, pode ser considerado dúbio para outro.[194]

A dúvida ou falta de clareza recai sobre o caráter restritivo (ou não) da compensação prevista no art. 10 da MP n. 1.046/2021, ou seja, se a compensação está limitada à hipótese de pedido de demissão.

Numa interpretação sistemática-ampliativa, podemos afirmar que a compensação não se restringe à hipótese de pedido de demissão, porquanto, a compensação não está afeta à modalidade ruptura do contrato de trabalho, mas, sim, à existência de duas ou mais obrigações, entre duas ou mais pessoas serem ao mesmo tempo credor e devedor uma da outra (art. 368 do CC). Ademais, a o art. 477, §5, da CLT, ao admitir a compensação na oportunidade do pagamento das verbas rescisórias, limita ou vincula a sua aplicação à hipótese de extinção do contrato de trabalho decorrente de pedido de demissão. Ao analisar este tema, em duas oportunidades, o Tribunal Superior do Trabalho exigiu tão somente que as dívidas compensadas sejam de natureza trabalhista, e, se arguida em juízo, só poderá ser suscitada na contestação (Súmulas 18 e 48 do TST).

De outro lado, é aceitável defender o caráter restritivo do art. 10, § único, da MP n. 1.046/2021, já que o texto normativo prevê a possibilidade de compensação do adiantamento do período aquisitivo de férias apenas no caso de pedido de demissão. Aliás, a vontade primeira a

---

194 Segundo Flávio Martins Alves Nunes Júnior: *"Desde que a hermenêutica passou a ser um dos objetivos do estudo do Direito, duas indagações foram feitas. A primeira delas refere-se à necessidade de interpretação quando um texto é efetivamente claro (in claris cessat interpretatio?). Outra indagação refere-se à meta que deve ser buscada pelo intérprete: a busca pela vontade da lei (mens legis) ou pela vontade do legislador (mens legislatoris)"* (in Curso de Direito Constitucional. – 3. ed. – São Paulo: Saraiva Educação, 2019, p. 481).

preservação do emprego e a renda do trabalhador, além de arrefecer os efeitos econômicos gerados pela pandemia do coronavírus (covid-19) sobre as finanças do empregador. O pedido de demissão frustra este propósito. Assim, o referido dispositivo refreia eventuais prejuízos financeiros ao empregador que adiantou o pagamento de férias relativa período ainda não adquirido pelo empregador.

Da análise do art. 11 da MP n. 1.046/2021 infere-se que o conteúdo da primeira medida foi integralmente, com importantes modificações. Esse dispositivo autoriza a concessão de férias coletivas a todos os empregados ou apenas para determinados setores da empresa, a critério do empregador. Entendemos que estas hipóteses são meramente exemplificativas, pois, conforme apontado pela doutrina, também é admissível a concessão de férias coletivas a determinados estabelecimentos (como, por exemplo, uma filial específica da empresa).[195]

A formalização da comunicação prévia das férias coletivas deverá ser efetuada por escrito ou por meio eletrônico (e-mail, mensagem ou aplicativo de mensagens, por exemplo), com antecedência mínima de 48 horas, competindo ao empregador informar todos os empregados abrangidos pela medida.

O período mínimo das férias coletivas será de 5 (cinco) dias (art. 12 c/c art. 5º, §1º, da MP n. 1.046/2021), sendo inaplicável o limite mínimo de 10 dias corridos previsto no art. 139 da CLT. A inovação fica por conta do prazo máximo. A MP n. 1.046/2021 autoriza a concessão de férias coletivas por período superior a 30 dias, não se aplicando o limite máximo de períodos anuis previstos na CLT. Autorizou, noutros termos, a possibilidade o adiantamento de férias cujo o período aquisitivo ainda não tenha transcorrido, conforme se extrai da leitura conjugada do art. 12 e do art. 5º, §1º, II, da MP n. 1.046/2021. Desta forma, o empregador poderá conceder a título de férias coletivas 31, 35, 40, 60, 90 dias ou mais. Naturalmente, a remuneração de férias deve ser proporcional aos dias de gozo, inclusive se as férias coletivas forem concedidas por período superior a 30 dias.

---

195 Gustavo Filipe Barbosa Garcia aponta que *"as férias coletivas, na realidade, podem ser de três modalidades específicas: a) férias de todos os empregados da empresa; b) férias de todos empregados de determinados estabelecimentos (ou seja, unidades) da empresa; c) férias de todos empregados de determinados setores da empresa"* (in Curso de direito do trabalho – 11ª ed. – Rio de Janeiro: Forense, 2017).

O pagamento das férias coletivas poderá ser efetuado nos mesmos moldes da antecipação de férias individuais antecipadas: até o quinto dia útil do mês subsequente ao início do gozo das férias; o terço constitucional poderá ser quitado até a data de pagamento do décimo terceiro salário (20 de dezembro), na forma do art. 12 da MP 1.046/21. O abono pecuniário depende de anuência do empregador.

Vale ressaltar que paira controvérsia sobre os reflexos da Lei n. 14.020/2020 sobre o cálculo do décimo terceiro salário e sobre as férias dos empregados.

O Ministério Público do Trabalho, em 29 de outubro de 2020, através do Grupo de Trabalho Covid-19, editou Diretriz Orientativa para apoio e auxílio à atuação finalísticas dos seus integrantes, quanto à interpretação e repercussão do Programa Emergencial de Manutenção do Emprego sobre o décimo terceiro salário e as férias dos empregados. No referido documento, os Procuradores e Procuradoras do Trabalho concluíram que o silêncio normativo da Lei n.14.020/2020 quanto aos reflexos trabalhistas da adesão ao Benefício Emergencial a incidirem sobre os o período aquisitivo, cálculo de valor e fruição das férias e do décimo terceiro salário, impõe uma interpretação mais favorável e restritiva ao trabalhador.

Defendem que os princípios norteadores do Direito do Trabalho tem o escopo de proteger o trabalhador, impedindo interpretações que lhe sejam desfavoráveis (princípio da proteção, princípio do *in dubio pro operario*) ou a alteração contratual lesiva; os riscos da atividade econômica devem ser suportados exclusivamente pelo empregador (art. 2º da CLT); a Lei n. 4.090/62 disciplina expressamente a dedução do computo para a composição do valor a ser pago a título de décimo terceiro somente em caso de faltas injustificadas; os arts. 130 e 131 da Consolidação das Leis do Trabalho não configura falta injustificada, para efeito de computo do quantitativo de dias de fruição de férias justificadas na forma da lei e os dias em que não tenha havido serviço.[196]

Na visão do Ministério Público do Trabalho a situação configura suspensão temporária atípica do contrato de trabalho, devendo, portanto, haver o computo do período de afastamento no tempo de serviço para todos os fins. Com base nisso, sugeriu as seguintes interpretações: a) o período de adoção das medidas de redução proporcional de jornada

---

[196] Diretriz orientativa interna para apoio e auxílio à atuação finalística do Ministério Público do Trabalho quanto à interpretação da Lei nº 14.020/2020.

de trabalho e de salário ou para a suspensão temporária do contrato de trabalho, deve ser computado no tempo de serviço, caracterizando como suspensão temporária atípica do contrato de trabalho; b) o período de adesão às medidas instituídas pela Lei n. 14.020/2020 na composição dos requisitos aquisitivos, de cálculo de valor e fruição das férias e do décimo terceiro salário; c) o empregador deverá pagar integralmente o valor do 13º salário e das férias dos empregados, considerando o período contínuo de trabalho, sem a dedução do período no qual os empregados estão ou estavam sob a égide de acordo de redução de salário e jornada ou suspensão temporária do contrato de trabalho.

O Ministério da Economia também emitiu um parecer a respeito do tema, através da Nota Técnica SEI nº 51520/2020/ME editada em 27 de novembro de 2020, porém, em sentido contrário. O Ministério da Economia entende que a suspensão do contrato de trabalho tem como efeito a suspensão das principais obrigações entre as partes, motivo pelo qual defende que o décimo terceiro salário e as férias não serão devidas em sua integralidade. Em outras palavras, não será computando como tempo de serviço o período de vigência da suspensão temporária do contrato prevista na Lei n. 14.020/20. Indica, ainda, se não for atingido o número mínimo de 15 dias de trabalho, na hipótese de suspensão temporária do contrato de trabalho, este hiato não será considerado a título de fração de décimo terceiro salário.

No que diz respeito à redução proporcional da jornada e de salário, o Ministério da Economia entende que não há qualquer repercussão no sobre o pagamento da remuneração de férias e do décimo terceiro.

As férias e o décimo terceiro salário está englobado no núcleo constitucional intangível dos direitos fundamentais trabalhistas, previstos no art. 7º, VIII e XVII, da Constituição Federal.

Ingo Wolfgang Sarlet (apud, Martins, 2020)[197] afirma que *"boa parte dos direitos sociais consagrados, em termos gerais, no art. 6º, da CF, foi objeto de densificação por meio de dispositivos diversos ao longo do texto constitucional, especialmente nos títulos que tratam da ordem econômica (por exemplo, no que diz com aspectos ligados à função social da propriedade urbana e rural) e da ordem social (normas sobre o sistema de seguridade social, designadamente, saúde, assistência e previdência social, bens culturais, família, proteção do idoso, meio ambiente, educação etc.), destacando-se os diversos direitos dos trabalhadores enunciados nos arts. 7º*

---

[197] Martins, 2020.

a 11, que constituem um conjunto de direitos e garantias que concretizam o direito geral ao trabalho e à proteção ao trabalhador (contemplado no art. 6º, em condição de igualdade em relação aos demais direitos sociais), especialmente no sentido de imposição dos deveres de proteção do trabalho e dos trabalhadores, além de uma série de garantias específicas".

Nota-se, portanto, que as férias e o décimo terceiro estão inseridos no rol de direitos sociais que asseguram a dignidade da pessoa do trabalhador e a garantia do mínimo existencial, isto é, condições materiais mínimas à vida com dignidade.

Flavio Martins, apoiado nas lições de Robert Alexy, recorda que *"grande parte das normas definidoras de direitos sociais é formada por **normas-princípios** e, por essa razão, deve ser aplicada na maior intensidade possível".* Prossegue, destacando que "todas as normas constitucionais definidoras de direitos sociais (sejam elas normas-regras ou normas-princípios) produzem a eficácia objetiva, **influenciando toda a interpretação da constituição, servindo de parâmetro para o controle de constitucionalidade**, não recepcionando as legislações anteriores incompatíveis e vinculando o Estado (administração, juiz e legislador) a concretizar os ditames constitucionais"[198].

Com base nisso, podemos concluir que a interpretação da Lei 14.020/2020, sobre as repercussões geradas no cálculo das férias e do décimo terceiro salário dos trabalhadores, deve ser feita à luz das regras constitucionais, tendo em conta que esses direitos são verdadeiras normas-princípios ou direitos individuais fundamentais dos trabalhadores que devem ser preservados, caso sejam adotadas as medidas de redução do salário e da jornada ou a suspensão temporária do contrato de trabalho. Interpretações em sentido contrário podem ser objeto de controle de constitucionalidade – difuso ou concentrado – pois, em tese, contrariam as garantias mínimas constitucionalmente asseguradas aos trabalhadores.

Acrescente-se que a renda do trabalhador não é composta somente pelo salário, mas, também das outras parcelas remuneratórias prevista em lei, incluindo o décimo terceiro salário e as férias com o terço constitucional. Excluir essas parcelas – ou parte delas – da abrangência da Lei 14.020/2020, contraria uma das finalidade da própria lei: a preservação da **renda** do trabalhador.

---

198 Idem.

Diante disso, data vênia outros entendimentos, defendemos que é devido o pagamento integral do décimo terceiro salário e das férias proporcionais, por consistir em direito individual fundamental do trabalhador.

2. FERIADOS

Os feriados estão inseridos dentro da temática do descanso semanal remunerado, que representa um lapso temporal de 24 horas consecutivas, de preferência aos domingos e nos feriados, nos quais o empregado não é obrigado a comparecer ao serviço, uma vez por semana, recebendo a remuneração correspondente.

De acordo com o art. 7º, XV, CF, o repouso semanal remunerado é um direito social dos trabalhadores, devendo, preferencialmente, coincidir com os domingos. Como um dos direitos sociais dos trabalhadores, o Estado tem a preocupação de exigir o seu cumprimento por parte dos empregadores.

Apesar de esse dispositivo nada mencionar quanto aos feriados, nada obsta que a legislação infraconstitucional assegure o descanso nesses dias (Lei 605).

Os feriados podem ser civis ou religiosos. Por feriados civis se compreende aqueles declarados em lei federal, lei estadual ou lei municipal. Já os feriados religiosos são os dias de guarda, declarados em lei municipal, de acordo com a tradição local.

A Súmula 444 do TST estabelece que a jornada *12 por 36* dá direito ao trabalhador ao labor em feriados de forma dobrada. Esse entendimento não mais se mantém ante os termos do art. 59-A, § 1º, CLT; Lei 13.467.

Nesse aspecto, a MP n. 927/2020 autoriza a antecipação unilateral dos feriados não religiosos federais, estaduais, distritais e municipais, sendo necessária a comunicação com pelo menos 48 horas de antecedência, de forma escrita ou por meios eletrônicos (art. 13).

O aproveitamento da antecipação dos feriados religiosos depende de anuência do empregado, mediante manifestação em acordo individual escrito (art. 13, §2º, da MP n. 927/2020). Opostamente, a MP n. 1.046/2021, em seu art. 14, admite a antecipação de feriados religiosos, independente da vontade do empregado.

Existe entendimento no sentido de que a antecipação de feriados religiosos, sem a anuência do empregado, choca-se com o direito individual fundamental à liberdade de consciência e de crença e impede o livre exercício dos cultos religiosos, assegurado pelo art. 5º, inciso VI, da Constituição Federal de 1988.

O professor Jayme Weingartner Neto define a liberdade de consciência como a *"autonomia moral-prática do indivíduo, a faculdade de autodeterminar-se no que tange aos padrões éticos e existenciais, seja da própria conduta ou da alheia – na total liberdade de autopercepção –, seja em nível racional, mítico-simbólico e até de mistério"*. [199]

José Celso de Mello Filho (Moraes 2016), destaca que a liberdade de consciência *"constitui o núcleo básico de onde derivam as demais liberdades do pensamento. É nela que reside o fundamento de toda a atividade político-partidária, cujo exercício regular não pode gerar restrição aos direitos de seu titular"*.

Segundo o professor Flávio Martins Alves Nunes Júnior[200] a liberdade de consciência pode ser considerada expressão da liberdade de pensamento. O ilustre professor elucida que

> *"Ninguém poderá ser cerceado por ter uma ideologia diversa da maioria (comunista numa sociedade que majoritariamente defende o capitalismo, defensor dos direitos sociais numa sociedade que majoritariamente defende o liberalismo etc.). O Estado terá principalmente um dever de abstenção, de não agir, impossibilitado de cercear essa liberdade individual. Não obstante, como vimos no capítulo anterior, esse direito (como os outros) tem uma dimensão objetiva, que exige que o poder público impeça violações a essa liberdade, <u>seja por parte de seus agentes, seja por parte de particulares</u>"* (grifos acrescidos).

Gilmar Ferreira Mendes e Paulo Gustavo Gonet Branco ensinam que *"na liberdade religiosa incluem-se a liberdade de crença, de aderir a alguma religião, e a liberdade do exercício do culto respectivo"*. Mais adiante destacam que *"a Constituição assegura a liberdade dos crentes, porque toma a religião como um bem valioso por si mesmo, e quer resguardar os que buscam a Deus de obstáculos para que pratiquem os seus deveres religiosos"*. E, por esta razão, *"os Poderes Públicos podem – e eventualmente devem – adotar, para amparar, na vida prática, o valor religioso"*. Arrematam, indicando

---

[199] Idem. Comentários à Constituição do Brasil – 2. ed. – São Paulo : Saraiva Educação, 2018.

[200] Flávio Martins Alves Nunes Júnior. Curso de direito constitucional – 3. ed. – São Paulo : Saraiva Educação, 2019.

que "*a adoção de feriados religiosos justifica-se sob esse prisma, em especial, mas não necessariamente, quando facilita a prática de atos da fé professada pela maioria da população ou por uma porção significativa dela*". [201]

Tal direito é garantido também no âmbito dos direito humanos, tendo respaldo na Declaração Universal dos Direitos Humanos de 1948 (art. 18)[202] e na Convenção Americana de Direitos Humanos de 1969 (art. 12).[203]

Em função disso, a Constituição Federal assegura a *objeção ou escusa de consciência* (art. 143, § 1º, CF), assim considerada a recusa de praticar um determinado comportamento prescrito em lei, por chocar-se seriamente com convicções pessoais do indivíduo, de modo que o cumprimento da norma implicaria em grave martírio moral.[204]

Determinadas datas são tidas como sagradas para algumas religiões, por exemplo, o Yom Kipur (dia do perdão) e o Shabat (dia de repouso) para os judeus; o Dia de São Jorge, feriado estadual no Rio de Janeiro, é considerado um dia sagrado para os cristãos, umbandistas e candomblecistas; o Dia de Nossa Senhora dos Navegantes, Nossa Senhora de

---

201 Mendes, Gilmar Ferreira. Curso de direito constitucional. – 12. ed. – São Paulo : Saraiva, 2017.

202 Declaração Universal dos Direitos Humanos (promulgada pelo Decreto nº. 678/1992), art. 18: *"Toda a pessoa tem direito à liberdade de pensamento, de consciência e de religião; este direito implica a liberdade de mudar de religião ou de convicção, assim como a liberdade de manifestar a religião ou convicção, sozinho ou em comum, tanto em público como em privado, pelo ensino, pela prática, pelo culto e pelos ritos". [in Organização das Nações Unidas. < https://www.ohchr.org/en/udhr/documents/udhr_translations/por.pdf > acessado em 07/05/2021].*

203 Convenção Americana de Direitos Humanos (promulgada pelo Decreto nº. 678/1992), art. 12 - Liberdade de Consciência e de Religião - 1. Toda pessoa tem direito à liberdade de consciência e de religião. Esse direito implica a liberdade de conservar sua religião ou suas crenças, ou de mudar de religião ou de crenças, bem como a liberdade de professar e divulgar sua religião ou suas crenças, individual ou coletivamente, tanto em público como em privado. 2. Ninguém pode ser objeto de medidas restritivas que possam limitar sua liberdade de conservar sua religião ou suas crenças, ou de mudar de religião ou de crenças. 3. A liberdade de manifestar a própria religião e as próprias crenças está sujeita unicamente às limitações prescritas pelas leis e que sejam necessárias para proteger a segurança, a ordem, a saúde ou moral pública ou os direitos ou liberdades das demais pessoas. 4. Os pais, e quando for o caso os tutores, têm direito a que seus filhos ou pupilos recebam a educação religiosa e moral que esteja acorde com suas próprias convicções.

204 Idem. Ferreira, 2017.

Aparecida, Finados e Corpus Christi, feriados religiosos comemorados por cristãos e religiões de matriz africana. Em algumas destas datas o indivíduo deixa de praticar certas atividades habituais ou laborais, para realizar as suas liturgias e dogmas.

Comungamos da ideia de que a antecipação de feriados religiosos pelo empregador, em tempos de pandemia, viola a liberdade de consciência e religiosa, assim como retira do empregado o direito ao livre exercício, em momento oportuno, prática religiosa ou de culto, contrapondo-se aos preceitos constitucionais.

Não se nega a existência de diversos princípios e regras constitucionais relacionados ao trabalho e à livre iniciativa, como os valores sociais do trabalho, a erradicação da pobreza e da marginalização, a redução das desigualdades sociais, a busca pelo pleno emprego, a atividade econômica fundada na valorização do trabalho e na livre iniciativa, nem mesmo, se nega as legítimas consecuções buscadas pelas medidas de enfrentamento aos efeitos econômicos da covid-19 e para a manutenção do emprego. Entretanto, faz-se necessária a acomodação de tais princípios, através de uma ponderação de interesses, sem que a opção por um deles represente o sacrifício do outro.

A MP n. 1.046/2021 compreende diversas medidas trabalhistas de enfrentamento ao estado de calamidade pública, incluindo a antecipação de feriados não religiosos. A exclusão dos feriados religiosos do rol de medidas possíveis ao empregador, não ampliará eventuais efeitos econômicos (negativos) gerados pelo estado pandêmico, nem representa um fator preponderante para a recuperação econômica do empregado, que tem outras medias a sua disposição.

No julgamento da ADPF n. 881-MC/DF, o Supremo Tribunal Federal formou maioria para reconhecer a competência dos estados e municípios de restringir a práticas de cultos religiosas como medida para conter o recrudescimento da pandemia do covid-19. O relator do caso, Ministro Gilmar Mendes, cita as lições do professor *Piotr Mazurkiewicz* , indicando que *"o direito à liberdade religiosa é absoluto na dimensão interna (forum internum) e limitado na forma de expressão externa (forum externum)".*[205]

Assim, mesmo na fortuita hipótese de restrição à prática de culto em templos ou capelas religiosas ao tempo do feriado religioso, o empre-

---

[205] *In* Religious Freedom in the Time of the Pandemic. Religions, v. 12, 2, 2021, p 16.

gado tem o direito absoluto, na dimensão interna, à liberdade religiosa, aqui abrangida a liberdade de consciência. Acreditamos, por este motivo, que o regramento em análise poderá ser declarado inconstitucional. Em última análise, pensamos que o empregado poderá apresentar *objeção de consciência* para se ausentar do trabalho.

Tanto a MP n. 927/2020 quanto a MP n. 1.046/2021, permitem a utilização da antecipação dos feriados para a compensação do saldo em banco de horas.

CAPÍTULO XII.
REMUNERAÇÃO E SALÁRIO

1. DEFINIÇÃO

A palavra salário advém do latim *sal, salis*, de que derivou a expressão *salarium*. Historicamente, os soldados romanos recebiam como contraprestação uma determinada quantidade de sal.

Amauri Mascaro do Nascimento (apud Carlos Henrique Bezerra Leite, 2019)[206], conceitua o salário como *"a totalidade das percepções econômicas dos trabalhadores, qualquer que seja a forma ou meio de pagamento, quer retribuam o trabalho efetivo, os período de interrupção do contrato e os descansos computáveis na jornada de trabalho"*.

A celebração do contrato de trabalho gera ao empregado a obrigação de prestar serviços ao empregador e, como contrapartida, o empregador assume a obrigação de pagar o salário do trabalhador. O salário consiste na contraprestação paga diretamente pelo empregador, como retribuição aos serviços prestados pelo empregado. Já a remuneração é gênero de parcelas contraprestativas, isso porque pode ser quitada diretamente pelo empregador ou, ainda, por terceiros, como, por exemplo, as gorjetas.

O salário é, portanto, a principal obrigação contratual do empregador.

No Direito do Trabalho o salário recebe uma proteção especial sendo proibida, redução do salário do empregado, a alteração salarial em prejuízo do empregado, ou a realização de descontos impróprios e abusivos do empregador, sob pena de violação dos princípios da irredutibilidade salarial, inalterabilidade salarial e da intangibilidade salarial.

Como leciona o Professor Mauricio Godinho Delgado, as principais características dos salários são: *"caráter alimentar; caráter "forfetário"; in-*

---

[206] Curso de direito do trabalho / Carlos Henrique Bezerra Leite. – 11. ed. – São Paulo : Saraiva Educação, 2019

disponibilidade; irredutibilidade; periodicidade; persistência ou continuidade; natureza composta; tendência à determinação heterônoma; pós-numeração".

Segundo o festejado jurista *"o caráter alimentar do salário deriva do papel socioeconômico que a parcela cumpre, sob a perspectiva do trabalhador. O salário atende, regra geral, a um universo de necessidades essenciais da pessoa humana e de sua família",* como, por exemplo, moradia, alimentação, educação, saúde, lazer, vestuário, higiene, transporte e previdência social (art. 7º, IV, CF). Essa característica impede a penhora dos salários, tamanha a sua importância.

O *caráter forfetário, por sua vez,* "traduz a circunstância de o salário qualificar-se como obrigação absoluta do empregador, independentemente da sorte de seu empreendimento, isso porque o risco da atividade econômica deve ser assumido exclusivamente pelo empregador.

A característica da *indisponibilidade representa a impossibilidade de a* verba salarial ser objeto de renúncia ou de transação lesiva no desenrolar da relação empregatícia.

A irredutibilidade está inter-relacionada à indisponibilidade, pois não permite que o salário seja reduzido por ato unilateral ou bilateral na dinâmica empregatícia.

Ainda, temos como características do salário a *periodicidade* - qualidade de obrigação de trato sucessivo, de modo que deve ser calculada e paga por além do lapso temporal mensal (art. 459, CLT) -, assim como a *persistência* ou *continuidade, que* traduzem na necessidade de reposição do salário, reiteradamente, ao longo do contrato.

A noção de irredutibilidade busca combater duas modalidades centrais de diminuição de salários: a *redução salarial direta* (diminuição nominal de salários) e a *redução salarial indireta* (redução da jornada ou do serviço, com consequente redução salarial).

O art. 7º, inciso VI, da CF aduz que é assegurado ao trabalhador a irredutibilidade do salário, salvo o disposto em convenção ou acordo coletivo.

2. SALÁRIO PAGO "POR FORA"

O salário pago por fora é um expediente utilizado pelo empregador para fraudar os preceitos contidos na CLT.

Nessa situação o empregador deixa de integrar parte do salário à folha salarial do empregado, pagando parte "por fora", deixando, assim, o que diminui a base de cálculo das demais parcelas remuneratórias como, por exemplo, FGTS, bem como os encargos fiscais e previdenciários.

A jurisprudência tem sedimentado o entendimento de que essa conduta fraudulenta caracteriza dano moral.

Recentemente, o TST, no julgamento da Ação Civil Pública nº. TST-RR-10384-88.2014.5.03.0077, condenou uma empresa a pagar dano moral coletivo por realizar o pagamento dos salários dos empregados "por fora". Vejamos um trecho da decisão:

> Tratam os autos de Ação Civil Pública ajuizada pelo Ministério Público do Trabalho da 3ª Região, com pedido de indenização por danos morais coletivos, em face do reiterado descumprimento da legislação trabalhista. Caracteriza **dano moral coletivo** a violação de direitos de certa coletividade ou ofensa a valores próprios dessa. Nas lições de Xisto Tiago de Medeiros Neto (*in* Dano Moral Coletivo, São Paulo: LTr, 2014, p. 172), pode assim ser conceituado: "dano moral coletivo corresponde à lesão a interesse ou direitos de natureza transindividual, titularizados pela coletividade, considerada em seu todo ou em qualquer de suas expressões (grupos, classes ou categorias de pessoas), em decorrência da violação inescusável do ordenamento jurídico". Constitui, pois, instituto jurídico que objetiva a tutela de direitos e interesses transindividuais (difusos, coletivos e individuais homogêneos), os quais, quando vulnerados, também reclamam responsabilidade civil. Surgiu da evolução do próprio conceito de dano moral e a partir do reconhecimento de que uma determinada comunidade é titular de valores que lhe são próprios, não se confundindo com a tutela subjetiva individual dos indivíduos que a compõem, como decorrência natural da transformação pela qual passa o Direito, e são de natureza indivisível. Veja-se, a propósito, a precisa lição de Carlos Alberto Bittar Filho: "Assim como cada indivíduo tem sua carga de valores, também a comunidade, por ser um conjunto de indivíduos, tem uma dimensão ética. Mas é essencial que se assevere que a citada amplificação desatrela os valores coletivos das pessoas integrantes da comunidade quando individualmente consideradas. Os valores coletivos, pois, dizem respeito à comunidade como um todo, independentemente de suas partes. Trata-se, destarte, de valores do corpo, valores esses que não se confundem com os de cada pessoa, de cada célula, de cada elemento da coletividade." (BITTAR FILHO, Carlos Alberto. *Do dano moral coletivo no atual contexto jurídico brasileiro*. Disponível em <http://egov.ufsc.br/portal/sites/default/files/anexos/30881-33349-1-PB.pdf >. Acesso em: 12 Dez. 2015).Some-se a isso a finalidade precípua de revelar à própria sociedade que a lei é feita para todos e por todos, e deve ser cumprida, o que pode servir de estímulo para moldar o comportamento de qualquer um frente ao sistema jurídico.

Inaceitável, portanto e com a devida vênia, o fundamento adotado pelo TRT –, ao afirmar: "o fato de o reclamado efetuar o pagamento de parte do salário 'por fora' não atinge a imagem ou honra deste grupo, capaz de gerar insatisfação ou abalo social, ainda que aquele seja revel e confesso" (*sic*). Não há dúvida, por outro lado, da possibilidade de tutela judicial dos interesses coletivos, na precisa lição de Barbosa Moreira, citado na obra referida: "Em muitos casos, o interesse em jogo, comum a uma pluralidade indeterminada (e praticamente indeterminável) de pessoas, não comporta decomposição num feixe de interesses individuais que se justapusessem como entidades singulares, embora análogas. Há, por assim dizer, uma comunhão indivisível de que participam todos os possíveis interessados, sem que se possa discernir, sequer idealmente, onde acaba a 'quota' de um e onde começa a de outro. Por isso mesmo, instaura-se entre os destinos dos interessados tão firme união, que a satisfação de um só implica de modo necessário a satisfação de todas; e, reciprocamente, a lesão de um só constitui, ipso facto, lesão da inteira coletividade. Por exemplo: teme-se que a realização de obra pública venha a causar danos graves à flora e à fauna da região, ou acarrete a destruição de monumento histórico ou artístico. A possibilidade de tutela do 'interesse coletivo' na preservação dos bens em perigo, caso exista, necessariamente se fará sentir de modo uniforme com relação à totalidade dos interessados. Com efeito, não se concebe que o resultado seja favorável a alguns e desfavorável a outros. Ou se preserva o bem, e todos os interessados são vitoriosos; ou não se preserva, e todos saem vencidos." (MOREIRA, José Carlos Barbosa. *Tutela Jurisdicional dos Interesses Coletivos ou Difusos*. In Temas de Direito Processual (Terceira Serie). São Paulo: Saraiva, 1984. p. 195-196). Na presente hipótese, é incontroverso que a ré efetuou pagamentos de verbas salariais sem o registro no contracheque dos trabalhadores, conforme constatado no acórdão do TRT. No entanto, o Colegiado Regional considerou incabível a indenização reparatória de dano moral coletivo. Em situações de ato ilícito já praticado, há de ser considerada a probabilidade da sua reiteração ou continuidade, o que aponta a necessidade da concessão dos efeitos da tutela inibitória para a garantia de efetividade do direito material. Desse modo, mesmo demonstrada a regularização posterior da condição que originara o pedido de tutela inibitória, seu provimento justifica-se em razão da necessidade de prevenção contra eventual descumprimento da decisão judicial reparatória ou da reiteração da prática de ilícito, com possibilidade de dano. Essa prática não pode ser opção, tampouco merece ser tolerada pelo Poder Judiciário, sobretudo no Estado Democrático de Direito, no qual a dignidade da pessoa humana e o valor social do trabalho representam fundamentos da República (art. 1º, III e IV, CF). A constatação de que a empresa descumpriu as normas legais, atinentes ao pagamento de salários com os devidos reflexos e recolhimentos fundiários e previdenciários, por si demonstram reiterado descumprimento da legislação trabalhista, a ensejar condenação ao pagamento de indenização por danos morais coletivos. A configuração de lesão ao patrimônio moral coletivo dispensa a prova do efetivo prejuízo de todos os empregados ou do dano psíquico dele derivado. A lesão decorre da própria conduta ilícita da empresa, em desrespeito à lei e à dignidade do trabalhador. Nesse diapasão, os ensinamentos de Leonardo Roscoe Bessa (*in* Revista de Direito do Consumidor: "Dano Moral Coletivo" p. 103-104), também registrados por Xisto Tiago de Medeiros Neto (*in* Dano Moral Coletivo, São Paulo: LTr, 2014, p. 171): "o dano extrapatrimonial, na área de direitos metaindividuais, decorre da lesão em si a tais interesses, independentemente de afetação paralela de patrimônio ou de higidez psicofísica. (...) Em outros termos, há que se perquirir, analisando a conduta lesiva em concreto, se o interesse que se buscou proteger foi atingido. (...) A dor psíquica ou, de modo mais genérico, a afetação da integridade psicofísica da pessoa ou da coletividade não é pressuposto para caracterização do dano moral coletivo (....). Embora a afetação negativa do estado anímico (individual ou coletivo) possa ocorrer, em face dos mais diversos meios de ofensa a direitos difusos e coletivos, a configuração do denominado dano moral coletivo é absolutamente independente desses pressupostos. (...)."

O relator, Ministro Cláudio Brandão, destacou, por fim, que essa conduta caracteriza lesão a direitos e interesses transindividuais, pois prejudica não só os próprios trabalhadores, mas também o restante da sociedade, pois reflete diretamente nos programas que dependem dos recursos do FGTS e da Previdência Social, razão pela qual se tem por configurada a ofensa ao patrimônio jurídico da coletividade, que necessita ser recomposto.

3. 3. FÓRMULAS QUE REGEM O SALÁRIO

A doutrina traz duas fórmulas:

Salário = salário básico + parcelas sobressalários
(base) (complementos salariais)

A base de cálculo, por exemplo, do adicional de periculosidade é o salário básico. Todas as parcelas sobressalários (complementos salariais) não entram no salário básico.

3.1. 3.1. SALÁRIO BÁSICO

Salário básico = salário em dinheiro + salário "in natura"
(base) (utilidade)

Fundamento legal: Artigo 7º, incisos IV, V e VII da CF/88. Artigos 78, parágrafo único e 82, parágrafo único, da CLT

> *Art. 7º CF/88* – *"São direitos dos trabalhadores urbanos e rurais, além de outros que visem à melhoria de sua condição social: (...)*
> *IV - salário mínimo, fixado em lei, nacionalmente unificado, capaz de atender a suas necessidades vitais básicas e às de sua família com moradia, alimentação, educação, saúde, lazer, vestuário, higiene, transporte e previdência social, com reajustes periódicos que lhe preservem o poder aquisitivo, sendo vedada sua vinculação para qualquer fim;*
> *V - piso salarial proporcional à extensão e à complexidade do trabalho;*
> *(...) VII - garantia de salário, nunca inferior ao mínimo, para os que percebem remuneração variável;"*
>
> *Art. 78 CLT* – *"Quando o salário for ajustado por empreitada, ou convencionado por tarefa ou peça, será garantida ao trabalhador uma remuneração diária nunca inferior à do salário mínimo por dia normal da região, zona ou subzona. Parágrafo único. Quando o salário-mínimo mensal do empregado a comissão ou que tenha direito a percentagem for integrado por parte fixa e parte variável, ser-lhe-á sempre garantido o salário-mínimo, vedado qualquer desconto em mês subseqüente a título de compensação.*
>
> *Art. 82 CLT* – *"Quando o empregador fornecer, in natura, uma ou mais das parcelas do salário mínimo, o salário em dinheiro será determinado pela fórmula Sd = Sm - P, em que Sd representa o salário em dinheiro, Sm o salário mínimo e P a soma dos valores daquelas parcelas na região, zona ou subzona. Parágrafo único - O salário mínimo pago em dinheiro não será inferior a 30% (trinta por cento) do salário mínimo fixado para a região, zona ou subzona."*

A empresa não é obrigada a pagar 100% (cem por cento) do salário em dinheiro.

Se o salário básico for misto ou composto o empregador deve observar o mínimo de 30% (trinta por cento) em dinheiro.

3.2. PARCELAS SOBRESSALÁRIOS

As parcelas sobressalários, também chamada de complementos salariais.

Como a Reforma Trabalhista teve uma visão empresarial/patronal achataram a parte salarial e aumentaram a parte indenizatória.

Fundamento legal: Artigo 457, §§ 1º, 2º e 4º da CLT (Lei 13.457/2017).

> *Art. 457 CLT* – *"Compreendem-se na remuneração do empregado, para todos os efeitos legais, além do salário devido e pago diretamente pelo empregador, como contraprestação do serviço, as gorjetas que receber.*

§ 1º Integram o salário a importância fixa estipulada, as gratificações legais e as comissões pagas pelo empregador.

§ 2º As importâncias, ainda que habituais, pagas a título de ajuda de custo, auxílio-alimentação, vedado seu pagamento em dinheiro, diárias para viagem, prêmios e abonos não integram a remuneração do empregado, não se incorporam ao contrato de trabalho e não constituem base de incidência de qualquer encargo trabalhista e previdenciário.

§ 3º Considera-se gorjeta não só a importância espontaneamente dada pelo cliente ao empregado, como também o valor cobrado pela empresa, como serviço ou adicional, a qualquer título, e destinado à distribuição aos empregados.

§ 4º Consideram-se prêmios as liberalidades concedidas pelo empregador em forma de bens, serviços ou valor em dinheiro a empregado ou a grupo de empregados, em razão de desempenho superior ao ordinariamente esperado no exercício de suas atividades.

3.2.1. PARCELAS QUE INTEGRAM O SALÁRIO:

As parcelas que integram o salário são: os valores pagos diretamente pelo empregador como contraprestação aos serviços prestados, a comissões e as gratificações legais.

9. Comissões: Possui natureza jurídica salarial, mas não integra o salário básico. Nesse contexto, o empregado comissionista pode ser classificado da seguinte forma:
   1. Comissionista puro: É aquele que recebe apenas comissões.
   2. Comissionista misto: Recebe parte fixa e parte variável.

Para os empregados que percebem remuneração variável, o empregador fica obrigado a garantir o salário mínimo ou o piso da categoria, não podendo compensar ou descontar a posteriori o respectivo valor.

A base é o princípio da alteridade (artigo 2º, caput, da CLT).

10. Gratificações: São contraprestações pagas pelo serviço em certas condições ou ocasiões diferenciadas (gratificação de função; gratificação por tempo de serviço). A Reforma Trabalhista estabeleceu que a gratificação de função pode ser retirada pelo empregador caso o empregado retorne ao cargo anterior, não integrando ou incorporando ao salário do empregado, independentemente do tempo de exercício da respectiva função (art. 468, §único, da CLT).

3.2.2. PARCELAS QUE NÃO INTEGRAM O SALÁRIO (NATUREZA JURÍDICA INDENIZATÓRIA):

- Ajuda de custo;

- Diárias para viagem;
- Prêmios;
- Abono;
- Auxílio-alimentação (vedado o seu pagamento em dinheiro).

Todas essas parcelas possuem natureza de indenização, ainda que habituais.

Portanto, a Reforma Trabalhista enfraqueceu a habitualidade como requisito caracterizador do salário, pautado no princípio da primazia da realidade.

Essa opção da Reforma em achatar a parte salarial e incrementar a parte indenizatória trouxe prejuízos no que concerne a arrecadação previdenciária.

4. SALÁRIO IN NATURA OU SALÁRIO UTILIDADE

É a possibilidade do pagamento de parte do salário básico (base) em alimentação, habitação, vestuário ou outras prestações "in natura" (rol exemplificativo), fornecidas habitualmente por força do contrato ou dos costumes.

Para o correto enquadramento das parcelas, prevalece o entendimento da utilização do seguinte critério diferenciador: (Súmula 367 do TST).

> *Súmula nº 367 do TST - "UTILIDADES "IN NATURA". HABITAÇÃO. ENERGIA ELÉTRICA. VEÍCULO. CIGARRO. NÃO INTEGRAÇÃO AO SALÁRIO*
> *I - A habitação, a energia elétrica e veículo fornecidos pelo empregador ao empregado, quando indispensáveis para a realização do trabalho, não têm natureza salarial, ainda que, no caso de veículo, seja ele utilizado pelo empregado também em atividades particulares*
> *II - O cigarro não se considera salário utilidade em face de sua nocividade à saúde."*

A parcela dada **para** o trabalho não é salário, isso porque é indispensável para a realização do trabalho, ou seja, é ferramenta de trabalho.

Já a parcela dada **pelo** trabalho é considerada salário "in natura", pois, trata-se de contraprestação/retribuição ao serviço prestado.

Não é permitido o pagamento de bebidas alcóolicas, drogas nocivas ou cigarros como salário in natura.

Há uma discussão de que empresas farmacêuticas também não poderiam dar parte do salário em medicamentos (produtos farmacêuticos). Há drogas lícitas e ilícitas, a lei não fala em drogas ilícitas, mas em drogas nocivas e alguns medicamentos podem ser considerados nocivos.

Se o empregado utilizar a parcela de maneira mista para o respectivo enquadramento, deve ser usado o critério da utilização preponderante da parcela.

Para enquadrar tem que utilizar o critério da utilização preponderante da parcela.

5. EQUIPARAÇÃO SALARIAL

- Princípio da igualdade e isonomia.
- Encíclica "rerum novarum" (coisas novas) do Para Leão XIII.
- Convenções 100, 111 e 117 da OIT.
- Artigo 7º, incisos XXX, XXXI e XXXII da CF/88.
- Artigos 5º e 461 da CLT (Lei 13.467/2017).
- Súmula 6 do TST.

O empregado-reclamante recebe o nome de paragonado ou equiparando. Já o empregado modelo recebe a denominação de paradigma, equiparado ou espelho.

Para a caracterização da equiparação salarial é necessário o preenchimento dos requisitos cumulativos do art. 461 da CLT, pois, que representam fatos constitutivos. Sendo assim, cabe ao empregado o ônus da prova da equiparação salarial, na forma do artigo 818, I da CLT e artigo 373, I, do CPC.

Os requisitos da equiparação salarial são:

a. Identidade de função

A função envolve um conjunto de tarefas desempenhadas empregado.

O TST entende que o mais importante é o desempenho prático das mesmas tarefas, pouco importando o nome dos cargos. Adota o princípio da primazia da realidade.

b. Trabalho de igual valor

O trabalho de igual valor corresponde à igual produtividade (elemento objetivo) e a mesma perfeição técnica (elemento subjetivo). É o critério da meritocracia.

O TST entende que é possível a equiparação envolvendo trabalho intelectual, desde que sejam utilizados critérios objetivos de aferição.

c. Dois critérios temporais

É necessário diferença de tempo de serviço não superior a:

- 4 (quatro) anos no mesmo emprego; e (Lei 13.467/17)
- 2 (dois) anos na mesma função.

d. mesmo empregador

e. mesma localidade

} Mesmo estabelecimento empresarial

Hoje pouco importa o município. O critério é o estabelecimento empresarial.

Há controvérsia sobre a correta interpretação da amplitude do conceito de estabelecimento empresarial. É o mesmo prédio, mesmo andar, mesma sala, mesma empresa? Alguns juízes verificam, em alguns casos se há diferença no movimento das lojas, caso sejam em bairros próximos, por exemplo.

Não é cabível a equiparação salarial se o empregador possui plano de cargos e salários ou plano de carreira, cargos e salários.

Nesses casos, a empresa adota o critério da promoção, que derruba a equiparação salarial.

Após a Reforma Trabalhista esse plano pode ser elaborado por norma coletiva ou norma interna, independentemente de homologação do Ministério do Trabalho.

É possível a equiparação salarial no âmbito da Administração Pública (direta e indireta)?

Administração Pública direta, autárquica e fundacional	Sociedade de economia mista
Artigo 37, XIII, da CF/88.	Artigo 173, § 1º, II, da CF/88
Não cabe equiparação salarial.	Cabe equiparação salarial (regime jurídico das empresas privadas)
OJ 297 SDI-1 do TST	Súmula 455 do TST

Há uma proximidade entre a equiparação salarial e o acúmulo de função.

O acúmulo de função é o exercício de funções diferentes daquelas para a qual o empregado foi contratado.

A doutrina e a jurisprudência divergem se é possível um acréscimo salarial em virtude do acúmulo de função, isso porque a legislação não define nenhum parâmetro para fixação de eventual percentual.

Na praxe forense os magistrados fixam um adicional por acúmulo de função em percentual de 30%.

Existem decisões no sentido de não permitir a cumulação dos pedidos de equiparação salarial e o acúmulo de função.

CAPÍTULO XIII.
MEDIDA PROVISÓRIA Nº 936/2020

As medidas de isolamento provocaram um impacto sem precedente no setor produtivo e nas relações de trabalho. Foram cerca de 16,6 milhões de trabalhadores afastados por conta do isolamento social[207].

A crise de saúde pública fez surgir diversas dúvidas a respeito da relação de trabalho, dentre elas: 1. Como ficam os contratos de trabalho em vigor? 2. O empregador pode suspender o contrato de trabalho? 3. O empregador tem o dever de pagar o salário durante o período de calamidade pública? 4. O empregador pode reduzir o salário? Como efetivar essa redução? Qual o limite do percentual de redução? 5. O empregador pode reduzir a jornada de trabalho? 6. O empregador pode conceder férias? Quais os critérios? 7.É possível a antecipação das férias?

Haviam muitas dúvidas e poucas respostas. Em meio a esse cenário, a Medida Provisória (MP) nº. 936/2020 foi editada com o objetivo de instituir um Programa Emergencial de Manutenção do Emprego e da Renda, bem como dispor sobre medidas trabalhistas complementares para enfrentamento do estado de calamidade pública reconhecido pelo Decreto Legislativo nº 6, de 20 de março de 2020, e da emergência de saúde pública de importância internacional decorrente do coronavírus (covid-19), de que trata a Lei nº 13.979, de 6 de fevereiro de 2020.

Os questionamentos que preocupavam empregados e empregadores foram respondidos, pela nº. 936/2020, na medida em foram instituídos parâmetros de redução proporcional de salário e jornada de trabalho, tornou-se possível a suspensão do contrato de trabalho, como mecanismo de defesa do emprego e da renda. Tal medida foi posteriormente convertida na Lei 14.020/2020, cujo teor analisaremos em capítulo próprio.

---

[207] Fonte: https://agenciadenoticias.ibge.gov.br/agencia-noticias/2012-agencia-de-noticias/noticias/28513-cai-para-6-2-milhoes-numero-de-trabalhadores-afastados-pela-pandemia-na-3-semana-de-julho

1. APLICAÇÃO DA MEDIDA PROVISÓRIA N. 936/2020

A medida tem caráter transitório, produzindo seus efeitos somente no período de decretação do estado de calamidade pública pelo Decreto Legislativo n° 6, de 20 de março de 2020. A rigor, as medidas provisórias têm um prazo de duração de 60 dias, prorrogável por mais 60 dias. Dependem de aprovação das casas do Congresso Nacional para que sejam convertidas em Lei.

O parágrafo único do art. 3º da MP n. 936/2020, que também instituiu o Programa Emergencial de Manutenção do Emprego e da Renda, excluiu os empregados públicos dos órgãos da administração pública direta e indireta, das empresas públicas e sociedades de economia mista, inclusive as subsidiárias e aos organismos internacionais.

Há quem defenda a aplicação dessas medidas aos empregados das empresas públicas e sociedades de economia mista, já que essas empresas estão submetidas à regime jurídico próprio das empresas do setor privado (art.173, §1º, II, CF).

A preocupação principal do Governo Federal, entretanto, foi a proteção das empresas do setor privado, pois empregam muitos trabalhadores que ocupam as atividades produtivas.

É possível defender a aplicação das regras estabelecidas na medida provisória a todos os empregados inseridos na dinâmica empresarial.

2. OBJETIVOS DA MEDIDA PROVISÓRIA N. 936/2020

A Medida Provisória n. 936/2020 foi editada com o objetivo precípuo de assegurar a preservação do emprego e da renda, possibilitar a continuidade da atividade econômica (diante da diminuição de atividades) e a redução do impacto das consequências do estado de calamidade pública. Para tanto, o Poder Público instituiu o Programa Emergencial de Manutenção do Emprego e da Renda, nele essencialmente compreendido: o pagamento de Benefício Emergencial de Preservação do Emprego e da Renda; a redução proporcional de jornada de trabalho e de salários; e a suspensão temporária do contrato de trabalho.

A relevância e urgência – requisito para a edição de medidas provisórias, conforme preconiza o art. 62 da CF – foi pautada na preservação do emprego e a renda para que os trabalhadores tenham condições de manter o atendimento às necessidades básicas de suas famílias e no alto risco representado pela pandemia.

Também, confere uma estabilidade econômica e social, tendo em vista que a paralização das atividades econômicas gerou uma queda abrupta na receita das empresas e na economia global, pondo em risco diversos de postos de trabalho.

3. REDUÇÃO PROPORCIONAL DE SALÁRIO E JORNADA

O contrato de trabalho gera ao empregado a obrigação de prestar serviços ao empregador e como contrapartida o empregador assume a obrigação de pagar o salário do trabalhador. O salário é a principal obrigação contratual do empregador.

No Direito do Trabalho o salário recebe uma proteção especial sendo proibida, redução do salário do empregado, a alteração salarial em prejuízo do empregado, ou a realização de descontos impróprios e abusivos do empregador, sob pena de violação dos princípios da irredutibilidade salarial, inalterabilidade salarial e da intangibilidade salarial.

O salário é definido com uma contraprestação paga diretamente pelo empregador, para retribuir os serviços prestados pelo trabalhador. É espécie do gênero remuneração (constituído do salário mais gorjetas ou outras parcelas pagas por terceiros).

Como leciona o ilustre professor Mauricio Godinho Delgado[208], as principais características dos salários são: *"caráter alimentar; caráter "forfetário"; indisponibilidade; irredutibilidade; periodicidade; persistência ou continuidade; natureza composta; tendência à determinação heterônoma; pós-numeração"*.

Segundo o festejado jurista *"o caráter alimentar do salário deriva do papel socioeconômico que a parcela cumpre, sob a perspectiva do trabalhador. O salário atende, regra geral, a um universo de necessidades essenciais da pessoa humana e de sua família*[209]*"*, como, por exemplo, moradia, alimentação, educação, saúde, lazer, vestuário, higiene, transporte e previdência social (art. 7º, IV, CF). Essa característica impede a penhora dos salários, tamanha a sua importância.

O *caráter forfetário, por sua vez,* traduz a circunstância de o salário qualificar-se como obrigação absoluta do empregador, independente-

---

208 Mauricio Godinho Delgado. Curso de direito do trabalho. 18. ed.— São Paulo: LTr, 2019.

209 Idem, Delgado, 2019.

mente da sorte de seu empreendimento, isso porque o risco da atividade econômica deve ser assumido exclusivamente pelo empregador.

A característica da *indisponibilidade representa a impossibilidade de a* verba salarial ser objeto de renúncia ou de transação lesiva no desenrolar da relação empregatícia. A irredutibilidade está inter-relacionada à indisponibilidade, pois não permite que o salário seja reduzido por ato unilateral ou bilateral na dinâmica empregatícia.

Ainda, temos como características do salário a *periodicidade* - qualidade de obrigação de trato sucessivo, de modo que deve ser calculada e paga por além do lapso temporal mensal (art. 459, CLT) -, assim como a *persistência* ou *continuidade, que* traduzem na necessidade de reposição do salário, reiteradamente, ao longo do contrato.

A noção de irredutibilidade busca combater duas modalidades centrais de diminuição de salários: a *redução salarial direta* (diminuição nominal de salários) e a *redução salarial indireta* (redução da jornada ou do serviço, com consequente redução salarial).

O art. 7º, inciso VI, da CF aduz que é assegurado ao trabalhador a irredutibilidade do salário, salvo o disposto em convenção ou acordo coletivo.

Busca-se a participação obrigatória dos sindicatos profissionais nas negociações coletivas (artigo 8º, inciso VI da CF/88), para que a autonomia privada coletiva possa garantir à categoria profissional, ou aos trabalhadores de determinada empresa, a proteção necessária quanto ao princípio da irredutibilidade salarial.

A Reforma Trabalhista (Lei n. 13.467, de 13 de julho de 2017) acrescentou o artigo 611-A à Consolidação das Leis do Trabalho, que a necessidade de proteção dos empregados contra dispensa imotivada durante o prazo de vigência do instrumento coletivo estabelecer a redução de salário ou a jornada de trabalho.

De outro lado, a jornada de trabalho é o lapso temporal diário em que o empregado se coloca à disposição do empregador em virtude do respectivo contrato. É a medida do tempo diário de disponibilidade do trabalhador em favor do seu empregador, para executar os serviços contratado oriundos do contrato de trabalho.

O salário e a jornada ocupam os temas centrais e mais discutidos no Direito do Trabalho e no cotidiano da praxe forense.

A relevância de tais institutos jurídicos se denota nas palavras do jurista Délio Maranhão (apud Delgado, 2019): "seria salário o preço atribuído à força de trabalho alienada, ao passo que a jornada despontaria como a *medida* dessa força que se aliena".

Parte da doutrina entende que nos casos de redução da jornada padrão no contexto da categoria ou grupo de trabalhadores, sem acordo ou convenção coletiva autorizando a redução do salário, haverá um aumento automático do salário-hora do empregado.

Essa mesma vertente interpretativa entende que cada vez mais a temática "jornada de trabalho" tem demonstrado a sua importância, pois as soluções relacionadas ao problema do desemprego perpassam por esse instituto jurídico.

Argumentam que *a modulação da jornada e da duração do trabalho consiste em um dos mais eficazes mecanismos de combate ao desemprego* e que a redução da duração do trabalho desponta, sem dúvida, como um dos mais eficazes instrumentos de *redistribuição social de, pelo menos, parte dos enormes ganhos de produtividade alcançados pelo desenvolvimento científico e tecnológico inerente ao capitalismo.*

A Medida Provisória nº 936/2020 fundou o programa emergencial de manutenção do emprego e da renda para prever:

- o pagamento de Benefício Emergencial de Preservação do Emprego e da Renda;
- a redução proporcional de jornada de trabalho e de salários; e
- a suspensão temporária do contrato de trabalho.

A constitucionalidade dessas medidas foi questionada no bojo da Ação Direta de Inconstitucionalidade (ADIn) 6.363, isso porque admitia a redução do salário e jornada por meio de acordo individual, em contraponto ao art. 7º, VI da Constituição Federal, que exige instrumento coletivo para a redução salarial. Acrescenta-se a esse argumento o fato de o benefício emergencial não repor integralmente o salário dos trabalhadores, caracterizando uma perda da renda final.

O plenário do Supremo Tribunal Federal, ao analisar a medida cautelar, cujo o voto condutor, do Ministro Ricardo Lewandowski (Relator), deferia em parte o pedido formulado na ADI 6.363/DF, *por maioria de votos,* negou referendo, indeferindo-a, nos termos do voto divergente do Ministro Alexandre de Moraes. No ponto de vista do Ministro Lewandowski, a *"celebração de acordos individuais 'de redução da jornada de trabalho e redução de salário ou de suspensão temporária de trabalho', cogitados na Medida Provisória em comento, sem a participação dos sindicatos de trabalhadores na negociação, [ia] de encontro ao disposto* nos arts. *7º, VI, XII e XVI, e 8º, III e VI, da Constituição"*, sendo indispensável a participação sindical nos acordos que reduzam salário, por meio de negociação coletiva. Todavia, prevaleceu a tese divergente que flexibilizou o comando constitucional, pautando-se no fato de que *a ratio* da norma é conter os efeitos econômicos e sociais causados pela pandemia do COVID-19, preservando o empregado e a renda, como opção ao desemprego e a falência de inúmeras empresas, valorizando, assim, o direito social ao trabalho, bem como a livre iniciativa.

O Ministro Alexandre de Moraes assentou em seu voto que a complementação salarial pelo Poder Público, ainda que não chegue a 100%, *"mantém uma renda mínima aos trabalhadores durante este período e mantém a possibilidade de continuarem ocupando licitamente o seu trabalho, mantendo a dignidade e a aquisição de renda para si e para a sua família, ao invés de uma geração gigantesca de desemprego que poderia ocorrer e, passados esses três meses, continuariam desempregados. É um período de acomodação e de manutenção também das próprias empresas, do empreendedor, para que ele possa continuar mantendo os empregos"*. Prosseguiu destacando que *"Essa medida provisória, [...] não tem como objetivo prever uma hipótese específica de redução salarial, sobre a qual incidiria, de forma única e específica o art. 7º, VII, da Constituição Federal. [...] O objetivo foi estabelecer mecanismos de preservação do emprego e da renda do trabalhador. Por isso é que, como vetores de interpretação, o art. 1º, o art. 3º, o caput do art. 6º me parecem mais importantes do que uma leitura, uma interpretação meramente literal e restrita do art. 7º, VI – existindo – [...] a necessidade de uma convergência, a convergência pela sobrevivência, a convergência pela sobrevivência da empresa, do empregador e do empregado, com o auxílio do governo"*.[210]

Parte da doutrina defendem a legitimidade exclusiva dos entes sindicais, ressalvadas as hipóteses previstas em lei, para estipular a forma, a amplitude e o percentual da redução salarial por meio de negociação coletiva. Nesse sentido é o posicionamento do saudoso jurista Amauri Mascaro Nascimento.

Em contraponto, existe vertente interpretativa que defende a constitucionalidade da medida adotada, com base na finalidade pública,

---

[210] STF - ADI 3.636/DF – Relator Ministro Ricardo Lewandowski. Redator para o acórdão, Ministro Alexandre de Moraes. Plenário, 17.04.2020 (Sessão realizada inteiramente por videoconferência - Resolução 672/2020/STF). Inteiro teor do acórdão publicado no dia 24/11/2020.

pois visam diminuir os impactos econômicos. Segundo esses juristas, cabe ao Estado garantir manter os empregos e a estabilidade da economia (art. 170 caput, CF), proteger os valores sociais do trabalho e a livre iniciativa (art. 1º, IV, CF). A medida pode ser implementada por acordo individual – escrito ou eletrônico – já que as regras de distanciamento social impostas pelo Estado, inviabiliza o deslocamento do trabalhador ou a abertura de alguns estabelecimentos. É possível ajuste das medidas por acordo ou convenção coletiva.

A validade do ato da redução proporcional do salário e da jornada está condicionada a observância do prazo de, no máximo, 90 dias (art. 1º da MP), com a posterior comunicação do Ministério da Economia, no prazo de 10 dias. A proposta de redução deve ser encaminhada ao empregado com 2 (dois) dias de antecedência e o aceite, como afirmado acima, deve ser expresso.

Como regra, é indispensável a manutenção do salário-hora de trabalho, o ajuste por meio de acordo individual escrito ou negociação coletiva, a redução da jornada de trabalho e de salários, impreterivelmente, nos percentuais de 25%, 50%, ou 70% e a preservação do valor do salário-hora.

A redução de até 25% (vinte e cinco por cento) pode ser realizada independentemente do valor recebido pelo trabalhador, bem como ter acesso ao benefício emergencial nesta hipótese.

Apenas para os que ganham até 3 salários mínimos (R$3.135,00) ou que perceba salário base igual ou superior a duas vezes o teto da previdência (R$12.202,12), estes desde que tenham diploma de curso superior, será possível a redução salarial de 50 ou 70% por ajuste individual.

O benefício emergencial será calculado com base no valor mensal do seguro-desemprego a que o empregado teria direito, cujo valor máximo é de R$1.813,03. Esse benefício não tem carência, ou seja, independe do tempo de vínculo de emprego para a sua aquisição.

A primeira parcela será paga pelo governo no prazo de 30 dias, contado da data em que a informação tenha sido efetivamente prestada.

O empregador que reduzir a jornada e o salário do trabalhador ou suspender o contrato de trabalho não pode dispensar o empregado imotivadamente. A medida provisória assegura uma estabilidade de emprego, impedindo a dispensa do trabalhador pelo dobro do período de duração da redução salarial ou suspensão do contrato.

Na hipótese de o empregado ser dispensado sem justa causa antes do fim da estabilidade, o empregador, além das verbas da rescisão, deve pagar:

> (i) 50% do salário a que o empregado teria direito no período de garantia para os salários reduzidos entre 25% a 49%;
> (ii) 75% do salário a que o empregado teria direito no período de garantia para as reduções entre 50% a 69%;
> (iii) 100% do salário a que o empregado teria direito no período de garantia para as reduções iguais ou superiores a 70%.

Após o término do período de vigência do acordo individual escrito, a jornada de trabalho e o salário pago anteriormente serão restabelecidos no prazo de dois dias corridos contados: (a) da data da cessação do estado de calamidade pública; (b) da data final do prazo de vigência do acordo individual; (c) da data de comunicação do empregador, caso decida a antecipar o fim do período de redução pactuado.

4. SUSPENSÃO DO CONTRATO DE TRABALHO

A suspensão contratual é a sustação temporária dos principais efeitos do contrato de trabalho no tocante às partes, em virtude de um fato juridicamente relevante, sem ruptura, contudo, do vínculo contratual formado. É a sustação ampliada e recíproca de efeitos contratuais, preservado, porém, o vínculo entre as partes.

Como regra, todas as cláusulas contratuais não sutem efeito durante a suspensão: não se presta serviço, não se paga salário, não se computa tempo de serviço, não se produzem recolhimentos vinculados ao contrato.

É necessário ressaltar que persistem em vigência algumas poucas cláusulas mínimas do pacto empregatício, por exemplo o dever de lealdade e fidelidade contratuais (as condutas de não violação do segredo da empresa ou de não concorrência desleal). As hipóteses de suspensão do contrato de trabalho, a rigor, são previstas em lei.

Segundo a redação do art. 3º da Lei 13.979/20, as medidas de isolamento, quarentena, a determinação de realização compulsória de exames médicos, testes laboratoriais, coletas de amostras clínicas, vacinação, tratamentos médicos específicos, dentre outras medidas, são consideradas hipóteses de falta justificada ao serviço público ou à atividade laboral privada.

A partir disso surgiu corrente interpretativa que classifica essa situação como hipótese de interrupção do contrato de trabalho, pois se assemelha às hipóteses previstas no artigo 131 da CLT, o que ensejaria o dever de o empregador pagar os salários do período de afastamento.

Em contrapartida, seria injusta a imputação de um ônus tão pesado ao empregador – mesmo que se defenda a assunção dos riscos empresariais pelo empregador - dada a indefinição da duração do estado de calamidade pública, o impacto financeiro imediato nas contas da empresas resultante da paralização das atividades produtivas, podendo resultar na falência ou desemprego de milhares de trabalhadores.

Pensando nisso, o artigo 8º da MP 936/20 permitiu a suspensão do contrato de trabalho por negociação coletiva ou ajuste entre empregado e empregador que percebam até R$3.135,00 ou mais de R$12.210,12 além de diploma de curso superior, a suspensão temporária do contrato de trabalho de seus empregados, pelo prazo máximo de sessenta dias, que pode ser fracionado em até dois períodos de trinta dias.

O empregador deve comunicar o Ministério da Economia e o Sindicato no prazo de dez dias do ajuste, bem como a comunicação do sindicato de classe do trabalhador.

As empresas com receita bruta superior a R$ 4.800.000,00 (quatro milhões e oitocentos mil reais), somente poderá suspender o contrato de trabalho de seus empregados mediante o pagamento de ajuda compensatória mensal no valor de trinta por cento do valor do salário do empregado, durante o período da suspensão temporária de trabalho pactuado. Essa parcela tem natureza jurídica indenizatória, não refletindo nas demais verbas.

A Medida Provisória prevê, ainda, a possibilidade de o empregador oferecer curso ou o programa de qualificação profissional de que trata o art. 476-A da CLT, exclusivamente na modalidade não presencial, e tem duração não inferior a um mês e nem superior a três meses.

A suspensão do contrato de trabalho e a redução proporcional do salário e da jornada confere ao empregado uma garantia provisória no emprego, de modo que o empregado não poderá ser dispensado durante a vigência do ajuste, e, após o término do ajuste, por período equivalente, sob pena de pagamento de uma indenização (art. 10, §1º, MP 936). A indenização não será devida em caso de pedido de demissão ou dispensa por justa causa.

CAPÍTULO XIV.
PROGRAMA EMERGENCIAL DE MANUTENÇÃO DO EMPREGO E DA RENDA - LEI 14.020/2020

A Lei 14.020 de 6 de julho de 2020 regulamenta:
a. O Programa Emergencial de Manutenção do Emprego e da Renda (PEMER);
b. medidas complementares para enfrentamento do estado de calamidade pública (Decreto Legislativo nº 6, de 20 de março de 2020) e da emergência de saúde pública decorrente do coronavírus (Lei nº 13.979, de 6 de fevereiro de 2020).

1. OBJETIVOS

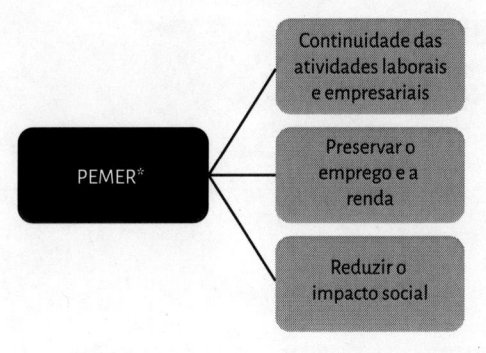

PEMER*
- Continuidade das atividades laborais e empresariais
- Preservar o emprego e a renda
- Reduzir o impacto social

*aplicação durante o estado de calamidade pública

2. MEDIDAS

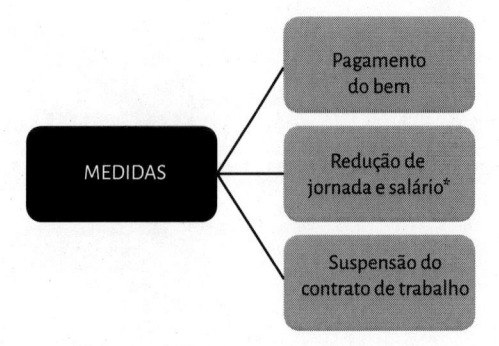

- MEDIDAS
  - Pagamento do bem
  - Redução de jornada e salário*
  - Suspensão do contrato de trabalho

Não se aplica à Administração Pública direta ou indireta, empresas públicas, sociedades de economia mista (inclusive as subsidiárias), bem como aos organismos internacionais.

3. COMPETÊNCIA PARA INSTITUIR O BEM

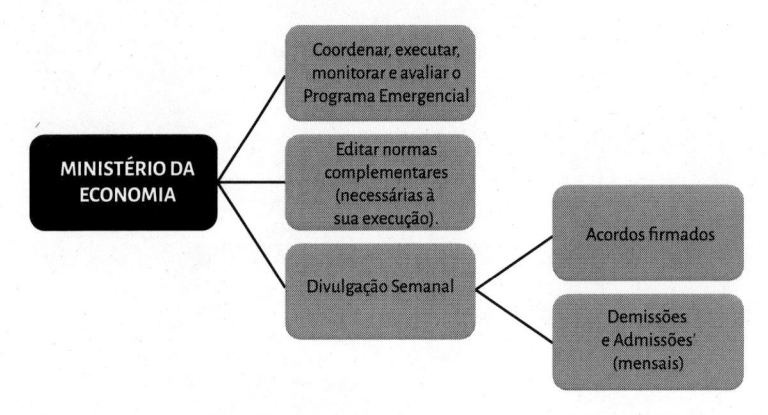

- MINISTÉRIO DA ECONOMIA
  - Coordenar, executar, monitorar e avaliar o Programa Emergencial
  - Editar normas complementares (necessárias à sua execução).
  - Divulgação Semanal
    - Acordos firmados
    - Demissões e Admissões' (mensais)

4. BENEFÍCIO EMERGENCIAL DE PRESERVAÇÃO DO EMPREGO E DA RENDA

4.1. DIREITO INTERTEMPORAL

O art. 24 da Lei 14.020/20 dispõe que "Os acordos de redução proporcional de jornada de trabalho e de salário e de suspensão temporária do contrato de trabalho celebrados entre empregadores e empregados, em negociação coletiva ou individual, com base na Medida Provisória nº 936, de 1º de abril de 2020, regem-se pelas disposições da referida Medida Provisória".

Em outras palavras, os acordos entabulados durante a vigência da MP 963/2020 serão regidos de acordo com o regramento previsto na Medida Provisória, sendo inaplicável, nesse aspecto, a Lei 14.020/20, conferindo segurança jurídica aos acordos já entabulados.

O parágrafo único do mesmo dispositivo faz uma ressalta: conflito entre cláusulas do acordo individual e instrumento de negociação coletiva pactuado posteriormente[211].

4.2. HIPÓTESES DE PAGAMENTO

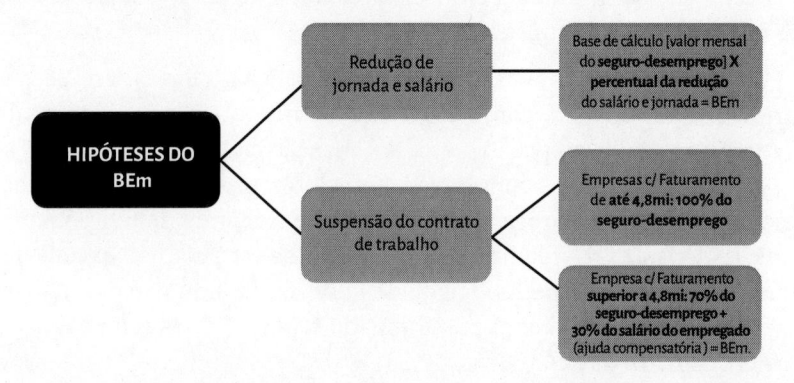

HIPÓTESES DO BEm
- Redução de jornada e salário
  - Base de cálculo (valor mensal do seguro-desemprego) X percentual da redução do salário e jornada = BEm
- Suspensão do contrato de trabalho
  - Empresas c/ Faturamento de até 4,8mi: 100% do seguro-desemprego
  - Empresa c/ Faturamento superior a 4,8mi: 70% do seguro-desemprego + 30% do salário do empregado (ajuda compensatória) = BEm.

O Benefício Emergencial de Preservação do Emprego e da Renda será custeado pela União.

No caso de redução proporcional de jornada de trabalho e salário ou suspensão temporária do contrato de trabalho, cuja empresa tenha faturamento igual ou inferior a 4,8 milhões, o empregador **pode** conceder uma ajuda compensatória, mediante acordo individual ou negociação coletiva (acordo ou convenção coletiva de trabalho). Portanto, nesta hipótese a ajuda compensatória é uma faculdade do empregador.

Entretanto, se o faturamento da empresa for superior a 4,8 milhões de reais, é condição *sine qua non* a concessão de ajuda compensatória aos empregados, para a realização da suspensão do contrato de trabalho. Essa regra não se aplica aos casos de redução da jornada de trabalho, que independe do valor da receita da empresa.

---

211 Vide item 6.3 do presente trabalho

4.3. BENEFICIÁRIOS

A legislação se valeu do termo "empregado" para se referir aos beneficiários. A doutrina e a jurisprudência distinguem a terminologia trabalhador e empregado. O primeiro termo é utilizado para se referir ao trabalhador na relação de trabalho "lato sensu" (autônomo, eventual, voluntário, etc.). O segundo termo é usado para se referir ao obreiro na relação de emprego (espécie de relação de trabalho).

Tecnicamente, o empregado é **"toda pessoa física que prestar serviços de natureza não eventual a empregador, sob a dependência deste e mediante salário"**, na forma do art. 2º da CLT.

Entendemos que se aplica somente aos empregados formais, na acepção jurídica do termo, bem como aos trabalhadores intermitentes, teletrabalhadores, aprendizes – por expressa autorização da Lei 14.020/20, nos art. 6º, §3º, e art. 15 – cujos contratos de trabalho estejam em vigor. Também será aplicada aos empregados contratados em regime de tempo parcial (art. 58-A da CLT) – aqueles que a duração da jornada não exceda a 30 horas semanais (sem possibilidade de horas extras) ou não exceda vinte e seis horas semanais (com possibilidade 6 horas extras semanais) – na forma do art. 15 da Lei.

Isso se justifica na finalidade da própria Lei 14.020/2020: a preservação do emprego e renda.

Ademais, se a Lei tivesse o objetivo de preservar o trabalho de forma geral, o legislador teria consignado de forma expressa, mas não o fez.

Ademais, o legislador criou, através da Lei 13.982/2020, o Auxílio Emergencial para aqueles que não tem emprego formal (autônomo ou desempregado), exerça atividade na condição de microempreendedor individual (MEI), contribuinte individual do RGPS, maior de 18 anos de idade, com renda per capita seja de até 1/2 (meio) salário-mínimo ou a renda familiar mensal total seja de até 3 (três) salários mínimos.

Há quem defenda que o termo "empregado" teria sido mencionado para se referir ao trabalhador em sentido geral (lato sensu).

Esse benefício será pago ao empregado independentemente do cumprimento de qualquer período aquisitivo, tempo de vínculo empregatício ou número de salários recebidos.

O empregado que possua mais de um vínculo empregatício poderá receber o BEm de maneira cumulativa, isto é, para cada vínculo empregatício cuja jornada e salário tenha sido reduzida ou tenha havido a suspensão do contrato temporário, inclusive nos contratos de trabalho intermitente.

Vale ressaltar que a portaria nº. 10.486/2020, permite estabelecer acordo de redução de jornada e salário ou de suspensão do contrato de trabalho. Contudo deve receber uma ajuda de custo no valor, no mínimo, equivalente ao do benefício que o empregado receberia se não houvesse a vedação legal, isto é, em valor equivalente ao BEm. Caso a empresa tenha receita bruta superior a 4,8 milhões, a ajuda compensatória do aposentado deve ser de, no mínimo, 30% do salário do empregado.

O artigo 12 estabelece que serão destinatários do benefício emergencial, os empregados:

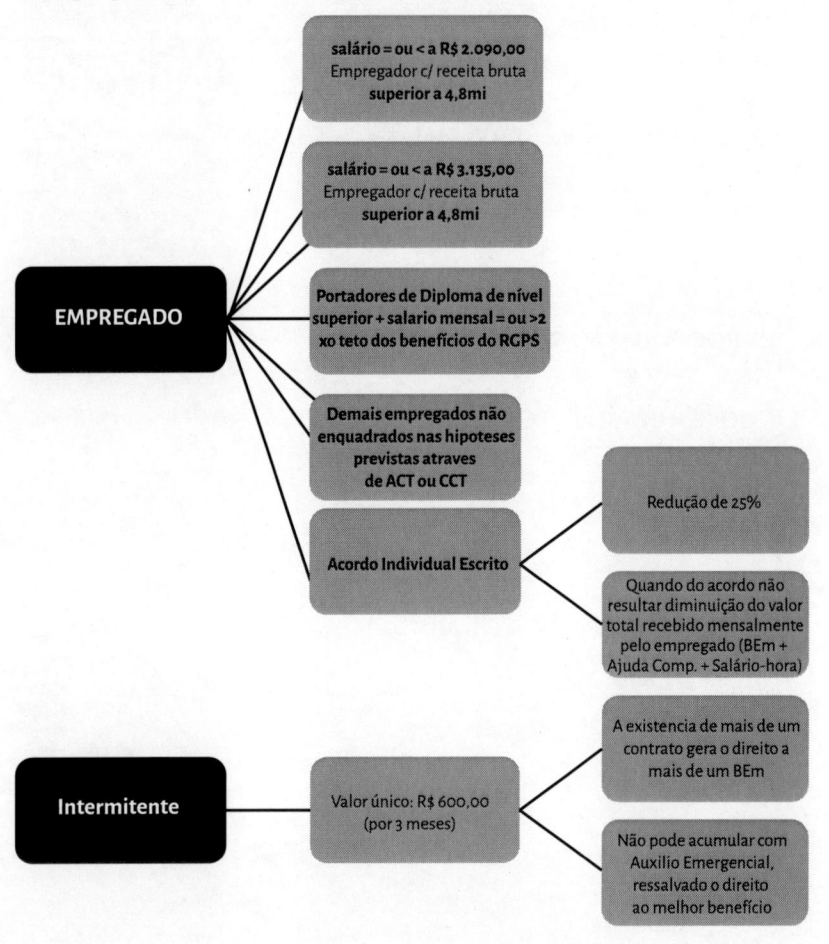

EMPREGADO
- salário = ou < a R$ 2.090,00 Empregador c/ receita bruta **superior a 4,8mi**
- salário = ou < a R$ 3.135,00 Empregador c/ receita bruta **superior a 4,8mi**
- Portadores de Diploma de nível superior + salario mensal = ou >2 xo teto dos benefícios do RGPS
- Demais empregados não enquadrados nas hipoteses previstas atraves de ACT ou CCT
- Acordo Individual Escrito
  - Redução de 25%
  - Quando do acordo não resultar diminuição do valor total recebido mensalmente pelo empregado (BEm + Ajuda Comp. + Salário-hora)

Intermitente
- Valor único: R$ 600,00 (por 3 meses)
  - A existencia de mais de um contrato gera o direito a mais de um BEm
  - Não pode acumular com Auxilio Emergencial, ressalvado o direito ao melhor benefício

4.4. EMPREGADOS QUE NÃO FORAM CONTEMPLADOS PELO BEM:

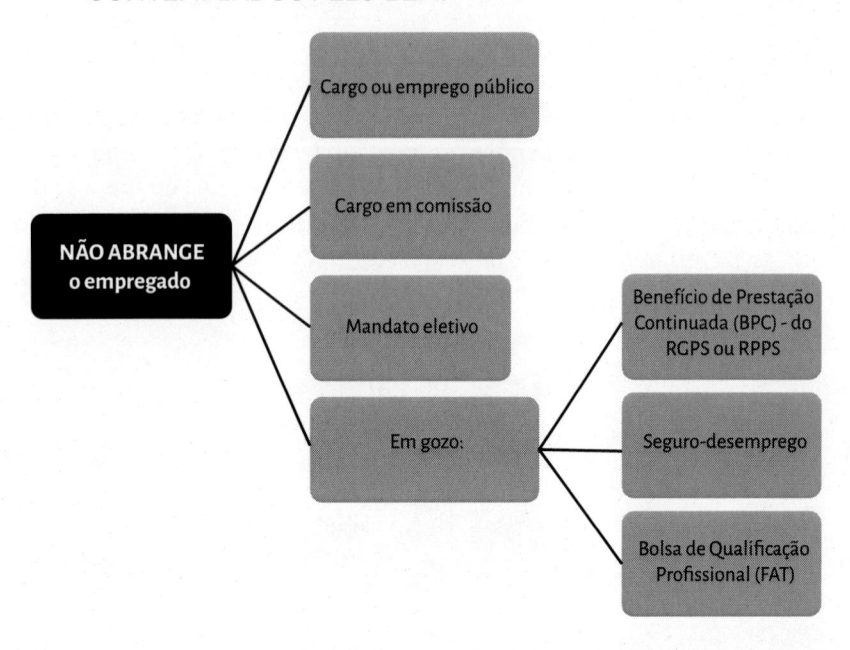

NÃO ABRANGE o empregado:
- Cargo ou emprego público
- Cargo em comissão
- Mandato eletivo
- Em gozo:
  - Benefício de Prestação Continuada (BPC) - do RGPS ou RPPS
  - Seguro-desemprego
  - Bolsa de Qualificação Profissional (FAT)

5. PROCEDIMENTO

5.1. COMUNICAÇÃO TEMPESTIVA (AO MINISTÉRIO DA ECONOMIA)

- **Comunicação Tempestiva pelo Empregador:** 10 dias da data da celebração do acordo
- **1ª parcela** será paga no prazo de **30 dias**, contado da celebração do acordo
- M. Economia disciplinará a transmissão, comunicação, concessão e pagamento.
- Operacionado e pago pelo M. Economia
- Não altera o valor ou impede a concessão do Seguro-Desemprego
- **Pagamento enquanto durar** a redução ou suspensão

5.2. COMUNICAÇÃO INTEMPESTIVA (AO MINISTÉRIO DA ECONOMIA)

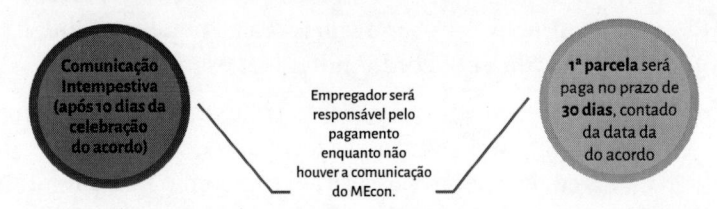

- **Comunicação Intempestiva** (após 10 dias da celebração do acordo)
- Empregador será responsável pelo pagamento enquanto não houver a comunicação do MEcon.
- **1ª parcela** será paga no prazo de **30 dias**, contado da data da do acordo

O BEm pago **indevidamente ou além do valor** devido será inscrito na <u>dívida ativa da União</u>, para ser executada judicialmente.

6. REDUÇÃO PROPORCIONAL DE JORNADA DE TRABALHO E DE SALÁRIO

6.1. FORMA DE REDUÇÃO

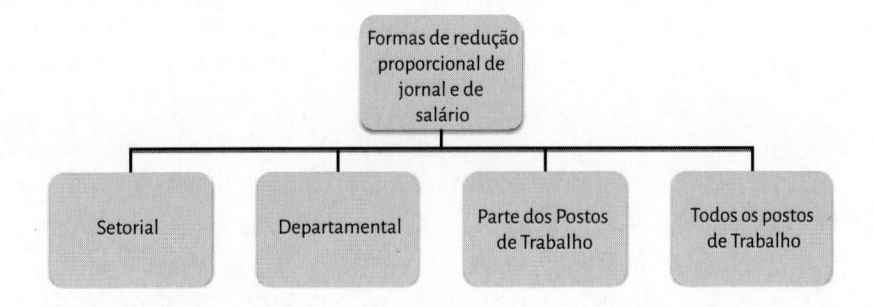

Formas de redução proporcional de jornal e de salário:
- Setorial
- Departamental
- Parte dos Postos de Trabalho
- Todos os postos de Trabalho

6.2. PRAZO:

90 dias → **Prorrogáveis** por prazo determinado em **ato do Poder Executivo**

O Poder Executivo pode prorrogar o prazo máximo de redução proporcional de jornada de trabalho e de salário, na forma do regulamento, desde que seja respeitado o limite temporal do estado de calamidade pública (§3º, do art. 7º, da Lei).

6.3. REQUISITOS:

As medidas de redução do salário e da jornada de trabalho podem ser instituídas por meio de: a) convenção coletiva de trabalho; b) acordo coletivo de trabalho; c) acordo individual escrito.

O empregado e o empregador poderão pactuar acordo individual escrito para a redução do salário e da jornada de trabalho. O valor do benefício emergencial (BEm) varia de acordo com o percentual salarial que for reduzido pelo empregador, conforme veremos adiante.

É importante dizer que o empregador pode pactuar o acordo por qualquer meio físico ou eletrônico eficaz como, por exemplo, e-mail, mensagem de texto, telegrama, etc. No início do isolamento social, muitos empregadores se valeram do e-mail e do telegrama para entabular acordo individual com os trabalhadores, sobretudo aqueles cujos contratos foram suspensos.

As formas de pactuação do acordo individual, por meio eletrônico ou física, possibilita ao empregador atender as mais diversas situações, como, por exemplo, do trabalhador inserido no grupo de risco, cuja presença na sede da empresa ou em outro local, implicaria em sérios riscos à sua saúde.

Atende, ainda, as situações em que há restrição de funcionamento do estabelecimento comercial, por imposição de lei ou decreto municipal, estadual ou distrital.

A redução realizada por meio de instrumento normativo, por sua vez, pode instituir percentuais diversos daqueles previsto em lei, com base na autonomia da vontade dos atores que compõem a negociação coletiva. Essa previsão ratifica a prevalência da autonomia da vontade coletiva sobre a legislação, nos termos do art. 611-A, caput, da CLT.

A Lei 14.020/2020 autoriza a celebração de uma nova negociação coletiva para adequação dos termos previamente negociado às novas regras estabelecidas, desde que seja realizado no prazo de dez dias corridos, a contar da data da publicação na lei em debate (§3º do art. 11).

Se houver conflito entre a negociação coletiva (acordo ou convenção coletiva de trabalho) pactuada posteriormente ao acordo individual, os termos contidos no acordo individual prevalecerá em relação ao período anterior à negociação coletiva. A partir da data de vigência da negociação coletiva deve imperar as condições constantes no instrumento de negociação coletiva, naquilo que conflitar com o acordo individual (art. 12, §5º).

O §6º, do art. 12 da Lei, por sua vez, afirma que as condições do acordo individual, se forem mais favoráveis ao empregado, prevalece sobre a negociação coletiva.

Pensamos que haverá conflito entre o instrumento normativo e o acordo individual quanto existir cláusulas ou previsões com posições antagônicas, inconciliáveis, como, v.g., a existência de uma cláusula em acordo individual estabelecendo a redução proporcional do salário e da jornada de trabalho a um determinado trabalhador, incluído no grupo de risco de contaminação do covid-19, e, de outro lado, uma convenção coletiva de trabalho determinando a suspensão do contrato de trabalho de todos os empregados inseridos no grupo de risco.

Note que é impossível a coexistência dos dois instrumentos, diante do choque entre as disposições. Neste caso deve prevalecer o regramento estabelecido na convenção coletiva, se pactuada posteriormente ao acordo.

Situação diversa é aquela retratada no §6º do art. 12 da Lei. Esse dispositivo refere-se, por exemplo, a existência de acordo individual que estipulando a redução salarial em 30%, com redução proporcional da jornada de trabalho e, em seguida, é pactuada uma convenção coletiva de trabalho estabelecendo a redução de salário em percentual de 60%, com redução proporcional da jornada de trabalho.

Veja que as cláusulas são aplicáveis ao caso em concreto, na medida em ambas autorizam a redução do salário e da jornada. Sobre essa temática a doutrina e a jurisprudência prevê três teorias[212]:

> "a) Teoria do Conglobamento: defende a aplicação do diploma normativo que, no conjunto de normas, forem mais favoráveis ao trabalhador, sem fracionar os institutos jurídicos. É a posição tradicional.
> b) Teoria da Acumulação ou da Atomização: defende a aplicação dos dois diplomas normativos, extraindo-se de cada um as regras mais favoráveis ao trabalhador, isoladamente consideradas. Perceba que um terceiro instrumento normativo será criado, formado pelo conjunto de regras jurídicas mais favoráveis ao trabalhador dos outros dois instrumentos. (...).
> c) Teoria do Conglobamento Mitigado, Orgânico, por Instituto, Intermediária ou da Incindibilidade dos Institutos: defende a criação de

---

[212] Leone Pereira. Trabalhista. Coleção Prática Jurídica – 10.ed. -São Paulo: Saraiva Educação, 2020.

um terceiro diploma normativo, formado pelas regras jurídicas mais favoráveis ao trabalhador, respeitando-se a unidade do instituto ou matéria (critério da especialização) (...)".

O legislador, no §6º do art. 12 da Lei 14.020/20, adotou a Teoria do Conglobamento, uma vez que será aplicado o pacto mais favorável em seu conjunto, sem fracionar os institutos jurídicos.

Durante o período de redução salarial ou suspensão do contrato de trabalho o empregado pode complementar as contribuições previdenciárias pagando a diferença como contribuinte facultativo (§2º do art. 7º), por iniciativa própria, cuja alíquota varia de acordo com a faixa salarial do empregado: (i) 7,5%, para valores de até 1 salário-mínimo; (ii) 9%, para valores acima de 1 salário-mínimo até R$ 2.089,60; (iii) 12%, para valores de R$ 2.089,61 até R$ 3.134,40; (iv) 14%, para valores de R$ 3.134,41 até o limite de R$ 6.101,06 (art. 20 da Lei 14.020/20).

Se, após o recebimento das informações da remuneração (faixa salarial) do empregado, for constatado o pagamento em valor superior às alíquotas previstas no art. 20, a contribuição incidente sobre o valor será recalculada e o valor excedente deve ser devolvido ao segurado devidamente atualizado, com base no Índice Nacional de Preços ao Consumidor (INPC).

Caso o valor recolhido a título de salário de contribuição seja insuficiente, o empregado será notificado, para querendo, realizar a complementação como empregado facultativo.

6.4. CESSAÇÃO:

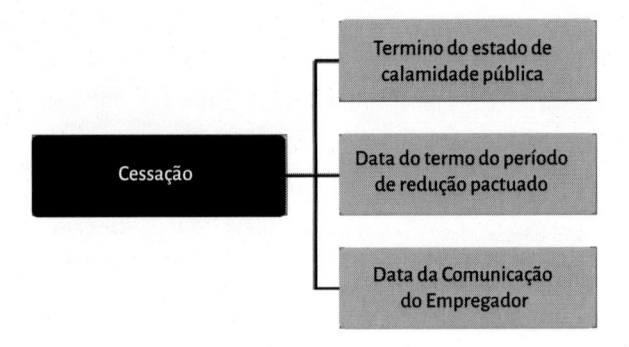

Cessação:
- Termino do estado de calamidade pública
- Data do termo do período de redução pactuado
- Data da Comunicação do Empregador

O restabelecimento do salário anterior à redução deve ser pago no prazo de dois dias a partir das datas de cessação descritas acima (§1º, art. 7º).

7. SUSPENSÃO DO CONTRATO DE TRABALHO

7.1. FORMA DE SUSPENSÃO

FORMAS DE SUSPENSÃO:
- Setorial
- Departamental
- Parte dos Postos de Trabalho
- Todos os postos de Trabalho

7.2. PRAZO:

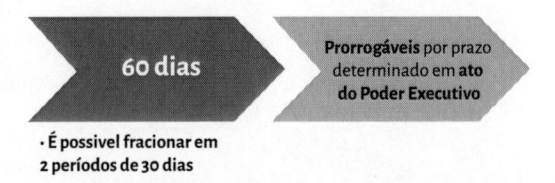

60 dias → **Prorrogáveis** por prazo determinado em **ato do Poder Executivo**

- É possível fracionar em 2 períodos de 30 dias

O Poder Executivo pode prorrogar o prazo de suspensão do contrato de trabalho, por prazo determinado, respeitando o limite temporal do estado de calamidade pública (art. 8º, caput", da Lei).

7.3. REQUISITOS:

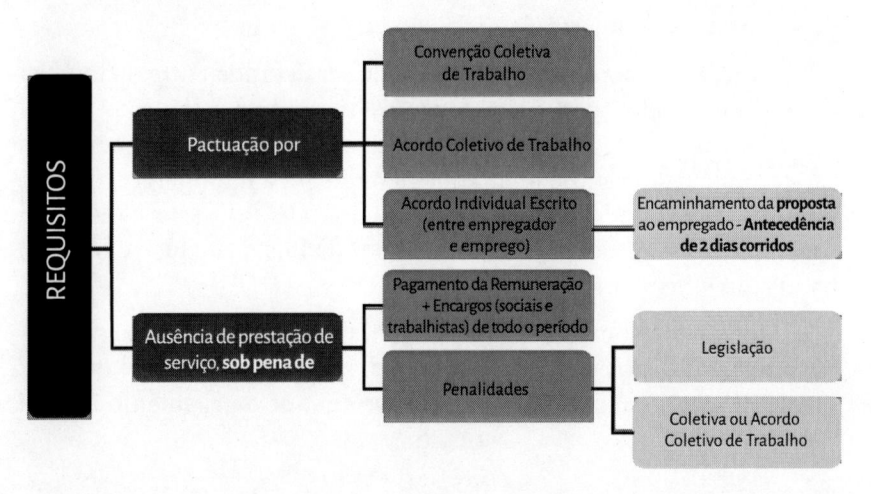

REQUISITOS:
- Pactuação por:
  - Convenção Coletiva de Trabalho
  - Acordo Coletivo de Trabalho
  - Acordo Individual Escrito (entre empregador e emprego) → Encaminhamento da **proposta** ao empregado - **Antecedência de 2 dias corridos**
- Ausência de prestação de serviço, **sob pena de**:
  - Pagamento da Remuneração + Encargos (sociais e trabalhistas) de todo o período
  - Penalidades:
    - Legislação
    - Coletiva ou Acordo Coletivo de Trabalho

8. AJUDA COMPENSATÓRIA MENSAL

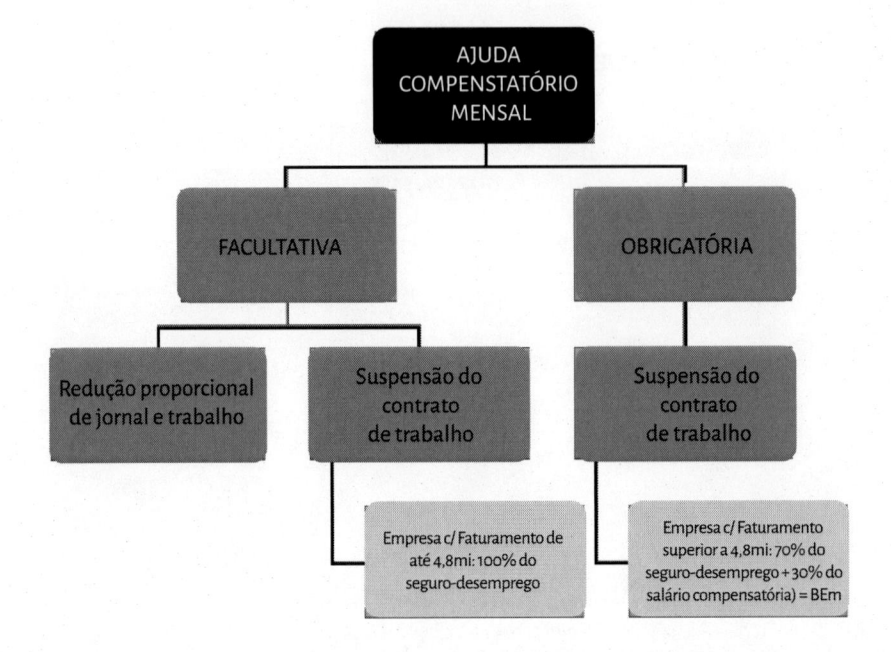

```
                    AJUDA
                COMPENSATÓRIO
                   MENSAL
                  /        \
            FACULTATIVA    OBRIGATÓRIA
            /       \           |
  Redução      Suspensão do   Suspensão do
  proporcional contrato       contrato
  de jornal    de trabalho    de trabalho
  e trabalho        |              |
                Empresa c/     Empresa c/
                Faturamento    Faturamento
                de até 4,8mi:  superior a 4,8mi:
                100% do        70% do seguro-
                seguro-        desemprego + 30%
                desemprego     do salário
                               compensatória) = BEm
```

As empresas com receita bruta superior a 4,8 milhões, somente poderão realizar a suspensão do contrato de trabalho dos seus empregados, mediante o pagamento de uma ajuda compensatória no valor de 30% do valor do salário do empregado, durante o período de suspensão temporária do contrato de trabalho. O valor do benefício emergencial, pago pelo Ministério da Economia, corresponderá a 70% do valor devido a título de seguro desemprego (art. 9º da Lei).

Essa ajuda compensatória mensal pode ser definida entre o empregado e o empregador, por meio de acordo individual escrito, ou, ainda, através de acordo ou convenção coletiva de trabalho. Também, tem caráter indenizatório, de modo que não integra a remuneração do empregado, não se incorpora ao contrato de trabalho e não constituem base de incidência de qualquer encargo trabalhista (inclusive o FGTS), fiscal e previdenciário.

Já as empresas com faturamento inferior a 4,8 milhões poderão realizar a suspensão do contrato de trabalho, independentemente do pagamento de ajuda compensatória, hipótese em que o pagamento integral do benefício emergencial fica sob responsabilidade do Ministério da economia, correspondendo a 100% do valor devido a título de seguro desemprego.

A ajuda compensatória mensal pode ser considerada como **despesa operacional**, sendo dedutível na determinação do lucro real e da base de cálculo da CSLL (Contribuição Social sobre o Lucro Líquido) das pessoas jurídicas tributadas pelo lucro real.

A Lei 7.689/88, instituiu a contribuição social sobre o lucro das pessoas jurídicas, com o objetivo de financiar a seguridade social. A base de cálculo do referido imposto, é o valor do resultado do exercício (lucro da empresa – que pode ser real ou presumido).

A Lei 14.020/2020 permite que o empregador deduza o valor pago aos empregados a título de ajuda compensatória, a partir do mês de abril de 2020, da base de cálculo do imposto incidente sobre o lucro real da CSLL, reduzindo os impactos financeiro causados pelo estado de calamidade pública (inciso V e §3º do art. 9º da Lei 14.020/2020).

9. GARANTIA PROVISÓRIA NO EMPREGO

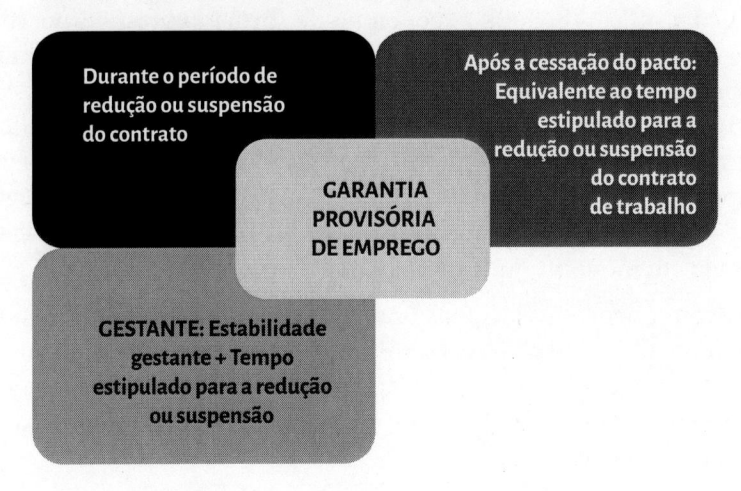

GARANTIA PROVISÓRIA DE EMPREGO

- Durante o período de redução ou suspensão do contrato
- Após a cessação do pacto: Equivalente ao tempo estipulado para a redução ou suspensão do contrato de trabalho
- GESTANTE: Estabilidade gestante + Tempo estipulado para a redução ou suspensão

Na hipótese de dispensa sem justa causa do empregado, durante o período de garantia provisória de emprego, o empregador está sujeito ao pagamento das verbas rescisórias e **indenização no valor de:**

	Percentual	Indenização
Redução de salário e jornada	< 25%	Não terá direito
	= ou > 25% e < 50%	50% Salário a que teria direito no período de garantia de emprego
	= ou > 50% e < 70%	75% Salário a que teria direito no período de garantia de emprego
	= ou > 70%	100% Salário a que teria direito no período de garantia de emprego
Suspensão do contrato de trabalho	Indenização	100% Salário a que teria direito no período de garantia de emprego

Essa indenização não será devida se o empregado pedir demissão ou houver dispensa por justa causa (§2º do art. 10).

O cometimento de falta grave pelo empregado implica na perda do direito à garantia provisória de emprego, seja qual for a natureza da estabilidade, pois inviabiliza a manutenção do vínculo empregatício.

A Constituição Federal excepciona de forma expressa a possibilidade de dispensa do empregado detentor de estabilidade ou garantia provisória por justa causa, conforme previsão do art. 8º, VIII, da CF e art. 10, II, b, do ADCT, que prevê a estabilidade do dirigente sindical e da empregada gestante. É importante ressalvar que o dirigente sindical, por desempenhar uma função combativa e representar a categoria profissional, será dispensado após a validação judicial da justa causa, apurada em inquérito judicial.

Tal como ocorre na dispensa da empregada gestante, do cipeiro e do acidentado, é dispensável a instauração de inquérito judicial para apuração de falta grave para a dispensa do empregado dispensado no período de redução da jornada e salário ou durante a suspensão do contrato de trabalho.

O pedido de demissão também deve implicar na perda da estabilidade prevista na Lei 14.020/20.

Embora a lei em comento não tenha feito qualquer ressalva, é necessário destacar que a doutrina e a jurisprudência majoritária entendem que o pedido de demissão efetuado pelo empregado detentor de garantia provisória de emprego depende da homologação pelo sindicato da categoria, na forma do art. 500 da CLT. Vejamos:

"RECURSO DE REVISTA INTERPOSTO PELA RECLAMANTE. ACÓRDÃO REGIONAL PUBLICADO NA VIGÊNCIA DAS LEIS Nos 13.015/2014 E 13.467/2017. GESTANTE. ESTABILIDADE PROVISÓRIA. DEMISSÃO. AUSÊNCIA DE ASSISTÊNCIA DO SINDICATO DA CATEGORIA PROFISSIONAL. DESCONHECIMENTO DO ESTADO GRAVÍDICO. TRANSCENDÊNCIA POLÍTICA RECONHECIDA. CONHECIMENTO E PROVIMENTO. I. A jurisprudência desta Corte Superior está pacificada no sentido de que " o desconhecimento do estado gravídico pelo empregador não afasta o direito ao pagamento da indenização decorrente da estabilidade (art. 10, II, "b" do ADCT) " (Súmula nº 224, I). II. Ressalte-se que, no que diz respeito à questão referente à proteção objetiva da estabilidade de empregada gestante em virtude de rescisão imotivada do contrato de trabalho, ao julgar o RE nº 629.053/SP, o Supremo Tribunal Federal fixou a seguinte tese em regime de Repercussão Geral no Tema 497: " A incidência da estabilidade prevista no art. 10, inc. II, do ADCT, somente exige a anterioridade da gravidez à dispensa sem justa causa ". III. Por outro lado, no que diz respeito à validade da demissão de empregada gestante, o entendimento pacificado nesta Corte Superior é no sentido de ser necessária a respectiva homologação pela entidade sindical ou autoridade competente, independentemente da duração do contrato de trabalho (se inferior ou superior a um ano). **Para essa hipótese, o reconhecimento jurídico da demissão de empregada gestante só se completa com a assistência do sindicato profissional ou de autoridade competente (art. 500 da CLT).** Ressalta-se que a estabilidade provisória é direito indisponível e, portanto, irrenunciável. IV . No caso dos autos, extrai-se do acórdão recorrido que, no período de estabilidade provisória da gestante, **a Reclamante pediu demissão e que a rescisão do contrato de trabalho não teve a assistência sindical, conforme determina o art. 500 da CLT. Diante de tal quadro fático, é nula a demissão efetuada pela Reclamante**, sendo devido o direito à estabilidade da dispensa até cinco meses após o parto. Dessa forma, ao indeferir o pedido de estabilidade provisória, a Corte Regional violou o art. 500 da CLT. V . Demonstrada transcendência política da causa e violação do art. 500 da CLT. VI. Recurso de revista de que se conhece e a que se dá provimento" (**RR-11574-97.2016.5.09.0029, 4ª Turma, Relator Ministro Alexandre Luiz Ramos, DEJT 26/06/2020).**

"I - AGRAVO DE INSTRUMENTO. RECURSO DE REVISTA - PROVIMENTO. RITO SUMARÍSSIMO. EMPREGADA ESTÁVEL. PEDIDO DE DEMISSÃO. AUSÊNCIA DE ASSISTÊNCIA SINDICAL. NULIDADE. Diante de potencial violação do art. 10, II, "b", do ADCT, merece processamento o recurso de revista. Agravo de instrumento conhecido e provido. II - RECURSO DE REVISTA. RITO SUMARÍSSIMO. **EMPREGADA ESTÁVEL. PEDIDO DE DEMISSÃO. AUSÊNCIA DE ASSISTÊNCIA SINDICAL. NULIDADE.** 1.

Nos termos do art. 500 da CLT "o pedido de demissão do empregado estável só será válido quando feito com a assistência do respectivo Sindicato e, se não o houver, perante autoridade local competente do Ministério do Trabalho e Previdência Social ou da Justiça do Trabalho". 2. O contexto fático delineado pelo Tribunal de origem não deixa dúvidas quanto à existência de estabilidade provisória quando do pedido de demissão e a ausência da assistência sindical na dispensa. Dessa forma, impõe-se reconhecer a nulidade do pedido de demissão. Recurso de revista conhecido e provido" (**RR-601-63.2018.5.06.0331, 3ª Turma, Relator Ministro Alberto Luiz Bresciani de Fontan Pereira, DEJT 19/06/2020**).

Como vemos, o empregador deve ter a cautela de providenciar a assistência do sindicato da categoria, do Ministério do Trabalho ou da Justiça do Trabalho, para evitar posterior alegação de nulidade do pedido de demissão e a consequente indenização.

E mais. Outro ponto polêmico da Lei 14.020/20 refere-se à ausência de menção da reintegração no caso de dispensa arbitrária do empregador durante a garantia provisória prevista no art. 10.

A melhor doutrina afirma que são causas restritivas a da rescisão unilateral do contrato de trabalho pelo empregador a estabilidade no emprego e as garantias provisórias de emprego. Ocorrendo a dispensa irregular do empregado estável, como regra, é aplicável o remédio jurídico da reintegração.

Numa interpretação sistemática-teleológica da Lei 14.020/20 é possível defender a possibilidade da reintegração do empregado, mesmo diante da ausência de previsão legal, considerando que o objetivo precípuo da lei, repita-se, é a preservação do emprego e da renda.

Tal medida se mostra totalmente pertinente, na medida em que assegurar apenas da indenização sobre o salário a que teria direito no período de garantia de emprego, frustraria a tutela dirigida individualmente ao empregado e os objetivos da Lei.

A Lei foi criada fundamentalmente para manter o emprego e a renda do trabalhador, bem como trazer medidas para amenizar e manter o funcionamento das empresas. O empregador não pode se valer das benesses da referida lei, para, em seguida, frustrar os seus objetivos. A mera indenização, na nossa ótica, não atende aos fins teleológicos da Lei 14.020/2020.

O art. 17 da Lei veda a dispensa sem justa causa do empregado pessoa com deficiência durante o estado de calamidade pública.

Também, é necessário dizer que ocorrendo os fatos geradores do salário-maternidade o empregador deve comunicar o Ministério da Economia, nos termos do regulamento, implicando na interrupção de eventual ajuste de redução do salário e jornada ou suspensão do contrato de trabalho (art. 22, §1º).

CAPÍTULO XV.
EFEITOS DA LEI 14.020/2020 SOBRE O CÁLCULO DO 13º SALÁRIO E DAS FÉRIAS DOS TRABALHADORES

1. INTRODUÇÃO

A Lei 14.020 de 6 de julho de 2020 instituiu o Programa Emergencial de Manutenção do Emprego e da Renda e prevê medidas complementares para enfrentamento do estado de calamidade pública reconhecido pelo Decreto Legislativo nº 6, de 20 de março de 2020, além de alterar dispositivos da legislação esparsa.

O objetivo do Programa Emergencial de Manutenção do Emprego e da Renda é preservar o emprego e a renda, possibilitar a continuidade das atividades laborais e empresariais e amenizar o impacto social originado pela pandemia do coronavírus (art. 2º da Lei).

Dentre as medidas adotadas, o legislador instituiu o pagamento do Benefício Emergencial de Preservação do Emprego e da Renda, bem como possibilitou a redução proporcional de jornada de trabalho e de salário, e a suspensão temporária do contrato de trabalho (art. 3º da Lei).

Essas medidas emergenciais não alcançam a União, os Estados, o Distrito Federal, os Municípios, os órgãos da administração pública direta e indireta, as empresas públicas e as sociedades de economia mista, inclusive às suas subsidiárias, e aos organismos internacionais.

O Benefício Emergencial (BEm) foi criado como antídoto a uma possível redução salarial ou suspensão do contrato de trabalho decorrente de acordo individual – entre o trabalhador e o empregador - ou instrumento de negociação coletiva, preservando, assim, a renda do trabalhador, o emprego e a continuidade da atividade empresarial.

As hipóteses de pagamento do benefício são: a) em casso de redução proporcional da jornada de trabalho e do salário, calculado sobre o percentual de redução do salário e do valor do seguro-desemprego; b) Suspensão do contrato de trabalho, sendo certo que as empresas com faturamento de até 4,8 milhões, o benefício será em valor equivalente a 100% do valor devido a título se seguro-desemprego. De outro lado, as empresas com faturamento superior a 4,8 milhões, o valor do benefício emergencial será equivalente a 70% do valor do seguro-desemprego, além de uma ajuda compensatória equivalente a 30% do salário do empregado.

A União é o ente federativo responsável pelo custeio do Benefício Emergencial.

Vale ressaltar que a ajuda compensatória, no caso de suspensão temporária do contrato de trabalho em que a empresa tem faturamento igual ou inferior a 4,8 milhões, constitui uma faculdade do empregador, ou seja, não tem caráter obrigatório. Já nas situações em que a empresa tem faturamento superior a 4,8 milhões de reais, o pagamento da ajuda compensatória é condição *sine qua non* para a realização da suspensão do contrato de trabalho.

Essa regra não se aplica aos casos de redução da jornada de trabalho.

2. BENEFICIÁRIOS

A **legislação se valeu do termo "empregado"** para se referir aos beneficiários.

A doutrina e a jurisprudência distinguem a terminologia trabalhador e empregado. O primeiro termo é utilizado para se referir ao trabalhador na relação de trabalho "lato sensu" (autônomo, eventual, voluntário, etc.). O segundo termo é usado para se referir ao obreiro na relação de emprego (espécie de relação de trabalho).

Tecnicamente, o empregado é "**toda pessoa física que prestar serviços de natureza não eventual a empregador, sob a dependência deste e mediante salário**", na forma do art. 3º da CLT.

Entendemos que se aplica somente aos empregados formais, na acepção jurídica do termo, bem como aos trabalhadores intermitentes, teletrabalhadores, aprendizes – por expressa autorização da Lei 14.020/20, nos art. 6º, §3º, e art. 15 – cujos contratos de trabalho estejam em vigor.

Também será aplicada aos empregados contratados em regime de tempo parcial (art. 58-A da CLT) – aqueles que a duração da jornada não exceda a 30 horas semanais (sem possibilidade de horas extras) ou não exceda vinte e seis horas semanais (com possibilidade 6 horas extras semanais) – na forma do art. 15 da Lei.

Isso se justifica na finalidade da própria Lei 14.020/2020: a Preservação do Emprego e Renda.

Ademais, se o legislador pretendesse a preservação do trabalho de forma geral teria consignado na legislação em comento de forma expressa.

De mais a mais, **o legislador criou um auxílio específico para aqueles que não tem emprego formal (autônomo ou desempregado)**, exerça atividade na condição de microempreendedor individual (MEI), contribuinte individual do RGPS, maior de 18 anos de idade, com renda per capita seja de até 1/2 (meio) salário-mínimo ou a renda familiar mensal total seja de até 3 (três) salários mínimos: **o Auxílio Emergencial**, disciplinado pela Lei 13.982/2020.

Há quem defenda que o termo "empregado" teria sido mencionado para se referir ao trabalhador em sentido geral (lato sensu).

Esse benefício será pago ao empregado independentemente do cumprimento de qualquer período aquisitivo, tempo de vínculo empregatício ou número de salários recebidos.

O empregado que possua mais de um vínculo empregatício poderá receber o Benefício Emergencial de maneira cumulativa, isto é, para cada vínculo empregatício.

No que atina aposentados que estiverem na ativa, prestando serviços a algum empregador, a Portaria nº. 10.486/2020 admite o estabelecimento de acordo de redução de jornada e salário ou de suspensão do contrato de trabalho.

Contudo, o aposentado receberá uma ajuda de custo no valor equivalente ao Benefício Emergencial. Ainda, será devida a ajuda compensatória equivalente a 30% do salário do aposentado-empregado, caso a empresa tenha receita bruta superior a 4,8 milhões de reais.

De acordo com o art. 12 da Lei 14.020/20 os seguintes empregador serão destinatários do benefício emergencial:

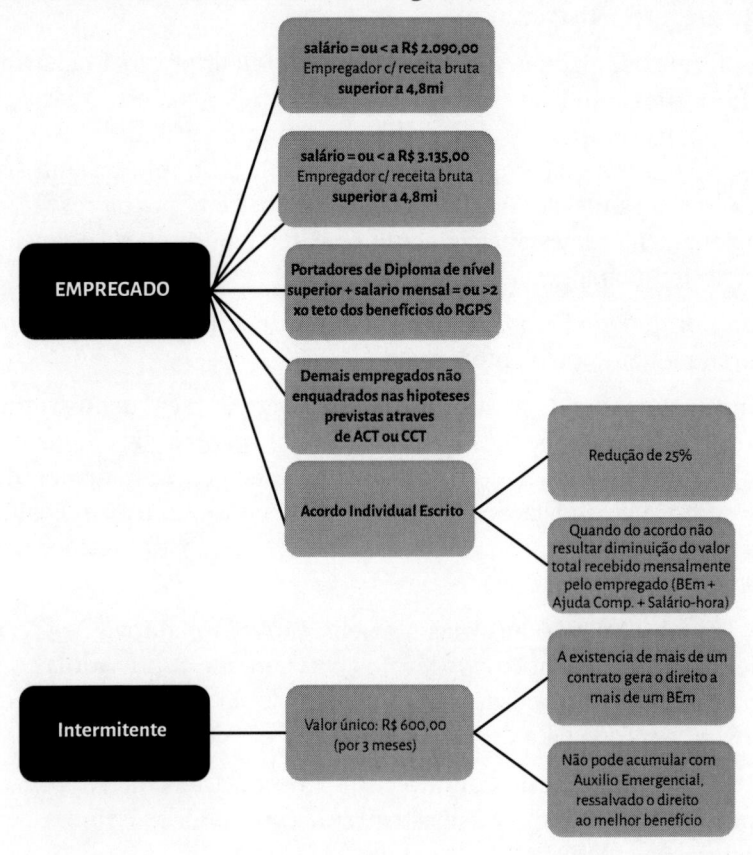

EMPREGADO
- salário = ou < a R$ 2.090,00 Empregador c/ receita bruta superior a 4,8mi
- salário = ou < a R$ 3.135,00 Empregador c/ receita bruta superior a 4,8mi
- Portadores de Diploma de nível superior + salario mensal = ou >2 xo teto dos benefícios do RGPS
- Demais empregados não enquadrados nas hipoteses previstas atraves de ACT ou CCT
- Acordo Individual Escrito
  - Redução de 25%
  - Quando do acordo não resultar diminuição do valor total recebido mensalmente pelo empregado (BEm + Ajuda Comp. + Salário-hora)

Intermitente
- Valor único: R$ 600,00 (por 3 meses)
  - A existencia de mais de um contrato gera o direito a mais de um BEm
  - Não pode acumular com Auxilio Emergencial, ressalvado o direito ao melhor benefício

De outro lado, não foram contemplados pelo Benefício Emergencial, os exercentes de cargo ou emprego público, cargo em comissão, mandado eletivo ou o empregado que esteja em gozo de Benefício de Prestação Continuada (BPC ou LOAS), seguro-desemprego, ou bolsa de qualificação profissional do FAT.

3. REDUÇÃO PROPORCIONAL DA JORNADA E DO TRABALHO

As medidas de redução do salário e da jornada de trabalho podem ser instituídas por meio de convenção coletiva de trabalho, acordo coletivo de trabalho e acordo individual escrito, com prazo de duração de 90 dias, prorrogável por ato Poder Executivo, desde que seja respeitado o limite temporal do estado de calamidade pública (§3º, do art. 7º, da Lei).

O empregador poderá pactuar o acordo individual por qualquer meio físico ou eletrônico eficaz como, por exemplo, e-mail, mensagem de texto, telegrama, etc.

As formas de pactuação do acordo individual, por meio eletrônico ou física, possibilita ao empregador atender as mais diversas situações, como, por exemplo, do trabalhador inserido no grupo de risco, cuja presença na sede da empresa ou em outro local implicaria em sérios riscos à sua saúde. Atende, ainda, as situações em que há restrição de funcionamento do estabelecimento comercial, por imposição de lei ou decreto municipal, estadual ou distrital.

O valor do Benefício Emergencial dependerá do valor do percentual salarial reduzido pelo empregador.

Entretanto, quando a redução for realizada por meio de instrumento normativo, pensamos que é possível **instituir percentuais diversos daqueles previsto em lei**, com base na autonomia da vontade dos atores que compõe a negociação coletiva. Essa previsão ratifica a prevalência da autonomia da vontade coletiva sobre a legislação, nos termos do art. 611-A, caput, da CLT.

A Lei 14.020/2020 autoriza a celebração de uma nova negociação coletiva para adequação dos termos previamente negociado às novas regras estabelecidas, desde que seja realizado no prazo de dez dias corridos, a contar da data da publicação na lei em debate (§3º do art. 11).

Como regra, havendo conflito entre a negociação coletiva **pactuada depois do** acordo individual, este prevalecerá sobre os termos daquele [negociação coletiva].

Os termos ou clausulas previstos em norma coletiva, naquilo que não conflitar com o acordo individual existente, poderá ser implementada no contrato individual de trabalho suspenso ou com redução de salário e jornada a partir da data da sua vigência, na forma do art. 12, §5º, da Lei 14.020/2020.

Durante o período de redução salarial ou suspensão do contrato de trabalho o empregado poderá **complementar as contribuições previdenciárias** pagando a diferença como contribuinte facultativo (§2º do art. 7º), por iniciativa própria, cuja alíquota varia de acordo com a faixa salarial do empregado: (i) 7,5%, para valores de até 1 salário-mínimo; (ii) 9%, para valores acima de 1 salário-mínimo até R$ 2.089,60; (iii) 12%, para valores de R$ 2.089,61 até R$ 3.134,40; (iv)

14%, para valores de R$ 3.134,41 até o limite de R$ 6.101,06 (art. 20 da Lei 14.020/20).

Se, após o recebimento das informações da remuneração (faixa salarial) do empregado, for constatado o pagamento em valor superior às alíquotas previstas no art. 20, a contribuição incidente sobre o valor será recalculada e o valor excedente deverá ser devolvido ao segurado devidamente atualizado, com base no Índice Nacional de Preços ao Consumidor (INPC).

Caso o valor recolhido a título de salário de contribuição seja insuficiente, o empregado será notificado, para querendo, realizar a complementação como empregado facultativo.

A cessação da redução proporcional do salário e da jornada de trabalho ocorrerá na data do termino do estado de calamidade pública, ou na data do termo do período de redução previsto nos termos do acordo ou instrumento coletivo, ou na data em que o empregador comunicar o empregador da antecipação do fim da redução pactuada, conforme art. 7º, §1º, da Lei 14.020/20.

4. SUSPENSÃO TEMPORÁRIA DO CONTRATO DE TRABALHO

O empregador poderá acordar a suspensão temporária do contrato de trabalho de seus empregados, de forma setorial, departamental, parcial ou na totalidade dos postos de trabalho, pelo prazo máximo de 60 dias, fracionável em 2 períodos de até 30 dias, podendo ser prorrogado por prazo determinado em ato do Poder Executivo.

A suspensão temporária do contrato de trabalho será pactuada, conforme o disposto nos arts. 11 e 12 da Lei 14.020/20, por convenção coletiva de trabalho, acordo coletivo de trabalho ou acordo individual escrito entre empregador e empregado, devendo a proposta de acordo, nesta última hipótese, ser encaminhada ao empregado com antecedência de, no mínimo, 2 (dois) dias corridos.

As empresas com receita bruta superior a 4,8 milhões, somente poderão realizar a suspensão do contrato de trabalho dos seus empregados, mediante o pagamento de uma ajuda compensatória no valor de 30% do valor do salário do empregado, durante o período de suspensão temporária do contrato de trabalho.

O valor do benefício emergencial, pago pelo Ministério da Economia, corresponderá a 70% do valor devido a título de seguro desemprego (art. 9º da Lei).

Essa ajuda compensatória mensal poderá ser definida entre o empregado e o empregador, por meio de acordo individual escrito, ou, ainda, através de acordo ou convenção coletiva de trabalho. Também, terá caráter indenizatório, de modo que não integra a remuneração do empregado, não se incorpora ao contrato de trabalho e não constituem base de incidência de qualquer encargo trabalhista (inclusive o FGTS), fiscal e previdenciário.

Já as empresas com faturamento inferir a 4,8 milhões poderão realizar a suspensão do contrato de trabalho, independentemente do pagamento de ajuda compensatória, hipótese em que o pagamento integral do benefício emergencial ficará sob responsabilidade do Ministério da economia, correspondendo a 100% do valor devido a título de seguro desemprego.

A ajuda compensatória mensal poderá ser considerada como despesa operacional, sendo dedutível na determinação do lucro real e da base de cálculo da CSLL (Contribuição Social sobre o Lucro Líquido) das pessoas jurídicas tributadas pelo lucro real.

A Lei 7.689/88, instituiu a contribuição social sobre o lucro das pessoas jurídicas, com o objetivo de financiar a seguridade social. A base de cálculo do referido imposto, é o valor do resultado do exercício (lucro da empresa – que pode ser real ou presumido).

A Lei 14.020/2020 permite que o empregador deduza o valor pago aos empregados a título de ajuda compensatória, a partir do mês de abril de 2020, da base de cálculo do imposto incidente sobre o lucro real da CSLL, reduzindo os impactos financeiro causados pelo estado de calamidade pública (inciso V e §3º do art. 9º da Lei 14.020/2020).

5. EFEITOS DA LEI 14.020/20 NO CÁLCULO DO 13º SALÁRIO E NAS FÉRIAS DOS TRABALHADORES

O estabelecimento das medidas do Programa Emergencial de Manutenção do Emprego e da Renda, previstas na Lei 14.020/20, resultante da conversão da Medida Provisória 936/2020 em lei, resultou em diversas interpretações dos estudiosos do direito quanto os reflexos trabalhistas decorrentes da redução proporcional da jornada de trabalho e do salário (incisos II e III, do caput do art. 3º, da Lei), bem como da suspensão temporária do contrato de trabalho, sobre o décimo terceiro salário e as férias dos empregados.

O Ministério Público do Trabalho, em 29 de outubro de 2020, através do Grupo de Trabalho Covid-19, editou Diretriz Orientativa para apoio e auxílio à atuação finalísticas dos seus integrantes, quanto à interpretação e repercussão do Programa Emergencial de Manutenção do Emprego sobre o décimo terceiro salário e as férias dos empregados.

No referido documento, os Procuradores e Procuradoras do Trabalho, concluíram que o silêncio normativo da Lei 14.020/2020, a respeito dos reflexos trabalhistas da adesão ao Benefício Emergencial a incidirem sobre os o período aquisitivo, de cálculo de valor e de fruição das férias e do décimo terceiro salário, impõe uma interpretação mais favorável ao trabalhador e restritiva, na medida em que os princípios norteadores do Direito do Trabalho tem o escopo de proteger o trabalhador, impedindo interpretações que lhe sejam desfavoráveis (princípio da proteção, princípio do in dubio pro operário) ou a alteração contratual lesiva.

Acrescentam que os riscos da atividade econômica deve ser suportando exclusivamente pelo empregador (art. 2º da CLT).

De mais a mais, destacam que a Lei 4.090/62 disciplina expressamente a dedução do computo para a composição do valor a ser pago a título de décimo terceiro somente em caso de faltas injustificadas.

Igualmente, apontam que "os arts. 130 e 131 da Consolidação das Leis do Trabalho preveem expressamente que "não serão consideradas falta ao serviço, ao longo do período aquisitivo das férias, aquelas justificadas na forma da lei, tampouco os dias em que não tenha havido serviço, para fins de cômputo do quantitativo de dias de fruição de férias".[213]

Na visão do Ministério Público do Trabalho a situação configura suspensão temporária atípica do contrato de trabalho, devendo, portanto, haver o computo do período de afastamento no tempo de serviço para todos os fins.

Em conclusão, o Grupo de Trabalho do MPT sugeriu as seguintes interpretações: a) o período de adoção das medidas de redução pro-

---

[213] Diretriz orientativa interna para apoio e auxílio à atuação finalística do Ministério Público do Trabalho quanto à interpretação da Lei nº 14.020/2020.

porcional de jornada de trabalho e de salário ou para a suspensão temporária do contrato de trabalho, deve ser computado no tempo de serviço, caracterizando como suspensão temporária atípica do contrato de trabalho; b) o período de adesão às medidas instituídas pela Lei 14.020/2020 na composição dos requisitos aquisitivos, de cálculo de valor e fruição das férias e do décimo terceiro salário; c) o empregador deverá pagar integralmente o valor do 13º salário e das férias dos empregados, considerando o período contínuo de trabalho, sem a dedução do período no qual os empregados estão ou estavam sob a égide de acordo de redução de salário e jornada ou suspensão temporária do contrato de trabalho.

O Ministério da Economia também emitiu um parecer a respeito do tema, através da Nota Técnica SEI nº 51520/2020/ME editada em 27 de novembro de 2020.

Ao contrário do entendimento do Ministério Público do Trabalho, o Ministério da Economia entende que a suspensão do contrato de trabalho tem como efeito, em regra, a suspensão das principais obrigações entre as partes, motivo pelo qual defende que o décimo terceiro salário e as férias não serão devidas em sua integralidade. Em outras palavras, não será computando como tempo de serviço o período de vigência da suspensão temporária do contrato prevista na Lei 14.020/20.

Ainda, no que se refere a suspensão temporária do contrato de trabalho prevista na referida Lei, o Ministério da Economia entende que não será computado a título de fração de décimo terceiro salário, caso não seja atingido o número mínimo de 15 dias de trabalho na forma da Lei 4.090 de 1962.

No que diz respeito à redução proporcional da jornada e de salário, o Ministério da Economia entende que não há qualquer repercussão no sobre o pagamento da remuneração de férias e do décimo terceiro.

As férias e o décimo terceiro salário está englobado no núcleo constitucional intangível dos direitos fundamentais trabalhistas, previstos no art. 7º, VIII e XVII, da Constituição Federal.

Ingo Wolfgang Sarlet (apud, Martins, 2020)[214] afirma:

---

[214] J. J. Gomes Canotilho; Ingo Wolfgang Sarlet; Lenio Luiz Streck; Gilmar Ferreira Mendes. Comentários à Constituição do Brasil – 2. ed. – São Paulo : Saraiva Educação, 2018.

> "boa parte dos direitos sociais consagrados, em termos gerais, no art. 6º, da CF, foi objeto de densificação por meio de dispositivos diversos ao longo do texto constitucional, especialmente nos títulos que tratam da ordem econômica (por exemplo, no que diz com aspectos ligados à função social da propriedade urbana e rural) e da ordem social (normas sobre o sistema de seguridade social, designadamente, saúde, assistência e previdência social, bens culturais, família, proteção do idoso, meio ambiente, educação etc.), <u>destacando-se os diversos direitos dos trabalhadores enunciados nos arts. 7º a 11, que constituem um conjunto de direitos e garantias que concretizam o direito geral ao trabalho e à proteção ao trabalhador (contemplado no art. 6º, em condição de igualdade em relação aos demais direitos sociais), especialmente no sentido de imposição dos deveres de proteção do trabalho e dos trabalhadores, além de uma série de garantias específicas</u>"

Nota-se, portanto, que as férias e o décimo terceiro estão inseridos no rol de direitos sociais que asseguram a dignidade da pessoa do trabalhador e a garantia do mínimo existencial, isto é, condições materiais mínimas à vida com dignidade.

Flavio Martins, apoiado nas lições de Robert Alexy, recorda que "grande parte das normas definidoras de direitos sociais é formada por **normas-princípios** e, por essa razão, deve ser aplicada na maior intensidade possível". Prossegue, ensinando que "todas as normas constitucionais definidoras de direitos sociais (sejam elas normas-regras ou normas-princípios) produzem a eficácia objetiva, <u>influenciando toda a interpretação da constituição, servindo de parâmetro para o controle de constitucionalidade</u>, não recepcionando as legislações anteriores incompatíveis e vinculando o Estado (administração, juiz e legislador) a concretizar os ditames constitucionais".

Com base nisso, podemos concluir que a interpretação da Lei 14.020/2020, sobre as repercussões geradas no cálculo das férias e do décimo terceiro salário dos trabalhadores, deve ser feita à luz das regras constitucionais, tendo em conta que esses direitos são verdadeiras normas-princípios ou direitos individuais fundamentais dos trabalhadores que devem ser preservados, caso sejam adotadas as medidas de redução do salário e da jornada ou a suspensão temporária do contrato de trabalho.

Interpretações em sentido contrário podem ser objeto de controle de constitucionalidade – difuso ou concentrado – pois, em tese, contrariam as garantias mínimas constitucionalmente asseguradas aos trabalhadores.

Acrescente-se que a renda do trabalhador não é composta somente pelo salário, mas, também das outras parcelas remuneratórias prevista em lei, incluindo o décimo terceiro salário e as férias com o terço constitucional.

Excluir essas parcelas – ou parte delas – da abrangência da Lei 14.020/2020, contraria uma das finalidade da própria lei: a preservação da <u>renda</u> do trabalhador.

Diante disso, data vênia outros entendimentos, defendemos que é devido o pagamento integral do décimo terceiro salário e das férias proporcionais, por consistir em direito individual fundamental do trabalhador.

CAPÍTULO XVI.
CADUCIDADE DA MP 927/20

A pandemia do coronavírus impôs a adoção de medidas de isolamento social para a preservação da saúde da população brasileira e a manutenção do emprego e da renda.

O Congresso Nacional, como primeira medida, reconheceu o estado de calamidade pública por meio do Decreto Legislativo 6 de 20 de março de 2020.

A paralisação das atividades empresariais oriunda da premente necessidade de isolar os cidadãos, originou diversas dúvidas acerca dos reflexos desta situação excepcional nos contratos de trabalho em vigor. A ausência de normas específicas – diante da inimaginável paralisação abrupta das atividades empresariais – ocasionou na edição de medidas provisórias para regulamentar alguns aspectos da relação de trabalho.

O Presidente da República, no uso das suas atribuições, publicou a MP 927 de 22 de março de 2020, com força de lei, com providências trabalhistas a serem adotadas pelos empregadores para a preservação do emprego e da renda e enfrentamento do estado de calamidade pública.

A situação de calamidade pública foi enquadrada, para fins trabalhista, como hipótese de força maior, nos termos do art. 501 da CLT, afastando o prognóstico de diversos juristas de emoldurar a situação de calamidade pública como factum principis ou fato do príncipe, o que levaria ao pagamento de uma indenização pela União, Estado ou Municípios, a todos os empregados atingidos pelas medidas de combate à proliferação do coronavírus.

Institui-se, através da Medida Provisória 927/20, a possibilidade dos empregadores adotarem o teletrabalho, a antecipação de férias individuais, a concessão de férias coletivas moo aproveitamento e a antecipação de feriados, o banco de horas, a suspensão de exigências administrativas em segurança no trabalho, o direcionamento do trabalhador para qualificação e o diferimento do recolhimento do Fundo de Garantia do Tempo de Serviço (FGTS), dentre outras medidas, para o enfrentamento dos efeitos econômicos decorrentes do estado de calamidade pública e para a preservação do emprego e da renda dos trabalhadores brasileiros.

Essas medidas foram adotadas, em maior ou menor proporção, por diversas empresas.

Os regramentos positivados na Medida Provisória tinham como prazo de duração o período de estado de calamidade pública, reconhecido em 20 de março de 2020.

No entanto, a medida provisória perdeu a validade por falta de consenso entre as lideranças no Senado Federal para a sua votação final. O texto já havia sido votado pela Câmara dos Deputados, que o transformaram no Projeto de Lei de Conversão (PLV) nº. 18/2020.

No presente trabalho analisaremos as polêmicas em torno do fim da MP 927.

1. INTERTEMPORALIDADE DA MP 927

A separação de poderes – como sistema de freios e contrapesos, visando conter excessos dos órgãos que compõe o Estado – confere ao poder Legislativo a função típica (ou função predominante) de elaborar as leis e fiscalizar o Executivo.

O Executivo, por sua vez, tem como função típica a prática de atos de chefia e administração do Estado. Em caráter atípico pratica atos de natureza legislativa como, por exemplo, a edição de Medida Provisória, com força de lei, através do Chefe de Estado.

Essa função atípica tem inspiração na Constituição italiana de 1947 – que serviu de base para a elaboração de diversas constituições, como a espanhola.

José Levi Mello do Amaral Júnior[215], ao comentar o art. 62 da CF, na obra coordenada pelos juristas J.J. Gomes Canotilho, Gilmar Ferreira Mendes[216], dentre outros constitucionalistas brilhantes, destacou que:

---

[215] Doutor em Direito do Estado pela USP. Professor de Direito Constitucional na Faculdade de Direito da USP. Procurador da Fazenda Nacional.

[216] Comentários à Constituição do Brasil / J. J. Gomes Canotilho...[et al.] ; outros autores e coordenadores Ingo Wolfgang Sarlet, Lenio Luiz Streck, Gilmar Ferreira Mendes. – 2. ed. – São Paulo : Saraiva Educação, 2018. (Série IDP)

"Diversas são as Constituições que adotam algum tipo de legislação primária confiada ao Governo. Porém, porque foi a matriz da medida provisória brasileira, importa lembrar, primeiro, a experiência italiana. O *provvedimento provvisorio* italiano, disciplinado no art. 77 da Constituição italiana de 1947, é usualmente chamado "decreto-legge", segundo expressão tradicional no Direito italiano e de emprego determinado pela *Legge* n. 400, de 23 de agosto de 1988, que "Disciplina a atividade do Governo e organiza a Presidência do Conselho de Ministros". O art. 77 da Constituição italiana de 1947 tem o seguinte teor: O Governo não pode, sem delegação das Câmaras, editar decretos que tenham valor de lei ordinária. Quando, em casos extraordinários de necessidade e de urgência, o Governo adota, sob a sua responsabilidade, provimentos provisórios com força de lei, deve no mesmo dia apresentá-los para conversão às Câmaras que, mesmo se dissolvidas, são convocadas para esse propósito e se reúnem dentro de cinco dias. *Os decretos perdem eficácia desde o início, se não são convertidos em lei dentro de sessenta dias da sua publicação. As Câmaras podem, todavia, regular por lei as relações jurídicas surgidas com base nos decretos não convertidos*".

O referido jurista [217] conceitua a medida provisória como o *"ato normativo primário (porque fundado diretamente na Constituição), da competência privativa do Presidente da República, para fazer frente a caso de relevância e urgência (daí a fórmula 'decretação de urgência'), que possui, provisoriamente, força, eficácia e valor de lei"*.

A Medida Provisória está prevista no art. 62 da nossa Carta Magna. Permite ao Presidente da República, por ato monocrático e indelegável, a adoção de providências em caso de relevância e urgência, submetendo a medida provisória a posterior apreciação pelas Casas do Congresso Nacional (Câmara dos Deputados e Senado Federal) para se converter definitivamente em lei ordinária.

A medida provisória produz efeitos jurídicos imediatamente e o prazo inicial de vigência é de 60 dias e é prorrogável automaticamente por igual período (60 dias) caso não tenha sua votação concluída, conforme art. 62, §7º, da Constituição Federal.

O Congresso Nacional, ao receber a medida provisória, pode adotar as seguintes medidas: aprovar se alteração do texto; aprovar a medida com alteração do texto; rejeitá-la tacitamente (não apreciar); ou rejeitá-la expressamente.

A rejeição tácita caracteriza-se com a ausência de apreciação da medida provisória pelo Congresso Nacional, após o decurso do prazo de 120 – já que a não apreciação no prazo de 60 dias contados da publica-

---

[217] Idem

ção da medida provisória implica na prorrogação automática por mais 60 dias – resultando na perda da sua eficácia desde a data da sua edição.

A esse respeito, o Professor Pedro Lenza[218] ensina que: *"(...) não havendo apreciação pelo Congresso Nacional, a medida provisória perderá a eficácia desde a sua edição (rejeição tácita), operando efeitos retroativos, ex tunc, devendo o Congresso Nacional disciplinar as relações jurídicas dela decorrentes por decreto legislativo (art. 62, §§ 3.º, 4.º e 7.º)".*

Ainda, delineia que:

> *"(...)o § 11 do art. 62, na nova redação, estabelece que se não for editado o **decreto legislativo** para regulamentar as relações jurídicas decorrentes da medida provisória que perdeu a sua eficácia por ausência de apreciação, até **60 dias após a sua perda de eficácia**, "as relações jurídicas constituídas e decorrentes de atos praticados durante sua vigência **conservar-se-ão por ela regidas**"; ou seja, não sendo editado o decreto legislativo pelo Congresso Nacional, valerão as regras da medida provisória para regulamentar as relações jurídicas constituídas e decorrentes de atos praticados durante o período em que a MP produziu efeitos".*

Após a rejeição da Medida Provisória, seja de forma expressa ou tácita, o Congresso Nacional terá o prazo de 60 dias para editar um Decreto Legislativo para regulamentar as relações jurídicas firmadas ao tempo da eficácia da medida provisória. Não ocorrendo a edição do decreto legislativo, a relações jurídicas constituídas serão reguladas segundo os termo previstos na Medida Provisória.

Indubitavelmente a Medida provisória 927/20 se revestiu dos requisitos de relevância e urgência, diante da notoriedade do estado de calamidade pública de importância internacional que compeliu a adoção de medidas de isolamento social, bem como a necessidade de instituição de normas específicas para regulamentar a excepcionalidade vivenciada.

Como dito, o Senado Federal deixou de submeter a MP 927/2020 à votação, por divergências político-partidárias, ocorrendo a caducidade no dia 19 de julho de 2020. Portanto, a medida provisória vigorou entre o dia 22 de março de 2020 e 19 de julho de 2020.

O prazo para a edição de decreto legislativo está em curso (do dia 20/07 até 17/09/2020). Se não elaborar o decreto legislativo no prazo de 60 dias as relações jurídicas constituídas durante a vigência da medida provisória serão conservadas.

---

[218] Direito Constitucional Esquematizado. Pedro Lenza. – 23. ed. – São Paulo: Saraiva Educação, 2019.

2. TELETRABALHO

A Medida Provisória 927/20 permitiu ao empregador adotar (ou ampliar) o regime de teletrabalho, como medida de enfrentamento dos efeitos econômicos decorrente do estado de calamidade pública e para a preservação do emprego e da renda traçando regras mais flexíveis do que a CLT para viabilizar uma rápida implementação.

Segundo a Pesquisa Nacional por Amostra de Domicílios (PNAD) realizada pelo IBGE[219], entre os dias 21 e 27 de julho de 2020, estima-se que 8,6 milhões de trabalhadores estão em teletrabalho, sendo certo que cerca de 3,8 milhões de trabalhadores prestavam serviços em regime de teletrabalho.

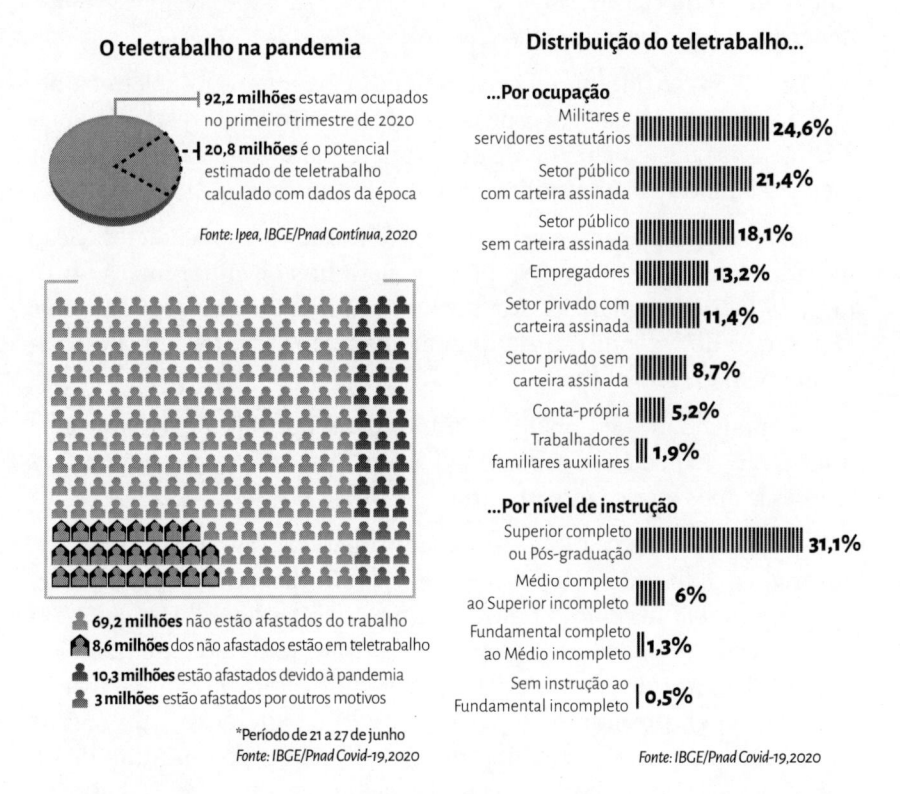

O teletrabalho na pandemia

- 92,2 milhões estavam ocupados no primeiro trimestre de 2020
- 20,8 milhões é o potencial estimado de teletrabalho calculado com dados da época

Fonte: Ipea, IBGE/Pnad Contínua, 2020

- 69,2 milhões não estão afastados do trabalho
- 8,6 milhões dos não afastados estão em teletrabalho
- 10,3 milhões estão afastados devido à pandemia
- 3 milhões estão afastados por outros motivos

*Período de 21 a 27 de junho
Fonte: IBGE/Pnad Covid-19, 2020

Distribuição do teletrabalho...

...Por ocupação
- Militares e servidores estatutários: 24,6%
- Setor público com carteira assinada: 21,4%
- Setor público sem carteira assinada: 18,1%
- Empregadores: 13,2%
- Setor privado com carteira assinada: 11,4%
- Setor privado sem carteira assinada: 8,7%
- Conta-própria: 5,2%
- Trabalhadores familiares auxiliares: 1,9%

...Por nível de instrução
- Superior completo ou Pós-graduação: 31,1%
- Médio completo ao Superior incompleto: 6%
- Fundamental completo ao Médio incompleto: 1,3%
- Sem instrução ao Fundamental incompleto: 0,5%

Fonte: IBGE/Pnad Covid-19, 2020

Estima-se que o Brasil, pelas características do mercado de trabalho tem cerca de 22,7% de potenciais trabalhadores que podem operar em regime de teletrabalho ou trabalho à distância, o que corresponde cer-

---

219 https://www12.senado.leg.br/noticias/infomaterias/2020/07/teletrabalho-ganha-impulso-na-pandemia-mas-regulacao-e-objeto-de-controversia/#link4

ca de 20,8 milhões de trabalhadores. Conforme informações extraídas do sítio eletrônico do Senado Federal, o Brasil ocupa a 45ª posição no ranking mundial de potencial teletrabalho, e na América Latina a 3ª posição:

> *"No trabalho de Jonathan Dingel e Brent Neiman, é apresentada uma lista de 86 países, na qual Luxemburgo apresenta a maior proporção de teletrabalho (53,4%) e Moçambique, a menor: 5,24%. O Brasil ocupa a 45º posição, com 25,65% de teletrabalho potencial. Entre os doze países da América Latina que constam do estudo (Brasil, Bolívia, Chile, El Salvador, Equador, Guatemala, Guiana, Honduras, México, Panamá, República Dominicana e Uruguai), o Brasil ocupou a terceira posição, muito próximo à do Chile (25,74%) e após o Uruguai (27,28%), que apresentou a maior participação de trabalho remoto".*

A Lei 12.551/2011 alterou o art. 6º da CLT para prever o teletrabalho. O teletrabalho consiste em espécie do gênero trabalho à distância, diferenciando-se deste pelo fato de que o teletrabalho exige a utilização de meios telemáticos, informatizados e de comunicação (*Art. 6o da CLT*).

O local de prestação de serviços é irrelevante para a caracterização do vínculo empregatício, isso porque, para fins de subordinação jurídica, os meios telemáticos ou informatizados de comando, controle e supervisão do trabalho se equiparam aos meios empregados pessoalmente pelo empregador.

Essa modalidade de trabalho se multiplicou durante a pandemia e há uma grande expectativa de manutenção da atividade remota em muitas empresas após a crise humanitária.

A Medida provisória 927/20, ao contrário do regramento da CLT, autorizava a alteração de regime de trabalho presencial para o teletrabalho, trabalho remoto ou outro tipo de trabalho a distância independentemente de prévio registro no contrato individual de trabalho, ou da existência de acordos individuais, ou de convenção coletiva de trabalho. O empregado deve ser notificado da alteração – do regime presencial para o teletrabalho, vice-versa – no prazo mínimo de 48 horas, por escrito ou por meio eletrônico.

Diferentemente, a CLT, no art. Art. 75-C, exige que o regime de teletrabalho conste expressamente do contrato individual de trabalho, bem como as especificações das atividades que serão desempenhadas pelo empregado.

Como vimos anteriormente, se não houver a edição de decreto legislativo pelo Congresso Nacional, o teletrabalho instituído sob a égide da medida provisória, são considerados válidos, constituindo ato jurídico perfeito, haja vista o *"tempus regit actum"*.

Entretanto, se o empregador quiser incluir outros trabalhadores no regime de teletrabalho deve observar as regras da CLT, sendo necessária a anuência do empregado, bem como a anotação das tarefas no contrato de trabalho.

Da mesma maneira, caso pretenda converter o regime de teletrabalho em trabalho presencial, o empregador deve assegurar um período mínimo de 15 dias de transição e efetuar o registro em aditivo contratual.

No teletrabalho, podemos destacar que a atividade geralmente é realizada a distância; as ordens são dadas sem condições de se ter o controle físico ou direto da execução dos trabalhos; as tarefas são executadas por intermédio de computadores ou de outros equipamentos de informática e telecomunicações; essas atividades não configuram trabalho externo.

Assim, o empregado presta a maior parte de seus serviços em sua residência ou outro local diverso do estabelecimento de seu empregador, comunicando-se através de e-mails, aplicativos de mensagens, SMS, telefone, dentre outros.

A esse respeito, a medida provisória previa que o uso de aplicativos e programas de comunicação fora do horário de trabalho não constitui tempo à disposição do empregador, regime de prontidão ou sobreaviso, exceto se houver previsão em acordo individual ou coletivo (§5º, art. 4º, MP 927/20).

Além disso, afastava o controle de limitação de jornada, aplicando o art. 62, III, da CLT, afastando a possibilidade de pagamento de adicional de horas extras. Essa regra, também está prevista na CLT.

Se, entretanto, for verificada a existência de controle da jornada por qualquer meio, seja por meios telemáticos ou informatizados de comando, controle e supervisão, o magistrado pode reconhecer o pagamento de eventuais horas extras, com base no princípio da primazia da realidade.

O custeio dos equipamentos tecnológicos e a infraestrutura necessária e adequada à prestação do teletrabalho, do trabalho remoto ou do trabalho a distância tem gerado discussão na doutrina e na jurisprudência.

A medida provisória prevê que a responsabilidade pela aquisição, manutenção ou fornecimento dos equipamentos e da infraestrutura ou das despesas arcadas pelo empregado serão previstas em contrato prévio escrito ou firmado no prazo de trinta dias, a contar da data da alteração do regime de trabalho. A CLT prevê apenas contrato de trabalho escrito.

O empregador, segundo a medida provisória, tinha a faculdade de fornecer os equipamentos em regime de comodato e pagar por serviços de infraestrutura – de forma desvinculada do salário – ou na impossibilidade do comodato, o período da jornada do trabalhador é computado como tempo à disposição do empregador.

Há quem afirme que o teletrabalho não será mais uma exceção, no mundo pós-pandemia, pois esse regime gerou uma economia enorme para as empresas, como gastos com luz, transporte, alimentação dos empregados, etc.

Essa questão é polêmica, pois há uma linha de entendimento que não considera como despesas com o consumo de água, luz, internet, energia elétrica, telefone, por exemplo, eis que não é possível mensurar qual o gasto decorre do uso pessoal e qual decorre do exercício da atividade.

Existe um projeto de Lei 3.512/2020, de autoria do Senador Fabiano Contrato, que busca regulamentar essa questão, estabelecendo a necessidade de o empregador arcar com as despesas de energia elétrica, telefonia e de uso da internet relacionadas à prestação do trabalho.

E mais. O projeto também visa revogar o inciso III do art. 62 da CLT, para que haja limite de jornada de trabalho para o empregado em regime de teletrabalho, de modo que tenha direito à desconexão, e uma clara separação entre a atividade laboral e a vida privada, além do direito a lazer, convívio com amigos, família, dormir, e para cultivar um hobby, arte ou esporte.

Com o término da vigência da MP 927/20, entende-se que o estagiário não pode ser submetido ao regime de teletrabalho, isso porque não há qualquer previsão legal autorizadora da implementação do teletrabalho ao estagiário. Além disso, não se pode aplicar os preceitos da CLT ao estagiário, tendo em vista que este não é considerado empregado, mas, sim, um trabalhador no sentido técnico da palavra, possuindo um regramento próprio (Lei 11.788/2008).

O aprendiz, embora a lei seja silente a respeito, pode ser enquadrado como um empregado atípico, o que permitiria o teletrabalho.

3. FÉRIAS

As férias são conceituadas como um direito do empregado de paralisar a prestação dos serviços, por iniciativa do empregador, durante um período, com a percepção da remuneração, para recuperação física e psíquica do trabalhador, evitando fadiga e esgotamento, além de propiciar o convívio social.

O jurista Mauricio Godinho Delgado[220] conceitua as férias como "*o lapso temporal remunerado, de frequência anual, constituído de diversos dias sequenciais, em que o empregado pode sustar a prestação de serviços e sua disponibilidade perante o empregador, com o objetivo de recuperação e implementação de suas energias e de sua inserção familiar, comunitária e política*".

As principais características das férias são: a) anualidade; b) remunerabilidade; c) continuidade; d) irrenunciabilidade; e, e) proporcionalidade.

A Medida Provisória 927/2020 possibilitou ao empregador antecipar as férias do empregado, para diminuir o impacto econômico às empresas que tiveram as suas atividades paralisadas em virtude do isolamento social.

As férias poderiam ser concedidas independentemente de concretização do período aquisitivo, isto é, do transcurso do lapso temporal correspondente a 12 meses em que o empregado trabalha para adquirir o direito às férias (art. 129, CLT).

As férias poderiam ser gozadas em períodos menores aos estabelecidos pela CLT, desde que respeitado o lapso temporal mínimo de 5 dias. Nesse sentido, a CLT estabelece que as férias poderão ser usufruídas em até 3 períodos, sendo que um deles não pode ser inferior a 14 dias corridos e os demais não poderão ser inferiores a 5 dias corridos, cada um.

Ao tempo da vigência da medida provisória, para a concessão das férias bastava a comunicação escrita ou por meio eletrônico (e-mail, telegrama, etc) ao empregado com a indicação do período a ser gozado pelo empregado, no prazo de no mínimo 48 horas.

---

220 Curso de direito do trabalho—Mauricio Godinho Delgado. — 18. ed.— São Paulo: LTr, 2019.

Também, admitia-se a negociação de antecipação de períodos futuros de férias, por meio de acordo individual escrito.

Dentre os trabalhadores, o empregador deve priorizar a concessão das férias, individuais ou coletivas, aos trabalhadores com mais de 60 anos de idade (mesmo que não tenha nenhum problema de saúde associado), trabalhadores com alguma comorbidade, como, cardiopatia, diabete, pneumopatia, doenças neurológicas ou renal, obesidade, asma, etc.

De outro lado, é possível também a suspensão das férias ou licenças não remuneradas concedidas aos profissionais da saúde ou que desempenhem atividades essenciais. Para tanto, o empregador tinha que comunicar formalmente o empregado com antecedência de 48 horas, por meio eletrônico ou escrito (art. 7º).

E mais. Outra benesse conferida ao empregador – para enfrentamento dos efeitos econômicos – é a possibilidade de realização do pagamento do terço (1/3) de férias após a data de concessão e até da data limite para o pagamento do décimo terceiro salário (art. 1º da Lei nº 4.749/1965). Pelas regras da CLT (art. 145), em tempos normais, seria inconcebível a ideia das férias ou parte dela (ainda que seja o terço constitucional) após a data da concessão. A esse respeito a jurisprudência é firme no sentido de que o pagamento da remuneração de férias e do abono deve ser efetuado até 2 dias antes do início das férias, sob pena de pagá-la em dobro.

No que se refere a conversão de um terço de férias em abono pecuniário, a Medida provisória condicionou o requerimento do empregado ao aceite do empregador, sendo possível o pagamento do abono, no 5º dia útil subsequente ao início do gozo das férias, em contraponto ao art. 145 da CLT, que exige o pagamento do abono, juntamente com a remuneração das férias, até 2 dias antes da data de gozo.

Pensamos que é possível a aplicação das regras de concessão das férias, inclusive aquelas que se referem ao pagamento, às férias cuja notificação tenha sido realizada pelo empregador até o dia 19 de julho de 2020. A comunicação depois desta data, deve observar os ditames da CLT.

Na hipótese de dispensa do empregado, o empregador pagará, juntamente com o pagamento dos haveres rescisórios, os valores ainda não adimplidos relativos às férias.

Existem juristas que defendem quem entenda que o empregado não pode descontar as férias eventualmente adiantada pelo empregador.

Entretanto, acreditamos que o empregador pode realizar o desconto do período de férias eventualmente adiantado, no momento da rescisão contratual, já que o adiantamento não se deu em razão de mera liberalidade da empresa, mas, sim, em virtude do estado de calamidade pública.

Ademais, existe permissivo legal (art. 477, §5º, CLT) que autoriza a compensação de crédito, no momento da rescisão contratual, em valor equivalente a um mês de remuneração do empregado.

A medida provisória também permitiu a concessão de férias coletivas. Entretanto, não se aplicam os períodos previstos na CLT: (a) limitação de 2 (dois) períodos anuais de férias; (b) limite de 10 dias corridos para gozo das férias coletivas.

De mais a mais, dispensou a comunicação do Ministério da Economia e do sindicato de classe dos trabalhadores, segundo as regras da CLT é indispensável para a concessão das férias coletivas (art. 139 da CLT).

4. FERIADOS

Os feriados estão inseridos na temática do descanso semanal remunerado.

Os feriados podem ser civis ou religiosos. Os feriados civis são aqueles declarados em lei federal, lei estadual ou lei municipal. Os feriados religiosos, por sua vez, são os dias de guarda, declarados em lei municipal, de acordo com a tradição local.

Nesse aspecto, a MP 927/2020 autoriza a antecipação unilateral dos feriados, sendo necessária a comunicação com pelo menos 48 horas de antecedência e de forma escrita - podendo ser realizada por meio eletrônico.

Entretanto, faz uma ressalva quanto os feriados religiosos, que depende da anuência do empregado em acordo individual escrito. O objetivo dessa exceção é assegurar o direito fundamental à liberdade de consciência e de crença, ao livre exercício dos cultos religiosos e à proteção aos locais de culto e a suas liturgias, previsto no art. 5º, VI, da CF.

Os feriados poderão ser utilizados para compensação do saldo em banco de horas (MP 927, art. 13).

Alguns entendem que a antecipação dos feriados pela municipalidade e do Estado, o trabalhador deve trabalhar no dia correspondente. Outros, compreendem que o trabalhador faz jus ao descanso, aplicando-se os princípios basilares do direito do trabalho.

5. COMPENSAÇÃO DE JORNADA E BANCO DE HORAS

A compensação de jornada é um mecanismo que permite flexibilizar as regras referente a duração do trabalho. Nesse regime o empregado pode trabalhar além da jornada normal em alguns dias, para descansar em outros, sem que fosse necessário o pagamento de horas extraordinárias.

Esse assunto sempre gerou divergência na doutrina e na jurisprudência. O tema foi pacificado pela jurisprudência que editou a súmula 85 do TST[221].

Para que a compensação fosse considerada lícita, antes da Reforma Trabalhista, era necessário cumprir os seguintes requisitos : (a) **Acordo individual tácito ou escrito** - embora a Constituição federal fizesse menção a instituição do regime de compensação mediante acordo ou convenção coletiva de trabalho , a jurisprudência consolidada do Tribunal Superior do Trabalho permite a que o empregado empregador pactuem acordo individual tácito escrito para instituir o

---

[221] Súmula nº 85 do TST - COMPENSAÇÃO DE JORNADA - I. A compensação de jornada de trabalho deve ser ajustada por acordo individual escrito, acordo coletivo ou convenção coletiva. II. O acordo individual para compensação de horas é válido, salvo se houver norma coletiva em sentido contrário. III. O mero não atendimento das exigências legais para a compensação de jornada, inclusive quando encetada mediante acordo tácito, não implica a repetição do pagamento das horas excedentes à jornada normal diária, se não dilatada a jornada máxima semanal, sendo devido apenas o respectivo adicional. IV. A prestação de horas extras habituais descaracteriza o acordo de compensação de jornada. Nesta hipótese, as horas que ultrapassarem a jornada semanal normal deverão ser pagas como horas extraordinárias e, quanto àquelas destinadas à compensação, deverá ser pago a mais apenas o adicional por trabalho extraordinário. V. As disposições contidas nesta súmula não se aplicam ao regime compensatório na modalidade "banco de horas", que somente pode ser instituído por negociação coletiva. VI - Não é válido acordo de compensação de jornada em atividade insalubre, ainda que estipulado em norma coletiva, sem a necessária inspeção prévia e permissão da autoridade competente, na forma do art. 60 da CLT.

regime de compensação de jornada; (b)**Observação do limite máximo de 10 horas diárias** - a jornada de trabalho dos empregados não poderia ser superior a 10 horas diárias na hipótese de compensação de jornada. (c) **Compensação das horas trabalhadas no período de, no máximo, 1 mês**

A Reforma Trabalhista (Lei n. 13.467/2017) acrescentou o artigo 59-B à CLT, dispôs que o não cumprimento das exigências legais referentes à compensação de jornada, não enseja o pagamento de horas extraordinárias, superando a previsão do item III da súmula 85 do TST.

Além disso, o parágrafo único do artigo 59-B da CLT, o prefeito aqui a prestação de horas extras habituais não descaracteriza o acordo de compensação de jornada ou banco de horas, superando o entendimento do item IV da súmula 85 do TST.

A Medida Provisória 927 estabeleceu a possibilidade de instituição do "banco de horas negativo", ou seja, a possibilidade de compensação do período de inatividade do trabalhador. Após o retorno do empregado ao trabalho, o empregador pode acrescentar 2 horas à jornada de trabalho. Essa compensação será realizada independentemente de convenção coletiva, acordo coletivo, ou acordo individual. O caput do referido artigo aduz que o empregador pode instituir o banco de horas, por meio de acordo individual ou coletivo, para compensar até dez meses, contados da data do encerramento do estado de calamidade pública.

Pensamos que o empregador não pode descontar o valor referente a essas horas do salário do empregado em eventual rescisão contratual.

6. OUTROS ASSUNTOS RELEVANTES

Com o término da MP 927/20 as exigências o empregador:

- Deverá observar realizar obrigatoriamente os exames admissionais, demissionais e periódicos, que estavam suspensos durante a MP 927/20. O exame toxicológico deve ser realizado por ocasião da admissão e da dispensa do motorista profissional. O exame demissional será exigido, devendo ser realizado imediatamente após a dispensa, na forma das portarias do extinto Ministério do Trabalho.
- A empresa estará obrigada a realizar o treinamento dos seus empregados, sobretudo quando o serviço oferecer risco acentuado

à saúde e a segurança do trabalhador. É de extrema importância a orientação e instrução dos empregados, a fim de evitar a ocorrência de acidentes de trabalho;
- O processo eleitoral dos membros da Comissão Interna de Prevenção de Acidentes poderá ser retomado imediatamente, já que a suspensão deixou de existir;
- Caso o empregado contraia o vírus durante o exercício da sua atividade, essa situação poderá configurar doença ocupacional. Vale dizer que o STF decidiu liminarmente nesse sentido no julgamento das ADIs 6342, 6344, 6346, 6352, 6354, 6375 e 6380. Provavelmente as referidas demandas serão extintas sem resolução de mérito, já que a perda da eficácia da medida provisória, leva à perda do objeto da ação direta de inconstitucionalidade.

O abono anual de 2020 referente aos benefícios previdenciários (auxílio-doença, auxílio-acidente ou aposentadoria, pensão por morte ou auxílio-reclusão), já foram realizados, de forma que os beneficiários não farão jus a um novo pagamento.

CAPÍTULO XVII.
ESTABILIDADES

1. CONSIDERAÇÕES INICIAIS

A princípio é importante destacar que o ato de terminar o contrato de trabalho é um direito potestativo do empregador, não sendo necessário o consentimento do empregado da outra parte.

Para Maria Helena Diniz (apud Jorge Neto e Cavalcante, 2019[222]) o direito potestativo é aquele

> "que seu titular tem poder de influir unilateralmente na situação jurídica de outrem, sem que este possa fazer algo, tendo que se sujeitar à sua vontade (Chiovenda). Por exemplo, o poder de revogar procuração ou de pedir divisão de coisa comum. É o poder que tem alguém por manifestação unilateral da vontade de criar, modificar ou extinguir relações jurídicas em que outros são interessados (Orlando Gomes). Ou, como prefere De Plácido e Silva, é o poder de adquirir ou alienar direitos, ou de exercer sobre seus direitos toda ação de uso, gozo, disposição ou proteção que a lei lhe assegura. Enfim, é o que se caracteriza pelo fato de seu titular poder exercer livremente sua vontade, produzindo efeitos na esfera jurídica de terceiro, sem que este possa impedi-lo."

O empregador, como regra, pode encerrar livremente o contrato de trabalho unilateralmente, de modo que o empregado não poderá se opor à decisão. Inclusive, o artigo 477-A a da CLT[223], introduzido pela reforma trabalhista, reforça o direito protestativo conferido ao empregador, expandido o seu alcance para abranger as dispensas plúrimas e

---

[222] Jorge Neto, Francisco Ferreira; Cavalcante, Jouberto de Quadros Pessoa. Direito do trabalho – 9. ed. – São Paulo: Atlas, 2019.

[223] Art. 477-A da CLT: As dispensas imotivadas individuais, plúrimas ou coletivas equiparam-se para todos os fins, não havendo necessidade de autorização prévia de entidade sindical ou de celebração de convenção coletiva ou acordo coletivo de trabalho para sua efetivação.

coletivas, sem a necessidade de prévia intervenção sindical, acordo ou convenção coletiva de trabalho.

Alguns defendem a inconstitucionalidade desse dispositivo por se opor às regras constitucionais (art. 7º, I, CF), especialmente o valor social do trabalho (art. 1º, IV, CF) e a dignidade do trabalhador (art. 1º, III, CF) como princípios orientadores da atividade econômica (Art. 170, III, CF).

A dispensa em massa afeta não só o empregado, individualmente considerado, mas também à família do trabalhador, a sociedade na qual a empresa está situada, causando um impacto social e econômico.

O direito à dispensa não é absoluto. O Direito do Trabalho tem como valores e princípios fundantes a proteção do trabalhador, devido ao natural desequilíbrio contratual existente nas relação de trabalho.

Leonardo Vieira Wandelli, in *Comentários à Constituição do Brasil*[224], ensina que

> "[...]A regulação da despedida é o eixo sobre o qual giram fatores concretos determinantes para o efetivo exercício dos demais direitos fundamentais e legais decorrentes da relação de emprego em regime de mercado. Frente à desproteção em face da despedida, todo o conjunto de direitos e valores jurídicos de proteção do trabalho acaba materialmente esvaziado pela possibilidade da perda do emprego mediante um simples ato imotivado de exercício de poder privado pelo empregador, assujeitando-se a condição do trabalhador sob o talante do empregador. [...] a despedida injusta performa verdadeira denegação de reconhecimento do valor da contribuição do trabalho. [...] a ruptura do contrato de trabalho não é um simples ato de vontade negocial como outro qualquer, estando repleta de consequências juridicamente relevantes para o plexo de bens juridicamente protegidos associados ao trabalho digno, razão pela qual está adstrita aos fins sociais da ordem econômica de valorização social do trabalho e busca do pleno emprego (art. 170, caput e VIII) e ao direito fundamental de proteção contra despedidas arbitrárias ou sem justa causa [...]".

A nossa Lei Maior, em seu art. 7º, inciso, I, preceitua a proteção da relação de emprego contra despedida arbitrária ou sem justa causa[225].

---

224 J. J. Gomes Canotilho...[et al.] ; outros autores e coordenadores Ingo Wolfgang Sarlet, Lenio Luiz Streck, Gilmar Ferreira Mendes. Comentários à Constituição do Brasil. 2. ed. – São Paulo : Saraiva Educação, 2018.

225 Art. 7º São direitos dos trabalhadores urbanos e rurais, além de outros que visem à

As expressões "despedida arbitrária" e "despedida sem justa causa" dispostas no texto constitucional abriu divergência acadêmica e jurisprudencial sobre uma possível sinonímia entre os termos utilizadas. Prevalece que tais expressões tem significados distintos.

A despedida arbitrária, para essa vertente interpretativa, a teor da disposição do art. 165 da CLT, é aquela que não se fundamenta em motivo disciplinar, técnico, econômico ou financeiro, ou seja, em junto motivo objetivo. De outro lado, a despedida sem justa causa ocorre quando não se fundar em justo motivo subjetivo, isto é, em dispensa disciplinar (por justa causa), como, por exemplo, as hipóteses mencionadas no art. 482 da CLT. Nesse sentido Leonardo Vieira Wandelli[226], esclarece,

> "[...]Despedida arbitrária no direito brasileiro corresponde àquela já definida no art. 165 da CLT, introduzido pela Lei 6.514/77 'entendendo-se como tal a que não se fundar em motivo disciplinar, técnico, econômico ou financeiro', ao passo que despedida sem justa causa é aquela que não se funda especificamente em 'justa causa' disciplinar, relativa à conduta do empregado, como previsto no art. 482 da CLT, além de outros dispositivos esparsos, como os referidos nos arts. 158, 240, 432, 508, da CLT, 7º e 14 da Lei 7.783/89. Motivo técnico envolve as transformações e adaptações de ordem tecnológica ou organizacional no processo de trabalho da empresa. Motivo econômico refere-se aos fatores ambientais de mercado que afetem o processo produtivo. Motivo Financeiro refere-se à situação de disponibilidade de capital pela empresa. Trata-se, portanto, de conceitos concêntricos. Despedida arbitrária é sempre também sem justa causa (disciplinar), não se fundando, tampouco, em justo motivo objetivo (técnico, econômico ou financeiro). Daí decorre que toda despedida por justa causa (disciplinar) é não arbitrária, ao passo que uma despedida sem justa causa (disciplinar) pode ser arbitrária ou não-arbitrária, desde que, embora não haja o justo motivo subjetivo (disciplinar), haja justo motivo objetivo (técnico, econômico ou financeiro). O sentido da diferenciação constitucional implica no dever e direito de proteção frente a ambas as formas de despedida e não somente às arbitrárias, mais gravosas".

A estabilidade é um predicado legal que visa impedir as denominadas dispensas obstativas.

---

melhoria de sua condição social: I – relação de emprego protegida contra despedida arbitrária ou sem justa causa, nos termos de lei complementar, que preverá indenização compensatória, dentre outros direitos;

226 J. J. Gomes Canotilho...[et al.] ; outros autores e coordenadores Ingo Wolfgang Sarlet, Lenio Luiz Streck, Gilmar Ferreira Mendes. Comentários à Constituição do Brasil. 2. ed. – São Paulo : Saraiva Educação, 2018.

Nas lições da professora Maria Helena Diniz (in *Dicionário Jurídico*, v. 1, p. 196 apud Jorge Neto e Cavalcante, 2019)[227], a dispensa obstativa na seara trabalhista é definida como *"a rescisão do contrato pelo empregador, com a dispensa sem causa aparente do empregado, objetivando impedir que este venha a adquirir estabilidade".*

Para Francisco Ferreira Jorge Neto e Jouberto de Quadros Pessoa Cavalcante a dispensa obstativa tem o escopo de valorizar os princípios basilares do Direito do Trabalho e combater possíveis fraudes cometidas pelos empregadores no momento da dispensa que tenham por objetivo atalhar ou inviabilizar a aquisição do direito a estabilidade – no sentido genérico da expressão, abrangendo, portanto, a estabilidade em sentido estrito e a garantia provisória de emprego:

> *"[...] A dispensa obstativa deverá ser reconhecida, valorizando-se os princípios básicos do Direito do Trabalho, para coibir a prática de atos fraudulentos do empregador que, ao dispensar seus empregados, em determinadas situações, evita que os mesmos adquiram o direito à estabilidade provisória. Quando o empregado está em vias de adquirir uma estabilidade provisória, a dispensa levada a efeito pelo empregador, de forma concreta, representa um empecilho à aquisição do direito, caracterizando-se dispensa obstativa".*

Nesse sentido, o Tribunal Superior do Trabalho editou a Súmula 26 (cancelada) com o seguinte teor:

> *Súmula nº 26 do TST - ESTABILIDADE (cancelada) - Res. 121/2003, DJ 19, 20 e 21.11.2003 - Presume-se obstativa à estabilidade a despedida, sem justo motivo, do empregado que alcançar nove anos de serviço na empresa.*

Verificada a dispensa obstativa, será declarada a nulidade do ato fraudulento com a consequente reintegração do empregado ou indenização, a depender do caso.

2. CONCEITO

Etimologicamente a expressão "estabilidade" significa firmeza, imobilidade, estado de equilíbrio[228]. Do ponto de vista jurídico, a estabilidade representa a possibilidade de permanência do empregado no tra-

---

[227] Jorge Neto, Francisco Ferreira; Cavalcante, Jouberto de Quadros Pessoa. Direito do trabalho – 9. ed. – São Paulo: Atlas, 2019.

[228] Instituto Antônio Houaiss de Lexicografia, [org.]; [diretores Antônio Houaiss, Mauro de Sales Villar, Francisco Manoel de Melo Franco]. Dicionário Houaiss Língua Portuguesa. – 1. ed. – São Paulo: Moderna, 2015.

balho, mesmo contra a vontade do empregador. O empregador tem a obrigação de não fazer, isto é, de manter o emprego do trabalhador[229].

A doutrina predominante dissocia a estabilidade da garantia provisória de empregado, baseando-se na compreensão que possuem acepções distintas.

Sergio Pinto Martins leciona que a

> "[...] Estabilidade própria ou absoluta ocorre quando o empregador não pode dispensado o empregado, salvo nas hipóteses prevista em lei. Não há, portanto, uma estabilidade absoluta, pois a lei permite a dispensa em certos casos. [...] O direito é ao emprego, sem que haja o pagamento de indenização substitutiva – ressalvando a hipótese prevista no art. 496 da CLT. [...] A estabilidade imprópria ou relativa permite a dispensa do empregado, porém, há a necessidade do pagamento de indenização, de acordo com a previsão legal (...), um meio temporário de garantia de emprego. Dependendo as hipóteses o empregado poder até não ser reintegrado".

Mauricio Godinho Delgado[230], por sua vez, esclarece que

> "[...] Não obstante a forte proximidade entre as duas figuras, elas não se confundem. A estabilidade é, sem rodeios, permanente, criando uma quase-propriedade do emprego pelo trabalhador. Este preserva seu contrato de duração indeterminada de modo indefinido no tempo, até que fato excepcional e tipificado em lei surja, com força bastante para extinguir o pacto empregatício: por exemplo, a morte, o pedido de demissão pelo próprio obreiro, a extinção efetiva da empresa, ou, ainda, a resolução culposa do contrato, por justa causa operária. Em contrapartida, a estabilidade provisória, como a própria expressão indica, é de extensão apenas temporária, durante o restrito período de sua vigência estipulado pela ordem jurídica".

O brilhante jurista Amauri Mascaro do Nascimento[231], defendia que as estabilidade "*no*" emprego, na acepção jurídica do termo,

> "[...] subdivide-se em estabilidade definitiva e estabilidade transitória, aquela produzindo efeitos para toda a relação de emprego, esta somente enquanto persistir uma causa especial que a motiva. Em nosso país surgiu inicialmente a estabilidade definitiva, chamada decenal. Depois, desenvolveu-se a transitória, chamada provisória".

---

229 MARTINS, Sergio Pinto. Direito do Trabalho. – 36. ed. – São Paulo: saraiva Educação, 2020.

230 DELGADO, Mauricio Godinho. Curso de direito do trabalho. — 18. ed.— São Paulo : LTr, 2019.

231 Nascimento, Amauri Mascaro. Curso de direito do trabalho. – 26. ed. – São Paulo : Saraiva, 2011.

Seguindo a mesma linha de entendimento a professora Carla Teresa Martins Romar[232], ensina que

> "[...] A estabilidade no emprego subdivide-se em estabilidade definitiva e estabilidade provisória. A primeira produz efeitos para toda a relação de emprego; e da última decorrem as chamadas garantias provisórias de emprego, que se fundamentam em causas especiais que as motivam e somente persistem enquanto existirem referidas causas".

É interessante a classificação adotada por Luciano Martinez[233] acerca da garantia provisória de emprego. Para o referido jurista a garantia provisória de emprego é subdividida em duas formulações protetivas ("básica" e a "especial"):

> "[...] A garantia de emprego básica, também conhecida como garantia de emprego em sentido estrito, é mero entrave imposto ao desligamento. Ela funciona, como se verá em detalhes mais adiante, mediante desestímulos à atuação resilitória patronal. A garantia de emprego especial, também conhecida como estabilidade, por seu turno, é um verdadeiro obstáculo imposto ao desligamento. Ela, na verdade, impede o despedimento diante de algumas situações particulares".

Acompanhamos a vertente interpretativa de que distingue a estabilidade da garantia provisória no emprego, posto que o constituinte originário não incorporou expressões vazias ou inúteis à Constituição Federal, mas, sim, expressões que possam distinguir valores, princípios e conceitos legais.

A estabilidade, portanto, é uma vantagem jurídica de caráter permanente conferida ao empregado em razão de uma circunstância tipificada em lei de caráter geral, que garante a manutenção do vínculo de emprego por tempo indefinido, sendo possível a sua dispensa, apenas nas hipóteses de falta grave, como ocorre com o decenal (art. 492 e seguintes da CLT).

De outro lado, a garantia provisória no emprego – também chamada de estabilidade provisória, estabilidade especial, estabilidade imprópria, estabilidade relativa ou garantia de emprego especial - é definida como uma vantagem jurídica de caráter transitório assegurada ao empregado decorrente de uma circunstância contratual ou pessoal do

---

232 Romar, Carla Teresa Martins. Direito do trabalho Esquematizado.– 5. ed.– São Paulo : Saraiva Educação, 2018.

233 Martinez, Luciano. Curso de direito do trabalho – 10. ed. – São Paulo : Saraiva Educação, 2019.

trabalhador, de caráter especial, garantindo a manutenção do contrato de trabalho por um tempo definido, independentemente da vontade do empregador. Podemos citar como exemplo o cipeiro (condição contratual) e a gestante (condição pessoal).

A estabilidade encontra amparo no princípio da justiça social, no princípio da continuidade da relação de emprego, e na justiça social.

Extrai-se dos ensinamentos do professor Sergio Pinto Martins[234] que a estabilidade se baseia na segurança social resultante da "segurança no emprego".

Evidentemente, no momento em que a circunstância de caráter pessoal (subjetiva) ou contratual (objetiva) ou prevista em lei (legal) é implementada o trabalhador se encontra em situação de vulnerabilidade. E, em razão disso, precisa ter a segurança de que não perderá o seu emprego repentinamente, bem como a segurança do pagamento do seu salário para prover a própria subsistência e dos seus familiares.

Se assim não fosse, o dirigente sindical, por exemplo, não teria a segurança necessária para defender combativamente os interesses da categoria profissional, visto que o receito de perder o emprego ou sofrer alguma retaliação seria um fator limitador da sua atuação sindical.

De igual maneira, as empregadas não cogitariam uma gestação ou adoção, diante da falta de segurança de recebimento o salário ou preservação do emprego. Não haveria tranquilidade econômica ou moral à trabalhadora ou trabalhador, nesta hipótese.

Também, não haveria segurança para o trabalhador com idade avançada, pois, se for dispensado, dificilmente conseguirá uma recolocação no mercado de trabalho, inviabilizando uma possível aposentadoria, por exemplo.

Daí podemos deduzir o fundamento e a importância da estabilidade ou garantia provisória de emprego.

A dispensa obstativa, arbitrária ou sem justa causa do trabalhador estável tem como consequência a nulidade do rompimento do contrato de trabalho, bem como a reintegração – com possibilidade de requerimento de liminar ou tutela de urgência, em conformidade com a lei

---

[234] MARTINS, Sergio Pinto. Direito do Trabalho. – 36. ed. – São Paulo: saraiva Educação, 2020.

–, bem como o pagamento dos salários do período de afastamento ou indenização substitutiva.

A esse respeito surgiu a controvérsia sobre a possibilidade (ou não) de o empregado aguardar o término do período de estabilidade para postular apenas a indenização correspondente.

Para uma corrente doutrinária essa atitude configura abuso do direito de ação, uma vez que a conduta do empregado – de aguardar o término do período de estabilidade para, então, ajuizar a ação – impede o empregador de proceder a reintegração, caracterizando um desinteresse do empregado em retornar ao trabalho, de forma que não teria direito à reintegração ou à indenização substitutiva[235].

Em sentido oposto, a corrente doutrinária e jurisprudencial dominante defende que inexiste abuso no direito de ação, caso o empregado deixe espere transcorrer o prazo da estabilidade para ajuizar a relação trabalhista, desde que respeitado o biênio para a propositura da demanda (art. 7º, XXIX,XF; art. 11 da CLT), hipótese em que terá direito à indenização substitutiva. Nesse sentido a OJ nº. 399 da SDI-1 do TST:

> *"OJ 399 SDI-1 do TST: ESTABILIDADE PROVISÓRIA. AÇÃO TRABALHISTA AJUIZADA APÓS O TÉRMINO DO PERÍODO DE GARANTIA NO EMPREGO. ABUSO DO EXERCÍCIO DO DIREITO DE AÇÃO. NÃO CONFIGURAÇÃO. INDENIZAÇÃO DEVIDA. (DEJT divulgado em 02, 03 e 04.08.2010) - O ajuizamento de ação trabalhista após decorrido o período de garantia de emprego não configura abuso do exercício do direito de ação, pois este está submetido apenas ao prazo prescricional inscrito no art. 7º, XXIX, da CF/1988, sendo devida a indenização desde a dispensa até a data do término do período estabilitário".*

Existe, ainda, uma corrente doutrinária intermediária[236] que defende a possibilidade do ajuizamento da demanda após o término do período

---

235 Sergio Pinto Martins é adepto dessa corrente interpretativa, destacando que "O direito previsto na Constituição é ao emprego e não à indenização." MARTINS, Sergio Pinto. Direito do Trabalho. – 36. ed. – São Paulo: saraiva Educação, 2020.

236 "Por outro lado, a jurisprudência da TRT da 4ª Região e da 12ª Regiões determina que a empregada gestante não terá direito à indenização do período de estabilidade caso recuse proposta do emprego: Súmula nº 99 do TRT da 4ª R. - GESTANTE. GARANTIA PROVISÓRIA NO EMPREGO. RECUSA À REINTEGRAÇÃO. A recusa injustificada da empregada gestante à proposta de retorno ao trabalho afasta o direito à indenização do período da garantia de emprego prevista no artigo 10, inciso II, alínea b, do ADCT, a partir da recusa. Súmula nº 87 do TRT da 12ª Região - ESTABILIDADE GESTANTE. REINTEGRAÇÃO. INDENIZAÇÃO SUBSTITUTIVA.

estabilitário, sem que isso configure abuso de direito, de modo que a indenização está condicionada ao aceite do empregado em retornar ao trabalho, ou seja, ser reintegrado. Havendo recusa expressa e injustificada em juízo à proposta de retorno ao trabalho, não terá direito à indenização.

A súmula 396, Item I, do TST estabelece que terminado o período de estabilidade são devidos apenas o salário do período compreendido entre a data da dispensa e o fim do período de estabilidade não sendo assegurada a reintegração no emprego.

> *Súmula n° 396 do TST- ESTABILIDADE PROVISÓRIA. PEDIDO DE REINTEGRAÇÃO. CONCESSÃO DO SALÁRIO RELATIVO AO PERÍODO DE ESTABILIDADE JÁ EXAURIDO. INEXISTÊNCIA DE JULGAMENTO "EXTRA PETITA" (conversão das Orientações Jurisprudenciais n°s 106 e 116 da SBDI-1) - Res. 129/2005, DJ 20, 22 e 25.04.2005) - I - Exaurido o período de estabilidade, são devidos ao empregado apenas os salários do período compreendido entre a data da despedida e o final do período de estabilidade, não lhe sendo assegurada a reintegração no emprego. II - Não há nulidade por julgamento "extra petita" da decisão que deferir salário quando o pedido for de reintegração, dados os termos do art. 496 da CLT.*

Numa leitura a contrário *sensu* a reintegração ao trabalho é possível apenas se a ação for proposta durante o período de estabilidade. Após o término do período estabilitário é devido apenas a indenização substitutiva (os salários entre a data da dispensa sem justa causa e o fim do período de estabilidade).

3. ESTABILIDADE DECENAL OU POR TEMPO DE SERVIÇO

A CLT, inicialmente, previa estabilidade para os empregados após 10 anos de tempo de serviço. Essa estabilidade é chamada decenal, prevista entre os artigos 492 a 500 da CLT.

I – Nos casos de dispensa sem justa causa, a propositura da ação após esgotado o período estabilitário não equivale à renúncia tácita, sendo devidos os salários e demais direitos correspondentes ao período da estabilidade, nos termos do item II da Súmula n.º 244 do TST. II – A negativa expressa e injustificada em juízo de retorno ao emprego configura renúncia ao direito à estabilidade prevista no art. 10, II, "b", do ADCT, ficando restrita a indenização respectiva ao valor dos salários vencidos e suas projeções até a data da recusa à reintegração.". CORREIA, Henrique. MIESSA, Élisson. Súmulas e OJs do TST comentadas e organizadas por assunto. - 8.ed. – Salvador: JusPodvin,_____, p. 860.

A Lei Elói Chaves, **Decreto nº 4.682/1923**, no seu art. 42[237], instituiu a estabilidade para os trabalhadores ferroviários. Posteriormente esse direito foi conferido aos industriários e comerciários, pela Lei n. 62/35 em seu art. 10[238].

Transcorrido dez anos de prestação de serviços o empregado só poderia ser dispensado por justo motivo (art. 492 da CLT)[239]. Perceba que essa estabilidade não é temporária, mas, sim, por tempo indeterminado, de forma que a doutrina classifica como: estabilidade definitiva.

Também, há menção da estabilidade decenal na Constituição Federal de 1937[240] e 1947[241], bem como na Lei nº 4.214/63[242].

Essa estabilidade não abrangia os empregados que ocupavam cargo de confiança imediata do empregador, diretorias ou gerência (art.

---

[237] Decreto nº 4.682/1923, Art. 42: "Depois de 10 annos de serviços effectivo o empregado das emprezas a que se refere a presente lei só poderá administrativo no caso de falta grave constatada em inquerito administrativo, presidido por um engenheiro da Inspectoria e Fiscalização das Estradas de Ferro".

[238] Lei n. 62/35, Art. 10: Os empregados que ainda não gozarem da estabilidade que as leis sobre institutos de aposentadorias e pensões têm criado, desde que contem 10 anos de serviço efetivo no mesmo estabelecimento, nos termos desta Lei, só poderão ser demitidos por motivos devidamente comprovados de falta grave, desobediência, indisciplina ou causa de força maior, nos termos do art. 5º.

[239] CLT, Art. 492: O empregado que contar mais de 10 (dez) anos de serviço na mesma empresa não poderá ser despedido senão por motivo de falta grave ou circunstância de força maior, devidamente comprovadas. Parágrafo único - Considera-se como de serviço todo o tempo em que o empregado esteja à disposição do empregador.

[240] CF/37, Art 137: A legislação do trabalho observará, além de outros, os seguintes preceitos: f) nas empresas de trabalho continuo, a cessação das relações de trabalho, a que o trabalhador não haja dado motivo, e quando a lei não lhe garanta, a estabilidade no emprego, cria-lhe o direito a uma indenização proporcional aos anos de serviço;

[241] CF/46, Art 157 - A legislação do trabalho e a da previdência social obedecerão nos seguintes preceitos, além de outros que visem a melhoria da condição dos trabalhadores: XII - estabilidade, na empresa ou na exploração rural, e indenização ao trabalhador despedido, nos casos e nas condições que a lei estatuir;

[242] Lei nº 4.214/63, Art. 95: O trabalhador rural. que conte mais de dez anos de serviço efetivo no mesmo estabelecimento, não poderá ser despedido senão por motivo de falta grave ou cinscunstância de fôrça maior arts. 82 e 100. devidamente comprovadas. Parágrafo único Considera-se tempo de serviço todo aquêle em que o empregado esteja à disposição do empregador

499,CLT). Contudo, caso o empregado deixasse de exercer o cargo de confiança e fosse detentor de estabilidade era assegurada a reversão ao cargo ocupado anteriormente.

Com surgimento do Fundo de Garantia do Tempo de Serviço (FGTS) em 1966 (Lei n. 5.107/66), Lei – Lei , o empregado poderia optar pela contratação que garantia a estabilidade decenal ou ser submetido ao sistema do FGTS.

> Art. 1º Para garantia do tempo de serviço ficam mantidos os Capítulos V e VII do Título IV da Consolidação das Leis do Trabalho, assegurado, porém, aos empregados o direito de optarem pelo regime instituído na presente Lei.
> § 1º O prazo para a opção é de 365 (trezentos e sessenta e cinco) dias, contados da vigência desta Lei para os atuais empregados, e da data da admissão ao emprego quanto aos admitidos a partir daquela vigência.
> § 2º A preferência do empregado pelo regime desta Lei deve ser manifestada em declaração escrita, e, em seguida anotada em sua Carteira Profissional, bem como no respectivo livro ou ficha de registro.
> § 3º Os que não optarem pelo regime da presente Lei, nos prazos previstos no § 1º, poderão fazê-lo, a qualquer tempo, em declaração homologada pela Justiça do Trabalho, observando-se o disposto no Art. 16.
> § 4º O empregado que optar pelo regime desta lei, dentro do prazo estabelecido no § 1º e que não tenha movimentado a sua conta vinculada, poderá retratar-se desde que o faça no prazo de 365 dias a contar da opção, mediante declaração homologada pela Justiça do Trabalho, não se computando para efeito de contagem do tempo de serviço o período compreendido entre a opção e a retratação.
> § 5º Não poderá retratar-se da opção exercida o empregado que transacionar com o empregador o direito à indenização correspondente ao tempo de serviço anterior à opção
> § 6º Na hipótese da retratação, o valor da conta vinculada do empregado relativo ao período da opção será transferido para a conta v.

Os empregados com contrato de trabalho em vigor na data da publicação da lei que instituiu do regime do FGTS, tiveram um ano (prazo de 365 dias) para aderir ao FGTS por meio de declaração escrita.

O empregado que aderiu ao regime do FGTS podia exercer o direito ao arrependimento, caso a retratação fosse realizada dentro do prazo estabelecido para a opção, e o empregado não tivesse realizado a movimentação dos valores depositados na sua conta vinculada. Como penalidade pela retratação, não se computava para efeito de contagem do tempo de serviço o período compreendido entre a opção e a retratação.

Após o prazo instituído na Lei n. 5.107/66, o empregado não podia se retratar, de modo que a opção caracterizava renúncia à estabilidade.

Em 5 de outubro de 1988, a promulgação da Constituição Federal *universalizou*[243] *o sistema do FGTS*, tendo se tornado obrigatório para todos os empregados (art. 7º, III, CF)[244]. Tempos depois, surgiu a Lei do FGTS (Lei 8.036/90).

Os trabalhadores que completaram 10 anos de serviço em 5.10.1988 adquiriram a estabilidade. Já aqueles que não completaram o tempo de serviço necessário não conseguiram fazer jus a tal direito, já que o regime do FGTS passou a ser obrigatório a todos os trabalhadores.

Nos dias de hoje é muito raro encontrar trabalhadores que são detentores da estabilidade decenal.

O artigo 499, §3º, da CLT, estabelecia uma dura penalidade ao empregador que dispensasse o empregado com o fito de impedir a aquisição do tempo de serviço necessário à estabilidade, qual seja, o pagamento em dobro da indenização prescrita nos arts. 477 e 478 da CLT.

A esse respeito, a Súmula 26 do TST[245] assentou o entendimento de que o empregado decenal que possuía nove anos de serviços na empresa, faltando-lhe, portanto, um ano para alcançar a estabilidade, não podia ser dispensado pelo empregador, sob pena de presunção de que o empregador realizou a dispensa para impedir o empregado a adquirir o direito à estabilidade.

A dispensa do empregado decenal deve decorrer do cometimento de falta grave, apurada em inquérito judicial para apuração de falta grave. Portanto, não basta o cometimento da falta grave para o empregador efetuar a dispensa do empregado, sendo necessária a instauração (ou melhor, o ajuizamento) de inquérito judicial para apuração de falta grave para a validação da dispensa (art. 494 da CLT).

O empregador tem a faculdade de suspender o empregado. Optando pela suspensão, o empregador terá o prazo decadencial de 30 dias para ajuizar o inquérito judicial, nos termo da Súmula 403 do STF.

---

243 DELGADO, Mauricio Godinho. Curso de direito do trabalho. — 18. ed.— São Paulo : LTr, 2019. Pág. 1331.

244 CF/88, Art. 7º: São direitos dos trabalhadores urbanos e rurais, além de outros que visem à melhoria de sua condição social: III - fundo de garantia do tempo de serviço;

245 *Súmula nº 26 do TST - ESTABILIDADE (cancelada) - Res. 121/2003, DJ 19, 20 e 21.11.2003 - Presume-se obstativa à estabilidade a despedida, sem justo motivo, do empregado que alcançar nove anos de serviço na empresa.*

Luciano Martinez[246] explica o fundamento para o prazo de ajuizamento do inquérito em caso de suspensão do empregado:

> *"Pode-se, então, perguntar: por que o prazo é de trinta dias para a instauração do inquérito judicial por falta grave? A resposta é simples. O prazo é este porque, nos moldes do art. 474 da CLT, 'a suspensão do empregado por mais de 30 dias consecutivos importa na rescisão injusta do contrato de trabalho'. Assim, superados trinta dias sem o ajuizamento do inquérito, o empregado estável, que não pode ser despedido sem justa causa, volta ao emprego".*

Em caso de improcedência do inquérito judicial, sendo reconhecida a inexistência de falta grave praticada pelo empregado, o empregador terá que reintegrar o trabalhador ao serviço e a pagar-lhe os salários a que teria direito no período de afastamento (art. 495, CLT).

O pedido de demissão do empregado estável, por sua vez, só será válido quando feito com a assistência do respectivo Sindicato e, se não o houver, perante autoridade local competente do Ministério do Trabalho e Previdência Social ou da Justiça do Trabalho (art. 500, CLT).

A força maior autoriza a dispensa do empregado estável, bem como o direito à indenização simples (art. 492 e 501, CLT). Na hipótese de a empresa encerrar a atividade, sem força maior, a indenização será em dobro (art. 497, CLT).

4. ESTABILIDADE DO SERVIDOR PÚBLICO CELETISTA (ART. 19 E DO ADCT E ART. 41 DA CF/88)

A partir da promulgação da Constituição Federal de 1988, a investidura em cargo ou emprego público passou a depender de aprovação prévia em concurso público de provas ou de provas e títulos, de acordo com a natureza e a complexidade do cargo ou emprego, na forma prevista em lei (art. 37, II, da CF). A única ressalva feita nesse dispositivo, a respeito da exigência do concurso público, é em relação aos cargos em comissão declarado em lei de livre nomeação e exoneração.

O constituinte originário dispôs, também, no art. 19 do ADCT, que os servidores públicos da União, Estados, Distrito Federal e Municípios, da Administração direta, autárquica e das fundações públicas, em exercício na data da promulgação da Constituição, há pelo menos cinco

---

[246] Martinez, Luciano. Curso de direito do trabalho – 10. ed. – São Paulo : Saraiva Educação, 2019.

anos continuados, e que não tenham sido admitidos por concurso público, são considerados estáveis no serviço público.

Esse dispositivo não fez qualquer menção do regime jurídico desses servidores, de modo que permaneceram regidos pelo regime jurídico anterior, qual seja: o regime celetista, aplicando-se as regras da CLT.

Maria Sylvia Zanella Di Pietro[247], aponta que

> "[...] na Constituição anterior, a exigência de concurso público somente se aplicava à investidura em cargo público e não em emprego público (art. 97, § 1º, na redação dada pela Emenda n. 1/69). Em consequência, havia, no quadro de servidores públicos, a categoria dos chamados servidores celetistas. Essa concessão de estabilidade não acarretou a mudança de regime jurídico, pois tais servidores continuaram submetidos à legislação trabalhista, porém, agora, com o benefício da estabilidade".

Essa benesse se aplica apenas à administração direta, autárquica e fundacional, estando excluídos dessa garantia os empregados de empresas públicas, sociedades de economia e outras entidades sob controle direto ou indireto das entidades políticas, bem como os servidores das fundações com personalidade de direito privado.

Também, não se aplica a referida estabilidade aos militares, aos ocupantes de cargos exoneráveis *ad nutum (por decisão discricionária)* da autoridade administrativa competente e aos professores de nível universitário (§§ 2º e 3º do artigo 19 do ADCT).

O servidor público aprovado em concurso público após a promulgação da CF/88, sob o regime celetista, também terá direito à estabilidade art. 41 da CF, pois também são ocupantes de cargo público. O TST pacificou o entendimento nesse sentido, conforme súmula 390, item I[248].

---

247 J. J. Gomes Canotilho...[et al.] ; outros autores e coordenadores Ingo Wolfgang Sarlet, Lenio Luiz Streck, Gilmar Ferreira Mendes. Comentários à Constituição do Brasil. 2. ed. – São Paulo : Saraiva Educação, 2018.

248 Súmula 390 do TST. ESTABILIDADE. ARTIGO 41 DA CF/1988. CELETISTA. ADMINISTRAÇÃO DIRETA, AUTÁRQUICA OU FUNDACIONAL. APLICABILIDADE. EMPREGADO DE EMPRESA PÚBLICA E SOCIEDADE DE ECONOMIA MISTA. INAPLICÁVEL. I — O servidor público celetista da administração direta, autárquica ou fundacional é beneficiário da estabilidade prevista no artigo 41 da CF/1988. II — Ao empregado de empresa pública ou de sociedade de economia mista, ainda que admitido mediante aprovação em concurso público, não é garantida a estabilidade prevista no artigo 41 da CF/1988.

Entretanto existe corrente doutrinária, no âmbito do Direito Administrativo, em sentido contrário, como defende a professora Maria Sylvia Zanella Di Pietro[249],

> "Os servidores celetistas submetem-se às normas do artigo 7º da Constituição (que trata dos direitos sociais dos trabalhadores), em tudo o que não estiver derrogado pelo artigo 37. A eles não foi estendida a estabilidade prevista, no artigo 41, apenas para os servidores nomeados para cargos de provimento efetivo, assim entendidos os servidores estatutários. A proteção que a Constituição confere ao servidor celetista é a mesma que outorga ao trabalhador do setor privado. (...)Em decorrência da redação do artigo 41, caput, dada pela Emenda Constitucional n. 19/98, não tem qualquer sentido a Súmula n. 390, I, do Tribunal Superior do Trabalho, quando estabelece que "o servidor celetista da administração direta, autárquica ou fundacional é beneficiário da estabilidade prevista no artigo 41 da CF/1988". Esse entendimento já era difícil de ser aceito diante da redação original do artigo 41 da Constituição, mas chegou a ser adotado pelo Supremo Tribunal Federal, antes da Emenda Constitucional n. 19/98. A partir dessa Emenda, que só assegura estabilidade ao servidor nomeado para cargo de provimento efetivo, não mais se justifica a outorga de estabilidade ao servidor celetista, que é contratado (e não nomeado) para emprego (e não para cargo)".

Prevalece, no entanto, o entendimento de que o servidor público celetista da Administração direta, autárquica e fundacional, terá direito a estabilidade do art. 41 da CF/88, excetuando-se os empregados de empresas públicas ou sociedades de economia mista.

No concerne as empresas estatais (empresas públicas e sociedades de economia mista), surgiu uma corrente intermediaria que defende a mitigação do direito potestativo de dispensa do empregador, de forma que o empregado contratado por meio de concurso público não terá direito à estabilidade, mas também não poderá ser dispensado por mera liberalidade do empregador. Segundo os defensores dessa corrente o empregado deve motivar o ato da dispensa[250]. Nesse sentido as ementas abaixo:

---

249 A referida jurista cita como defensores desse posicionamento *"Cármen Lúcia Antunes Rocha, Hely Lopes Meirelles, Diógenes Gasparini, Ivan Barbosa Rigolin, Odete Medauar, dentre outros".* J. J. Gomes Canotilho...[et al.] ; outros autores e coordenadores Ingo Wolfgang Sarlet, Lenio Luiz Streck, Gilmar Ferreira Mendes. Comentários à Constituição do Brasil. 2. ed. – São Paulo : Saraiva Educação, 2018, página 1889.

250 Informativo 63 do TST - Ação rescisória. Sociedade de economia mista. Demissão imotivada. Impossibilidade. Reintegração do empregado. Submissão aos

"RECURSO DE REVISTA. SERVIDOR PÚBLICO CELETISTA DA ADMINISTRAÇÃO DIRETA. DISPENSA IMOTIVADA NO CURSO DO ESTÁGIO PROBATÓRIO . Conforme jurisprudência sedimentada do Supremo Tribunal Federal e do Tribunal Superior do Trabalho, é nula a dispensa do servidor público celetista da Administração Pública Direta não precedida de procedimento que observe as garantias de ampla defesa e contraditório. Recurso de revista conhecido e provido" (RR-467530-13.1998.5.04.5555, 1ª Turma, Relator Ministro Walmir Oliveira da Costa, DEJT 22/06/2020).

"RECURSO DE EMBARGOS REGIDO PELA LEI No 11.496/2007. JULGAMENTO ANTERIOR PELA SBDI-1. RECURSO EXTRAORDINÁRIO. DEVOLUÇÃO PARA EVENTUAL EMISSÃO DE JUÍZO DE RETRATAÇÃO (ART. 1.040, INCISO II, DO CPC; ART. 543-B, § 3º, DO CPC/1973). ECT. DISPENSA IMOTIVADA. IMPOSSIBILIDADE. OBSERVÂNCIA DO PRINCÍPIO Constitucional DA MOTIVAÇÃO. 1. O Supremo Tribunal Federal, no julgamento do **Recurso Extraordinário nº 589998**, interposto pela **Empresa Brasileira de Correios e Telégrafos, com repercussão geral (tema 131)**, fixou tese no sentido de que *"a Empresa Brasileira de Correios e Telégrafos - ECT tem o dever jurídico de motivar, em ato formal, a demissão de seus empregados"* (DJE de 5.12.2018). 2. No caso dos autos, esta Eg. Subseção concluiu, com base no quadro fático do acórdão regional , transcrito pela Turma, que *a despedida do reclamante foi inválida, pois não foi formalmente motivada*. 3. Mantém-se o acórdão pelo qual se deu provimento ao recurso de embargos do reclamante, sem proceder-se ao juízo de retratação, nos termos do art. 1.030, inciso II, do CPC (art. 543-B, § 3º, do CPC/73). Devolvam-se os autos à Vice-Presidência desta Corte" (E-RR-ED-1813-26.2010.5.06.0000, Subseção I Especializada em Dissídios Individuais, Relator Ministro Alberto Luiz Bresciani de Fontan Pereira, DEJT 19/06/2020).

---

princípios previstos no art. 37, caput, da CF. Regulamento interno. Necessidade de motivação. Adesão ao contrato de trabalho. Súmula nº 51 do TST. O STF, nos autos do RE nº 589998, estabeleceu que os empregados de sociedades de economia mista e de empresas públicas admitidos por concurso público somente poderão ser demitidos mediante a motivação do ato de dispensa, porquanto necessária a observação dos princípios constitucionais que regem a administração pública direta e indireta, previstos no art. 37, caput, da CF. Ademais, verificada, no caso, a existência de dispositivo de norma interna do Banestado prevendo a obrigatoriedade da motivação para dispensa de empregados, tal cláusula adere ao contrato de trabalho, impossibilitando a dispensa imotivada a teor do preconizado pela Súmula n.º 51 do TST. Com esses fundamentos, e não vislumbrando violação ao art. 173, § 1º, da CF, a SBDI-II, à unanimidade, negou provimento ao recurso ordinário por meio do qual se buscava reformar a decisão do TRT da 9ª Região que, ao julgar improcedente a ação rescisória, manteve o acórdão que determinou a reintegração do empregado do Banestado demitido imotivadamente. TST-RO-219- 22.2012.5.09.0000, SBDI-II, rel. Min. Cláudio Mascarenhas Brandão, 15.10.2013

A jurisprudência é firme, também, ao exigir motivação nas dispensas dos empregados dos conselhos de fiscalização do exercício profissional admitidos mediante concurso público, porquanto os conselhos de fiscalização profissional possuem natureza jurídica de direito público e devem observar os princípios conformadores da administração pública, inclusive no que se refere à necessidade de motivação. Percorramos o seguinte precedentes:

> "EMBARGOS DE DECLARAÇÃO. RECURSO ORDINÁRIO. AÇÃO RESCISÓRIA. ART. 485, V, DO CPC/73. CONSELHO DE FISCALIZAÇÃO DO EXERCÍCIO PROFISSIONAL. NATUREZA JURÍDICA DE AUTARQUIA. DISPENSA IMOTIVADA. IMPOSSIBILIDADE. RECURSO EXTRAORDINÁRIO PROVIDO. OBSERVÂNCIA DA JURISPRUDÊNCIA DA SUPREMA CORTE. AFRONTA AOS ARTS. 37, CAPUT, II, E 41 DA CF/88. OCORRÊNCIA. No caso em exame, a Suprema Corte deu provimento ao Agravo em Recurso Extraordinário do autor para cassar o acórdão proferido por esta Subseção-2 e determinar o retorno dos autos a fim de que seja observada a premissa de que é inviável a dispensa imotivada de servidor de Conselho de Fiscalização cujo ingresso se deu por meio de concurso público - sem a submissão ao processo administrativo (motivação). O caso em tela refere-se a situação de extrema peculiaridade, porquanto o acórdão rescindindo refletia a jurisprudência deste Tribunal Superior à época, que, entretanto, já era contrária àquela emanada do Supremo Tribunal Federal. O entendimento consagrado no Pretório Excelso e ora adotado por este Tribunal Superior do Trabalho é que os *conselhos de fiscalização profissional possuem natureza jurídica de direito público e devem observar os princípios conformadores da administração pública, inclusive no que se refere à necessidade de motivação para dispensa de seus empregados admitidos por meio de concurso público.* Conclui-se, portanto, que o Tribunal Regional, ao considerar lícita a dispensa do reclamante, contratado pelo Conselho Regional de Fiscalização Profissional, após prévia aprovação em concurso público, sem instauração de processo administrativo, afrontou o artigo 37, caput e inciso II, da Constituição Federal/88. Precedentes específicos. Embargos de declaração acolhidos com efeito infringente e provido o recurso ordinário" (ED-RO-11300-79.2007.5.04.0000, Subseção II Especializada em Dissídios Individuais, Relatora Ministra Maria Helena Mallmann, DEJT 03/07/2020).

5. GARANTIAS PROVISÓRIAS DE EMPREGO OU ESTABILIDADES PROVISÓRIAS

5.1. EMPREGADA GESTANTE

Historicamente as mulheres sofreram discriminações de toda sorte nas relações de trabalho como, pagamento menores de salário, dificuldade para inserção no mercado de trabalho, desrespeito às suas características físicas, falta de qualquer preocupação em relação à maternidade e à gestação, dentre outras violações à sua dignidade.

A partir disso surgiu para o Estado a necessidade de criação de normas de proteção ao trabalho da mulher, para proteger a dignidade das trabalhadoras, o mercado de trabalho, além de propiciar igualdade de direitos e obrigações em relação aos homens.

No âmbito internacional, uma das primeiras preocupações da Organização Internacional do Trabalho, após a sua criação em 1919, foi obter o compromisso dos Estados-membros para a preservação do emprego das mulheres antes e depois do parto – proteção à maternidade –, conforme se observa na Convenção nº. 3 da OIT[251], e aplicação das suas disposições no âmbito interno dos Estados.

No plano interno, o Brasil adotou diversas Convenções internacionais firmando esse compromisso, bem como regulamenta no âmbito constitucional e infraconstitucional, normas de proteção à empregada gestante, objetivando obstar a dispensa arbitraria ou sem justa causa.

A legislação constitucional e infraconstitucional assegura à empregada gestante a garantia provisória no emprego para protege-la contra dispensa arbitrária ou sem justa causa.

---

[251] Convenção nº 3 da OIT: A Conferência Geral da Organização Internacional do Trabalho da Liga das Nações, Convocada em Washington pelo Governo dos Estados Unidos da América, aos 29 de outubro de 1919; Depois de haver decidido adoptar diversas propostas relativas ao "emprego das mulheres antes ou depois do parto (inclusive a questão da indemnização de maternidade) questão comprehendida no terceiro ponto da ordem do dia da sessão da Conferencia effectuada em Washington, e; Depois de haver decidido fossem essas propostas redigidas sob a fórma de um projecto de convenção internacional, adopta o projecto de Convenção abaixo, sujeito á ratificação pelos membros da Organização Internacional do Trabalho, de conformidade com as disposições da Parte relativa ao Trabalho, do Tratado de Versalhes de 28 de junho de 1919 e do Tratado de Saint-Germain, de 10 de setembro de 1919

O art. 7º, XVIII da CF, assegura à empregada gestante o direito a licença-maternidade pelo prazo de 120 dias, sem prejuízo do salário. Essa benesse é estendida à empregada que adotar ou obtiver guarda judicial para adotar (art. 71-A da Lei 8.213/1991), ou, ainda, ao cônjuge ou companheiro em caso de falecimento do empregada (ou empregado) que fizer jus ao salário-maternidade.

A licença-maternidade poderá ser prorrogada por mais 60 dias – podendo totalizar 180 dias – se o empregador participar do Programa Empresa Cidadã (Lei 11.770/08) e a empregada faça a solicitação de prorrogação requeira até o final do primeiro mês após o parto. A prorrogação será concedida imediatamente após a fruição da licença-maternidade.

A participação da empresa no programa beneficia as duas partes do contrato de trabalho. O empregador receberá incentivos fiscais e a trabalhadora terá um tempo maior para cuidar do seu filho e recuperar-se do parto.

De acordo com o art. 10, II, b, do ADCT, é vedada a dispensa arbitrária ou sem justa causa da empregada gestante, desde a confirmação da gravidez até cinco meses após o parto.

O reconhecimento da estabilidade independe do conhecimento do estado gravídico pelo empregador (Súmula 244, I, TST), ou mesmo da própria gestante[252]. Há situações em que a empregada descobre o estado gravídico após o termino do contrato de trabalho, fato que não inviabiliza o reconhecimento da estabilidade.

Na hipótese de a confirmação da gravidez ocorrer no curso do aviso prévio, trabalhado ou indenizado, a gestante terá direito à manutenção do vínculo empregatício (art. 391-A da CLT).

Antes da Lei 12.812/2013, que incluiu o art. 391-A à CLT, havia uma discussão doutrinária e jurisprudencial acerca da possibilidade (ou não) de concessão da estabilidade à gestante, caso a confirmação do estado gravídico se desse durante o aviso prévio.

Para uma corrente doutrinária o empregado a projeção do aviso prévio se limita a concessão das vantagens econômicas relativas ao aviso

---

[252] SÚMULA N.º 59 do TRT da 12ª Região - **ESTABILIDADE DE GESTANTE**. I - Para fazer jus à garantia de emprego (art. 10, II, "b", do ADCT), basta que a empregada comprove que a concepção ocorreu durante a vigência do pacto laboral, sendo certo que o desconhecimento do fato por ela ou pelo empregador não afasta o seu direito.

prévio (ou seja, o salário, os reflexos, e as verbas rescisórias). A descoberta do estado gravídico durante o aviso prévio não enseja o direito à estabilidade, sob pena de frustrar o exercício do direito potestativo do empregador de resilição do contrato de trabalho (de dispensar o empregado independentemente da sua concordância), além de importar no pagamento por período sequer o a empregada estará trabalhando[253].

De outro lado, outros entendiam que a confirmação da gravidez durante o aviso prévio não afastaria o direito à estabilidade, eis que o aviso prévio integra o contrato de trabalho para todos os fins, de forma que o fim do contrato só se concretiza depois de expirado o aviso prévio. Inclusive, destacavam que a OJ 82 da SDI-1 do TST estabelece como "dies ad quem" do contrato de trabalho o último dia do aviso prévio, bem como para início da contagem do prazo prescricional (OJ 83 da SDI-1 do TST).

Acompanhamos o posicionamento que reconhece a garantia provisória de emprego à empregada gestante durante o aviso prévio, pois a estabilidade provisória tem o escopo de promover a proteção da dignidade, do bem-estar, da "segurança no emprego" e da maternidade.

Não obstante a luta histórica contra a discriminação às mulheres no local de trabalho e o esforço das instituições públicas para combater esses atos e promover a igualdade entre o homem e a mulher nas relações justrabalhistas, sabemos que essa luta não chegou ao fim. Se o vínculo empregatício for rompido a empregada certamente não conseguirá uma recolocação no mercado de trabalho enquanto estiver grávida, frustrando os fins da estabilidade no contrato de trabalho.

De mais a mais, a gestação é o momento de maior vulnerabilidade social da trabalhadora, sendo imperiosa a preservação do vínculo empregatício, possibilitando uma estabilização financeira e moral para que a trabalhadora tenha uma gravidez tranquila.

Argumenta-se, ainda, que o art. 487, §1º, da CLT prevê que o aviso prévio integra o contrato de trabalho para todos os fins, de modo que o último dia do contrato de trabalho será a data final do aviso prévio.

Existia dissenso, ainda, sobre o cabimento de garantia provisória à empregada gestante contratada mediante contrato de trabalho por tempo determinado.

---

253 TST-RR-1957/2003-067-15-00.0, Rel. Min. Ives Gandra Martins Filho, 4ª Turma, DJ de 10/8/07

O Tribunal Superior do Trabalho acreditava que a empregada gestante não tinha direito à estabilidade provisória na hipótese de admissão mediante contrato de experiência, visto que a extinção da relação de emprego, em face do término do prazo, não constitui dispensa arbitrária ou sem justa causa.

Em setembro de 2012 o TST mudou a compreensão sobre esse tema, reconhecendo o direito à estabilidade provisória prevista no art. 10, inciso II, alínea "b", do Ato das Disposições Constitucionais Transitórias, mesmo na hipótese de admissão mediante contrato por tempo determinado (Súmula 244, III, TST).

Diante disso surgiu o seguinte questionamento: qual é o efeito do reconhecimento da estabilidade no contrato a termo? O contrato deverá ser convertido em contrato por prazo indeterminado ou apenas a prorrogação do "dies ad quem" do contrato?

Prevaleceu o entendimento de que ocorrerá prorrogação do fim do contato de trabalho a termo ("dies ad quem"), cujo prazo restante transcorrerá após o termo da estabilidade provisória, conforme precedente abaixo:

> "RECURSO DE REVISTA - GESTANTE - ESTABILIDADE PROVISÓRIA - CONTRATO POR PRAZO DETERMINADO - COMPATIBILIDADE - EFEITOS DO RECONHECIMENTO DA ESTABILIDADE. Estabelece o art. 10, II, "b", do ADCT que é vedada a dispensa arbitrária ou sem justa causa da empregada gestante, desde a confirmação da gravidez até cinco meses após o parto. O único pressuposto para que a empregada tenha reconhecido seu direito à estabilidade provisória é o estado gravídico no momento da rescisão do contrato de trabalho, porque tal garantia visa à tutela do nascituro e o citado preceito constitucional não impõe nenhuma restrição quanto à modalidade do contrato de trabalho, se por prazo determinado, como é o contrato de experiência, ou por prazo indeterminado. Por conseguinte, a empregada admitida mediante contrato de experiência por prazo determinado tem direito à estabilidade provisória da gestante. Incidência da novel redação da Súmula nº 244, III, do TST. Registre-se, por fim, que o entendimento firmado por esta Turma julgadora é de que, nas hipóteses de reconhecimento de estabilidade em contrato por prazo determinado, ocorre a prorrogação do período contratual por força da norma constitucional, sendo certo, contudo, que essa circunstância não desnatura a índole do contrato de trabalho originalmente firmado entre as partes, qual seja, contrato por prazo determinado, cuja extinção ocorre com o advento do seu termo final. Recurso de revista conhecido e provido" (RR-2406-18.2011.5.02.0231, 7ª Turma, Relator Ministro Luiz Philippe Vieira de Mello Filho, DEJT 28/08/2015).

A estabilidade provisória não se aplica a todo e qualquer contrato a termo.

No julgamento do Incidente de Assunção de Competência nº IAC - 5639-31.2013.5.12.0051, o Tribunal Superior do Trabalho vetou o reconhecimento de estabilidade a uma empregada contratada em regime de trabalho temporário (Lei 6.019/74), conferindo efeito vinculante à decisão.

A princípio, o relator do caso, Ministro Vieira de Melo Filho, reconheceu a estabilidade à gestante, fundamentado que o limite temporal do contrato cede em face do bem jurídico maior assegurado pelo instituto da estabilidade — vida da criança.

No entanto, prevaleceu a divergência aberta pela ministra Maria Cristina Peduzzi, no sentido de indeferir a estabilidade à empregada gestante nos contratos de trabalho temporária. A tese vencedora sustenta que no contrato de trabalho temporário não há uma expectativa de conversão em contrato por prazo indeterminado, posto que objetiva tão somente atender a situações excepcionais. Essa hipótese se equipara ao contrato de expediência, no qual, de forma diversa, há uma legítima expectativa de conversão em contrato por prazo determinado.

Outro argumento interessante destacado no julgado é que a ausência de direito à estabilidade não implica ausência de proteção à gestante e à maternidade, uma vez que a legislação previdenciária não deixa a gestante ou o nascituro desamparado (art. 11, I, "b", da Lei nº 8.213/1991.

Com a devida vênia, discordamos do posicionamento adotado pelo TST. É imperiosa a proteção integral da gestante – do ponto de vista econômico, assegurando o pagamento dos salários para conferir meios de subsistência à empregada e ao nascituro; do ponto de vista social, garantindo à trabalhadora a "segurança no emprego", isto é, a ausência de rompimento do vínculo empregatício; e do ponto de vista moral, subjetivamente falando, de modo a conferir à empregada a expectativa e a segurança de que não será dispensada de uma hora para outra.

A estabilidade provisória conferida a gestante visa não só a proteção à maternidade ou do nascituro, mas, também, a proteção do mercado de trabalho da mulher. A empregada tem o direito ao amparo legislativo integral, não só no âmbito previdenciário, com o pagamento de salário-maternidade, mas, também, no âmbito trabalhista, com a preservação do emprego, sob pena de configurar uma proteção deficiente[254] do bem jurídico tutelado às mulheres: proteção contra medidas discriminatórias; igualdade de tratamento em relação aos homens; proteção do mercado de trabalho das mulheres.

Partilhamos do entendimento de que deverá ser reconhecido a garantia provisória de emprego à gestante no contrato de trabalho temporário, o que implica na prorrogação do fim do contato de trabalho a termo ("dies ad quem"). A principal expectativa da trabalhadora gestante é a preservação do emprego - sentir-se protegida diante da situação vulnerável que se encontra – e não a conversão do contrato a termo em prazo indeterminado, mantendo-se a expectativa de encerramento do contrato de trabalho após o término do período de estabilidade.

A empregada adotante que obtiver guarda provisória para esse fim, segundo parágrafo único do art. 391-A da CLT, terá direito à estabilidade provisória. Corrente doutrinária em sentido contrário defende a inaplicabilidade desta garantia à gestante, tendo em vista que o art. 10, II, b do ADCT não menciona a adotante, mas somente a gestante[255].

No que diz respeito ao natimorto e ao aborto, parcela da doutrina entende que não existe direito à estabilidade, por falta de previsão legal ou constitucional, situação que será concedido tão somente duas semas de licença remunerada, prevista no art. 395 da CLT[256].

Porém, o TST tem reconhecido o direito à gestante na hipótese do natimorto, pois a redação do art. 10, inciso II, alínea "b", do ADCT, não faz qualquer ressalva ao natimorto. Logo, é forçoso concluir que a garantia provisória ao emprego prevista no referido dispositivo não está condicionada ao nascimento com vida. Precedentes:

---

[254] O princípio da proibição de proteção deficiente consiste na proibição do Estado ou da Lei apresentar proteção insuficiente em relação aos direitos e garantias fundamentais, impondo, portanto, ao Estado a adoção de todos os mecanismos disponíveis para a tutela e proteção dos direitos e garantias fundamentais.

[255] "A mãe adotiva não tem direito à garantia de emprego, pois a alínea 'b' do inciso II do art. 10 do ADCT dispõe que a garantia da gestante é desde a confirmação da gravidez até cinco meses após o parto. O dispositivo faz referência à gestante e não à adotante. Mostra que só diz respeito À gestante, que pessoa que tem confirmada a gestação e que faz o parto. A adotante não tem tais características, nem precisa de prazo para a recuperação de seu corpo". MARTINS, Sergio Pinto. Direito do Trabalho. – 36. ed – São Paulo: saraiva Educação, 2020.

[256] MARTINS, Sergio Pinto. Direito do Trabalho. – 36. ed. – São Paulo: saraiva Educação, 2020.

"RECURSO DE REVISTA. GESTANTE. NATIMORTO. ESTABILIDADE PROVISÓRIA. A jurisprudência desta Corte entende que a hipótese de natimorto não afasta o direito à estabilidade da gestante prevista no art. 10, II, "b", da ADCT, uma vez que a norma constitucional não exige o nascimento com vida para a aquisição do referido direito. Precedentes. Recurso de revista conhecido e provido." (RR - 41-97.2016.5.12.0049, Rel. Min. Maria Helena Mallmann, 2ª Turma, DEJT 15/09/2017) "RECURSO DE REVISTA. ACÓRDÃO REGIONAL PUBLICADO NA VIGÊNCIA DA LEI Nº 13.015/2014. ESTABILIDADE DA GESTANTE. NATIMORTO. I. O art. 10, II, b, do ADCT dispõe que é vedada a dispensa arbitrária ou sem justa causa da empregada gestante "desde a confirmação da gravidez até cinco meses após o parto". II. Não há no dispositivo constitucional nenhuma restrição para a hipótese em que o feto tenha nascido sem vida. O requisito objetivo para a aquisição da referida estabilidade provisória é que a concepção ocorra no curso do contrato de trabalho. III. Recurso de revista de que se conhece, por divergência jurisprudencial, e a que se nega provimento." (RR - 813-46.2013.5.12.0023, Rel. Des. Convocada: Cilene Ferreira Amaro Santos, 4ª Turma, DEJT 28/04/2017)
"AGRAVO DE INSTRUMENTO. RECURSO DE REVISTA INTERPOSTO NA VIGÊNCIA DA LEI Nº 13.015/2014. ESTABILIDADE À GESTANTE. NATIMORTO. Conforme entendimento jurisprudencial pacificado nesta Corte Superior, o direito da empregada gestante à estabilidade provisória está assegurado no artigo 10, II, "b", do ADCT, independentemente da recusa da reclamante ao retornar ao emprego e/ou do desconhecimento do estado gravídico pelo empregador. Ademais, o fato de ter havido parto prematuro de uma criança morta (natimorto) não exclui o direito pleiteado, pois esse tipo de parto não pode ser confundido com aborto. Precedentes. Desprovido." (AIRR - 229-65.2015.5.03.0182, Rel. Min. Emmanoel Pereira, 5ª Turma, DEJT 12/02/2016)
"ESTABILIDADE PROVISÓRIA DA GESTANTE. ARTIGO 10, INCISO II, ALÍNEA "B", DO ATO DAS DISPOSIÇÕES CONSTITUCIONAIS TRANSITÓRIAS. PARTO DE FETO NATIMORTO. Conforme o artigo 10, inciso II, alínea "b", do ADCT, não se admite a dispensa arbitrária da empregada gestante, desde a confirmação da gravidez até cinco meses após o parto. No caso concreto, extrai-se da fundamentação do acórdão regional que a concepção ocorreu durante o contrato de trabalho, de acordo com o documento dos autos. Conforme se observa da garantia assegurada no artigo 10, inciso II, alínea "b", do ADCT, o constituinte impôs apenas uma condição para o reconhecimento da estabilidade provisória, que a concepção da gravidez tenha ocorrido no curso do contrato de trabalho. Ou seja, não há, no Texto Constitucional, limitação quanto ao reconhecimento da estabilidade provisória da gestante nos casos em que ocorra o feto tenha nascido sem vida. Não se mostra razoável limitar o alcance temporal de um direito da trabalhadora, sem fundamento legal ou constitucional razoável para tanto. Com efeito, a decisão regional, segundo a qual a reclamante faz jus à es-

tabilidade provisória no emprego, mesmo em caso de nascimento de feto natimorto, não afronta a literalidade do artigo 10, inciso II, alínea "b", do Ato das Disposições Constitucionais Transitórias - ADCT. Recurso de revista conhecido e não provido." (RR - 106300-93.2005.5.04.0027, Rel. Min. José Roberto Freire Pimenta, 2ª Turma, DEJT 17/04/2015)

A empregada aprendiz, segundo o posicionamento majoritário do TST tem direito à estabilidade, considerando que constitui direito constitucional assegurado à empregada gestante e tem por maior finalidade a garantia do estado gravídico e de preservação da vida, independentemente do regime e da modalidade contratual[257]:

> [...]"(...). 2. ESTABILIDADE PROVISÓRIA. GESTANTE. CONTRATO POR PRAZO DETERMINADO. APRENDIZAGEM. Na esteira do entendimento atual do TST, sedimentado na Súmula nº 244, item III, a estabilidade é garantida à gestante, mesmo quando sua admissão ocorreu por meio de contrato por prazo determinado, inclusive em se tratando de contrato de aprendizagem. Precedentes. Óbice da Súmula nº 333/TST e do art. 896, § 7º, da CLT. Agravo de instrumento conhecido e não provido." (AIRR - 180-16.2015.5.23.0037 , Relatora Ministra: Dora Maria da Costa, Data de Julgamento: 18/05/2016, 8ª Turma, Data de Publicação: DEJT 20/05/2016)
> "I - AGRAVO DE INSTRUMENTO EM RECURSO DE REVISTA. CONTRATO DE APRENDIZAGEM. ESTABILIDADE PROVISÓRIA. GESTANTE. Demonstrada possível violação do art. 10, II, "b", do Ato das Disposições Constitucionais Transitórias, impõe-se o provimento do agravo de instrumento para determinar o processamento do recurso de revista. Agravo de instrumento provido. II - RECURSO DE REVISTA. CONTRATO DE APRENDIZAGEM. ESTABILIDADE PROVISÓRIA. GESTANTE. O art. 10, II, "b", do ADCT, veda a dispensa arbitrária ou sem justa causa da empregada gestante, desde a confirmação da gravidez até cinco meses após o parto, não estabelecendo nenhuma restrição quanto à modalidade do contrato de trabalho, mormente porque destinado à proteção do nascituro. Assim é que o Tribunal Superior do Trabalho alterou

---

[257] Outros precedentes: AIRR - 10556-82.2015.5.03.0113 , Relator Ministro: Mauricio Godinho Delgado, Data de Julgamento: 31/08/2016, 3ª Turma, Data de Publicação: DEJT 02/09/2016; AIRR - 24255-28.2014.5.24.0005 , Relator Ministro: João Oreste Dalazen, Data de Julgamento: 02/03/2016, 4ª Turma, Data de Publicação: DEJT 11/03/2016; Ag-AIRR - 1337-16.2013.5.02.0025 , Relator Ministro: Guilherme Augusto Caputo Bastos, Data de Julgamento: 28/09/2016, 5ª Turma, Data de Publicação: DEJT 30/09/2016; RR - 1834-47.2014.5.02.0202 , Relator Ministro: Augusto César Leite de Carvalho, Data de Julgamento: 02/03/2016, 6ª Turma, Data de Publicação: DEJT 04/03/2016; RR - 1439-51.2012.5.04.0305 , Relator Ministro: Cláudio Mascarenhas Brandão, Data de Julgamento: 09/03/2016, 7ª Turma, Data de Publicação: DEJT 18/03/2016; e RR - 20618-55.2014.5.04.0028 , Relator Ministro: Márcio Eurico Vitral Amaro, Data de Julgamento: 28/09/2016, 8ª Turma, Data de Publicação: DEJT 30/09/2016.

o teor da Súmula 244, III, consolidando a jurisprudência da Corte acerca do referido dispositivo constitucional, ajustando-a, enfim, ao entendimento já pacificado no âmbito do Supremo Tribunal Federal. Precedentes. Recurso de revista conhecido e provido." (RR - 2326-39.2013.5.02.0084 , Relatora Ministra: Delaíde Miranda Arantes, Data de Julgamento: 03/08/2016, 2ª Turma, Data de Publicação: DEJT 05/08/2016)

Na hipótese do contrato de estágio válido não haverá direito à estabilidade da gestante, considerando que esse direito é conferido apenas às empregadas, não se estendendo às estagiárias. Além disso, a Lei de Estágio (Lei 11.788/2008) não confere tal direito estagiária.

A empregada doméstica, entretanto, terá direito a estabilidade provisória, tendo em vista expressa previsão legal[258].

A Reforma Trabalhista incluiu o art. 394-A à CLT, que passou a condicionar o afastamento da empregada gestante de atividades consideradas insalubres em grau médio ou mínimo ou durante o período de lactação, a apresentação de atestado médico. Contudo, o Plenário do Supremo Tribunal Federal (STF), por maioria de votos, julgou procedente a Ação Direta de Inconstitucionalidade (ADI) 5938 para declarar inconstitucionais trechos do art. 394-A da CLT que condicionava o afastamento da gestante a apresentação de atestado de saúde, por afrontar a proteção constitucional à maternidade, à gestação, à saúde, à mulher, ao nascituro, aos recém-nascidos, ao trabalho e ao meio ambiente de trabalho equilibrado.

Nesse aspecto, ainda, a Lei n. 14.151 de 12 de maio de 2021, instituiu o afastamento da empregada gestante das atividades presenciais durante o estado de calamidade pública em decorrência da pandemia do coronavírus. Isso decorre da vulnerabilidade e do aumento exponencial do número de óbitos e adoecimento de gestantes pela COVID-19 durante a pandemia.

Sem embargo, a Lei n. 14.151 de 12 de maio de 2021, no § único do art. 1º, autoriza o empregador a substituir o regime de trabalho da

---

258 Lei Complementar 150/2015, Art. 25: A empregada doméstica gestante tem direito a licença-maternidade de 120 (cento e vinte) dias, sem prejuízo do emprego e do salário, nos termos da Seção V do Capítulo III do Título III da Consolidação das Leis do Trabalho (CLT), aprovada pelo Decreto-Lei nº 5.452, de 1º de maio de 1943. Parágrafo único. A confirmação do estado de gravidez durante o curso do contrato de trabalho, ainda que durante o prazo do aviso prévio trabalhado ou indenizado, garante à empregada gestante a estabilidade provisória prevista na alínea "b" do inciso II do art. 10 do Ato das Disposições Constitucionais Transitórias.

empregada afastada da atividade presencial, para o trabalho em seu domicílio, teletrabalho, trabalho remoto, ou outra forma de trabalho a distância. Evidentemente, se a atividade desempenhada pela trabalhadora for incompatível com os regimes de trabalho citados, ficará prejudicada a alteração do regime laboral.

Outro ponto de divergência na doutrina e na jurisprudência é a possibilidade de o empregador exigir exame médico de gravidez à empregada no momento da admissão, durante o contrato, ou na rescisão contratual. A doutrina e a jurisprudência são unívocas no sentido de que não cabe a exigência do exame ou atestado de gravidez no momento da admissão ou durante o contrato de trabalho, haja vista a existência de expressa proibição legal nesse sentido (Lei 9.029/1995)[259]. Entretanto, no que se refere a exigência do exame de gravidez no momento da dispensa, existe divergência.

Para uma primeira corrente doutrinária é possível a exigência do teste de gravidez no momento da rescisão contratual, com base no princípio da segurança jurídica, para resguardar o direito à estabilidade.

Para o professor Henrique Correia[260],

> "o empregador não poderá exigir que a empresa realize o teste de gravidez, uma vez que essa medida consistiria em violação ao direito à imunidade da empregada previsto no art. 5º, inciso, X, da CF/88. No entanto – esclarece que – é plenamente possível a solicitação para a realização dos exames no momento da dispensa da empregado. Eventual recursa da empregada impediria que a empregada ingressasse com ação exigindo indenização por danos morais, em razão de dispensa por discriminação, uma vez que a empresa tomou todas as medias necessárias para o direito da empregada gestante".

---

[259] Lei 9.029/1995, Art. 2º: Constituem crime as seguintes práticas discriminatórias: I - a exigência de teste, exame, perícia, laudo, atestado, declaração ou qualquer outro procedimento relativo à esterilização ou a estado de gravidez; II - a adoção de quaisquer medidas, de iniciativa do empregador, que configurem; a) indução ou instigamento à esterilização genética; b) promoção do controle de natalidade, assim não considerado o oferecimento de serviços e de aconselhamento ou planejamento familiar, realizados através de instituições públicas ou privadas, submetidas às normas do Sistema Único de Saúde (SUS). Pena: detenção de um a dois anos e multa. Parágrafo único. São sujeitos ativos dos crimes a que se refere este artigo: I - a pessoa física empregadora; II - o representante legal do empregador, como definido na legislação trabalhista; III - o dirigente, direto ou por delegação, de órgãos públicos e entidades das administrações públicas direta, indireta e fundacional de qualquer dos Poderes da União, dos Estados, do Distrito Federal e dos Municípios.

[260] CORREIA, Henrique. Direito do Trabalho. 4 ed. – Salvador: JusPodvim, 2018.

Segundo a corrente doutrinária dominante, com a qual concordamos, o empregador não pode exigir o exame de gravidez em nenhuma hipótese, sob pena de violar o direito à intimidade da empregada e caracterizar medida discriminatória, na forma do art. 5º, V e X, CF e da Lei 9.029/1995.

Em última análise, um fato que gera muita polêmica é o da concepção anterior à data de admissão. Para a corrente dominante a empregada terá direito ao reconhecimento da estabilidade provisória, pois a estabilidade independe do conhecimento do estado gravídico pela empregada ou pelo empregador, pouco importando se a concepção tenha ocorrido antes da admissão na empresa, prevalecendo a proteção à maternidade e ao nascituro. Precedentes:

> "RECURSO DE REVISTA INTERPOSTO SOB A ÉGIDE DA LEI Nº 13.015/14. ESTABILIDADE GESTANTE. CONTRATO POR TEMPO DETERMINADO. A empregada gestante tem direito à garantia de emprego prevista no art. 10, II, "b", do ADCT, inclusive na hipótese de admissão mediante contrato por tempo determinado, ainda que a concepção tenha ocorrido antes da contratação. Julgados. Recurso de revista conhecido e provido" (RR-1000179-34.2015.5.02.0381, 8ª Turma, Relator Ministro Marcio Eurico Vitral Amaro, DEJT 23/03/2018).
>
> "AGRAVO DE INSTRUMENTO EM RECURSO DE REVISTA. JUÍZO DE ADMISSIBILIDADE PELO TRIBUNAL DE ORIGEM. ALEGAÇÃO DE CERCEAMENTO DE DEFESA. AUSÊNCIA DE PREJUÍZO. I - A perplexidade da agravante com o despacho denegatório do recurso de revista, cujo teor lhe sugeriu afronta ao contraditório e ampla defesa, pode ser explicada pelo fato de não ter atentado que a admissibilidade de todo e qualquer recurso traduz mero juízo de prelibação, qualificado como decisão interlocutória e de conteúdo meramente declaratório. II - Não é outra a lição de Nelson Nery ao consignar que o juízo de admissibilidade, seja ele positivo ou negativo, tem natureza declaratória, de tal modo que o juiz ou tribunal ao declarar admissível ou inadmissível nada mais faz do que afirmar situação preexistente. III - Ovídio A. Baptista da Silva ensina que a admissibilidade do recurso pelo órgão jurisdicional inferior caracteriza-se como mero juízo de encaminhamento, assinaladamente provisório e precário, em virtude de caber ao juízo ad quem deliberar sobre o cabimento ou não do recurso aviado, quer tenha sido admitido, quer não o tenha sido. IV - Por conta dessa digressão jurídica, sobressai a evidência de a competência funcional para o examinar em profundidade, em sede de agravo de instrumento, caber prioritariamente ao TST. V - Daí ser absolutamente irrelevante a sua concisão ou a denúncia de ele consubstanciar cerceamento de defesa, inclusive por conta do direito exercido pela agravante de o atacar por meio do agravo de instrumento, devolvendo à soberana apreciação do TST a admissão ou não do recurso de revista então inadmitido, a infirmar, em definitivo, a alega-

da violação ao artigo 5º, incisos LIV e LV, da Constituição. ESTABILIDADE PROVISÓRIA DA EMPREGADA GESTANTE. CONTRATO DE EXPERIÊNCIA. GRAVIDEZ ANTERIOR À CONTRATAÇÃO. SÚMULA 244, III, E ORIENTAÇÃO JURISPRUDENCIAL 399 DA SBDI-1, AMBAS DO TST . I - O TRT da 17ª Região deu provimento ao recurso ordinário da agravada para reconhecer seu direito à estabilidade provisória gestacional até cinco meses após o parto, por entender que, embora essa tenha sido admitida em contrato de experiência, a garantia de emprego à mulher grávida é uma medida de proteção não à trabalhadora gestante especificamente, mas à maternidade e ao nascituro. II - Pois bem, é sabido que o contrato de experiência, modalidade de contrato por prazo determinado, consagrado na alínea "c" do § 2º do art. 443 da CLT, está sujeito à condição resolutiva, isto é, ao advento do termo final, no qual ele se extingue naturalmente, salvo manifestação do empregador no sentido de o prorrogar por uma única vez. III - Vale dizer ser da essência do contrato a prazo, modalidade em que se insere o contrato de experiência, a sua extinção ope judice , com o advento do termo final ou da condição resolutiva. IV - Daí se impõe a conclusão de não lhe serem aplicáveis o disposto no artigo 10, II, "b", do ADCT, considerando que o pressuposto do direito ali assegurado é o exercício do poder potestativo de resilição contratual, indiscernível na extinção dos contratos por prazo determinado. V - A adoção de tese contrária, de a vantagem prevista na norma dos atos das disposições constitucionais transitórias ser extensível à reclamante, implicaria a desnaturação do contrato a prazo por fato alheio à sua celebração e à vontade das partes que o firmaram, dando-lhes ultratividade incongruente com aquele preceito consolidado. VI - A despeito dessas considerações, o certo é que a nova redação dada ao item III da Súmula 244 do TST propugna "A empregada gestante tem direito à estabilidade provisória prevista no art. 10, inciso II, alínea "b", do Ato das Disposições Constitucionais Transitórias, mesmo na hipótese de admissão mediante contrato por tempo determinado". VII - Constituindo o contrato de experiência espécie do gênero contrato por prazo determinado, vê-se que a Corte local, ao reconhecer o direito à estabilidade provisória da gestante no curso do contrato de experiência, ainda que a concepção tenha ocorrido antes da contratação, decidiu não só em consonância com a nova redação do item III da Súmula nº 244/TST, como também em sintonia com a iterativa, notória e atual jurisprudência desta Corte em casos análogos . VIII - De outro lado, a teor da Orientação Jurisprudencial nº 399 da SBDI-1 deste Tribunal, não há abuso de direito quando a reclamação é ajuizada após o período de estabilidade . IX - Com isso, avulta a convicção de que o recurso de revista não desafia processamento, por óbice do artigo 896, § 7º, da CLT e da Súmula 333/TST, pela qual os precedentes desta Corte foram erigidos à condição de requisitos negativos de admissibilidade do apelo. X - Agravo de instrumento a que se nega provimento" (AIRR-1243-28.2015.5.17.0010, 5ª Turma, Relator Desembargador Convocado Roberto Nobrega de Almeida Filho, DEJT 01/09/2017).

"RECURSO DE REVISTA. CONTRATO DE EXPERIÊNCIA . GESTANTE. ESTABILIDADE PROVISÓRIA. CONCEPÇÃO ANTERIOR À ADMISSÃO. Nos termos da atual redação da Súmula nº 244, III, desta Corte Superior, a empregada gestante tem direito à estabilidade provisória prevista no art. 10, inciso II, alínea "b", do ADCT, mesmo na hipótese de admissão mediante contrato por tempo determinado, inclusive o contrato de experiência. O desconhecimento do estado gravídico pelo empregador ou mesmo pela empregada no momento da contratação, não afasta o direito à estabilidade provisória, porquanto a garantia constitucional tem o escopo, não apenas, da proteção objetiva da maternidade, mas , principalmente, do nascituro. Recurso de revista de que não se conhece" (RR-40500-14.2009.5.04.0372, 1ª Turma, Relator Ministro Walmir Oliveira da Costa, DEJT 21/08/2015).

Ainda, ressalta-se que a empregada gestante pode pedir demissão, desde que seja assistida por entidade sindical (art. 500, CLT).

Existe corrente doutrinária que defende a impossibilidade de anulação do pedido de demissão caso a empregada descubra a gravidez após a formalização do pedido de demissão, pois a ruptura do contrato de trabalho foi baseada na livre e desimpedida manifestação de vontade consolidando o ato jurídico perfeito.

5.2. DIRIGENTE SINDICAL

O dirigente sindical é o trabalhador eleito para exercer o cargo de direção e representação do sindicato da categoria profissional.

A Constituição Federal prevê estabilidade para o dirigente sindical para proteger não só o empregado eleito para esse cargo, mas também toda a categoria que ele representa, proporcionando uma tranquilidade independência na defesa dos interesses dos trabalhadores(art. 8º, VIII, CF)[261].

Sergio Pinto Martins [262]anota que

"O objetivo da garantia de emprego do dirigente sindical é evitar represálias por parte do empregador pelo fato de o dirigente postular diversos direito para a categoria. A garantia também é, num sentido amplo, da categoria,

---

[261] CF, art. 8º: VIII - é vedada a dispensa do empregado sindicalizado a partir do registro da candidatura a cargo de direção ou representação sindical e, se eleito, ainda que suplente, até um ano após o final do mandato, salvo se cometer falta grave nos termos da lei.

[262] MARTINS, Sergio Pinto. Direito do Trabalho. – 36. ed. – São Paulo: saraiva Educação, 2020.

de que uma pessoa possa negociar com o empregador, sem ser, por exemplo, dispensada".

Gilberto Stürmer[263] pontua cirurgicamente que

> [...] o <u>dirigente é o próprio sindicato</u> e, na obrigatória e incessante busca dos interesses da categoria, é natural que em determinados momentos, a relação com o empregador fique estremecida. Entendeu o legislador que um ano após o final do mandato é tempo suficiente para que eventuais rusgas ocorridas sejam amainadas." (grifo nosso).

As posições antagônicas e os interesses diversos em algum momento podem colidir, gerando abalo na relação entre o empregado sindicalizado (dirigente sindica) e o empregador. Daí decorre o fundamento da estabilidade, para assegurar a manutenção do emprego e viabilizar a busca dos melhores interesses da categoria, sem receio de desagradar o empregador ou de se tornar vítima represálias.

Demais a mais, a estabilidade após o termino do mandato é tempo suficiente para que eventuais ressentimentos entre o empregador e o empregado sejam abrandados ou superados.

O representante do sindicato patronal não tem direito a estabilidade, porquanto o texto constitucional confere proteção exclusivamente ao "empregado sindicalizado", representante da categoria profissional. Inexiste, ademais, conflito de interesses entre o representante do sindicato patronal e os empregadores.

A princípio a legislação conferia estabilidade ao dirigente sindical desde o registro da candidatura até o final do mandato (art. 25 da Lei 5.107/66)[264]. O Decreto 59.820/66 regulamentava a referida Lei, prevendo mandato de dois anos ao dirigente sindical[265].

O Decreto-lei 229/1967, alterou a CLT, para diminuir o prazo a estabilidade do dirigente sindical, que tinha início a partir do momento

---

263 J. J. Gomes Canotilho...[et al.] ; outros autores e coordenadores Ingo Wolfgang Sarlet, Lenio Luiz Streck, Gilmar Ferreira Mendes. Comentários à Constituição do Brasil. 2. ed. – São Paulo : Saraiva Educação, 2018, página 1889.

264 Lei 5.107/66, Art. 25 É vedada a dispensa do empregado sindicalizado, a partir do momento do registro de sua candidatura a cargo de direção ou representação sindical, até o final do seu mandato, caso seja eleito, inclusive como suplente, salvo se cometer falta grave devidamente apurada nos têrmos da CLT.

265 Decreto 59.820/66, art. 40, §2º: Os representantes das categorias serão eleitos, cada um, pelas respectivas Confederações em conjunto, com mandato de 2 (dois) anos.

do registro de sua candidatura até 90 (noventa) dias após o final do seu mandato[266].

O legislador, objetivando conferir uma maior proteção ao dirigente sindical, ampliou a estabilidade, através da Lei 5.911/73 que alterou a redação do §3º do art. 543 da CLT, passando a prever a estabilidade a partir do registro da candidatura e, se eleito, até 1 ano após o final do mandato, inclusive como suplente. Se o empregado não for eleito e não terá direito a estabilidade

Finalmente, a Lei nº 7.543, de 2.10.1986, conferiu a redação atual ao art. 543, §3º, da CLT passando a abranger a proteção aos representantes de associação profissional[267]. Atualmente, o mandato do dirigente sindical é de 3 anos (515, b, da CLT).

A doutrina diverge sobre a possibilidade de deferimento da estabilidade em questão, ao dirigente eleito para sindicato sem formalização.

O posicionamento dominante na jurisprudência, alinhavado ao posicionamento do Supremo Tribunal Federal, é de que não basta o mero registro dos estatutos sindicais junto ao Cartório de Registro Civil de Pessoas Jurídicas, sendo necessário ao menos o formulado o requerimento junto ao Ministério do Trabalho e Emprego, pois a partir desse instante é que se instala a expectativa de aquisição da personalidade jurídica sindical. Nesse sentido a ementa abaixo:

> [...]MANDADO DE SEGURANÇA. DEFERIMENTO DE TUTELA DE URGÊNCIA NA RECLAMAÇÃO TRABALHISTA ORIGINÁRIA PARA REINTEGRAÇÃO DOS RECLAMANTES AO EMPREGO. DISPENSAS, SEM JUSTA CAUSA, EFETUADAS NO DECORRER DA ALEGADA ESTABILIDADE PROVISÓRIA DOS SUPOSTOS DIRIGENTES SINDICAIS. AUSÊNCIA DE PROVA DO PEDIDO DE REGISTRO DO SINDICATO PERANTE O MINISTÉRIO DO TRABALHO E EMPREGO. REINTEGRAÇÃO LIMINAR INDEVIDA. 1. Cuida-se de mandado de segurança em que a empresa reclamada investe contra a decisão antecipatória, exa-

---

266 CLT, Art. 543§ 3º É vedada a dispensa do empregado sindicalizado, a partir do momento do registro de sua candidatura a cargo de direção ou representação sindical, até 90 (noventa) dias após o final do seu mandato, caso seja eleito, inclusive como suplente, salvo se cometer falta grave devidamente apurada nos têrmos desta Consolidação. (Redação dada pelo Decreto-lei nº 229, de 28.2.1967)

267 Art. 543, § 3º, CLT: Fica vedada a dispensa do empregado sindicalizado ou associado, a partir do momento do registro de sua candidatura a cargo de direção ou representação de entidade sindical ou de associação profissional, até 1 (um) ano após o final do seu mandato, caso seja eleito inclusive como suplente, salvo se cometer falta grave devidamente apurada nos termos desta Consolidação.

rada na primeira instância, por meio da qual determinada a reintegração dos trabalhadores (Litisconsortes passivos) ao emprego, sob pena de multa, sob o fundamento de serem os operários detentores de estabilidade sindical. 2. A segurança foi concedida pela Corte de origem em face da ausência de comprovação de que fora formalizado pedido de concessão de registro sindical perante o Ministério do Trabalho e Emprego. 3. De fato, para efeito de reconhecimento da estabilidade provisória no emprego de que cuidam os arts. 8º, VIII, da Carta de 1988 e 543, § 3º, da CLT, não basta o mero registro dos estatutos sindicais junto ao Cartório de Registro Civil de Pessoas Jurídicas. O Excelso Supremo Tribunal Federal já decidiu que a estabilidade prevista no art. 8º, VIII, da Constituição Federal alcança o empregado eleito dirigente de sindicato em processo de obtenção do registro sindical. Desse modo, na linha da jurisprudência do STF e desta Corte, a estabilidade sindical apenas existirá a partir do instante em que formulado o requerimento junto ao Ministério do Trabalho e Emprego, pois a partir desse instante é que se instala a expectativa de aquisição da personalidade jurídica sindical. No período anterior ao pedido de registro, apenas há uma associação civil, de caráter não sindical, ainda que a razão social adote a denominação "sindicato". 4. No caso examinado, inexistindo prova do pedido de registro do SINDIMETAL junto ao Ministério do Trabalho e Emprego, revela-se escorreita a conclusão regional de cassação da decisão antecipatória exarada pela autoridade judicial de primeira instância. Recurso ordinário conhecido e não provido. (RO - 293-31.2016.5.20.0000, Relatora Ministra: Maria Helena Mallmann, Data de Julgamento: 19/03/2019, Subseção II Especializada em Dissídios Individuais, Data de Publicação: DEJT 03/05/2019)

"Estabilidade sindical provisória (CF, art. 8º, VII); reconhecimento da garantia aos diretores eleitos, na assembleia constitutiva da entidade sindical, desde, pelo menos, a data do pedido de registro no Ministério do Trabalho, o que não contraria a exigência deste, constante do art. 8º, I, da Constituição. 1. A constituição de um sindicato 'posto culmine no registro no Ministério do Trabalho (STF, MI 144, 3.8.92, Pertence, RTJ 147/868)' a ele não se resume: não é um ato, mas um processo. 2. Da exigência do registro para o aperfeiçoamento da constituição do sindicato, não cabe inferir que só a partir dele estejam os seus dirigentes ao abrigo da estabilidade sindical: é 'interpretação pedestre', que esvazia de eficácia aquela garantia constitucional, no momento talvez em que ela se apresenta mais necessária, a da fundação da entidade de classe." (STF-RE 205107, Rel. Min. Sepúlveda Pertence, Tribunal Pleno, julgado em 6/8/1998, DJ 25/9/1998)

O suplente do cargo de direção ou representação sindical também tem na direita estabilidade. A estabilidade e limitada ao número de 7 membros titulares e 7 suplentes (Súmula 369, II, TST; art. 522, CLT).

Essa estabilidade abrange apenas os empregados que atuam na defesa da categoria.

Os membros do conselho fiscal e delegados sindicais estão excluídos dessa estabilidade (OJ 365, SDI, TST e OJ 369, SDI-I, TST), pois, não representam a categoria profissional[268].

Para o jurista Luciano Martinez [269]

> "[...] *parece razoável a extensão da estabilidade sindical aos integrantes do conselho fiscal*, porque os integrantes do referido órgão consultivo e fiscalizador, se não protegidos pela estabilidade, podem ser pressionados pelos empregadores para atuar contra os interesses da entidade sindical a fim de objetar caprichosamente condutas administrativo-financeiras e de colocar sob suspeição contas legitimadas.".(grifos acrescidos)

Ao nosso sentir, data vênia o posicionamento contrário, não nos parece prudente reconhecer a estabilidade ao membro do conselho fiscal ou ao delegado sindical, pois não representam diretamente os interesses da categoria. Segundo a Constituição Federal é condição *"sine qua non"* a eleição ao "cargo de direção ou representação sindical", a fim de que seja reconhecida a estabilidade

Eduardo Gabriel Saad, José Eduardo Duarte Saad e Ana Maria Saad C. Branco, ensinam que

> [...] O exame atento do precitado dispositivo constitucional revela que ele tem por fim amparar o empregado eleito para o cargo de direção do sindicato representativo de sua categoria profissional. Consigna-se no retrocitado inciso VIII, do art. 8º da CF, que a estabilidade provisória é deferida ao empregado sindicalizado a partir do registro de sua candidatura a cargo de direção ou representação sindical [...]".

Para que seja possível a estabilidade o empregado deve comunicar o registro da candidatura ao empregador.

---

268 Orientação Jurisprudencial 365 da SDI-1, TST. ESTABILIDADE PROVISÓRIA. MEMBRO DE CONSELHO FISCAL DE SINDICATO. INEXISTÊNCIA. Membro de conselho fiscal de sindicato não tem direito à estabilidade prevista nos arts. 543, § 3º, da CLT e 8º, VIII, da CF/1988, porquanto não representa ou atua na defesa de direitos da categoria respectiva, tendo sua competência limitada à fiscalização da gestão financeira do sindicato (art. 522, § 2º, da CLT).

Orientação Jurisprudencial 369 da SDI-1, TST. ESTABILIDADE PROVISÓRIA. DELEGADO SINDICAL. INAPLICÁVEL. O delegado sindical não é beneficiário da estabilidade provisória prevista no art. 8º, VIII, da CF/1988, a qual é dirigida, exclusivamente, àqueles que exerçam ou ocupem cargos de direção nos sindicatos, submetidos a processo eletivo.

269 Martinez, Luciano. Curso de direito do trabalho – 10. ed. – São Paulo : Saraiva Educação, 2019.

Embora a estipula o prazo de 24 horas para comunicar o empregador, o Tribunal Superior do Trabalho entende que a comunicação é válida ainda que feita após esse prazo, desde que a ciência ao empregador ocorra na vigência do contrato de trabalho (Art. 543, §5º, CLT e Sumula 369, I, TST)

O registro da candidatura realizado durante o contrato por prazo determinado ou durante o período de aviso prévio não assegura a estabilidade - o fundamento é que as partes já sabem nessas situações do término do contrato de trabalho. (Súmula 369, V, do TST).

A legislação confere ao dirigente sindical a prerrogativa de não ser impedido de exercer a sua função; de não ser transferido para lugar que dificulte ou torne impossível o desempenho de suas atribuições sindicais.

O dirigente sindical só pode ser dispensado por falta grave mediante a apuração em inquérito judicial.

Esse inquérito é uma ação judicial a ser proposta na justiça do trabalho pelo empregador (art. 853, CLT), consubstanciando pressuposto para legitimar a dispensa do dirigente sindical. Sem a observância do inquérito para apuração da falta grave a dispensa é inválida.

O prazo decadencial para propositura dessa ação é de 30 dias a contar da suspensão do empregado. Caso não haja a suspensão do empregado, o inquérito deverá ser ajuizado em um prazo razoável, sob pena de caracterizar perdão tácito à falta grave cometida pelo empregado.

A improcedência do inquérito judicial implicará na reintegração do trabalhador afastado, bem como o pagamento dos salários do período de afastamento, desde a data da suspensão até a reintegração, ou da primeira decisão que determinou a conversão da estabilidade em indenização. (Súmula 28, TST).

Havendo incompatibilidade de retorno ao trabalho em razão da animosidade entre as partes é possível converter essa reintegração em indenização (art. 496, CLT).

A doutrina não é unanime quanto as garantias de emprego que exigem o prévio ajuizamento do inquérito. Prevalece o entendimento, entretanto, que é necessário para a dispensa do dirigente sindical, membro do Conselho Nacional de Previdência Social, diretor de cooperativa e ao representante dos empregados membro da Comissão de Conciliação Prévia.

A dispensa arbitraria, sem justa causa ou sem o prévio ajuizamento de inquérito para apuração de falta grave, poderá ser questionada em relação trabalhista proposta pelo dirigente sindical, sendo possível, ainda, o pedido de medida liminar para reintegração ao trabalho (art. 659, X, da CLT).

5.3. EMPREGADO REPRESENTANTE DA CIPA

A Comissão Interna de Prevenção a Acidentes (CIPA) é composta de representantes dos empregados e dos empregadores e tem o objetivo de manter serviços especializados em segurança e em medicina do trabalho, prevenindo a ocorrência de acidentes.

Os representantes dos empregados são eleitos pelos demais trabalhadores da empresa e os representantes dos empregadores são indicados.

O representante dos empregados exercerá a função de vice-presidente da CIPA. Já o representante do empregador exercerá a função de presidente.

De acordo com o art. 10, II, "a", do ADCT da Constituição Federal é assegurada a garantia provisória de emprego ao *"empregado eleito para cargo de direção de comissões internas de prevenção de acidentes, desde o registro de sua candidatura até um ano após o final de seu mandato"*

O objetivo dessa instabilidade é possibilitar o desempenho do mandato de forma tranquila e sem perseguições ingerências do empregador.

A duração do mandato será de 1 ano, sendo permitida uma reeleição (Art. 164, §3º, CLT).

O suplente do cargo de direção da CIPA também terá direito à estabilidade (Súmula 678, STF)[270].

Essa estabilidade é tida como objetiva, porque está ligada as funções exercidas pelo empregado na CIPA.

Por essa razão, havendo extinção do estabelecimento empresarial não é considerada arbitrária a dispensa do empregado, não sendo garantir a sua reintegração nessa situação (Súmula 339, TST)[271].

---

[270] Súmula 676, STF - A garantia da estabilidade provisória prevista no art. 10, II, «a», do Ato das Disposições Constitucionais Transitórias, também se aplica ao suplente do cargo de direção de comissões internas de prevenção de acidentes (CIPA).

[271] Súmula nº 339 do TST - CIPA. SUPLENTE. GARANTIA DE EMPREGO. CF/1988. I - O suplente da CIPA goza da garantia de emprego prevista no art. 10, II, «a», do

Existe posicionamento na jurisprudência no sentido de não caber a estabilidade, mesmo que não haja a extinção do estabelecimento comercial. O TRT da 5ª Região sedimentou o entendimento de que não cabe a estabilidade em caso de extinção apenas da atividade para qual a CIPA foi criada, conforme súmula 80:

> *Súmula nº 80 do TRT 5ª Região: GARANTIA PROVISÓRIA NO EMPREGO. MEMBRO DA CIPA. ENCERRAMENTO DA ATIVIDADE PRODUTIVA E MANUTENÇÃO DA ATIVIDADE ADMINISTRATIVA. EQUIVALÊNCIA À EXTINÇÃO DO ESTABELECIMENTO. A estabilidade provisória no emprego, garantida ao membro eleito da CIPA, constitui-se como garantia necessária ao exercício das suas funções em benefício do meio ambiente do trabalho. Por conseguinte, uma vez encerrada a atividade produtiva para qual a CIPA foi criada, permanecendo-se tão somente a atividade administrativa da empresa, não há razões para subsistir a estabilidade provisória do cipista. Inteligência da Súmula 339, II, do C. TST. (Resolução Administrativa nº 0035/2019 – Divulgada no Diário Eletrônico do TRT da 5ª Região, edições de 20, 21 e 22.08.2019, de acordo com o disposto no art. 187-B do Regimento Interno do TRT da 5ª Região).*

O representante dos empregados na CIPA não poderá ser dispensado sem justa causa ou arbitrariamente (art. 165, CLT). São consideradas arbitrária as dispensas que não forem fundamentadas em motivo disciplinar, técnico, econômico ou financeiro.

Mauricio Godinho Delgado[272] destaca que

> *"[...] trata-se da dispensa que se baseia em motivo relevante: este pode ser disciplinar, como ocorre com a dispensa por justa causa, tipificada na CLT, e enquadrada como resolução contratual. Porém, tal motivo pode ser ainda de caráter técnico, econômico ou financeiro, segundo a Consolidação, casos em que a dispensa se enquadra como resilição do contrato de trabalho (resilição motivada, é claro)".*

Citamos como exemplo prático de motivação técnica para a rescisão do contrato é a contratação de um novo empregado tem conhecimento técnico específico determinada área de trabalho, que exija aperfeiçoamento e maior comprometimento, para atingir o nível de perfil espera-

---

ADCT a partir da promulgação da Constituição Federal de 1988. II - A estabilidade provisória do cipeiro não constitui vantagem pessoal, mas garantia para as atividades dos membros da CIPA, que somente tem razão de ser quando em atividade a empresa. Extinto o estabelecimento, não se verifica a despedida arbitrária, sendo impossível a reintegração e indevida a indenização do período estabilitário.

[272] DELGADO, Mauricio Godinho. Curso de direito do trabalho. — 18. ed.— São Paulo : LTr, 2019, pág. 1500

do para desenvolvimento das atividades laborais. Também, apontamos como exemplo prático de motivação financeira ou econômica a redução do quadro de funcionários.

Comprovada a arbitrariedade da dispensa ou a ausência de motivação, o empregado poderá ajuizar reclamação trabalhista e postular a reintegração.

5.4. EMPREGADO ACIDENTADO

A garantia provisória de emprego do empregado acidentado decorre da previsão constitucional disposta no art. 7º, XXVIII, da CF que assegura aos trabalhadores o direito ao "seguro contra acidentes de trabalho, a cargo do empregador, sem excluir a indenização a que este está obrigado, quando incorrer em dolo ou culpa".

Na mesma linha, o art. 201, §10, da CF/88 aduz sobre a necessidade de legislação para "a cobertura do risco de acidente do trabalho, a ser atendida concorrentemente pelo regime geral de previdência social e pelo setor privado".

No plano infraconstitucional a Lei 8.213/1991 regula o acidente do trabalho entre o art. 19 e 23.

O art. 19 da Lei 8.213/1991 conceitua o acidente típico do trabalho como *"o que ocorre pelo exercício do trabalho a serviço da empresa ou pelo exercício do trabalho dos segurados referidos no inciso VII do art. 11 desta Lei [segurados especiais], provocando lesão corporal ou perturbação funcional que cause a morte ou a perda ou redução, permanente ou temporária, da capacidade para o trabalho".*

A empresa deverá adotar e implementar medidas coletivas e individuais de proteção e segurança à saúde dos trabalhadores.

Para a caracterização do acidente de trabalho é necessário haver *nexo causal* - a enfermidade se relacione com o exercício do trabalho – e incapacidade, isto é, a provocação de uma lesão ou perturbação funcional, que resulte redução da capacidade para o trabalho de forma temporária ou permanente.

Também ocorrerá acidente de trabalho, de forma atípica, no caso de doença profissional e doença do trabalho (art. 20 da Lei 8.213/91). A primeira se caracteriza quando é produzida ou desencadeada pelo exercício do trabalho peculiar a determinada atividade e constante da respectiva relação elaborada pelo Ministério do Trabalho e Emprego e Ministério da Previdência Social Já a segunda hipótese, ocorre quando a doença é adquirida ou desencadeada em função de condições especiais em que o trabalho é desempenhado e tenha relação direta com esse trabalho, bem como esteja relacionado na lista elaborada pelo Ministérios do Trabalho, como, por exemplo a perda auditiva por exposição à ruído acima dos limites de tolerância, sem o uso de aparelho auricular.

Não se enquadra como acidente de trabalho a doença degenerativa; doença de determinado grupo etário; doença que não acarrete a incapacidade para o trabalho; e a doença endêmica adquirida por segurado habitante de região em que ela se desenvolva, exceto se demonstrado que resultou da exposição ou contato direto determinado pela natureza do trabalho(art. 20,§1º, da Lei 8.213/91).

De acordo com o art. 118 da Lei 8.213/91 o *"segurado que sofreu acidente do trabalho tem garantida, pelo prazo mínimo de doze meses, a manutenção do seu contrato de trabalho na empresa, após a cessação do auxílio-doença acidentário, independentemente de percepção de auxílio-acidente".*

A esse respeito o TST pacificou o entendimento de que esse dispositivo é constitucional (súmula nº 378, I, do TST). Também, estabeleceu critérios cumulativos para a concessão da estabilidade provisória: (i) o afastamento superior a 15 dias; e (b) a percepção do auxílio-doença acidentário, *salvo se constatada, após a despedida, doença profissional que guarde relação de causalidade com a execução do contrato de emprego.*

O empregado contratado mediante contrato por prazo determinado também terá direito ao reconhecimento do acidente de trabalho e à estabilidade prevista em lei.

Algumas doenças ocupacionais não se manifestam de forma rápida, ao longo dos anos vão se alojar no organismo como por exemplo a lesão por esforço repetitivo.

Com a promulgação da lei complementar 150 de 2015 os empregados domésticos passaram a ter o reconhecimento ao direito a essa estabilidade conforme artigo 11,II e 18,§1º, da lei 8213 de 1991.

A legislação previdenciária prevê, ainda, hipóteses de acidente de trabalho por equiparação no art. 21 da Lei 8.213/91[273], como a concausa

---

[273] Art. 21. Equiparam-se também ao acidente do trabalho, para efeitos desta Lei: I - o acidente ligado ao trabalho que, embora não tenha sido a causa única, haja contribuído diretamente para a morte do segurado, para redução ou perda da sua capacidade para o trabalho, ou produzido lesão que exija atenção médica para a sua recuperação; II - o acidente sofrido pelo segurado no local e no horário do trabalho,

e acidentes sofridos no local e horário de trabalho, e fora do local de trabalho, etc.

De acordo com o art. 21-A da Lei 8.213/91, o INSS poderá reconhecer a natureza acidentária da incapacidade se constatar ocorrência de nexo técnico epidemiológico entre o trabalho e o agravo, decorrente da relação entre a atividade da empresa ou do empregado doméstico e a entidade mórbida motivadora da incapacidade elencada na Classificação Internacional de Doenças (CID), em perícia médica administrativa.

Caso a empresa não reconheça a existência do nexo técnico epidemiológico, pode impugnar administrativamente, mediante a interposição de recurso, com efeito suspensivo, ao Conselho de Recursos da Previdência Social.

Ocorrendo o acidente de trabalho o empregador deverá emitir a comunicação (CAT) no dia útil subsequente ao acidente. Ocorrendo o falecimento do empregado, a comunicação deverá ser emitida imediatamente (art. 22 da Lei 8.213/91).

A Medida Provisória 927/20, traçou medidas de enfrentamento à pandemia do coronavírus, prevendo que a referida doença não pode ser considerada doença ocupacional.

---

em conseqüência de: a) ato de agressão, sabotagem ou terrorismo praticado por terceiro ou companheiro de trabalho; b) ofensa física intencional, inclusive de terceiro, por motivo de disputa relacionada ao trabalho; c) ato de imprudência, de negligência ou de imperícia de terceiro ou de companheiro de trabalho; d) ato de pessoa privada do uso da razão; e) desabamento, inundação, incêndio e outros casos fortuitos ou decorrentes de força maior; III - a doença proveniente de contaminação acidental do empregado no exercício de sua atividade; IV - o acidente sofrido pelo segurado ainda que fora do local e horário de trabalho: a) na execução de ordem ou na realização de serviço sob a autoridade da empresa; b) na prestação espontânea de qualquer serviço à empresa para lhe evitar prejuízo ou proporcionar proveito; c) em viagem a serviço da empresa, inclusive para estudo quando financiada por esta dentro de seus planos para melhor capacitação da mão-de-obra, independentemente do meio de locomoção utilizado, inclusive veículo de propriedade do segurado; d) no percurso da residência para o local de trabalho ou deste para aquela, qualquer que seja o meio de locomoção, inclusive veículo de propriedade do segurado. § 1º Nos períodos destinados a refeição ou descanso, ou por ocasião da satisfação de outras necessidades fisiológicas, no local do trabalho ou durante este, o empregado é considerado no exercício do trabalho. § 2º Não é considerada agravação ou complicação de acidente do trabalho a lesão que, resultante de acidente de outra origem, se associe ou se superponha às conseqüências do anterior.

Entretanto, o Supremo Tribunal Federal, ao referendar medida liminar em Ação Direta de Inconstitucionalidade, suspendeu a eficácia do art. 29 da MP927/20, para entender o coronavírus poderá ser enquadrado como doença ocupacional.

Em 19/07/20, houve a revogação tácita da medida provisória, tendo em vista que o Senado Federal submeteu a medida à votação.

5.5. EMPREGADO MEMBRO DA COMISSÃO DE CONCILIAÇÃO PRÉVIA (CCP)

A comissão de conciliação prévia tem por objetivo tentar a conciliação entre empregados e empregadores. A composição da CCP é feita de forma paritária, ou seja, representante dos empregados por meio de votação Secreta e dos empregadores indicados.

Apenas os representantes dos empregados, titulares e suplentes, possuem garantia provisória de emprego.

O início da estabilidade ocorre com a eleição do empregado e se estendendo até 1 ano após o mandato.

5.6. REPRESENTANTE DOS EMPREGADOS (REFORMA TRABALHISTA).

A Constituição estabelece que é obrigatório a eleição de representantes dos trabalhadores nas empresas com mais de 200 empregados, com a finalidade exclusiva de promover-lhes o entendimento direto com os empregadores.

Apesar de previsão construção federal não havia sido elaborada a legislação regulamenta as atribuições e prerrogativas desses representantes.

Com a reforma trabalhista finalmente essa comissão venha ser regulamentada.

O mandato dos membros da comissão de representantes dos empregados será de um ano (art. Art. 510-D da CLT), sem que isso implique na suspensão ou interrupção do contrato de trabalho, devendo o empregado permanecer no exercício de suas funções.

A estabilidade do representante dos empregados inicia com o registro da candidatura e termina um ano após o fim do mandato (art. 510-D, §3º, CLT). Esse trabalhador, tal como ocorre com o cipeiro, não poderá ser dispensado arbitrariamente, exceto se o empregador apresentar motivos disciplinares, técnicos econômicos ou financeiros.

Aquele que exercer a função de representante dos empregados na comissão não poderá ser candidato nos dois períodos subsequentes

A comissão será composta de 3 membros nas empresas com mais de 200 e até 3mil empregados; 5 membros, nas empresas com mais de 3mil até 5mil empregados; e 7 membros, nas empresas com mais de 5mil empregados

Caso a empresa possua mais de um local de operação, em diferentes Estados da Federação, com funcionários prestando serviços nas unidades, será assegurada a eleição de uma comissão de representantes dos empregados por Estado ou no Distrito Federal.

As atribuições da comissão estão relacionadas no art. 510-B da CLT, in verbis:

> Art. 510-B. *A comissão de representantes dos empregados terá as seguintes atribuições: I - representar os empregados perante a administração da empresa; II - aprimorar o relacionamento entre a empresa e seus empregados com base nos princípios da boa-fé e do respeito mútuo; III - promover o diálogo e o entendimento no ambiente de trabalho com o fim de prevenir conflitos; IV - buscar soluções para os conflitos decorrentes da relação de trabalho, de forma rápida e eficaz, visando à efetiva aplicação das normas legais e contratuais; V - assegurar tratamento justo e imparcial aos empregados, impedindo qualquer forma de discriminação por motivo de sexo, idade, religião, opinião política ou atuação sindical; VI - encaminhar reivindicações específicas dos empregados de seu âmbito de representação; VII - acompanhar o cumprimento das leis trabalhistas, previdenciárias e das convenções coletivas e acordos coletivos de trabalho.*

As decisões da comissão de representantes dos empregados serão sempre colegiadas, observada a maioria simples e organizará a sua atuação de forma independente, sem a intervenção do empregador.

No que se refere à eleição, deverá ser convocada com antecedência mínima de 30 dias, a partir da data do término do mandato anterior. A convocação se dará por meio de edital, ficado fixado na empresa, com ampla publicidade, para inscrição de candidatura.

Será formada comissão eleitoral, integrada por cinco empregados, não candidatos, para a organização e o acompanhamento do processo eleitoral, vedada a interferência da empresa e do sindicato da categoria.

Os empregados contratados mediante contrato por prazo determinado, com o contrato de trabalho suspenso ou, ainda, em período de aviso prévio, não poderão se candidatar para concorrer ao cargo na comissão de representantes dos empregados.

A votação será secreta, sendo eleito o empregado mais votado.

Se não houver candidatos suficientes, a comissão de representantes dos empregados poderá ser formada com número de membros inferior ao previsto no art. 510-A da CLT. Ou, ainda, caso não exista registro de candidaturas, será lavrada ata e convocada nova eleição no prazo de um ano.

5.7. MEMBROS DO CONSELHO NACIONAL DA PREVIDÊNCIA SOCIAL

Os representantes dos Trabalhadores, titulares e suplentes, tem estabilidade desde a nomeação até um ano após o mandato. Somente podendo ser dispensado por motivo de falta grave comprovada mediante processo judicial (inquérito para apuração de falta grave). Segundo a doutrina majoritária o inquérito é indispensável para dispensa do referido representante (art. 301 do Decreto nº. 3.048/1999 e art. 3º, §7º, da Lei 8.2013/91).

5.8. MEMBROS DO CONSELHO CURADOR DO FGTS

Os representantes dos Trabalhadores, titulares e suplentes, tem estabilidade desde a nomeação até um ano após o mandato, somente podendo ser dispensado por motivo de falta grave, comprovada por processo sindical (art. 3º, §9º, da Lei 8.036/90).

5.9. DIRETORES DE SOCIEDADE COOPERATIVA

Os empregados que foram eleitos diretores de sociedade cooperativa não poderão ser dispensado, registro da candidatura até um ano após o término do mandato (art. 55, da lei 5.764/71).

Essa garantia provisória de emprego, não abrange os suplentes (OJ 253 da SDI-I do TST).

Prevalece o entendimento na doutrina que para dispensa desse empregado é necessário o ajuizamento de inquérito judicial para apuração de falta grave.

CAPÍTULO XVIII.

LEI N. 14.151 DE 12 DE MAIO DE 2021: AFASTAMENTO DA TRABALHADORA GESTANTE DURANTE A PANDEMIA DO NOVO CORONAVÍRUS

1. INTRODUÇÃO

A Lei n. 14.151 de 12 de maio de 2021, instituiu o afastamento da empregada gestante das atividades presenciais durante o estado de calamidade pública em decorrência da pandemia do coronavírus.

Preconiza em seu artigo 1º que *"Durante a emergência de saúde pública de importância nacional decorrente do novo coronavírus, a empregada gestante deverá permanecer afastada das atividades de trabalho presencial, sem prejuízo de sua remuneração"*. Acrescenta no parágrafo único que *"A empregada afastada nos termos do caput deste artigo ficará à disposição para exercer as atividades em seu domicílio, por meio de teletrabalho, trabalho remoto ou outra forma de trabalho a distância"*.

Isso decorre da vulnerabilidade e do aumento exponencial do número de óbitos e adoecimento de gestantes pela COVID-19 durante a pandemia.

Segundo o Observatório Obstétrico Brasileiro COVID-19 (OOBr Covid-19), que analisa os casos de gestantes e puérperas afetadas pelo novo coronavírus através do monitoramento de dados públicos – especialmente o Sistema de Informação da Vigilância Epidemiológica da Gripe, SIVEP Gripe: *"São 457 óbitos em 2020 e 642 óbitos em 2021. [...] há um aumento de 251.2% na média semanal de 2021 quando comparado com a média de óbitos semanal de 2020"*.[274]

---

[274] Observatório Obstétrico Brasileiro COVID-19 (OOBr COVID-19): Análise em destaque – 12 de maio de 2012 < https://observatorioobstetrico.shinyapps.io/covid_gesta_puerp_br/ > [acessado em 12/05/2021].

Trata-se de uma norma que visa proteger o mais basilar dos bens jurídicos: a vida, isto é, o "direito de continuar existindo", como delineado por André Ramos Tavares (art. 5º, caput, da CF/88), considerando que representa um direito inviolável.[275] Nesse sentido, a Declaração Universal dos Direitos do Homem (art. 3º), Pacto de São José de Costa Rica (art. art. 4, n. 1), preceitua que *"toda pessoa tem o direito que se respeite a sua vida (...)"*.

A norma em comento resguarda tanto a vida da empregada gestante quanto a vida do nascituro. Sobre o tema, a doutrina adverte que *"Havendo vida humana, não importa em que etapa de desenvolvimento e não importa o que o legislador infraconstitucional dispõe sobre personalidade jurídica, há o direito à vida. [...] O elemento decisivo para se reconhecer e se proteger o direito à vida é a verificação de que existe vida humana desde a concepção, quer ela ocorra naturalmente, quer in vitro".*[276]

Para mais, visa proteger os valores sociais do trabalho (art. 1º, IV, CF), o direito à saúde, à maternidade, à manutenção do emprego da empregada gestante (art. 6º e 7º, XVIII, CF). Além disso, o art. 227 da Constituição Federal de 1988 preceitua o dever da família, da sociedade e do Estado a assegurar a proteção integral da criança, adolescente e do jovem, colocando-os a salvo de toda forma de negligência, discriminação, exploração, violência, crueldade e opressão.

No âmbito infraconstitucional, a Lei n. 8.080/90 (Lei Orgânica da Saúde), dispõe que a saúde é um direito fundamental, cabendo ao Estado prover as condições indispensáveis ao seu pleno exercício, formulando e executando políticas econômicas e sociais que visem à redução de riscos de doenças e de outros agravos (art. 2º), o que não exime a responsabilidade das pessoas, da família, das empresas e da sociedade, conforme prescreve o parágrafo 2º, do art. 2º da referida Lei.

2. ABRANGÊNCIA DA NORMA

Cabe sublinhar que, embora o art. 1º, caput, da Lei n. 14.151 de 12 de maio de 2021, utilize a expressão "empregada gestante". Aqui, surge o primeiro questionamento: esta lei poderá ser aplicada a todas as empregadas, inclusive às domésticas?

---

[275] André Ramos Tavares in Comentários à Constituição do Brasil. J. J. Gomes Canotilho et al. – 2. ed. – São Paulo: Saraiva Educação, 2018, p.427.

[276] Mendes, Gilmar Ferreira. Curso de direito constitucional – 12. ed. – São Paulo: Saraiva, 2017. p.279

Pensamos que sim. A lei não impôs qualquer restrição, tampouco excluiu da sua abrangência qualquer espécie de trabalhadora. O exegeta está autorizado a interpretar extensivamente a norma quando houver omissão deliberada ou inconsciente do legislador no que diz respeito a uma determinada norma, dando um sentido mais amplo ao regramento nela contido, para abarcar situações não contempladas expressamente na lei.

É o caso da Lei n. 14.151/2021. A aplicação do afastamento da atividade laboral presencial deve contemplar não só as empregadas, mas, também, as demais trabalhadoras gestantes. Todas as trabalhadoras em estado gestacional – trabalhadora urbana, rural, avulsa, empregada doméstica, empregada pública celetista, etc. – independentemente do regime de contratação, devem ser amparadas por esta norma, tendo em vista que a finalidade da lei é a tutela do direito à vida e à saúde da trabalhadora e do nascituro.

Não faria sentido afastar da atividade presencial somente as empregadas sujeitas ao regime jurídico celetista e expor as demais trabalhadoras ao risco de contágio, tão somente porque possuem regime jurídico diverso.

O critério de proteção à vida, à saúde e à maternidade não é lastreado no tipo de atividade ou no regime de contratação das empregadas. Não há qualquer discrímen negativo no âmbito da legislação constitucional ou infraconstitucional. Pelo contrário, tanto o constituinte originário quanto o legislador ordinário buscam preservar a proteção do trabalho da mulher por meio de instituição de normas que assegurem o acesso pleno ao mercado de trabalho, isonomia salarial em relação aos homens, a proteção do emprego contra dispensa arbitrárias ou sem justa causa, mormente no período gestacional, além de proteger a saúde da trabalhadora e à maternidade.

Para além disso, a Constituição Federal veda qualquer tipo de discriminação entre trabalho manual, técnico e intelectual ou entre os profissionais respectivos, bem como prega a igualdade de direitos entre o trabalhador com vínculo empregatício permanente e o trabalhador avulso (art. 7º, XXXII, XXXIV, CF/88), sendo certo que esses preceitos são extensíveis aos empregados domésticos, na forma do parágrafo único do art. 7º da Constituição Federal de 1988. Deixa claro no art. 5º, "caput", [da CF] que *"Todos são iguais perante a lei, sem distinção de qualquer natureza, garantindo-se aos brasileiros e aos estrangeiros resi-*

dentes no País a inviolabilidade do direito à vida, à liberdade, à igualdade, à segurança e à propriedade". Este dispositivo consagra o princípio da igualdade.

A igualdade é analisada pela doutrina sob dois prismas: a) igualdade formal – significa que todos são iguais perante a lei, estando a ela subordinados; b) igualdade material – tem um sentido mais abrangente, consubstanciando na igualdade "na lei".

Assim, todas as trabalhadoras gestantes, sem distinção, são consideradas vulneráveis diante do estado de calamidade pública, por integrarem um dos grupos de risco da COVID-19. Aliás, este é o espírito da lei: proteger todas as trabalhadoras gestantes, não fazendo qualquer restrição. Mesmo que assim não fosse, não há qualquer razão para conferir tratamento desigual entre as trabalhadoras gestantes. A disparidade de regime de contratação ou do tipo de atividade desempenhada pela trabalhadora, por si só, não é suficiente para a adoção de um tratamento desigual, pois a igualdade *na lei* (igualdade formal) deve prevalecer para fins de aplicação dos regramentos instituídos pela Lei n. 14.151/2021, de modo a alcançar todas as trabalhadoras gestantes, independentemente do regime de contratação ou do tipo de atividade.

No plano infraconstitucional, ao analisar as normas que versam sobre o direito fundamental à gestante, à maternidade e ao nascituro, verificamos o cuidado dispensado pelo legislador, com o escopo de instituir regramentos capazes de atingir todas as situações-tipo envolvendo as gestantes. A exemplo, citamos a Lei de Planos de Benefícios da Previdência Social (Lei 8.213/91) que garante o pagamento de salário-maternidade para *todas* as seguradas: empregadas, empregadas domésticas, trabalhadora avulsa, segurada especial, inclusive as trabalhadoras desempregadas que contribuem para a previdência social, seja na forma de contribuinte individual ou facultativa, na forma do art. 71 e seguintes da referida lei.

É válido dizer, ainda, que a Nota Técnica nº. 01 de 2021 do Grupo de Trabalho (GT) COVID-19 do Ministério Público do Trabalho, indica diretrizes *"a serem observadas por empresas, pessoas físicas empregadoras, sindicatos e órgãos da Administração Pública nas relações de trabalho, a fim de garantir a proteção de trabalhadoras gestantes, mais vulneráveis ao contágio e efeitos da contaminação pela COVID-19 a partir de 1º de janeiro de 2021"*.

Sublinhe-se que o Ministério Público do Trabalho utiliza o termo "trabalhadoras gestantes", não restringindo a aplicação da recomendação ao âmbito da relação empregatícia (art. 2º e 3º da CLT). Longe disso, indica expressamente que as diretrizes de afastamento das trabalhadoras gestantes devem ser acatadas por empresas, pessoas físicas empregadoras – englobando, portanto, o empregador doméstico – sindicatos, e órgãos da Administração Pública nas relações de trabalho. Podemos acrescentar neste rol as empresas públicas e sociedade de economia mista.

Com base em uma interpretação sistemático-teleológica, extrai-se a conclusão de que a Lei n. 14.151 de 12 de maio de 2021 disse menos do que pretendia dizer, sendo admissível, portanto, a aplicação desta norma a todas as trabalhadoras em estado gestacional.

3. OBRIGATORIEDADE DO AFASTAMENTO E RESPONSABILIDADE PELO PAGAMENTO DA REMUNERAÇÃO

Outro ponto que merece reflexão concerne à obrigatoriedade (ou não) do afastamento da empregada gestante das atividades presenciais.

Segundo o caput do art. 1º da Lei n. 14.151/2021, a empregada gestante *"deverá"* permanecer afastada. Esse vocábulo indica a imposição de um dever ao empregador.

Estamos diante de uma regra de observância obrigatória, cogente, isto é, uma norma que se sobrepõe à vontade do empregador e da gestante. Com efeito, tanto o tomador dos serviços quanto a trabalhadora não podem se opor ao afastamento do regime de trabalho presencial. Ainda, as partes da relação jurídica laboral não podem entabular ajuste em sentido contrário.

Durante o período de afastamento a empregada receberá a *remuneração*, nela compreendida o salário-básico, assim como as demais parcelas integrantes da remuneração como o adicional de insalubridade ou de periculosidade.

Evidentemente, se houver a possibilidade de modificação do regime de trabalho – do presencial para o trabalho à distância, teletrabalho, trabalho remoto ou trabalho no domicílio da empregada – a responsabilidade pelo pagamento da remuneração será do empregador, pois continuará recebendo a prestação dos serviços da empregada gestante, mesmo que à distância.

A divergência surge, entretanto, quando houver incompatibilidade entre a atividade exercida pela trabalhadora e o regime de trabalho à distância.

É possível sustentar que o pagamento da remuneração da trabalhadora deve ser efetuado diretamente pela Previdência Social ou pelo empregador, com posterior compensação quando do recolhimento das contribuições previdenciárias. Essa tese pode ser encampada com base em uma a aplicação (ou interpretação) analógica do art. 394-A da CLT, com redação dada pela Lei 13.467/2017 (Reforma Trabalhista). Segundo este dispositivo, a empregada gestante ou lactante será afastada de atividade insalubre, sem prejuízo da remuneração devida, inclusive do adicional de insalubridade. Especificamente no §3º do art. 394-A da CLT, a Reforma Trabalhista possibilitou a antecipação da concessão da licença-maternidade com o pagamento as salário-maternidade durante todo o período de afastamento, ainda que ultrapasse os 120 dias previstos na norma previdenciária, na hipótese de impossibilidade de realocação da trabalhadora em local de trabalho salubre nas dependências da empresa. Esta situação é qualificada como gravidez de alto risco, por esta razão possibilitaria a *concessão antecipada da licença-maternidade (salário-maternidade)*, nos moldes da Lei n. 8.213/91.

O regramento prescrito pela CLT guarda relação com as características da Lei n. 14.151/2021. O desenvolvimento da atividade presencial pela empregada gestante durante a pandemia do novo coronavírus é tão nocivo à saúde da empregada gestante quanto o labor em ambiente insalubre.

De nossa parte, entendemos que a medida imposta pela Lei n. 14.151/2021 promove a efetiva proteção da gestante, respeita os preceitos basilares essenciais à pessoa humana, como a vida, a saúde, previdência social, proteção à maternidade e à infância (art. 6º da CF/88). Retira a empregada gestante de uma situação de vulnerabilidade, isto é, de ambientes potencialmente lesivos à saúde da trabalhadora, na linha das recentes decisões proferidas pelo Supremo Tribunal Federal.[277]

---

[277] O Supremo Tribunal Federal no Julgamento da ADI n. 5938, de relatoria do Ministro Alexandre de Moraes, assentou o entendimento de que *"A Constituição Federal proclama importantes direitos em seu artigo 6º, entre eles a proteção à maternidade, que é a ratio para inúmeros outros direitos sociais instrumentais, tais como a licença-gestante e o direito à segurança no emprego, a proteção do mercado de trabalho da mulher, mediante incentivos específicos, nos termos da lei, e redução dos riscos ineren-*

Comungando deste entendimento, o Ministério Público do Trabalho aponta nas considerações da Nota Técnica nº. 01 de 2021 do Grupo de Trabalho (GT) COVID-19 que o risco desencadeado pela pandemia do novo coronavírus se equipara *"às hipóteses de exposição a agentes insalutíferos, em razão do risco acentuado"*, e, com base no princípio da precaução, recomenda o afastamento das gestantes dos locais de trabalho que representem risco de contaminação, com preservação da remuneração.

Aliás, a jurisprudência tem reconhecido o novo coronavírus como agente nocivo à saúde dos empregados, conforme julgado a seguir:

> SUSCITAÇÃO DE INCIDENTE DE ASSUNÇÃO DE COMPETÊNCIA (IAC). ART. 947 DO CPC. ADICIONAL DE INSALUBRIDADE. GRAU MÁXIMO. COVID-19. DESNECESSIDADE DE PROVA PERICIAL. Hipótese de relevante questão de direito, com grande repercussão social, ante o impacto econômico na categoria dos profissionais da saúde do Estado do Ceará, sujeitos ao contágio da COVID-19. Temática central que reside na possibilidade de majoração do adicional de insalubridade ao grau máximo, de 40%, independentemente de prova pericial. NR 32 do Ministério da Economia. Art. 192 da CLT. Incidente acolhido. (TRT-7 - MS: 00801869220205070000, relator: Jose Antonio Parente da Silva, data de julgamento: 6/10/20, seção especializada I, Data de Publicação: 6/10/20)

É preciso reconhecer, no entanto, a existência de posicionamento jurisprudencial em sentido contrário, afastando o adicional de insalubridade em decorrência do desenvolvimento de atividade presencial com exposição ao COVD-19, sob o fundamento de ausência de base legal. Vejamos a seguinte ementa:

> RECURSO ADMINISTRATIVO. ADICIONAL DE INSALUBRIDADE. ATIVIDADE PRESENCIAL DOS SERVIDORES ANALISTAS JUDICIÁRIOS. PANDEMIA DO COVID-19. AUSÊNCIA DE PREVISÃO LEGAL. PAGAMENTO INDEVIDO. O adicional de insalubridade tem sua origem no ambiente laboral que traz ao trabalhador riscos à sua saúde. Não obstante, não basta a existência

---

tes ao trabalho, por meio de normas de saúde, higiene e segurança. A proteção contra a exposição da gestante e lactante a atividades insalubres caracteriza-se como importante direito social instrumental protetivo tanto da mulher quanto da criança, tratando-se de normas de salvaguarda dos direitos sociais da mulher e de efetivação de integral proteção ao recém-nascido, possibilitando seu pleno desenvolvimento, de maneira harmônica, segura e sem riscos decorrentes da exposição a ambiente insalubre (CF, art. 227). A proteção à maternidade e a integral proteção à criança são direitos irrenunciáveis (...) **[ADI 5.938***, rel. min. Alexandre de Moraes, j. 29-5-2019, P, DJE de 23-9-2019.]"*, e tais direitos não podem ser afastados, sob pena de acarretar prejuízo à gestante ou ao seu filho.

de previsão legal para o pagamento do adicional de insalubridade, pois o próprio art. 192 da CLT, que prevê o pagamento do adicional aos trabalhadores em geral, dispõe que o Ministério do Trabalho definirá quais os limites de tolerância das condições de trabalho. Ademais, o adicional em comento necessita de norma regulamentadora que disponha quais as atividades que expõem o empregado a agentes nocivos à saúde. **Embora o coronavírus seja sabidamente altamente contagioso, restando evidente o risco da exposição, não há norma regulamentadora a respeito da insalubridade decorrente desse agente patogênico. Ademais, não há como classificar a exposição dos servidores que laboram em atividade presencial como habitual e permanente ao novo coronavírus, mormente por não se tratar a atividade jurisdicional de serviço essencial, indispensável ao atendimento das necessidades inadiáveis da comunidade, como potencial exposição ao agente patológico, principalmente em razão das inúmeras medidas sanitizantes adotadas pelos órgãos judiciários. Nesse contexto, não é devido o adicional de insalubridade pleiteado pela entidade representativa dos servidores àqueles que laboram em trabalho presencial, por falta de amparo legal. (TRT-12 – RecAdm: 00105137120205120000 SC, Relatora Des. Gisele Pereira Alexandrino, Secretaria do Tribunal Pleno, Data de Publicação: 22/03/2021).**

No tocante ao afastamento da empregada gestante das atividades insalubres com a antecipação da licença-maternidade com prazo de duração espraiado, a doutrina trabalhista põe em dúvida a constitucionalidade do §3º do art. 394-A da CLT.

Homero Batista Mateus da Silva observa que *"Para essa hipótese, a solução prevista pela reforma trabalhista foi antecipar a licença-maternidade da gestante: afora os 120 dias previstos pela Constituição, a mulher pode dar entrada ao pedido de licença como se fosse gravidez de risco. Terá sido essa uma boa solução? Claramente a ideia foi, como dito, socializar os custos da gestação em ambiente insalubre (...), no que a reforma merece elogios, pois não se pode onerar o empregador com um encargo que é social, e não particular. Entretanto, resta saber de onde virá o custeio desse benefício ampliado, haja vista que a Previdência Social está estruturada para pagar 120 dias de licença-maternidade, e não nove meses de licença-maternidade para gestantes em empresas insalubres"*.[278] Acrescenta que o §3º do art. 394-A da CLT é inconstitucional, pois viola o princípio da contrapartida, na medida em que não existe fonte de custeio.[279]

---

[278] Silva, Homero Batista Mateus da. CLT comentada. - 2. ed. - São Paulo: Thomson Reuters Brasil, 2018. p.158

[279] Idem. Silva, 2018.

Na mesma linha argumentativa Luciano Martinez pontua que *"a criação de um salário-maternidade para cobrir uma suposta gravidez de risco — hipótese até então não prevista em lei — atenta contra o **princípio da precedência das fontes de custeio** constante do § 5º do art. 195 da Constituição da República, segundo o qual nenhum benefício ou serviço da seguridade social poderá ser criado, majorado ou estendido sem a correspondente fonte de custeio total"*.[280]

Ítalo Romano Eduardo explica que o princípio da preexistência de custeio, também chamado de princípio da contrapartida, *"tem como objetivo a manutenção do equilíbrio atuarial e financeiro do sistema, de forma que somente poderá haver aumento de despesa quando for determinada uma receita para a cobertura"*.[281]

Apreendemos das lições de Frederico Amado que *"Trata-se de uma situação não regulamentada pela Previdência Social que antecipa e estende o prazo (sem fixação do número de dias) do salário maternidade quando a empregada gestante não puder ser afastada de ambiente insalubre, a exemplo de uma empresa em que todos os locais são insalubres e não há onde realoca-la durante a gestação ou lactação. **Houve uma oneração previdenciária em uma situação que seria mais prudente que o ônus recaísse nos ombros da empresa quando o prazo do salário-maternidade, nesta situação, ultrapassar a 120 dias"*.[282]

Com todo respeito às percepções em sentido diverso, entendemos que é possível sustentar o cabimento da antecipação e concessão de licença-maternidade por prazo superior a 120 dias, bem como a responsabilidade direta da Previdência Social pelo pagamento da remuneração da empregada gestante afastada das atividades presenciais em tempos de pandemia ou de local com *exposição a agentes insalutíferos; ou, se o caso*, a possibilidade de posterior compensação do valor desembolsado pelo empregador. A situação retratada na Lei 14.151/2021 é uma contingência de ordem social, e não particular. Por isso, o ônus pelo pagamento da remuneração não pode ser suportado exclusivamente pelo tomador dos serviços, sob o pretexto da alteridade (art. 2º da CLT).

---

280 Idem. Martinez, 2020, p.642.

281 Eduardo, Italo Romano; Eduardo, Jeane Tavares Aragão. Curso de direito previdenciário - 11. ed. - Rio de Janeiro: Forense; São Paulo: Método, 2015.

282 AMADO, Frederico. p. 936

A Convenção 103 da Organização Internacional do Trabalho (OIT) – promulgada pelo Decreto n. 58.820/1966, posteriormente revogado pelo Decreto n. 10.088/2019, que consolidou atos normativos editados pelo Poder Executivo Federal que dispõem sobre a promulgação de convenções e recomendações da OIT – impõe a concessão de uma licença pré-natal suplementar em caso de doença confirmada por atestado médico como resultante da gravidez (art. III, 5, da Convenção 103 da OIT). O art. 394-A, §3º, da CLT atende aos preceitos da Convenção 103 da OIT e da Constituição Federal de 1988, já que classifica a impossibilidade de transferência da empregada para local salubre como gravidez de alto risco, antecipando a mantendo a concessão da licença-maternidade, agindo como uma espécie de "licença pré-natal" suplementar.

Ademais, cabe destacar que o legislador tem feito inúmeros esforços para arrefecer os impactos econômicos causados pelo novo coronavírus justamente para viabilizar a continuidade das atividades empresariais, preservar o emprego e a renda do trabalhador, além de permitir a sustentabilidade do mercado de trabalho, por intermédio de sucessivas medidas legislativas relacionadas à legislação trabalhista (conf. MPs nº. 927/2020, 936/2020, 1.045/2021 e 1.046/2021). Consequentemente, seria incoerente concluir que a novel legislação tem o propósito de onerar o empregador, em contraposição a todas as medidas adotadas.

Incumbirá, portanto, ao empregador efetuar o pagamento do salário-maternidade devido à respectiva empregada gestante, com posterior compensação do valor despendido no momento do recolhimento das contribuições incidentes sobre a folha de salários e demais rendimentos pagos ou creditados, na forma do art. 72, §1º da Lei n. 8.213/91.

O microempreendedor individual (MEI) recebe tratamento diferenciado. Em caso de licença maternidade, o pagamento da remuneração da empregada é realizado diretamente pela Previdência Social (art. 72, §3º da Lei n. 8.213/91). Ainda, considerando que a lei impõe ao microempreendedor individual a contratação de apenas um(a) empregado(a), havendo a necessidade de afastamento da empregada gestante, será permitida a contratação de outro empregado, inclusive por prazo determinado, até que cessem as condições do afastamento (art. 18-C, §2º, da Lei Complementar n. 123/2006).

O pagamento da remuneração da trabalhadora avulsa, empregada doméstica, empregada contratada mediante contrato de trabalho intermitente ou com jornada de trabalho parcial, durante o período de afastamento, será realizado pela Previdência Social (art. 73 da Lei n. 8.213/91; artigos 100-B e 100-C do Decreto n. 3.048, de 6 de maio de 1999, com redação dada pelo Decreto n. 10.410/2020).

4. SUBSTITUIÇÃO DO REGIME DE TRABALHO PRESENCIAL E AS MEDIDAS TRABALHISTAS ALTERNATIVAS

Como dito anteriormente, o parágrafo único do art. 1º da Lei n. 14.151/2021, admitiu a substituição do regime de trabalho da gestante durante a pandemia. A trabalhadora ficará à disposição do empregador para executar as suas atividades em seu domicílio, por meio de teletrabalho, trabalho remoto ou outra forma de trabalho a distância.

O **trabalho à distância** é o serviço prestado fora das dependências do empregador, isto é, longe das vistas do empregador. A expressão "à distância" tem significado amplo, uma vez que o serviço externo pode ser prestado em qualquer lugar. Citamos como exemplo o teletrabalhador, o vendedor externo (viajante ou pracista), o promotor de vendas, o motorista, o "motoboy", etc. O trabalho à distância é gênero, enquanto o trabalho em domicílio e o teletrabalho são espécies daquele.

A compreensão do **trabalho em domicílio** exige a compreensão do significado e extensão do termo "domicílio". O domicílio é uma expressão originária do latim *domicilium que significa casa de residência, localidade onde se tem residência, morada habitual ou habitação.*[283] Na perspectiva da trabalhista, a residência do trabalhador é o domicílio profissional do empregado, isto é, o local de prestação de serviços do trabalhador. O trabalho em domicílio, portanto, exprime a ideia de prestação de serviços na residência, morada ou habitação do empregado.

Eduardo Gabriel Saad aponta que o trabalho em domicílio era muito frequente na indústria têxtil e na confecção de roupas. O empregador firmava contrato de trabalho com o empregado, fornecia todos os equipamentos necessários (máquina de costura ou tear, por exemplo) e os serviços eram executados na residência do trabalhador.[284]

---

[283] residência | s. f. nome feminino. 1. Morada habitual num lugar, domicílio. 2. Casa onde se reside, morada. 3. Casa de habitação dada pelo governo, autoridades locais ou corporação, para certos funcionários residirem, enquanto exercerem as suas funções na localidade. 4. [Regionalismo] Habitação do pároco. [in Dicionário Priberam da Língua Portuguesa, 2008-2020, https://dicionario.priberam.org/resid%C3%AAncia (consultado em 07-01-2021)].

[284] Idem. Saad, 2019.

O avanço tecnológico potencializou o trabalho à distância, permitindo o uso de instrumentos telemáticos ou informatizados na prestação de serviços.

Sergio Pinto Martins menciona que as tecnologias acabaram criando *"uma nova forma de subordinação, pois o empregado pode até não ficar subordinado diretamente ao empregador, mas indiretamente. Passa a existir uma 'telessubordinação' – ou subordinação virtual – (...) há subordinação à distância, uma subordinação mais tênue do que a normal. O empregador também passa a utilizar a 'teledireção', ou seja, o poder de direção do empregador passa a ser empregado à distância"* [285].

O **teletrabalho** foi regulamentado com a Reforma Trabalhista (Lei n. 13.467/2017) que acrescentou o art. 75-A e 75-D à CLT. É a atividade desenvolvida preponderantemente fora das dependências do empregador, com a utilização de tecnologias de informação que não são enquadradas como trabalho externo (art. 75-B, CLT). A MP n. 927/2020 autorizou a substituição do regime de trabalho presencial pelo teletrabalho. Esta medida foi reeditada pela MP n. 1.046/2021.

A possibilidade de substituição do regime de trabalho presencial para a modalidade remota (home office) também foi recomendada pelo Ministério Público do Trabalho na Nota Técnica nº. 01 de 2021 do Grupo de Trabalho COVID-19.[286] Para além disso, recomendou o afastamento da trabalhadora do comparecimento ao local de trabalho em caso de incompatibilidade da atividade laboral com a modalidade home office e ***acentuado risco de contaminação*** no convívio social (inclusive no ambiente laboral).[287]

Recomendou, ainda, a adoção de uma medida intermediária: a implementação de um *"**plano de contingenciamento**, designando-as para outros **setores de menor risco de contágio** (seja em setores preferencial-*

---

285 Idem. Martins, 2020, p. 252.

286 Nota Técnica nº. 01 de 2021 do Grupo de Trabalho COVID-19: *"[...] 02. GARANTIR, sempre que possível, às trabalhadoras gestantes, o direito a realizar as suas atividades laborais de modo remoto (home office), por equipamentos e sistemas informatizados, quando compatível com a função;"*

287 Nota Técnica nº. 01 de 2021 do Grupo de Trabalho COVID-19: *"[...] 03. GARANTIR que trabalhadoras gestantes sejam dispensadas do comparecimento ao local de trabalho, no caso de não ser compatível a sua realização na modalidade home office, com remuneração assegurada, durante todo o período em que haja acentuado risco de contaminação no convívio social [...]".*

mente com atividade em home office ou setores com reduzido número de trabalhadores, em espaços arejados ou isolados), com direito a rodízio de escalas de jornada e a horários de trabalho que permitam o deslocamento por transporte público fora dos horários de maior movimento, quando não seja garantido o transporte fretado".[288]

A medida intermediária sugerida pelo MPT não se sobrepõe à imposição legal de afastamento da empregada gestante da atividade presencial. A Lei n. 14.151/2021 é expressa quanto ao afastamento da trabalhadora gestante das atividades presenciais, independentemente da mitigação dos riscos de contágio ou a realocação em setores da empresa com menor número de trabalhadores, em espaços arejados ou isolados.

A medida legal extrema tem o propósito de eliminar qualquer risco de infecção pelo novo coronavírus às trabalhadoras gestantes, considerando o estado de vulnerabilidade deste grupo, a imunodeficiência durante o estado gestacional, a falta de tratamento farmacológico e a alta suscetibilidade ao contágio. A atividade presencial, ainda que em menor extensão, expõe as trabalhadoras à infecção por covid-19. Ademais, a empregada estará desprotegida no percurso entre a sua residência e o trabalho, e vice-versa.

Não sendo possível a implementação do trabalho remoto, o Ministério Público do Trabalho propõe algumas medidas alternativas ao empregador, dentre elas: a interrupção do contrato de trabalho; a concessão de férias coletivas, integrais ou parciais; a suspensão dos contratos de trabalho (lay off); a suspensão do contrato de trabalho para fins de qualificação (art. 476-A da CLT); dentre outras permitidas pela legislação vigente, aptas a garantir o distanciamento social. Alguns juristas acrescentam a esse rol a suspensão temporária do contrato de trabalho (MP n. 1.045/2021), assim como a antecipação de férias individuais (MP n. 1.046/2021).

O empregador poderá lançar mão de tais expedientes, pois, além de assegurar o distanciamento social às trabalhadoras gestantes, preservam os empregos e a renda das trabalhadoras, permitem a sustentabilidade do mercado de trabalho e abrandam os efeitos econômicos aos empregadores. Independentemente da medida elegida, o tomador de serviços deve garantir o pagamento integral da remuneração à trabalhadora. Na eventualidade do expediente utilizado pelo empregador não resultar no pagamento integral da remuneração da trabalhadora,

---

[288] Item 04 da Nota Técnica nº. 01 de 2021 do Grupo de Trabalho COVID-19.

este valor deverá ser complementado pelo empregador. Neste quadro, a Lei n. 14.151/2021 pode ser mais favorável à trabalhadora gestante.

5. POLÊMICAS ENVOLVENDO O AFASMTAMENTO DA EMPREGADA GESTANTE E AS CONSEQUENCIAS DA OMISSÃO DO EMPREGADOR

Existe debate sobre o afastamento da trabalhadora gestante que já recebeu todas as doses da vacina contra a COVID-19.

Os estudos sobre a vacinação em pacientes grávidas são incipientes. A conceituada Fundação Oswaldo Cruz (FIOCRUZ), responsável pela promoção de estudos clínicos e produção de vacinas contra a COVID-19, aponta que *"a vacinação em gestantes tem sido recomendada em diversos países, em condições diferenciadas. Trata-se de uma questão complexa, em razão da não inclusão deste grupo da população em estudos clínicos de fase 3 de todas as vacinas de Covid-19"*.[289] Essa complexidade se justifica no fato de inexistir estudos acerca da segurança de aplicação da vacina nas pacientes gestantes, pois algumas delas apresentaram efeitos colaterais, a princípio, decorrentes da vacina. Sem embargo, não há qualquer indicativo de ineficácia da vacina relativamente a este grupo.

Isso não significa a imunidade plena em relação ao novo coronavírus. Estudos apontam que o vírus Sars-Cov-2 está em constante mutação, de forma que é possível a infecção (ou reinfecção) por novas variantes do coronavírus. A máxima cautela impõe, portanto, o dever de afastar a trabalhadora gestante do regime de trabalho presencial para evitar a infecção ou reinfecção por novas variações do novo coronavírus.

O afastamento da trabalhadora pressupõe a comunicação do estado gravídico ao empregador. Havendo ciência prévia do empregador quanto à gestação da trabalhadora, o afastamento deve ser promovido imediatamente.

Destacamos que o empregador não pode exigir exame médico de gravidez à empregada ou a indicação do número do Código Internacional de Doenças (CID) em eventual atestado médico. A doutrina e a jurisprudência dominante entendem que não cabe a exigência do exame ou atestado de gravidez em nenhuma hipótese – na ad-

---

[289] Fundação Oswaldo Cruz (FIOCRUZ) - < https://portal.fiocruz.br/noticia/fiocruz-acompanha-investigacao-de-evento-adverso-grave > [acessado em 18/05/2021].

missão, durante o contrato de trabalho, ou no momento da dispensa do empregado – diante de expressa proibição legal nesse sentido (Lei 9.029/1995)[290], sob pena de violar o direito à intimidade da empregada e caracterizar medida discriminatória (art. 5º, V e X, CF; art. 223-A e seguintes da CLT; Lei 9.029/1995).

A omissão ou recusa no afastamento da trabalhadora gestante do labor presencial durante a pandemia do novo coronavírus, seja qual for a idade gestacional, pode ensejar a responsabilização civil, administrativa e criminal do empregador, conforme delineado nas considerações da Nota Técnica nº. 01 de 2021 do Grupo de Trabalho (GT) COVID-19 do MPT.

A responsabilização civil ocorrerá em caso de dano material ou extrapatrimonial, decorrente da infecção da trabalhadora no local de trabalho pela COVID-19, como o custeio de tratamento médico, medicamentos, pensão mensal em caso de sequelas incapacitantes da doença, sem prejuízo do pagamento de indenização por dano extrapatrimonial em decorrência da morte fetal ou da trabalhadora.

No âmbito administrativo, o tomador de serviços poderá ser autuado pelo Auditor Fiscal do Trabalho. Estes servidores públicos são responsáveis por garantir, em todo o território nacional, o cumprimento de disposições legais e regulamentares, inclusive as relacionadas à segurança e à medicina do trabalho, no âmbito das relações de trabalho e de emprego (Lei nº 10.593/2002 e Lei nº 11.457/2007).

A conduta do empregador também estará sujeita às sanções penais tipificadas pelo art. 132 do Código Penal. De acordo com este disposi-

---

[290] Lei 9.029/1995, Art. 2º: Constituem crime as seguintes práticas discriminatórias: I - a exigência de teste, exame, perícia, laudo, atestado, declaração ou qualquer outro procedimento relativo à esterilização ou a estado de gravidez; II - a adoção de quaisquer medidas, de iniciativa do empregador, que configurem; a) indução ou instigamento à esterilização genética; b) promoção do controle de natalidade, assim não considerado o oferecimento de serviços e de aconselhamento ou planejamento familiar, realizados através de instituições públicas ou privadas, submetidas às normas do Sistema Único de Saúde (SUS). Pena: detenção de um a dois anos e multa. Parágrafo único. São sujeitos ativos dos crimes a que se refere este artigo: I - a pessoa física empregadora; II - o representante legal do empregador, como definido na legislação trabalhista; III - o dirigente, direto ou por delegação, de órgãos públicos e entidades das administrações públicas direta, indireta e fundacional de qualquer dos Poderes da União, dos Estados, do Distrito Federal e dos Municípios.

tivo legal, comete ilícito penal, aquele que expõe a vida ou a saúde de outrem a perigo direto e iminente.

Cezar Roberto Bitencourt ensina que "*O bem jurídico protegido é a incolumidade física e a saúde da pessoa humana. Apresenta particularidade relativamente ao meio através do qual o bem jurídico pode ser atingido: contágio de moléstia grave*". Adverte que "*se sobrevier a morte da vítima, eventual punição por esse dano deslocará a tipificação da conduta para outro dispositivo, que poderá ser o 121 ou o 129, § 3º, em clara demonstração de que a vida não está protegida por este artigo legal, pelo menos imediatamente*".[291]

Ou, ainda, poderá ser enquadrada em outra figura típica: a infração de medida sanitária preventiva descrita no art. 268 do Código Penal. Tal dispositivo descreve como conduta ilícita "*Infringir determinação do poder público, destinada a impedir introdução ou propagação de doença contagiosa*", com pena de detenção de 1 mês a 1 ano e multa. A doutrina indica que tem como objetivo proteger a incolumidade da saúde pública, estando vinculado ao dever do Estado de instituir medidas para a redução do risco de doenças (art. 196 da CF). É uma norma penal em branco, em outras palavras, será complementada por norma complementar emanada pelo Poder Público.

De mais a mais, a omissão ou recusa do empregador em afastar a empregada gestante pode configurar falta grave, por expor a empregada gestante a perigo manifesto de mal considerável, na forma do art. 483, "c", da CLT.

Eduardo Gabriel Saad leciona que haverá perigo de mal considerável quando o empregado "*é compelido a trabalhar sob condições perigosas sem que a empresa adote as medidas previstas em lei ou recomendadas pela prudência para que nada aconteça de nocivo à saúde daquele. Mal considerável também pode haver em ambiente insalubre porque nele se faz presente um agente agressivo (químico, físico ou biológico) causador de doença profissional ou do trabalho*", sem que haja providência sanitárias pelo empregador.[292]

Acerca disso, Wagner Giglio assinala que "*Não é necessário enfrentar o perigo, e pouco importa se este resulta das instalações, do próprio serviço ou da maneira de executá-lo. Mas o perigo deve ser objetivo,*

---

[291] Bitencourt, Cezar Roberto. Código penal comentado. – 10. ed. – São Paulo : Saraiva Educação, 2019.

[292] p. 837-838

*indiscutível, e não subjetivo, do estado de espírito amedrontado do trabalhador. **O perigo deve constituir ameaça direta à integridade física do empregado**, e não indireta, à sua saúde. E o mal deve ser considerável, ou seja, relevante, de vulto".*[293]

Assim tem decidido os Tribunais Trabalhistas. Vejamos:

> RESCISÃO INDIRETA: as reclamadas pretendem a reforma da sentença que reconheceu a rescisão indireta do contrato de trabalho. Analisa-se. [...] Com efeito, a análise dos autos permite constatar que a reclamada firmou com o autor acordo de suspensão do contrato por 60 dias (22/4/2020 a 21/06/2020), seguido de concessão de férias no período de 21/06/2020 a 30/06/2020 (ID 9c58be4 Pág. 2/3). Celebraram também acordo de redução salarial e jornada, datado de 29/06/2020 (ID 9c58be4 - Pág. 1). **Em exame médico posterior ao retorno do autor às atividades, datado de 26/08/2020, o médico da empresa declarou que ele pertence ao grupo de risco e recomendou que se avaliasse "qual modalidade a ser adotada de distanciamento de risco trabalho" .(relatório médico - ID dc7cb20. A despeito disso, a reclamada o escalou para prestar serviços em diversas tomadoras, distantes de sua residência, fato que o obrigava a utilizar o transporte público, sem que as rés tenham feito prova da adoção de qualquer outra medida visando a garantir sua proteção, considerando que as atividades de porteiro não se enquadram na categoria de serviços essenciais**. Os prints extraídos do whatsapp (ID 311aeed) confirmam, por exemplo, que nos dias 18/09 e 22/09/2020 o autor foi escalado para trabalhar nas empresas Select Trucks e Faculdade Unifenas. Em virtude da distância em que se situavam relativamente à sua residência, a escalação o obrigava a utilizar duas conduções para a ida e duas para a volta (cf. trajetos informados -ID 83c875e e a94b421). Quanto à opção oferecida no anterior local de trabalho, empresa MIP Engenharia, o autor alegou temor frente à grande rotatividade de pessoas (print de ID 311aeed - Pág. 3). Nesse contexto, ainda que não tenha ficado devidamente comprovada a alegação de que a esposa do autor faça controle de diabetes e hipertensão, uma vez que foram juntados apenas a certidão de casamento e dois receituários médicos (ID dd24165), **não se pode desconsiderar que o próprio reclamante faz parte do grupo considerado de risco para a Covid-19, por contar 64 anos de idade, e também que as atividades de porteiro não se enquadram na categoria de serviços essenciais. Tais circunstâncias, por si só, justificariam a adoção, pelas rés, de medidas capazes de assegurar condições seguras de trabalho ao autor, encaminhando-o para setor ou atividade com menor potencial de contágio ou circulação de pessoas, possibilitando que exercesse suas funções presencialmente, conforme, refrise-se, recomenda-

---

[293] Apud Calvo, Adriana Manual de direito do trabalho. – 5. ed. – São Paulo: Saraiva Educação, 2020.

ção médica de distanciamento no trabalho, o que não foi observado. Diante do quadro acima delineado, tem-se por correta a sentença que reconheceu a rescisão indireta, na forma do art. 483, "c", da CLT. [...] (TRT-3 ROPS: 106332420205030014 MG, Relator Des. Marcus Moura Ferreira, 10ª Turma, Data de Julgamento: 05/04/2021, Data de Publicação: 07/04/2021).

RESCISÃO INDIRETA. FRENTISTA GESTANTE. RECUSA DO EMPREGADO À TRANSFERÊNCIA DE FUNÇÃO. PERIGO DE MAL CONSIDERÁVEL. Tem a frentista de posto de abastecimento, durante a gravidez, e quando suas condições de saúde comprovadamente o exigirem, direito à transferência de função, nos termos do art. 392, §4º, I, da CLT. Recusada pelo empregador a medida, correta a sentença que acolhe o pleito de rescisão oblíqua do contrato de trabalho, por aplicação do art. 483, c, da CLT. Recurso da reclamada a que se nega provimento. (TRT-24 00006330520005240777, Relator Des. Márcio Eurico Vitral Amaro, Tribunal Pleno, Data de Publicação: 04/12/2000)

RESCISÃO INDIRETA, PERIGO MANIFESTO DE MAL CONSIDERÁVEL. Não se admite a inercia do empregador quanto à observância de normas relacionadas à saúde e proteção de seus empregados, mormente quando este descumprimento acarreta risco iminente de vida. No caso dos autos, verificou-se, por meio da prova testemunhas, que a empregadora não respeitava as noras de saúde e segurança do trabalho, ao exigir que o trabalhador – sem qualquer proteção – escalasse prateleiras com cerca de cinco metros de altura para retirada de mercadorias, o que, por si só, gera perigo manifesto de mal considerável, apto a ensejar a rescisão indireta do contrato de trabalho, com fulcro no artigo 483, alínea c, da CLT. Recurso da ré a que se nega provimento. (TRT-23 – ROT: 00013479520145230007 MT, Relator Des. Juliano Pedro Garardello, Data de Publicação: 17/07/2015)

Indiscutivelmente o novo coranavírus representa uma ameaça direta à saúde, integridade física, maternidade e à vida das trabalhadoras gestantes, de modo que a omissão do empregador em afastar as empregadas gestantes do regime de trabalho presencial configura falta grave do empregador, apta a ensejar a rescisão indireta do contrato de trabalho, por exposição do empregador a perigo de mal considerável, na forma do art. 483, "c", da CLT. De igual maneira, a Lei Complementar 150/2015, que regulamenta a relação empregatícia doméstica, também admite a rescisão indireta do contrato de trabalho com base e exposição do empregado doméstico à perigo manifesto de mal considerável (cf. art. 27, § único, inciso III, da LC 150/2015).

Lado outro, ressaltamos que cabe ao empregado observar as normas de segurança e medicina do trabalho, inclusive as instruções dos empregadores sobre as ordens de serviço, quanto às precauções a tomar no sentido de evitar acidentes de trabalho ou doenças ocupacionais (art. 158, I e II, da CLT). A inobservância das normas de saúde, higiene e segurança do trabalho pelo empregador, das instruções do empregador sobre tais normas, ou, ainda, a recusa do uso de equipamentos individuais, constitui falta grave, na forma do art. 158, parágrafo único, da CLT.

Ao proceder o afastamento da empregada caberá ao empregador instruí-la quanto ao dever de observância às normas de isolamento social, como extensão das normas de saúde e segurança do trabalho, bem como adverti-la sobre os comportamentos que podem ocasionar a dispensa por justa causa durante este período, como, por exemplo, a participação da trabalhadora gestante em festas, eventos, espetáculos, aglomerações, ou passeios em desacordo com as normas de isolamento social.

Não estamos dizendo que a empregada não poderá sair da sua casa para realizar tarefas estritamente necessárias, como, v.g., ir ao médico ou comprar mantimentos. O que deve ser censurado são as condutas que infrinjam os protocolos de isolamento social, as diretrizes de distanciamento social ou de higiene pessoal (o uso de máscara em local público, por exemplo).

Em conclusão, tão logo seja comunicado do estado gravídico, o empregador deve proceder imediatamente o afastamento da empregada gestante das atividades presenciais, com o pagamento da remuneração, modificando o regime de trabalho da empregada ou adotando medidas trabalhistas alternativas, se o caso. O exegeta, no que lhe couber, deve interpretar a norma com equilíbrio, ponderando os princípios e regras de Direito do Trabalho, sem deixar de lado o caráter teleológico das normas editadas durante a pandemia, que visam não só preservar o emprego e a renda, mas, também, amenizar o impacto econômico gerado pela pandemia do novo coronavírus.

CAPÍTULO XIX.
MEIO AMBIENTE DO TRABALHO

1. INTRODUÇÃO

A Constituição Federal consagra a dignidade da pessoa humana, os valores sociais do trabalho a livre iniciativa como fundamentos do Estado Democrático de Direito (art. 1º, III e IV, CF), bem como o direito à saúde (art. 6º), a redução dos riscos inerentes ao trabalho, por meio de normas de saúde, higiene e segurança (art. 7º, XXII).

O art. 225, V, da Constituição Federal estabelece que *"Todos têm direito ao meio ambiente ecologicamente equilibrado, bem de uso comum do povo e essencial à sadia qualidade de vida, impondo-se ao Poder Público e à coletividade o dever de defendê-lo e preservá-lo para as presentes e futuras gerações"*, incumbindo ao Poder Público *"controlar a produção, a comercialização e o emprego de técnicas, métodos e substâncias que comportem risco para a vida, a qualidade de vida e o meio ambiente"*.

Raimundo Simão de Melo[294] aponta que

> No inciso XIII do art. 7' assegura-se a "duração do trabalho normal não superior a oito horas diárias e quarenta e quatro semanais, facultada a compensação de horários e a redução da jornada, mediante acordo ou convenção coletiva de trabalho"; no inciso XIV, 'jornada de seis horas para o trabalho realizado em turnos ininterruptos de revezamento, salvo negociação coletiva'; e, no inciso XXIII, 'adicional de remuneração para as atividades penosas, insalubres ou perigosas, na forma da lei'. São exemplos de tutela constitucional do meio ambiente do trabalho que visam a eliminação ou diminuição dos riscos para saúde e integridade física dos trabalhadores".

No âmbito do internacional as convenções nº 148, 155, 161 e 170 da Organização Internacional do Trabalho regulamentam a matéria.

---

[294] Raimundo Simão de Melo. Impactos da reforma trabalhista sobre o meio ambiente do trabalho e a saúde dos trabalhadores. Revista do Advogado. Ano XXXVIII N'137. São Paulo: AASP, Março de 2018

A esse conjunto de normas protetivas, sob a ótica do Direito do Trabalho, dá-se o nome de meio ambiente do trabalho, ou seja, um conjunto de normas que visam propiciar um ambiente salubre e seguro ao empregado, evitando o surgimento de doenças e acidentes de trabalho.

A doutrina classifica o meio ambiente em: (a) meio ambiente natural; (b) meio ambiente artificial; (c) meio ambiente cultural; e, (d) meio ambiente do trabalho.

A esse respeito, Ricardo Jahn e Gustavo Borges[295] ensinam que

> "O meio ambiente natural ou físico é constituído de solo, água, flora e fauna, representando o equilíbrio dinâmico entre os seres vivos na terra e o meio em que vivem (CF, art. 225, § 1º, inc. I e VII). [...] O meio ambiente artificial é o espaço urbano habitável, constituído pelo conjunto de edificações, ligado ao conceito de cidade (não exclui os espaços rurais artificiais criados pelo homem). Diz respeito aos espaços fechados e equipamentos públicos, sendo seu principal valor a sadia qualidade de vida e a dignidade da pessoa humana. [...] O meio ambiente cultural diz respeito à história, formação e cultura de um povo. Embora artificial, como sendo obra do homem, difere do anterior, que é cultural, tendo assim um sentido especial. [...] O meio ambiente do trabalho é o local onde as pessoas desempenham suas atividades laborais, sejam remunerados ou não, cujo equilíbrio está baseado na salubridade do meio e na ausência de agentes que comprometam a incolumidade físico-psíquica dos trabalhadores, independente da condição que ostentam (homens ou mulheres, maiores ou menores de idade, celetistas ou servidores públicos, autônomos, etc.)".

Para Sidnei Machado (LTr, 2001, p. 66-67 apud . Carlos Henrique Bezerra Leite, 2019), o meio ambiente de trabalho é *"conjunto das condições internas e externas do local de trabalho e sua relação com a saúde dos trabalhadores"*.

Carlos Henrique Bezerra Leite indica que o conceito de meio ambiente de trabalho deve ser analisado sob uma concepção moderna, pois relaciona-se com o direitos humanos - notadamente o direito à vida, à segurança e à saúde -, superando, portanto, a concepção tradicional que reduzia o meio ambiente de trabalho às normas técnicas da CLT e das Normas Regulamentadoras do Ministério do Trabalho[296].

---

295 RICARDO JAHN e GUSTAVO BORGES. SAÚDE E SEGURANÇA DO TRABALHADOR E "NOVAS" RELAÇÕES DE TRABALHO. Revista de Direito do Trabalho. ___: Revista dos Tribunais, janeiro de 2019.

296 Leite, Carlos Henrique Bezerra. Curso de direito do trabalho. – 11. ed. – São Paulo : Saraiva Educação, 2019.

O direito constitucional ao meio ambiente salubre e equilibrado é um direito fundamental individual do trabalhador, como medida protetiva à saúde, à vida, à dignidade do trabalhador, bem como um direito social ou coletivo, pois, segundo a melhor doutrina, trata-se de um direito fundamental de terceira geração.

No âmbito infraconstitucional *a* Lei 6.938/81, que dispõe sobre a política nacional do meio ambiente, define a expressão "meio ambiente", como *"o conjunto de condições, leis, influências e interações de ordem física, química e biológica, que permite, abriga e rege a vida em todas as suas formas".*

A Consolidação das Leis do Trabalho reservou um capítulo exclusivamente para tratar das normas de segurança e medicina do trabalho (art. 154 a 201), considerando a relevância da matéria.

Segundo o art. 155 da CLT compete ao órgão de âmbito nacional, em matéria de segurança e medicina do trabalho, a incumbência de: a) estabelecer normas de saúde, higiene e segurança de trabalho; b) coordenar, orientar, controlar e supervisionar a fiscalização e as demais atividades relacionadas com a segurança e a medicina do trabalho em todo o território nacional, inclusive a Campanha Nacional de Prevenção de Acidentes do Trabalho; c) conhecer, em última instância, dos recursos, voluntários ou de ofício, das decisões proferidas pelos Delegados Regionais do Trabalho, em matéria de segurança e medicina do trabalho.

Atualmente a competência para regulamentar sobre segurança, medicina e saúde do trabalho é da Secretaria Especial de Previdência e Trabalho do Ministério da Economia - que incorporou a maioria das atribuições do extinto Ministério do Trabalho e Emprego.

A esse respeito é importante ressaltar que existe um movimento, no cenário político atual, que pretende a "modernizar *as NRs*", com a revogação de boa parte dessas normas – atualmente trinta e sete normas regulamentadoras - sob o pretexto de simplificar as regras e melhorar as regras vigentes.

Para uma linha de pensadores essa medida seria inconstitucional, pois representaria um retrocesso social, na medida que violariam os direitos humanos (a dignidade da pessoa humana; o direito à vida e à saúde) os direitos fundamentais previsto na constituição, bem como o princípio da máxima eficácia e efetividade das normas definidoras dos direitos fundamentais, do princípio da confiança e da própria noção do mínimo essencial[297].

J. J. Gomes Canotilho (apud Guilherme Guimarães Feliciano; Paulo Douglas de Almeida Moraes, 2019) afirma que

> "o princípio da proibição do retrocesso social pode formular-se assim: o núcleo essencial dos direitos sociais já realizado e efetivado através de medidas legislativas deve considerar-se constitucionalmente garantido, sendo inconstitucionais quaisquer medidas que, sem a criação de esquemas alternativos ou compensatórios, se traduzam na prática em uma anulação, revogação ou aniquilação pura e simples desse núcleo essencial".

Esse princípio decorre da finalidade do Estado Democrático de Direito, da efetivação do princípio estruturante do sistema jurídico constitucional - a dignidade da pessoa humana -, encontra amparo no compromisso com o desenvolvimento progressivo dos Estados na efetivação dos direitos sociais, de acordo com o art. 26 da Pacto de San José da Costa Rica.

Guilherme Guimarães Feliciano e Paulo Douglas de Almeida Moraes[298] explicam que

> "Trata-se da norma–princípio identificada por Sebastião Geraldo de Oliveira como princípio do risco mínimo regressivo; e que, bem sabemos, nada mais é que a manifestação, no campo do Direito Ambiental do Trabalho, do princípio da melhoria contínua, enunciado por diversos jusambientalistas e assim positivado, inclusive, no item 6.1 do Anexo 13-A da NR-15 (para os contextos de exposição ocupacional ao benzeno)"

Os referidos juristas destacam a importância das normas regulamentadoras, sob o prisma dos direitos fundamentais positivados na Constituição Federal e das normas internacionais ratificadas pelo Brasil, destacando ocorre um acidente de trabalho a cada quarenta e nove segundos e que a diminuição do conjunto de regras protetivas à saúde do trabalhador levaria à impactos econômicos estrondosos, já que, segundo as estatísticas da Organização Internacional do Trabalho,

---

[297] Guilherme Guimarães Feliciano; Paulo Douglas de Almeida Moraes. Normas de Saúde e segurança do trabalho na era Bolsonaro: a modernização das normas regulamentadoras. Verdades, possibilidades, constitucionalidade. **Revista LTr. - Vol. 83 -** ———: **LTr, 2019**

[298] Guilherme Guimarães Feliciano; Paulo Douglas de Almeida Moraes. Normas de Saúde e segurança do trabalho na era Bolsonaro: a modernização das normas regulamentadoras. Verdades, possibilidades, constitucionalidade. **Revista LTr. - Vol. 83 -** ———: **LTr, 2019**

os acidentes de trabalho e as doenças ocupacionais, impactam em 4% do PIB de cada país.

> "Vê-se, pois, diante dos dados notificados, que convivemos com a média de um acidente de trabalho a cada 49 segundos. Dentre estes, 17.315 (dezessete mil, trezentos e quinze) acidentes resultaram em óbito, configurando uma morte decorrente de acidente de trabalho a cada 3 horas, 43m e 42s. Vê-se, ainda, o quão falaciosos são os argumentos de redução dos custos de produção como justificativa para a redução do arcabouço normativo de proteção da saúde e da segurança do trabalhador: as externalidades econômicas negativas, em função de acidentes de trabalho e doenças ocupacionais que não foram oportunamente impedidos, giram na monta de R$ 83.126.000,00 com pagamento de benefícios acidentários. A Organização Internacional do Trabalho estima que acidentes e doenças de trabalho consomem cerca de 4% do Produto Interno Bruto de cada país anualmente, o que significa, no Brasil, algo em torno de 272.000.000.000 (duzentos e setenta e dois bilhões de reais), considerando o PIB de 2018 (cerca de 6,8 trilhões)".

Thiago Mendonça de Castro[299], assertivamente pondera que a redução do acidente de trabalho e da doença ocupacional, é um tema que,

> "Importa ao empregado, por questões humanitárias, porque o acidente pode ser fatal e, quando não o for, tem a força de matar aos poucos o trabalhador, seja em razão do desmonte traumático que o acidente do trabalho causa no planejamento de vida deste trabalhador, seja em razão do estigma que carregará para sempre – o que poderá levar à marginalização do acidentado –, seja principalmente porque o acidente-doença do trabalho pode levar a vida de um pai de família, de um irmão, de uma mãe, de uma hora para outra. Importa à empresa porque, com um maior número de acidentes de trabalho, ela passa a pagar uma maior contribuição previdenciária, pode responder judicialmente por força de ações de responsabilidade civil, previdenciária, tributária, criminal, bem como poderá ter diversos custos administrativos e ainda poderá pagar um alto custo social quando a sociedade sabe que a empresa desrespeita os próprios empregados, fato que pode vir a inviabilizar sua sobrevivência. [...]também importa à sociedade, porque além de o Estado ter que reconhecer e conceder benefícios previdenciários acidentários, que são pagos com parte do custeio de toda a Seguridade Social, a qual abrange a Previdência Social, a Assistência Social e a Saúde (art. 194 da CF/88), a própria sociedade, que indiretamente já possui este primeiro custo, terá que absorver o impacto do processo de marginalização do indivíduo que, via de regra, não consegue voltar a trabalhar e, assim, voltar a contribuir com o sistema que o protege".

---

299 Thiago Mendonça de Castro. Revista do TST. - vol. 85, no 4. A saúde e segurança do trabalho e os impactos mais comuns dos acidentes de trabalho. São Paulo: Lexmagister, 2019

Por essa razão, o empregador deverá manter o ambiente de trabalho seguro e saudável, a fim de evitar o surgimento de doença ocupacional ou a ocorrência de acidente de trabalho (art. 157, CLT). Deverá, ainda, cumprir todas as normas de saúde e segurança do trabalho e as determinações específicas dos órgão regionais, bem como facilitar a fiscalização pela autoridade competente.

2. DEVERES DO EMPREGADOR E DO EMPREGADO

A Norma Regulamentadora nº.1 da Secretaria Especial de Previdência e Trabalho do Ministério da Economia (extinto Ministério do Trabalho), estabelece como deveres do empregador:

a. cumprir e fazer cumprir as disposições legais e regulamentares sobre segurança e saúde no trabalho;
b. informar aos trabalhadores: os riscos ocupacionais existentes nos locais de trabalho; as medidas de controle adotadas pela empresa para reduzir ou eliminar tais riscos; os resultados dos exames médicos e de exames complementares de diagnóstico aos quais os próprios trabalhadores forem submetidos; os resultados das avaliações ambientais realizadas nos locais de trabalho.
c. elaborar ordens de serviço sobre segurança e saúde no trabalho, dando ciência aos trabalhadores;
d. permitir que representantes dos trabalhadores acompanhem a fiscalização dos preceitos legais e regulamentares sobre segurança e saúde no trabalho;
e. determinar procedimentos que devem ser adotados em caso de acidente ou doença relacionada ao trabalho, incluindo a análise de suas causas;
f. disponibilizar à Inspeção do Trabalho todas as informações relativas à segurança e saúde no trabalho.
g. implementar medidas de prevenção, ouvidos os trabalhadores, de acordo com a seguinte ordem de prioridade: eliminação dos fatores de risco; minimização e controle dos fatores de risco, com a adoção de medidas de proteção coletiva; minimização e controle dos fatores de risco, com a adoção de medidas administrativas ou de organização do trabalho; e adoção de medidas de proteção individual.

De outro lado, o empregado deve obediência às normas de saúde e segurança do trabalho, acatar as determinações do empregador para que a medida seja efetivamente cumprida, a realização periódica de exames médicos, além de usar os equipamentos de proteção individual fornecidos pelo empregador (art. 158, CLT).

A falta de colaboração do trabalhador, a recusa injustificada no cumprimento das normas de saúde e medicina do trabalho ou da utilização dos equipamentos de proteção individual fornecidos pelo empregador, configura ato faltoso, permitindo ao empregador rescindir o contrato de trabalho por justa causa. (art. 158, parágrafo único, CLT).

Em contrapartida, o descumprimento das normas de saúde e segurança do trabalho pelo empregador possibilita a rescisão indireta do contrato de trabalho, por expor a saúde ou a vida do trabalhador à risco, ou, ainda, por descumprimento das obrigações contratuais (art. 483, "c" e "d", CLT).

3. EQUIPAMENTO DE PROTEÇÃO INDIVIDUAL (EPI)

O equipamento de proteção individual (EPI) é todo dispositivo ou produto, de uso individual, com a finalidade de proteger trabalhador dos riscos à saúde e segurança do trabalho, como, por exemplo, capacete, capuz, Protetor auditivo, Protetor facial, máscaras, luvas vestimentas e calçados.

A empresa é obrigada a fornecer o equipamento de proteção individual, de forma gratuita, adequado ao risco e em perfeito estado de conservação e funcionamento, sempre que as medidas implementadas não ofereçam a proteção integral contra os riscos de acidentes e danos à saúde dos empregados (art. 166, CLT).

O empregador terá a responsabilidade de adquirir o EPI adequado ao risco de cada atividade, exigir seu uso, fornecer equipamentos certificados pelo órgão competente, realizar a substituição em caso de danificação ou extravio, realizar a higienização e manutenção periódica, orientar e treinar o empregado sobre a forma correta de uso, conservação e guarda, bem como registrar a entrega dos equipamentos ao trabalhador, conforme determina a norma regulamentadora (NR) nº 6 da Secretaria Especial de Previdência e Trabalho do Ministério da Economia.

O Tribunal Regional do Trabalho da 2ª Região, manteve a condenação imposta em primeira instância, depois de contatado em perícia que os equipamentos de proteção individual estavam fora do prazo de validade[300], portanto, inaptos ao uso, conforme a ementa abaixo:

> […] Adicional de insalubridade e reflexos. A segunda reclamada requer o afastamento da condenação no pagamento de adicional de periculosidade e reflexos, argumentando que o EPI era corretamente fornecido pela ex-empregadora da autora, afastando o agente nocivo. A primeira ré, por sua vez, nega a ocorrência de insalubridade nas funções da autora, aduzindo que o local onde foi feita a diligência não correspondia aquele onde a autora efetivamente desempenhava as suas atividades. Aduziu, ainda, que comprovou o fornecimento de EPI corretamente, sendo que a durabilidade de 3 meses mencionada no laudo pericial não se justifica. Analiso. A caracterização da insalubridade ou da periculosidade, por força do art. 195, parágrafo 2º da CLT, deve se basear em prova técnica a cargo de perito habilitado, médico ou engenheiro do trabalho. No caso em apreço, o laudo pericial de fls. 731/744, com esclarecimentos de fls. 261/162, elaborado por profissional de confiança do juízo de origem, após diligência realizada na ré, que contou com a presença da autora e dos representantes da reclamada (fls.735), apurou o que se segue:
> "(…)2. EQUIPAMENTO DE PROTEÇÃO INDIVIDUAL (E.P.I.)Por ocasião da realização da perícia, foi informado que a primeira reclamada fornece aos seus empregados, além de uniforme composto por calça e camisa, os seguintes Equipamentos de Proteção Individual, munidos dos respectivos Certificados de Aprovação (C.A.); a saber: - Protetor auricular; - C.A. 11512 - indicado pela reclamante como tendo sido de uso irregular - Luva hyflex; - C.A. 35982- Avental de PVC - C.A. - em uso apenas no posto 70 e por ocasião da realização da vistoria não estava em uso; - Calçado de segurança sem biqueira de aço - C.A. 9017. A reclamada logrou apresentar nos autos, sob ID 50fcc7a, o comprovante de fornecimento de EPIs a reclamante, onde se denota que, em especial o protetor auricular, veio a ser fornecido nas datas de 13/10/10, 18/04/11, 09/06/11, 10/01/12, 17/07/12, 14/09/12, 02/10/12, 26/10/12 e 03/06/13, o que revela que a manutenção de intervalos entre as entregas, se deu entre um e oito meses, o que leva a irregularidade de seu fornecimento, em considerando a durabilidade deste EPI como sendo de três meses, em especial em se considerando os intervalos havidos de 13/10/10 e 18/04/11 e de 09/06/11 a 17/02/12 e assim o sendo após 26/10/12; o que consolida os informes prestados pela reclamante, mas cujas evidencias de fornecimento nos períodos adequados não pode ser desprezada.(…) V - AVALIAÇÕES AMBIENTAIS. 1. Ruído contínuo ou intermitente Para avaliação do nível de ruído, foi utilizado uma decibe-

---

[300] Esse caso ganhou repercussão após o Tribunal Superior do Trabalho negar seguimento ao recurso interposto pela empresa para reformar a decisão proferida pelo Tribunal Regional. (https://www.tst.jus.br/web/guest/-/ind%C3%BAstria-%C3%A9-condenada-por-demora-na-troca-de-protetores-auriculares?inheritRedirect=true, acessado em 27/08/2020)

límetro marca IMPAC modelo IP 170 L, dotado de circuito de integração para avaliação de nível equivalente de ruído - Leq, devidamente ajustado e calibrado a 94 db - 1000 Hz. A medição foi realizada no circuito de compensação A e circuito de resposta lenta (Slow), leituras estas efetuadas próximo ao ouvido do trabalhador, obtendo-se os seguintes resultados: Local: Ala 5 - Pré montagem de tanque de combustível. Nível de ruído medido: 85,7 db(A)Período de exposição: integral. O limite de tolerância para ruído contínuo ou intermitente previsto na Portaria 3214/78, NR-15, Anexo I, para o nível de pressão sonora de 86 db(A), é de máxima exposição diária de 07 (sete) horas. (...) VII – CONCLUSÃO -Em face do exposto, em conformidade com a Portaria 3214/78, NR 15, Anexo nr. 1 - Limites de Tolerância para Ruídos Contínuo e Intermitente, pela exposição a elevados níveis de pressão sonora, conclui este Perito pela existência de condições de insalubridade em grau médio, estando o agente agressor, em conformidade com a já mencionada Portaria 3214, NR 6 - Equipamentos de Proteção Individual, e NR 15 - Atividades e Operações Insalubres, item 15.4.1, letra "b", pelo uso regular do devido e adequado EPI; qual seja o protetor auricular, devidamente neutralizado, nos períodos compreendidos de 13/10/10 a 12/01/11, de 18/04/11 a 08/09/11, de 10/01/12 a 09/04/12, de 17/07/12 a 25/01/13 e de 03/06/13 a 02/09/13; restando assim aos períodos remanescentes, o submetimento ao agente agressor sem a devida proteção, sujeitando-a a insalubridade em grau médio, nos intervalos havidos de 11/08/10 a 12/08/10, de 13/01/11 a 17/04/11, de 09/09/11 a 09/01/12, de 10/04/12 a 16/07/12, de 26/01/13 a 02/06/13 e a partir de 03/09/13 nas atividades e ambiente vistoriado."

Após as impugnações das partes, o sr. Perito prestou os esclarecimentos de fls. 771/776, ratificando a sua conclusão anterior. E a despeito de todas as alegações das rés em sentido contrário, estas não cuidaram de produzir qualquer prova hábil a infirmar a conclusão pericial. Ainda que a primeira ré tenha demonstrado o fornecimento de protetores auriculares à autora, esta não cuidou de comprovar que a durabilidade desde equipamento superasse os três meses mencionados no laudo, ônus processual que lhe competia, nos termos dos arts. 818 da CLT, C.C. ART. 373, II do NCPC. E no que se refere ao local onde foi realizada a perícia, este foi considerado conforme informações prestadas pela autora e pelos representantes da primeira reclamada presentes no dia da diligência. Ademais, como já visto acima, a testemunha da reclamada referiu-se a mudança de local de trabalhando, ressaltando, contudo, que o procedimento, ou seja, as condições de trabalho eram as mesmas. Por todo o exposto, mantenho a conclusão pericial e rejeito os apelos das reclamadas. [...]". (TRT 2- RO **10015325120155020465 – 14ª Turma, Relator Fernando Álvaro Pinheiro, Data de julgamento 28/03/2019)**

É pacífico o entendimento, no âmbito do Tribunal Superior do Trabalho, de que a ausência de certificação do equipamento de proteção individual, pode gerar o direito ao adicional de insalubridade. Vejamos a ementa a seguir:

> RECURSO DE REVISTA REGIDO PELA LEI 13.015/2014. 1. ADICIONAL DE INSALUBRIDADE. FORNECIMENTO DE EPI. CERTIFICADO DE APROVAÇÃO INEXISTENTE. EXIGÊNCIA. SÚMULA 333 DO TST. **O Tribunal Regional manteve a condenação ao pagamento do adicional de insalubridade em grau médio (agente ruído), haja vista a constatação de que a empresa fornecia equipamentos de proteção individual – EPI's, sem o correspondente certificado de aprovação. A jurisprudência do TST vem decidindo no sentido de que o fornecimento de EPI's desprovidos de certificado de aprovação, com o fim de demonstrar a observância dos padrões especificados no normativo técnico pertinente, não elide o direito ao adicional de insalubridade, em face das condições presentes no ambiente de trabalho.** Nesse cenário, a decisão regional encontra-se em consonância com a jurisprudência atual, interativa e notória desta Corte. Incidência da Súmula 333/TST. Recurso de revista não conhecido. [...] (TST – RR - 1552-18.2014.5.12.0012, 7ª Turma - Relator: Ministro Douglas Alencar Rodrigues, Publicado acórdão em 23/06/2017)

O fornecimento de equipamento de proteção individual inadequado, inapto ao uso, deteriorado, equivale a desproteção do empregado, podendo ensejar o pagamento do adicional de insalubridade ou periculosidade.

Essa mesma norma indica que o empregado deve usar o EPI, guardá-lo e conservá-lo, cumprir as determinações do empregador sobre o uso e comunicar eventual desgaste ou danificação que o torne impróprio para uso.

O sindicato, o Ministério Público do Trabalho e os órgãos de controle e fiscalização das normas de saúde, higiene e segurança do trabalho exercem um papel fundamental na exigência do cumprimento dessas normas, podendo inclusive postular a interdição ou embargo do estabelecimento, setor, máquina ou equipamento e exigir providencias para a prevenção de acidentes ou doenças ocupacionais (art. 161, CLT).

4. EXAME MÉDICO

O exame médico é a verificação das condições psíquicas e físicas, realizado por profissional devidamente habilitado.

Por ocasião da admissão, da rescisão contratual e de forma periódica será obrigatória a submissão do trabalhador à exames médicos para a avaliação do seu estado de saúde, verificação da existência de aptidão ou restrição para o exercício da atividade profissional, bem como prevenir o surgimento de doença ocupacional.

O médico do trabalho poderá exigir exames complementares para apuração da capacidade ou aptidão física e mental do empregado para a função que deva exercer (art. 168, §2º, CLT).

Esses exames devem ser custeados pelo empregador (art. 168, caput, da CLT).

A Secretaria Especial de Previdência e Trabalho do Ministério da Economia (extinto Ministério do Trabalho), tem a competência para estabelecer normas e instruções complementares a esse respeito (Art. 168 da CLT).

A Norma Regulamentadora (NR) nº 7, ora em vigência, disciplina a obrigatoriedade de elaboração e implementação, por parte dos empregadores, do Programa de Controle Médico de Saúde Ocupacional (PCMSO), estabelecendo parâmetros e diretrizes a serem observados, como, por exemplo, a realização do exame admissional antes de o trabalhador assumir efetivamente as suas atividades; a periodicidade mínima da realização do exame médico, a depender do risco oferecido pela atividade; a necessidade de realização de exame médico quando o empregado retornar de afastamento médico por período igual ou superior a 30 dias, por acidente ou doença; a realização de exame para a mudança de função, dispensa e etc.

O texto da NR 7 foi alterado pela portaria SEPRT nº 6.734, de 9 de março de 2020, trazendo importantes modificações. Porém, o início da vigência se dará somente a partir de 9 de março de 2021.

De acordo com o art. 2º da Lei 9.029/95, constitui crime "a exigência de teste, exame, perícia, laudo, atestado, declaração ou qualquer outro procedimento relativo à esterilização ou a estado de gravidez".

A doutrina e a jurisprudência são unívocas no sentido de que não cabe a exigência do exame ou atestado de gravidez no momento da admissão ou durante o contrato de trabalho, haja vista a existência de expressa proibição legal nesse sentido (Lei 9.029/1995). Entretanto, no que se refere a exigência do exame de gravidez no momento da dispensa, existe divergência.

Para uma primeira corrente doutrinária é possível a exigência do teste de gravidez no momento da rescisão contratual, com base no princípio da segurança jurídica, para resguardar o direito à estabilidade.

Para o professor Henrique Correia[301],

> *"o empregador não poderá exigir que a empresa realize o teste de gravidez, uma vez que essa medida consistiria em violação ao direito à imunidade da empregada previsto no art. 5º, inciso, X, da CF/88. No entanto – esclarece que – é plenamente possível a solicitação para a realização dos exames no momento da dispensa da empregado. Eventual recursa da empregada impediria que a empregada ingressasse com ação exigindo indenização por danos morais, em razão de dispensa por discriminação, uma vez que a empresa tomou todas as medias necessárias para o direito da empregada gestante".*

Segundo a corrente doutrinária dominante, com a qual concordamos, o empregador não pode exigir o exame de gravidez em nenhuma hipótese, sob pena de violar o direito à intimidade da empregada e caracterizar medida discriminatória, na forma do art. 5º, V e X, CF e da Lei 9.029/1995.

A Reforma Trabalhista incluiu o art. 394-A à CLT, que passou a condicionar o afastamento da empregada gestante de atividades consideradas insalubres em grau médio ou mínimo ou durante o período de lactação, a apresentação de atestado médico. Contudo, o Plenário do Supremo Tribunal Federal (STF), por maioria de votos, julgou procedente a Ação Direta de Inconstitucionalidade (ADI) 5938 para declarar inconstitucionais trechos do art. 394-A da CLT que condicionava o afastamento da gestante a apresentação de atestado de saúde, por afrontar a proteção constitucional à maternidade, à gestação, à saúde, à mulher, ao nascituro, aos recém-nascidos, ao trabalho e ao meio ambiente de trabalho equilibrado.

No canário atual, como medida emergencial de combate à pandemia do coronavírus, foram adotadas diretrizes no sentido de suspender as exigências administrativas relacionadas à segurança e saúde no trabalho, como a obrigatoriedade de exames médicos ocupacionais, clínicos e complementares, exceto dos exames demissionais, ou, ainda de realização de treinamentos (art. 15 a 17 da MP 927)[302].

---

301 CORREIA, Henrique. Direito do Trabalho. 4 ed. – Salvador: JusPodvim, 2018.

302 Medida Provisória 927 de 22 de março de 2020 - Art. 15. Durante o estado de calamidade pública a que se refere o art. 1º, fica suspensa a obrigatoriedade de realização dos exames médicos ocupacionais, clínicos e complementares, exceto dos exames demissionais. § 1º Os exames a que se refere caput serão realizados no prazo de sessenta dias, contado da data de encerramento do estado de calamidade pública. § 2º Na hipótese de o médico coordenador de programa de controle médi-

Tais dispositivos foram alvos de críticas e de ações diretas de inconstitucionalidade, dentre elas a ADI nº 6380, em tramite perante do Supremo Tribunal Federal, por violar os preceitos de proteção à saúde e segurança do trabalhador.

A Medida Provisória 927 caducou (perdeu a eficácia) no dia 19 de julho de 2020, tendo em vista a sua revogação tácita, ou seja, o esgotamento do prazo de vigência do art. 62, §3º, da CLT, sem que houvesse a votação pelas casas do Congresso Nacional[303].

5. PERICULOSIDADE

De acordo com o art. 193 da CLT "São consideradas atividades ou operações perigosas, na forma da regulamentação aprovada pelo Ministério do Trabalho e Emprego, aquelas que, por sua natureza ou métodos de trabalho, impliquem risco acentuado em virtude de ex-

---

co e saúde ocupacional considerar que a prorrogação representa risco para a saúde do empregado, o médico indicará ao empregador a necessidade de sua realização.

§ 3º O exame demissional poderá ser dispensado caso o exame médico ocupacional mais recente tenha sido realizado há menos de cento e oitenta dias.

Art. 16. Durante o estado de calamidade pública a que se refere o art. 1º, fica suspensa a obrigatoriedade de realização de treinamentos periódicos e eventuais dos atuais empregados, previstos em normas regulamentadoras de segurança e saúde no trabalho. § 1º Os treinamentos de que trata o caput serão realizados no prazo de noventa dias, contado da data de encerramento do estado de calamidade pública. § 2º Durante o estado de calamidade pública a que se refere o art. 1º, os treinamentos de que trata o caput poderão ser realizados na modalidade de ensino a distância e caberá ao empregador observar os conteúdos práticos, de modo a garantir que as atividades sejam executadas com segurança.

Art. 17. As comissões internas de prevenção de acidentes poderão ser mantidas até o encerramento do estado de calamidade pública e os processos eleitorais em curso poderão ser suspensos.

[303] ATO DECLARATÓRIO DO PRESIDENTE DA MESA DO CONGRESSO NACIONAL Nº 92, DE 2020 – "O PRESIDENTE DA MESA DO CONGRESSO NACIONAL, nos termos do parágrafo único do art. 14 da Resolução nº 1, de 2002-CN, faz saber que a Medida Provisória nº 927, de 22 de março de 2020, que "Dispõe sobre as medidas trabalhistas para enfrentamento do estado de calamidade pública reconhecido pelo Decreto Legislativo nº 6, de 20 de março de 2020, e da emergência de saúde pública de importância internacional decorrente do coronavírus (covid-19), e dá outras providências", teve seu prazo de vigência encerrado no dia 19 de julho de 2020. Congresso Nacional, em 30 de julho de 2020. Senador DAVI ALCOLUMBRE. Presidente da Mesa do Congresso Nacional"

posição permanente do trabalhador a": (a) inflamáveis, explosivos ou energia elétrica; (b) roubos ou outras espécies de violência física nas atividades profissionais de segurança pessoal ou patrimonial (c) as atividades de trabalhador em motocicleta.

O exercício de atividade ou operação perigosa gera o direito ao trabalhador de receber um adicional de 30% sobre o salário contratual, sem os acréscimos resultantes de gratificações, prêmios ou participação nos lucros ou resultados (art. 193, § 1º, da CLT e art. 7º, XXIII, CF). O adicional de periculosidade incide apenas sobre o salário básico, exceto o adicional devido aos eletricitários que deve ser realizado considerando todas as parcelas de natureza salarial (Súmula 191 do TST)

A OJ da 385 SDI-1 do TST preceitua que "É devido o pagamento de adicional de periculosidade ao empregado que desenvolve suas atividades em edifício (construção vertical), seja em pavimento igual ou distinto daquele onde estão instalados tanques para armazenamento de líquido inflamável, em quantidade acima do limite legal, considerando-se como área de risco toda a área interna da construção vertical".

A jurisprudência consolidada também reconhece o adicional de periculosidade aos profissionais que operam bomba de gasolina (Súmula 39, TST), na forma da Lei n. 2.573, de 15.08.1955. A permanência a bordo durante o abastecimento de aeronave, entretanto, não confere o direito ao adicional de periculosidade (Súmula 447 do TST).

O anexo 3 da NR 16 estabelece que, no item 2 e 3, aduz que:

> 2. São considerados profissionais de segurança pessoal ou patrimonial os trabalhadores que atendam a uma das seguintes condições: a) empregados das empresas prestadoras de serviço nas atividades de segurança privada ou que integrem serviço orgânico de segurança privada, devidamente registradas e autorizadas pelo Ministério da Justiça, conforme lei 7102/1983 e suas alterações posteriores. b) empregados que exercem a atividade de segurança patrimonial ou pessoal em instalações metroviárias, ferroviárias, portuárias, rodoviárias, aeroportuárias e de bens públicos, contratados diretamente pela administração pública direta ou indireta.
> 3. As atividades ou operações que expõem os empregados a roubos ou outras espécies de violência física, desde que atendida uma das condições do item 2, são as constantes do quadro abaixo: vigilância patrimonial, segurança de eventos, segurança nos transportes coletivos, segurança ambiental e florestal, transporte de valores, escolta armada, segurança pessoal, supervisão ou fiscalização operacional, telemonitoramento ou telecontrole."

O anexo 5 da NR 16 esclarece algumas circunstancias que não serão consideradas atividade perigosa, mesmo que o trabalhador utilize motocicleta ou motoneta. Vejamos:

> "2. Não são consideradas perigosas, para efeito deste anexo: a) a utilização de motocicleta ou motoneta exclusivamente no percurso da residência para o local de trabalho ou deste para aquela; b) as atividades em veículos que não necessitem de emplacamento ou que não exijam carteira nacional de habilitação para conduzi-los; c) as atividades em motocicleta ou motoneta em locais privados. d) as atividades com uso de motocicleta ou motoneta de forma eventual, assim considerado o fortuito, ou o que, sendo habitual, dá-se por tempo extremamente reduzido".

Recentemente a Terceira Turma do Tribunal Superior do Trabalho reconheceu o direito ao adicional de periculosidade de um promotor de vendas que fazia uso de motocicleta para se deslocar entre os locais de divulgação do produto, considerando a exposição a risco habitual. Vejamos:

> "[...] III - RECURSO DE REVISTA. RITO SUMARÍSSIMO. ADICIONAL DE PERICULOSIDADE. PROMOTOR DE VENDAS. USO DE MOTOCICLETA. Nos termos do item I da Súmula 364 do TST, tem direito ao adicional de periculosidade o empregado exposto permanentemente ou que, de forma intermitente, se sujeita a condições de risco. É indevido, apenas, quando o contato dá-se de forma eventual, assim considerado o fortuito, ou o que, sendo habitual, dá-se por tempo extremamente reduzido. No caso em tela, consta da sentença, transcrita no acórdão, que o autor, na função de promotor de vendas, utilizava a motocicleta nos deslocamentos realizados entre os supermercados, "o que perfazia cerca de 10% da jornada". Diante desse contexto, conclui-se que está caracterizada a exposição habitual ao risco, visto que 10% da jornada de trabalho é tempo suficiente a afastar o conceito de eventualidade e de tempo extremamente reduzido. Assim, a decisão do Regional, que não reconheceu o direito do autor ao recebimento do adicional de periculosidade pelo uso de motocicleta, está em desconformidade com a Súmula 364, I, do TST. Recurso de revista conhecido por contrariedade à Súmula 364, I, do TST e provido". (TST – 3ª Turma - RR - 11098-69.2017.5.03.0036 Relator: Ministro Alexandre de Souza Agra Belmonte, Publicado acórdão em 08/05/2020)

O extinto Ministério do Trabalho expediu as Portarias n. 3.393, de 17.12.1987, e 518, de 07.04.2003, para reconhecer como atividade ou operação perigosa a exposição à radiação ionizante ou substancia radioativa. Essa portaria foi objeto de questionamento, a despeito da inexistência de exigência legal para o enquadramento desta atividade como perigosa.

Todavia, o Tribunal Superior do Trabalho pacificou o entendimento de que *"A exposição do empregado à radiação ionizante ou à substância radioativa enseja a percepção do adicional de periculosidade, pois a regulamentação ministerial (Portarias do Ministério do Trabalho n. 3.393, de 17.12.1987, e 518, de 07.04.2003), ao reputar perigosa a atividade, reveste -se de plena eficácia, porquanto expedida por força de delegação legislativa contida no art. 200, caput, e inciso VI, da CLT. No período de 12.12.2002 a 06.04.2003, enquanto vigeu a Portaria n. 496 do Ministério do Trabalho, o empregado faz jus ao adicional de insalubridade"* (OJ 345 da SDI -1 do TST).

6. INSALUBRIDADE

A Constituição Federal, em seu artigo art. 7º, XXIII prevê que "São direitos dos trabalhadores urbanos e rurais, além de outros que visem à melhoria de sua condição social o adicional de remuneração para as atividades penosas, insalubres ou perigosas, na forma da lei".

A atividade insalubre é aquela que exponha à saúde do trabalhador à um determinado agente nocivo, acima dos limites de tolerância, gerando um risco à saúde do trabalhador, como o surgimento ou desenvolvimento de doenças (Art. 189 da CLT).

Compete, atualmente, à Secretaria Especial de Previdência e Trabalho do Ministério da Economia, a definição dos agentes insalubres, atualmente regulamentado na norma (NR) nº 15.

O exercício de trabalho em condições insalubres, acima dos limites de tolerância estabelecidos pelo Ministério do Trabalho, assegura a percepção de adicional respectivamente de 40% (quarenta por cento), 20% (vinte por cento) e 10% (dez por cento) do salário-mínimo da região, segundo se classifiquem nos graus máximo, médio e mínimo, na forma do art. 193 da CLT.

O empregado menor de idade é proibido de exercer o trabalho noturno, perigoso ou insalubre (art. 7º, XXXIII, CF e art. 401, I, da CLT).

Para a caracterização do trabalho insalubre ou perigoso é necessária a realização de perícia por médico ou engenheiro do trabalho – sendo irrelevante se o perito é o médico e o engenheiro –, na forma do art. 195 e OJ 165 da SDI do TST.

A rigor, a perícia é obrigatória, sendo dispensada nas hipóteses prevista em lei ou caso haja o reconhecimento espontâneo do empregador (Súmula 453 do TST)

A doutrina diverge quanto à possibilidade ou não de cumulação dos adicionais de insalubridade e periculosidade, prevalecendo, atualmente o entendimento da impossibilidade de cumulação, pois o art. 193, §2º, da CLT estabelece que o empregado poderá optar pelo adicional de insalubridade ou periculosidade que porventura lhe seja devido, de modo que a opção por um, implica na renúncia ao recebimento do outro.

7. OUTROS TEMAS DISCUTIDOS

O empregador deverá instruir os empregados, em regime de teletrabalho, de maneira expressa e ostensiva, quanto às precauções a tomar a fim de evitar doenças e acidentes de trabalho (art. 75-E da CLT). Essa modalidade difundiu-se durante a pandemia, sendo necessárias uma orientação específica a esses empregados para evitar o aparecimento de doenças ocupacionais como tendinopatia, espondilose ou outras doenças ergonômicas.

O coronavírus poderá ser considerado doença ocupacional. O Supremo Tribunal federal decretou a suspensão do art. 29 da MP 927/2020, entendendo que o coronavírus, no contexto da relação empregatícia, pode ser considerada doença ocupacional, sendo dispensável a demonstração pelo empregado que o contágio se deu no ambiente de trabalho ou durante o desempenho das suas atribuições, sob pena de estarmos diante de uma prova diabólica, ou seja, impossível ou extremamente difícil de ser demonstrada pelo empregado.

CAPÍTULO XX.
DOENÇA OCUPACIONAL E O CORONAVÍRUS

1. ENQUADRAMENTO DO COVID-19 COMO DOENÇA OCUPACIONAL

A COVID-19 é uma doença infecciosa respiratória ocasionada pelo novo coronavírus, cientificamente denominado de Sars-Cov-2. Pertence a uma ampla família de vírus que provocam diversas complicações, desde um resfriado comum a sintomas graves, complicações e mortes.

Segundo a Organização Mundial da Saúde *"as complicações que levam à morte podem incluir insuficiência respiratória, síndrome do desconforto respiratório agudo (SDRA), sepse e choque séptico, tromboembolismo e / ou insuficiência de múltiplos órgãos, incluindo lesão do coração, fígado ou rins".*[304]

Qualquer pessoa pode adoecer com COVID-19, apresentar quadro grave ou evoluir para óbito. Porém, correm o maior risco de contrair doenças graves decorrentes do COVID-19 as pessoas com idade igual ou superior a 60 (sessenta) anos e aqueles com alguma comorbidade – a exemplo, problemas cardíacos, pulmonares, diabetes.

Os principais sintomas são: febre, tosse seca e fadiga. Em casos menos comuns ocorre a perda de olfato ou paladar, congestão nasal, conjuntivite, dor de garganta, dor de cabeça, dores musculares ou articulares, náusea ou vômito, diarreia. Já os sintomas mais graves da doença incluem falta de ar, perda de apetite, confusão, dor persistente ou pressão no peito e alta temperatura, dentre outros.[305]

---

304 Fonte: https://www.who.int/emergencies/diseases/novel-coronavirus-2019/question-and-answers-hub/q-a-detail/coronavirus-disease-covid-19 [acessado em 26/04/2021]

305 Idem.

A Organização Mundial da Saúde (OMS) foi notificada em 31 de dezembro de 2019 sobre um grupo de casos de pneumonia viral surgido na cidade de Wuhan, província de Hubei, na República Popular da China. As autoridades sanitárias apontaram que se tratava de uma subespécie do coronavírus, o Sars-Cov-2, responsável por desencadear a doença COVID-19.

Devido ao potencial risco à saúde pública internacional, em 30 de janeiro de 2020, a Organização Mundial da Saúde (OMS) classificou o novo coronavírus como um surto e declarou o estado de Emergência de Saúde Pública de Importância Internacional, considerado o nível mais elevado de alerta do órgão internacional, nos termos do Regulamento Sanitário Internacional.

No dia 11 de março de 2020, devido a rápida disseminação do vírus, por diversos países, a COVID-19 foi classificada pela OMS como uma pandemia. O vocábulo "pandemia" é mais abrangente do que os termos "surto" e "epidemia". Caracteriza-se quando o surto da doença tem distribuição geográfica internacional, de forma alargada, vasta e simultânea.

A epidemia, de outro lado, se configura com o surgimento de uma enfermidade em um determinado país, localidade ou região, também acometendo um elevado número de pessoas ao mesmo tempo, como, v.g., a gripe espanhola. Já o surto consubstancia no aumento de casos em uma região específica, podendo ser um bairro ou região metropolitana, por exemplo.

A pandemia do novo coronavírus exigiu uma mudança repentina dos hábitos sociais – especialmente o isolamento social – considerando a velocidade de propagação do vírus e o alto grau de letalidade da doença. De forma assombrosa, levou diversas pessoas à óbito em um curto espaço de tempo, atingindo o pico diário de 919 mortes na Itália, em março de 2020; 2.625 mortes diárias nos Estados Unidos da América, em abril de 2020, e 4.295 mortes diárias em janeiro de 2021. Esses picos foram atingidos pelo Brasil em abril de 2021, chegando a marca de 4.249 mortes diárias em decorrência da COVID-19.

As estatísticas diárias globais apontam que as infecções por COVID-19 estão aumentando em 57 países, sendo que a Índia é o país que apresenta a maior taxa de infecção a cada dia – espantosos 321.606 casos – seguido dos Estados Unidos da América (58.447 casos), Brasil (56.817 casos), Turquia (51.646 casos) e França (29.788 casos). Entre os países que relatam o maior de mortes a cada dia está o Brasil, seguido da Índia, Estados Unidos da América, Polônia e Colômbia.[306] Os países da Ásia e Oriente Médio apontam o maior índice de infecção atualmente em todo o mundo, registrando um milhão de infecções a cada 2 das aproximadamente. E mais: os países da América Latina e Caribe são os que registraram os maiores índices de mortes diária, lideradas pelo Brasil, responsável por uma em cada 5 mortes registradas em todo o mundo a cada dia.[307]

Nas palavras de Aloysio Corrêa da Veiga e Roberta Ferme Sivolella: *"Numa velocidade paralela à disseminação do novo vírus, Atos Normativos, Resoluções, Portarias e Recomendações de todas as esferas do Poder Judiciário tentaram coadunar a necessidade de medidas urgentes de prevenção destinadas aos usuários e prestadores de serviços judiciários".*[308]

Esse novo cenário socioeconômico exigiu esforços não só do Poder Judiciário, mas também do Poder Executivo e do Legislativo. Em pouco tempo, foram editados inúmeras leis, decretos, portarias e medidas provisórias relacionados à COVID-19, a fim de suprir as lacunas normativas de uma situação sem precedentes. Tudo isso se fez, em nome da segurança jurídica, *"inserida no eixo que sustenta o arcabouço de direitos fundamentais e, assim reiterada no caput do artigo 6o, que abre o capítulo dos direitos sociais, mesmo norte seguido pelo artigo 7o, aos disciplinar os direitos trabalhistas, por ser imprescindível para garantir o próprio funcionamento do sistema"* (Tereza Aparecida Asta Gemignani in 'O Direito do Trabalho na crise da COVID-19', 2020, p. 113)[309].

A priori, instituiu-se medidas de caráter geral, com a Lei 13.979 de 6 de fevereiro de 2020 objetivando a proteção da coletividade em face do estado pandêmico causado pelo novo coronavírus, dentre as quais se destacam a quarentena, o isolamento social, a determinação de exames médicos, testes laboratoriais, coleta de amostras clínicas, vacinação,

---

[306] Routers, Graphics, Covid19 Tracker. < https://graphics.reuters.com/world-coronavirus-tracker-and-maps/pt/ > Acessado em 26/04/2021.

[307] Routers, Graphics, Covid19 Tracker. < https://graphics.reuters.com/world-coronavirus-tracker-and-maps/pt/regions/latin-america-and-the-caribbean/ > Acessado em 26/04/2021.

[308] Veiga, Aloysio Corrêa da; Sivolella, Roberta Ferme. O Direito do Trabalho na crise da COVID-19. Coordenadores Alexandre Agra Belmonte, Luciano Martinez, Ney Maranhão – Salvador: Editora JusPodivm, 2020, p. 50.

[309] Idem, 2020, p. 113.

tratamentos médicos específicas, estudo ou investigação epidemiológica, restrição excepcional e temporária, por rodovias, portos ou aeroportos, de entrada e saída do País ou de locomoção interestadual e intermunicipal, etc. Na sequência, o Decreto 10.282/2020 regulamentou a lei retromencionada, definindo os serviços públicos e atividades essenciais indispensáveis ao atendimento das necessidades inadiáveis da comunidade, ou seja, os serviços essenciais à sobrevivência, saúde ou segurança da população.

No âmbito trabalhista, editou-se a Medida Provisória (MP) 927 de 22 de março de 2020, instituindo normas trabalhistas para combater o estado de calamidade pública gerado pela COVID-19. Tal medida, suspendeu a obrigatoriedade de realização dos exames médicos ocupacionais, clínicos e complementares, exceto do exame demissional (art. 15 da MP 927); possibilitou a dispensa do exame demissional se porventura o empregado tenha sido submetido a exame médico ocupacional há menos de 180 dias, contados da data da sua publicação; autorizou a realização de treinamento na modalidade de ensino a distância, durante o período de calamidade pública, incumbindo ao empregador observar os conteúdos práticos, de modo a garantir que as atividades sejam executadas com segurança, além da manutenção da Comissão Interna de Prevenção de Acidente até o encerramento do estado de calamidade pública, com a suspensão do processo eleitoral eventualmente em curso.

O ponto mais sensível da MP 927/2020 refere-se à exclusão dos casos de contaminação pelo coronavírus (covid-19) como doença ocupacional, conforme previa o artigo 29.[310] Em outras palavras, na hipótese de contaminação dos trabalhadores pelo novo coronavírus no exercício das suas atividades o infortúnio não será considerado doença ocupacional, exceto se demonstrar a correlação entre a patologia e a atividade desempenhada.

As medidas trabalhistas contidas na Medida Provisória 927/2020 foram fortemente criticadas por diversos setores da sociedade, desencadeando o ajuizamento das Ações Diretas de Inconstitucionalidade (ADIn) nº 6342, 6344, 6346, 6348, 6349, 6352 e 6354, por partidos políticos e entidades sindicais. Questionavam, em tais demandas, a

---

310 MP 927/2020, art. 29: Os casos de contaminação pelo coronavírus (**covid-19**) não serão considerados ocupacionais, exceto mediante comprovação do nexo causal.

flexibilização das regras trabalhistas durante a pandemia do novo coronavírus, especialmente a exclusão da contaminação pelo COVID-19 como hipótese de doença ocupacional.

Em decisão monocrática, o Ministro Marco Aurélio Melo indeferiu o pedido liminar de suspensão dos efeitos da medida provisória. Em seguida, considerando a relevância dos pedidos, submeteu a decisão monocrática à apreciação do Plenário do Supremo Tribunal Federal, que, por maioria de votos, ratificou parcialmente a decisão de indeferimento e suspendeu a eficácia dos os artigos 29 e 31 da MP n°. 927/2020.

No Supremo, formou-se uma maioria de votos a favor do reconhecimento da contaminação pelo coronavírus no ambiente de trabalho como doença ocupacional, ocasionando a suspensão do art. 29 da MP n° 927/2020, por violação ao direito básico do trabalhador à saúde. Ainda, restou assentado que a atribuição do ônus probatório ao empregado, de comprovação do nexo de causalidade entre a contaminação e a atividade exercida, caracteriza-se prova diabólica, uma vez que dificilmente o trabalhador conseguirá provar a relação entre a patologia e a atividade desempenhada, em especial nas atividades desempenhadas por médicos, enfermeiros, pessoas que trabalham em farmácias, supermercado, motoboys, etc. Também, entenderam que a suspensão da atuação dos auditores fiscais do trabalho atenta contra a saúde dos empregados.

No voto divergente, o Ministro Alexandre Moraes destacou a contraposição do art. 29 da MP 927/2020 à decisão proferida no RExt n° 828.040, no qual o Supremo Tribunal Federal decidiu pela existência de responsabilidade objetiva do empregador em situações análogas.[311]

O Senado Federal deixou de submeter a MP 927/2020 à votação, por divergências político-partidárias, ocorrendo a caducidade – também denominada de rejeição tácita - no dia 19 de julho de 2020.

---

311 A Suprema Corte brasileira fixou a seguinte tese, com repercussão geral, no julgamento do Recurso Extraordinário citado pelo Ministro Alexandre de Moraes (RExt n° 828.040): *"O artigo 927, parágrafo único, do Código Civil é compatível com o artigo 7°, XXVIII, da Constituição Federal,* **sendo constitucional a responsabilização objetiva do empregador por danos decorrentes de acidentes de trabalho, nos casos especificados em lei, ou quando a atividade normalmente desenvolvida, por sua natureza, apresentar exposição habitual a risco especial, com potencialidade lesiva** *e implicar ao trabalhador ônus maior do que aos demais membros da coletividade",* vencido o Ministro Marco Aurélio. Ausente, por motivo de licença médica, o Ministro Celso de Mello. Presidência do Ministro Dias Toffoli. Plenário, 12.03.2020).

Apesar disso, a Portaria 2.309 de 28 de agosto de 2020 do Ministério da Saúde atualizou a Lista de Doenças Relacionadas ao Trabalho (LDRT) adotada como referência dos agravos originados no processo de trabalho no SUS, incluindo o *Coronavírus SARS-CoV-2*, enumerado na Classificação Internacional de Doenças e Problemas Relacionados à Saúde (CID) **sob o nº U07.1**, como doença ocupacional, quando adquirida em atividade de trabalho.

A referida portaria foi revogada em 02 de setembro de 2020, pela portaria nº 2.345/2020 também do Ministério da Saúde, de forma que o coronavírus deixou novamente de ser considerado doença ocupacional.

Nesse aspecto, é valido sublinhar que a Medida Provisória 1.046 de 27 de abril de 2021, reeditou as medidas trabalhistas de enfrentamento da emergência de saúde pública de importância internacional decorrente do coronavírus (covid-19) inicialmente prevista na MP n. 927/2020. Apesar disso, o Governo Federal não propôs novamente a exclusão do novo coronavírus como hipótese de doença ocupacional, nem atribuiu eventual ônus probatório ao empregado.

Indubitavelmente a prestação de serviços pelo empregado em tempos de calamidade pública representa uma exposição do trabalhador a risco especial, com potencialidade lesiva à saúde.

Nas palavras dos juristas Luiz Carlos Amorim Robortella e Antonio Galvão Peres[312]:

> *"O estado de calamidade pública exige interpretação especial do capítulo dos direitos sociais dos trabalhadores. Deve-se promover cuidadosa articulação com outros princípios e normas constitucionais, principalmente aqueles voltados aos direitos e deveres individuais e coletivos que, como se sabe, são cláusulas pétreas da Constituição (artigo 60, § 4º, IV). Destaca-se da fundamentação da ADI 6357: "IV – DA PRIMAZIA DO DIREITO À SAÚDE A Constituição Federal de 1988 foi construída sobre alguns pilares essenciais, descritos em seu artigo 60, § 4º, as denominadas cláusulas pétreas, dentre as quais destaca-se a proteção aos direitos e garantias individuais. Apesar da amplitude do alcance da referida cláusula pétrea, considerando especialmente o extenso rol de direitos fundamentais previstos na Carta Magna, é possível depreender do próprio texto constitucional a primazia do direito à saúde. Tal primazia decorre da escolha do consti-*

---

[312] Luiz Carlos Amorim Robortella e Antonio Galvão Peres. CORONAVÍRUS E RELAÇÕES DE TRABALHO. PARADIGMAS DE INTERPRETAÇÃO EM TEMPOS DE CALAMIDADE PÚBLICA. Academia Brasileira de Direito do Trabalho (acesso em 31/05/2020).

> tuinte em expressamente privilegiar a concretização do direito à saúde, quando em conflito com outros princípios constitucionais também considerados como cláusula pétrea. Essa primazia é traduzida, exemplificativamente, na proeminência do direito à saúde e em relação à autonomia dos entes federados, nas situações descritas nos artigos 34, inciso VII, alínea "e"; e 35, inciso III, da Lei Maior. Percebe-se que, **dentre todos os direitos individuais e sociais reconhecidos na Constituição Federal, o direito à saúde recebeu proteção privilegiada**, distinção essa que deriva não apenas da leitura dos dispositivos sobre intervenção, como também daqueles que veiculam garantias de financiamento da saúde e educação. Ainda com o intuito de viabilizar uma preferência de investimento, a Constituição Federal estabeleceu patamares mínimos de aplicação de recursos na área de saúde. É dentro desse esquadro federativo de **primazia da proteção dos direitos fundamentais, especialmente no que se refere à saúde, que deve ser delimitada a possibilidade de incidência das regras fiscais já enumeradas e que, na atual situação de calamidade pública, resultaria em ofensa frontal ao direito à saúde**. Nessa linha, o que se observa é que a estrutura traçada na Constituição Federal aponta para a possibilidade de flexibilização das regras fiscais quando em confronto com a ameaça tão grave à proteção e concretização do direito à saúde".

Não se pode deixar o trabalhador à margem dos direitos sociais, sob pena de retrocesso social. A esse respeito J. J. Gomes Canotilho (apud Guilherme Guimarães Feliciano; Paulo Douglas de Almeida Moraes, 2019) afirma que

> "o princípio da proibição do retrocesso social pode formular-se assim: o núcleo essencial dos direitos sociais já realizado e efetivado através de medidas legislativas deve considerar-se constitucionalmente garantido, sendo inconstitucionais quaisquer medidas que, sem a criação de esquemas alternativos ou compensatórios, se traduzam na prática em uma anulação, revogação ou aniquilação pura e simples desse núcleo essencial".

Esse princípio decorre da finalidade do Estado Democrático de Direito, da efetivação do princípio estruturante do sistema jurídico constitucional - a dignidade da pessoa humana - encontra amparo no compromisso com o desenvolvimento progressivo dos Estados na efetivação dos direitos sociais, de acordo com o art. 26 da Pacto de San José da Costa Rica.

A Constituição Federal estabelece a função social das empresas (art. 5º, XXIII), determina que a ordem econômica deve entender as disposições que regulam das relações de trabalho e favorecer o bem estar dos trabalhadores (art. 170 e 186). Também, assegura aos trabalhadores a redução dos riscos inerentes ao trabalho, por meio de normas de saúde, higiene e segurança (art. 7º, XXII, CF).

Ignorar a possibilidade de contaminação do trabalhador no ambiente de trabalho decorrente da continuidade da prestação dos serviços durante o período de calamidade pública, ou imputar ao trabalhador o ônus probatório do nexo causal entre o agravo e a doença, se mostra totalmente irrazoável e contraditório, na medida em que o Estado impôs o isolamento social à coletividade justamente para preservar à saúde de todos.

Todos têm direito ao meio ambiente ecologicamente equilibrado, inclusive no âmbito das relações laborais. A defesa e preservação do meio ambiente para gerações presentes e futuras é um dever, nos termo do art. 225 da Lei Maior.

A doutrina aponta que daí decorre a ideia de adoção do princípio da precaução pelo sistema jurídico pátrio. Segundo este princípio, *"na dúvida se determinado ambiente é poluente, ou não, deve-se tomar as medidas de cautela possíveis de modo a evitar danos para as gerações presentes e futuras"*.[313]

É de conhecimento público: a forma de transmissão do novo coronavírus; os tipos de ambientes que facilitam a sua propagação; as medidas preventivas de combate (v.g., a utilização de máscara como equipamento individual, o uso de álcool em gel, o distanciamento mínimo entre indivíduos e o isolamento social); os grupos de indivíduos mais vulneráveis à doença; e, os possíveis danos à saúde que a COVID-19 pode gerar, inclusive o risco acentuado de morte.

A pandemia do novo coronavírus tornou o meio ambiente de trabalho mais suscetível à poluição, exigindo uma radical mudança na forma de interação social e das execução das atividades laborais. A manutenção da atividade empresarial deverá ser mantida em casos estritamente essenciais, na forma da Lei 13.979/2020 ou das providencias normativas e administrativas mais restritivas instituídas pelos Estados, pelo Distrito Federal e pelos Municípios, conforme restou decidido pelo plenário do Supremo Tribunal Federal no julgamento do referendo da medida cautelar deferida pelo Ministro Marco Aurélio Mello na Ação Direta de Inconstitucionalidade (ADI) 6341.[314]

---

313 Ibidem. Agra Belmonte, Martinez e Maranhão, 2020, p. 158.

314 O Supremo Tribunal Federal confirmou o entendimento de que a competência entre os entes da Federação para a implementação de providencias normativas e administrativas de enfrentamento à pandemia do CPVID-19, previstas na MP 926/2020 – posteriormente convertida na Lei 14.035/2020 –, é concorrente, nos termos da ementa a seguir: *"REFERENDO EM MEDIDA CAUTELAR EM AÇÃO DIRETA DA INCONSTITUCIONALIDADE. DIREITO CONSTITUCIONAL. DIREITO À SAÚDE.*

EMERGÊNCIA SANITÁRIA INTERNACIONAL. LEI 13.979 DE 2020. COMPETÊNCIA DOS ENTES FEDERADOS PARA LEGISLAR E ADOTAR MEDIDAS SANITÁRIAS DE COMBATE À EPIDEMIA INTERNACIONAL. HIERARQUIA DO SISTEMA ÚNICO DE SAÚDE. COMPETÊNCIA COMUM. MEDIDA CAUTELAR PARCIALMENTE DEFERIDA. 1. A emergência internacional, reconhecida pela Organização Mundial da Saúde, não implica nem muito menos autoriza a outorga de discricionariedade sem controle ou sem contrapesos típicos do Estado Democrático de Direito. As regras constitucionais não servem apenas para proteger a liberdade individual, mas também o exercício da racionalidade coletiva, isto é, da capacidade de coordenar as ações de forma eficiente. O Estado Democrático de Direito implica o direito de examinar as razões governamentais e o direito de criticá-las. Os agentes públicos agem melhor, mesmo durante emergências, quando são obrigados a justificar suas ações. 2. O exercício da competência constitucional para as ações na área da saúde deve seguir parâmetros materiais específicos, a serem observados, por primeiro, pelas autoridades políticas. Como esses agentes públicos devem sempre justificar suas ações, é à luz delas que o controle a ser exercido pelos demais poderes tem lugar. 3. O pior erro na formulação das políticas públicas é a omissão, sobretudo para as ações essenciais exigidas pelo art. 23 da Constituição Federal. É grave que, sob o manto da competência exclusiva ou privativa, premiem-se as inações do governo federal, impedindo que Estados e Municípios, no âmbito de suas respectivas competências, implementem as políticas públicas essenciais. O Estado garantidor dos direitos fundamentais não é apenas a União, mas também os Estados e os Municípios. 4. A diretriz constitucional da hierarquização, constante do caput do art. 198 não significou hierarquização entre os entes federados, mas comando único, dentro de cada um deles. 5. É preciso ler as normas que integram a Lei 13.979, de 2020, como decorrendo da competência própria da União para legislar sobre vigilância epidemiológica, nos termos da Lei Geral do SUS, Lei 8.080, de 1990. O exercício da competência da União em nenhum momento diminuiu a competência própria dos demais entes da federação na realização de serviços da saúde, nem poderia, afinal, a diretriz constitucional é a de municipalizar esses serviços. 6. O direito à saúde é garantido por meio da obrigação dos Estados Partes de adotar medidas necessárias para prevenir e tratar as doenças epidêmicas e os entes públicos devem aderir às diretrizes da Organização Mundial da Saúde, não apenas por serem elas obrigatórias nos termos do Artigo 22 da Constituição da Organização Mundial da Saúde (Decreto 26.042, de 17 de dezembro de 1948), mas sobretudo porque contam com a expertise necessária para dar plena eficácia ao direito à saúde. 7. Como a finalidade da atuação dos entes federativos é comum, a solução de conflitos sobre o exercício da competência deve pautar-se pela melhor realização do direito à saúde, amparada em evidências científicas e nas recomendações da Organização Mundial da Saúde. 8. Medida cautelar parcialmente concedida para dar interpretação conforme à Constituição ao § 9º do art. 3º da Lei 13.979, a fim de explicitar que, preservada a atribuição de cada esfera de governo, nos termos do inciso I do artigo 198 da Constituição, o Presidente da República poderá dispor, mediante decreto, sobre os serviços públicos e atividades essenciais. A C Ó R D Ã O. Vistos, relatados e discutidos estes autos, acordam os Ministros do Supremo Tribunal Federal, em Sessão Plenária, sob a Presidência do Ministro Dias Toffoli, na conformidade da ata de julgamento e das notas taquigráficas, por maioria de votos, em referendar a medida cautelar deferida pelo Ministro

Entendemos que a simples manutenção do funcionamento do estabelecimento empresarial durante a pandemia expõe a saúde dos trabalhadores ao risco de infecção por COVID-19, de modo que o empregador deve buscar formas alternativas de desenvolvimento da atividade empresarial, a fim de neutralizar a possibilidade de infecção do empregado, pois o direito à saúde do empregado se sobrepõe a eventuais controvérsias em torno da salubridade do local de trabalho. Do contrário, assumirá integralmente os riscos por eventuais danos causados ao trabalhador em decorrência de contágio do COVID-19, caso permaneça em funcionamento neste período (art. 2º da CLT; art. 927, § único, do Código Civil).

Esse posicionamento é minoritário na jurisprudência. No julgamento do Mandado de Segurança perante a 1ª Seção de Dissídios Individuais do Tribunal Regional do Trabalho da 4ª Região, a relatora, Desembargadora Brígida Joaquina Charão Barcelos, defendia a concessão da segurança para afastar uma trabalhadora de suas atividades, por possuir quadro de comorbidades e estar exposta ao contágio do COVID-19, determinando a suspensão do contrato de trabalho e a manutenção de sua remuneração como se estivesse trabalhando. Todavia, a maioria dos votos se consolidou entorno da concessão parcial da ordem para apenas realocar a empregada em outra unidade, na qual não houvesse atendimento a pacientes portadores ou suspeitos de COVID-19.[315]

Marco Aurélio (Relator), acrescida de interpretação conforme à Constituição ao § 9º do art. 3º da Lei 13.979/2020, a fim de explicitar que, preservada a atribuição de cada esfera de governo, nos termos do inciso I do art. 198 da Constituição, o Presidente da República poderá dispor, mediante decreto, sobre os serviços públicos e atividades essenciais, vencidos, neste ponto, o Ministro Relator e o Ministro Dias Toffoli (Presidente), e, em parte, quanto à interpretação conforme à letra b do inciso VI do art. 3º, os Ministros Alexandre de Moraes e Luiz Fux". (STF – ADIn 6341 MC-REF/DF, Relator Min. Edson Fachin, Data de julgamento: 15/04/2020)

[315] MANDADO DE SEGURANÇA. COVID-19. INSTIUIÇÃO DE SAÚDE. AFASTAMENTO DE TRABALHADORA COM COMORBIDADE. Concedida parcialmente a ordem para cassar a decisão que deixa de conceder tutela de urgência para afastar trabalhadora de grupo de risco, com comorbidades, em aplicação do disposto no art. 3º. §3º, da Lei 13.979/20. Proteção individual à saúde da trabalhadora que prevalece em um juízo de ponderação de valores quanto à controvérsia sobre a salubridade do local de trabalho, consideradas as questões referentes ao contágio do COVID-19. Probabilidade do direito a favor da preservação da saúde da empregada, conforme art. 196 da Constituição Federal. Determinação de realocação para unidade onde não haja atendimento a pacientes portadores ou suspeitos de COVID-19.

Evidentemente, o risco à saúde do empregado será potencializado quando o empregador não implementar medidas preventivas no ambiente de trabalho – como a obrigatoriedade do uso de máscaras de proteção individual, a testagem periódica, o afastamento dos empregados assintomáticos ou que apresentarem ao menos um dos sintomas relacionados à enfermidade, o fornecimento de máscaras e álcool em gel – ou as iniciativas se mostrarem insuficientes. O princípio da precaução exige uma constante cautela e vigilância quanto os cumprimento das medidas de saúde e segurança no local de trabalho, refeitórios, vestiários, inclusive em ambientes externos, nas situações em que a atividade é desenvolvida fora das dependências do empregador.

Apesar dos riscos à saúde do empregado, parcela da jurisprudência entende que as medidas de isolamento social instituídas pelas autoridades estaduais ou municipais, por si só, não impedem o empregador de exigir a prestação de serviços dos trabalhadores, porquanto inexiste fundamento legal neste sentido. Tal exigência ampara-se nos deveres inerentes do contrato de trabalho e, justificam-se quando houver a demonstração da adoção das medidas preventivas no ambiente de trabalho. Vejamos o aresto a seguir:

> PANDEMIA DE COVID-19. OBRIGAÇÃO DE NÃO FAZER. Não se justifica a ordem para a abstenção da empresa de exigir de seus funcionários durante o período de quarentena decretado pelas autoridades estadual e municipal em razão da pandemia de Covid-19, por ausência de fundamento legal e pela comprovação da adoção de medidas de preservação da saúde dos trabalhadores. (TRT-4 – ROT: 00202021220205040664, Data de Julgamento: 07/04/2021, 11ª Turma).
>
> MANDADO DE SEGURANÇA. COVID-19. EMPRESA DE VIGILÂNCIA. AFASTAMENTO DOS TRABALHADORES DO GRUPO DE RISCO. É ilegal a decisão que concede tutela de urgência para determinar a concessão de licença remunerada indistintamente a todos os empregado da empresa impetrante que integram o grupo de risco do COVID-19. É razoável exigir a prestação de serviços daqueles que laborarem em municípios nos quais não há casos confirmados de COVID-19, bem como nos demais municípios, dos empregados que trabalharem em ambientes isolados (sem circulação normal de pessoas) ou resguardados (a exemplo de locais com guaritas ou assemelhados), observados o fornecimento de alternativa ao transporte público para o deslocamento do empregado do trajeto casa-trabalho-casa, na medida em que tais condicionantes reduzem significativamente o risco de contágio pelo coronavírus, harmonizando a proteção ao

(TRT-4 – MSCIV: 002079593.2020.5.04.0000, Data de Julgamento: 10/11/2020, 1ª Seção de Dissídios Individuais, Relatora Des. Brígida Joaquina Charão Barcelos).

> meio ambiente do trabalho sadio e a continuidade da prestação de serviços essencial. (TRT-4 – MSCIV: 00205845720205040000, Data de Julgamento: 21/08/2020, 1ª Seção de Dissídios Individuais)
> RECURSO ORDINÁRIO DA RECLAMADA. INSTITUIÇAÕ DE SAÚDE. AFASTAMENTO DE TRABALHADOR INTEGRANTE DE GRUPO DE RISCO. COVID-19. A Turma julgadora, por maioria, vencida a Relatora, entendeu que o afastamento dos empregados integrantes de grupo de risco somente abrange aqueles que trabalham na chamada "linha de frente" do combate à pandemia COVID-19, o que não abrange a parte autora, médico plantonista no setor clínico que não atua atendendo pacientes com suspeita ou portadores de COVID-19. (TRT-4 – ROT: 00202281720205040015, Data de Julgamento: 04/03/2021, 1ª Turma)

De igual modo, o empregado não poderá optar por regime de trabalho diverso daquele previsto no contrato de trabalho – a exemplo, o teletrabalho – conforme verificamos no precedente abaixo:

> CORREIOS. COVID-19. TRABALHO REMOTO. Não existe direito ao trabalho remoto para todos os empregado dos Correios que possuam filhos em idade escolar, sendo apenas uma possibilidade, pois cabe ao gestor assegurar a prestação contínua da atividade postal, serviço público essencial, além de existi incompatibilidade das funções de Operador de Triagem e Transbordo, com o trabalho remoto. Sentença reformada, para julgar improcedente a ação. (TRT-2, Proc. 1000737-79.2020.5.02.0009 SP, Des. Relatora Maria de Lourdes Antonio, 17ª Turma, Data de Publicação: 25/02/2021).

De mais a mais, o art. 6º da Lei 8.080/1990, §§2º e 3º, estabelece a necessidade da vigilância epidemiológica, com o fito de recomendar e adotar as medidas de proteção, prevenção e controle das doenças ou agravos, bem como a recuperação e reabilitação da saúde dos trabalhadores submetidos aos riscos e agravos advindos das condições de trabalho. Nesse sentido, ainda, a Norma Regulamentadora nº 7, do Ministério da Economia, preconiza que o Programa de Controle Médico de Saúde Ocupacional (PCMSO) deve *"considerar as questões incidentes sobre o indivíduo e a coletividade de trabalhadores, privilegiando o instrumental clínico epidemiológico na abordagem da relação entre sua saúde e o trabalho"*.

No ramo previdenciário, a doutrina levanta a possibilidade de enquadramento do coronavírus como doença ocupacional, mesmo não constando no anexo II do Decreto 3.048/99, isso porque a "lista A" do referido Diploma, considera o agente biológico "vírus" como agente patogênico causador de doença ocupacional, nos trabalhos desenvolvidos em hospital, laboratório e outros ambientes envolvidos no tratamento de doenças transmissíveis, dentre outras. [316] A referida lista não é fechada. Ou seja, o Brasil adota um sistema aberto de doenças do trabalho, sendo possível o enquadramento de qualquer outra doença como ocupacional, bastando que decorra das condições de trabalho trabalhador (art. 20 da Lei 8.213/91).

O Ministério Público do Trabalho, através do Grupo de Trabalho COVID-19, editou as Notas Técnicas nºs. 19 e 20 de 2020, apontando o novo coronavírus (SARS-CoV-2) como uma patologia ocupacional, nos termos do art. 20, I, da Lei nº 8.213/91[317] e Anexo II do Regulamento da Previdência Social (Decreto nº 3.048/99).[318]

A jurisprudência dos Tribunais Trabalhistas, na linha do que decidiu o Supremo Tribunal Federal, tem enquadrado as complicações e a morte por COVID-19 como hipótese de acidente de trabalho, imputado ao empregador a responsabilidade civil objetiva. Em recente julgado, a Vara do Trabalho de Três Corações/MG julgou procedente uma reclamação trabalhista, reconhecendo a morte de um motorista de caminhão em razão de complicações causadas pelo novo coronavírus como acidente de trabalho. *In casu*, haviam indícios de que a contaminação do empregado ocorreu durante o período em que estava na estrada – no trajeto entre as cidades Jundiaí - SP e Recife – PE -, portanto, no período em que estava à disposição do empregador. Também, observou-se o fato de que apenas o empregado foi acometido pela enfermidade dentro do seu núcleo familiar, conforme verificamos nos fundamentos da decisão transcritos abaixo:

> **II.8. Morte por COVID-19 - Acidente de trabalho / Responsabilidade civil / Dever de indenizar.** A narrativa é de que Carlos Barroso da Costa,

---

316 Nesse sentido Frederico Amado, *in* Curso de Direito e Processo Previdenciário. 13ª ed. – Salvador: JusPODIVM, 2020.

317 Lei 8.213/1991, Art. 20 – *"Consideram-se acidente do trabalho, nos termos do artigo anterior, as seguintes entidades mórbidas: I - doença profissional, assim entendida a produzida ou desencadeada pelo exercício do trabalho peculiar a determinada atividade e constante da respectiva relação elaborada pelo Ministério do Trabalho e da Previdência Social";*

318 De acordo a nota da Lista B, do Anexo II, do Regulamento da Previdência Social, o rol de doenças infecciosas e parasitárias relacionadas com o trabalho, os respectivos agentes etiológicos ou fatores de risco de natureza ocupacional são meramente exemplificativos e complementares, viabilizando, portanto, a inclusão da COVID-19 como doença ocupacional.

no exercício de sua função, foi contaminado pelo Coronavírus, vindo a óbito em consequência das complicações causadas por esta maldita moléstia; visam o enquadramento da ocorrência à modalidade de acidente de trabalho, seguida da imputação de responsabilidade civil objetiva sobre a reclamada para fins de se alcançar a reparação compensatória pelos danos morais e materiais na forma de pensionamento. A reclamada refuga, afirmando que a hipótese não se enquadra na espécie de acidente de trabalho; que sempre cumpriu com as normas atinentes à segurança de seus trabalhadores após declaração a situação de Pandemia; que sempre forneceu os EPIs necessários e orientou os funcionários quanto aos riscos de contaminação e as medidas profiláticas que deveriam ser adotadas; que todos os colabores, parceiros e clientes também adotaram medidas preventivas; juntou documentos; pugnou pela improcedência total. De largada, importante assentar que a morte de Carlos Barroso se deu em decorrência da COVID-19, sendo indiferente se a parada cardiorespiratória ocorreu após sua extubação e saída da UTI, devendo prevalecer o que consta na certidão de óbito id 7a749fd. O primeiro ponto controvertido, então, reside na possibilidade ou não de enquadramento da situação a que o trabalhador foi acometido em uma típica modalidade de acidente do trabalho e, neste aspecto, penso que sim. É consabido que acidente do trabalho é aquele que ocorre pelo exercício do trabalho a serviço da empresa, provocando lesão corporal ou perturbação funcional que cause a morte ou a perda ou redução, permanente ou temporária, da capacidade para o trabalho (art. 19, "caput", da Lei n.º caput 8.213/91). O artigo 21 da citada legislação estabelece, ainda, hipóteses de equiparação, dentre as quais lista no inciso III "a doença proveniente de contaminação acidental do empregado no exercício de sua atividade". Neste jaez, partindo-se dessas premissas conceituais e levando-se em conta que *as provas documentais e testemunhais produzidas indicaram que a contaminação possivelmente se deu dentro do período em que o motorista estava à disposição da empresa, perpetrando o deslocamento entre as cidades de Jundiaí - SP a Recife - PE*, concluo o aperfeiçoamento ao pressuposto normativo descrito no indigitado inciso III do artigo 21 da Lei nº 8.213/91. **Apenas por questão argumentativa, é público que o período de incubação do vírus se restringe a 04 ou 05 dias após a infecção**, sendo que se os sintomas se tornaram aparentes em Carlos na data de 15/05/2020 (afirmativa extraída não apenas da petição inicial e conversas via aplicativo de mensagens, mas também do testemunho prestado pelo supervisor da empresa, Sr. Juarez José Da Silva) é porque a **contaminação ocorreu no período em que já se encontrava na estrada, na labuta**. O relatório interno de investigação colacionado pela reclamada (doc. id 92a23bb) coaduna com essa percepção, pois em seu item 4 consta o histórico das viagens dos últimos 10 dias, ficando claro que em 06/05/20 carregou na Pandurata Alimentos, em Extrema- MG, seguindo à Pandurata Alimentos de Maceio/AL e lá chegando em 11/05/20; depois seguiu para Recife/PE. **Não passou despercebido** pelo Juízo o fato de que apenas o dentro de seu núcleo familiar ocupado *de cujus,* por outras 3 pessoas (companheira, filha e sogra), ter sido **o único acometido pela doença**, eis o que respondido por Meiriele Sylvie Leite em audiência de instrução, **não se revelando crível a adução defensiva de que a infecção se deu em sua residência e/ou fora do desempenho de suas atividades profissionais.** Aliás, o ônus de infirmar essa pressuposição recai sobre a empresa reclamada, porém, como visto, não se desprendeu do encargo, valendo apontar, ainda, que a "papeleta" do mês de maio/20 encontra-se absolutamente incompleta, não permitindo fosse cravado em qual lugar o motorista estaria nas datas compreendidas entre 03 a 16 de maio. Ultrapassada essa questão, passamos à dissecção da modalidade de responsabilidade civil (se subjetiva ou objetiva) à luz da qual a eventual imputação deverá se suceder. Pois bem. Conforme determina o art. 7º, XXVIII da CF c/c arts. 186 e 927 do CC, a responsabilidade civil do empregador pelo acidente do trabalho, em regra, é subjetiva, dependendo da comprovação da culpa, do dano e do nexo de causalidade. Após a promulgação do Código Civil de 2002, o ordenamento adotou, além da teoria subjetiva (artigos 186 e 927,), a teoria objetiva, que se baseia no *caput* risco da atividade desenvolvida (artigo 927, § único). Expressas essas notas introdutórias, é patente que a litigância se circunscreve ao enquadramento ou não da imputação da responsabilização pelos danos materiais/lucros cessantes e morais sobre o empregador, sem haver necessidade de se perpassar pela análise da culpa subjetiva, porquanto, na ótica deste Juízo, continuar com a obrigação de trabalhar fora de casa, independente da natureza da atividade, em um contexto pandêmico, constitui, por si só, um agravamento dos riscos. No aspecto, importante chamar a atenção para recente decisão do STF, por meio da qual, o plenário referendou medida cautelar proferida em ADI nº 6342, que suspendeu a eficácia do artigo 29 da MP nº 927/2020, que dizia que os "casos de contaminação pelo coronavírus (covid-19) não seriam considerados ocupacionais", salvo "comprovação do nexo causal", circunstância que permite o entendimento de que é impossível ao trabalhador e, portanto, inexigível a prova do nexo causal entre a contaminação e o trabalho, havendo margem para aplicação da tese firmada sob o Tema nº 932, com repercussão geral reconhecida, cujo excerto transcrevo: "O artigo 927, parágrafo único, do Código Civil é compatível com o artigo 7º, XXVIII, da Constituição Federal, sendo constitucional a responsabilização objetiva do empregador por danos decorrentes de acidentes de trabalho, nos casos especificados em lei, ou quando a atividade normalmente desenvolvida, por sua natureza, apresentar exposição habitual a risco especial, com potencialidade lesiva e implicar ao trabalhador ônus maior do que aos demais membros da coletividade." Assim, da síntese do contexto descrito conclui-se ser absolutamente prescindível apurar a culpa do empregador pela ocorrência da fatalidade. Isso é, a adoção pela teoria da responsabilização objetiva, , é inteiramente *in casu* pertinente, porquanto advém do dever de assumir o risco por eventuais infortúnios sofridos pelo empregado ao submetê-lo ao trabalho durante período agudo da pandemia do Coronavírus, sendo notória sua exposição habitual aos riscos de sofrer um mal maior, como ocorreu, encontrando-se absolutamente vulnerável aos ambientes a que se submetia ao longo das viagens, ficando suscetível à contaminação, seja pelas instalações sanitárias (muitas vezes precárias) existentes nos pontos de parada, seja nos pátios de carregamento dos colaboradores e clientes, seja na sede ou filiais da empresa. A prova testemunhal (Verno Backer) revelou também que o caminhão guiado por Carlos poderia ser conduzido por terceiros, manobristas, que assumiam a direção nos pátios de carga e descarga, e tal situação certamente aumenta o grau de exposição, sobretudo porque não consta nos autos demonstração de que as medidas profiláticas e de sanitização do ambiente (no caso, da cabine) eram levadas a efeito todas as vezes que a alternância acontecia. A título exemplificativo, cito os próprios planos de contingência transcritos pelos documentos ids. 0b1faed e 123a0ce, nos quais há a observação para que os colaborares evitem caronas, deixem o AR circular e higienizem as cabines, porém inexiste prova de que o comunicado foi levado ao pleno conhecimento de Carlos Barroso e de seus colegas de profissão, havendo evidência apenas de publicização em mural localizado na sede/filial da reclamada, nada mais. E, ainda, a documentação inerente ao controle de entrega de álcool em gel e máscara ajuntados nos ids. f93735a e d971686, apesar de apontar que o passou *de cujus* recibo, não há indicativo acerca da quantidade daquilo que foi fornecido, não sendo possível confirmar se era suficiente para uso diário e regular durante os trajetos percorridos, saltando aos olhos o fato de que a comprovação de municiamento se deu apenas em uma única data, qual seja 05/05/20. É irrefutável que o motorista falecido, em razão da função e da época em que desenvolveu as atividades, estava exposto a perigo maior do que aquele comum aos demais empregados, não sendo proporcional, nesta mesma medida, promover tratamento igual ao que conferido a estes quando da imputação da responsabilidade civil. Tais peculiaridades, seguindo o que prescreve o artigo 8º, *caput* e § 1º da CLT, atraem a aplicação do disposto no parágrafo único do artigo 927 do Código Civil brasileiro, ficando prejudicada a alegação da defesa de que não teria existido culpa, e que isso seria suficiente para obstar sua responsabilização. Ademais, não se olvida que a culpa exclusiva da vítima seria fator de causa excludente do nexo de causalidade, entretanto, no caso examinado, não há elementos que possam incutir na conclusão de que ela teria se verificado da maneira alegada pela empresa, por inobservância contundente de regras e orientações sanitárias, valendo registrar que o ônus na comprovação competia à reclamada (artigo 818, II, da CLT) e deste encargo não se desvencilhou. Ressalta-se que não adveio comprovantes de participação do *de cujus*, tampouco de seus colegas, em cursos lecionados periodicamente sobre as medidas de prevenção, fato inclusive adunado pela testemunha Juarez José da Silva, porém sem credibilidade nenhuma, porque ao mesmo tempo que afirmou isso e, num primeiro momento, que desconhecia a existência de outros funcionários acometidos pela doença, alterou o depoimento no fim, reconhecendo uma série de nomes de colabores suscitados pela advogada das autoras que teriam sido contaminados pelo coronavírus. Diante de todo esse quadro, ficam muito bem evidenciados os requisitos para imputação sobre a empresa do dever de indenizar. Entrementes, visando atingir uma decisão justa, equânime e razoável, sabedor do momento de extrema dificuldade para aqueles que exploram a atividade econômica, ante os efeitos financeiros devastadores causados pela Pandemia, entendo que a obrigação de reparar os danos deve ser mitigada à metade, porquanto a imprevisibilidade e a inevitabilidade que decorrem da essencialidade da função e da atividade profissional desempenhada aperfeiçoam a hipótese excepcional de força maior, atraindo, com base no artigo 4º da LINDB e no artigo 8º da CLT, a aplicação analógica dos artigos 501 e 502 deste mesmo diploma legal, *mutatis mutandis*. Registra-se, a propósito, que a Medida Provisória nº 927 /20, embora tenha expirado seus efeitos, trouxe em seu artigo 1º a enunciação de que as medidas trabalhistas por ela estabelecidas se aplicariam durante o estado de calamidade pública reconhecido pelo Decreto Legislativo nº 6, de 2020, e para fins trabalhistas, constituiria força maior, nos termos do disposto no artigo 501 da CLT. Conceitualmente, segundo a Organização Mundial da Saúde - OMS, atribui-se o termo "Pandemia" à disseminação mundial de uma nova doença. A definição indica que a enfermidade deve ser capaz de se espalhar por diferentes continentes, com transmissão sustentada de pessoa para pessoa. Dessa forma, trata-se, como dito alhures, de evento em certa medida imprevisível e inevitável, se deixadas de serem adotadas medidas preventivas e de profilaxia, sobretudo por aqueles empregadores que deram continuidade na prestação de seus serviços. Assim, ratificando o que acima foi exposto, **a responsabilidade civil da empresa restaria prejudicada em absoluto, pelo afastamento do nexo causal, se, e tão somente se, houvesse comprovação total de que adotou postura de proatividade e zelo em relação aos seus empregados, aderindo a um conjunto de medidas capazes de, senão neutralizar, ao menos, minimizar o risco imposto aos motoristas e demais colaboradores**. Porém, não foi essa a concepção que defluiu do conjunto probatório vertido. Por isso, visando assegurar a coerência entre a aplicação e a finalidade do direito, garantindo a sua utilização justa, por analogia, faço aplicar os comandos dos artigos 501 e 502 da CLT. Imputada a responsabilidade civil sobre a empregadora, reputo razoável e proporcional a redução da obrigação de reparar os danos à razão da metade. As reclamantes (viúva e filha do *de cujus*) hão de ser indenizadas, ao que passamos à inspeção dos pedidos afetos às espécies de reparação pleiteadas e, consequentemente, à respectiva mensuração / quantificação. As postulantes vindicam a condenação da reclamada ao pagamento de danos morais, no importe total de R$500.000,00 (quinhentos mil reais), resultante de R$250.000,00 (duzentos e cinquenta mil reais) destinados a cada uma delas, mais danos materiais (lucros cessantes) na forma de pensionamento vitalício, no importe de R$6.600,00 (seis mil e seiscentos reais) mensais no total. Tal enredo nos força a debruçarmos sobre a fixação de valores, iniciando-se pela indenização derivativa do dano extrapatrimonial, e finalizando pela indenização inerente ao dano material (lucros cessantes), pelo que passo a inspecioná-los em subtópicos" (TRT 3 – Sentença – Proc. Nº. **0010626-21.2020.5.03.0147**, Vara do Trabalho de Três Corações/MG, Juiz do Trabalho Luciano José de Oliveira, Data de Publicação: 06/04/2021).

É fundamental, portanto, que as empresas adotem todas as medidas preventivas no ambiente de trabalho, a fim de preservar a saúde dos empregados e minimizar os riscos de contágio dos empregados no ambiente de trabalho, sob pena de ficar sujeito à reparação civil, ou, ainda, a multas administrativas, por descumprimento das normas de saúde e segurança do trabalho.

A Constituição Federal consagra a dignidade da pessoa humana, os valores sociais do trabalho a livre iniciativa como fundamentos do Estado Democrático de Direito (art. 1º, III e IV, CF), bem como o direito à saúde (art. 6º), a redução dos riscos inerentes ao trabalho, por meio de normas de saúde, higiene e segurança (art. 7º, XXII).

O art. 225, V, da Constituição Federal estabelece que *"Todos têm direito ao meio ambiente ecologicamente equilibrado, bem de uso comum do povo e essencial à sadia qualidade de vida, impondo-se ao Poder Público e à coletividade o dever de defendê-lo e preservá-lo para as presentes e futuras gerações"*, incumbindo ao Poder Público *"controlar a produção, a comercialização e o emprego de técnicas, métodos e substâncias que comportem risco para a vida, a qualidade de vida e o meio ambiente"*.

No âmbito do internacional as convenções nº 148, 155, 161 e 170 da Organização Internacional do Trabalho regulamentam a matéria.

O propósito dessas normas é a preservação da saúde, segurança, higiene e da vida dos trabalhadores no meio ambiente do trabalho, a fim de impedir o surgimentos de doenças ocupacionais e a ocorrência de acidentes de trabalho.

O direito constitucional ao meio ambiente salubre e equilibrado é um direito fundamental individual do trabalhador, como medida protetiva à saúde, à vida, à dignidade do trabalhador, bem como um direito social ou coletivo, pois, segundo a melhor doutrina, trata-se de um direito fundamental de terceira geração.

Nessa perspectiva, o constituinte originário impôs ao empregador a adoção de medidas para a preservação da saúde, higiene e segurança do trabalhador, com o escopo de impedir o surgimento de doenças e acidentes de trabalho (art. 7º, XXII, XXIII e XXVIII, CF). No plano infraconstitucional a Consolidação das Leis do Trabalho prevê disposições gerais e específicas acerca da segurança e medicina do trabalho (art. 154 a 201).

O art. 155 da CLT dispões que compete ao órgão de âmbito nacional, em matéria de segurança e medicina do trabalho: a) estabelecer normas de saúde, higiene e segurança de trabalho; b) coordenar, orientar, controlar e supervisionar a fiscalização e as demais atividades relacionadas com a segurança e a medicina do trabalho em todo o território nacional, inclusive a Campanha Nacional de Prevenção de Acidentes do Trabalho; c) conhecer, em última instância, dos recursos, voluntários ou de ofício, das decisões proferidas pelos Delegados Regionais do Trabalho, em matéria de segurança e medicina do trabalho.

Atualmente a competência para regulamentar sobre segurança, medicina e saúde do trabalho é da Secretaria Especial de Previdência e Trabalho do Ministério da Economia - que incorporou a maioria das atribuições do extinto Ministério do Trabalho e Emprego.

Ainda, adverte que incumbe ao empregador o dever de estrita observância às normas de segurança e medicina do trabalho, instruir os empregados quanto às cautelas para evitar acidentes do trabalho ou doenças ocupacionais, adotar as medidas determinadas pela Secretaria Especial de Previdência e Trabalho e facilitar a realização da fiscalização pelas autoridades competentes (art. 157 da CLT), bem como fornecer equipamentos de proteção individual de forma gratuita (art. 166 da CLT).

Apesar das disposições gerais e específicas relacionadas às normas de saúde, higiene e segurança do trabalho previstas na Consolidação das Leis do Trabalho, coube à legislação previdenciária definir as situações típicas e atípicas que caracterizam acidente de trabalho e doença ocupacional.

2. DEFINIÇÃO DE ACIDENTE DE TRABALHO

De acordo com o art. 19 da Lei 8.213/1991 *"Acidente do trabalho é o que ocorre pelo exercício do trabalho a serviço de empresa ou de empregador doméstico ou pelo exercício do trabalho dos segurados referidos no* inciso VII do art. 11 desta Lei [segurado especial], provocando lesão corporal ou perturbação funcional que cause a morte ou a perda ou redução, permanente ou temporária, da capacidade para o trabalho".

Esse dispositivo trata do acidente de trabalho típico ou em sentido estrito. Henrique Correia[319] conceitua o acidente típico como *"aquele que ocorre pelo exercício do trabalho a serviço de determinada empresa que venha a provocar lesão corporal ou perturbação funcional que cause a morte ou a perda ou redução da capacidade laboral".* Explica, ainda, que a *"Lesão corporal ocorre quando o dano atinge a integridade física do indivíduo, causando-lhe um dano físico-anatômico, enquanto perturbação funcional corresponde a um dano fisiológico ou psíquico, relacionado a órgãos ou funções específicas do organismo humano, sem aparentar lesão física".*

Sebastião Geraldo de Oliveira[320] aponta as lições do médico do trabalho Primo Brandimiller, para quem a denominação mais adequada seria *"acidente do trabalho com dano pessoal"*, pelas seguintes razões:

> "No sentido genérico, acidente é o evento em si, a ocorrência de determinado fato em virtude da conjugação aleatória de circunstâncias causais. No sentido estrito, caracteriza-se também pela instantaneidade: a ocorrência é súbita e a lesão imediata. Os acidentes ocasionam lesões traumáticas denominadas ferimentos, externos ou internos, podendo também resultar em efeitos tóxicos, infecciosos ou mesmo exclusivamente psíquicos. O acidente comporta causas e consequências, contudo não pode ser definido, genericamente, nem pelas causas nem pelas consequências. **As circunstâncias causais permitem classificar os acidentes em espécies: acidentes do trabalho, acidentes de trânsito etc. As consequências também classificam os acidentes: acidentes com ou sem danos pessoais, acidentes com ou sem danos materiais, acidente grave, acidente fatal etc.** Embora o termo dano pessoal seja juridicamente mais amplo, em infortunística refere-se às consequências físicas ou psíquicas decorrentes do acidente. O acidente do trabalho considerado pela regulamentação legal do Seguro de Acidentes do Trabalho é, portanto, toda ocorrência casual, fortuita e imprevista que atende conjugadamente aos seguintes requisitos: quanto à **causa**: o acidente que decorreu do <u>exercício do trabalho a serviço da empresa</u> - o que justifica o tipo: acidente do trabalho; quanto à **consequência**: o acidente que provocou <u>lesão corporal ou perturbação funcional</u> causando a <u>morte ou a perda ou redução, permanente ou temporária, da capacidade para o trabalho</u>. A denominação adequada seria acidente do trabalho com dano pessoal. Nos

---

[319] CORREIA, Henrique. Direito do Trabalho. 4 ed. – Salvador: JusPodvim, 2018.

[320] Sebastião Geraldo de Oliveira. Indenização por Acidente de Trabalho ou Doença Ocupacional. – 8ª ed. – São Paulo: LTr, 2014.

> seguros privados fala-se em acidentes pessoais (AP). Contudo consagrou-se em infortunística o termo acidente do trabalho, que constitui uma das categorias do dano pessoal".

Os elementos caracterizadores do acidente de trabalho típico, nas lições de Frederico Amado[321], são "o evento decorrente do trabalho a serviço do empregado doméstico, de atividade campesina ou pesqueira artesanal individualmente ou em regime de economia familiar para a subsistência, desenvolvida pelo segurado especial; a causação de lesão corporal ou funcional (psíquica); e a ocorrência de morde do segurado, redução ou perda temporária ou definitiva da capacidade laboral".

Concluímos, portanto, que o acidente de trabalho será caracterizado quando houver um evento danoso, decorrente do exercício do trabalho a serviço do empregador – inclusive o empregador doméstico - que provoque um dano à integridade física, fisiológica ou psíquica do trabalhador, de forma transitória ou permanente, bem como a morte ou incapacidade laboral (total ou parcial).

3. DEFINIÇÃO DE DOENÇA OCUPACIONAL

Segundo a legislação previdenciária também caracterizará o acidente de trabalho quando o trabalhador estiver acometido de comorbidade ocupacional, ou seja, doença ocupacional, que guardam nexo com o desempenho da atividade laborativa[322].

A doença ocupacional é gênero de enfermidades produzidas ou desencadeadas pelo exercício do trabalho. A doença profissional (ou tecnopatia ou egopatia ou doença ocupacional típica) e a doença do trabalho (ou mesopatia ou doença ocupacional atípica), são espécies de doença ocupacional (art. 20 da Lei 8.213/1991), conforme explica o jurista Frederico Amado:

> "As doenças ocupacionais se dividem em: A) **Doença profissional ou tecnopatia ou ergopatia** – a produzida ou desencadeada pelo exercício do trabalho peculiar a determinada atividade e constante da respectiva relação elaborada pelo Ministério da Previdência Social (competência atualmente exercida pelo Ministério da Economia ante a extinção do Ministério da Previdência Social); B) **Doença do trabalho ou mesopatia** – a adquirida ou desencadeada em função de condições especiais em que o trabalho

---

[321] Frederico Amado. Curso de Direito e Processo Previdenciário. 13ª ed. – Salvador: JusPODIVM, 2020.

[322] Idem. Amado, 2020.

é realizado e com ele se relacione diretamente, constante da relação acima mencionada".

A doença profissional, portanto, é aquela desencadeada pelo exercício de determinada profissão, ou seja, a patologia é produzida pela execução da profissão que se reveste de peculiaridades. Podemos citar como exemplo o surgimento de bronquite química aguda em profissionais que exercem a profissão de operador ou mestre de galvanoplastia, geralmente expostos à agentes químicos prejudiciais à saúde.

De outro lado, temos doenças do trabalho, cuja origem não está relacionada diretamente com o desempenho de uma atividade profissional, mas, sim, a condições específicas do ambiente de trabalhos. Podemos citar como exemplo o trabalhador que está exposto a ruído acima níveis de tolerância e perde ou tem reduzida a sua capacidade auditiva[323].

Tupinambá do Nascimento (apud Oliveira, 2014) ressalta que nas doenças profissionais *"a relação – da patologia - com o trabalho é presumida juris et de jure, inadmitindo prova em sentido contrário. Basta comprovar a prestação do serviço na atividade e o acometimento da doença profissional"*[324]. As doenças do trabalho, ao contrário, dependem da demonstração da relação entre o desenvolvimento da enfermidade e as condições especiais em que o trabalho foi realizado.

As doenças profissionais e do trabalho estão relacionadas no Anexo II do Decreto 3.048/1999.

A Lei Complementar 150/2015 passou a prever a possibilidade de caracterização do acidente de trabalho ou doença ocupacional no âmbito da relação de trabalho doméstico (art. 37), cabendo ao empregador, inclusive, o recolhimento de contribuição social para financiamento do seguro contra acidentes do trabalho, em percentual de 0,8% (oito décimos por cento).

Além das referidas hipóteses, §2º do art. 20 da Lei 8.213/91 estabelece que *"Em caso excepcional, constatando-se que a doença não incluída na relação prevista nos incisos I e II deste artigo resultou das condições es-*

---

[323] A Súmula 32 da TNU sedimentou o entendimento de que "O tempo de trabalho com exposição a ruído é considerado especial, para fins de conversão em comum, nos seguintes níveis: superior a 80 decibéis, na vigência do decreto nº. 53.831/64; superior a 90 decibéis, a partir de 5 de março de 1997, na vigência do Decreto nº. 2.172/1997; superior a 85 decibéis, a partir da edição do Decreto n. 4.882, de 18 de novembro de 2003".

[324] Idem. Oliveira, 2014.

peciais em que o trabalho é executado e com ele se relaciona diretamente, a Previdência Social deve considerá-la acidente do trabalho".

A legislação previdenciária excluí algumas patologias do rol de doenças do trabalho (§1º do art. 20 da Lei 8.213/91). São elas: a) a doença degenerativa; b) a doença inerente a grupo etário; c) a doença que não produza incapacidade laborativa; d) a doença endêmica.

Henrique Correia explica que a **doença degenerativa** *"tem como causa uma deficiência do próprio indivíduo que, com o passar do tempo, se torna uma doença. Não há nexo com o trabalho desenvolvido, mas com a própria constituição da pessoa"*[325].

Quanto a **doença inerente a grupo etário** esclarece que *"pessoas de certas idades estão propensas ao desenvolvimento de algumas doenças que não são frutos do trabalho, por exemplo, a osteoporose".*[326]

As **doenças que não resultem na incapacidade laborativa** são aquelas não impedem o trabalhador de exercer atividade profissional e habitual. A esse respeito o Manual Técnico de Perícia Médica Previdenciária do Instituto Nacional do Seguro Social, define a incapacidade laborativa como "a impossibilidade de desempenho das funções específicas de uma atividade, função ou ocupação habitualmente exercida pelo segurado, em consequência de alterações morfopsicofisiológicas provocadas por doença ou acidente" [327].

Ainda, aponta que a incapacidade é classificada quanto ao grau, à duração e à profissão desempenhada. Vejamos.

> *"Quanto ao __grau__, a incapacidade laborativa pode ser: I - **parcial**: limita o desempenho das atribuições do cargo, sem risco de morte ou de agravamento, embora não permita atingir a meta de rendimento alcançada em condições normais; ou II - **total**: gera impossibilidade de desempenhar as atribuições do cargo, função ou emprego. Quanto à __duração__, a incapacidade laborativa pode ser: I - **temporária**: para a qual se pode esperar recuperação dentro de prazo previsível; ou II - **indefinida**: é aquela insuscetível de alteração em prazo previsível com os recursos da terapêutica e reabilitação disponíveis à época. Quanto à __profissão__, a incapacidade laborativa pode ser: I - **uniprofissional**: aquela que alcança apenas uma atividade, função ou ocupação específica; II - **multiprofissional**: aquela que abrange diversas*

---

325 Idem. CORREIA, 2018.

326 Idem. CORREIA, 2018.

327 Instituto Nacional do Seguro Social. Manual Técnico de Perícia Médica Previdenciária. – Brasília, 2018

*atividades, funções ou ocupações profissionais; ou III - **omniprofissional**: aquela que implica na impossibilidade do desempenho de toda e qualquer atividade função ou ocupação laborativa, sendo conceito essencialmente teórico, salvo quando em caráter transitório".* [328]

Caso não haja impedimento para o exercício da atividade profissional, portanto, a enfermidade não será considerada doença do trabalho.

Não serão enquadradas como doença ocupacional a **doença endêmica** adquirida por segurado habitante de região em que ela se desenvolva, salvo comprovação de que é resultante de exposição ou contato direto determinado pela natureza do trabalho.

4. ACIDENTE DE TRABALHO POR EQUIPARAÇÃO

A legislação prevê, ainda, as situações que se equiparam ao acidente de trabalho, isto é, eventos acidentários não incluídos no conceito típico de acidente de trabalho, previstos no art. 21 da Lei 8.213/91. Vejamos.

> *Art. 21. Equiparam-se também ao acidente do trabalho, para efeitos desta Lei:*
> *I - o acidente ligado ao trabalho que, <u>embora não tenha sido a causa única</u>, <u>haja contribuído</u> diretamente para a morte do segurado, para redução ou perda da sua capacidade para o trabalho, ou produzido lesão que exija atenção médica para a sua recuperação;*
> *II - o acidente sofrido pelo segurado no local e no horário do trabalho, em consequência de:*
> *a) ato de agressão, sabotagem ou terrorismo praticado por terceiro ou companheiro de trabalho;*
> *b) **ofensa física intencional**, **inclusive de terceiro**, por motivo de disputa relacionada ao trabalho;*
> *c) ato de imprudência, de negligência ou de imperícia de terceiro ou de companheiro de trabalho;*
> *d) ato de pessoa privada do uso da razão;*
> *e) desabamento, inundação, incêndio e outros casos fortuitos ou decorrentes de força maior;*
> *III - a doença proveniente de contaminação acidental do empregado no exercício de sua atividade;*
> *IV - o acidente sofrido pelo segurado ainda que <u>fora do local e horário de trabalho</u>:*
> *a) na execução de ordem ou na realização de serviço <u>sob a autoridade da empresa</u>;*

---

[328] Idem. Instituto Nacional do Seguro Social, 2018

b) na prestação espontânea de qualquer serviço à empresa para lhe <u>evitar prejuízo ou proporcionar proveito</u>;
c) em viagem a serviço da empresa, inclusive para estudo quando financiada por esta dentro de seus planos para melhor capacitação da mão-de-obra, <u>independentemente do meio de locomoção utilizado, inclusive veículo de propriedade do segurado;</u>
d) no percurso da residência para o local de trabalho ou deste para aquela, qualquer que seja o meio de locomoção, inclusive veículo de propriedade do segurado.
*§ 1º Nos **períodos destinados a refeição ou descanso**, ou por ocasião da satisfação de **outras necessidades fisiológicas**, <u>no local do trabalho ou durante este, o empregado é considerado no exercício do trabalho.</u>*
§ 2º Não é considerada agravação ou complicação de acidente do trabalho a lesão que, resultante de acidente de outra origem, se associe ou se superponha às consequências do anterior.

Assim, além das situações típicas de acidente de trabalho, a Lei Previdenciária indica um rol situações atípicas equivalem ao acidente de trabalho tradicional.

O Tribunal Superior do Trabalho reconheceu a responsabilidade de uma empresa pelo acidente de moto – acidente enquadrado como "de trajeto" – sofrido por um promotor de vendas durante o retorno para a sua residência. No caso, o Tribunal reconheceu a responsabilidade objetiva do empregador, visto que a atividade desenvolvida com o uso de motocicleta é considerada perigosa, na forma do art. 193, §4º, da CLT[329].

Também, restou configurada a responsabilidade do empregador pelos danos morais e materiais sofridos pelos pais de um vendedor de veículos que morreu em acidente, ao retornar para sua cidade no automóvel vendido a um morador de outra cidade. O TST considerou que deslocamento em rodovias gera um risco potencial ao trabalhador, em razão dos elevados números de acidentes de trânsito e da precariedade das estradas nacionais[330].

A Primeira Turma do Tribunal Superior do Trabalho (TST) não conheceu do recurso de revista apresentado pela Empresa Brasileira de Correios e Telégrafos (ECT), no qual foi condenada a indenizar em

---

[329] Fonte: TST – (https://www.tst.jus.br/web/guest/-/uso-de-motocicleta-propria-nao-afasta-direito-de-promotor-a-indenizacao-por-aciden=1-?inheritRedirect-true) – acessado em 26/11/2020.

[330] Processo nº RR-801-28.2014.5.12.0013 - Fonte: TST – Notícias: **Concessionária é responsabilizada por acidente de trânsito que vitimou vendedor** - acessado em 26/11/2020.

R$ 20 mil, por dano moral, um empregado **acidentado no desabamento do edifício onde funcionava a agência na qual ele trabalhava**, no Município de Içara, em Santa Catarina. A Turma destacou que o empregador deve zelar pelo ambiente de trabalho, adotar medidas de segurança e saúde, além de propiciar ambiente de trabalho seguro, a fim de prevenir tragédias[331].

5. NEXO CAUSAL E CONCAUSALIDADE

Conceitualmente o nexo de causalidade é o elo que une a conduta positiva ou negativa de uma determinado agente ao dano.

Existem três teorias que buscam explicar o nexo de causalidade: **a) teoria da equivalência de condições** - todos os fatores causais que antecedem o dano teriam relação com o resultado; **b) teoria da causalidade adequada** – a causa são fatores causais antecedentes capazes de gerar o resultado, ou seja, nem todas as causas produzem o resultado, mas somente as causas mais adequadas; **c) teoria da causalidade direta ou imediata** (interrupção do nexo causal) – são os fatores que ligam diretamente ou indiretamente a conduta ao resultado[332].

O nexo de causalidade do acidente de trabalho, nas lições de Carlos Alberto Pereira de Castro e João Batista Lazzari é "o vínculo fático que liga o efeito (incapacidade para o trabalho ou morte) à causa (acidente de trabalho ou doença ocupacional). Decorre de uma análise técnica, a ser realizada, obrigatoriamente, por médico perito ou junta médica formada por peritos nesta matéria"[333].

Na mesma toada Henrique Correia aponta que "Para a configuração da responsabilidade do empregador pro acidente de trabalho, é indispensável a causalidade entre a conduta do empregador e o dano sofrido pelo empregado. Essa conduta deve ser a causa do dano do empregado"[334].

---

[331] Fonte: TST – (https://www.tst.jus.br/web/guest/-/correios-indenizara-empregado-acidentado-em-desabamento-do-predio-da-agencia-onde-trabalhava?inheritRedirect=true) – acessado em 26/11/2020.

[332] Pablo Stolze Gagliano, Rodolfo Pamplona Filho. Novo curso de direito civil, v. 3 : responsabilidade civil – 15. ed. – São Paulo : Saraiva, 2017.

[333] Carlos Alberto Pereira de Castro; João Batista Lazzari. Manual de Direito Previdenciário – 23. ed. – Rio de Janeiro: Forense, 2020

[334] Idem. CORREIA, 2018.

São, portanto, fatores conexos à relação de trabalho que unem a conduta (ação ou omissão) praticada pelo empregador ou seus prepostos à morte ou incapacidade (dano) causado ao trabalhador, de modo que se não tiver pertinência com a relação de trabalho o empregador não poderá ser responsabilizado por eventual dano sofrido pelo empregado.

De acordo com o art. 21-A da Lei 8.213/91 "A perícia médica do Instituto Nacional do Seguro Social (INSS) considerará caracterizada a natureza acidentária da incapacidade quando constatar ocorrência de **nexo técnico epidemiológico entre o trabalho e o agravo, decorrente da relação entre a atividade da empresa ou do empregado doméstico e a entidade mórbida motivadora da incapacidade elencada na Classificação Internacional de Doenças (CID)**, em conformidade com o que dispuser o regulamento".

O Decreto 3.048/ é ainda mais específico, exigindo o liame entre a atividade da empresa e a entidade mórbida motivadora da incapacidade elencada na Classificação Internacional de Doenças – CID prevista na Lista C do Anexo II deste Regulamento, para a configuração do nexo técnico epidemiológico (art. 337, §3º).

Ainda, é pertinente destacar novamente as lições de Castro e Lazzari[335]. Vejamos.

> "O nexo técnico previdenciário está, a partir de então, dividido em três espécies: a) **nexo técnico profissional ou do trabalho** – *fundamentado nas associações entre patologias e exposições constantes das* **listas A e B do Anexo II do Decreto nº 3.048/1999**; b) **nexo técnico por doença equiparada** a acidente de trabalho – *decorrente de acidentes de trabalho típicos ou de trajeto, bem como de condições especiais em que o trabalho é realizado e com ele relacionado* – ocorrência de Nexo Técnico por Doença Equiparada a Acidente do Trabalho (NTDEAT) – implica a *análise individual do caso, mediante o cruzamento de todos os elementos* levados ao conhecimento do médico perito *da situação geradora da incapacidade e a anamnese;* c) **nexo técnico epidemiológico previdenciário (NTEP)** – *aplicável quando houver significância estatística da associação entre o código da Classificação Internacional de Doenças (CID), e o da Classificação Nacional de Atividade Econômica (CNAE),* na parte inserida pelo Decreto n. 6.957/2009, na *lista C do Anexo II do Decreto n. 3.048/1999".*

Reconhecido o nexo causal entre o trabalho e o agravo pelo médico-perito do Instituto Nacional do Seguro Social (INSS) o empregador poderá impugná-lo, cabendo, inclusive, recurso com efeito suspensivo,

---

[335] Idem. Castro e Lazzari, 2020

da empresa, do empregador doméstico ou do segurado ao Conselho de Recursos da Previdência Social (art. 21-A, §2º, da Lei 8.213/91).

É possível, ainda, a caracterização do acidente de trabalho se o exercício do trabalho tiver atuado como concausa, ou seja, o acidente ligado ao trabalho que, embora não tenha sido a causa única, haja contribuído diretamente para a morte do segurado, para redução ou perda da sua capacidade para o trabalho, ou produzido lesão que exija atenção médica para a sua recuperação, na forma do art. 21, I, da Lei 8.213/91.

Nas palavras de Sérgio Cavalieri Filho (apud Gagliano e Pamplona Filho, 2017)[336] a concausa trata-se de "outra causa que, juntando-se à principal, concorre para o resultado. Ela não inicia nem interrompe o nexo causal, apenas o reforça, tal como um rio menor que deságua em outro maior, aumentando-lhe o caudal".

Desta feita, se o desempenho da atividade profissional não for a única causa, mas contribuir para a morte ou incapacidade do trabalhador, restará caracterizado o acidente de trabalho.

O empregado que sofreu acidente do trabalho tem garantida, pelo prazo mínimo de doze meses, a manutenção do seu contrato de trabalho na empresa, após a cessação do auxílio-doença acidentário, independentemente de percepção de auxílio-acidente, conforme determina o art. 118 da Lei 8.036/1990.

O art. 7º, inc. XXVIII da CF, prevê seguro contra acidentes de trabalho, a cargo do empregador, sem excluir a indenização a que este está obrigado, quando incorrer em dolo ou culpa. Ainda, o 114, inciso I, da CF, afirma que compete à Justiça do Trabalho processar e julgar as ações oriundas da relação de trabalho.

Verifica-se, da leitura dos referidos dispositivos, que a responsabilização do empregador em decorrência do acidente de trabalho, independe da relação jurídica previdenciária entre o empregado e a autarquia previdenciária. De modo, eventuais danos materiais e morais devem ser reparados se decorrer de conduta (dolosa ou culposa) praticada no âmbito da relação de trabalho, independentemente de responsabilização da autarquia previdenciária na outra esfera do Direito.

O Tribunal Superior do Trabalho pacificou o entendimento, na Súmula 378, de que os pressupostos para a concessão da estabilidade

---

336 Idem. Gagliano e Pamplona Filho, 2017.

são: a) o afastamento superior a 15 dias; e b) a consequente percepção do auxílio-doença acidentário.

Em se tratando de doença ocupacional é possível o reconhecimento do acidente de trabalho, mesmo se constatada após a despedida, desde que guarde relação de causalidade com a execução do contrato de emprego. Neste caso é considerado como dia do acidente a data do início da incapacidade laborativa para o exercício da atividade habitual, o dia da segregação compulsória, ou o dia em que for realizado o diagnóstico.

A Súmula 278 do STJ estabelece que "O termo inicial do prazo prescricional, na ação de indenização, é a data em que o segurado teve ciência inequívoca da incapacidade laboral".

Entretanto, vale dizer que existe entendimento no âmbito do TST de que se o diagnóstico se der **muitos anos após a extinção do vínculo de emprego, a depender da patologia incapacitante, não se mostra razoável reconhecer que a ciência da lesão só se deu no momento da perícia,** conforme informativo 91 abaixo transcrito:

> *Doença ocupacional. Laudo pericial emitido há mais de vinte anos da extinção do contrato de trabalho. Prescrição. Marco inicial. Não adoção do momento da ciência da lesão. Regra geral, considera-se como marco inicial da prescrição o momento do conhecimento da lesão. Todavia, na hipótese em que o laudo pericial que constatou a incapacidade auditiva decorrente da longa exposição do empregado a ruídos sem a utilização de equipamentos de proteção foi emitido mais de vinte anos após a rescisão do contrato de trabalho, não se mostra razoável reconhecer que a ciência da lesão só se deu no momento da perícia, ainda mais quando as provas dos autos evidenciam conduta que visa burlar o instituto da prescrição, mediante o ajuizamento em massa de reclamações trabalhistas por ex-empregados da mesma empresa, todas lastreadas em laudos periciais elaborados muitos anos após a extinção do vínculo de emprego. Com esses fundamentos, a SBDI-I, por unanimidade, conheceu dos embargos interpostos pela reclamada, por divergência jurisprudencial, e, no mérito, deu-lhes provimento para declarar a prescrição total, julgando improcedente a reclamação trabalhista. TST-E-RR-56600-22.2008.5.04.0811, SBDI-I, rel. Min. Aloysio Corrêa da Veiga, 2.10.2014*

Luciano Martinez[337] faz importantes anotações acerca da garantia provisória do empregado acidentado:

---

[337] Luciano Martinez. Curso de direito do trabalho – 11. ed. – São Paulo : Saraiva Educação, 2020.

1º) Somente o "segurado que sofreu acidente do trabalho" é destinatário dessa proteção. É bom anotar que o acidente do trabalho é um acontecimento fortuito e infortunoso, que decorre direta ou indiretamente do exercício de atividades ocupacionais e que provoca lesão corporal ou perturbação funcional capazes de levar o trabalhador à morte ou à perda/redução, permanente ou temporária, da sua capacidade laborativa. [...] Deixa-se evidente, assim, a existência de duas esferas de possível responsabilização em face dos acidentes do trabalho: a de responsabilização securitária social (em regra, objetiva), que é imposta à entidade previdenciária em prol dos segurados que, por força de lei, venham a ser enquadrados como passíveis de acidentes de trabalho, e a de responsabilidade civil-trabalhista (em regra, subjetiva), que é imposta aos tomadores de serviços em benefício dos trabalhadores que tenham sofrido danos materiais ou morais decorrentes de acidente de qualquer natureza ou causa. A responsabilidade securitária social pode ser discutida judicialmente contra os órgãos da previdência social perante a Justiça Comum, nas Varas de Acidentes do Trabalho; a responsabilidade civil-trabalhista pode ser questionada contra os tomadores de serviços perante a Justiça do Trabalho, nas Varas do Trabalho. [...] 2º) Embora o texto de lei mencione expressamente a situação de percepção e cessação do "auxílio-doença acidentário", não é razoável excluir dessa proteção o segurado que se afastou do trabalho e a ele retornou em virtude de "aposentadoria por invalidez acidentária". [...] 3º) A estabilidade prevista no art. 118 da Lei n. 8.213/91 protege indistintamente os empregados submetidos a contrato de trabalho por tempo determinado e por tempo indeterminado. [...] 4º) Essa garantia de emprego, em rigor, não socorre os servidores públicos temporários exercentes de cargos em comissão. [...] 5º) A estabilidade prevista no art. 118 da Lei n. 8.213/91 pressupõe, em regra, o recebimento do auxílio-doença acidentário (B-91). [...] 6º) Diante de relações de emprego simultâneas, a responsabilidade pelo acidente do trabalho é, em regra, da empresa que produziu o evento acidentário".

Assim, é requisito indispensável ao reconhecimento da estabilidade acidentária o afastamento por período superior a 15 dias, bem como a percepção de auxílio-doença acidentário (B-91), atualmente denominado pela legislação previdenciária de auxílio por incapacidade temporária por acidente de trabalho. Também, é possível a caracterização caso o empregado esteja em gozo de aposentadoria por incapacidade permanente (antiga aposentadoria por invalidez) ou auxílio-acidente, ambos por acidente de trabalho. Se os benefícios decorrerem de acidente de outra natureza ou de doença não relacionada ao trabalho, receberão a denominação de aposentadoria, auxílio-doença ou acidente "previdenciário".

6. RESPONSABILIDADE CIVIL DO EMPREGADOR

De acordo com o art. 5º, inc. V e X da CF, "é assegurado o direito de resposta, proporcional ao agravo, além da indenização por dano material, moral ou à imagem"; e, "são invioláveis a intimidade, a vida privada, a honra e a imagem das pessoas, assegurado o direito a indenização pelo dano material ou moral decorrente de sua violação".

A Consolidação das Leis do Trabalho passou disciplinar a reparação por danos extrapatrimoniais ou materiais ocasionados na relação de trabalho, conforme os arts. 223-A ao 223-G. Dentre os bens juridicamente tutelados, inerentes à pessoa física, está a saúde e a integridade física do trabalhador (art. 223-C da CLT).

Nesse aspecto o art. 223-B da CLT e o art. 186 e 927 do Código Civil, aplicáveis de forma supletiva ao Direito do Trabalho com base no art. 8º da CLT, aquele que por ação ou omissão causar dano a outrem deve repará-lo.

A responsabilização do empregador - seja pela teoria subjetiva da responsabilidade civil - exige a demonstração da conduta humana, do dano ou prejuízo e do nexo de causalidade, ou pela teoria objetiva, em que a demonstração da conduta humana é dispensável, pois independe de dolo ou culpa – poderá ser reconhecida pela Justiça do Trabalho, impondo-lhe o dever de reparar os danos causados ao empregado em virtude da contaminação pelo coronavírus no ambiente de trabalho.

Além dos danos materiais e extrapatrimoniais, poderá gerar dano em ricochete ou reflexo. Gagliano e Pamplona Filho de forma precisa lecionam que o "dano reflexo ou por ricochete, como visto, se refere aos sujeitos vitimados, seja por ser o titular do interesse violado (a vítima propriamente dita), seja por terem uma relação de dependência com a primeira (os lesionados por ricochete)"[338].

Essa teoria já é amplamente aceita no âmbito das relações de trabalho. A súmula 392 do TST preceitua que "Nos termos do art. 114, inc. VI, da Constituição da República, a Justiça do Trabalho é competente para processar e julgar ações de indenização por dano moral e material, decorrentes da relação de trabalho, inclusive as oriundas de acidente de trabalho e doenças a ele equiparadas, ainda que propostas pelos dependentes ou sucessores do trabalhador falecido".

---

[338] Pablo Stolze Gagliano, Rodolfo Pamplona Filho. Novo curso de direito civil, v. 3 : responsabilidade civil – 15. ed. – São Paulo : Saraiva, 2017.

Em recente julgado o Tribunal Superior do Trabalho reconheceu o direito da mãe de um auxiliar de farmácia de pedir indenização por danos morais em nome próprio. Considerou a mãe do trabalhador parte legítima da demanda trabalhista, por haver experimentado danos morais reflexos. Vejamos:

> *AGRAVO DE INSTRUMENTO DOS RECLAMANTES. DANOS MORAIS REFLEXOS. ACIDENTE DO TRABALHO. LEGITIMIDADE ATIVA DA MÃE DO EMPREGADO SOBREVIVENTE. 1. O Tribunal Regional consignou que "a dor que a mãe da vítima possa experimentar vendo o filho mutilado no auge da vida merece respeito", mas lhe confere "legitimidade ativa para postular qualquer indenização na Justiça do Trabalho", pois "não há óbito". 2. <u>Na hipótese, os pedidos formulados pela mãe do empregado dizem respeito ao suposto dano moral por ela experimentado em decorrência das lesões impostas ao seu filho, que foi vítima de acidente do trabalho.</u> 3. Aparente violação do art. 17 do CPC, a ensejar o seguimento do recurso de revista. [...] RECURSO DE REVISTA DOS RECLAMANTES. DANOS MORAIS REFLEXOS. ACIDENTE DO TRABALHO. LEGITIMIDADE ATIVA DA MÃE DO EMPREGADO SOBREVIVENTE. 1. A Corte de origem consignou que "a dor que a mãe da vítima possa experimentar vendo o filho mutilado no auge da vida merece respeito", mas lhe confere "legitimidade ativa para postular qualquer indenização na Justiça do Trabalho", pois "não há óbito". 2. No caso, a mãe do empregado que sofreu acidente do trabalho, tendo as duas pernas amputadas, não está postulando direito alheio em nome próprio. 3. <u>Os pedidos formulados por essa reclamante não dizem respeito aos danos causados ao empregado em decorrência do acidente do trabalho por ele sofrido, mas, sim, ao suposto dano moral por ela experimentado em decorrência das lesões impostas ao seu filho.</u> 4. Trata-se, pois, de pretensão relacionada a dano reflexo ou em ricochete. 5. Nesse contexto, em que a mãe do empregado postula direito personalíssimo e autônomo, forçoso concluir pela sua legitimidade ativa, sendo irrelevante a circunstância de não se tratar de acidente do trabalho com óbito. Recurso de revista conhecido e provido. (TRT - ARR- 1000544-58.2016.5.02.0606, Primeira Turma, Ministro Relator HUGO CARLOS SCHEUERMANN, publicado em 15/06/2020)*

Portanto, é possível que os dependentes ou sucessores do trabalhador figurem como vítimas do dano acarretado pela relação de trabalho, hipótese em que o empregador poderá ser condenado a repará-lo.

7. A ATUAÇÃO DOS ÓRGÃOS DE FISCALIZAÇÃO E DO MINISTÉRIO PÚBLICO DO TRABALHO

A adoção de medidas preventivas é crucial para garantir a saúde, higiene e segurança dos empregados, prevenindo a proliferação do vírus no ambiente de trabalho.

É recomendável a observação de todas as normativas expedidas pela Secretaria Especial de Previdência e Trabalho do Ministério da Economia.

Logo no início da pandemia uma empresa multinacional foi alvo de investigação pelos órgãos de fiscalização do trabalho[339] que identificaram várias irregularidades e violações às normas de saúde relacionadas ao covid-19, tais como:

> "a) a não implantação de horários de trabalho escalonados ou aumento dos turnos de trabalho com vistas a reduzir fluxos, contatos, aglomerações e o número de trabalhadores por turno, tendo sido verificados diversos pontos de aglomeração na empresa;
> b) a inobservância de distâncias interpessoais mínimas nos postos de trabalho e outros setores de uso coletivos, tais como: vestiário, refeitório, salas de pausas, embarque e desembarque de veículos, transporte, etc;
> c) a ausência de proteção respiratória caracterizável como Equipamento de Proteção Individual apto ao afastamento dos riscos de contaminação por COVID-19, tampouco máscaras faciais que atendam, no mínimo, os padrões estabelecidos pela ABNT, assim como não informa os critérios técnicos que orientam o fornecimento de mera balaclava de tecido de algodão simples para utilização de todos os trabalhadores durante as atividades laborais;
> d) falhas graves na vigilância ativa e passiva da empresa e monitoramento por parte do SESMT da população de trabalhadores e de casos suspeitos, por que, dentre outros fatores: i) ausência de afastamento precoce de empregados que tiveram contato com casos confirmados ou suspeitos de Covid-19 e, quando o faz, afastar trabalhadores por período inferior ao da incubação do vírus, conforme consta do próprio Plano de Contingenciamento e 'e-book' apresentado pela empresa; ii) não submissão dos trabalhadores a exames médicos específicos, tampouco a testagem para identificação da COVID-19, como forma de mapear de modo seguro o estado de saúde dos empregados; iii) subnotificação dos casos de afastamento por síndrome gripal, considerando que sequer houve comunicação do fato à Vigilância Sanitária do Município (conforme Relatórios de Vigilância em Ambiente de Trabalho 005/2020 e 10/2020), a qual, de posse destas informações, poderia ado-

---

[339] https://economia.uol.com.br/noticias/estadao-conteudo/2020/06/03/mpt-rs-pede-interdicao-de-planta-da-jbs-no-rs-por-surto-de-coronavirus.htm?cmpid=copiaecola (acessado em 04/06/2020)

tar estratégias de mapeamento com vistas a conter os possíveis casos de transmissão; iv) não afastamento de trabalhadores pertencentes ao grupo de risco; v) ausência de registro de dados básicos sobre atendimentos ambulatoriais realizados, tais como função e setor, não tendo sido, ainda, identificada nenhuma conduta significativa da empresa quanto a atestados médicos que indicavam a existência de "infecção viral não especificada", o que é grave em um contexto de pandemia da COVID-19; vi) falhas graves durante a própria realização de procedimento de Triagem de Trabalhadores, executada por empregados da área da saúde que se presume que seriam capacitados para realização de atividades de vigilância, mas que, ao contrário, expuseram a risco os trabalhadores que participaram da triagem, uma vez que: os abaixadores de língua estavam em um copo descartável, caído em cima da mesa, expostos e em contato com a superfície que não recebe higienização frequente; Atendimento de pacientes consecutivos sem a substituição de luvas; ausência de higienização de superfícies e instrumentos usados para aferição de sintomas entre cada atendimento; Ausência de álcool em gel 70% no local de triagem; Afixação de saco de lixo contaminado em cadeiras utilizadas pelos usuários;

e) ausência de comprovação da adequação dos sistemas de ventilação / ar condicionado / fluxo de ar, tanto em ambientes artificialmente frios quanto em ambientes administrativos, de modo a garantir a efetiva exaustão dos ambientes, bem como a renovação do ar, existindo ambientes sem qualquer forma de exaustão. Além disso, o Cerest/Serra constatou a ausência de exaustor na "Sala da Cabeça", conforme Relatório nº 005/2020;

f) não adequação dos bebedouros de jato inclinado, de forma a inviabilizar o consumo de água diretamente no bocal do bebedouro pelos empregados;

g) ausência de distanciamento adequado entre as mesas no refeitório e entre os assentos das mesas, considerando que durante as refeições os trabalhadores encontram-se desprovidos de máscaras de proteção;

h) armários disponibilizados aos trabalhadores desprovidos de espaço suficiente para viabilizar o armazenamento e a separação necessária para preservação da higiene e garantia de não contaminação de itens de uso pessoal, conforme NR24 (AI 21.942.213-3); dentre outras irregularidades".

A negligência da empresa resultou na instauração de inquérito civil público perante o Ministério Público do Trabalho. Mesmo assim a empresa rejeitou a proposta de termo de ajuste de conduta, inviabilizando a solução extrajudicial.

Diante disso, o MPT ajuizou a Ação Civil Pública, abordando todas as medidas necessárias ao enfrentamento do coronavírus no ambiente de trabalho, propondo o afastamento provisório de todos os trabalhadores e a implantação de protocolo de testagem, dentre outros pedidos.

O Ministério Público do Trabalho argumentou que se aplica ao caso as garantias trabalhistas mínimas, pois integram uma gama de posições jurídicas necessárias à consagração da dignidade humana, escorando-se na Declaração Universal dos Direitos Humanos (1948), que estabelece o direito a "condições justas e favoráveis de trabalho".

Outro argumento utilizado é que a Constituição aponta para a necessidade de real proteção da saúde do trabalhador, com a efetiva redução dos riscos afetos ao meio ambiente laboral, para alcançar a valorização do trabalho humano, inspirando a tomada de medidas preventivas para impedir a disseminação o novo coronavírus entre os trabalhadores.

Nesse sentido, os tribunais têm decidido da seguinte maneira:

> PANDEMIA DA COVID-19. ARTIGO 3º, DA MEDIDA PROVISÓRIA 945/20, CONVERTIDA NA LEI 14.047/20. IMPOSSIBILIDADE DE ESCALAÇÃO DO TRABALHADOR PORTUÁRIO AVULSO QUE POSSUA MAIS DE 60 ANOS OU DETERMINADAS DOENÇAS QUE AGRAVEM OS EFEITOS DA COVID-19. RECLAMANTE PORTADOR DE DIABETES TIPO 2. DIREITOS FUNDAMENTAIS. CARACTERÍSTICAS. LIMITABILIDADE. AUSÊNCIAS DE DIREITOS ABSOLUTOS. ARTIGO 29 DA DECLARAÇÃO DE DIREITOS HUMANOS DAS NAÇÕES UNIDAS. NECESSIDADE DE ADOÇÃO DE MEDIDAS PELO ESTADO EM MOMENTO EMERGENCIAL. APLICAÇÃO DO PRINCÍPIO DA CONCORDÂNCIA PRÁTICA OU DA HARMONIZAÇÃO. Diante da fácil transmissão do coronavírus e em razão das experiências de outros países, impõe-se, de acordo com as autoridades sanitárias, o isolamento das pessoas, na medida do possível, com realização de quarentena, de modo a postergar a contaminação das pessoas e, assim, evitar o total colapso do serviço de saúde e, por consequência, que haja mortes em massa da população. Assim, em face à exigência de manter a população em quarentena, observa-se a grave repercussão da COVID-19 nas relações comerciais e de trabalho, o que impõe sua análise de acordo com as normas jurídicas vigentes e diante das peculiaridades da situação que se apresenta. Diversas medidas foram tomadas pelo Governo Federal, como a possibilidade de redução proporcional da jornada e do salário e a suspensão do contrato, como meio de evitar o colapso econômico do país, seja pelo desemprego desenfreado, seja pela possibilidade de falência de diversas empresas e em relação ao avulso com mais de 60 anos ou que possua determinadas doenças, o impedimento de sua escalação, com recebimento de indenização compensatória mensal no valor correspondente a cinquenta por cento sobre a média mensal recebida por ele por intermédio do Órgão Gestor de Mão de Obra entre 1º de outubro de 2019 e 31 de março de 2020, nos termos do artigo 3º, da MP 945/20, convertida na Lei 14.074/20 que alterou a norma para majorar a indenização para 70% (setenta por cento) sobre a média mensal recebida por ele, por intermédio do órgão gestor de

mão de obra, entre 1º de abril de 2019 e 31 de março de 2020, a qual não poderá ser inferior ao salário-mínimo para os que possuem vínculo apenas com o referido órgão. Dentre as características dos direitos fundamentais, observa-se a historicidade, eis que surgem, desenvolvem-se e desaparecem, o que afasta a fundamentação no Direito Natural; inalienabilidade, eis que indisponíveis, não sendo possível aliená-los face à sua natureza não-econômica; imprescritibilidade, pois são sempre exercíveis, face sua natureza de direito personalíssimo; universalidade por se destinarem a todos os seres humanos; concorrência, pois podem ser acumulados, possuindo uma mesma pessoa mais de um direito ao mesmo tempo; irrenunciabilidade, não podendo deles o indivíduo dispor e limitabilidade, pois não há direitos absolutos. Dois direitos podem se chocar, hipótese em que um pode afetar o âmbito de proteção do outro. Aplicação do princípio da concordância prática ou da harmonização.
(TRT-2 10004203720205020444 SP, Relator: IVANI CONTINI BRAMANTE, 4ª Turma - Cadeira 5, Data de Publicação: 11/11/2020)

O melhor caminho para as empresas, portanto, é a adoção de medidas preventivas, para evitar autuações, multas ou ações coletivas em seu desfavor. Do contrário, estará sujeita à multa, embargo, interdição ou medidas judiciais, impostas pelos órgãos competentes.

8. MEDIDAS PREVENTIVAS

O Ministério da Saúde instituiu algumas "Diretrizes para o diagnóstico e tratamento da COVID-19", que pode ser aproveitada e incorporada no âmbito empresarial, como medidas de prevenção ao COVID-19, a fim de evitar a exposição ao vírus:

a. lavar as mãos frequentemente com água e sabão ou com um desinfetante para as mãos à base de álcool 70% e evitar tocar os olhos, o nariz e a boca com as mãos não lavadas;

b. evitar contato próximo com as pessoas (ou seja, manter uma distância de pelo menos 1 metro, principalmente daqueles que têm febre, tosse ou espirros;

c. praticar etiqueta respiratória (ou seja, cobrir a boca e o nariz com o antebraço ao tossir ou espirrar com lenços descartáveis, desprezando-os imediatamente após o uso em uma lixeira fechada e higienizar as mãos em seguida;

d. uso da máscara e luvas;

O Ministério da Economia, por sua vez, por meio do Ofício Circular SEI nº 1088/2020/ME, de 27 de março de 2020, ressaltou a necessidade de observância de orientações setoriais específicas de prevenção à cada atividade, indicando, como medidas de prevenção de caráter geral no trabalho as seguintes:

a. criar e divulgar protocolos para identificação e encaminhamento de trabalhadores com suspeita de contaminação pelo novo corona vírus antes de ingressar no ambiente de trabalho.
b. orientar todos trabalhadores sobre prevenção de contágio pelo coronavírus (COVID-19) e a forma correta de higienização das mãos e demais medidas de prevenção;
c. instituir mecanismo e procedimentos para que os trabalhadores possam reportar aos empregadores se estiverem doentes ou experimentando sintomas;
d. Adotar procedimentos contínuos de higienização das mãos, com utilização de água e sabão em intervalos regulares. Caso não seja possível a lavagem das mãos, utilizar imediatamente sanitizante adequado para as mãos, como álcool 70%;
e. Evitar tocar a boca, o nariz e o rosto com as mãos;
f. Manter distância segura entre os trabalhadores, considerando as orientações do Ministério da Saúde e as características do ambiente de trabalho;
g. Orientar os trabalhadores a evitar contatos muito próximos, como abraços, beijos e apertos de mão;
h. Adotar medidas para diminuir a intensidade e a duração do contato pessoal entre trabalhadores e entre esses e o público externo
i. Priorizar agendamentos de horários para evitar a aglomeração e para distribuir o fluxo de pessoas;
j. Priorizar medidas para distribuir a força de trabalho ao longo do dia, evitando concentrá-la em um turno só;
k. Limpar e desinfetar os locais de trabalho e áreas comuns no intervalo entre turnos ou sempre que houver a designação de um trabalhador para ocupar o posto de trabalho de outro;
l. Reforçar a limpeza de sanitários e vestiários;
m. Adotar procedimentos para, na medida do possível, evitar tocar superfícies com alta frequência de contato, como botões de elevador, maçanetas, corrimãos etc;
n. Reforçar a limpeza de pontos de grande contato como corrimões, banheiros, maçanetas, terminais de pagamento, elevadores, mesas, cadeiras etc;

o. Privilegiar a ventilação natural nos locais de trabalho. No caso de aparelho de ar condicionado, evite recirculação de ar e verifique a adequação de suas manutenções preventivas e corretivas;

p. Promover teletrabalho ou trabalho remoto. Evitar deslocamentos de viagens e reuniões presenciais, utilizando recurso de áudio e/ou videoconferência;

As empresas em funcionamento durante a pandemia também podem adotar práticas setoriais específicas, dentre elas:

A) **Refeitórios**

a. Os trabalhadores que preparam e servem as refeições devem utilizar máscara cirúrgica e luvas, com rigorosa higiene das mãos;

b. Proibir o compartilhamento de copos, pratos e talheres não higienizados, bem como qualquer outro utensílio de cozinha;

c. Limpar e desinfetar as superfícies das mesas após cada utilização;

d. Promover nos refeitórios maior espaçamento entre as pessoas na fila, orientando para que sejam evitadas conversas;

e. Espaçar as cadeiras para aumentar as distâncias interpessoais. Considerar aumentar o número de turnos em que as refeições são servidas, de modo a diminuir o número de pessoas no refeitório a cada momento;

B) SESMT E CIPA

a. As comissões internas de prevenção de acidentes - CIPA existentes poderão ser mantidas até o fim do período de estado de calamidade pública, podendo ser suspensos os processos eleitorais em curso;

b. Realizar as reuniões da CIPA por meio de videoconferência;

c. SESMT e CIPA, quando existentes, devem instituir e divulgar a todos os trabalhadores um plano de ação com políticas e procedimentos de orientação aos trabalhadores;

d. Os trabalhadores de atendimento de saúde do SESMT, como enfermeiros, auxiliares e médicos, devem receber Equipamentos de Proteção Individual - EPI de acordo com os riscos, em conformidade com as orientações do Ministério da Saúde;

C) Transporte de Trabalhadores

a. Manter a ventilação natural dentro dos veículos através da abertura das janelas. Quando for necessária a utilização do sistema de ar condicionado, deve-se evitar a recirculação do ar;
b. Desinfetar regularmente os assentos e demais superfícies do interior do veículo que são mais frequentemente tocadas pelos trabalhadores;
c. Os motoristas devem observar: i) a higienização do seu posto de trabalho, inclusive volantes e maçanetas do veículo; ii) a utilização de álcool gel ou água e sabão para higienizar as mãos.

De acordo com o inciso o art. 3º-B da Lei nº. 13.979/2020, inserido pela Lei nº 14.019/2020, "Os estabelecimentos em funcionamento durante a pandemia da Covid-19 são obrigados a fornecer gratuitamente a seus funcionários e colaboradores máscaras de proteção individual, ainda que de fabricação artesanal, sem prejuízo de outros equipamentos de proteção individual estabelecidos pelas normas de segurança e saúde do trabalho". O uso da máscara deverá ser correto, ou seja, sempre mantendo a boca e o nariz cobertos pela máscara.

Aqueles empregados que pertencem ao grupo de risco (com mais de 60 anos ou com comorbidades de risco, de acordo com o Ministério da Saúde) devem ser objeto de atenção especial, priorizando sua permanência na própria residência em teletrabalho ou trabalho remoto. Não sendo possível o afastamento desses trabalhadores, o empregador deve viabilizar trabalhos internos, ou em local arejado, higienizado, para evitar o contágio.

O Ministério Público do Trabalho, através do Grupo de Trabalho COVID-19, editou as Notas Técnicas nºs. 19 e 20 de 2020, recomendando aos empregadores, empresas, entidades públicas e privadas as seguintes medidas preventivas contra a COVID-19 nos ambientes de trabalho:

> "1. PREVER, no Programa de Controle Médico de Saúde Ocupacional (PCMSO), a implementação da busca ativa de casos, do rastreamento e diagnóstico precoce das infecções pelo novo coronavírus (SARS-Cov-2) e o afastamento do local de trabalho dos casos confirmados e suspeitos, e seus contatantes, ainda que assintomáticos (NR 7, item 7.2.3 e 7.4.8, b).
> 2. AFASTAR do local de trabalho o (a) trabalhador (a) confirmado (a) ou suspeito(a) de COVID-19, por contato familiar ou no trabalho, e fazer o rastreio dos contatos no trabalho, afastando os contatantes, ainda que assintomáticos (NR 7, itens 7.2.3 e 7.4.8).

3. PREVER, no PCMSO, os procedimentos relacionados à testagem dos (as) trabalhadores (as) para diagnóstico da COVID-19 (NR 7, itens 7.3.1 e 7.3.2, b), sem ônus para os empregados (NR 7, item 7.3.1, b).

4. PREVER, no PCMSO, o período de afastamento para "quarentena", segundo as orientações científicas dos organismos de saúde nacionais e internacionais, e, em face de divergência entre as prescrições, adotar a norma mais favorável e que preveja maior tempo de afastamento do trabalho, por aplicação do princípio da precaução.

5. PREVER, no PCMSO, os exames médicos de retorno ao trabalho, após o fim da "quarentena", com avaliação clínica do empregado e exames complementares, se for o caso (NR 7, itens 7.4.1, c, e 7.4.2), independente da duração do período de afastamento, por aplicação do princípio da precaução.

6. PREVER, no PCMSO, no caso de mudança de função, por pertencer o(a) trabalhador (a) a grupo de risco, que deverá ser realizada, antes da alteração de função, o exame de mudança de função (NR 7, itens 7.4.1, d, e 7.4.3.5), para verificação da condição física e mental do (a) trabalhador (a) para o desempenho das novas funções, bem como os riscos ocupacionais identificados no Programa de Prevenção de Riscos Ambientais.

7. DEVERÃO os médicos do trabalho indicar o afastamento do (a) trabalhador (a) com diagnóstico de COVID-19 do trabalho, ainda que o teste consigne resultado "não detectável" para o novo coronavírus, mas estejam presentes elementos para a confirmação clínico-epidemiológica do caso, assim como dos trabalhadores com suspeita de infecção pelo agente biológico da doença, ainda que assintomáticos, bem como dos contatantes dos casos suspeitos e confirmados no ambiente de trabalho, orientando o empregador quanto à necessidade de adoção de medidas de controle no ambiente de trabalho e de bloqueio de transmissão da COVID-19, utilizando-se do instrumental clínico-epidemiológico para identificar a forma de contágio e proceder à adoção de medidas mais eficazes de prevenção (NR 7, itens 7.2.2 e art. 11, alínea "d" da Convenção 155 da OIT) 7.1. DEVERÃO os médicos do trabalho, havendo a confirmação do diagnóstico de COVID-19, seja por testes ou por critério clínico-epidemiológico, solicitar à empresa a emissão da Comunicação de Acidente do Trabalho (CAT) (NR 7, ITEM 7.4.8), ainda que na suspeita de nexo causal com o trabalho (art. 169 da CLT);

8. REGISTRAR todos os casos de infecção de COVID-19 nos prontuários médicos individuais dos empregados, os quais devem ser atualiza - dos mensalmente, garantida a sua acessibilidade às autoridades fiscalizatórias da Saúde e da Auditoria Fiscal do Trabalho (NR 4, item 4.12, "h" a l")".

Em caso de contaminação ou suspeita de infecção pelo novo coronavírus o empregador deve afastar imediatamente o empregado. Também, poderá manter uma rotina periódica de testagem dos seus empregados, de forma cautelar, com o intuito de evitar a proliferação do vírus no ambiente de trabalho.

As medidas acautelatórias abrangem todos os trabalhadores que prestam serviços ao empregador, inclusive os profissionais autônomos, eventuais, estagiários, trabalhadores temporários e terceirizados.

CAPÍTULO XXI.
EXTINÇÃO DO CONTRATO DE TRABALHO

1. INTRODUÇÃO

O princípio da continuidade da relação de emprego tem por escopo incentivar a preservação do contrato trabalho, impedir a cessação das relações de emprego, usando de predicados legais como, por exemplo, as restrições aos contratos a termo; estabilidade e garantias de emprego; interrupção e suspensão contratuais; e de motivação jurídica minimamente razoável para as dispensas de empregados por seus empregadores.

A doutrina majoritária interpreta que a motivação jurídica mínima resulta, também, de ato de vontade do empregador[340], nos contratos por prazo indeterminado. Entende-se, portanto, que a cessação do contrato de trabalho é um direito potestativo do empregador, isto é, uma faculdade do empregador.

A Convenção 158 da OIT durante um curto espaço de tempo, foi incorporado ao Direito do Trabalho brasileiro – em 5 de janeiro de 1996 – amplificando a aplicabilidade do princípio da continuidade da relação de emprego, na medida em que estipulava que as rupturas contratuais por ato dos empregadores deveriam ser motivadas, eliminado a possibilidade a possibilidade da dispensa injusta ou dispensa desmotivada. Exigia uma motivação consistente para a cessação do contrato de trabalho. Vejamos a redação do art. 4º da Convenção 158 da OIT:

> "PARTE II NORMAS DE APLICAÇÃO GERAL - Seção A Justificação do término - Art. 4 — Não se dará término à relação de trabalho de um trabalhador a menos que exista para isso uma **causa justificada** relacionada com sua **capacidade ou seu comportamento ou baseada nas necessidades de funcionamento da empresa, estabelecimento ou serviço**."

---

[340] Curso de direito do trabalho—Mauricio Godinho Delgado. — 18. ed.— São Paulo: LTr, 2019.

Ainda, exigia em seu art. 7º, que para dar fim a relação de trabalho de um trabalhador por motivo relacionados com seu comportamento ou seu desempenho, era necessário dar ao empregado a possibilidade de se defender das acusações feitas contra ele, a menos que não seja possível pedir ao empregador, razoavelmente, que lhe conceda essa possibilidade.

O Supremo Tribunal Federal, ao julgar de uma ação direita de inconstitucionalidade, após denúncia feita pelo Presidente da República, em setembro de 1997, entendeu que a regra do art. 7º, I, da CF – preceito que serviu de fundamento para a Convenção 158 - não era autoexecutável, dependendo de legislação complementar para ter eficácia, motivo pelo qual acolheu a tese de inconstitucionalidade da Convenção 158 da OIT.

É importante ressaltar que a jurisprudência dominante entende que os servidores públicos celetistas admitidos por concursos públicos pela Administração Pública, direta ou indireta, autarquias e fundações públicas, se beneficiam da regra do art. 41 da CF, sendo necessária a motivação do ato de ruptura pela Administração Pública.

Essa regra, no entanto, não se aplica os empregados de empresas públicas, sociedades de economia mista e para estatais, ainda que tenham sido admitidos mediante concurso público, tendo em vista que a natureza jurídica de tais empresas é de empresas privadas (art. 173, §1º, II, da CF). Como exceção, estariam os empregados da Empresa Brasileira de Correios e Telégrafos, pois essa empresa pública goza de prerrogativas característicos de entes de Direito Público, e, por via de consequência, deve motivar a dispensa dos seus empregados, conforme entendimento esposado na OJ 247 da SDI-I, do TST.

A pandemia do coronavírus, indubitavelmente, fez surgir inúmeras dúvidas a respeito dos direitos e obrigações dos empregados e empregadores, sobre a suspensão/interrupção do contrato de trabalho, bem como acerca da forma de cessão do referido contrato.

Dentre as principais polêmicas geradas pela crise de saúde pública está a modalidade de ruptura do contrato de trabalho.

Para uma corrente doutrinária a determinação de isolamento social pelo Governo Federal caracteriza fato do príncipe (*factum principis*), pois a paralização da empresa se deu em virtude de um decreto estatal, refletindo na interrupção da atividade empresarial e na manutenção do contrato de trabalho.

Outra corrente doutrinária, defende a existência de força maior, considerando que a pandemia se enquadraria como um acontecimento inevitável, em relação à vontade do empregador, e para a realização do qual este não concorreu (art. 501, CLT).

Afinal, qual a medida pode ou não ser adotada pelos empregadores? Como fica o contrato de trabalho diante desta situação excepcional?

Essas dúvidas serão esclarecidas ao longo deste capítulo.

2. CESSAÇÃO DO CONTRATO DE TRABALHO

O antigo modelo jurídico celetista previa um marcante contingenciamento à ruptura imotivada do contrato de trabalho, prevendo o pagamento de indenização por tempo de serviços (art. 478, CLT), bem como estabilidade ao empregado que completasse dez anos de serviços prestados ao mesmo empregador – estabilidade decenal -, conforme art. 492, CLT).

A instituição do regime jurídico do FGTS, surgido em meados 1966 (Lei 5.107/66), se tornou uma via alternativa à estabilidade decenal, muito criticada pelos empregadores do setor privado.

A Constituição Federal de 1988 tornou o regime jurídico do FGTS obrigatório, inviabilizando a estabilidade aos empregados com menos de dez anos de serviços prestados ao mesmo empregador. Em substituição, os empregados receberiam uma indenização em caso de dispensa imotivada.

O art. 7º, inciso I, da CF prevê que:

> Art. 7º São direitos dos trabalhadores urbanos e rurais, além de outros que visem à melhoria de sua condição social:
> I - relação de emprego protegida contra despedida arbitrária ou sem justa causa, nos termos de lei complementar, que preverá indenização compensatória, dentre outros direitos;

A doutrina classifica a extinção do contrato em resilição contratual, resolução contratual e de rescisão contratual:

(i) **Resilição contratual** corresponde a todas as modalidades de ruptura do contrato de trabalho por exercício lícito da vontade das partes. Neste grupo engloba-se três tipos de extinção contratual: em primeiro lugar, a resilição unilateral por ato obreiro (chamada de *pedido de demissão*). Em segundo lugar, a resilição unilateral por ato empresarial (denominada *dispensa* ou *despedida sem justa causa* ou, ainda, *dispensa desmotivada*). Em terceiro lugar, a figura da resilição bilateral do contrato, isto é, o distrato, no seio do qual se integra a nova hipótese extintiva prevista no art. 484-A da CLT (extinção por acordo entre empregador e empregado). Aqui também poderiam ser inseridas as rupturas por adesão do empregado a PDVs ou PDIs (novo art. 477-B da CLT).

(ii) **Resolução contratual:** corresponde a todas as modalidades de ruptura do contrato de trabalho por descumprimento faltoso do pacto por qualquer das partes (infrações obreiras e empresariais); englobaria também a extinção do contrato em virtude da incidência de condição resolutiva. Neste grupo estariam enquadrados quatro tipos de extinção contratual. Em primeiro lugar, a resolução contratual por infração obreira, que se chama dispensa por justa causa. Em segundo lugar, a resolução contratual por infração empresarial, que se denomina dispensa ou despedida indireta. Em terceiro lugar, a resolução contratual por culpa recíproca das partes contratuais. Em quarto lugar, finalmente, a resolução contratual por implemento de condição resolutiva.

(iii) **Rescisão contratual:** segundo esta tipologia, corresponderia à ruptura do contrato de trabalho em face de nulidade. É o que ocorreria, hoje, com contratos efetivados pelas entidades estatais, sem a observância de prévio concurso público (Súmula 363, TST). Ou, ainda, com contratos que concretizem atividade ilícita — objeto ilícito (ilustrativamente, OJ 199, SDI-I/TST).

Existem outras classificações, a saber:

a. Extinção decorrente de ato lícito ou ilícito do empregado.
b. Extinção decorrente de ato lícito ou ilícito do empregador.
c. Extinção decorrente de fatores excepcionais.

3. FORÇA MAIOR

A pandemia do coronavírus causou, inegavelmente, uma profunda fenda na economia e nas relações de trabalho. A decretação do estado de calamidade pública, com o consequente isolamento social, repercutiu de imediato no comércio em geral, na indústria, no agronegócio, no setor de transporte, turismo etc. Levou à paralisação total ou parcial de diversas empresas, ao fechamento de diversos bares, restaurantes, shoppings centers, escritórios, financeiras, etc. Como consequência, acarretou a queda do faturamento dessas empresas.

As pequenas empresas foram as mais afetadas. Uma pesquisa realizada pelo Sebrae[341], revela que o faturamento mensal de 89% das pequenas empresas diminuiu, sendo certo que houve a redução de mais de 50% do faturamento na empresa de 63% dos entrevistados.

Para se ter uma ideia, segundo o relatório emitido pela OIT[342], calcula-se que a crise da COVID-19 faça desaparecer 6,7% das horas de trabalho no segundo trimestre de 2020, o que equivale a 195 milhões de trabalhadores em tempo integral. Mais de quatro em cada cinco pessoas (81%) das 3,3 bilhões que compõem a força de trabalho global estão sendo afetadas pelo fechamento total ou parcial do local de trabalho.

A OIT é descreve a pandemia como *"a pior crise global desde a Segunda Guerra Mundial"*.

Essa situação, sem previsão de término, levou o empregador a diversos questionamentos, como, por exemplo: Como o empregador deve proceder em relação a essa situação? Pode dispensar os seus empregados? Deve manter os contratos de trabalho com pagamento de salários? Deve conceder férias coletivas?

Prevendo os nefastos efeitos da pandemia e a necessidade de contenção de gastos, com possíveis demissões, algumas empresas se movimentaram no sentido de verificar se há alguma modalidade específica de extinção do contrato de trabalho para enquadrar o cenário atual.

A crise econômica – causada por diversos fatores – sempre gerou dúvidas a respeito da manutenção dos contratos de trabalho.

Refletindo sobre crise econômica, Amauri Mascaro do Nascimento[343] ensinava que:

> "**Crise econômica é um fenômeno episódico. Paradoxalmente, é episódico, mas convive com o direito do trabalho através dos tempos, de modo intermitente.** Tem várias dimensões. Anda de mãos dadas com as variações do sistema econômico mundial, nacional e empresarial e,

---

341 http://agenciasebrae.com.br/sites/asn/uf/NA/pesquisa-do-sebrae-revela-que-89-dos-pequenos-negocios-ja-enfrentam-queda-no-faturamento,3776b1b5d5931710VgnVCM1000004c00210aRCRD

342 https://www.ilo.org/brasilia/noticias/WCMS_741052/lang--pt/index.htm

343 Nascimento, Amauri Mascaro. Curso de direito do trabalho : história e teoria geral do direito do trabalho : relações individuais e coletivas do trabalho. – 26. ed. – São Paulo : Saraiva, 2011.

por consequência, com o problema dos empregos e a necessidade da sua manutenção. Assim, é companheira, por mais que se queira evitá-la, do Direito do Trabalho. É correta a *culpabilização* do **Direito do Trabalho a respeito das consequências da crise econômica? Evidentemente, não**. Suas causas são outras, como ficou a todos evidente com a crise de 2009, que começou nos Estados Unidos da América, país no qual o ordenamento jurídico nem sequer é legislado — salvo raríssimas leis — e é fundamentalmente negociado entre os sindicatos e empresas.

Continua as suas reflexões indagando: *"o Direito do Trabalho brasileiro está preparado para enfrentar a crise econômica. Está preparado para proteger os empregos? É facultada a dispensa do empregado? Ou, ainda, se existe alternativas em substituição à dispensa dos trabalhadores?"* Reconhecia que era necessário aperfeiçoar o nosso sistema de leis, pois havia uma omissão a esse respeito. [344]

O nosso sistema legal não exige um exame da situação da empresa ou de motivo autorizador para a ruptura do contrato de trabalho, bastando a dispensa com ou sem justo motivo, assegurada eventuais indenizações em virtude da dispensa, mas, a rigor, sem qualquer garantia de emprego.

Vale ressaltar que a crise econômica ou sanitária não pode ser enquadrada como justa causa para a dispensa do empregado, isso porque as hipóteses de justa causa estão taxativamente previstas em lei, em especial no art. 482 e 483 da CLT, inexistindo qualquer permissivo legal enquadrando a crise sanitária ou econômica, como falta grave ou justo motivo para a rescisão do contrato de trabalho.

A rescisão do contrato de trabalho por justo motivo é taxativamente prevista em lei, de modo que só é considerada justa causa a descrever como tal.

Devido à crise humanitária e do potencial crise econômica, sem previsão de retomada do quadro de normalidade, passou a defender de forma tímida a possibilidade de enquadramento da situação como hipótese de força maior.

---

[344] Segundo Amauri Mascaro do Nascimento: *"Não há diferença, em nossa lei, o que é grave omissão, entre dispensa por motivos econômicos e dispensa sem justa causa, porque aquela não é prevista, com o que a rescisão contratual por motivos econômicos é enquadrada como dispensa sem justa causa, com os mesmos ônus para a empresa e ressarcimentos para o empregado despedido"* (in Curso de direito do trabalho, Saraiva, 2011).

Diferentemente do caso fortuito, a força maior decorre do fato humano alheio à vontade das partes que interfere numa relação jurídica, não sendo possível evitá-lo.

Alexandre Agra Belmonte define a força maior como *"o fato humano alheio e transcendente à vontade das partes, sem possibilidade de imputação a pessoa determinada, com concentração da ocorrência em relação ao acontecimento em si mesmo, e que vem a interferir numa relação jurídica sem possibilidade de ser evitado, como invasão de território, guerra ou guerra civil, pânico coletivo, racionamento de energia elétrica"*.[345]

Tem previsão legal no art. 501, caput, da CLT. Por definição legal é *"todo acontecimento inevitável, em relação à vontade do empregador, e para a realização do qual este não concorreu, direta ou indiretamente"*. Se houver imprevidência do empregador a hipótese de força maior não se caracteriza.

É indispensável para a caracterização da força maior a extinção da empresa ou de um dos estabelecimentos do empregador, no qual trabalhe o empregado despedido, hipótese em que ocorrerá a redução à metade das indenizações devidas (art. 501, §2º, da CLT).

O grupo de estudos da Escola Judicial do TRT da 4ª Região, no Enunciado nº. 7[346], concluiu que a força maior trabalhista abrange eventos imprevisíveis e inevitáveis oriundos da natureza (caso fortuito), e de fatos causados pela vontade humana (força maior em sentido estrito, como conflitos armados, greves gerais, ou convulsão social). Também, apontou no item VI do Enunciado 7 que *"a crise de pandemia do COVID-19 constitui situação de força maior (ou caso fortuito), tendo o agente estatal sido movido por tal fator externo, não configurando "factum principis"*.

Vejamos:

> **Enunciado 07 - aprovado por maioria**
> **FORÇA MAIOR E FACTUM PRINCIPIS TRABALHISTA**
> *I - A força maior trabalhista, prevista no art. 501 da CLT, aí abrangidos os eventos imprevisíveis e inevitáveis oriundos da natureza (caso fortuito), e de fatos causados pela vontade humana (força maior em*

---

[345] Ibidem. Alexandre Agra Belmonte, Luciano Martinez, Ney Maranhão, 2020, p 440.

[346] http://www.trt4.jus.br/portal/portal/EscolaJudicial/comunicacao/noticia/info/NoticiaWindow?cod=1604812&action=2&destaque=false

sentido estrito, como conflitos armados, greves gerais, ou convulsão social), depende de:
a) fato inevitável;
b) sem concorrência do empregador;
c) imprevisível;
d) suscetível de afetar substancialmente a situação econômica e financeira da empresa.

II – A hipótese de força maior do art. 501 autoriza (arts. 59, caput, e 61, §1º, da CLT, especialmente quanto aos empregados de estabelecimentos de saúde, art. 26 da MP 927/2020) a extrapolação do limite de duas horas extras diárias sem negociação coletiva para os empregados necessários ao atendimento da situação de força maior.

III - A hipótese de força maior do art. 501 não autoriza a dispensa do pagamento do adicional de horas extras (art. 61, §2º da CLT, não recepcionado pelo inciso XVI do art. 7º da Constituição), e não permite a redução de salários sem negociação coletiva (art. 503 da CLT), seja em razão de sua revogação por lei subsequente (art. 2º da Lei 4.923/65), seja pela não recepção em razão do art. 7º, VI, da CRFB.

IV – Em caso de "extinção da empresa, ou de um dos estabelecimentos em que trabalhe o empregado" (art. 502 da CLT), hipótese especial de força maior, o empregador pagará por metade do aviso prévio indenizado (ou metade da indenização pela rescisão antecipada do contrato a termo, art. 479 da CLT), bem como metade da indenização compensatória de 40% sobre o FGTS.

V – O fato do príncipe, previsto no art. 486 da CLT, pressupõe:
a) paralisação temporária ou definitiva do estabelecimento;
b) determinado por ato de escolha discricionária da autoridade de Estado e não por compelido por situação de força maior externa à Administração Pública.

VI – *A crise de pandemia do COVID-19 constitui situação de força maior (ou caso fortuito), tendo o agente estatal sido movido por tal fator externo, não configurando "factum principis".*

A Medida Provisória n. 927/2020 enquadrou expressamente o estado de calamidade pública decorrente da COVID-19 como hipótese de força maior para fins trabalhistas.[347] Com a caducidade da referida medida

---

347 MP 927/2020: *Art. 1º Esta Medida Provisória dispõe sobre as medidas trabalhistas que poderão ser adotadas pelos empregadores para preservação do emprego e da renda e para enfrentamento do estado de calamidade pública reconhecido pelo Decreto Legislativo nº 6, de 20 de março de 2020, e da emergência de saúde pública de importância internacional decorrente do coronavírus (covid-19), decretada pelo Ministro de Estado da Saúde, em 3 de fevereiro de 2020, nos termos do disposto na Lei nº 13.979, de 6 de fevereiro de 2020. Parágrafo único.* **O disposto nesta Medida Provisória se aplica durante o estado de calamidade pública reconhecido pelo Decreto Legislativo nº 6, de 2020,**

provisória, reacendeu-se a controvérsia quanto ao enquadramento (ou não) do estado de calamidade pública como hipótese de força maior.

Apesar de a Medida Provisória 1.046 de 27 de abril de 2021 reeditar as medidas trabalhistas de enfrentamento ao coronavírus (covid-19) inicialmente previstas na MP n. 927/2020, a referida norma é silente quanto o enquadramento (ou não) do estado de calamidade pública como hipótese de força maior ou fato do príncipe.

A questão é muito debatida na jurisprudência. Os Tribunais Trabalhistas tem se posicionado no sentido de afastar a reconhecimento do estado de calamidade pública como hipótese de força maior, exigindo a demonstração cabal de que a pandemia acarretou o encerramento da atividade empresarial, conforme arestos abaixo:

> **MANDADO DE SEGURANÇA. DISPENSA POR FORÇA MAIOR. PANDEMIA COVID-19. IMPOSSIBILIDADE.** Não configura força maior nos termos dos artigos 501 e 502 da CLT os graves efeitos decorrentes da pandemia de COVID-19 no país, para que seja excluído o pagamento integral das parcelas rescisórias dos trabalhadores, cujos contratos foram rescindidos por iniciativa do empregador, sem que haja extinção do estabelecimento de trabalho. **(TRT-4 – MSCIV: 00223998920205040000, Data de Julgamento: 04/03/2021, 1ª Seção de Dissídios Individuais, Relatora Des. Simone Maria Nunes).**
>
> FORÇA MAIOR. PANDEMIA DA COVID-19. SUPRESSÃO DE DIREITOS RESCISÓRIOS. NECESSIDADE DE DEMOSNTRAÇÃO DO ENQUADRAMENTO NA HIPÓTESE LEGAL. O art. 1º da MP 927/2020 estabelecia que, para fins trabalhistas, o estado de calamidade pública reconhecido pelo Decreto Legislativo nº 6 constitui hipótese de força maior de que trata o art. 501 da CLT. Entretanto, a situação de força maior não autoriza automaticamente a supressão de direitos rescisórios. É preciso que o empregador comprove o enquadramento de sua situação fática na hipótese capitulada no art. 502 da CLT (extinção da empresa ou do estabelecimento em que trabalha o empregado), específico para a hipótese de ruptura contratual, O art. 503 da CLT (prejuízos devidamente comprovados) referente à hipótese diversa (redução de salário e jornada). Ainda que assim não fosse, tais prejuízos não foram provados nos autos. (TRT-2 10007093220205020391 SP, Relator Antero Arantes Martins, 6ª Turma, Data de Publicação: 19/11/2020).
>
> **COVID-19. FORÇA MAIOR. FALTA DE PROVA. INOCORRÊNCIA. INDENIZAÇÃO COMPENSATÓRIA DE 40% DO FGTS.** Embora a pandemia em si e seus efeitos gerais na economia sejam notórios, os reflexos na situação econômico-financeira individual não o são, de

e, *para fins trabalhistas, constitui hipótese de força maior, nos termos do disposto no art. 501 da Consolidação das Leis do Trabalho, aprovada pelo Decreto-Lei nº 5.452, de 1º de maio de 1943.*

modo que dependem de prova de cada específica situação fático-individual, o que não ocorreu na hipótese dos autos. Desta forma, é devido o pagamento integral da indenização compensatória de 40% de FGTS. **(TRT-1 – RO: 01004825320205010049 RJ, Relator Des. Rildo Albuquerque Mousinho de Brito, Terceira Turma, Data de Julgamento: 07/04/2021, Data de Publicação: 16/04/2021).**

COVID-19. FORÇA MAIOR. SUSPENSÃO DO CONTRATO COM ENTE PÚBLICO. EXTINÇAÕ DO ESTABELECIMENTO OU DO SETOR QUE ASSIM NÃO SE CONFIGURA. DEMISSÃO INJUSTA. INDENIZAÇÃO PARCIAL. ARTIGO 502 DA CLT. IMPOSSIBILIDADE. A suspensão do contrato administrativo com ente público em razão da pandemia de COVID-19 não configura, por si só, extinção da empresa ou de estabelecimento, razão pela qual não se aplica ao caso o teor do artigo 502 da CLT autorizador do pagamento parcial da indenização decorrente da demissão de empregado sem justa causa. Recurso ordinário da reclamada a que se nega provimento. (TRT-2 10006125120205020029 SP, Relator Des. Willy Santilli, 1ª Turma, Data de Publicação: 12/02/2021).

Existe vertente interpretativa que defende o caso fortuito não se enquadra na força maior trabalhista, pois não decorre de um ato oriundo da vontade humana. Corrente em sentido contrário, sustenta que , existe quem defenda que tanto o caso fortuito quanto a força maior estão inseridos nas hipóteses do art. 501 da CLT.

Mauricio Godinho Delgado adverte que *"não se enquadram no conceito de força maior fatores derivados de alterações da política econômica governamental. Tais fatores, sendo componentes comuns à dinâmica do mercado econômico, inscrevem-se no risco normal do empreendimento, a ser suportado pelo empregador (princípio da alteridade; art. 2º, caput, CLT)"*[348]

Diante da força maior é lícito ao empregador prorrogar a jornada de trabalho para realizar ou concluir de serviço inadiável, ou serviço que possa acarretar prejuízo manifesto, conforme dispõe o art. 61 da CLT.

4. FACTUM PRINCIPIS

Segundo a previsão do artigo 486 da CLT a paralisação temporária ou definitiva do trabalho motivada por ato de autoridade Municipal, Estadual Federal, ou pela promulgação de lei ou resolução que impossibilite a continuação da atividade, prevalece o pagamento da indeni-

---

[348] Mauricio Godinho Delgado. Curso de direito do trabalho. 18. ed.— São Paulo: LTr, 2019.

zação a cargo do governo responsável. Esse dispositivo traz a previsão do *"factum príncipis"* ou fato do príncipe, se tratando de uma espécie força maior (gênero).

De acordo com as lições de Alexandre Agra Belmonte, o fato do príncipe *"é o ato unilateral da autoridade pública - municipal, estadual ou federal - capaz de alterar ou extinguir relações jurídicas privadas já constituídas, para atendimento ao interesse público, a exemplo da desapropriação"*.[349]

Recebe essa denominação porque vem da época da monarquia, na qual o príncipe determinava a extinção de um determinado estabelecimento por meio de decreto.

Para caracterização do fato do príncipe é necessário a presença dos seguintes requisitos:

a. ato administrativo de autoridade competente ou lei;
b. interrupção das atividades da empresa;
c. prova de que o empregador não concorreu, de forma culposa ou dolosa, para a causa desencadeadora do "factum principis".

Na hipótese de o ato oficial provocar a suspensão temporária das atividades da empresa a pessoa jurídica de direito público indenizar o empregador na importância referente aos salários pagos aos empregados.

Existe corrente doutrinária que defende a necessidade de encerramento da atividade empresarial para a caracterização o fato do príncipe.

Caracterizado o fato do príncipe a autoridade será responsável pelo pagamento da indenização rescisória, prevalecendo o entendimento que se refere apenas a multa de 40% (quarenta por cento) do FGTS e não a todas as verbas rescisórias.

A doutrina clássica cita como exemplo a desapropriação do estabelecimento comercial pelo poder público, resultando no encerramento da atividade ou na paralisação temporária da prestação dos serviços.

A OJ nº 341 da SDI-1 do TST as diferenças decorrentes dos expurgos inflacionários referentes aos de FGTS e a multa de 40% sobre esses depósitos são de responsabilidade do empregador.

---

349 Ibidem. Alexandre Agra Belmonte, Luciano Martinez, Ney Maranhão, 2020, p 442.

Pensamos que a situação vivenciada atualmente não configura fato do príncipe, haja vista que estamos diante de uma situação excepcional, de interesse público, cujas políticas instituídas visam garantir a preservação do saúde pública, visando a redução dos riscos oferecidos pelo coronavírus.

Segundo o art. 8º da CLT *"As autoridades administrativas e a Justiça do Trabalho, na falta de disposições legais ou contratuais, decidirão, conforme o caso, pela jurisprudência, por analogia, por equidade e outros princípios e normas gerais de direito, principalmente do direito do trabalho, e, ainda, de acordo com os usos e costumes, o direito comparado, mas sempre de maneira que nenhum interesse de classe ou particular prevaleça sobre o interesse público".*

Podemos nos valer, ainda, por analogia, de um instituto de Direito Penal: a inexigibilidade de conduta diversa, que exclui a culpabilidade do Poder Público. Diante da crise de saúde pública gerada pelo coronavírus não se pode esperar outra conduta senão a paralisação temporária das empresas, por meio do distanciamento social, para a preservação da vida dos cidadãos, o que justifica e exclui qualquer "animus" de interferência na atividade econômica das empresas.

A Medida Provisória 927/2020 encerrava qualquer discussão nesse sentido. Com a Conversão da Medida Provisória 936/2020 na Lei 14.020 6 de julho de 2020, que instituiu o Programa Emergencial de Manutenção do Emprego e da Renda, bem como estabeleceu medidas complementares de enfrentamento ao COVID-19, houve expressa exclusão da paralisação ou suspensão de atividades empresariais determinada por ato de autoridade municipal, estadual ou federal para o enfrentamento do estado de calamidade pública como hipótese de fato do príncipe (art. 29 da Lei 14.020/2020). Nesse sentido tem decidido a jurisprudência. Vejamos os precedentes a seguir:

> **FATO DO PRÍNCIPE. MEDIDAS DE COMBATE À PANDEMIA DA COVID-19. NÃO CONFIGURAÇÃO.** Nos termos do art. 29 da Lei 14.020/2020, "nãos e aplica o disposto no art. 486 da CLT, aprovada pelo Decreto-Lei nº 5.452/1943, na hipótese de paralisação ou suspensão das atividades empresariais determinadas por ato de autoridade municipal, estadual ou federal para o enfrentamento do estado de calamidade pública reconhecido pelo Decreto Legislativo nº. 6, de 20 de março de 2020, e da emergência de saúde pública de importância internacional decorrente do coronavírus, de que trata a Lei nº. 13.979, de 6 de fevereiro de 2020".
> **(TRT-3 RO 00105733120205030053 MG, Relatora Des. Maria Cristina Diniz Caixeta, Quarta Turma, Data de Publicação: 13/04/2021)**

COVID-19. FATO DO PRINCIPE. ART. 486. INAPLICABILIDADE. O art. 486 da CLT não é aplicável às dispensas ocorrida em razão das restrições governamentais motivadas pela pandemia de COVID-19. No contexto atual, a determinação de paralização de diversas autoridades públicas não ocorreu de forma discricionária, objetivando interesse ou vantagem para o ente público, mas sim em razão de necessidade imperiosa de proteger o interesse público, preservando a integridade física de toda a coletividade. **(TRT-3 - PJE 00103805620205030169, Décima Primeira Turma, Redator Des. Marco Antonio Paulinelli Carvalho, Data de Publicação: 12-02-2021)**

DISPENSA. PARALIZAÇAÕ TEMPOR´RIA DAS ATIVIDADES. PANDEMIA DA COVID-19. FATO DO PRÍNCIPE. INOCORRÊNCIA. Para que se configure o fato do príncipe, disposto no art. 486 da CLT, é necessário que o ato do ente público seja discricionário, o que não é o caso dos autos, eis que os atos de enfrentamento à pandemia de COVID-19 foram devidamente motivados, seguindo orientações gerais, inclusive de âmbito internacional de salvaguarda da saúde e da vida da coletividade, as quais recomendavam o isolamento social para combater a disseminação do vírus na coletividade. Recurso conhecido e não provido. **(TRT-7 – RO: 00005234920205070015 CE, Relator Des. Emmanuel Teófilo Furtado, 2ª Turma, Data de Publicação: 02/03/2021)**

TEORIA DO FATO DO PÍNCIPE. PANDEMIA. CORONAVÍRUS. Não há se falar em ação do Estado como factum principis, haja vista que a pandemia do Coronavírus (Covid-19) não decorre de um ato de Estado, mas sim da propagação de uma doença que assolou o mundo e alterou de forma bastante contundente o modo de vida de grande parte da população mundial. As determinação emanadas pelas autoridades administrativas visando a contenção do vírus Sars-Cov-2 possuem um caráter generalista, atingindo os mais diversos setores econômicos e sociais. O Estado, ao editar decretos de fechamento temporário de estabelecimentos e circulação de pessoas, fê-lo em cumprimento a diretrizes internacionais, fundadas em critérios técnicos internacionais de precaução, consubstanciando maior eficiência administrativa e, concretizando o direito fundamental à saúde (art. 196 da Constituição Federal). Assim, em uma lógica estritamente necessária, o que paralisou a atividade da parte demandada não foi a atuação estatal, mas a própria pandemia. Recurso da ré a que se nega provimento, rejeitando-se a Teoria do Fato do Príncipe. **(TRT-2 10007193120205020018 SP, Relator Des. Flavio Vallani Macedo, 11ª Turma, Data de Publicação: 26/01/2021).**

Com efeito, verifica-se que os decretos de fechamento temporários de estabelecimento e a restrição de circulação de pessoas decorrem de diretrizes internacionais, com vistas a preservar vidas e incolumidade pública no que se refere à saúde da coletividade. Não decorre, portanto, de uma escolha das autoridades públicas – ou seja, de critérios conveniência e oportunidade –, mas, sim, da preservação de um interesse público: a saúde.

Nesta perspectiva, Guilherme Guimarães Ludwig anota que *"não há uma escolha propriamente discricionária da Administração Pública quanto a proceder ou não à suspensão, mas um autêntico dever de salvaguardar o interesse público com eficiência, vinculado ao ordenamento jurídico brasileiro. [...] tais normas são vetorizadas pelo texto constitucional que preconiza a saúde como 'direito de todos e dever do Estado, garantido mediante políticas sociais e econômicas que visem à redução do risco de doença e de outros agravos e ao acesso universal e igualitário às ações e serviços para sua promoção, proteção e recuperação' (art. 196)".* [350] Explica que a conduta da Administração Pública é legitimada por um agir eficiente com vistas a efetivar interesse público determinado.

O posicionamento dominante na doutrina sobre os efeitos da COVID-19 no funcionamento das atividades empresariais é de que se trata de hipótese de força maior, em sentido amplo, porquanto é um acontecimento inevitável, alheio à vontade do empregador, para o qual este não concorreu, nos termos do art. 501 da CLT.

5. DISPENSA EM MASSA

O principal traço de distinção entre a dispensa coletiva e a dispensa individual reside na natureza do ato. Na dispensa individual o ato é instantâneo. Já na dispensa coletiva o ato é sucessivo.

O art. 477-A da CLT foi inserido pela Reforma Trabalhista passando a prever sobre a dispensas coletivas. Vejamos:

> **Art. 477-A.** As dispensas imotivadas individuais, plúrimas ou coletivas equiparam-se para todos os fins, não havendo necessidade de autorização prévia de entidade sindical ou de celebração de convenção coletiva ou acordo coletivo de trabalho para sua efetivação.

Esse dispositivo equipara as dispensas individuais, plúrimas e coletivas, dispensando a autorização prévia de entidade sindical, acordo coletivo ou convenção coletiva de trabalho, para a concretização da rescisão do contrato de trabalho.

---

[350] Guilherme Guimarães Ludwig, in Direito do Trabalho na crise da COVID-19, 2020, p 481-482.

Permite que o empregador dispense um grupo de empregados ou, ainda, um setor inteiro da empresa, sem a necessidade de intervenção sindical.

Há uma crítica incisiva na doutrina que sustenta a inconstitucionalidade deste dispositivo, argumentando que o art. 7º, I, da CF, conquanto ainda não regulamentado por lei complementar, bem assim da constatação de que o corte coletivo impacta muito além dos contratos de trabalho individualmente considerados, espalhando seus efeitos sobre a sociedade, a cadeira de fornecedores, clientes e prestadores de serviços e também a arrecadação dos impostos locais e nacionais, sobre a renda e o consumo dos trabalhadores afetados.

Também, defendem que a jurisprudência é firme no sentido de que antes da decisão drástica da dispensa em massa, devem haver o emprego de técnicas de preservação do emprego inseridas na legislação trabalhista, como o banco de horas, férias coletivas, conversão do contrato em tempo de jornada parcial, suspensão temporária do contrato de trabalho, redução salarial e a adoção de planos de demissão voluntária.

6. PROGRAMA DE DEMISSÃO VOLUNTÁRIA (PDV)

O plano de demissão voluntária ou programa de incentivo à demissão voluntária é tratado por alguns autores como a transação individual de direitos trabalhistas ponto tem por objetivo conceder uma vantagem ao empregado para que este se desligue voluntariamente da empresa.

É bastante utilizado pelas empresas em caso de crise econômica para reduzir o quadro de empregados e colocar fim ao contrato de trabalho.

A Reforma Trabalhista inseriu o art. 477-B à CLT, passando a prever expressamente a possibilidade de instituição de "Plano de Demissão Voluntária ou Incentivada, para dispensa individual, plúrima ou coletiva, previsto em convenção coletiva ou acordo coletivo de trabalho, enseja quitação plena e irrevogável dos direitos decorrentes da relação empregatícia, salvo disposição em contrário estipulada entre as partes.

Este dispositivo permite, portanto, que o empregado e o empregador pactuem um plano de demissão voluntária mediante autorização prevista em convenção coletiva ou acordo coletivo de trabalho.

O valor pago a título de incentivo à demissão voluntária, segundo a doutrina e jurisprudência dominante, tem natureza jurídica de indenização, de forma que não reflete nas demais parcelas recebidas pelo empregado.

É importante destacar que o PDV enseja a eficácia liberatória geral dos direitos decorrentes da relação empregatícia, exceto quando se houver estipulação em sentido contrário.

Cabe ao sindicato atuar com muita diligência, para evitar lesão aos trabalhadores, diante da eficácia conferida ao PDV.

7. DISPENSA POR JUSTA CAUSA

A extinção do contrato de trabalho pode se verificar em razão do cometimento de ato ilícito pelo empregado.

Na dispensa por justa causa, o empregado pratica falta grave praticada, inviabilizando a manutenção do contrato de trabalho.

Para parte da doutrina justa causa e falta grave são expressões sinônimas. Entretanto, prevalece que há diferença.

A justa causa é a modalidade de rescisão e a falta grave é o ato ilícito praticado pelo empregado.

Amauri Mascaro do Nascimento[351] ensina que a justa causa *"é a ação ou omissão de um dos sujeitos da relação de emprego, ou de ambos, contrária aos deveres normais impostos pelas regras de conduta que disciplinam as suas obrigações resultantes do vínculo jurídico"*.

A doutrina apresenta os seguintes requisitos para a validade da rescisão por justa causa:

A) tipicidade: o ato praticado tem que se enquadrar em uma das hipóteses previstas em lei, como falta grave. Como, por exemplo, o artigo 482 da CLT. Tal artigo não é exaustivo, ou seja, existem outras hipóteses de falta grave, em outros dispositivos de lei.

B) imediatidade: a falta grave aplicada deve ser imediata, ou seja, o empregador deve aplicar a punição em um tempo razoável, não existindo previsão legal sobre qual prazo, já que vai depender da falta grave praticada e da necessidade de apuração. A demora na aplicação pode caracterizar perdão tácito.

---

[351] Nascimento, Amauri Mascaro. Curso de direito do trabalho : história e teoria geral do direito do trabalho : relações individuais e coletivas do trabalho. – 26. ed. – São Paulo : Saraiva, 2011.

C) gravidade: o ato praticado deve se grave o suficiente para gerar a rescisão por justa causa. Trata-se de um requisito subjetivo.
D) singularidade de punição: o ato faltoso não admite mais de uma punição (non *bis in idem*).
E) nexo causal / proporcionalidade: é necessário que exista uma relação entre o ato praticado e a justa causa. Ademais, a punição deve ser proporcional e adequada ao ato.
F) não discriminação: na hipótese de falta grave praticada por mais de um empregado a punição deve ser idêntica, salvo se existir justificativa para tratamento diferenciado.

As hipóteses de falta grave do empregado estão arroladas, em sua maioria no art. 482 da CLT que assim prevê:

> **Art. 482 CLT** – "Constituem justa causa para rescisão do contrato de trabalho pelo empregador:
> a) ato de improbidade;
> b) incontinência de conduta ou mau procedimento;
> c) negociação habitual por conta própria ou alheia sem permissão do empregador, e quando constituir ato de concorrência à empresa para a qual trabalha o empregado, ou for prejudicial ao serviço;
> d) condenação criminal do empregado, passada em julgado, caso não tenha havido suspensão da execução da pena;
> e) desídia no desempenho das respectivas funções;
> f) embriaguez habitual ou em serviço;
> g) violação de segredo da empresa;
> h) ato de indisciplina ou de insubordinação;
> i) abandono de emprego;
> j) ato lesivo da honra ou da boa fama praticado no serviço contra qualquer pessoa, ou ofensas físicas, nas mesmas condições, salvo em caso de legítima defesa, própria ou de outrem;
> k) ato lesivo da honra ou da boa fama ou ofensas físicas praticadas contra o empregador e superiores hierárquicos, salvo em caso de legítima defesa, própria ou de outrem;
> l) prática constante de jogos de azar.
> m) perda da habilitação ou dos requisitos estabelecidos em lei para o exercício da profissão, em decorrência de conduta dolosa do empregado. (Incluído pela Lei nº 13.467, de 2017)
> Parágrafo único - Constitui igualmente justa causa para dispensa de empregado a prática, devidamente comprovada em inquérito administrativo, de atos atentatórios à segurança nacional. (Incluído pelo Decreto-lei nº 3, de 27.1.1966)"

Em tempos de pandemia, a adoção de medidas de saúde, higiene e segurança no trabalho se tornaram um dever ao empregador. De outro lado, também se tornou uma obrigação do empregado a utilização de novos equipamentos individuais, como máscara, luvas, higienização constante das mãos, distanciamento em algumas circunstâncias, dentre outras medidas e orientações do empregador.

O empregador, com base no poder empregatício, poderá instituir regulamento empresarial com vistas a organizar a atividade empresarial. É aconselhável, inclusive, que o empregador estabeleça diretrizes de higiene, saúde e segurança no ambiente trabalho, relacionadas à prevenção ao coronavírus, para evitar futuras responsabilizações.

Na hipótese de o empregado descumprir as ordens ou instruções previstas em regulamento empresarial ou, ordens diretas, referente às medidas de saúde e higiene no ambiente de trabalho, pode ser dispensado por justa causa, com base na alínea "h", do art. 482 da CLT, pelo cometimento do ato de indisciplina ou insubordinação[352].

Eventual recusa na utilização de máscaras e demais equipamentos de proteção individual fornecidos pelo empregador, como prevenção ao contágio, o empregado pode ser dispensado por justa causa.

O art. 158 da CLT estabelece que cabe aos empregados:

a) observar as normas de segurança e medicina do trabalho, inclusive as instruções dadas pelo empregador quanto às precauções a tomar no sentido de evitar acidentes do trabalho ou doenças ocupacionais;

b) colaborar com a empresa na aplicação das medidas de saúde, segurança e higiene no ambiente de trabalho

O parágrafo único do art. 158 da CLT preconiza que constitui ato faltoso do empregado a recusa injustificada à observância das instruções expedidas pelo empregador ou quanto ao uso dos equipamentos de proteção individual fornecidos pela empresa.

A negativa injustificada do uso de máscaras, luvas ou outros procedimentos afetos à higiene, saúde ou segurança no trabalho, possibilita a dispensa por justa causa do empregado.

De igual maneira, se o empregado se ausentar injustificadamente ou se recusar a retornar ao trabalho, mesmo a empresa adotando todos os procedimentos instituídos pelo poder público, poderá ser dispensado por abandono de emprego (art. 482, "i", da CLT).

---

[352] *Indisciplina*, é o descumprimento de ordens gerais de serviço. A *Insubordinação* é o descumprimento de ordens diretas e pessoais.

8. RESCISÃO INDIRETA

A dispensa indireta ou rescisão indireta é a rescisão do contrato de trabalho pelo empregado, tendo em vista justa causa praticada pelo empregador. A iniciativa de romper o vínculo é do empregado.

As hipóteses de falta grave que podem ser cometidas pelo empregador estão previstas no art. 483 da CLT. Dentre elas, as alíneas "c" e "d" prevê que:

> Art. 483 - O empregado poderá considerar rescindido o contrato e pleitear a devida indenização quando:
> (...)
> c) correr perigo manifesto de mal considerável;
> d) não cumprir o empregador as obrigações do contrato;

O art. 7º, inciso XXII, da Constituição Federal, assegura aos trabalhadores a redução dos riscos inerentes ao trabalho, por meio de normas de saúde, higiene e segurança.

No âmbito infraconstitucional, o art. 157 da CLT, preceitua que cabe às empresas cumprir e fazer cumprir as normas de segurança e medicina do trabalho; instruir os empregados quanto às precauções a tomar no sentido de evitar acidentes do trabalho ou doenças ocupacionais.

Cabe, desta forma, ao empregador prover a saúde e a segurança dos seus empregados, a fim de evitar que eles adoeçam no ambiente de trabalho adotando medidas como, por exemplo:

- criar e divulgar protocolos para identificação e encaminhamento de trabalhadores com suspeita de contaminação pelo novo corona vírus antes de ingressar no ambiente de trabalho;
- orientar todos trabalhadores sobre prevenção de contágio pelo coronavírus (COVID-19);
- adotar procedimentos contínuos de higienização das mãos;
- manter distância segura entre os trabalhadores;
- Adotar medidas para diminuir a intensidade e a duração do contato pessoal entre trabalhadores e entre esses e o público externo
- limpar e desinfetar os locais de trabalho e áreas comuns
- Fornecer máscaras e luvas;

A ausência de implementação dessas medidas ou de entrega de equipamentos de proteção individual, possibilita a rescisão indireta do contrato de trabalho, por estar exposto a perigo manifesto de mal considerável, ou, ainda, pelo descumprimento das obrigações do contrato de trabalho pelo empregador.

9. OBRIGAÇÕES DECORRENTES DO TÉRMINO DO CONTRATO

9.1. PRAZO DE PAGAMENTO DAS VERBAS RESCISÓRIAS

Durante muito tempo se discutiu sobre o prazo para pagamento das verbas rescisórias. A redação anterior do art. 477, §6º, da CLT, estabelecia dois prazos distintos para o pagamento das verbas rescisórias, a depender da forma de concessão do aviso prévio.

O empregador que optava pela manutenção da prestação dos serviços durante o aviso prévio (aviso prévio trabalhado), tinha que quitar as verbas rescisórias no primeiro dia útil seguinte à data de termino do aviso prévio. Do contrário, em caso de dispensa da prestação de serviços, a lei conferia o prazo de 10 dias para quitar as verbas rescisórias.

A reforma trabalhista unificou o prazo para o empregador realizar o pagamento das verbas rescisórias, discriminadas no instrumento de rescisão ou no recibo de quitação, de modo que deverá realizar o pagamento em dinheiro, depósito bancário ou cheque – ou em dinheiro ou depósito bancário quando o empregado for analfabeto - no prazo de 10 dias a partir da data do término do contrato.

A imprecisão e atecnia na nova redação do dispositivo gerou mais dúvidas sobre o prazo de pagamento das verbas rescisórias e entrega dos documentos de comunicação da rescisão contratual, isso porque estabelece que deverá ser "**contato a partir do término do contrato de trabalho**".

Alguns teóricos passaram a defender que o aviso prévio – incluindo a proporcionalidade – deve integrar o prazo para pagamento das verbas rescisórias, considerando a data final do contrato de trabalho será o último dia do aviso prévio (art. 487, §1º, CLT; OJ 82 e 83 da SDI-1 do TST).

Para outra corrente acadêmica as verbas rescisórias e o documento

Isso se justifica, ao nosso ver, porque o legislador acrescentou o **dever de entrega dos documento que comprovem a comunicação da extinção contratual aos órgãos competentes**, havendo a necessidade, portanto, de um prazo maior para realizar a rescisão.

Para outros, o prazo de pagamento das verbas rescisórias é contado da data do efetivo afastamento do empregado. Nesse sentido a ementa abaixo:

> *MULTA DO ART. 477, PARÁGRAGO 8º, DA CLT. O prazo para pagamento das verbas rescisórias é de dez dias, estes contados inclusive o dia em que consta como data do afastamento, não sendo prorrogável caso caia em sábado ou domingo. Recursos interposto pela reclamada Mangels a que se nega provimento (TRT-4 – RO: 00208762620175040201 – Data de Julgamento: 23/06/2020, 9ª Turma)*

Assim, se o aviso prévio for indenizado o empregado receberá pagamento das verbas rescisórias em até 10 dias a partir da data do seu afastamento. Se o aviso prévio for trabalhado, em até 10 dias a contar do encerramento da prestação de serviços. Comungando deste entendimento, Homero Batista Mateus da Silva[353] adverte

> *"Prefira interpretar esse dispositivo **como dez dias após a cessação da prestação de serviços**, não se projetando o aviso prévio indenizado para, ao depois, computar o prazo, sob pena de frustração do procedimento rescisório e do acesso ao trabalhador do dinheiro necessário para fazer frente ao período de desemprego".*

Há, ainda, jurisprudência que entende que o prazo para pagamento das verbas rescisórias seria até o 10º da notificação da despedida, com base na OJ 14 da SDI-1 do TST.

Por fim, vale destacar que esse prazo de 10 (dez) dias são contados corridos, porquanto a contagem de dias úteis se aplica apenas aos prazos processuais.

Nos termos da OJ 162 da SDI-1 do TST, para a contagem do prazo acima mencionado, deve se aplicar o artigo 132 do Código Civil, ou seja, o dia da comunicação da dispensa não entra na contagem, mas inclui o dia do vencimento. Ademais, se o último dia não for dia útil vai ocorrer a prorrogação para o primeiro dia útil seguinte.

9.2. MULTA

Nos termos do artigo 477, § 8º da CLT, na hipótese de não pagamento das verbas rescisórias dentro do prazo mencionado será devida a multa no valor de 1 (um) salário para o trabalhador, bem como, multa administrativa em favor da União. Caso o empregado postule para si essa segunda penalidade o juiz deve decidir pela ilegitimidade ativa.

---

[353] Homero Batista Mateus da Silva. CLT comentada . 2ª ed. -- São Paulo : Thomson Reuters Brasil, 2018.

A Súmula 388 do TST afirma que a massa falida não está sujeita às multas dos artigos 467 e 477. Tal jurisprudência, nada fala da empresa em recuperação judicial.

A OJ 238 SDI-1 do TST prevê que a multa é aplicada também para pessoa jurídica de direito público.

> **OJ 238 SDI-1** - "MULTA. ART. 477 DA CLT. PESSOA JURÍDICA DE DIREITO PÚBLICO. APLICÁVEL (inserido dispositivo) - Res. 129/2005, DJ 20, 22 e 25.04.2005 - Submete-se à multa do artigo 477 da CLT a pessoa jurídica de direito público que não observa o prazo para pagamento das verbas rescisórias, pois nivela-se a qualquer particular, em direitos e obrigações, despojando-se do "jus imperii" ao celebrar um contrato de emprego."

A Súmula 462 do TST prevê que o reconhecimento do vínculo de emprego em juízo não prejudica o direito a multa. A empresa fica isenta apenas quando o empregado der causa à mora no pagamento das verbas rescisórias.

> **Súmula nº 462 do TST**
> "MULTA DO ART. 477, § 8º, DA CLT. INCIDÊNCIA. RECONHECIMENTO JUDICIAL DA RELAÇÃO DE EMPREGO (Republicada em razão de erro material) - DEJT divulgado em 30.06.2016
> A circunstância de a relação de emprego ter sido reconhecida apenas em juízo não tem o condão de afastar a incidência da multa prevista no art. 477, §8º, da CLT. A referida multa não será devida apenas quando, comprovadamente, o empregado der causa à mora no pagamento das verbas rescisórias."

Há debate na doutrina quanto a aplicação da multa na hipótese da alteração em juízo da modalidade da rescisão, como, por exemplo, uma reversão da justa causa.

Para uma primeira corrente, a multa não é devida, uma vez que as verbas rescisórias devidas à época foram pagas. Ademais, a nova modalidade de rescisão foi reconhecida somente em juízo, ou seja, existindo divergência capaz de afastar a multa.

Corrente contrária defende que a multa é devida, uma vez que, tem verba rescisória não paga com o reconhecimento da nova modalidade. Ademais, a divergência reconhecida em juízo não é suficiente para prejudicar o direito, conforme inclusive interpretação da Súmula 462 do TST, citada acima.

Outro ponto polêmico é quanto a aplicação da multa para empregado doméstico.

Para a primeira corrente, que prevalece, é cabível, tendo em vista que o artigo 19 da LC 150/2015 autoriza a aplicação subsidiária da CLT. Ademais, não seria razoável a falta de prazo de pagamento de verbas rescisórias para tal categoria.

Corrente contrária, minoritária, defende que não se aplica, já que a lei específica nada trata e como se trata de multa (penalidade) não se admite a interpretação ampliativa.

9.3. COMPENSAÇÃO

O artigo 477, § 5º, da CLT prevê que a compensação no pagamento das verbas rescisórias é limitada a 1 (um) mês de remuneração do empregado.

Na hipótese de o empregador possuir crédito superior, ele deve alegar a compensação em contestação (que é limitada ao valor da causa) ou em reconvenção. Ademais, o empregador pode entrar com ação autônoma de cobrança.

9.4. PROCEDIMENTO PARA RESCISÃO DO CONTRATO

A Reforma Trabalhista alterou o artigo 477, caput, da CLT, bem como o parágrafo primeiro e terceiro do dispositivo, afastando a necessidade da homologação da rescisão pelo sindicato ou do Ministério do Trabalho. Nesse sentido, conforme nova redação do dispositivo, o empregador deve apenas efetuar a baixa na CTPS e comunicar a dispensa aos órgãos competentes, bem como, proceder o pagamento das verbas rescisórias.

O parágrafo sexto já abordado, que trata do prazo, afirma que também deve ocorrer a comunicação aos órgãos competentes, dentro do período citado, ou seja, a falta da comunicação também é capaz de gerar a multa.

O novo parágrafo décimo do dispositivo prevê que a anotação da extinção na CTPS é documento hábil para requerer o FGTS e o seguro desemprego, desde que, tenha ocorrido a comunicação pelo empregador.

O referido procedimento afastou o debate que existia quanto a ser devida a multa se ocorresse o pagamento no prazo, mas não a homologação.

Esse tema não é unânime. Para uma primeira corrente, a multa não era devida, já que o artigo 477 da CLT, mencionava apenas prazo para pagamento. Corrente contrária, minoritária, defendia que a multa era devida, uma vez que, a rescisão é um ato complexo envolvendo pagamento e homologação.

É importante dizer, também, que a doutrina diverge sobre a possibilidade de a norma coletiva exigir a homologação sindical, bem como, prevê penalidade desse procedimento. De um lado alguns teóricos argumentam que é válida a negociação, uma vez que, em que pese não constar da lista do artigo 611-A da CLT, o caput do dispositivo determina que é um rol exemplificativo ao mencionar "entre outros". Ademais, não possui vedação no rol do artigo 611-B da CLT. De outros, corrente contrária defende que não cabe essa negociação uma vez que a lei deve prevalecer não cabendo para a vontade das partes. Ademais, não há justificativa para a participação do sindicato.

Por fim, o parágrafo 4º do dispositivo também foi alterado para prever que o pagamento das rescisórias será realizado em dinheiro, depósito ou cheque visado, conforme acordo entre as partes. Na hipótese do empregado analfabeto, o pagamento deve ser feito em dinheiro ou depósito bancário.

9.5. QUITAÇÃO NA RESCISÃO (ART. 477, § 2º DA CLT)

O artigo 477, § 2º da CLT prevê que na rescisão ocorre a quitação quanto as parcelas e valores previstas no instrumento de rescisão ou no recibo de pagamento.

Existe corrente doutrinária, minoritária, defendendo que a ausência de ressalva faz gerar uma quitação total, impedindo qualquer futura reclamação pelo trabalhador.

Para uma segunda corrente, a quitação é apenas com relação a valores e não a parcela ou ao contrato. Nesse sentido, o empregado pode postular qualquer outra verba, inclusive as que constam do termo de rescisão, cabendo apenas dedução do valor pago.

Por fim, para uma terceira corrente, que prevalece, conforme Súmula 330 do TST a quitação alcança as parcelas e os valores. Nesse sentido, afastada a hipótese de ressalva, o empregado pode reclamar apenas o pagamento das parcelas que não constaram no TRCT.

O artigo 477, § 2º, da CLT não se confunde com a nova modalidade de quitação anual do artigo 507-B da CLT, que prevê que é facultado a empregados e empregadores, na vigência ou não do contrato, firmar termo de quitação anual de obrigações trabalhistas perante o sindicato dos empregados da categoria. Tal termo, conforme o parágrafo único do artigo, deve discriminar as obrigações cumpridas mensalmente e a data da quitação, possuindo eficácia liberatória das parcelas nela especificadas.

9.6. MULTA DO ARTIGO 467 DA CLT

O dispositivo citado prevê que na hipótese de verba rescisória incontroversa não quitadas na primeira audiência, será aplicada a multa de 50% (cinquenta por cento) sobre o valor das verbas rescisórias incontroversas.

A Súmula 388 do TST afasta a aplicação da multa para a massa falida e a Súmula 69 da TST prevê o cabimento da multa ainda que a reclamada seja revel. Por fim, o parágrafo único do dispositivo perdeu validade após alteração do caput pela Lei 10.272/01 prevalecendo, portanto, a interpretação que a multa também se aplica para a Fazenda Pública.

Por fim, tal dispositivo tem aplicação limitada às verbas rescisórias típicas e não para qualquer pedido da inicial.

CAPÍTULO XXII.
VERBAS RESCISÓRIAS

1. INTRODUÇÃO

O princípio da continuidade da relação de emprego tem por escopo incentivar a preservação do contrato trabalho, impedir a cessação das relações de emprego, usando de predicados legais como, por exemplo, as restrições aos contratos a termo; estabilidade e garantias de emprego; interrupção e suspensão contratuais; e de motivação jurídica minimamente razoável para as dispensas de empregados por seus empregadores.

A doutrina majoritária interpreta que a motivação jurídica mínima resulta, também, de ato de vontade do empregador[354], nos contratos por prazo indeterminado. Entende-se, portanto, que a cessação do contrato de trabalho é um direito potestativo do empregador, isto é, uma faculdade do empregador.

A Convenção 158 da OIT durante um curto espaço de tempo, foi incorporado ao Direito do Trabalho brasileiro – em 5 de janeiro de 1996 – amplificando a aplicabilidade do princípio da continuidade da relação de emprego, na medida em que estipulava que as rupturas contratuais por ato dos empregadores deveriam ser motivadas, eliminado a possibilidade a possibilidade da dispensa injusta ou dispensa desmotivada. Exigia uma motivação consistente para a cessação do contrato de trabalho. Vejamos a redação do art. 4º da Convenção 158 da OIT:

> "PARTE II NORMAS DE APLICAÇÃO GERAL - Seção A Justificação do término - Art. 4 — Não se dará término à relação de trabalho de um trabalhador a menos que exista para isso uma **causa justificada** relacionada com sua **capacidade ou seu comportamento ou baseada nas necessidades de funcionamento da empresa, estabelecimento ou serviço**".

---

354 Curso de direito do trabalho—Mauricio Godinho Delgado. — 18. ed.— São Paulo: LTr, 2019.

Ainda, exigia em seu art. 7º, que para dar fim a relação de trabalho de um trabalhador por motivo relacionados com seu comportamento ou seu desempenho, era necessário dar ao empregado a possibilidade de se defender das acusações feitas contra ele, a menos que não seja possível pedir ao empregador, razoavelmente, que lhe conceda essa possibilidade.

O Supremo Tribunal Federal, ao julgar de uma ação direita de inconstitucionalidade, após denúncia feita pelo Presidente da República em setembro de 1997, entendeu que a regra do art. 7º, I, da CF – preceito que serviu de fundamento para a Convenção 158 - não era autoexecutável, dependendo de legislação complementar para ter eficácia, motivo pelo qual acolheu a tese de inconstitucionalidade da Convenção 158 da OIT.

É importante ressaltar que a jurisprudência dominante entende que os servidores públicos celetistas admitidos por concursos públicos pela Administração Pública, direta ou indireta, autarquias e fundações públicas, se beneficiam da regra do art. 41 da CF, sendo necessária a motivação do ato de ruptura pela Administração Pública.

Essa regra, no entanto, não se aplica os empregados de empresas públicas, sociedades de economia mista e para estatais, ainda que tenham sido admitidos mediante concurso público, tendo em vista que a natureza jurídica de tais empresas é de empresas privadas (art. 173, §1º, II, da CF). Como exceção, estariam os empregados da Empresa Brasileira de Correios e Telégrafos, pois essa empresa pública goza de prerrogativas característicos de entes de Direito Público, e, por via de consequência, deve motivar a dispensa dos seus empregados, conforme entendimento esposado na OJ 247 da SDI-I, do TST.

Vamos estudar as principais modalidades de extinção do contrato de trabalho.

2. CESSAÇÃO DO CONTRATO DE TRABALHO

O antigo modelo jurídico celetista previa um marcante contingenciamento à ruptura imotivada do contrato de trabalho, prevendo o pagamento de indenização por tempo de serviços (art. 478, CLT), bem como estabilidade ao empregado que completasse dez anos de serviços prestados ao mesmo empregador – estabilidade decenal - conforme o art. 492, CLT.

A instituição do regime jurídico do FGTS, surgido em meados 1966 (Lei 5.107/66), se tornou uma via alternativa à estabilidade decenal, muito criticada pelos empregadores do setor privado.

A Constituição Federal de 1988 tornou o regime jurídico do FGTS obrigatório, inviabilizando a estabilidade aos empregados com menos de dez anos de serviços prestados ao mesmo empregador. Em substituição, os empregados receberiam uma indenização em caso de dispensa imotivada.

O art. 7º, inciso I, da CF prevê que:

> Art. 7º *São direitos dos trabalhadores urbanos e rurais, além de outros que visem à melhoria de sua condição social:*
> *I - relação de emprego protegida contra despedida arbitrária ou sem justa causa, nos termos de lei complementar, que preverá indenização compensatória, dentre outros direitos;*

A doutrina classifica a extinção do contrato em resilição contratual, resolução contratual e de rescisão contratual:

(i) **Resilição contratual** corresponde a todas as modalidades de ruptura do contrato de trabalho por exercício lícito da vontade das partes. Neste grupo engloba-se três tipos de extinção contratual: em primeiro lugar, a resilição unilateral por ato obreiro (chamada de *pedido de demissão*). Em segundo lugar, a resilição unilateral por ato empresarial (denominada *dispensa* ou *despedida sem justa causa* ou, ainda, *dispensa desmotivada*). Em terceiro lugar, a figura da resilição bilateral do contrato, isto é, o distrato, no seio do qual se integra a nova hipótese extintiva prevista no art. 484-A da CLT (extinção por acordo entre empregador e empregado). Aqui também poderiam ser inseridas as rupturas por adesão do empregado a PDVs ou PDIs (novo art. 477-B da CLT).

(ii) **Resolução contratual:** corresponde a todas as modalidades de ruptura do contrato de trabalho por descumprimento faltoso do pacto por qualquer das partes (infrações obreiras e empresariais); englobaria também a extinção do contrato em virtude da incidência de condição resolutiva. Neste grupo estariam enquadrados quatro tipos de extinção contratual. Em primeiro lugar, a resolução contratual por infração obreira, que se chama dispensa por justa causa. Em segundo lugar, a resolução contratual por infração empresarial, que se denomina dispensa ou despedida indireta. Em terceiro lugar, a resolução contratual por culpa recíproca das partes contratuais. Em quarto lugar, finalmente, a resolução contratual por implemento de condição resolutiva.

(iii) **Rescisão contratual:** segundo esta tipologia, corresponderia à ruptura do contrato de trabalho em face de nulidade. É o que ocorreria, hoje, com contratos efetivados pelas entidades estatais, sem a observância de prévio concurso público (Súmula 363, TST). Ou, ainda, com contratos que concretizem atividade ilícita — objeto ilícito (ilustrativamente, OJ 199, SDI-I/TST).

Existem outras classificações, a saber:

a. Extinção decorrente de ato lícito ou ilícito do empregado.
b. Extinção decorrente de ato lícito ou ilícito do empregador.
c. Extinção decorrente de fatores excepcionais.

3. 3. EXTINÇÃO DO CONTRATO DE TRABALHO POR INICIATIVA DO EMPREGADO: PEDIDO DE DEMISSÃO

O pedido de demissão é o requerimento realizado pelo trabalhador cm vistas a rescindir o contrato de trabalho.

Tal modalidade deve ser interpretada à luz do direito fundamental a liberdade de trabalho, ou seja, o empregado pode pedir demissão a qualquer momento, ainda que tenha estabilidade.

O artigo 500 da CLT prevê que o pedido de demissão do empregado que goza de estabilidade somente é válido se ocorrer a participação do sindicato ou do Ministério do Trabalho.

Para uma corrente, a participação somente é necessária para o estável decenal, uma vez que o artigo faz parte do capítulo que trata do decenal.

Corrente contrária defende que se aplica para qualquer estabilidade, nesse sentido a função social do contrato. P

É imperioso destacar que depois da alteração do artigo 477 pela Reforma trabalhista, surgiu uma corrente doutrinária que passou a entender a desnecessidade da participação do sindicato para qualquer rescisão, uma vez que o dispositivo novo alterado não apresenta nenhuma exceção.

O pedido de demissão realizado por gestante que desconhecia o estado de gravidez na época do pedido é nulo?

A doutrina diverge sobre o assunto. Para uma primeira corrente, que prevalece, o ato é válido, uma vez que não há qualquer vício no pedido de demissão. Trata-se, segundo essa corrente, de um ato jurídico perfeito, inexistindo qualquer irregularidade cometida pelo empregador que gere a nulidade do pedido de demissão.

E contraponto, existe corrente em sentido contrário que defende a nulidade do pedido de demissão, sob o argumento de que o trabalhador não poderia renunciar direitos que não sabia que possuía. Nesse sentido, a função social do contrato e da empresa, bem como a máxima eficácia da proteção à maternidade.

Em tal modalidade são devidas as seguintes verbas: saldo de salário, férias vencidas e proporcionais com 1/3, 13º vencido e proporcional.

No tocante as férias, a Súmula 261 do TST garante o direito ainda que o empregado tenha menos de 1 (um) ano de contrato.

Não há direito a sacar o FGTS, a indenização de 40% (quarenta por cento) do FGTS e ao seguro desemprego.

Por fim, o aviso prévio será fornecido ao empregador.

4. EXTINÇÃO DO CONTRATO DE TRABALHO POR INICIATIVA DO EMPREGADOR: DISPENSA SEM JUSTA CAUSA

Trata-se da dispensa sem justa causa, por iniciativa do empregador, não sendo necessário falar o motivo da rescisão, prevalecendo o direito potestativo de dispensar.

O artigo 7º, I da CF/88 prevê que a relação de emprego é protegida contra a dispensa arbitrária ou imotivada, mediante lei complementar, que prevê a indenização compensatória. Ocorre que, até a presente data não foi regulamentada essa norma, sendo que para a dispensa ser válida, nos termos do artigo 10, I do ADCT, basta o pagamento das verbas rescisórias com a indenização de 40% (quarenta por cento) do FGTS.

A Convenção 158 da OIT regulamentou a matéria exigindo a motivação da dispensa, garantindo, inclusive, o direito de defesa do trabalhador contra a rescisão. Ocorre que, em que pese inicialmente ratificada pelo Brasil, ela foi posteriormente denunciada pelo Presidente à época, sobre o argumento de que o artigo constitucional (artigo 7º da CF/88) exige lei complementar, natureza diversa do Tratado.

Como dito anteriormente, o ato de denúncia foi questionado no STF pelo argumento que o Presidente não observou o prazo correto para a denúncia, bem como pelo fato que o ato de denúncia é um ato complexo, que exigiria a participação do Congresso, nos termos do artigo 49, I da CF/88. Contudo, até o momento o tema não foi decidido pelo STF e atualmente a Convenção não se aplica no Brasil.

Vale ressaltar que o Tribunal Superior do Trabalho, em um processo de relatoria do Ministro Maurício Godinho Delgado, levantou a tese de se aplicar as normas da OIT (Convenção 158) como Direito Comparado. Não está no ordenamento jurídico brasileiro como norma constitucional, mas é uma norma estrangeira que pode ser usada como Direito Comparado, com autorização do artigo 8º da CLT.

Essa modalidade de extinção do contrato de trabalho pode ser classificada em duas espécies:

4.1. DISPENSA INDIVIDUAL:

É a rescisão do contrato de um único trabalhador.

4.2. DISPENSA COLETIVA

O principal traço de distinção entre a dispensa coletiva e a dispensa individual reside na natureza do ato. Na dispensa individual o ato é instantâneo. Já na dispensa coletiva o ato é sucessivo.

O art. 477-A da CLT foi inserido pela Reforma Trabalhista passando a prever sobre a dispensas coletivas. Vejamos:

> Art. 477-A. As dispensas imotivadas individuais, plúrimas ou coletivas equiparam-se para todos os fins, não havendo necessidade de autorização prévia de entidade sindical ou de celebração de convenção coletiva ou acordo coletivo de trabalho para sua efetivação.

Esse dispositivo equipara as dispensas individuais, plúrimas e coletivas, dispensando a autorização prévia de entidade sindical, acordo coletivo ou convenção coletiva de trabalho, para a concretização da rescisão do contrato de trabalho.

Permite que o empregador dispense um grupo de empregados ou, ainda, um setor inteiro da empresa, sem a necessidade de intervenção sindical.

Há uma crítica incisiva na doutrina que sustenta a inconstitucionalidade deste dispositivo, argumentando que o art. 7º, I, da CF, conquanto ainda não regulamentado por lei complementar, bem assim da constatação de que o corte coletivo impacta muito além dos contratos de trabalho individualmente considerados, espalhando seus efeitos sobre a sociedade, a cadeira de fornecedores, clientes e prestadores de serviços e também a arrecadação dos impostos locais e nacionais, sobre a renda e o consumo dos trabalhadores afetados.

Também, defendem que a jurisprudência é firme no sentido de que antes da decisão drástica da dispensa em massa, devem haver o emprego de técnicas de preservação do emprego inseridas na legislação trabalhista, como o banco de horas, férias coletivas, conversão do contrato em tempo de jornada parcial, suspensão temporária do contrato de trabalho, redução salarial e a adoção de planos de demissão voluntária.

5. PROGRAMA DE DEMISSÃO VOLUNTÁRIA (PDV)

O plano de demissão voluntária ou programa de incentivo à demissão voluntária é tratado por alguns autores como a transação individual de direitos trabalhistas ponto tem por objetivo conceder uma vantagem ao empregado para que este se desligue voluntariamente da empresa.

É bastante utilizado pelas empresas em caso de crise econômica para reduzir o quadro de empregados e colocar fim ao contrato de trabalho.

A Reforma Trabalhista inseriu o art. 477-B à CLT, passando a prever expressamente a possibilidade de instituição de "Plano de Demissão Voluntária ou Incentivada, para dispensa individual, plúrima ou coletiva, previsto em convenção coletiva ou acordo coletivo de trabalho, enseja quitação plena e irrevogável dos direitos decorrentes da relação empregatícia, salvo disposição em contrário estipulada entre as partes.

Este dispositivo permite, portanto, que o empregado e o empregador pactuem um plano de demissão voluntária mediante autorização prevista em convenção coletiva ou acordo coletivo de trabalho.

O valor pago a título de incentivo à demissão voluntária, segundo a doutrina e jurisprudência dominante, tem natureza jurídica de indenização, de forma que não reflete nas demais parcelas recebidas pelo empregado.

É importante destacar que o PDV enseja a eficácia liberatória geral dos direitos decorrentes da relação empregatícia, exceto quando se houver estipulação em sentido contrário.

Cabe ao sindicato atuar com muita diligência, para evitar lesão aos trabalhadores, diante da eficácia conferida ao PDV.

6. DISTRATO

O distrato é uma nova forma de extinção do contrato de trabalho por mútuo consentimento.

A Reforma Trabalhista regulamenta essa modalidade no artigo 484-A CLT e prevê que são devidas as seguintes verbas rescisórias, integralmente: saldo de salário, férias com 1/3 vencidas e proporcionais, 13º salário vencido e proporcional; pela metade: o aviso prévio (se indenizado) e a indenização do FGTS, que será de 20% (vinte por cento). O empregado poderá sacar 80% (oitenta por cento) do FGTS e não tem direito ao seguro desemprego.

Essa modalidade dispensa independe da presença de advogado, participação do sindicato, homologação judicial ou ser um hipersuficiente. Portanto, não se confunde com o acordo extrajudicial que precisa da participação de advogado e homologação judicial.

No distrato não pode aviso prévio trabalhado?

Prevalece o entendimento que não. O art. 484-A da CLT dispõe expressamente apenas sobre o aviso prévio indenizado.

Por essa razão, existe corrente doutrinária que defende a inconstitucionalidade deste dispositivo.

O artigo 7º, XXI, fala em aviso prévio de, no mínimo, 30 (trinta) dias, ou seja, pela Constituição não há aviso prévio com menos de 30 (trinta) dias.

Porém, na extinção por ato lícito por iniciativa de ambas as partes vai ser pela metade, 15 (dias).

Esse argumento da inconstitucionalidade é frágil, pois na culpa recíproca já era possível aviso prévio com menos de 30 (trinta) dias.

Pode fazer acordo mesmo que goze de estabilidade? Sim, se pode pedir demissão, pode fazer o distrato.

Se fez o acordo sem saber da estabilidade, há duas correntes: i) uma minoritária, que entende que não é válido; ii) outra majoritária, que entende que é ato jurídico perfeito, só anula se houver vício de consentimento.

7. DISPENSA POR JUSTA CAUSA

A extinção do contrato de trabalho pode se verificar em razão do cometimento de ato ilícito pelo empregado.

Na dispensa por justa causa, o empregado pratica falta grave praticada, inviabilizando a manutenção do contrato de trabalho.

Para parte da doutrina justa causa e falta grave são expressões sinônimas. Entretanto, prevalece que há diferença.

A justa causa é a modalidade de rescisão e a falta grave é o ato ilícito praticado pelo empregado.

Amauri Mascaro do Nascimento[355] ensina que a justa causa *"é a ação ou omissão de um dos sujeitos da relação de emprego, ou de ambos, contrária aos deveres normais impostos pelas regras de conduta que disciplinam as suas obrigações resultantes do vínculo jurídico"*.

A doutrina apresenta os seguintes requisitos para a validade da rescisão por justa causa:

A. tipicidade: o ato praticado tem que se enquadrar em uma das hipóteses previstas em lei, como falta grave. Como, por exemplo, o artigo 482 da CLT. Tal artigo não é exaustivo, ou seja, existem outras hipóteses de falta grave, em outros dispositivos de lei.

B. imediatidade: a falta grave aplicada deve ser imediata, ou seja, o empregador deve aplicar a punição em um tempo razoável, não existindo previsão legal sobre qual prazo, já que vai depender da falta grave praticada e da necessidade de apuração. A demora na aplicação pode caracterizar perdão tácito.

C. gravidade: o ato praticado deve se grave o suficiente para gerar a rescisão por justa causa. Trata-se de um requisito subjetivo.

D. singularidade de punição: o ato faltoso não admite mais de uma punição (non *bis in idem*).

E. nexo causal / proporcionalidade: é necessário que exista uma relação entre o ato praticado e a justa causa. Ademais, a punição deve ser proporcional e adequada ao ato.

---

[355] Nascimento, Amauri Mascaro. Curso de direito do trabalho : história e teoria geral do direito do trabalho : relações individuais e coletivas do trabalho. – 26. ed. – São Paulo : Saraiva, 2011.

F. não discriminação: na hipótese de falta grave praticada por mais de um empregado a punição deve ser idêntica, salvo se existir justificativa para tratamento diferenciado.

As hipóteses de falta grave do empregado estão arroladas, em sua maioria no art. 482 da CLT que assim prevê:

> Art. 482 CLT – "Constituem justa causa para rescisão do contrato de trabalho pelo empregador:
> a) ato de improbidade;
> b) incontinência de conduta ou mau procedimento;
> c) negociação habitual por conta própria ou alheia sem permissão do empregador, e quando constituir ato de concorrência à empresa para a qual trabalha o empregado, ou for prejudicial ao serviço;
> d) condenação criminal do empregado, passada em julgado, caso não tenha havido suspensão da execução da pena;
> e) desídia no desempenho das respectivas funções;
> f) embriaguez habitual ou em serviço;
> g) violação de segredo da empresa;
> h) ato de indisciplina ou de insubordinação;
> i) abandono de emprego;
> j) ato lesivo da honra ou da boa fama praticado no serviço contra qualquer pessoa, ou ofensas físicas, nas mesmas condições, salvo em caso de legítima defesa, própria ou de outrem;
> k) ato lesivo da honra ou da boa fama ou ofensas físicas praticadas contra o empregador e superiores hierárquicos, salvo em caso de legítima defesa, própria ou de outrem;
> l) prática constante de jogos de azar.
> m) perda da habilitação ou dos requisitos estabelecidos em lei para o exercício da profissão, em decorrência de conduta dolosa do empregado. (Incluído pela Lei nº 13.467, de 2017)
> Parágrafo único - Constitui igualmente justa causa para dispensa de empregado a prática, devidamente comprovada em inquérito administrativo, de atos atentatórios à segurança nacional. (Incluído pelo Decreto-lei nº 3, de 27.1.1966)"

Em tempos de pandemia, a adoção de medidas de saúde, higiene e segurança no trabalho se tornaram um dever ao empregador. De outro lado, também se tornou uma obrigação do empregado a utilização de novos equipamentos individuais, como máscara, luvas, higienização constante das mãos, distanciamento em algumas circunstâncias, dentre outras medidas e orientações do empregador.

O empregador, com base no poder empregatício, poderá instituir regulamento empresarial com vistas a organizar a atividade empresarial.

É aconselhável, inclusive, que o empregador estabeleça diretrizes de higiene, saúde e segurança no ambiente trabalho, relacionadas à prevenção ao coronavírus, para evitar futuras responsabilizações.

Na hipótese de o empregado descumprir as ordens ou instruções previstas em regulamento empresarial ou, ordens diretas, referente às medidas de saúde e higiene no ambiente de trabalho, pode ser dispensado por justa causa, com base na alínea "h", do art. 482 da CLT, pelo cometimento do ato de indisciplina ou insubordinação[356].

Eventual recusa na utilização de máscaras e demais equipamentos de proteção individual fornecidos pelo empregador, como prevenção ao contágio, o empregado pode ser dispensado por justa causa.

O art. 158 da CLT estabelece que cabe aos empregados:

c) observar as normas de segurança e medicina do trabalho, inclusive as instruções dadas pelo empregador quanto às precauções a tomar no sentido de evitar acidentes do trabalho ou doenças ocupacionais;
d) colaborar com a empresa na aplicação das medidas de saúde, segurança e higiene no ambiente de trabalho

O parágrafo único do art. 158 da CLT preconiza que constitui ato faltoso do empregado a recusa injustificada à observância das instruções expedidas pelo empregador ou quanto ao uso dos equipamentos de proteção individual fornecidos pela empresa.

A negativa injustificada do uso de máscaras, luvas ou outros procedimentos afetos à higiene, saúde ou segurança no trabalho, possibilita a dispensa por justa causa do empregado.

De igual maneira, se o empregado se ausentar injustificadamente ou se recusar a retornar ao trabalho, mesmo a empresa adotando todos os procedimentos instituídos pelo poder público, poderá ser dispensado por abandono de emprego (art. 482, "i", da CLT).

8. RESCISÃO INDIRETA

A dispensa indireta ou rescisão indireta é a rescisão do contrato de trabalho pelo empregado, tendo em vista justa causa praticada pelo empregador. A iniciativa de romper o vínculo é do empregado.

---

[356] *Indisciplina*, é o descumprimento de ordens gerais de serviço. A *Insubordinação* é o descumprimento de ordens diretas e pessoais.

As hipóteses de falta grave que podem ser cometidas pelo empregador estão previstas no art. 483 da CLT.

I) EXIGIR DO EMPREGADO SERVIÇOS SUPERIORES ÀS SUAS FORÇAS, DEFESOS POR LEI, CONTRÁRIOS AOS BONS COSTUMES, OU ALHEIOS AO CONTRATO

No que diz respeito aos serviços superiores à força do trabalhador a lei prevê um critério objetivo, previsto nos artigos 198, 390 e 405 da CLT: (a) homens – 60 (sessenta) quilos; (b) mulheres e menores de 18 (dezoito) anos – 20 (vinte) quilos para o trabalho contínuo e 25 (vinte e cinco) quilos para o trabalho ocasional, salvo se utilizado carrinho de mão.

Já os serviços defesos por lei são os trabalhos ilícitos como, por exemplo, o rufianismo, isto é, a exploração de prostituição alheia.

Os serviços contrário aos bons costumes é difícil de se caracterizar, pois, trata-se de um critério subjetivo. A doutrina tem dificuldade de conceituar os bons costumes.

Por fim, os serviços alheios ao contrato, seriam aqueles para os quais o empregado não foi contratado, mas exerce por determinação do empregado. É um tema polêmico por causa do artigo 456, parágrafo único, da CLT. A diferença salarial por acúmulo de função também bate de frente com este dispositivo.

II) FOR TRATADO PELO EMPREGADOR OU POR SEUS SUPERIORES HIERÁRQUICOS COM RIGOR EXCESSIVO

É o assédio moral (psico-terrorismo). O assédio moral para configuração exige a prática reiterada. Não tem previsão em lei.

O assédio moral pode ser: (a) horizontal: quando ocorre entre colegas do mesmo nível hierárquico; (b) vertical ascendente: quando praticado pelo empregado em face do superior. Exemplos: time de futebol – jogadores assediando moralmente o técnico para tentar derrubá-lo; servidor público, assedia o superior porque goza de estabilidade; (c) vertical descendente: praticado pelo superior em face do seu subordinado; (d) organizacional: ocorre em razão da forma de administração da empresa (do empregador). Exemplo: cobrança abusiva de metas; (e) estratégico: é o assédio moral em que é praticado com objetivo definido, praticar o assédio moral para forçar o empregado que goza de estabilidade a pedir demissão.

O ato isolado, sem reiteração da conduta, configura assédio moral?

Há quem entenda que não. Mesmo quando provada a ofensa, se o ato for isolado e o pedido for de assédio moral, não configura, pois, assédio moral exige a prática reiterada. Essa é uma interpretação mais formal.

Outra linha de entendimento entende que sim. Se provado o assédio moral, o efeito é a indenização por dano moral. Se provada uma única ofensa, o efeito é a indenização por dano moral. O efeito é o mesmo, portanto, configura assédio moral.

Contudo, o tema é aberto, o assunto não é pacificado.

III) EXPOR O EMPREGADO A PERIGO MANIFESTO DE MAL CONSIDERÁVEL

É a violação ao meio ambiente de trabalho do empregado. Essa falta grave é muito ampla, vai depender do caso concreto.

IV) NÃO CUMPRIR O EMPREGADOR AS OBRIGAÇÕES DO CONTRATO

Essa falta grave também é muito ampla. Tem que tomar cuidado para que qualquer coisa não seja considerada descumprimento do contrato. Tem que analisar qual é o descumprimento do contrato e se é motivo de rescisão.

Nesta modalidade a imediatidade é totalmente mitigada em razão da dependência do emprego, da subordinação do empregado.

Exemplos:

(A) NÃO PAGAMENTO DE SALÁRIO.

Aplica-se por analogia a lei atleta. Para considerar o descumprimento das obrigações a justificar a rescisão indireta do contrato, é necessário, no mínimo, 3 (três) meses de atraso de salário. Essa legislação foi alterada para incluir no atraso não só salário, mas direito de imagem também (Artigo 31, caput, da Lei 9.615/98)

(B) NÃO RECOLHIMENTO DO FGTS.

Para uma primeira corrente é hipótese de falta grave, uma vez que foi descumprido o contrato. O FGTS é salário diferido, mas é salário.

Corrente contrária defende que não é hipótese de falta grave, uma vez que o empregado não tem acesso a conta do FGTS para alegar que está prejudicado. Só vai ter acesso depois, na rescisão. Contudo, esse argumento não é muito coerente, pois, a lei prevê possibilidade de movimentação, ainda que o contrato esteja em vigor. Esse é o entendimento que prevalece, de que não é falta grave.

(C) NÃO PAGAMENTO DE HORAS EXTRAS.

Há debate. Para uma primeira corrente é falta grave porque está descumprindo o contrato. Contudo, prevalece o entendimento que não, uma vez que, para o reconhecimento das horas é necessária a demanda judicial.

V) PRATICAR O EMPREGADOR OU SEUS PREPOSTOS, CONTRA ELE OU PESSOAS DE SUA FAMÍLIA, ATO LESIVO DA HONRA E BOA FAMA

Essa hipótese é agressão moral: o xingamento, o dano moral, etc.

O dispositivo fala em ato lesivo a honra e boa fama, contra o empregado ou sua família. Em nenhum momento fala que tem que ocorrer em serviço, ou seja, vale também se ocorrer fora do ambiente de trabalho.

VI) OFENSA FÍSICA, SALVO EM CASO DE LEGÍTIMA DEFESA, PRÓPRIA OU DE OUTREM

Aqui trata-se da agressão física. Novamente a lei não fala que precisa ser em serviço. Também não fala nada sobre a família, ou seja, só alcança a família o ato lesivo a honra e boa fama, agressão física não.

Nessa hipótese, também é necessária a ponderação quanto a legitima defesa, que deve ser proporcional.

VII) O EMPREGADOR REDUZIR O SEU TRABALHO, SENDO ESTE POR PEÇA OU TAREFA, AFETANDO A SUA REMUNERAÇÃO

Essa falta grave se aplica somente ao trabalhador que presta serviço por produção como, por exemplo, o comissionista puro (só recebe por comissões) é transferido para o almoxarifado. O empregador reduziu/alterou o trabalho do empregado, afetando diretamente a sua remuneração.

9. CULPA RECÍPROCA

Trata-se da rescisão do contrato por culpa recíproca, ou seja, em razão de falta grave, praticada por ambas as partes. Possui previsão no artigo 484 da CLT e Súmula 14 do TST, sendo devidas as seguintes verbas:

i) pela integralidade: saldo de salário, férias vendidas com 1/3, 13º vendido.

ii) pela metade: 13º proporcional, férias com 1/3 proporcionais, aviso prévio e a multa do FGTS, que será de 20% (vinte por cento).

O trabalhador saca integralmente o FGTS e não tem direito ao seguro desemprego. Por fim, a culpa recíproca será reconhecida em juízo. Isso se dá por causa da falta grave do empregador.

Cabe salientar que no distrato o empregado saca 80% (oitenta por cento) do FGTS, na culpa recíproca saca integral; no distrato o empregado também recebe pela metade o aviso prévio e a multa do FGTS, ou seja, é igual a culpa recíproca; ainda, no distrato o trabalhador recebe integralmente o 13º proporcional e as férias proporcionais.

10. FORÇA MAIOR

A rescisão do contrato de trabalho por justo motivo é taxativamente prevista em lei, de modo que só é considerada justa causa a descrever como tal.

Diferentemente do caso fortuito, a força maior decorre do fato humano alheio à vontade das partes que interfere numa relação jurídica, não sendo possível evitá-lo.

O conceito de força maior está previsto no art. 501, caput, da CLT, caracterizado como *"todo acontecimento inevitável, em relação à vontade do empregador, e para a realização do qual este não concorreu, direta ou indiretamente".*

O §1º do art. 501 da CLT afirma que se houver imprevidência do empregador está excluída a forma maior.

Ocorrendo motivo de força maior que determine a extinção da empresa, ou de um dos estabelecimentos em que trabalhe o empregado, é assegurada a este, quando despedido, uma indenização.

Diante da força maior é lícito ao empregador prorrogar a jornada de trabalho para realizar ou concluir de serviço inadiável, ou serviço que possa acarretar prejuízo manifesto, conforme dispõe o art. 61 da CLT.

Há quem defenda que o caso fortuito não se enquadra na força maior trabalhista, pois não decorre de um ato oriundo da vontade humana.

De outro lado, existe quem defenda que tanto o caso fortuito quanto a força maior estão inseridos nas hipóteses do art. 501 da CLT.

Cumpre destacar que art. 1º, parágrafo único, da extinta Medida Provisória 927 de 2020, previa que o estado de calamidade pública causado pela pandemia do coronavírus constituía hipótese de força maior. Entretanto, a referida medida provisória foi revogada tacitamente, em virtude da perda da sua eficácia pela ausência de votação pelo Congresso Nacional.

> Art. 1º Esta Medida Provisória dispõe sobre as medidas trabalhistas que poderão ser adotadas pelos empregadores para preservação do emprego e da renda e para enfrentamento do estado de calamidade pública reconhecido pelo Decreto Legislativo nº 6, de 20 de março de 2020, e da emergência de saúde pública de importância internacional decorrente do coronavírus (**covid-19**), decretada pelo Ministro de Estado da Saúde, em 3 de fevereiro de 2020, nos termos do disposto na Lei nº 13.979, de 6 de fevereiro de 2020.
> **Parágrafo único. O disposto nesta Medida Provisória se aplica durante o estado de calamidade pública** reconhecido pelo Decreto Legislativo nº 6, de 2020, e, **para fins trabalhistas, constitui hipótese de força maior,** nos termos do disposto no art. 501 da Consolidação das Leis do Trabalho, aprovada pelo Decreto-Lei nº 5.452, de 1º de maio de 1943.

Com a caducidade da MP 927/2020 esse tema fica em aberto, ficando aos encargo do intérprete o enquadramento ou não como hipótese de força maior.

11. FACTUM PRINCIPIS

Segundo a previsão do artigo 486 da CLT a paralisação temporária ou definitiva do trabalho motivada por ato de autoridade Municipal, Estadual Federal, ou pela promulgação de lei ou resolução que impossibilite a continuação da atividade, prevalece o pagamento da indenização a cargo do governo responsável.

Esse dispositivo traz a previsão do *"factum príncipis"* ou fato do príncipe, que consiste no ato de autoridade municipal, estadual ou federal, lei ou resolução, que perturbe a continuidade da atividade da empresa. É uma espécie do gênero que é a força maior.

Recebe essa denominação porque vem da época da monarquia, na qual o príncipe determinava a extinção de um determinado estabelecimento por meio de decreto.

Para caracterização do fato do príncipe é necessário a presença dos seguintes requisitos:

   d. ato administrativo de autoridade competente ou lei;
   e. interrupção das atividades da empresa;
   f. prova de que o empregador não concorreu, de forma culposa ou dolosa, para a causa desencadeadora do "factum principis".

Na hipótese de o ato oficial provocar a suspensão temporária das atividades da empresa a pessoa jurídica de direito público indenizar o empregador na importância referente aos salários pagos aos empregados.

Existe corrente doutrinária que defende a necessidade de encerramento da atividade empresarial para a caracterização o fato do príncipe.

Caracterizado o fato do príncipe a autoridade será responsável pelo pagamento da indenização rescisória, prevalecendo o entendimento que se refere apenas a multa de 40% (quarenta por cento) do FGTS e não a todas as verbas rescisórias.

A doutrina clássica cita como exemplo a desapropriação do estabelecimento comercial pelo poder público, resultando no encerramento da atividade ou na paralisação temporária da prestação dos serviços.

A OJ nº 341 da SDI-1 do TST as diferenças decorrentes dos expurgos inflacionários referentes aos de FGTS e a multa de 40% sobre esses depósitos são de responsabilidade do empregador.

Como dito em treinamentos anteriores, defendemos que a situação vivenciada atualmente não configura fato do príncipe, haja vista que estamos diante de uma situação excepcional, de interesse público, cujas políticas instituídas visam garantir a preservação do saúde pública, visando a redução dos riscos oferecidos pelo coronavírus.

Segundo o art. 8º da CLT *"As autoridades administrativas e a Justiça do Trabalho, na falta de disposições legais ou contratuais, decidirão, conforme o caso, pela jurisprudência, por analogia, por equidade e outros princípios e normas gerais de direito, principalmente do direito do trabalho, e, ainda, de acordo com os usos e costumes, o direito comparado, mas sempre de maneira que nenhum interesse de classe ou particular prevaleça sobre o interesse público".*

Podemos nos valer, ainda, por analogia, de um instituto de Direito Penal: a inexigibilidade de conduta diversa, que exclui a culpabilidade do Poder Público. Diante da crise de saúde pública gerada pelo coronavírus não se pode esperar outra conduta senão a paralisação temporária das empresas, por meio do distanciamento social, para a preservação da vida dos cidadãos, o que justifica e exclui qualquer "animus" de interferência na atividade econômica das empresas.

Na linha da extinta MP 927, entendemos que trata-se de hipótese de força maior, nos termos do art. 501 da CLT e não fato do príncipe.

12. OBRIGAÇÕES DECORRENTES DO TÉRMINO DO CONTRATO

12.1. PRAZO DE PAGAMENTO DAS VERBAS RESCISÓRIAS

Durante muito tempo se discutiu sobre o prazo para pagamento das verbas rescisórias. A redação anterior do art. 477, §6º, da CLT, estabelecia dois prazos distintos para o pagamento das verbas rescisórias, a depender da forma de concessão do aviso prévio.

O empregador que optava pela manutenção da prestação dos serviços durante o aviso prévio (aviso prévio trabalhado), tinha que quitar as verbas rescisórias no primeiro dia útil seguinte à data de termino do aviso prévio. Do contrário, em caso de dispensa da prestação de serviços, a lei conferia o prazo de 10 dias para quitar as verbas rescisórias.

A reforma trabalhista unificou o prazo para o empregador realizar o pagamento das verbas rescisórias, discriminadas no instrumento de rescisão ou no recibo de quitação, de modo que deverá realizar o pagamento em dinheiro, depósito bancário ou cheque – ou em dinheiro ou depósito bancário quando o empregado for analfabeto - no prazo de 10 dias a partir da data do término do contrato.

A imprecisão e atecnia na nova redação do dispositivo gerou mais dúvidas sobre o prazo de pagamento das verbas rescisórias e entrega dos documentos de comunicação da rescisão contratual, isso porque estabelece que deverá ser "**contato a partir do término do contrato de trabalho**".

Alguns teóricos passaram a defender que o aviso prévio – incluindo a proporcionalidade – deve integrar o prazo para pagamento das verbas rescisórias, considerando a data final do contrato de trabalho será o último dia do aviso prévio (art. 487, §1º, CLT; OJ 82 e 83 da SDI-1 do TST).

Para outra corrente acadêmica as verbas rescisórias e o documento

Isso se justifica, ao nosso ver, porque o legislador acrescentou o **dever de entrega dos documento que comprovem a comunicação da extinção contratual aos órgãos competentes**, havendo a necessidade, portanto, de um prazo maior para realizar a rescisão.

Para outros, o prazo de pagamento das verbas rescisórias é contado da data do efetivo afastamento do empregado. Nesse sentido a ementa abaixo:

> *MULTA DO ART. 477, PARÁGRAGO 8º, DA CLT. O prazo para pagamento das verbas rescisórias é de dez dias, estes contados inclusive o dia em que consta como data do afastamento, não sendo prorrogável caso caia em sábado ou domingo. Recursos interposto pela reclamada Mangels a que se nega provimento (TRT-4 – RO: 00208762620175040201 – Data de Julgamento: 23/06/2020, 9ª Turma)*

Assim, se o aviso prévio for indenizado o empregado receberá pagamento das verbas rescisórias em até 10 dias a partir da data do seu afastamento. Se o aviso prévio for trabalhado, em até 10 dias a contar do encerramento da prestação de serviços. Comungando deste entendimento, Homero Batista Mateus da Silva[357] adverte

> *"Prefira interpretar esse dispositivo **como dez dias após a cessação da prestação de serviços**, não se projetando o aviso prévio indenizado para, ao depois, computar o prazo, sob pena de frustração do procedimento rescisório e*

---

[357] Homero Batista Mateus da Silva. CLT comentada . 2ª ed. -- São Paulo : Thomson Reuters Brasil, 2018.

do acesso ao trabalhador do dinheiro necessário para fazer frente ao período de desemprego".

Há, ainda, jurisprudência que entende que o prazo para pagamento das verbas rescisórias seria até o 10º da notificação da despedida, com base na OJ 14 da SDI-1 do TST.

Por fim, vale destacar que esse prazo de 10 (dez) dias são contados corridos, porquanto a contagem de dias úteis se aplica apenas aos prazos processuais.

Nos termos da OJ 162 da SDI-1 do TST, para a contagem do prazo acima mencionado, deve se aplicar o artigo 132 do Código Civil, ou seja, o dia da comunicação da dispensa não entra na contagem, mas inclui o dia do vencimento. Ademais, se o último dia não for dia útil vai ocorrer a prorrogação para o primeiro dia útil seguinte.

12.2. MULTA

Nos termos do artigo 477, § 8º da CLT, na hipótese de não pagamento das verbas rescisórias dentro do prazo mencionado será devida a multa no valor de 1 (um) salário para o trabalhador, bem como, multa administrativa em favor da União. Caso o empregado postule para si essa segunda penalidade o juiz deve decidir pela ilegitimidade ativa.

A Súmula 388 do TST afirma que a massa falida não está sujeita às multas dos artigos 467 e 477. Tal jurisprudência, nada fala da empresa em recuperação judicial.

A OJ 238 SDI-1 do TST prevê que a multa é aplicada também para pessoa jurídica de direito público.

> OJ 238 SDI-1 - "MULTA. ART. 477 DA CLT. PESSOA JURÍDICA DE DIREITO PÚBLICO. APLICÁVEL (inserido dispositivo) - Res. 129/2005, DJ 20, 22 e 25.04.2005 - Submete-se à multa do artigo 477 da CLT a pessoa jurídica de direito público que não observa o prazo para pagamento das verbas rescisórias, pois nivela-se a qualquer particular, em direitos e obrigações, despojando-se do "jus imperii" ao celebrar um contrato de emprego."

A Súmula 462 do TST prevê que o reconhecimento do vínculo de emprego em juízo não prejudica o direito a multa. A empresa fica isenta apenas quando o empregado der causa à mora no pagamento das verbas rescisórias.

Súmula nº 462 do TST

"MULTA DO ART. 477, § 8º, DA CLT. INCIDÊNCIA. RECONHECIMENTO JUDICIAL DA RELAÇÃO DE EMPREGO (Republicada em razão de erro material) - DEJT divulgado em 30.06.2016
A circunstância de a relação de emprego ter sido reconhecida apenas em juízo não tem o condão de afastar a incidência da multa prevista no art. 477, §8º, da CLT. A referida multa não será devida apenas quando, comprovadamente, o empregado der causa à mora no pagamento das verbas rescisórias."

Há debate na doutrina quanto a aplicação da multa na hipótese da alteração em juízo da modalidade da rescisão, como, por exemplo, uma reversão da justa causa.

Para uma primeira corrente, a multa não é devida, uma vez que as verbas rescisórias devidas à época foram pagas. Ademais, a nova modalidade de rescisão foi reconhecida somente em juízo, ou seja, existindo divergência capaz de afastar a multa.

Corrente contrária defende que a multa é devida, uma vez que, tem verba rescisória não paga com o reconhecimento da nova modalidade. Ademais, a divergência reconhecida em juízo não é suficiente para prejudicar o direito, conforme inclusive interpretação da Súmula 462 do TST, citada acima.

Outro ponto polêmico é quanto a aplicação da multa para empregado doméstico.

Para a primeira corrente, que prevalece, é cabível, tendo em vista que o artigo 19 da LC 150/2015 autoriza a aplicação subsidiária da CLT. Ademais, não seria razoável a falta de prazo de pagamento de verbas rescisórias para tal categoria.

Corrente contrária, minoritária, defende que não se aplica, já que a lei específica nada trata e como se trata de multa (penalidade) não se admite a interpretação ampliativa.

12.3. COMPENSAÇÃO

O artigo 477, § 5º, da CLT prevê que a compensação no pagamento das verbas rescisórias é limitada a 1 (um) mês de remuneração do empregado.

Na hipótese de o empregador possuir crédito superior, ele deve alegar a compensação em contestação (que é limitada ao valor da causa) ou em reconvenção. Ademais, o empregador pode entrar com ação autônoma de cobrança.

12.4. PROCEDIMENTO PARA RESCISÃO DO CONTRATO

A Reforma Trabalhista alterou o artigo 477, caput, da CLT, bem como o parágrafo primeiro e terceiro do dispositivo, afastando a necessidade da homologação da rescisão pelo sindicato ou do Ministério do Trabalho. Nesse sentido, conforme nova redação do dispositivo, o empregador deve apenas efetuar a baixa na CTPS e comunicar a dispensa aos órgãos competentes, bem como, proceder o pagamento das verbas rescisórias.

O parágrafo sexto já abordado, que trata do prazo, afirma que também deve ocorrer a comunicação aos órgãos competentes, dentro do período citado, ou seja, a falta da comunicação também é capaz de gerar a multa.

O novo parágrafo décimo do dispositivo prevê que a anotação da extinção na CTPS é documento hábil para requerer o FGTS e o seguro desemprego, desde que, tenha ocorrido a comunicação pelo empregador.

O referido procedimento afastou o debate que existia quanto a ser devida a multa se ocorresse o pagamento no prazo, mas não a homologação.

Esse tema não é unânime. Para uma primeira corrente, a multa não era devida, já que o artigo 477 da CLT, mencionava apenas prazo para pagamento. Corrente contrária, minoritária, defendia que a multa era devida, uma vez que, a rescisão é um ato complexo envolvendo pagamento e homologação.

É importante dizer, também, que a doutrina diverge sobre a possibilidade de a norma coletiva exigir a homologação sindical, bem como, prevê penalidade desse procedimento. De um lado alguns teóricos argumentam que é válida a negociação, uma vez que, em que pese não constar da lista do artigo 611-A da CLT, o caput do dispositivo determina que é um rol exemplificativo ao mencionar "entre outros". Ademais, não possui vedação no rol do artigo 611-B da CLT. De outros, corrente contrária defende que não cabe essa negociação uma vez que a lei deve prevalecer não cabendo para a vontade das partes. Ademais, não há justificativa para a participação do sindicato.

Por fim, o parágrafo 4º do dispositivo também foi alterado para prever que o pagamento das rescisórias será realizado em dinheiro, depósito ou cheque visado, conforme acordo entre as partes. Na hipótese do empregado analfabeto, o pagamento deve ser feito em dinheiro ou depósito bancário.

12.5. QUITAÇÃO NA RESCISÃO (ART. 477, § 2º DA CLT)

O artigo 477, § 2º da CLT prevê que na rescisão ocorre a quitação quanto as parcelas e valores previstas no instrumento de rescisão ou no recibo de pagamento.

Existe corrente doutrinária, minoritária, defendendo que a ausência de ressalva faz gerar uma quitação total, impedindo qualquer futura reclamação pelo trabalhador.

Para uma segunda corrente, a quitação é apenas com relação a valores e não a parcela ou ao contrato. Nesse sentido, o empregado pode postular qualquer outra verba, inclusive as que constam do termo de rescisão, cabendo apenas dedução do valor pago.

Por fim, para uma terceira corrente, que prevalece, conforme Súmula 330 do TST a quitação alcança as parcelas e os valores. Nesse sentido, afastada a hipótese de ressalva, o empregado pode reclamar apenas o pagamento das parcelas que não constaram no TRCT.

O artigo 477, § 2º, da CLT não se confunde com a nova modalidade de quitação anual do artigo 507-B da CLT, que prevê que é facultado a empregados e empregadores, na vigência ou não do contrato, firmar termo de quitação anual de obrigações trabalhistas perante o sindicato dos empregados da categoria. Tal termo, conforme o parágrafo único do artigo, deve discriminar as obrigações cumpridas mensalmente e a data da quitação, possuindo eficácia liberatória das parcelas nela especificadas.

12.6. MULTA DO ARTIGO 467 DA CLT

O dispositivo citado prevê que na hipótese de verba rescisória incontroversa não quitadas na primeira audiência, será aplicada a multa de 50% (cinquenta por cento) sobre o valor das verbas rescisórias incontroversas.

A Súmula 388 do TST afasta a aplicação da multa para a massa falida e a Súmula 69 da TST prevê o cabimento da multa ainda que a reclamada seja revel. Por fim, o parágrafo único do dispositivo perdeu validade após alteração do caput pela Lei 10.272/01 prevalecendo, portanto, a interpretação que a multa também se aplica para a Fazenda Pública.

Por fim, tal dispositivo tem aplicação limitada às verbas rescisórias típicas e não para qualquer pedido da inicial.

ANEXO

VERBAS RESCISÓRIAS
I) Extinção dos contratos por prazo determinado
1. Extinção pelo decurso do prazo
• saldo de salário; • 13º salário proporcional; • férias vencidas + 1/3 (se houver); • férias proporcionais + 1/3; • liberação do FGTS **Observação:** não há indenização de 40% sobre os depósitos do FGTS.
2. Rescisão antecipada por iniciativa do empregador
• saldo de salário; • 13º salário proporcional; • férias vencidas + 1/3 (se houver); • férias proporcionais + 1/3; • liberação do FGTS; **Observação:** será devida a indenização do art. 479 da CLT (½ dos salários que seriam devidos pelo período faltante do contrato).
3. Rescisão antecipada por iniciativa do empregado
• saldo de salário; • 13º salário proporcional; • férias vencidas + 1/3 (se houver); • férias proporcionais + 1/3; **Observação:** o empregado deverá indenizar o empregador pelos prejuízos decorrente da rescisão antecipada (art. 480, CLT)
4. Rescisão antecipada em contrato com cláusula assecuratória de rescisão (art. 481, CLT)
• saldo de salário; • aviso prévio; • 13º salário proporcional; • férias vencidas + 1/3 (se houver); • férias proporcionais + 1/3; **Observação:** no caso de dispensa sem justa causa, é devida a indenização de 40% dos depósitos do FGTS.

II) Contratos por prazo indeterminado

1. Dispensa sem justa causa e Rescisão indireta do contrato de trabalho

- saldo de salário;
- aviso prévio;
- 13º salário proporcional;
- férias vencidas + 1/3 (se houver);
- férias proporcionais + 1/3;
- indenização de 40% dos depósitos do FGTS.
- FGTS sobre as verbas rescisórias;
- Saque do FGTS;
- Saque do Seguro Desemprego.

2. Dispensa com justa causa (art. 482 CLT)

- Saldo de salário;
- 13º salário vencido;
- Férias vencidas ou integrais + 1/3.

Observação: O FGTS não pode ser sacado e o empregado não terá direito ao seguro-desemprego

3. Pedido de Demissão

- saldo de salário;
- 13º salário proporcional;
- férias vencidas + 1/3 (se houver);
- férias proporcionais + 1/3;

Observação: O FGTS não pode ser sacado e o empregado não terá direito ao seguro-desemprego

4. Culpa recíproca

- saldo de salário;
- 50% do valor do aviso prévio;
- 50% do valor do 13º salário proporcional;
- férias vencidas + 1/3 (se houver);
- 50% do valor das férias proporcionais + 1/3;
- indenização de 20% dos depósitos do FGTS.

5. Distrato (art. 484-A, CLT)

Por **metade**:
- Aviso prévio, se indenizado
- indenização sobre os depósitos do FGTS: 20%

Na **integralidade**, as demais verbas rescisórias:
- Saldo de salário;
- 13º salário vencido;
- Férias vencidas ou integrais +1/3;
- 13º salário proporcional;
- Férias proporcionais + 1/3;

Observações:
(a) O saque do FGTS está limitado até 80% dos valores depositados;
(b) Não terá direito ao Seguro-Desemprego.
© Caso o aviso prévio seja trabalhado terá direito ao recebimento do valor integral.

6. Morte do empregador (art. 485, CLT)
• Saldo de salário; • Aviso prévio proporcional ao tempo de serviço; • 13º salário vencido; • Férias vencidas ou integrais +1/3; • 13º salário proporcional; • Férias proporcionais + 1/3; • Multa de 40% do FGTS; • Saque do FGTS; • Saque do Seguro Desemprego. OBS: Tratando-se de empregador individual, em caso de morte do empregador, o empregado terá a faculdade de rescindir o contrato de trabalho (art. 483, §2º, CLT). Prevalece o entendimento de que se o empregado resolver utilizar a sua faculdade para rescindir o contrato de trabalho, esse ato constituirá em pedido de demissão.
7. Morte do empregado
• Saldo de salário; • 13º salário vencido, se houver; • Férias vencidas ou integrais +1/3, se houver; • 13º salário proporcional; • Férias proporcionais + 1/3; • Saque do FGTS para os dependentes previdenciários (art. 20, IV, Lei 8.036/90); Observações: Se a morte decorrer de acidente de trabalho, prevalece o entendimento na doutrina e na jurisprudência que, o espólio ou os herdeiros terão direito ao Aviso Prévio e à multa de 40% sobre o FGTS; E a morte do empregado não decorrer de causas relacionadas com o trabalho - como, por exemplo, morte natural – o espólio ou os herdeiros não terão direito ao Aviso Prévio ou à multa de 40% sobre o FGTS, em virtude do entendimento que o empregador não deu causa a rescisão (não houve dispensa imotivada)
8. Força maior
• saldo de salário; • aviso prévio; • 13º salário proporcional; • férias vencidas + 1/3(se houver); • férias proporcionais + 1/3; • indenização de 20% dos depósitos do FGTS.
9. Fato do príncipe (factum principis)
• saldo de salário; • aviso prévio; • 13º salário proporcional; • férias vencidas + 1/3(se houver); • férias proporcionais + 1/3; • indenização de 40% dos depósitos do FGTS **Observação**: O governo será responsável pelo pagamento da indenização de 40% sobre os depósitos do FGTS.

Observações finais:

a. Saldo de salário: são os dias trabalhados no último mês da dispensa e não pagos.

b. Férias vencidas ou integrais: são aquelas já adquiridas e não gozadas. Conta-se da data da admissão.

c. Férias proporcionais: data de admissão – mês trabalhista. Superior a 14 dias, contar 1/12 avos.

d. 13º proporcional: para cada mês ou fração maior ou igual a 15 dias, contar 1/12 avos.

e. Aviso Prévio: art. 7º, XXI da CF/88, art. 487 e ss da CLT, Lei 12.506/2011 e Súmula 441 TST. Até 1 ano incompleto = 30 dias / + 1 ano completo = + 3 dias (Lei 12.506/11). Até o limite de 90 dias.

f. Projeção do Aviso Prévio: sujeita-se contribuição para o FGTS; a baixa na carteira é somente no término do aviso e a prescrição inicia-se no seu término (art. 487, § 1º, CLT; S. 305 do TST; OJ 82 e 83, SDI-I, TST).

g. Indenização compensatória de 40%: pedir nos casos de dispensa sem justa causa ou rescisão indireta.

h. Liberação do FGTS e Seguro desemprego: na dispensa sem justa causa e rescisão indireta.

i. Multa do art. 467 da CLT: quando houver verbas rescisórias incontroversas, elas devem ser pagas na primeira audiência, sob pena de aplicação de multa de 50%.

j. Multa do art. 477, §§ 6º e 8º, da CLT: trata-se do atraso no pagamento das verbas rescisórias, com incidência da multa na proporção de um salário – prazo para pagamento das verbas rescisórias – até DEZ dias contados do término do contrato – dispositivo alterado pela Reforma Trabalhista (Lei nº 13.467/2017).

CAPÍTULO XXIII.
DIREITO COLETIVO

O Direito Coletivo é um complexo de institutos, princípios e regras que regulamentam os entes coletivos.

Nas palavras do jurista Mauricio Godinho Delgado[358], a partir de um critério misto, é possível definir *"Direito Coletivo do Trabalho como o complexo de institutos, princípios e regras jurídicas que regulam as relações laborais de empregados e empregadores e outros grupos jurídicos normativamente especificados, considerada sua ação coletiva, realizada autonomamente ou através das respectivas entidades sindicais"*.

A doutrina divergia quanto a nomenclatura utilizada. Para uma vertente interpretativa a denominação da matéria deveria ser enquadrada como Direito Sindical, uma vez que a presença das entidades sindicais, especialmente as obreiras, é determinante no cenário coletivo trabalhista.

Outros, defendem a expressão Direito Social, mas é muito criticada, considerando que essa definição pode abranger não só o Direito do trabalho no âmbito individual, como também o Direito Previdenciário, ambiental e do consumidor que possuem grande impacto social.

No entanto, prevaleceu a nomenclatura Direito Coletivo.

O Direito Coletivo não é uma ciência autônoma, eis que não possui normas próprias e previsão em grade curricular acadêmica. É um ramo do Direito do Trabalho.

O Direito Coletivo apresenta duas funções:

a. Funções gerais: consiste na melhoria das condições de trabalho e na manutenção dos direitos conquistados.
b. Funções específicas: consiste em gerar normas coletivas e pacificar os conflitos coletivos.

---

[358] Curso de direito do trabalho—Mauricio Godinho Delgado. — 18. ed.— São Paulo: LTr, 2019.

1. LIBERDADE SINDICAL

A liberdade sindical possui amparo constitucional no artigo 8º, caput, I e V, que afirmam que é livre a associação profissional ou sindical. Sendo que, a lei não pode exigir autorização do Estado para a fundação do sindicato, ressalvado o registro no órgão competente. Nesse sentido, é vedada a interferência e a intervenção do Estado na organização sindical.

Ninguém será obrigado a filiar-se ou manter-se filiado ao sindicato.

A liberdade sindical, nos termos do inciso VII, alcança também o aposentado.

A Convenção nº 87 da OIT que não foi ratificada pelo Brasil, uma vez que defende a liberdade sindical plena, como, por exemplo, a previsão da pluralidade sindical, a não divisão por categorias e a vedação de qualquer cobrança de contribuição compulsória.

O Brasil é obrigado a respeitar a liberdade sindical por ser país-membro da OIT, já que tal tema é um princípio fundamental da OIT, juntamente com abolição do trabalho infantil, eliminação de toda forma de trabalho forçado e o reconhecimento das negociações coletivas.

Temos, atualmente, cerca de 17 mil entidades sindicais. Essa quantidade de sindicatos é muito criticada, pois o **número de sindicatos** é muito elevado, se comparado a outros países.

2. UNICIDADE SINDICAL

Nos termos do artigo 8º, II da CF/88 é vedada a criação de mais de um sindicato na mesma base territorial, que não pode ser inferior a um município. Trata-se da unicidade sindical, que veda a criação de mais de um sindicato dentro do mesmo município, ou seja, não é possível um sindicato de bairro. Entretanto, há possibilidade de um sindicato para mais de um município ou em âmbito estadual ou nacional.

Criado o sindicato, primeiro ele adquire a personalidade civil com registro no cartório de pessoa jurídica e posteriormente ele adquire a personalidade sindical com o registro no órgão do executivo. Nesse sentido, a Súmula 677 do STF.

> **Súmula 677 do STF** - Até que lei venha a dispor a respeito, incumbe ao Ministério do Trabalho proceder ao registro das entidades sindicais e zelar pela observância do princípio da unicidade.

Há debate na doutrina com relação a existência da estabilidade, enquanto ainda não concedida a personalidade sindical pelo Ministério. Para uma primeira corrente, que prevalece, há estabilidade, uma vez que não garantir esse direito pode gerar uma conduta antissindical, prejudicando a própria existência do sindicato. Ademais, ainda que não tenha personalidade sindical, o sindicato já representa a categoria.

Corrente contrária, minoritária, defende que não há estabilidade, uma vez que, não se trata ainda de um sindicato, mas apenas de uma pessoa jurídica, ou seja, é um diretor de pessoa jurídica e não dirigente sindical.

3. RECEITAS SINDICAIS

O artigo 8º, IV da CF/88 autoriza a criação de contribuições pelo sindicato, cabendo destacar:

> *Art. 8º CF/88* – *"É livre a associação profissional ou sindical, observado o seguinte:*
> *(....)*
> *IV - a assembléia geral fixará a contribuição que, em se tratando de categoria profissional, será descontada em folha, para custeio do sistema confederativo da representação sindical respectiva, independentemente da contribuição prevista em lei.*

A contribuição sindical consiste no valor arrecadado de todos os membros da categoria, empregado e empregador.

A Reforma Trabalhista alterou os artigos 578, 579, 582 e 583 para determinar que a contribuição deixa de ser obrigatória e passa a ser facultativa, ou seja, é necessária uma prévia e expressa autorização do trabalhador para o desconto.

Alteração realizada pela Reforma Trabalhista foi objeto de questionamento do STF, isso porque a mudança acarretou a queda de 90% da arrecadação da receita sindical[359], representando cerca de R$ 3,4 bilhões, afetando a subsistência das entidades sindicais.

---

[359] https://economia.estadao.com.br/noticias/geral,sindicatos-perdem-90-da-contribuicao-sindical-no-1-ano-da-reforma-trabalhista,70002743950

https://noticias.r7.com/brasil/contribuicao-sindical-cai-95-dois-anos-apos-reforma-trabalhista-24072019

A Suprema Corte decidiu que é constitucional, afastando a tese de natureza tributária que exige lei complementar para qualquer alteração.

Já a contribuição confederativa representa o valor arrecadado para custeio das confederações.

O sindicato pode instituir a contribuição assistencial, isto é, um valor para custeio da negociação coletiva, bem como uma mensalidade sindical, para custeio dos serviços oferecidos pelo sindicato.

4. ESTRUTURA SINDICAL BRASILEIRA

A estrutura sindical brasileira é composta da seguinte forma:

a) Sindicato: na base, respeitando a unicidade.
b) Federações: em âmbito estadual, sendo composta por pelo menos 5 (cinco) sindicatos, nos termos do artigo 534 da CLT.
c) Confederações: em âmbito nacional, com sede em Brasília, composta por pelo menos 3 (três) federações, conforme artigo 535 da CLT.

A central sindical não pertence diretamente a estrutura sindical brasileira, tendo em vista que não tem legitimidade para representar a categoria em negociação coletiva ou judicialmente (Lei 11.648/08).

5. 5. NEGOCIADO SOBRE O LEGISLADO E CONFLITO ENTRE CONVENÇÃO COLETIVA E ACORDO COLETIVO DE TRABALHO

A lei e a doutrina autorizam duas modalidades de negociação:

a) Acordo coletivo: firmada por uma ou mais empresas com o sindicato da categoria profissional. Aplicada no âmbito da respectiva empresa, conforme artigo 611, § 1º, da CLT.

b) Convenção coletiva de trabalho: acordo, de caráter normativo, firmado entre o sindicato da categoria econômica e o sindicato profissional, tendo a sua aplicação no âmbito da base territorial, conforme artigo 611, caput, da CLT.

A Reforma Trabalhista inseriu os artigos 611-A e 611-B à CLT.

O art. 611-A da CLT dispõe que "a convenção coletiva e o acordo coletivo de trabalho têm prevalência sobre a lei".

No Direito Comum os diplomas normativos são classificados hierarquicamente, segundo a sua maior ou menor extensão de eficácia e intensidade. No vértice da pirâmide hierárquica está a Constituição Federal e, abaixo, as demais normas infraconstitucionais.

Entretanto, não vigora no Direito do Trabalho esse critério hierárquico, já que segundo o princípio da norma mais favorável, não se compatibilizando com a rigidez da pirâmide hierárquica do Direito Comum.

Segundo o jurista Mauricio Godinho Delgado[360]

> *"O critério normativo hierárquico vigorante no Direito do Trabalho opera da seguinte maneira: a pirâmide normativa constrói-se de modo plástico e variável, elegendo a seu vértice dominante a norma que mais se aproxime do caráter teleológico do ramo justrabalhista. À medida que a matriz teleológica do Direito do Trabalho aponta na direção de conferir solução às relações empregatícias segundo um sentido social de restaurar, hipoteticamente, no plano jurídico, um equilíbrio não verificável no plano da relação econômico-social de emprego — objetivando, assim, a melhoria das condições socioprofissionais do trabalhador —, prevalecerá, tendencialmente, na pirâmide hierárquica, aquela norma que melhor expresse e responda a esse objetivo teleológico central justrabalhista".*

O princípio da *norma mais favorável ao trabalhador* permite a aplicação ao caso concreto a norma que beneficia o trabalhador, independentemente da posição hierárquica.

Na contramão desse princípio a Reforma Trabalhista estabeleceu o princípio da prevalência do legislado sobre o legislado, impondo a prevalência da negociação coletiva sobre a lei, independentemente se a previsão legal seja mais favorável ao empregado.

Ainda, estabeleceu que as condições estabelecidas em acordo coletivo de trabalho sempre prevalecerão sobre as estipuladas em convenção coletiva de trabalho (art. 620, CLT).

Não obstante isso, estabeleceu limite ao objeto das convenções ou de acordo coletivo de trabalho, na forma do art. 611-B da CLT. A melhor doutrina afirma que o princípio da adequação setorial negociada dispõe *"as normas autônomas juscoletivas, construídas para incidirem sobre certa comunidade econômico-profissional, podem prevalecer sobre o padrão geral heterônomo justrabalhista, **desde que respeitados certos critérios objetivamente fixados**".*

---

360 Mauricio Godinho Delgado. Curso de direito do trabalho. 18. ed.— São Paulo: LTr, 2019.

A Medida Provisória 936/2020, convertida na Lei 14.020/20, possibilitou a redução salarial e da jornada de trabalho, bem como a suspensão do contrato de trabalho por meio de acordo individual escrito, acordo ou convenção coletiva de trabalho.

A Lei 14.020/2020 autoriza a celebração de uma nova negociação coletiva para adequação dos termos previamente negociado às novas regras estabelecidas, desde que seja realizado no prazo de dez dias corridos, a contar da data da publicação na lei em debate (§3º do art. 11).

Se houver conflito entre a negociação coletiva (acordo ou convenção coletiva de trabalho) pactuada posteriormente ao acordo individual, os termos contidos no acordo individual prevalece em relação ao período anterior à negociação coletiva. A partir da data de vigência da negociação coletiva deve imperar as condições constantes no instrumento de negociação coletiva, naquilo que conflitar com o acordo individual (art. 12, §5º).

O §6º, do art. 12 da Lei, por sua vez, afirma que as condições do acordo individual, se forem mais favoráveis ao empregado, prevalece sobre a negociação coletiva.

Pensamos que haverá conflito entre o instrumento normativo e o acordo individual quanto houver cláusulas ou previsões com posições antagônicas, inconciliáveis, como, v.g., a existência de uma cláusula em acordo individual estabelecendo a redução proporcional do salário e da jornada de trabalho a um determinado trabalhador, incluído no grupo de risco de contaminação do covid-19, e, de outro lado, uma convenção coletiva de trabalho determinando a suspensão do contrato de trabalho de todos os empregados inseridos no grupo de risco.

Note que é impossível a coexistência dos dois instrumentos, diante do choque entre as disposições. Neste caso deve prevalecer o regramento estabelecido na convenção coletiva, se pactuada posteriormente ao acordo.

Situação diversa é aquela retratada no §6º do art. 12 da Lei. Esse dispositivo refere-se, por exemplo, a existência de acordo individual que estipulando a redução salarial em 30%, com redução proporcional da jornada de trabalho e, em seguida, é pactuada uma convenção coletiva de trabalho estabelecendo a redução de salário em percentual de 60%, com redução proporcional da jornada de trabalho.

Veja que as cláusulas são aplicáveis ao caso em concreto, na medida em ambas autorizam a redução do salário e da jornada. Sobre essa temática a doutrina e a jurisprudência prevê três teorias:

> "a) Teoria do Conglobamento: defende a aplicação do diploma normativo que, no conjunto de normas, forem mais favoráveis ao trabalhador, sem fracionar os institutos jurídicos. É a posição tradicional.
> b) Teoria da Acumulação ou da Atomização: defende a aplicação dos dois diplomas normativos, extraindo-se de cada um as regras mais favoráveis ao trabalhador, isoladamente consideradas. Perceba que um terceiro instrumento normativo será criado, formado pelo conjunto de regras jurídicas mais favoráveis ao trabalhador dos outros dois instrumentos. (...).
> c) Teoria do Conglobamento Mitigado, Orgânico, por Instituto, Intermediária ou da Incindibilidade dos Institutos: defende a criação de um terceiro diploma normativo, formado pelas regras jurídicas mais favoráveis ao trabalhador, respeitando-se a unidade do instituto ou matéria (critério da especialização) (...)".

O legislador, no §6º do art. 12 da Lei 14.020/20, adotou a Teoria do Conglobamento, uma vez que será aplicado o pacto mais favorável em seu conjunto, sem fracionar os institutos jurídicos.

Vale lembrar que não será permitido estipular duração de convenção coletiva ou acordo coletivo de trabalho superior a dois anos, sendo vedada a ultratividade, na forma do art. 614, §3º, da CLT.

Há debate na doutrina com relação à integração do direito previsto na negociação coletiva no contrato de trabalho.

Para uma primeira corrente, chamada de teoria da ultratividade plena ou absoluta, o direito vai integrar o contrato para sempre, independente de prazo ou de nova norma coletiva.

Já a segunda teoria, chamada de teoria da aderência limitada por revogação, defende que o direito previsto na negociação integra o contrato, mesmo após o seu prazo de vigência, até que outra norma venha modificar ou suprimir esse tal direito. Nesse sentido, era a interpretação da TST na Súmula 277.

Por fim, para uma terceira corrente, chamada de teoria da aderência limitada pelo prazo, o direito previsto na negociação coletiva vai integrar o contrato apenas pelo prazo de vigência da norma, ou seja, apenas pelo prazo de 2 (dois) anos. Tal teoria prevalece, conforme o artigo 614, § 3º da CLT.

6. LEGITIMAÇÃO PARA ENTABULAR ACORDO OU CONVENÇÃO COLETIVA DE TRABALHO

Os *sindicatos* de categoria profissionais são os sujeitos legitimados, pela ordem jurídica, a celebrar negociação coletiva, conforme estatui o art. 8º, VI, da CF.

As categorias que não estão organizadas em sindicatos, a legitimidade será da federação para discutir e celebrar a negociação coletiva. Ainda, se não houver federação, assume a legitimidade a correspondente confederação (art. 611, § 2º, CLT).

O princípio da liberdade sindical viabiliza aos empregados o direito de terem sua entidade sindical representativa, e de participarem, por meio dela, do processo negocial coletivo.

É importante dizer que as *Centrais Sindicais* não têm legitimidade coletiva por ausência de autorização legal.

7. ATUAÇÃO SINDICAL EM TEMPOS DE PANDEMIA

Os entes sindicais devem adotar uma postura ativa em favor dos seus representados, sobretudo em tempos de pandemia, onde os empregados estão ainda mais vulneráveis.

O sindicato cobrar do empregador a adoção das medidas de prevenção à saúde, higiene e segurança dos empregado, a fim de evitar a proliferação do vírus no ambiente de trabalho, em especial, a utilização de máscaras, distanciamento mínimo entre um trabalhador e outro, evitar aglomerações nos setores de trabalho, vestiários, etc. É recomendável o afastamento de trabalhadores pertencentes ao grupo de risco, com sintomas gripais, a aferição da temperatura dos trabalhadores.

Também, pode atuar junto às empresas ou perante os sindicatos patronais, para buscar melhores condições de trabalho para os empregados, em especial no que se refere à eventual redução proporcional de salário e jornada de trabalho, isso porque o salário é o principal direito do empregado, devendo ser preservado para que o empregado tenha condições de garantir o mínimo existencial.

É importante que o sindicato esteja atento aos casos de inviabilidade de prestação de serviços, buscando, se o caso, a suspensão do contrato de trabalho para os casos de empregados que estejam no grupo de risco, ou ainda, o cumprimento da estabilidade prevista na Lei 14.020/2020.

Outra preocupação que deve ser observada pelo ente sindical é a defesa coletiva, no sentido de evitar dispensa em massa.

O art. 477-A da CLT foi inserido pela Reforma Trabalhista passando a prever sobre a dispensas coletivas. Vejamos:

> Art. 477-A. As dispensas imotivadas individuais, plúrimas ou coletivas equiparam-se para todos os fins, não havendo necessidade de autorização prévia de entidade sindical ou de celebração de convenção coletiva ou acordo coletivo de trabalho para sua efetivação.

Esse dispositivo equipara as dispensas individuais, plúrimas e coletivas, dispensado a autorização prévia de entidade sindical, acordo coletivo ou convenção coletiva de trabalho, para a concretização da dispensa.

Permite que o empregador dispense um grupo de empregados ou, ainda, um setor inteiro da empresa, sem a necessidade de intervenção sindical.

Há uma crítica incisiva na doutrina que sustenta a inconstitucionalidade deste dispositivo, argumentando que o art. 7º, I, da CF, conquanto ainda não regulamentado por lei complementar, bem assim da constatação de que o corte coletivo impacta muito além dos contratos de trabalho individualmente considerados, espalhando seus efeitos sobre a sociedade, a cadeira de fornecedores, clientes e prestadores de serviços e também a arrecadação dos impostos locais e nacionais, sobre a renda e o consumo dos trabalhadores afetados.

Também, defendem que a jurisprudência é firme no sentido de que antes da decisão drástica da dispensa em massa, devem haver o emprego de técnicas de preservação do emprego inseridas na legislação trabalhista, como o banco de horas, férias coletivas, conversão do contrato em tempo de jornada parcial, suspensão temporária do contrato de trabalho, redução salarial e a adoção de planos de demissão voluntária.

O sindicato exerce um papel fundamental para que sejam preservados os empregos e o cumprimento irrestrito da legislação em vigor.

CAPÍTULO XXIV.
COMPLIANCE

1. INTRODUÇÃO

O *compliance* é uma medida de adequação às normas legais e regulamentares. Está intrinsecamente ligada à governança corporativa.

A governança corporativa, por sua vez, exprime a ideia de um modelo de gestão empresarial - regulamentando as relações entre sócios, conselho de administração, órgãos públicos de fiscalização, empregados outras pessoas com quem mantém alguma relação jurídica[361] - objetivando otimizar o desempenho da empresa e facilitar o acesso ao capital.

Esse tema não é novo. No exterior as empresas já adotavam práticas de *compliance*. No Brasil, o *compliance* ganhou notoriedade após os escândalos de corrupção envolvendo políticos e empresas do setor privado.

Para coibir possíveis crimes cometidos por políticos e empresas do setor privado, utilizando o sistema financeiro, o legislador tipificou como crime a lavagem de dinheiro, ocultação de bens , direitos e valores (Lei 9.613/1998), bem como criou o Conselho de Controle de Atividades Financeiras (COAF), com o escopo de disciplinar, aplicar penas administrativas, receber, examinar e identificar as ocorrências suspeitas de atividades ilícitas.

Em seguida surgiu a Lei 12.846/2013 (Lei anticorrupção), estabelecendo a responsabilização administrativa e civil de pessoas jurídicas pela prática de atos contra a administração pública, nacional ou estrangeira.

As empresas passaram a adotar de técnicas de *compliance* com o propósito prevenir o descumprimento de normas, desavenças, pena-

---

[361] Fonte: https://www.ibgc.org.br/conhecimento/governanca-corporativa

lizações administrativas e judiciais e para preservar o nome e a imagem da empresa.

O *compliance* pode ser implementado em qualquer área corporativa, inclusive nas relações de trabalho, mediante o uso de técnicas de avaliação de risco, elaboração de código de ética e conduta, regulamento empresarial, instituindo canais de denúncia, etc.

O *compliance* trabalhista consiste na observância às normas constitucionais e infraconstitucionais ao que regulamenta as relações de trabalho, como a Constituição Federal, a Consolidação das Leis do Trabalho, as normas regulamentadoras do Ministério do Trabalho, os princípios basilares do Direito do Trabalho, assim como os regulamentos empresariais, dentre outros.

A empresa deve zelar pelo cumprimento irrestrito das normas trabalhistas, evitando atos discriminatórios, salário "por fora", desrespeito à jornada de trabalho, descumprimento de normas de proteção à saúde, higiene e segurança do trabalho, além de outras condutas fraudulentas que desvirtuam dos preceitos contidos nas normas trabalhistas.

Os gestores e colaboradores devem receber treinamento adequado, ter uma exata compreensão das normas e ferramentas de *compliance*, para evitar a eclosão de conflitos trabalhista, seja individual ou coletivo.

A ausência do *compliance* trabalhista no âmbito empresarial é responsável pela falência de grande parte das empresas, na medida em que o descumprimento das normas trabalhistas é responsável pelo surgimento de diversos conflitos individuais ou coletivos e, consequentemente, do passivo trabalhista, acarretando no endividamento da empresa.

Dentro do programa de *compliance* a criação de um canal de denúncia é a ferramenta que mais identifica fraude e outros vistos no mundo empresarial. O empreendedor pode implementar diferentes ferramentas para o recebimento de denúncias como, por exemplo, urna, aplicativo, telefone e e-mail, conectando todos os trabalhadores à uma ouvidoria (independente) ou à direção.

2. COMPLIANCE

A palavra *compliance*, do dicionário inglês "to comply", na tradução livre significa agir de acordo com uma determinada regra, instrução, comando, ou estar em conformidade. É um termo muito utilizado no mundo corporativo.

O *compliance* pode ser definido com o princípio de governança corporativa que tem por objetivo promover a cultura organizacional de ética, transparência e eficiência de gestão, para as práticas empresariais sejam adotadas de acordo com os regramentos em vigor.

Tem o escopo de mudar a cultura corporativa, a fim de estabelecer um padrão de comportamento ético em todos os setores empresarial.

Esse conceito é originário dos Estados Unidos e foi incorporado no âmbito coorporativo, expandindo-se no Brasil após a edição da Lei 12.846/2013 - também conhecida como Lei Anticorrupção - que trata da responsabilização civil e administrativa da pessoa jurídica pela prática de atos que atentam contra a Administração Pública.

O surgimento da legislação anticorrupção se deu após inúmeros escândalos políticos envolvendo pessoas jurídicas, revelando a inexistência de uma governança empresarial responsável, fundamentada na obediência às legislações em vigor, o que gerou resultados desastrosos para as corporações, danos ao nome e imagem da empresa, em virtude da má conduta dos seus gestores.

Por essa razão, o insucesso de diversas empresas, causou uma profunda reflexão, resultando na mudança na cultura no âmbito empresarial, para propiciar um crescimento sólido baseado nos pilares da ética, conformidade e probidade.

Desde então enxergou-se a possibilidade de extensão da temática à área trabalhista, devido aos número de ações trabalhistas em curso no país, além do elevado número de denúncias e autuações por descumprimento às normas trabalhista.

Esse número teve uma queda expressiva em 2018, mas não se deu porque as empresas instituíram regras de *compliance*. O que motivou a queda no número de ações trabalhista foi a Reforma Trabalhista (Lei 13.467/2017) que passou a prever a sucumbência para o empregado que anteriormente, a rigor, não era penalizado ao perder uma demanda judicial.

A prática do *compliance* trabalhista é recente e o seu escopo principal é reduzir o número de ações judiciais entre o empregado e empregador, além de evitar sanções judiciais e administrativas, mantendo o cumprimento irrestrito das normas trabalhistas nas empresas.

Essa ferramenta é benéfica tanto para a empresa que evita passivos trabalhista, quanto para os empregados, pois propicia um ambiente de trabalho saudável e a dignidade do trabalhador.

Além das indenizações, o estabelecimento de regras de conformidade ou integridade, pode evitar a responsabilização penal por práticas discriminatórias, a exemplo o crime tipificado no art. 2º, da Lei 9.029/1995[362], e os crimes relacionados ao trabalho, previstos em capítulo próprio no Código Penal, sendo sujeito ativo desse crime o empregador pessoa física, o representante legal do empregador ou mesmo o dirigente, direto ou por delegação, da Administração Pública direta, indireta e fundacional de qualquer dos poderes no âmbito federal, estadual, municipal ou do Distrito Federal.

Com a informatização do serviço público e a integração de diversos órgãos públicos, inclusive daqueles responsáveis pela fiscalização, as regras de *compliance* se tornam cada vez mais essenciais. A unificação de sistemas de envio de dados a respeito das obrigações trabalhistas, fiscais e tributárias potencializou a instituição de *compliance* trabalhista.

O Decreto nº. 8.373/2014 criou o eSocial, isto é, um Sistema de Escrituração Digital das Obrigações Fiscais, Previdenciárias e Trabalhistas, como forma de fiscalizar as informações trabalhistas relativas aos trabalhadores e seus vínculos e folha de pagamento e todas as informações referentes às obrigações do empregador.

Recentemente, a Lei da Liberdade Econômica (Lei 13.874/2019), regulamentada pela Portaria nº 1.065/2019 da Secretaria Especial de Previdência e Trabalho do Ministério da Economia, instituiu a carteira

---

[362] Art. 2º Constituem crime as seguintes práticas discriminatórias: I - a exigência de teste, exame, perícia, laudo, atestado, declaração ou qualquer outro procedimento relativo à esterilização ou a estado de gravidez; II - a adoção de quaisquer medidas, de iniciativa do empregador, que configurem: a) indução ou instigamento à esterilização genética; b) promoção do controle de natalidade, assim não considerado o oferecimento de serviços e de aconselhamento ou planejamento familiar, realizados através de instituições públicas ou privadas, submetidas às normas do Sistema Único de Saúde (SUS). Pena: detenção de um a dois anos e multa. Parágrafo único. São sujeitos ativos dos crimes a que se refere este artigo: I - a pessoa física empregadora; II - o representante legal do empregador, como definido na legislação trabalhista; III - o dirigente, direto ou por delegação, de órgãos públicos e entidades das administrações públicas direta, indireta e fundacional de qualquer dos Poderes da União, dos Estados, do Distrito Federal e dos Municípios.

de trabalho digital (CTPS Digital), a qual substitui a carteira de trabalho em papel.

Nota-se que atualmente a empresa que não se adequar à legislação será punida não apenas com altas condenações no poder judiciário, mas também com multas administrativas decorrentes do não cumprimento das normas.

O *compliance* trabalhista, também denominado de programa de conformidade, deve ser complementado de uma auditoria trabalhista com o objetivo de verificar se as normas estão sendo cumprida conforme determina a legislação trabalhista.

Não é tarefa fácil a gestão de pessoas nas empresas, sobretudo, porque as empresas são responsáveis objetivamente pela conduta dos seus empregados e prepostos, sendo certo que a imagem da empresa pode ser arruinada ou comprometida por um ato ilícito praticado por qualquer um deles.

3. FERRAMENTAS DE COMPLIANCE

As principais ferramentas do *compliance* trabalhista que podem ser utilizadas no âmbito Empresarial são:

- códigos de ética e de conduta;
- canais de denúncia para decretar e punir os responsáveis por práticas de assédio moral, assédio sexual, práticas discriminatórias;
- regulamentos internos com previsão de advertências e sanções para infratores das normas trabalhista no âmbito empresarial;
- treinamento de líderes/gestores;
- relatórios de produtividade e avaliação de desempenho dos gestores, para apurar desvios de conduta ou práticas discriminatórias;
- Avaliação constante e correção imediata de condutas em desconformidade com a legislação trabalhista;
- Imediata reparação aos trabalhadores em caso de não conformidade com a legislação trabalhista;

Todas essas medidas podem preservar bons colaboradores contra condutas discriminatórias, propiciaram o crescimento da empresa, bem como preservam a imagem empresarial, além de garantir efetividade do *compliance* trabalhista.

A Lei Geral de Proteção de Dados (Lei 13.709/2018), a Lei 9.029/95, assim como o artigo 373-A da CLT e a própria Constituição Federal, repudiam de forma expressa a discriminação, trazendo comum um dos pilares da relação de trabalho a não discriminação que é um desdobramento do princípio da igualdade.

O programa de integridade é um instrumento de apoio a uma boa governança corporativa que deve demonstrar o comprometimento da alta administração com os elevados padrões de gestão, ética e conduta.

Alguns juristas defendem que o *compliance* e o programa de integridade não são expressões sinônimas, sustentando que as práticas de conformidade (*compliance*) são mecanismos utilizados pelas empresas para redução de riscos e adequação de condutas à legislação pertinente à sua atividade.

Atualmente, o *compliance* representa um importante mecanismo de transparência e gestão de companhias, tendo interferência direta no seu relacionamento com os acionistas, clientes, empregados, autoridades governamentais e demais âmbitos da sociedade.

O CADE, em seu Guia Programas de *Compliance*, dispõe que a adoção de programas de *compliance* tem o escopo de identificar, atenuar ou corrigir os riscos de violações da lei, logo de suas consequências adversas[363].

A criação de um código de conduta deve conter os valores éticos, a identidade e a cultura organizacional, pautado no respeito à dignidade do trabalhador.

Certamente, a criação de um código de conduta eleva o nível de confiança na empresa, evitando que a imagem da empresa seja ferida por escândalos de corrupção, assédio moral ou sexual.

Sugerimos a necessidade de pluralidade na elaboração do código de conduta, contando com a participação de todos os funcionários e administradores.

Além disso, para o sucesso da implantação do código, é necessário que exista coerência entre as práticas adotadas pela direção da empresa e as posturas propugnadas no código de ética, sob pena de esvaziamento do seu sentido e perda de eficácia.

Os canais de denúncia têm a finalidade de receber informações acerca do cometimento de atos que violam a dignidade do trabalha-

---

363 Conselho Administrativo de Defesa Econômica. Guia de programas de compliance. Fonte: http://www.cade.gov.br/acesso-a-informacao/publicacoes-institucionais/guias_do_Cade/guia-compliance-versao-oficial.pdf

dor no meio ambiente de trabalho, ajudando na prevenção de ações trabalhistas.

O empregador pode se valer desse canal para identificar a origem de eventual má-condutas, fraudes, dentre outras práticas inadequadas, auxiliando na tomada de decisões ou correções de desvio de conduta. As empresas devem criar um canal independente e assegurar o sigilo das denúncias, para o empregado sinta-se confortável para realizar a denúncia, sem receio de sofrer represálias.

Não basta instituir o canal de denúncia. Ao tomar conhecimento da prática de uma conduta em desajuste com a legislação trabalhista, o empregador deve apurar os fatos e punir os responsáveis pela prática de condutas em desacordo com a legislação trabalhista, demonstrando a efetividade e seriedade das regras de *compliance* instituída na organização empresarial.

4. PODER EMPREGATÍCIO

O empregado, ao celebrar o contrato individual de trabalho com o empregador, passa a se submeter ao comando e direção do empregador que assume os riscos da atividade econômica (art. 2º, CLT).

Como decorrência do contrato de trabalho o empregador tem poderes para dirigir, regulamentar, fiscalizar e disciplinar a atividade empresarial.

Para Mauricio Godinho Delgado o poder empregatício é conceituado como um *"conjunto de prerrogativas com respeito à direção, regulamentação, fiscalização e disciplinamento, asseguradas pela ordem jurídica e tendencialmente concentradas na figura do empregador"*[364].

O poder organizacional consiste nas prerrogativas conferidas ao empregador para estabelecer o procedimento de execução da prestação dos serviços no âmbito interno, orientando a prestação de serviços.

De outro lado, temos o poder regulamentar que consiste na possibilidade de o empregador instituir regras de caráter geral de observância obrigatória no âmbito do estabelecimento empresarial ou da empresa.

Ressalta-se que o código de conduta e o regulamento de empresa são instrumentos diversos, embora ambos tenham origem no poder regu-

---

[364] Curso de direito do trabalho—Mauricio Godinho Delgado. — 18. ed.— São Paulo: LTr, 2019.

lamentar do empregador. O código de conduta é um instrumento que direciona os comportamentos na empresa, isto é, formaliza a política e a cultura da empresa na realização de boas práticas no âmbito empresarial, traçando o padrão de conduta esperado dos sócios, gestores, empregados, prestadores de serviços, etc.

A jurisprudência vem sedimentando o entendimento de que o descumprimento aos códigos de conduta ou código de ética instituídos no âmbito empresarial pode acarretar a dispensa por justa causa, a depender da gravidade da violação. Vejamos:

> [...] DA DISPENSA O reclamante objetiva a reforma da sentença, por entender que a punição foi desproporcional ao ato praticado. De início, vale ressaltar que o próprio autor, admite, tanto na inicial, como nas razões de recurso ter praticado ato que feriu o código de ética da empresa, mas sustenta que não o fez com a intenção de prejudicar a reclamada. Razão não assiste ao recorrente. Em sede de contestação, a reclamada afirma que o motivo da dispensa do autor foi mau procedimento. Alega, em síntese, que foram encaminhadas ao reclamante algumas fotos de grave acidente ocorrido nas dependências da empresa. Referidas fotos foram enviadas ao autor com intuito de evitar novos acidentes, monitorando as atividades, eis que era líder de turno. O reclamante repassou as fotos à Sra. Amanda Belice, ex-funcionária da empresa reclamada, que atualmente trabalha em empresa concorrente. Para tanto, se utilizou do e-mail corporativo. Tal conduta feriu o código de ética, uma vez que o fato deveria ficar restrito a alguns funcionários, que não podem se utilizar de informações privilegiadas de forma indevida, ou revelar dados confidenciais da empresa. Tal procedimento feriu o princípio básico da confidencialidade prevista no Código de Ética e no Manual dos Funcionários, os quais foram entregues ao autor no ato da admissão, não restando alternativa à empresa senão realizar a dispensa por justa causa. (fls. 65/75). Acrescenta-se, ainda, que o elemento confiança deve permear a relação entre empregador e empregado Em face do princípio da continuidade da relação de emprego que rege o direito do trabalho, o ônus da prova, quanto à causa ensejadora da ruptura arbitrária do pacto laboral é do empregador, nos termos do artigo 818 da CLT. A reclamada desincumbiu-se de forma satisfatória do encargo que lhe competia, visto que houve prova robusta acerca do ato infracional cometido pelo autor; configurada falta grave. Os documentos 127/129 (volume apartado) comprovam que o reclamante recebeu e teve ciência do Manual do Funcionário e do Código de Ética que regulam as relações de trabalho na empresa reclamada. Consta expressamente no Código de Ética: "... os empregados não podem usar incorretamente informação privilegiada ou revelar dados confidenciais a estranhos para fins de proveito pessoal ou para outros fins que não sejam os da empresa... (Título Conflito de Interesses); "... Definições de Informação Confidencial (...) Informação

sobre Empregados…" "… Evitar o Abuso de Informação (…) Também não podemos divulgar informação material que não seja do domínio público com terceiros, como sendo familiares, amigos, fornecedores, clientes ou mesmo colegas, desde que não haja uma razão de negócios legítima e com a aprovação da gestão. Lembre-se também, que estas restrições se aplicam tanto à informação acerca da Graham como a informação material que não seja do domínio público, que tenhamos tomado conhecimento durante o nosso trabalho, sobre os nossos fornecedores ou clientes…" O doc. 148 (volume apartado) comprova que o autor encaminhou as fotos do acidente, por intermédio de seu e-mail corporativo, endereçadas a Sra. Amanda Belice, com endereço eletrônico da empresa Logoplaste, como narrada na defesa. Em depoimento pessoal, o próprio reclamante reconhece que: "… a Sra. Amanda, para quem mandou as fotos do acidente não trabalhava mais na reclamada quando o depoente mandou as fotos, acha que ela trabalhava na empresa Logoplast; até onde sabe a Logoplast faz embalagens plásticas e é concorrente da reclamada…" (fl. 93). A primeira testemunha da reclamada, gerente de informática declarou: "… o depoente foi checar a transmissão de dados entre os domínios da empresa e aí descobriu o e-mail que o reclamante tinha mandado; a Logoplast é um concorrente muito forte da reclamada, pelo que todos sabem deste fato, inclusive quem recebeu o e-mail na Logoplast era ex-funcionária da reclamada (…) não sabe o que a Logoplast fez com as fotos, se deu publicidade ou não…" (fl. 94). Da análise da prova, não resta dúvida quanto ao mau procedimento do reclamante. Inequívoco que encaminhou fotos de acidente ocorrido nas dependências da empresa reclamada, que se constitui em informação confidencial. Acrescente-se que referidas fotos foram encaminhadas a ex funcionária da reclamada, que trabalha em empresa concorrente e transmitidas através dos e-mails corporativos, os quais são acessados também pelos empregadores. Ademais, tanto o Código de Ética, como o Manual do Funcionário, são bem claros em relação às informações privilegiadas e, o autor, recebeu as fotos em questão por ser líder de turno e, nessa condição, deveria zelar pelas informações recebidas, eis que não são de domínio público. Na hipótese, restou evidenciado o requisito circunstancial da adequação da penalidade aplicada, ou seja, houve proporcionalidade entre a falta e a punição, ante a gravidade do ato praticado. O autor tinha plena ciência das normas de conduta a serem observadas no desenvolvimento de seu trabalho. A reclamada desincumbiu-se de forma satisfatória do encargo que lhe competia, demonstrando o ato faltoso e a má conduta do reclamante, quebrando a fidúcia inerente ao contrato de trabalho, que acabou por culminar na demissão obreira. Destarte, restando demonstrada a existência de justo motivo para a rescisão contratual, consistente no mau procedimento do autor, não há que se falar em nulidade da dispensa e, por conseguinte, reversão da justa causa e pagamento das verbas inerentes à despedida desmotivada. Correta a decisão de origem. Mantenho. […] Ante o exposto ACORDAM os Magistrados da 11ª Turma do Tribunal Regional do

Trabalho da 2ª Região em CONHECER e NEGAR PROVIMENTO ao recurso ordinário para manter a sentença, por seus próprios fundamentos e nos termos do voto da relatora. (TRT/SP Nº 0001220-94.2012.5.02.0078 - 11ª Turma - Relatora Wilma Gomes da Silva Hernandes – Data da publicação 13/08/2013)

Vemos, portanto, que o empregador pode adotar medidas enérgicas caso as regras de boas práticas instituídas no âmbito interno das empresas sejam violadas, desde que a punição seja proporcional à gravidade do ato praticado, como expressão do direito disciplinar.

Já o poder fiscalizatório é a possibilidade de o empregador realizar o acompanhamento da prestação de serviços e a vigilância do ambiente de trabalho. Esse poder não é absoluto, pois está balizado pelas liberdades e garantias fundamentais da dignidade do trabalhador.

5. BACKGROUND CHECK

O *background check* consiste em uma espécie de triagem, verificação de antecedentes, objetivando a contratação de pessoas honestas.

No direito estrangeiro é corriqueiramente usado para apurar os antecedentes de clientes, empregados ou fornecedores em perspectiva, antes do pacto de um contrato, como a situação perante os órgãos de proteção de crédito, instituições financeiras e antecedentes criminais.

Essa técnica pode ser empregada pelas empresas para a aferir a integridade das empresas ou pessoas com quem tem relação jurídica comercial, sobretudo para verificar a idoneidade das empresas prestadoras de serviço terceirizado.

Atualmente, inúmeras são as ações trabalhistas envolvendo essa temática, em que o trabalhador terceirizado busca a responsabilização subsidiária das empresas tomadoras de serviços, por falta de pagamento de verbas contratuais e rescisórias. Com as recentes alterações legislativas da Lei 6.019/74, esse número tende a aumentar.

A empresa pode prever cláusulas de *compliance* em seus contratos comerciais, exigindo depósito caução, seguro garantia, ou cláusula de retenção de valores devidos, para que o prestador cumpra integralmente as normas cíveis, administrativas, e trabalhistas, a fim de evitar ou dirimir o impacto de eventuais ações trabalhistas. É muito comum esse tipo de cláusula nos contratos de empreitada ou de construção civil.

6. MEDIDAS PREVENTIVAS

O *compliance* é a melhor medida preventiva contra a judicialização das questões trabalhista.

As multas e demandas trabalhistas são responsáveis por maior parte do passivo financeiro das empresas. O denominado "passivo trabalhista" ocorre quando a empresa não cumpre as normas trabalhistas – deixando registrar os empregados, pagar horas extras, férias, adicionais noturno, salário "por fora", por exemplo – acarretando a criação de uma enorme dívida, afetando a saúde financeira da empresa, o relacionamento com os empregados e com os parceiros comerciais.

O desconhecimento das normas trabalhistas ou uma má-interpretação dos normativos, podem levar ao endividamento da empresa com os seus empregados.

A implementação de boas práticas no âmbito empresarial transformará o ambiente de trabalho, irá aumentar a satisfação entre os funcionários, trazer menos prejuízo financeiro à empresa, diminuindo a quantidade de litígios judiciais trabalhista e de multas administrativas.

Certamente, esse cenário confere mais tranquilidade para o empreendedor, sócios ou administradores, tomar as decisões necessárias ao desenvolvimento e expansão do negócio.

DIREITO PROCESSUAL DO TRABALHO

CAPÍTULO XXV.
COMPETÊNCIA MATERIAL DA JUSTIÇA DO TRABALHO

1. JURISDIÇÃO E COMPETÊNCIA

A jurisdição é a função do Estado de resolver os conflitos de interesse entre pessoas. A função jurisdicional é exercida pelo Poder Judiciário, a quem compete dizer o direito aplicável ao caso concreto[1].

É a medida, o limite, o fracionamento da jurisdição; é a divisão dos trabalhos perante os órgãos encarregados do exercício da função jurisdicional, cujo objetivo é a composição da lide e a pacificação social[2].

Para Antonio Carlos de Araujo CINTRA (apud Theodoro Júnior, 2015)[3] a jurisdição "uma das funções do Estado, mediante a qual este se substitui aos titulares dos interesses em conflito para, imparcialmente, buscar a pacificação do conflito que os envolve, com justiça".

Mauro Schiavi[4] conceitua a jurisdição como "a função estatal exercida pelos juízes e tribunais, encarregada de dirimir, de forma imperativa e definitiva, os conflitos de interesses, aplicando o direito a um caso concreto, pacificando o conflito".

---

1 Eduardo Arruda Alvim, Daniel Willian Granado e Eduardo Aranha Ferreira. Direito processual civil – 6. ed. – São Paulo : Saraiva Educação, 2019.

2 Idem. Leone Pereira, 2018.

3 Humberto Theodoro Júnior. Curso de Direito Processual Civil – vol. I . 56. ed. –. Rio de Janeiro: Forense, 2015.

4 Mauro Schiavi. Manual de Direito Processual do Trabalho. 13ª ed. – São Paulo, LTr, 2018.

A doutrina tradicional afirma que a competência é uma parcela da jurisdição, ou seja, representa a distribuição das atribuições da atividade jurisdicional entre os órgãos do Poder Público[5].

As regras de distribuição da competência são realizadas de diversas formas: Constituição Federal, leis de direito processual (processo civil, processo criminal ou processo do trabalho), leis esparsas e normas de organização judiciária (regimentos internos dos tribunais).

Dentre as várias classificações da jurisdição citamos as seguintes: a) competência da Justiça Comum; b) Competência da Justiça Especial; c) Competência em razão da matéria (ratione materiae): competência em razão da natureza da relação jurídica ou objetiva, e tem por parâmetro a natureza da relação jurídica controvertida; d) Competência em razão da pessoa (ratione personae): competência em razão da qualidade das partes envolvidas na relação jurídica controvertida, é aquela que tem por parâmetro certas qualidades das pessoas litigantes; e) Competência funcional: tem por parâmetro a natureza das funções exercidas pelo magistrado no processo, bem como das respectivas exigências especiais dessas funções. A competência funcional também é denominada de competência a interna, normalmente prevista na CLT e nos regimentos internos dos Tribunais Regionais e do Tribunal Superior do Trabalho; f) competência originária: define a qual o órgão compete a causa dentro de um mesmo tribunal, isto é, se a competência é de órgão superior ou ao inferior; g) competência interna: quando existem vários juízes numa mesma Vara ou Tribunal, define qual ou quais órgão é/serão competentes; h) competência recursal/hierárquica: é a definição do órgão competente para apreciar o recurso apresentado pelas partes, ou seja, o próprio órgão que decidiu originariamente ou de órgão hierarquicamente superior.

A Emenda Constitucional 45/2004, conhecida como Reforma do Judiciário, alterou as regras de competência material na Justiça do Trabalho, ampliando significativamente essas competências.

O artigo 114 da Constituição federal passou a ter a seguinte redação:

> "Art. 114. Compete à Justiça do Trabalho processar e julgar:
> I – as ações oriundas da relação de trabalho, abrangidos os entes de direito público externo e da administração pública direta e indireta da União, dos Estados, do Distrito Federal e dos Municípios;
> II – as ações que envolvam exercício do direito de greve;

---

[5] Idem. Arruda Alvim, 2019.

> III – as ações sobre representação sindical, entre sindicatos, entre sindicatos e trabalhadores, e entre sindicatos e empregadores;
> IV – os mandados de segurança, habeas corpus e habeas data, quando o ato questionado envolver matéria sujeita à sua jurisdição;
> V – os conflitos de competência entre órgãos com jurisdição trabalhista, ressalvado o disposto no art. 102, I, o;
> VI – as ações de indenização por dano moral ou patrimonial, decorrentes da relação de trabalho;
> VII – as ações relativas às penalidades administrativas impostas aos empregadores pelos órgãos
> de fiscalização das relações de trabalho;
> VIII – a execução, de ofício, das contribuições sociais previstas no art. 195, I, a, e II, e seus acréscimos legais, decorrentes das sentenças que proferir;
> IX – outras controvérsias decorrentes da relação de trabalho, na forma da lei.
> § 1º Frustrada a negociação coletiva, as partes poderão eleger árbitros.
> § 2º Recusando-se qualquer das partes à negociação coletiva ou à arbitragem, é facultado às mesmas, de comum acordo, ajuizar dissídio coletivo de natureza econômica, podendo a Justiça do Trabalho decidir o conflito, respeitadas as disposições mínimas legais de proteção ao trabalho, bem como as convencionadas anteriormente.
> § 3º Em caso de greve em atividade essencial, com possibilidade de lesão do interesse público, o Ministério Público do Trabalho poderá ajuizar dissídio coletivo, competindo à Justiça do Trabalho decidir o conflito".

A competência material da Justiça do Trabalho está centrada na relação de trabalho e outras controvérsias dela decorrentes.

A Reforma do Judiciário verticalizou a competência da Justiça do Trabalho, pois antes era direcionado à pessoa envolvida na relação jurídica submetida à apreciação jurisdicional, e agora voltado para a própria relação jurídico-processual.

Na redação anterior, o art. 114 da CF preconizava que *"Compete à Justiça do Trabalho conciliar e julgar os dissídios individuais e coletivos entre trabalhadores e empregadores, abrangidos os entes de direito público externo e da administração pública direta e indireta dos Municípios, do Distrito Federal, dos Estados e da União, e, na forma da lei, outras controvérsias decorrentes da relação de trabalho, bem como os litígios que tenham origem no cumprimento de suas próprias sentenças, inclusive coletivas".*

O verbete *"conciliar"* foi substituído pela expressão *"processar"*, conferindo uma nova redação ao caput do art. 114 da CF.

Conquanto a expressão conciliar tenha sido retirada do art. 114 da Constituição Federal, a conciliação continua sendo uma característica da Justiça do Trabalho, notadamente no processo do trabalho, sendo, inclusive, um princípio do direito processual trabalhista.

Corroborando essa afirmação o art. 764 da CLT dispõe que "Os dissídios individuais ou coletivos submetidos à apreciação da Justiça do Trabalho serão sempre sujeitos à conciliação", cabendo aos juízes e tribunais empregar esforços e persuasão para buscar uma solução conciliatória dos conflitos de interesses - tanto os dissídios individuais quanto os dissídios coletivos estão sujeitos a conciliação.

O juiz do trabalho busca a conciliação em diversos momentos processual, em especial após a abertura processual e antes de encerrá-la, conforme determinam os arts. 847 e 850 da CLT. Mesmo depois de encerrado o juízo conciliatório, é lícito às partes celebrar acordo que ponha termo ao processo.

Reforçando esse argumento, vale lembrar que o legislador criou Comissões de Conciliação Prévia como forma alternativa de solução de conflitos, conforme estabelecido nos arts. 625-A a 625-H na CLT.

A razão para a substituição do termo conciliar por processar reside na ampliação da competência da Justiça do Trabalho para processar e julgar novas ações não suscetíveis de conciliação – v.g., mandados de segurança, habeas corpus, habeas data.

2. ANÁLISE DO INCISO I DO ART. 114 DA CONSTITUIÇÃO FEDERAL

A redação original do art. 114 da Constituição Federal conferia a competência da Justiça do Trabalho conciliar e julgar os dissídios individuais e coletivos entre trabalhadores e empregadores, ou seja, apenas as relações de emprego e algumas relações de trabalho.

A Emenda Constitucional 45/2004 ampliou a competência da Justiça do Trabalho, ao estabelecer no art. 114, inciso I, da Lei Maior, a competência para processar e julgar "as ações oriundas da relação de trabalho, abrangidos os entes de direito público externo e da administração pública direta e indireta da União, dos Estados, do Distrito Federal e dos Municípios".

O núcleo básico da relação jurídica no ramo trabalhista concentra-se na relação de trabalho, mais propriamente na relação de emprego.

A doutrina enxerga uma distinção entre os termos "relação de trabalho" e "relação de emprego".

A primeira expressão tem caráter genérico referindo-se a toda relação jurídica caracterizada por uma prestação de serviços consubstanciada no trabalho humano. Abrange, portanto, a relação de emprego, o trabalho autônomo, o trabalho eventual, o trabalho avulso, o trabalho rural, dentre outros.

Já a relação de emprego é uma espécie de relação de trabalho, pois a sua configuração depende da existência de alguns requisitos dispensáveis às demais relações de trabalho. É a modalidade de pactuação de trabalho mais relevante, sendo certo que as normas jurídicas foram construídas em torno da relação de emprego.

Délio Maranhão - citado pelo professor Carlos Henrique Bezerra Leite, em seu Curso de Direito do Trabalho -, distingue os termos da seguinte maneira:

> "(...) relação jurídica de trabalho é a que resulta de um contrato de trabalho, denominando-se de relação de emprego quando se trata de um contrato de trabalho subordinado.".

Os critérios para a caracterização da relação de emprego passam necessariamente pelo conceito de empregado e empregador. A esse respeito, o artigo 2º e 3º da CLT fornecem os elementos essenciais para a caracterização do vínculo empregatício.

> Art. 2º - Considera-se empregador a empresa, individual ou coletiva, que, assumindo os riscos da atividade econômica, admite, assalaria e dirige a prestação pessoal de serviço.
> Art. 3º - Considera-se empregado toda pessoa física que prestar serviços de natureza não eventual a empregador, sob a dependência deste e mediante salário.

Tais requisitos são conhecidos como elementos fáticos-jurídicos da relação de emprego. Dentre eles estão: (a) prestação de trabalho por uma pessoa física; (b) Pessoalidade; (c) não eventualidade; (d) onerosidade (e) subordinação.

Através desse elemento fático-jurídico o empregado está sujeito aos poderes diretivos do empregador, o que propicia a organização e direção da prestação pessoal de serviços por este.

Portanto, podemos dizer que com a Reforma, a Justiça do Trabalho passou a ter competência constitucional para processar e julgar relação de trabalho em sentido amplo – trabalho autônomo, eventual, avulso, empregados de cartórios extrajudiciais, etc.

Como destacado no Manual de Processo do Trabalho[6]:

> *"Na doutrina e jurisprudência trabalhistas encontramos três linhas de pensamento sobre a expressão "relação de trabalho" e seus reflexos no âmbito da competência material da Justiça do Trabalho: 1ª Corrente – o advento da Reforma do Judiciário (Emenda Constitucional n. 45, de 2004) não trouxe nenhuma inovação na temática da competência material da Justiça do Trabalho. A expressão "relação de trabalho" deve ser interpretada como sinônima de relação de emprego. Assim, compete à Justiça do Trabalho processar e julgar as ações oriundas da relação de emprego. 2ª Corrente – a Reforma do Judiciário representou, de fato, ampliação da competência material da Justiça do Trabalho. Não obstante, a referida ampliação foi mitigada ou relativizada, de forma que a Justiça Laboral apenas tem competência para processar e julgar, além da relação de emprego, relações de trabalho que apresentam semelhanças com a relação de emprego, tomando-se por base os requisitos da relação de emprego (elementos fático-jurídicos: pessoa natural, pessoalidade, não eventualidade, onerosidade e subordinação). Em suma, a Justiça Obreira tem competência para processar e julgar as seguintes relações de trabalho: trabalho autônomo, trabalho avulso, trabalho eventual, trabalho voluntário, estágio etc. De outra sorte, relações regidas por legislação específica, como a relação de consumo, não são de competência da Justiça do Trabalho. É oportuno consignar que essa corrente sustenta a ideia de que a Justiça do Trabalho é uma Justiça Especial ou Especializada na estrutura do Judiciário Nacional. Assim, a ampliação da competência não poderá ter o condão de torná-la Justiça Comum. 3ª Corrente – com a Reforma, houve significativa ampliação da competência material da Justiça do Trabalho. Assim, a Justiça Laboral passou a ter competência para processar e julgar relação de trabalho em seu real sentido amplo, ou seja, qualquer relação jurídica pela qual uma pessoa natural se comprometa a prestar um serviço ou executar uma obra em prol de uma pessoa natural ou jurídica, englobando qualquer espécie de prestação de trabalho humano.*

A doutrina suscita se a competência da Justiça do Trabalho abrange a relação de consumo, relação de cobrança de honorários ou ações de natureza penal quando envolver crimes contra as relações de trabalho.

De acordo com o art. 2º do Código de Defesa do Consumidor (Lei 8.078/90), "Consumidor é toda pessoa física ou jurídica que adquire ou utiliza produto ou serviço como destinatário final".

---

6 Leone Pereira. Manual de processo do trabalho – 5. ed. – São Paulo : Saraiva, 2018.

Já o fornecedor é "toda pessoa física ou jurídica, pública ou privada, nacional ou estrangeira, bem como os entes despersonalizados, que desenvolvem atividade de produção, montagem, criação, construção, transformação, importação, exportação, distribuição ou comercialização de produtos ou prestação de serviços", conforme dispõe o art. 3º do mesmo Diploma Normativo.

A relação de consumo tem natureza biforme, isto é, sob a ótica do consumidor essa relação jurídica está protegida pelo código de defesa do consumidor e, de outro lado, há uma atividade é tipicamente humana prestada pelo fornecedor em benefício do consumidor.

Mauro Schiavi entende que "[...] há relação de consumo de interesse para a competência da Justiça do Trabalho: quando há prestação pessoal de serviços por uma pessoa natural que coloca seus serviços no mercado de consumo e os executa de forma preponderantemente pessoal, sem vínculo empregatício, mediante remuneração, em prol de um consumidor, pessoa física ou jurídica, que é destinatária final desses serviços".

Significa dizer que nas situações em que a prestação de serviços por pessoa natural for o objeto central da relação de consumo, distanciando-se da relação de consumo propriamente dita, é possível o reconhecimento da competência material da Justiça do Trabalho.

Para essa vertente interpretativa seria possível defender a competência da Justiça do Trabalho quando um profissional liberal (pessoa física) prestar serviços em benefício de um cliente, ajustando como contraprestação uma remuneração ou honorários.

De outro lado, *Carlos Henrique Bezerra Leite*[7] entende que a

> "[...] *relação de trabalho e relação de consumo são inconfundíveis. Se, por exemplo, um médico labora como trabalhador autônomo em uma clínica médica especializada, recebendo honorários desta, e presta serviços ao paciente, teremos duas relações distintas: 'a) entre o médico (pessoa física) e a clínica (empresa tomadora de serviços) – há uma relação de trabalho, cuja competência para dirimir os conflitos dela oriundos é da Justiça do Trabalho; b) entre o médico (pessoa física fornecedora de serviços) e o paciente (consumidor de serviços) – há uma relação de consumo, pois o paciente aqui é a pessoa física que utiliza o serviço como destinatário final. A competência para apreciar e julgar as demandas oriundas desta relação de*

---

[7] Carlos Henrique Bezerra Leite. Curso de direito processual do trabalho – 16. ed. – São Paulo : Saraiva Educação, 2018.

> *consumo é da Justiça Comum; c) entre o paciente – pessoa física tomadora de serviços – e a clínica – pessoa jurídica fornecedora de serviços, há uma relação de consumo, cabendo à Justiça comum dirimir o conflito'. Urge, pois, para a fixação da competência da Justiça do Trabalho, distinguir consumidor de tomador de serviços. Para tanto, devemos aplicar a definição do art. 2º do CDC, segundo o qual, consumidor 'é a pessoa física ou jurídica que adquire ou utiliza produto ou serviço como destinatário final'. Já o tomador, para os fins da relação de trabalho, é a pessoa física ou jurídica que utiliza os serviços prestados por um trabalhador autônomo não como destinatário final, mas, sim, como intermediário".*

Logo, segundo essa corrente doutrinária entende que a relação mantida entre o destinatário final da prestação de serviços e o prestador de serviços é enquadrada como relação de consumo.

No âmbito do Superior Tribunal de Justiça está pacificado o entendimento de que "Compete à Justiça Estadual processar e julgar a ação de cobrança ajuizada por profissional liberal contra cliente', na forma da Súmula 363.

Pensamos ser admissível o reconhecimento da competência material da Justiça do Trabalho, nas ações ajuizadas por prestador pessoa natural ou pelo usuário final dos serviços, com base nos seguintes fundamentos:

> "a) A Constituição Federal não exclui a competência da Justiça do Trabalho para as lides que envolvam relações de consumo; b) A relação de trabalho é gênero, do qual a relação de consumo que envolva a prestação de trabalho humano é espécie; c) O juiz do Trabalho, ao decidir uma relação de consumo que envolva prestação pessoal de trabalho, aplicará o CDC (Lei n. 8.078/90) e o Código Civil para dirimi-la e não o Direito do Trabalho; d) Na Justiça do Trabalho, não vigora o princípio protetor, próprio do Direito do Trabalho. Portanto, não há choque de princípios entre o Direito do Consumidor (que tutela a parte vulnerável da relação jurídica de consumo, que é o consumidor) e o Direito do Trabalho (que tutela a parte hipossuficiente da relação jurídica de trabalho, que é o trabalhador); e) Na relação de consumo, cujo trabalho é prestado por pessoa física, em muito se assemelha ao trabalho autônomo, porquanto a responsabilidade do profissional liberal é subjetiva. Portanto, resta mitigado o princípio da vulnerabilidade do consumidor (art. 14, § 4º, do CDC); f) A CLT, no art. 652, III, atribui competência à Justiça do Trabalho para dirimir controvérsias atinentes à pequena empreitada, que é nitidamente um contrato de consumo, já que o pequeno empreiteiro oferece seus serviços no mercado de consumo em geral; g) A Justiça do Trabalho

saberá equalizar o Direito do Consumidor, que protege o destinatário dos serviços, e o prestador pessoa física, enquanto cidadão"[8].

De acordo com o art. 109, VI, da Constituição Federal, compete à Justiça Federal julgar os crimes contra a organização do trabalho.

A doutrina e a jurisprudência divergem sobre o tema. Existe corrente doutrinária que defende a **competência criminal da Justiça do Trabalho** oriundas da relação de trabalho, com base no art. 114 da CF.

Marcelo José Ferlin D'Ambroso (apud Bezerra Leite, 2018)[9], *defensor da competência material criminal da Justiça do Trabalho, argumenta que*

> *[...] se o constituinte derivado de 2004 procurou abarcar todas as hipóteses decorrentes da relação de trabalho na órbita da Justiça especializada, não se vê, na nova redação do art. 114 da Constituição da República, justificativa que autorize o fracionamento da jurisdição para a hipótese. Como corolário lógico e natural da expressão da jurisdição atribuída à Justiça do Trabalho no citado art. 114, esta será competente tanto para a ação de natureza cível quanto para a de natureza criminal que nascem da relação de trabalho".*

Corrente doutrinária em sentido contrário defende que **a Justiça do Trabalho não tem competência de natureza criminal, isso porque** a Justiça do Trabalho não está preparada para recepcionar essa atribuição. A ampliação demasiada da competência material pode representar uma descaracterização da especialidade da Justiça do Trabalho, cujo eixo central é a relação de trabalho e não matérias penais.

Para o jurista *Mauro Schiavi*[10]

> *"[...] Tal competência não trará benefícios à Justiça do Trabalho e nem ao Processo do Trabalho, tampouco um maior cumprimento da Legislação Trabalhista, pois as vicissitudes enfrentadas pela Justiça Comum e pela Justiça Federal serão as mesmas enfrentadas pela Justiça do Trabalho. Além disso, a função da Justiça do Trabalho sempre foi a de facilitar o acesso do trabalhador à justiça, o que ficaria significativamente comprometido com a competência Criminal".*

Carlos Henrique Bezerra Leite[11], a despeito da existência das correntes doutrinárias acima, defende uma corrente intermediária, ao admitir

---

8 Idem. Leone Pereira, 2018.
9 Idem. Bezerra Leite, 2018.
10 Idem. Schiavi, 2018.
11 Idem. Bezerra Leite, 2018.

"[...] a competência da Justiça do Trabalho em matéria criminal se, nos termos do inciso IX, do art. 114 da CF, for editada lei dispondo em tal sentido. Vale dizer, não se extrai de imediato dos incisos I e II do art. 114 da CF a competência criminal da Justiça Obreira, pois se fosse essa a intenção do constituinte derivado de 2004, teria ele inserido expressamente tal competência no extenso e analítico rol do art. 114 da CF. Nada impede, porém, que o legislador ordinário, ao regulamentar o inciso IX do art. 114 da CF, possa fazê-lo. É preciso estar atento às peculiaridades do processo penal, uma vez que, neste, o papel do juiz é o de intervenção mínima na esfera da liberdade do indivíduo que comete crime, enquanto, no processo do trabalho, há importante intervenção do juiz na busca da realização dos direitos humanos fundamentais".

Comungando do mesmo entendimento, Enoque Ribeiro sustenta que

"[...] a competência da Justiça do Trabalho está pautada, como vimos, na relação de trabalho, não havendo espaço para apreciar e julgar questões imanentes ao poder punitivo do Estado. Ademais, a Justiça do Trabalho tem por primado garantir e propagar os direitos fundamentais, mormente os inerentes à dignidade do trabalhador, não estando afeita às matérias de cunho criminal".

O Supremo Tribunal Federal, no julgamento da ADI n° . 3.684-0, por unanimidade, deferiu medida cautelar com eficácia "ex tunc" para afastar a interpretação que confira à Justiça do Trabalho competência criminal. O Ministro Relator Cezar Peluzo, destacou em seu voto que

"[...] aparece intuitivo que, ao prever a competência da Justiça do Trabalho para o processo e julgamento de 'ações oriundas da relação de trabalho', o disposto no art. 114, inc. I, da Constituição da República, introduzido pela EC n° 45/2004, não compreende outorga de jurisdição sobre matéria penal, até porque, quando os enunciados da legislação constitucional e subalterna aludem, na distribuição de competências, a 'ações', sem o qualificativo de 'penais' ou 'criminais, a interpretação sempre excluiu o alcance teórico as ações que tenham caráter penal ou criminal. Perante essa técnica de redação, a qual não constitui mera tradição estilística, mas metódica calculada que responde a uma rigorosa racionalidade jurídica, o normativo emergente é de que, no âmbito da respectiva competência, entram apenas as ações destituídas de natureza pena. Não infirma, no caso, a menção ao habeas corpus, contida no texto do inc. IV, pois esse remédio processual constitucional pode, como sabe toda a gente, voltar-se contra atos ou omissões praticados no curso de processos e até procedimentos de qualquer natureza, e não apenas no bojo de investigações, inquéritos e ações penais. É que sua vocação constitucional está em prevenir ou remediar toda violências que, gravando a liberdade de locomoção, provenha de ato ilegal ou abusivo, cometido de qualquer autoridade e, até, em certas circunstâncias, de particular (art. 5°,

> *inc. LXVIII). Mais do que natural, portanto, era de boa lógica jurídico-normativa fosse explicitada ou reconhecida à Justiça do Trabalho competência acessória para conhecer e julgar habeas corpus impetrado contra ato praticado por seus próprios órgãos, no exercício das competências não penais que lhe reservou a Constituição, ou a pretexto de exercê-las, segundo vem, aliás, da literalidade da cláusula final do inc. IV do art. 114 ("quando o ato questionado envolver matéria sujeita à sua jurisdição"). Longe de infirmar a conclusão esboçada, aquela expressa menção do texto constitucional das competências ao instituto do habeas corpus constitui a prova decisiva e cabal de que a Constituição da República não dá à Justiça do Trabalho competência para o processo e julgamento de outras ações penais. Deveras, se, em preceito específico, lha atribuiu para julgar habeas corpus, é óbvio que lha negou para julgamento de todos os outros remédios e ações penais, pela razão manifestíssima de que, se a Constituição houvera outorgado à Justiça do Trabalho competência criminal ampla e inespecífica, de todo em todo fora ocioso e escusado que, em clausula textual, lhe previsse competência para apreciar habeas corpus. [...] A exegese das regras constitucionais de competência deve guiar-se sempre à luz da garantia do juiz natural e dos seus desdobramentos normativos. [...] Do exposto, defiro a liminar, para, com efeito ex tunc, atribuir interpretação conforme à Constituição da República a seu art. 114, incs. I, IV e IX, declarando, nos termos já enunciados, que, no âmbito de jurisdição da Justiça do Trabalho, não entra competência para processar e julgar ações penais".*

Recentemente, em 11 de maio de 2020, o Supremo Tribunal Federal, ao apreciar o mérito do referido processo em sessão virtual, por maioria de votos, julgou procedente o pedido formulado na ação direta de inconstitucionalidade, de modo a conferir interpretação conforme à Constituição ao seu artigo 114, incisos I, IV e IX, na redação dada pela Emenda Constitucional nº 45, para afastar qualquer interpretação que entenda competir à Justiça do Trabalho processar e julgar ações penais, nos termos da medida cautelar anteriormente deferida pelo Plenário, nos termos do voto do Relator Ministro Gilmar Mendes, vencidos os Ministros Edson Fachin e Marco Aurélio, com o seguinte teor:

> *II – Da necessidade de se conferir interpretação conforme à Constituição. Conforme já decidido por este Tribunal ao conceder a medida cautelar com efeitos ex tunc, a divisão de competências entre os órgãos do Poder Judiciário operada pela Constituição Federal impede que seja conferida à Justiça do Trabalho jurisdição penal genérica. Assim, nesse ponto, entendo que a ação direta de inconstitucionalidade deve ser julgada procedente, confirmando-se a liminar anteriormente deferida. No que se refere à assunção de competência penal, friso que é inequívoca a incompetência da Justiça do Trabalho para julgar causas penais.[...] Quanto à possibilidade de a Justiça do Trabalho processar e julgar habeas corpus, recorde-se que esse remédio*

> constitucional não é exclusivo do Direito Penal, sendo a Justiça trabalhista competente para processar e julgar habeas corpus, quando o ato questionado envolver matéria sujeita à sua jurisdição. [...] Acrescento, ainda, na linha do voto do Ministro Ricardo Lewandowski quando do deferimento da medida cautelar, que, durante os trabalhos e discussões no Congresso Nacional, o poder constituinte derivado nunca almejou conferir à Justiça do Trabalho competência criminal. Ante o exposto, julgo procedente o pedido, de modo a conferir interpretação conforme à Constituição ao seu artigo 114, incisos I, IV e IX, na redação dada pela Emenda Constitucional 45, para afastar qualquer interpretação que entenda competir à Justiça do Trabalho processar e julgar ações penais, nos termos da medida cautelar anteriormente deferida pelo Plenário. É como voto".

Não obstante o voto vencedor acima transcrito, é importante destacar a divergência instaurada pelo Ministro Edson Fachin, que reconheceu a competência material da Justiça do Trabalho, sob os seguintes fundamentos:

> [...] entendo que não se deve restringir o seu âmbito de proteção para excluir da competência da Justiça do Trabalho as ações criminais, desde que, por óbvio, sejam diretamente decorrentes da relação de trabalho. O argumento da necessidade de previsão constitucional expressa e explícita acerca da competência criminal, para que esta seja reconhecida, não impõe que se excluam as competências, como a da Justiça do Trabalho, para os crimes que ocorram no âmbito das relações, inequivocamente, submetidas à sua jurisdição. A norma constitucional deve ser interpretada de forma a cumprir, com a máxima eficácia possível, o conteúdo semântico mais amplo de sua prescrição, especialmente quando se está a interpretar regra de competência de uma Justiça Especializada que funciona, no Estado Democrático de Direito, como verdadeira garantia institucional dos direitos fundamentais sociais dos trabalhadores brasileiros. O princípio do juiz – e promotor – natural (artigo 5°, XXXVII e LIII, CRFB), bem como o princípio do devido processo legal (artigo 5°, LV, CRFB) exigem esforço hermenêutico no sentido de compreender a competência da Justiça do Trabalho na abrangência que o legislador constituinte assim estabeleceu. Ainda que tal dispositivo não tenha feito parte da redação originária do Texto Constitucional, a conhecida Reforma do Poder Judiciário, por meio da Emenda Constitucional n. 45/2004, trouxe-o para o seio da Constituição brasileira, de modo que, de onde vejo a controvérsia constitucional aqui instaurada, deve desembocar em solução que entregue a interpretação que mais prestigia a Constituição e o poder constituinte derivado, qual seja, aquela que reconhece competência criminal à Justiça Laboral. A Justiça Especializada trabalhista é dotada de todos os adequados e necessários requisitos para exercer a competência constitucional que lhe atribuiu o legislador constituinte derivado, pois que, se os fatos que ensejam o reconhecimento da tipicidade penal são praticados no bojo da relação de trabalho, são o juiz do trabalho e tribunais laborais,

> bem como os ministérios públicos respectivos, as instituições mais preparadas para o processo e julgamento de tais fatos, ainda que no exercício de competência tipicamente criminal. Aqui vale lembrar as lições da Professora Ada Pelegrini Grinover: "A pacificação é o escopo magno da jurisdição e, por consequência, de todo o sistema processual (uma vez que todo ele pode ser definido como a disciplina jurídica da jurisdição e seu exercício). É um escopo social, uma vez que se relaciona com o resultado do exercício da jurisdição perante a sociedade e sobre a vida gregária dos seus membros e felicidade pessoal de cada um". (CINTRA, A.C.A; GRINOVER, A.P.; DINAMARCO, C.R. Teoria Geral do Processo. São Paulo-SP. Editora Malheiros. 22ª Edição, 2006, p. 30). Conforme tenho sustentado, a Justiça do Trabalho, no Brasil, cumpre a importância missão constitucional de garantir aos trabalhadores brasileiros a concretização de direitos fundamentais que foram expressamente a eles destinados pelo constituinte de 1988. A dimensão criminal que decorre do máximo desrespeito às normas de conduta das relações sociais, que se perfazem em relações de trabalho, também deve ser submetida ao crivo da Justiça Especializada, especialmente naquelas situações em que o magistrado laboral, com sua competência plena, apresenta-se como o agente público dotado das melhores condições institucionais para avaliar tais condutas e estabelecer uma linha de política pública criminal adequada para a pacificação social nos ambientes laborais. Por essas razões, pedindo vênia a todos aqueles que perfilham compreensão diversa, voto pela improcedência do pedido de interpretação conforme, mantendo a redação conferida ao artigo 114, I, da Constituição da República, na amplitude em que o legislador constituinte derivado o fez, por meio da Emenda Constitucional n. 45/2004, para reconhecer, em seu âmbito semântico, a competência criminal da Justiça do Trabalho. É como voto".

Na visão do voto divergente a interpretação semântica deve ser efetuada de forma a extrair máxima eficácia do texto constitucional. A interpretação ampla da redação do art. 114, I, IV e IX, da CF, não descaracterizaria a especialidade da Justiça do Trabalho, pois os crimes decorrem do desrespeito às normas de conduta das relações sociais, ou seja, são praticados no bojo da relação de trabalho. Por essa razão, também deve ser submetida ao crivo da Justiça do Trabalho.

E mais. A Justiça Laboral é estruturalmente preparada para cumprir essa atribuição conferida pelo legislador constituinte derivado, considerando que o juiz do trabalho e tribunais laborais, bem como os ministérios públicos respectivos, as instituições estão aptas e melhores preparadas para o processo e julgamento de tais fatos.

A segunda parte do art. 114, inc. I, da CF, abrange na competência da Justiça do Trabalho as relações de trabalho envolvendo os entes de direito público externo e da administração pública direta e indireta da União, dos Estados, do Distrito Federal e dos Municípios.

Os entes públicos de direito público externo são os Estados estrangeiros e todas as pessoas que forem regidas pelo direito internacional público (art. 42 do Código Civil).

Assim, caso um empregado seja contratado no Brasil por um consulado ou uma embaixada e não adimplir as verbas rescisórias, por exemplo, o empregado poderá ajuizar reclamação trabalhista perante a Justiça do Trabalho.

Os entes públicos de direito público externo não gozam de imunidade de jurisdição, isto é, privilégio diplomático em processo trabalhista, haja vista que a relação de trabalho é um ato de gestão, o que permite a sujeição à Justiça Especializada.

Ressalva-se que o ente os entes públicos de direito público externo não poderão sofrer atos constritivos, isso porque, goram de imunidade executória, por questões de soberania. A via adequada para a satisfação do crédito do título executivo é através de apelos diplomáticos e as cartas rogatórias.

Excepcionalmente, a penhora poderá recair sobre os bens dos entes público externo se existir renúncia à prerrogativa da intangibilidade dos seus próprios bens ou se os bens, situados em território brasileiro, não tenham qualquer vinculação com as finalidades inerentes às atividades consulares ou diplomáticas.

O Tribunal Superior do Trabalho sedimentou o entendimento, na OJ 416 da SDI-1 do TST, de que "as organizações ou organismos internacionais gozam de imunidade absoluta de jurisdição quando amparados por norma internacional incorporada ao ordenamento jurídico brasileiro, não se lhes aplicando a regra do Direito Consuetudinário relativa à natureza dos atos praticados. Excepcionalmente, prevalecerá a jurisdição brasileira na hipótese de renúncia expressa à cláusula de imunidade jurisdicional".

No que se refere às pessoas jurídicas de direito público interno – União, Estados, Distrito Federal e os Territórios, Municípios, as autarquias, inclusive as associações públicas, as demais entidades de caráter público criadas por lei, conforme art. 41 do CC – estão inseridos na competência da Justiça do Trabalho os empregados públicos, também denominados de servidores públicos celetistas.

O Supremo Tribunal Federal, no julgamento da ADI 3.395-6, entendeu que o servidor público estatutário não está abrangido na competência material da Justiça do trabalho, isso porque a relação mantida com a Administração Pública tem natureza jurídico-administrativo, incumbindo à Justiça Comum processar e julgar esses litígios.

Outro tema que merece destaque é a previdência complementar privada, compreendida no plano de aposentadoria diverso do Regime Geral de Previdência Social (RGPS) ou do Regime Próprio de Previdência Social (RPPS), no qual o trabalhador verte mensalmente contribuição para pessoa jurídica de direito privado.

Para o Supremo Tribunal Federal cabe à Justiça Comum o julgar processos decorrentes de contrato de previdência complementar privada, tendo em vista a da inexistência de relação trabalhista entre o beneficiário e a entidade fechada de previdência complementar, conforme restou decidido no RE nº 586.453 e 583.050. O Plenário modulou os efeitos da decisão de modo que os processos com sentença de mérito até 20.02.2013 continuaram tramitando perante a Justiça do Trabalho.

A decisão não foi unânime. O Ministro Joaquim Barbosa (atualmente aposentado) abriu a divergência defendendo a competência da Justiça do Trabalho nos casos de complementação de aposentadoria no âmbito da previdência privada quando a relação jurídica decorrer do contrato de trabalho, destacando que caberia ao juiz avaliar o caso concreto e determinar qual a competência: Justiça do Trabalho ou Justiça Comum.

Apesar do posicionamento do Supremo Tribunal Federal, a 8ª Turma do Tribunal Superior do Trabalho declarou a competência da Justiça do Trabalho para o julgamento do pedido de recolhimento das contribuições devidas à entidade de previdência privada, decorrente das diferenças salariais deferidas, sob os seguintes fundamentos:

COMPETÊNCIA DA JUSTIÇA DO TRABALHO – CONTRIBUIÇÕES DEVIDAS À ENTIDADE DE PREVIDÊNCIA PRIVADA – PARCELAS DEFERIDAS EM JUÍZO a) Conhecimento O Tribunal Regional afirmou a incompetência desta Justiça Especializada para o julgamento do pedido de reflexos das parcelas deferidas em juízo na contribuição para a FORLUZ. [...]. Ressalvo meu posicionamento anterior, no sentido de reconhecer a competência da Justiça Comum para julgar processos referentes a contrato de previdência complementar privada, inclusive no tocante a reflexos de parcelas trabalhistas nas contribuições do empregador ao fundo de previdência, com fundamento no julgamento dos Recursos Extraordinários nos 586.453 e 583.050, respeitada a modulação de efeitos definida naquela oportunidade. De acordo com o entendimento do E. Supremo Tribunal Federal, a exclusão da competência da Justiça do Trabalho em relação aos planos de previdência privada de entidades instituídas e/ou patrocinadas pelo empregador decorria da interpretação do art. 202, § 2º, da Constituição da República, que afasta expressamente do contrato de trabalho inclusive as contribuições do empregador. No julgamento do E-ED-RR-103-18-57.2015.5.03.0018, no qual fiquei vencida, prevaleceu o entendimento quanto à inaplicabilidade da diretriz fixada pelo E. STF no julgamento do RE nº 586.453/SE, cuja incidência restringe-se às demandas ajuizadas contra entidades de previdência privada com a finalidade de obter os benefícios da complementação de aposentadoria. Eis o teor da ementa: EMBARGOS EM EMBARGOS DE DECLARAÇÃO EM RECURSO DE REVISTA - REGÊNCIA PELA LEI Nº 13.015/2014 - COMPETÊNCIA DA JUSTIÇA DO TRABALHO. CONTRIBUIÇÕES DEVIDAS À ENTIDADE FECHADA DE PREVIDÊNCIA PRIVADA. INCIDÊNCIA SOBRE PARCELAS PLEITEADAS NA EXORDIAL. Hipótese em que se postula o recolhimento das contribuições devidas a entidade fechada de previdência privada (PREVI), incidentes sobre os créditos trabalhistas pleiteados na exordial. Ação ajuizada exclusivamente em face do empregador, sem que conste da petição inicial qualquer pedido atinente à percepção de diferenças de complementação de aposentadoria. Inaplicabilidade da diretriz fixada pelo Supremo Tribunal Federal quando do julgamento do RE-586.453/SE, cuja incidência restringe-se às "(...) demandas ajuizadas contra entidades privadas de previdência com o propósito de obter complementação de aposentadoria (...)" (Tema de Repercussão Geral nº 190). Aplicação analógica da orientação cristalizada na Súmula Vinculante 53, segundo a qual "A competência da Justiça do Trabalho prevista no art. 114, VIII, da Constituição Federal alcança a execução de ofício das contribuições previdenciárias relativas ao objeto da condenação constante das sentenças que proferir e acordos por ela homologados". Precedentes desta Subseção. Recurso de embargos conhecido e provido. (E-ED-RR-10318-57.2015.5.03.0018, Relator Ministro Márcio Eurico Vitral Amaro, DEJT 23/2/2018) Curvo-me ao entendimento da C. SBDI-1, adotado por esta E. Turma, no sentido de ser da competência da Justiça do Trabalho o julgamento de lide envolvendo o pedido de recolhimento das contribuições devidas pelo empregador (patrocinador) à entidade de previdência privada, decorrente das diferenças salariais deferidas em juízo. Como visto, segundo a tese majoritária, o entendimento firmado pelo E. STF no julgamento dos Recursos Extraordinários nos 586.453 e 583.050 restringe-se à competência para apreciar as relações jurídicas em que se discute o benefício da complementação de aposentadoria, a ser pago pela entidade de previdência privada, não se estendendo às contribuições devidas pelo empregador. Cito julgados deste Colegiado, posteriores à decisão da C. SBDI-1, em que foi reconhecida a competência desta Justiça Especializada para o julgamento de controvérsia como a dos autos. PRECEDENTES. Conheço, por violação ao art. 114, IX, da Constituição da República. (TST – 8ª T. – ARR

- 10141-47.2016.5.03.0022, Ministra-Relatora Maria Cristina Irigoyen Peduzzi, Publicado em 22/03/2019)

Portanto, na ótica do Tribunal Superior do Trabalho insere-se na competência material da Justiça do Trabalho as ações envolvendo a previdência complementar quando o empregador deixar de verter as contribuições à entidade de previdência privada.

3. ANÁLISE DO INCISO II DO ART. 114 DA CONSTITUIÇÃO FEDERAL

Segundo se observa da redação do inciso II do art. 114 da Constituição Federal as ações individuais ou coletivas relacionadas ao exercício do direito de greve são da competência da Justiça do Trabalho, seja de forma direta ou indireta.

O exercício do direito de greve está previsto no art. 9º da Constituição Federal que assim dispõe:

> *"Art. 9º É assegurado o direito de greve, competindo aos trabalhadores decidir sobre a oportunidade de exercê-lo e sobre os interesses que devam por meio dele defender. § 1º A lei definirá os serviços ou atividades essenciais e disporá sobre o atendimento das necessidades inadiáveis da comunidade.§ 2º Os abusos cometidos sujeitam os responsáveis às penas da lei".*

A Lei 7.783/89 regulamenta o exercício do direito de greve, define as atividades essenciais, regula o atendimento das necessidades inadiáveis da comunidade, bem como outras providencias.

A greve é definida como "a suspensão coletiva, temporária e pacífica, total ou parcial, de prestação pessoal de serviços a empregador" (art. 2º da Lei 7.783/89).

Luciano Martinez[12] conceitua a greve como "um direito fundamental que legitima a paralisação coletiva de trabalhadores realizada de modo concertado, pacífico e provisório, como instrumento anunciado de pressão para alcançar melhorias sociais ou para fazer com que aquelas conquistas normatizadas sejam mantidas e cumpridas".

A inobservância das normas contidas na Lei 7.783/89, bem como a manutenção da paralisação após a celebração de acordo, convenção ou decisão da Justiça do Trabalho, constitui abuso do direito de greve. Destarte, as ações inibitórias, ou seja, aquelas com o escopo de asse-

---

[12] Luciano Martinez. Curso de direito do trabalho – 11. ed. – São Paulo : Saraiva Educação, 2020.

gurar o exercício do direito de greve para a classe trabalhadora, ou as ações de reparações de dados ocasionados aos empregados, aos empregadores, estão englobadas na competência da justiça do trabalho.

Para o Supremo Tribunal Federal "O direito à greve não é absoluto, devendo a categoria observar os parâmetros legais de regência. (...) Descabe falar em transgressão à Carta da República quando o indeferimento da garantia de emprego decorre do fato de se haver enquadrado a greve como ilegal (RE 184.083, rel. min. Marco Aurélio, j. 7-11-2000, 2ª T, DJ de 18-5-2001)."

Também está inserido na competência da Justiça do Trabalho processar e julgar as ações possessórias que envolvam exercício do direito de greve: a) ação de reintegração de posse – no caso de perda total ou parcial da posse (esbulho); b) ação de manutenção de posse – qualquer ato impede o livre exercício da posse (turbação); c) ação de interdito proibitório – nas situações em que há ameaça de turbação ou de esbulho.

Nesse sentido o Supremo Tribunal Federal sedimentou o seguinte entendimento: "A Justiça do Trabalho é competente para processar e julgar ação possessória ajuizada em decorrência do exercício do direito de greve pelos trabalhadores da iniciativa privada" (Súmula Vinculante 23 do STF).

Merece destacar que os servidores públicos civis, não obstante a omissão legal, gozam do direito ao exercício do direito de greve previsto na Lei 7.783/89, conforme restou decidido no julgamento do MI 708, Rel. para o Acórdão Min. Gilmar Mendes, Pleno, DJe 31.10.2008

O Supremo também entende que o direto ao exercício do direito de greve não se estende aos policiais civis e todos os servidores públicos que atuem diretamente na área da segurança pública. A Suprema Corte ao apreciar o Recurso Extraordinário com Agravo nº. 654.432 - Tema 541 da repercussão geral - por maioria, deu provimento ao recurso e fixou a seguinte tese:

> "1 – O exercício do direito de greve, sob qualquer forma ou modalidade, é vedado aos policiais civis e a todos os servidores públicos que atuem diretamente na área de segurança pública. 2 – É obrigatória a participação do Poder Público em mediação instaurada pelos órgãos classistas das carreiras de segurança pública, nos termos do art. 165 do CPC, para vocalização dos interesses da categoria". Vencidos, no julgamento de mérito e na fixação da tese, os Ministros Edson Fachin (Relator), Rosa Weber e Marco Aurélio".

(ARE 654.432, rel. p/ o ac. min. Alexandre de Moraes, j. 5-4-2017, P, DJE de 11-6-2018, Tema 541).

Subscrevemos o voto do Ministro Alexandre de Moraes no qual destaca que

> "No exercício da segurança pública, manutenção da ordem pública e da paz social, não há possibilidade de complementação ou substituição das carreiras policiais pela atividade privada [...].Como compatibilizar o exercício dessa imprescindível, dignificante, honrosa, porém também penosa carreira de Estado com o exercício do Direito de Greve? Como compatibilizar que o braço armado do Estado mantenha as necessárias disciplina e hierarquia com o Direito de Greve, sem colocar em risco a segurança pública, a ordem e a paz social? Como compatibilizar a obrigatoriedade de os integrantes das carreiras policiais realizarem intervenções e prisões em situação de flagrância com o exercício do Direito de Greve? Como compatibilizar a continuidade do exercício integral das funções do Ministério Público e a continuidade da jurisdição criminal com o exercício do Direito de Greve pela Polícia Judiciária? Não é possível. Ninguém é obrigado a ingressar no serviço público, em especial nas carreiras policiais, ninguém é obrigado a exercer o que, particularmente, considero um verdadeiro sacerdócio, que é a carreira policial. Mas <u>aqueles que permanecem sabem que a carreira policial é mais do que uma profissão, é o braço armado do Estado, responsável pela garantia da segurança interna, ordem pública e paz social. Não é possível que o braço armado do Estado queira fazer greve. O Estado não faz greve. O Estado em greve é anárquico. A Constituição não permite</u> .

Por se tratar de um braço do Estado, responsável pela manutenção da ordem pública e da paz social, acreditamos que é uma atividade essencialíssima e o exercício do direito de greve pode acarretar sérios danos ao Estado e à sociedade.

4. ANÁLISE DO INCISO III DO ART. 114 DA CONSTITUIÇÃO FEDERAL

Insere-se na competência da Justiça do Trabalho (art. 114, inc. III, da Constituição Federal) as lides intersindicais ou intrassindicais, ou seja, as ações sobre representação sindical, entre sindicatos, entre sindicatos e trabalhadores, e entre sindicatos e empregadores.

O termo "sindicatos" previsto no texto constitucional deve ser interpretado de forma ampla, abrangendo as federações, confederações e centrais sindicais.

Há corrente doutrinária que defende a competência da Justiça do Trabalho somente competência para processar e julgar as ações sobre representação sindical (disputa de base territorial ou de representação da categoria). Para outra corrente doutrinária a Justiça do Trabalho é competente para abrange as demandas sobre representação sindical, controvérsias entre sindicatos e empregados, entre sindicatos e empregadores.

Além disso, a Justiça do Trabalho é competente para apreciar os conflitos intersindicais (representatividade, vínculo jurídico-sindical entre sindicato e federação) e intrassindicais (os conflitos entre o sindicato e seus associados, entre sindicatos e terceiros, sobre criação do sindicato, registro sindical, convocação de Assembleia ou eleições sindicais, dentre outros), bem como os conflitos relacionados às contribuições sindicais.

5. ANÁLISE DO INCISO IV DO ART. 114 DA CONSTITUIÇÃO FEDERAL

De acordo com o art. 114, IV, da CF a Justiça do Trabalho é competente para processar e julgar mandado de segurança, habeas corpus e habeas data, quando o ato questionado envolver matéria sujeita à sua jurisdição.

O mandado de segurança, previsto no art. 5º, LIX, CF e Lei n. 12.016/2009, é uma garantia fundamental, com a finalidade de "proteger direito líquido e certo, não amparado por *habeas corpus* ou *habeas data*, sempre que, ilegalmente ou com abuso de poder, qualquer pessoa física ou jurídica sofrer violação ou houver justo receio de sofrê-la por parte de autoridade, seja de que categoria for e sejam quais forem as funções que exerça" (art. 1º da Lei n. 12.016/09).

O direito líquido e certo, conforme ensina o jurista Flávio Martins, "é aquele que pode ser comprovado de plano, por prova documental, ou seja, pode ser demonstrado no momento da inicial, independentemente de dilação probatória".

A Reforma do Judiciário (EC 45/2004) trouxe como novidade a possibilidade de impetração de mandado de segurança perante a Vara do Trabalho, ampliando a competência material da Justiça do Trabalho para alcançar os atos ilegais e o abuso de poder de outras autoridades, além das judiciárias trabalhistas.

Assim, tornou-se possível questionar ao atos praticados por auditor fiscal do trabalho, delegado do trabalho, procurador do trabalho em inquéritos civis públicos, autoridades administrativas responsáveis pela análise do registro sindical, perante o juízo de primeiro grau trabalhista.

A competência funcional para processar e julgar o mandado perante da Justiça do Trabalho é atribuída da seguinte maneira: a) Vara do Trabalho, contra os atos praticados por auditores fiscais do trabalho, delegados do trabalho, etc; b) Tribunal Regional do Trabalho – atos praticados por juiz do trabalho de primeiro grau, juiz de direito investido de jurisdição trabalhista, e atos praticados pelos integrantes do próprio Tribunal; c) Tribunal Superior do Trabalho – atos praticados pelos integrantes do Tribunal Superior.

O *habeas corpus* tem o objetivo de tutelar o direito de ir e vir.

A Constituição Federal estabelece que "sempre que alguém sofrer ou se achar ameaçado de sofrer violência ou coação em sua liberdade de locomoção, por ilegalidade ou abuso de poder" (art. 5º, LXVIII, da CF).

Gilmar Ferreira Mendes[13], ensina que a titularidade do habeas corpus "haveria de ser, em princípio, a pessoa natural afetada por qualquer medida que restrinja ou ameace restringir a sua liberdade de locomoção. Nos termos do Código de Processo Penal (art. 654, *caput*), o *habeas corpus* pode ser impetrado, porém, por *qualquer pessoa*, advogado ou não, em seu favor ou de outrem, bem como pelo Ministério Público. Assim, as condições de titular do direito de *habeas corpus* (paciente) e impetrante não são necessariamente coincidentes".

Em matéria trabalhista, havia um forte dissenso doutrinário e jurisprudencial quanto a competência (ou não) da Justiça do Trabalho para processar e julgar esse remédio heroico. No âmbito do Supremo Tribunal Federal prevalecia o entendimento de que competia ao Tribunal Regional Federal processar e julgar o *habeas corpus* em face de ato praticado por juiz do trabalho.

No passado, o depositário considerado infiel poderia ter a sua liberdade tolhida pelo juiz do trabalho.

Contudo, a jurisprudência evoluiu e com base no Pacto de São José da Costa Rica, do qual o Brasil é signatário, entendeu-se que a prisão

---

[13] Gilmar Ferreira Mendes, Paulo Gustavo Gonet Branco. Curso de direito constitucional – 12. ed. – São Paulo : Saraiva, 2017.

do depositário infiel – por dívida civil – é considerada ilegal violando frontalmente a Convenção Americana sobre Direitos Humanos.

Diante disso, o Supremo Tribunal Federal sumulou, com efeito vinculante, que é vedada a *prisão civil do depositário infiel, qualquer que seja a modalidade do depósito*.

Embora pouco usual, *o habeas corpus poderá ser utilizado na Justiça do Trabalho sempre* que ocorrer a restrição da liberdade de locomoção do empregado ou trabalhador por parte do empregador ou tomador dos serviços, como nos casos de servidão por dívida e movimento grevista.

Na história recente tivemos alguns casos emblemáticos envolvendo o manejo do habeas corpus na justiça do trabalho.

Em 2012 a Seção de Dissídios Individuais 2 do Tribunal Superior do Trabalho concedeu habeas corpus ao jogador de futebol Oscar dos Santos Emboaba Júnior, mais conhecido como Oscar, para romper o vínculo contratual com o São Paulo Futebol Clube. O relator do caso, Ministro Guilherme Caputo Bastos, destacou em seu voto que a decisão judicial:

> "[...] *jamais poderá impor ao trabalhador o dever de empregar sua mão de obra a empregador ou em local que não deseje, sob pena de grave ofensa aos princípios da liberdade e da dignidade da pessoa humana e da autonomia da vontade, em torno dos quais é construído todo o ordenamento jurídico pátrio. Ademais, o prévio afastamento do empregado em caso de alegação de rescisão indireta configura exercício regular de um direito a ele garantido pela norma jurídica, ao passo que, eventual improcedência do seu pleito não acarreta o seu retorno ao antigo trabalho, mas dá ensejo, apenas, às consequências previstas em lei, quais sejam, a absolvição do empregador da falta a ele imputada e a conversão da rescisão indireta em pedido de demissão, com as respectivas consequências pecuniárias. [...]* <u>a possibilidade de o empregado rescindir unilateralmente o seu contrato de trabalho, independentemente da configuração de justa causa do empregador, decorre da autonomia da vontade e de sua liberdade fundamental de escolha, não podendo ser tolhida sequer por decisão judicial</u>. [...] *o próprio caput do artigo 28 da Lei nº 9.615/98, ao prever a pactuação de cláusula penal para hipóteses de rescisão unilateral do contrato de trabalho, autoriza ao atleta profissional se desligar da entidade desportiva a que vinculado mediante a contraprestação pecuniária previamente acordada. Acrescento que* <u>a cláusula penal é uma compensação pecuniária pela rescisão unilateral do contrato e não uma condição essencial para tanto, sob pena de inviabilizar o distrato nos casos em que fixada em valores elevados</u>, *tolhendo do empregado de suas liberdades fundamentais enquanto vigente o contrato de trabalho*. <u>Logo, rescindido unilateralmente pelo atleta profissional o contrato</u>

de trabalho, surge, para ele, a obrigação de pagar a respectiva cláusula penal, somente. O inadimplemento desta obrigação de pagar, por sua vez, *não autoriza à entidade desportiva prejudicada cobrar do devedor a prestação pessoal de serviços. Dito isso, tenho, em primeira análise, que a decisão judicial que determina o restabelecimento obrigatório do vínculo desportivo* com o SÃO PAULO FUTEBOL CLUBE, *em contrariedade à vontade do trabalhador, cerceia o seu direito fundamental de exercício da profissão,* razão pela qual *concedo a liminar em habeas corpus para autorizar o paciente a exercer livremente a sua profissão,* participando de jogos e treinamentos em qualquer localidade e para qualquer empregador, conforme sua livre escolha. (TST – HC – Seção de Dissídios Individuais 2, Relator Guilherme Caputo Bastos, 26.04.2012).

Posteriormente, mudando de orientação, o Tribunal Superior do Trabalho passou a entender que o habeas corpus não é o meio adequado para discutir situação que não implique pena privativa de liberdade, não servindo, portanto, para questionar a manutenção do vínculo empregatício. Vejamos a ementa abaixo:

> HABEAS CORPUS. ATLETA PROFISSIONAL. LIBERAÇÃO PARA EXERCÍCIO EM OUTRA AGREMIAÇÃO ESPORTIVA. AUSÊNCIA DE RESTRIÇÃO DO DIREITO PRIMÁRIO DE LIBERDADE DE LOCOMOÇÃO (DIREITO DE IR, VIR E PERMANECER). SUPERAÇÃO DA DOUTRINA BRASILEIRA DO HABEAS CORPUS. NÃO CABIMENTO. *A Justiça do Trabalho tem competência constitucional para apreciação de habeas corpus, quando o ato questionado envolver matéria sujeita à sua jurisdição. Contudo, tal competência deve observar os limites de cabimento da referida ação constitucional garantidora de liberdades fundamentais, em respeito à instrumentalidade das ações constitucionais. A jurisprudência do Supremo Tribunal Federal e do Superior Tribunal de Justiça é firme no sentido de que o habeas corpus tem cabimento restrito à defesa da liberdade de locomoção primária, assim entendida como o direito de ir, vir e permanecer. Admissível, portanto, como meio de proteção de direitos que tenham na liberdade física condição necessária para o seu exercício. Precedentes do STF e do STJ. Contraria o entendimento majoritário dessas Cortes, portanto, a admissão de habeas corpus para discutir cláusula contratual de atleta profissional, com pedido de transferência imediata para outra agremiação desportiva e de rescisão indireta do contrato de trabalho, por não afetar restrição ou privação da liberdade de locomoção. Se a discussão afeta somente secundariamente a liberdade de locomoção, decorrente de liberdade de exercício de profissão ou trabalho, não cabe habeas corpus, caso em que o direito deve ser tutelado por outro meio admitido em Direito. Eventuais restrições do exercício de atividade por atleta profissional não autorizam a impetração de habeas corpus, porquanto não põem em risco a liberdade primária de ir, vir ou permanecer.* Ademais, na hipótese dos autos, o habeas corpus foi utilizado

como substitutivo de decisão a ser proferida na reclamatória trabalhista, âmbito apropriado para a análise probatória da alegação de descumprimento do contrato, uma vez que o paciente apresentou reclamatória trabalhista, cujo pedido de tutela de urgência de natureza antecipada foi indeferido e contra o qual impetrou mandado de segurança. O presente habeas corpus foi impetrado contra decisão em agravo regimental da Seção Especializada do Tribunal Regional, que cassou a liminar concedida no mandado de segurança. Habeas corpus extinto sem resolução de mérito, nos termos do artigo 485, IV, do CPC/2015. (TST – SDI-2 - HC - 1000678-46.2018.5.00.0000, Relator Ministro Alexandre Luiz Ramos, Publicado em 18/12/2018)*

Outro caso que merece destaque é a retenção de passaporte do executado, com a finalidade de compelir o executado a satisfazer a execução.

O art. 139º, IV, do Código de Processo Civil autoriza o juiz a" determinar todas as medidas indutivas, coercitivas, mandamentais ou sub-rogatórias necessárias para assegurar o cumprimento de ordem judicial, inclusive nas ações que tenham por objeto prestação pecuniária". Em outras linhas, permite a adoção de medidas coercitivas atípicas para que o executado satisfaça o crédito exequendo como, por exemplo, o protesto da dívida perante o cartório competente, a suspensão do direito de dirigir (suspensão da Carteira Nacional de Habilitação), dentre outras.

Nessa toada a Subseção II Especializada em Dissídios Individuais (SDI-2) do Tribunal Superior do Trabalho, em sessão telepresencial realizada no dia 18/08/2018, decidiu conceder habeas corpus a um dos sócios de uma empresa, para determinar a devolução do seu passaporte, retido pelo juízo da execução de dívidas trabalhistas da empresa.

No julgamento prevaleceu a divergência aberta pelo ministro Vieira de Mello Filho, favorável ao cabimento parcial do habeas corpus em relação ao passaporte, que destacou a existência de precedentes no âmbito do Superior Tribunal de Justiça (STJ), que admite a impetração de habeas corpus no caso de retenção de passaporte, porque a medida limita efetivamente a locomoção do titular do documento[14].

A competência interna (funcional) para apreciar o *habeas corpus* na Justiça do Trabalho, é organizada da seguinte forma: a) Vara do Trabalho, contra ato de particular; b) TRT, contra ato de juiz do traba-

---

[14] Fonte: https://www.tst.jus.br/web/guest/-/tst-admite-habeas-corpus-e-determina-devolu%C3%A7%C3%A3o-de-passaporte-retido-em-execu%C3%A7%C3%A3o?inheritRedirect=true

lho de primeira instância; c) TST, contra ato de Desembargadores dos TRTs; d) STF, contra atos dos Ministros do TST.

Ainda, a Justiça do trabalho é competente para processar e julgar habeas data em matéria trabalhista. É um remédio constitucional que apresenta como objetivo viabilizar o conhecimento de informações relativas à pessoa do impetrante, constantes de registros ou banco de dados de entidades governamentais ou de caráter público; retificar dados, quando não se prefira fazê-lo por processo sigiloso, judicial ou administrativo; ou, promover a anotação nos assentamentos do interessado, de contestação ou explicação sobre dado verdadeiro, mas justificável e que esteja sob pendência judicial ou amigável.

Podemos citar como exemplo de hipóteses de cabimento de *habeas data* na Justiça do Trabalho, a pretensão do empregador em face da Secretaria Especial de Previdência e Trabalho (extinto Ministério do Trabalho e Emprego), para ter acesso às informações no respectivo banco de dados, ou, ainda, o pedido de retificação de informação constante no banco de dados.

6. ANÁLISE DO INCISO V DO ART. 114 DA CONSTITUIÇÃO FEDERAL

Incumbe à Justiça do Trabalho processar e julgar os conflitos de competência entre órgãos com jurisdição trabalhista, ressalvado o disposto no art. 102, I, "o", da Constituição Federal (art. 114, V, CF).

Os conflitos de competência estão tipificados no art. 804 da CLT e no art. 66 do CPC. São classificados em conflito positivo de competência, ou seja, quando dois ou mais juízes se declaram competentes para julgar um mesmo feito, bem como conflito negativo de competência, quando dois ou mais juízes se consideram incompetentes, ou, ainda, quando dois ou mais juízes dissente acerca da reunião ou separação de processos.

Segundo o art. 805 da CLT, o conflito de competência pode ser suscitado pelos juízes e tribunais do trabalho, pelo Ministério Público do Trabalho ou pela parte interessada. A parte que ofereceu exceção de incompetência não pode suscitar o conflito.

Existem algumas regras que buscam solucionar os conflitos de competência entre órgãos com jurisdição trabalhista. Vejamos:

ÓRGÃO COMPETENTE	CONFLITO	
TRT (art. 808, alínea *a*, da CLT)	Varas do Trabalho da mesma região	
TST (art. 808, alínea *b*, da CLT)	TRT	TRT
	Varas do Trabalho de regiões diversas	
	TRT	Vara do Trabalho a ele não vinculada
STJ (art. 105, I, alínea *d*, da CF)	TRT	TJ
	TRT	TRF
	Juiz do trabalho	Juiz de direito não investido em matéria trabalhista
	Juiz do trabalho	TJ
	Juiz do trabalho	TRF
	Juiz estadual	TRT
	Juiz federal	TRT
STF (art. 102, I, alínea *o*, da CF)	TST	Qualquer tribunal

A Súmula 420 do TST determina que não se configura conflito de competência entre TRT e Vara do Trabalho a ele vinculada, por tratar-se de competência funcional ou hierárquica.

7. ANÁLISE DO INCISO VI DO ART. 114 DA CONSTITUIÇÃO FEDERAL

A Reforma do Judiciário (EC 45/2004) inseriu na competência da Justiça do Trabalho as ações envolvendo dano patrimonial e moral decorrente da relação de trabalho, superando a divisão doutrinária e jurisprudencial a respeito do tema.

Antes da implementação da reforma o Tribunal Superior do trabalho já havia se posicionado no sentido de reconhecer a competência da Justiça do Trabalho para dirimir controvérsias referentes à indenização por dano moral, quando decorrente da relação de trabalho, conforme Súmula 392 (ex-OJ 327 da SDI-1 do TST).

O art. 5º, inciso IV e X da Constituição Federal estabelecem que é assegurado o direito de resposta, proporcional ao agravo, além da indenização por dano material, moral ou à imagem, bem como prevê a inviolabilidade da intimidade, a vida privada, a honra e a imagem das pessoas, assegurado o direito a indenização pelo dano material ou moral decorrente de sua violação.

Essa temática está ligada, no Direito Comum, à ideia de responsabilidade civil, ou seja, no dever de o agente causador de um dano reparar o prejuízo acarretado a outrem.

A responsabilidade civil está dividida em: a) responsabilidade contratual, violação de um mandamento previsto em contrato; b) responsabilidade extracontratual ou aquiliana, ligada à prática de uma conduta dolosa ou culposa que causa dano a outrem, por violação de um preceito legal.

Pablo Stolze Gagliano e Rodolfo Pamplona Filho [15] ensinam que

> *"[...] quem infringe dever jurídico lato sensu fica obrigado a reparar o dano causado. Esse dever passível de violação, porém, pode ter como fonte tanto uma obrigação imposta por um dever geral do Direito ou pela própria lei quanto uma relação negocial preexistente, isto é, um dever oriundo de um contrato. O primeiro caso é conhecido como responsabilidade civil aquiliana, enquanto o segundo é a epigrafada responsabilidade civil contratual. E quais as diferenças básicas entre essas duas formas de responsabilização? Três elementos diferenciadores podem ser destacados, a saber, a necessária preexistência de um relação jurídica entre lesionado e lesionante; o ônus da prova quanto à culpa; e a diferença quanto à capacidade. Com efeito, para caracterizar a responsabilidade civil contratual, faz-se mister que a vítima e o autor do dano já tenham se aproximado anteriormente e se vinculado para o cumprimento de uma ou mais prestações, sendo a culpa contratual a violação de um dever de adimplir, que constitui justamente o objeto do negócio jurídico, ao passo que, na culpa aquiliana, viola-se um dever necessariamente negativo, ou seja, a obrigação de não causar dano a ninguém.*

Logo, quando há a violação da obrigação de não causar dano a outrem, haverá a responsabilidade aquiliana.

A responsabilidade extracontratual ou aquiliana está prevista no art. 186 a 188 e art. 927 e seguintes do Código Civil.

De acordo com o art. 186 do CC "aquele que, por ação ou omissão voluntária, negligência ou imprudência, violar direito e causar dano a outrem, ainda que exclusivamente moral, comete ato ilícito", devendo repará-lo, na forma do art. 927 do mesmo Diploma Normativo.

---

[15] Pablo Stolze Gagliano e Rodolfo Pamplona Filho. Manual de direito civil – São Paulo : Saraiva, 2017.

Daniel Sarmento[16] *leciona que* o "dano material é aquele dotado de imediata expressão econômica, devendo corresponder ao valor da reconstituição do bem patrimonial lesado pela ação do agente. Já o dano moral caracteriza-se por ser insuscetível de quantificação econômica. Ele pode estar relacionado à injusta provocação de dor e sofrimento à vítima, ou ao abalo da sua reputação no meio social, guardando estreita relação com a cláusula geral de tutela da personalidade humana".

Ainda, a jurisprudência ampliou as tutelas do direito da personalidade na medida em que distingue o dano moral do dano estético (Súmula 387 do STJ), ou seja, a conduta causa uma alteração morfológica, ofende a integridade física da vítima, a aparência estética. Alguns sustentam que a alteração morfológica interna também caracteriza dano estético.

Há uma polemica envolvendo a competência das ações que versam sobre acidente de trabalho.

A as ações acidentárias promovidas pelo trabalhador, segurado obrigatório da Previdência Social, em face do Instituto Nacional do Seguro Social (INSS), será da competência da Justiça Comum Estadual, na forma do art. 109, I, da Constituição.

De outro lado, as ações promovidas pelo empregado em face do empregador, postulando indenização pelos danos materiais, morais ou estéticos sofridos em decorrência do acidente de trabalho, serão da competência da Justiça do Trabalho, na forma do art. 114, VI, da Constituição da República, a Súmula Vinculante 22 do S TF e a Súmula 392 do TST.

Ainda, será da competência da Justiça do trabalho as ações ajuizadas pela viúva ou filho do empregado que falece em decorrência de acidente de trabalho. A doutrina denomina os danos daí decorrentes como dano em ricochete, reflexo ou indireto, conforme precedente abaixo:

> "[…]. AGRAVO DE **INSTRUMENTO DOS RECLAMANTES. DANOS MORAIS REFLEXOS. ACIDENTE DO TRABALHO. LEGITIMIDADE ATIVA DA MÃE DO EMPREGADO SOBREVIVENTE**. 1. O Tribunal Regional consignou que "a dor que a mãe da vítima possa experimentar vendo o filho mutilado no auge da vida merece respeito", mas lhe confere "legitimidade ativa para postular qualquer indenização na Justiça do Trabalho", pois "não

---

16 J. J. Gomes Canotilho; Ingo Wolfgang; Sarlet, Lenio Luiz Streck, Gilmar Ferreira Mendes. Comentários à Constituição do Brasil – 2. ed. – São Paulo : Saraiva Educação, 2018.

há óbito". 2. Na hipótese, **os pedidos formulados pela mãe do empregado dizem respeito ao suposto dano moral por ela experimentado em decorrência das lesões impostas ao seu filho, que foi vítima de acidente do trabalho. 3. Aparente violação do art. 17 do CPC, a ensejar o seguimento do recurso de revista. Agravo de instrumento conhecido e provido, no tema.** DANOS MORAIS. QUANTUM INDENIZATÓRIO. PRINCÍPIOS DA RAZOABILIDADE E DA PROPORCIONALIDADE. ALEGAÇÃO DE INOBSERVÂNCIA NÃO DEMONSTRADA. PRETENSÃO DE MAJORAÇÃO DO VALOR NÃO ACOLHIDA. À luz dos critérios definidos na doutrina e na jurisprudência para a fixação do valor da indenização por danos morais e das particularidades do caso concreto, não se verifica a notória desproporcionalidade passível de ensejar a majoração do quantum indenizatório. Agravo de instrumento conhecido e não provido, no tema. RECURSO DE REVISTA DOS RECLAMANTES. DANOS MORAIS REFLEXOS. ACIDENTE DO TRABALHO. LEGITIMIDADE ATIVA DA MÃE DO EMPREGADO SOBREVIVENTE. 1. A Corte de origem consignou que "a dor que a mãe da vítima possa experimentar vendo o filho mutilado no auge da vida merece respeito", mas lhe confere "legitimidade ativa para postular qualquer indenização na Justiça do Trabalho", pois "não há óbito". 2. **No caso, a mãe do empregado que sofreu acidente do trabalho, tendo as duas pernas amputadas, não está postulando direito alheio em nome próprio. 3. Os pedidos formulados por essa reclamante não dizem respeito aos danos causados ao empregado em decorrência do acidente do trabalho por ele sofrido, mas, sim, ao suposto dano moral por ela experimentado em decorrência das lesões impostas ao seu filho. 4. Trata-se, pois, de pretensão relacionada a dano reflexo ou em ricochete. 5. Nesse contexto, em que a mãe do empregado postula direito personalíssimo e autônomo, forçoso concluir pela sua legitimidade ativa, sendo irrelevante a circunstância de não se tratar de acidente do trabalho com óbito. Recurso de revista conhecido e provido. (TST – ARR 1000544-58.2016.5.02.0606, 1ª Turma, Ministro Relator HUGO CARLOS SCHEUERMANN, Data da Publicação 15/06/2020)**

A Súmula 366 do STJ, cancelada em setembro de 2009, previa a competência da Justiça Comum Estadual. Entretanto, o Tribunal Superior do Trabalho, pacificou o entendimento de que trata-se de competência material da Justiça do Trabalho, conforme a redação da Súmula 392 do TST.

Os processos com sentença na data da publicação da EC n. 45/2004 não estão abrangidos na competência da Justiça do Trabalho, conforme estampado na Súmula 367 do STJ e da Súmula Vinculante 22 do STF.

As ações regressivas ajuizadas pelo INSS em face do empregador negligente na observância das normas de segurança e saúde do trabalho

, será competente a Justiça Comum Federal, nos termos do art. 109, I, da Constituição Cidadã de 1988 e do art. 120 da Lei n. 8.213/91.

8. ANÁLISE DO INCISO VII DO ART. 114 DA CONSTITUIÇÃO FEDERAL

Segundo o art. 114, VII, da CF, a Justiça do Trabalho é competente para as ações relativas às penalidades administrativas impostas aos empregadores pelos órgãos de fiscalização das relações de trabalho.

Os órgãos de fiscalização das relações de trabalho é a Secretaria Especial da Previdência e Trabalho do Ministério da Economia (extinto Ministério do Trabalho e Emprego).

Essa função, antes da Reforma do Judiciário, a competência era da Justiça Federal.

9. ANÁLISE DO INCISO VIII DO ART. 114 DA CONSTITUIÇÃO FEDERAL

Também, é da competência da Justiça do Trabalho a execução, de ofício, das contribuições sociais previstas no art. 195, I, a, e II, e seus acréscimos legais, decorrentes das sentenças que proferir.

Essa redação já existia antes da EC 45/04. A competência para a execução de ofício já havia sido ampliada pela EC 20/98.

Carlos Henrique Bezerra Leite faz apontamentos importantes a respeito da alteração produzida pela EC 45/04:

> "A EC n. 45/2004 não alterou o conteúdo da norma que fixa a competência material executória da Justiça do Trabalho para as contribuições previdenciárias. Apenas mudou a sua residência no mesmo art. 114 que, antes era o § 3º; agora, o inciso VIII. No que concerne ao novo Texto Constitucional (inciso VIII, art. 114 da CF), há algumas observações dignas de comentário. A primeira reside na interpretação da expressão "sentenças". Parece-nos que a mens legis aponta no seu sentido lato, nela se compreendendo tanto os provimentos judiciais que resolvem o processo com apreciação da lide (procedência total ou parcial) quanto aqueles que culminam com o chamado "termo de conciliação", ao qual a lei trabalhista atribui a eficácia de decisão irrecorrível (CLT, art. 831, parágrafo único). A **segunda observação** concerne ao verbo "executar, de ofício", que, a nosso sentir, deve ser entendido como "conduzir a execução", isto é, o juiz do trabalho assume uma posição proativa no processo, determinando a cobrança dos débitos em obediência aos ditames legais. A execução previdenciária ex officio en-

globa os atos de quantificação da dívida, intimação para pagar no prazo, constrição (arresto, penhora), expropriação (hasta pública) e satisfação do exequente".

Antes a Justiça do Trabalho exercia o papel de mera intermediadora, cumprindo-lhe comunicar a inadimplência à Previdência Social, mas, passou a exercer papel ativo, na medida em que tem permissão legal para executar os créditos previdenciários oriundos das sentenças que proferir ou dos acordos que homologar.

Ademais, a Lei n. 10.035, de 2000, alterou e acrescentou dispositivos à CLT para estabelecer os procedimentos, no âmbito da Justiça do Trabalho, de execução das contribuições devidas à Previdência Social.

As contribuições previdenciárias, portanto, serão executadas *ex officio* em virtude da prolação de sentença condenatória em pecúnia ou homologação de acordo, na forma do art. 114, VIII, da CF e art. 831 da CLT.

Merece destaque a alteração ocorrida no parágrafo único do art. 876 da CLT, de acordo com a dicção da Lei 11.457/2007, que possibilitou a execução de ofício das contribuições sociais decorrente de decisões meramente declaratórias, como, por exemplo, aquelas que reconhecem o vínculo empregatício.

O TST pacificou o entendimento de que a competência da Justiça do Trabalho quanto à execução das contribuições previdenciárias, limitada às sentenças condenatórias em pecúnia que proferir e sobre os valores objeto de acordo homologado que integrem o salário de contribuição (Súmula 368 do TST). Essa questão foi parar no STF que decidiu, no julgamento do RE 568.056, pela incompetência material da Justiça do Trabalho para execução, de ofício, das contribuições sociais no caso de decisões meramente declaratórias, destacando a necessidade de um título executivo para que seja possível à Justiça do Trabalho promover a execução das contribuições previdenciárias.

A Súmula Vinculante 53 do STF reforça esse entendimento, na medida em que estabelece que a competência da Justiça do Trabalho prevista no art. 114, VIII, da Constituição Federal alcança a execução de ofício das contribuições previdenciárias relativas ao objeto da condenação constante das sentenças que proferir e acordos por ela homologados.

A Reforma Trabalhista também alterou a redação de alguns dispositivos relacionados à competência da Justiça do Trabalho para executar de ofício as contribuições sociais previstas na alínea a do inciso I e no inciso II do art. 195 da Constituição Federal. Essa alteração foi uma "adequação" da redação do dispositivo legal ao entendimento já pacificado pelo STF na Súmula Vinculante 53. Vejamos a nova redação do parágrafo único do art. 876 da CLT:

"Parágrafo único. A Justiça do Trabalho executará, de ofício, as contribuições sociais previstas na alínea a do inciso I e no inciso II do caput do art. 195 da Constituição Federal, e seus acréscimos legais, relativas ao objeto da condenação constante das sentenças que proferir e dos acordos que homologar".

A Reforma Trabalhista trouxe inegáveis reflexos previdenciários, resultado do diálogo entre essas duas importantes áreas jurídicas.

10. ANÁLISE DO INCISO IX DO ART. 114 DA CONSTITUIÇÃO FEDERAL

O art. 114, inciso IX da Constituição federal estabelece que comete à Justiça do Trabalho dirimir "outras controvérsias decorrentes da relação de trabalho, na forma da lei".

Parte da doutrina entende que esse dispositivo é uma mera repetição do inciso I, que ampliou a competência da Justiça do Trabalho para julgar as controvérsias oriundas das relação trabalho em sentido amplo.

De outro lado, há quem defenda que há uma harmonização entre os dispositivos.

Estêvão Mallet (apud Schiavi, 2018)[17] ensina que

> "A previsão de hipótese aberta de competência da Justiça do Trabalho, para julgamento de 'outras controvérsias decorrentes da relação de trabalho' conforme disposto em lei, nos termos do inciso IX, do art. 114, fica em grande medida esvaziada pela amplitude da regra do inciso I do mesmo dispositivo. Há, contudo, como dar sentido à norma, entendendo-se que, por meio da lei, cabe atribuir à Justiça do Trabalho outras competências ainda não contidas em nenhum dos incisos do novo art. 114. Um exemplo corresponde ao julgamento da legalidade dos atos administrativos relacionados com tomadores de serviços que não sejam, no caso, empregadores, hipóteses que, como dito

---

[17] Idem. Schiavi, 2018.

anteriormente, não está compreendida no inciso VII e não pode ser estabelecida por meio de interpretação ampliativa ou corretiva".

Nesse sentido Mauro Schiavi[18] entende que

"[...] a razão está com os que pensam que as ações oriundas da relação de trabalho envolvem diretamente os prestadores e tomadores de serviços e as ações decorrentes envolvem controvérsias paralelas, em que não estão diretamente envolvidos tomador e prestador, mas terceiros. Até mesmo a lei ordinária poderá dilatar a competência da Justiça do Trabalho para outras controvérsias que guardam nexo causal com o contrato de trabalho. Não Há contradição ou desnecessidade da existência do inciso, IX, pois o legislador, prevendo um maior crescimento da Justiça do Trabalho e maior desenvolvimento das relações laborais, deixou a cargo da lei ordinária futura dilatar a competência da Justiça do trabalho, desde que dentro dos parâmetros disciplinados pelos incisos I a VIII do art. 114 da CF.

Com base na segunda vertente doutrinária defende-se é possível atribuir novas competências à Justiça do Trabalho, por exemplo, a competência criminal da Justiça do Trabalho ou aplicar multas administrativas de ofício aos empregadores que descumprirem as normas de proteção do trabalho.

---

18 Idem. Schiavi, 2018.

CAPÍTULO XXVI.
PRESCRIÇÃO E DECADÊNCIA

1. INTRODUÇÃO

O tempo ocupa uma posição destacada no Direito. Influencia e produz os seus efeitos em diversos institutos jurídicos como, por exemplo, a vigência de uma norma, especifica o prazo de duração de um contrato de trabalho predeterminado, delimita os prazos processuais. Sobre esse tema, Luciano Martinez leciona que "Uma das mais relevantes funções do transcursar do tempo é, sem dúvidas, a de proporcionar a pacificação social e a segurança dela decorrente. Os eventos não devem, em regra, ter força suficiente de produzir efeitos depois de passado um longo e considerável período de reflexão. A passagem dos dias por ele proporcionada tem a sublime missão de esmaecer a dor e de fechar as feridas". [19]

Podemos afirmar, portanto, que o tempo tem a finalidade de "fechar as feridas" surgidas nas relações jurídicas, sendo um instrumento de pacificação social, além de preservar estabilidade e a segurança jurídica, evitando a perpetuação dos conflitos e das relações jurídicas. A doutrina clássica defendia que a prescrição fulmina o direito de ação e não o direito propriamente dito, cuja extinção ocorrida por via de consequência. [20]

Pablo Stolze Gagliano e Rodolfo Pamplona Filho[21] explicam de forma lúcida o fundamento equivocado desse entendimento, delineando que

> "O direito constitucional de ação, ou seja, o direito de pedir ao Estado um provimento jurisdicional que ponha fim ao litígio, é sempre público, abstra-

---

19 Idem. Martinez, 2020.

20 Pablo Stolze Gagliano, Rodolfo Pamplona Filho. Novo curso de direito civil, volume 1 : parte geral – 19.ed.– São Paulo: Saraiva, 2017.

21 Idem. Gagliano e Pamplona Filho, 2017.

to, de natureza essencialmente processual e indisponível. Não importando se o autor possui ou não razão, isto é, se detém ou não o direito subjetivo que alega ter, a ordem jurídica sempre lhe conferirá o legítimo direito de ação, e terá, à luz do princípio da inafastabilidade, inviolável direito a uma sentença. Por isso, não se pode dizer que a prescrição ataca a ação! [...] prescrição não atinge o direito de ação – que sempre existirá –, mas, sim, a pretensão que surge do direito material violado."

Wilson de Souza Campos Batalha[22], por sua vez, entende que

"a propositura da ação, como direito à tutela jurídica, constitui direito cívico, faculdade abstrata conferida a qualquer do povo [...] de valer-se do Poder Judiciário para proclamação da existência ou da não existência de um direito pretendido (Anspruch, pretensão). *O direito à ação, como direito à tutela jurídica, é imprescritível: prescreve o direito postulado, mas não a postulação.* Não há ação prescrita no rigor processual: o autor tem sempre direito a uma sentença, embora a sentença venha a 4 reconhecer que o direito postulado está prescrito, o que, na linguagem corrente, se manifesta declarando que a "ação" está prescrita, ou seja, que *o direito postulado não subsiste pelo decurso do tempo de seu exercício".*

O Código Civil de 2002, em seu art. 189, preceitua que uma vez violado o direito, "nasce para o titular a *pretensão*, a qual *se extingue, pela prescrição*, nos prazos a que aludem os arts. 205 e 206". Mas, afinal, o que é a pretensão? A pretensão é conceituada como "o poder de exigir de outrem coercitivamente o cumprimento de um dever jurídico, vale dizer, é o poder de exigir a submissão de um interesse subordinado (do devedor da prestação) a um interesse subordinante (do credor da prestação) amparado pelo ordenamento jurídico"[23].

Com efeito, observa-se que a prescrição atinge a pretensão surgida a partir da violação ao direito material e não o direito de ação em si, por se tratar de um direito imprescritível e inafastável, conforme prevê o art. 5º, XXXV, CF. A prescrição pode ser aquisitiva ou extintiva (também denominada de liberatória). A prescrição aquisitiva é uma forma de aquisição de um direito sobre um bem jurídico em decorrência do transcurso do tempo, como, por exemplo, o usucapião. A prescrição extintiva consiste perda ou extinção da pretensão a certo direito violado em virtude da inércia do seu titular, isto é, por não ter exercitado o direito no prazo previsto em lei.[24]

---

22 Apud Martinez, 2020.
23 Idem. Gagliano e Pamplona Filho, 2017.
24 Idem. Delgado, 2019.

A professora Carla Tereza Romar[25] ensina que os elementos integrantes da prescrição são

"1. *existência de uma ação exercitável (actio nata)* — *tal elemento é entendido como a exigibilidade da pretensão ou o nascimento da pretensão. Somente é possível falar -se em prescrição quando o direito tenha sido adquirido por seu titular (não se inserem no campo da prescrição os direitos futuros, entre os quais se incluem o direito condicional e o direito eventual, nem uma expectativa de direito) e quando tenha ocorrido sua violação por terceiro;* 2. *inércia do titular da ação pelo seu não exercício* — *o titular do direito deixa de buscar a reparação dos danos causados pela violação de seu direito;* 3. *continuidade dessa inércia durante um certo lapso de tempo* — *o titular deixa passar o prazo fixado em lei para a busca da reparação dos danos causados pela violação de seu direito;* 4. *ausência de algum fato ou ato, a que a lei atribua eficácia impeditiva, suspensiva ou interruptiva do curso prescricional* — *ainda que se verifiquem a exigibilidade da pretensão e a inércia do titular, determinadas circunstâncias previstas em lei podem impedir o curso da prescrição".*

A decadência, de outro lado, como explica Mauricio Godinho Delgado, é conceituada como a perda da possibilidade de obter uma vantagem jurídica e garanti-la judicialmente, em face do não exercício oportuno da correspondente faculdade de obtenção.

O instituto jurídico da decadência aproxima-se da prescrição extintiva. Delgado traça os marcos distintivos entre as duas figuras. Vejamos:

"a) a decadência extingue o próprio direito, ao passo que a prescrição atinge a pretensão vinculada ao direito, tornando-o impotente (extinção da ação, em sentido material); b) a decadência corresponde, normalmente, a direitos potestativos — *em que há, portanto, uma faculdade aberta ao agente para produzir efeitos jurídicos válidos, segundo sua estrita vontade. Já a prescrição corresponde a direitos reais e pessoais, que envolvem, assim, uma prestação e, em consequência, uma obrigação da contraparte. No Direito do Trabalho esta distinção é importante (embora seja menos reverenciada no Direito Civil), uma vez que os prazos decadenciais no ramo justrabalhista tendem quase sempre, de fato, a corresponder a direitos potestativos; c) na decadência são simultâneos o nascimento do direito e da pretensão; a mesma simultaneidade verifica-se quanto à sua própria extinção. No instituto prescricional, ao contrário, a pretensão (ação em sentido material) nasce depois do direito, após sua violação, perecendo sem que ele se extinga; d) o prazo decadencial advém tanto da norma jurídica heterônoma ou autôno-*

---

[25] Romar, Carla Teresa Martins. Direito do trabalho. – 5. ed. – São Paulo : Saraiva Educação, 2018.

ma (lei, em sentido material), como de instrumentos contratuais. Advém, inclusive, de declarações unilaterais de vontade (como o testamento — ou o regulamento de empresa, no caso trabalhista). Já o prazo prescricional surge essencialmente da lei (em sentido material e formal), e não de outros diplomas; e) o prazo decadencial corre continuamente, sem interrupção ou suspensão, enquanto a prescrição pode ser interrompida ou suspensa nos casos legalmente especificados; f) a decadência pode ser decretada em face de alegação da parte, do Ministério Público (quando couber-lhe atuar no processo, é claro) e até mesmo de ofício pelo juiz, neste caso, se fixada por lei (art. 210, CCB/2002) [...]".

O jurista Luciano Martinez acrescenta mais dois pontos de diferenciação entre a prescrição e a decadência: **as fontes criativas** e a **renunciabilidade da invocação**. Na visão do referido jurista o prazo prescricional não pode ser convencionado entre as partes, mas, tão somente, fixado em lei (art. 192, CC), o que não ocorre com a decadência, que poderá ser fixada em lei ou estabelecida em contrato[26]. Logo, as fontes criativas seriam fatores distintivos ente os institutos em debate.

No que atina a renunciabilidade, Martinez ensina que o sujeito favorecido pela consumação da prescrição pode renunciá-la, o que não ocorre com a decadência, entendida como irrenunciável, conforme redação dos artigos 191 e 201 do Código Civil12.

2. PRESCRIÇÃO NO DIREITO DO TRABALHO

Antes da promulgação da Constituição Federal de 1988 a prescrição trabalhista estava prevista apenas no art. 11 da Consolidação das Leis do Trabalho (CLT), prevendo prazo prescricional de dois anos para pleitear a reparação de qualquer ato infringente de dispositivo contido na CLT, exceto nas hipóteses de disposição especial em sentido contrário.

Com o advento da Constituição de 1988 o preceito contido no art. 11 da CLT não foi recepcionado, diante da redação do art. 7º, inciso XXIX, alíneas "a" e "b" e art. 233, que estabeleceram o prazo prescricional de cinco anos para o trabalhador urbano, até o limite de dois anos após a extinção do contrato, bem como o prazo prescricional de dois anos após a extinção do contrato, para o trabalhador rural. Posteriormente, com a Emenda Constitucional 28 de 2000, o prazo prescricional trabalhista do empregados urbanos e rurais foram unifi-

---

26 Idem. Martinez, 2020.

cados, de modo que o art. 233 da CF foi revogado e a redação do inciso XXIX do art. 7º da CF foi passou a ter a seguinte redação:

> *CF, art. 7º, XXIX: ação, quanto aos créditos resultantes das relações de trabalho, com prazo prescricional de cinco anos para os trabalhadores urbanos e rurais, até o limite de dois anos após a extinção do contrato de trabalho.*

Recentemente a Reforma Trabalhista (Lei 13.467/2017) alterou a redação do art. 11 da CLT13 para adequá-lo à redação do texto constitucional. A doutrina e a jurisprudência moderna sustentam que o marco inicial da prescrição, também denominado de "actio nata", surge com a violação ou inadimplemento do direito (art. 189, CC).

De acordo com as lições de Francisco Clementino San Tiago Dantas (apud Martinez, 2020), "da lesão nascem dois efeitos: em primeiro lugar, um novo dever jurídico, que é a responsabilidade, o dever de ressarcir o dano e, em segundo, a ação, o direito de invocar a tutela do Estado para corrigir a lesão do direito".

A Constituição Federal de 1988 e a Consolidação das Leis do Trabalho preceituam dois prazos prescricionais: a) de 2 anos, para ajuizar a demanda trabalhista; b) de 5 anos, para quanto aos créditos resultantes da relação de trabalho. O prazo prescricional de 2 (dois) anos, também denominado de biênio, consiste no período legal conferido ao trabalhador, a contar da ruptura do contrato de trabalho, para ingressar com reclamação trabalhista em face do tomador dos serviços e exigir os créditos resultantes da relação do trabalho.

A jurisprudência firmou o entendimento de que o aviso prévio integra o contrato de trabalho para todos os fins, sendo que a data do término do contrato de trabalho corresponderá ao último dia do aviso prévio proporcional (OJ 82 da SDI-1 do TST). Também, sedimentou o entendimento de que o prazo prescricional começa a fluir no final da data do término do aviso prévio (OJ 83 da SDI-1 do TST).

Ao apreciar o tema, o Tribunal Regional da 2ª Região seguiu a mesma linha de entendimento do Tribunal Superior do Trabalho, esclarecendo que a prescrição será contada após o término do aviso prévio, ainda que indenizado(Súmula nº. 41 do TRT da 2ª Região).

Essa regra se estende aos casos em que o vínculo empregatício não foi reconhecido espontaneamente pelas partes ou declarado judicialmente?

No julgamento dos embargos nº ED-RR-277-72.2012.5.01.0024 o Tribunal Superior do Trabalho afastou a prescrição bienal e reconheceu a incidência da Orientação Jurisprudencial nº 83 da SBDI-I nos autos da reclamação trabalhista promovida por um corretor de imóveis, na qual se buscava o reconhecimento judicial do vínculo empregatício. Restou decidido, portanto, que se computa a projeção do aviso-prévio na duração do contrato de emprego para efeito de contagem do prazo prescricional nos casos em que o vínculo empregatício ainda não foi espontaneamente reconhecido entre as partes ou judicialmente declarado, conforme se verifica no informativo 144 do TST.

Na hipótese de pedido de unicidade contratual, ou seja, pedido de reconhecimento da existência de contrato de trabalho único em razão de sucessivos desligamentos e dispensas, com o objetivo de fraudar os preceitos contidos nas normas trabalhista, o prazo prescricional começa a fluir a partir da extinção do último contrato de trabalho, nos termos do art. 156 do TST.

No que diz respeito ao termo inicial prescricional nos casos de acidente de trabalho ou doença ocupacional, o Supremo Tribunal Federal entende que o prazo deve ser contado a partir do exame pericial que comprovar a enfermidade ou verificar a natureza da incapacidade (Súmula 230 do STF). Para o Superior Tribunal do Justiça o termo inicial da prescrição, na ação de indenização, é a data da ciência inequívoca da incapacidade laboral (Súmula 278 do STJ).

O entendimento firmado no âmbito do Tribunal Superior do Trabalho é que o marco inicial do prazo prescricional nessas hipóteses será a data da ciência inequívoca da incapacidade laboral, mesmo que se dê depois do termino no contrato de trabalho, conforme se extrai dos julgados transcritos abaixo (Informativo nº 200 e 213 do TST):

> *Dano moral. Doença profissional. Exposição à amianto. Ciência inequívoca da incapacidade em momento posterior ao término do contrato de trabalho. Prescrição bienal. Na hipótese em que a ciência inequívoca da incapacidade para o trabalho resultante da exposição permanente do empregado a amianto ocorreu após a extinção do contrato de trabalho, a pretensão ao pagamento de indenização por danos morais submete-se à prescrição bienal. No caso, restou consignado nos autos que o contrato foi extinto em 1991, a ciência da doença profissional ocorreu em 22.11.2008, data da emissão da Comunicação de Acidente de Trabalho (CAT), e a reclamação trabalhista foi ajuizada apenas em março de 2011, ou seja, após o transcurso do prazo prescricional. Sob esse entendimento, a SBDI-I, por unanimidade, conheceu dos embargos, por divergência jurisprudencial, e,*

no mérito, por maioria, deu-lhes provimento para pronunciar a prescrição bienal e julgar extinto o processo, com resolução de mérito. Vencidos os Ministros Aloysio Corrêa da Veiga, relator, Alberto Luiz Bresciani de Fontan Pereira, Walmir Oliveira da Costa, José Roberto Freire Pimenta e Hugo Carlos Scheuermann, os quais aplicavam a prescrição quinquenal. TST-EED-ED-RR-315- 98.2011.5.06.0018, SBDI-I, rel. Min. Aloysio Corrêa da Veiga, red. p/ acórdão Min. Cláudio Mascarenhas Brandão, 27.6.2019

PRESCRIÇÃO. DOENÇA OCUPACIONAL CAUSADA POR EXPOSIÇÃO AO AMIANTO. MANIFESTAÇÃO PROGRESSIVA. INDENIZAÇÃO POR DANOS MORAIS. *O Regional declarou prescrito o direito de ação (artigo 7º, inciso XXIX, da Constituição Federal) em que o reclamante pleiteia indenização por dano moral decorrente de doença ocupacional causada pela exposição ao amianto, por considerar que a ciência da doença pelo obreiro ocorreu em 11/3/2005 e a reclamação trabalhista foi ajuizada tão somente em setembro de 2010. Para se decidir se a pretensão de indenização por danos morais estaria, ou não, atingida pela prescrição, faz-se necessária a análise do marco temporal para a contagem do prazo, o qual se inicia no momento em que o empregado tem ciência inequívoca da consolidação das lesões, e não simplesmente da data do afastamento para tratamento ou do conhecimento de determinada doença. No caso da pretensão de indenização por danos morais e materiais decorrentes de acidente de trabalho ou doença equiparada, a jurisprudência trabalhista tem adotado como parâmetro para fixação do marco inicial da prescrição o critério consagrado pela Súmula nº 278 do Superior Tribunal de Justiça que dispõe que "o termo inicial do prazo prescricional, na ação de indenização, é a data em que o segurado teve ciência inequívoca da incapacidade laboral". Extrai-se desse verbete sumular que o direito de pleitear essa indenização, em todos os seus contornos, somente surge para o empregado na data em que ele tiver ciência inequívoca da sua incapacidade laboral, em toda sua extensão. A controvérsia dos autos cinge-se à possibilidade de doença decorrente do contato com o agente etiológico amianto, cujo prazo de latência é extenso, podendo chegar até 30 anos, consoante amplamente divulgado em doutrina médica especializada. A legislação estabelece que os trabalhadores devem ser submetidos a exames médicos, além da avaliação clínica, na admissão, periodicamente e pós-demissionais por até 30 anos, em periodicidade determinada pelo tempo de exposição. Ainda, o Ministério do Trabalho obriga os empregadores a manterem os prontuários médicos dos trabalhadores por 30 anos. Dessa forma, não se pode considerar que a ciência inequívoca teria ocorrido em 11/3/2005, data em que foi elaborado relatório médico, como data da ciência inequívoca da lesão, para fins de fixação do marco prescricional, porque não houve efetiva consolidação das lesões para fins de fixação do marco temporal respectivo, tornando-se inviável declarar prescrita a pretensão, sob a ótica do artigo 7º, inciso XXIX, da Constituição Federal. Precedentes. Recurso de revista conhecido e pro-*

vido." (TST-RR-1167-80.2010.5.06.0011, 2ª Turma, rel. Min. José Roberto Freire Pimenta, julgado em 20.11.2019)

Respeitado o biênio para a propositura da demanda trabalhista, segundo a norma constitucional e infraconstitucional, o trabalhador terá direito aos créditos trabalhistas referente aos últimos 5 anos a contar do ajuizamento da ação trabalhista (Súmula 308, I, do TST). Esse prazo é conhecido como quinquênio ou prescrição quinquenal.

A Reforma Trabalhista (Lei 13.467/2017) acrescentou o parágrafo 2º ao art. 11 da CLT, passando a prever que "Tratando-se de pretensão que envolva pedido de prestações sucessivas decorrentes de alteração ou descumprimento pactuado, a prescrição é total, exceto quando o direito à parcela esteja também assegurado por lei".

O teor deste dispositivo assemelha-se a redação da Súmula 294 do TST. Regula a prescrição total e parcial, isto é, referem-se às lesões ocorridas enquanto o trabalhador estiver prestando serviços, ou, seja o contrato de trabalho estiver em curso.

Henrique Correia elucida que "Na prescrição total, de acordo com o TST, o trabalhador terá 5 anos para ingressar com reclamação a contar do ato único do empregador. Esse ato do trabalhador decorre da alteração contratual lesiva de suprimir direito não previsto em lei, como no caso de redução de percentual de comissão. Neste caso, a parti desse ato ilícito (único), inicia-se a contagem do prazo". Prossegue explicando que a prescrição parcial torna "exigíveis as parcelas anteriores ao tempo de 5 anos a contar do ajuizamento da ação. Nesta segunda hipótese, prescrição parcial, as prestações possuem previsão em lei. Assim sendo, renova-se a contagem mês a mês, sempre que a parcela não for paga".[27]

O autor cita como exemplo o empregado que tem direito à equiparação salarial, onde o prazo renova-se mês a mês até que o trabalhador proponha a reclamação trabalhista, hipótese em que poderá pleitear os últimos 5 anos a contar do ajuizamento da ação.

---

27 Henrique Correia. Direito do Trabalho. – 4ª ed – Salvador: JusPodivm, 2018.

3. CAUSAS IMPEDITIVAS, SUSPENSIVAS E INTERRUPTIVAS DA PRESCRIÇÃO

As causas impeditivas e suspensivas da prescrição estão disciplinadas no art. 197 e 198 do Código Civil, as quais são aplicáveis subsidiariamente ao Direito do Trabalho por força do art. 8º da CLT.

A relação matrimonial impede o curso do prazo prescricional, já que inexiste qualquer restrição legal para a existência de relação de emprego entre os cônjuges. É possível, ainda, a interrupção da prescrição em virtude da união estável, tendo em vista que que o art. 226, § 3º, CF, a Lei 9.278/1996, e os arts. 1.723 e seguinte equiparam a união estável ao casamento.

Também, são causas que impedem a contagem da prescrição o poder familiar, a tutela e curatela, a incapacidade absoluta e a menoridade. A esse respeito, o art. 440 da CLT dispõe que o a prescrição não corre contra o trabalhador menor, assim considerado o menor de 18 anos.

Segundo o art. 625-G da CLT, a submissão do litígio trabalhista à Comissão de Conciliação Prévia é causa de suspensão do prazo prescricional pelo período que durar a tentativa conciliatória.

Se o fato estiver sendo apurado no juízo criminal a prescrição somente se iniciará com a decisão definitiva (art. 200, do CC), consubstanciando faculdade da parte aguardar o pronunciamento do juízo criminal para ajuizar a ação trabalhista. Caso o trabalhador tenha ajuizado a demanda trabalhista antes do término da ação penal e esta depender do desfecho da ação pena, a ação trabalhista será suspensa, na forma do art. 313, VI, do CPC.

Dentre as causas suspensivas da prescrição aplicáveis ao direito do trabalho podemos citar a pendência de condição suspensiva; ausência de vencimento do prazo, na forma do art. 199, I e II, do CC.

O Supremo Tribunal Federal pacificou o entendimento de que a "prescrição das prestações anteriores ao período previsto em lei não ocorre quando não tiver sido negado, antes daquele prazo, o próprio direito reclamado ou a situação jurídica de que ele resulta", conforme preceitua a súmula 443 do STF.

Uma questão bastante controversa na jurisprudência é a possibilidade (ou não) de suspensão da prescrição em decorrência da suspensão do contrato de trabalho, notadamente na hipótese de aposentadoria por invalidez (atualmente denominada de aposentadoria por incapacidade permanente), acidente de trabalho ou doença ocupacional.

O Tribunal Superior do Trabalho entende que a suspensão do contrato de trabalho decorrente do gozo de auxílio-doença ou da aposentadoria por invalidez, não obsta o curso do prazo da prescrição quinquenal, ou seja, mesmo afastado das atividades a prescrição quinquenal continua fluindo, conforme restou assentado na OJ 375 da SDI-1 do TST.

Cabe ressaltar que a doutrina e a jurisprudência majoritária entendem que o prazo prescricional e decadencial é improrrogável, não se aplicando para esse fim o art. 775 e seguintes da CLT – que tratam dos prazos processuais – nem mesmo o art. 132 do Código Civil, por ter finalidade específica.

A interrupção da prescrição, a rigor, ocorre com a citação válida do devedor, ainda que se trate de juízo incompetente (art. 202, I, do CC e art. 240 do CPC). No entanto, no processo do trabalho a citação ou notificação da parte reclamada é realizada automaticamente por meio postal (art. 841 da CLT). Diante disso, a doutrina e a jurisprudência formaram o entendimento de que a propositura da ação trabalhista é o marco interruptivo da prescrição.

É importante dizer que o arquivamento da demanda interrompe a prescrição em relação aos pedidos formulados na demanda arquivada, conforme dispõe a Súmula 268 do TST. Nessa mesma linha, a Reforma Trabalhista introduziu o § 3º ao art. 11 da CLT, estabelecendo que a interrupção da prescrição somente ocorrerá pelo ajuizamento de reclamação trabalhista, mesmo que em juízo incompetente, ainda que venha a ser extinta sem resolução do mérito, produzindo efeitos apenas em relação aos pedidos idênticos.

A OJ 392 da SDI-1 do TST dispõe que o protesto judicial é a medida aplicável no processo do trabalho, sendo certo que o ajuizamento da ação, por si só, interrompe o prazo prescricional, em razão da inaplicabilidade do § 2º do art. 240 do CPC ao processo do trabalho, considerando a existência de incompatibilidade com a previsão do art. 841 da CLT.

4. PRESCRIÇÃO DO FGTS

Durante muito tempo o TST entendeu que o prazo prescricional para reclamar o não recolhimento dos depósitos do FGTS era trintenária, conforme se verifica através da redação da Súmula 95, atualmente cancelada. O Superior Tribunal de Justiça também comungava do mesmo entendimento, conforme prevista na Súmula 210 do STJ.

Esse prazo tem origem na lei previdenciária que conferia natureza jurídica de contribuição fundiária ao FGTS, conforme art. 20 da Lei 5.107/66 e Lei 3.807. Com o surgimento da Lei 8.212/91, tais normas foram revogadas e a prescrição previdenciária passou a ser de 10 anos (art. 46, Lei 8.212/91). Em virtude disso, a doutrina defendia que não mais subsistia a justificativa para a manutenção do prazo prescricional de 30 anos.[28]

Não obstante isso, o art. 23, § 5º, da Lei 8.036, prescrevia que: "O processo de fiscalização, de autuação e de imposição de multas reger-se-á pelo disposto no Título VII da CLT, respeitado o privilégio do FGTS à prescrição trintenária". Logo, a Lei do FGTS prescrevia expressamente o prazo prescricional de 30 anos para a exigência do FGTS.

Vozes na doutrina trabalhista defendiam a natureza jurídica trabalhista do FGTS e, por via de consequência, a aplicação do prazo prescricional previsto no art. 7º, XXIX, da CF.

No âmbito do Tribunal Superior do Trabalho a jurisprudência era firme no sentido de que a prescrição do direito de reclamar contra o não recolhimento da contribuição para o FGTS era trintenária, desde que observado o prazo de dois anos após o término do contrato de trabalho, conforme redação anterior da Súmula 362 do TST.

Entretanto, ao analisar o ARE 709.2012-DF, de relatoria do Ministro Gilmar Mendes, em 13.11.2014, o Supremo Tribunal Federal declarou inconstitucional a redação do 23, § 5º, Lei 8.036, modificando o entendimento acerca do prazo prescricional do FGTS. Na ocasião restou decidido que o prazo prescricional para a exigência do FGTS é de 5 anos, aplicando a regra prescricional prevista no art. 7º, XXIX, CF.

Como resultado do julgamento, o STF utilizou a técnica de julgamento da modulação dos efeitos, instituindo que os casos em que a ciência da lesão ocorreu a partir de 13.11.2014, é quinquenal a pres-

---

[28] Nesse sentido Sérgio Pinto Martins (MARTINS, Sergio Pinto. Direito do trabalho. 21. ed., p. 470).

crição do direito de reclamar contra o não-recolhimento de contribuição para o FGTS, observado o prazo de dois anos após o término do contrato. Já os casos em que o prazo prescricional já estava em curso em 13.11.2014, aplica-se o prazo prescricional que se consumar primeiro: trinta anos, contados do termo inicial, ou cinco anos, a partir de 13.11.2014.

Diante disso, o TST alterou a redação da Súmula 362 para alinhar-se à decisão proferida pelo STF no ARE-709212/DF.

5. PRESCRIÇÃO INTERCORRENTE

A prescrição intercorrente é "aquela que — como o próprio nome sugere — corre dentro de um processo já iniciado".[29]

Homero Batista Mateus da Silva ensina que "O nome correto seria prescrição intracorrente ou, mais precisamente, prescrição da pretensão executiva. Os costumes consagraram a expressão prescrição intercorrente, sempre revestida de alta indagação[30].

O Supremo Tribunal Federal, ao enfrentar o tema, entendeu que a prescrição intercorrente é admissível ao processo do trabalho, conforme se denota da Súmula 327 do SFT.

Essa interpretação se contrapõe ao entendimento firmado pelo Tribunal Superior do Trabalho, delineado na Súmula 114, que afasta a incidência da prescrição intercorrente na Justiça do Trabalho.

A corrente interpretativa que entendida pela possibilidade de aplicação da prescrição intercorrente no processo do trabalho se fundamentava no art. 884, § 1º da CLT, que dispõe que o executado poderá alegar a prescrição a dívida em sede de embargos à execução. Para esse vertente interpretativa o art. 40 da Lei n. 6.830/80, autorizava aplicação da prescrição intercorrente ao processo do trabalho. Vejamos:

Lei n. 6.830/80, art. 40: *"o juiz suspenderá o curso da execução, enquanto não for localizado o devedor ou encontrados bens sobre os quais possa recair a penhora, e, nesses casos, não correrá o prazo de prescrição".*

Corrente em sentido contrário entendia a natureza jurídica alimentar do crédito trabalhista inviabilizava o reconhecimento da prescrição intercorrente no processo do trabalho.

---

29 Idem, Martinez, 2020.

30 Idem. Homero Batista Mateus da Silva, 2018.

A Reforma Trabalhista, no entanto, inseriu a possibilidade da prescrição intercorrente no processo do trabalho, encerrando a discussão existente na doutrina e na jurisprudência.

Desta forma, quando o exequente deixar de cumprir a determinação do juiz do trabalho na fase de execução se iniciará a contagem do prazo prescricional intercorrente, de modo ao final do biênio, se não houver manifestação do executado, restará configurada a prescrição intercorrente.

A pronúncia de ofício da prescrição pelo magistrado foi autorizada pela lei 11.280 de 2006 que alterou a redação do art. 219, §5º, do CPC/1973. O atual Código de Processo Civil ratificou a possibilidade de aplicação da prescrição de ofício, nos arts. 332, § 1º, e 487, II. A aplicação deste dispositivo no âmbito trabalhista sempre foi duvidosa, haja vista a natureza jurídica alimentar das parcelas trabalhistas.

A Reforma Trabalhista, veio a aclarar esta discussão, ao menos no que diz respeito a prescrição intercorrente, configurada na fase de execução. A dúvida permanece em relação a possibilidade ou não de reconhecimento da prescrição por iniciativa do juiz ou tribunal na fase de conhecimento, eis que o legislador permaneceu silente.

6. PRESCRIÇÃO EM TEMPOS DE PANDEMIA

A pandemia do coronavírus impactou a maioria das relações jurídicas existentes, com as relações justrabalhistas não foi diferente. Diversas medidas foram adotadas para preservar os empregos e a renda durante o estado de calamidade pública. Dentre as medidas adotadas, o Congresso Nacional editou a Lei 14.010/2020, que dispõe sobre o Regime Jurídico Emergencial e Transitório das relações jurídicas de Direito Privado (RJET) no período da pandemia do coronavírus (Covid-19).

Tal norma foi instituída com caráter transitório e emergencial para a regulação de relações jurídicas de Direito Privado em virtude da pandemia do coronavírus (Covid-19).

De acordo com o artigo 3º da Lei 14.010/2020 os prazos prescricionais consideram-se impedidos ou suspensos, conforme o caso, a partir da entrada em vigor da lei em comento, isto é, a partir de 12 de junho 2020 até o dia 30 de outubro de 2020.

Assim, as os prazos prescricionais que estavam em curso foram suspensos ou interrompidos, a depender do caso concreto. Isso significa dizer que, a depender do caso, não haverá o início da contagem do prazo prescricional (causa de impedimento) ou o prazo prescricional ficará congelado (causa de suspensão).

Após o dia 30 de outubro de 2020, ocorrerá o início da contagem ou a retomada do prazo prescricional. O legislador deixou certo que o referido não se aplica enquanto perdurarem as hipóteses específicas de impedimento, suspensão e interrupção dos prazos prescricionais previstas no ordenamento jurídico nacional (art. 3º, §1º, da Lei). Em outras palavras, se, por exemplo, o contrato de trabalho estava suspenso em decorrência de acidente de trabalho ou de aposentadoria por incapacidade (atualmente denominada de aposentadoria por incapacidade permanente, conforme Emenda Constitucional 103/2019), não se aplicará a disposição legal.

Os prazos decadenciais que estavam em curso durante esse período estão sujeitos à suspensão ou interrupção prevista na Lei 14.010/2020. É interessante notar que tradicionalmente, a lei não prevê causas interruptivas ou suspensivas para a decadência, mas por opção do legislador, durante o período de pandemia, não haverá contagem do prazo decadencial.

Vale ressaltar que não é irrazoável defender a aplicação da suspensão ou interrupção dos prazos prescricionais e decadenciais a partir da decretação do estado de calamidade pública, instituído pelo Decreto 6/2020, isso porque o art. 1º, § único, da Lei 14.010/2020 estabelece que: "Para os fins desta Lei, considera se 20 de março de 2020, data da publicação do Decreto Legislativo nº 6, como termo inicial dos eventos derivados da pandemia do coronavírus (Covid-19)".

Nota-se que a finalidade do legislador foi proteger os jurisdicionados durante todo o pedido de calamidade pública, dos efeitos gerados pela pandemia do coronavírus.

Para Nelson Rosenvald, Cristiano Chaves e Felipe Braga Netto (apud Andréa Bueno Magnani, 2020)[31]:

"(...) Fundamento primordial da prescrição e da decadência o intuito de sancionar aquele que, de modo negligente, deixa de passar determi-

---

[31] Fonte: https://www.conjur.com.br/2020-jul-13/andrea-magnani-prescricao-decadencia-covid-19 [acessado em 16/12/2020].

nado prazo sem nada fazer. Há, nesse sentido, uma inação, uma omissão, e essa omissão tem consequências jurídicas. É um reflexo do conhecido adágio *dormientibus non sucurrit jus* (o direito não socorre aqueles que dormem)".

Indubitavelmente, no período de pandemia, o exercício do direito pelos credores fica prejudicado, isso porque as medidas de isolamento social impedem ou reduz a adoção de alguma medida pelo credor.

Durante esse período, o Governo determinou o fechamento de diversos comércios, incluindo os escritórios de advocacia, em algumas cidades, além de órgãos públicos, que impedem a adoção das medidas judiciais adequadas para resguardar o seu direito.

Não há, portanto, negligencia, inação, ou omissão por parte do credor.

7. DECADÊNCIA NO DIREITO DO TRABALHO

Como destacado acima, a prescrição e a decadência são separadas por uma linha tênue. As estruturas, os efeitos e as expectativa daquela busca o reconhecimento dos institutos jurídicos em questão são essencialmente iguais.

Para Luciano Martinez, "a decadência, na condição de instituto jurídico, poderá ser definida como o fato jurídico (decurso de um prazo previsto em lei ou em contrato) que conduz à extinção de um direito subjetivo potestativo, ou seja, ao livramento de uma sujeição. (…) a decadência atua unicamente sobre direitos exercitáveis mediante "ações constitutivas", e que, em regra, essas ações não estão submetidas a nenhum prazo para serem exercitadas".[32]

O prazo decadencial pode estar previsto em lei ou em contrato. As principais características da previsão legal da decadência é a irrenunciabilidade (art. 209 do CC), de modo que o empregado não poderá renunciar ao prazo de trinta dias previsto no art. 853 da CLT, para o empregador discutir a ocorrência da falta grave, ou ainda, ao trintídio previsto no art. 474 da CLT, que resulta na rescisão injusta do contrato de trabalho. Além disso, tem por característica, a possibilidade de ser reconhecida de ofício pelo magistrado, na forma do art. 210 do CC.

---

32 Idem. Martinez, 2020.

Já a decadência decorrente de convenção ou previsão contratual tem por característica a possibilidade de alegação apenas pela parte que dela se aproveita (art. 211 do CC), bem como não permite o reconhecimento de ofício pelo magistrado.

Os principais prazos decadenciais previstos no Direito do Trabalho são: a) 30 dias, a contar da suspensão do contrato de trabalho, para o ajuizamento de inquérito judicial para apuração de falta grave, na forma do art. 853 da CLT e Súmula 403 do STF; b) 2 anos para ajuizamento da Ação Rescisória, na forma do art. 975 e seguintes do CPC; c) 120 dias para impetrar Mandado de Segurança, contados da ciência, pelo interessado, do ato impugnado, na forma do art. 23 da Lei 12.016/2009.

CAPÍTULO XXVII.
PETIÇÃO INICIAL TRABALHISTA

1. INTRODUÇÃO

A petição inicial é o ato processual praticado pelo autor com vistas a romper a inércia do Poder Judiciário, na qual pleiteia a tutela jurisdicional do seu direito com a entrega do bem da vida, trazendo os motivos fáticos e jurídicos que embasam essa pretensão e indicando em face de quem a atuação estatal é pretendida.

Para Enoque Ribeiro dos Santos a petição inicial é

> "O ato processual que aciona a atividade jurisdicional, inaugurando o processo, é a petição inicial. É por meio dela que há o exercício de ação em relação ao Estado-Juiz. Assim, tendo o Estado-Juiz o monopólio da jurisdição, deverá prestá-la regularmente quando provocado".

Mauro Schiavi [33] esclarece que

> "Diante do princípio da inércia da jurisdição, a petição inicial é a peça formal de ingresso do demandante em juízo, em que apresenta seu pedido, declina a pessoa que resiste ao seu pedido, explica os motivos pelos quais pretende aa atuação jurisdicional e prede ao Estado-Juiz a tutela do seu direito".

Humberto Theodoro Júnior (2016 apud Thamay, 2019)[34], leciona que a petição inicial é "o veículo de manifestação formal da demanda é a petição inicial, que revela ao juiz a lide e contém o pedido da providência jurisdicional, frente ao réu, que o autor julga necessária para compor o litígio".

---

[33] Mauro Schiavi. Manual de direito processual do trabalho. – 13. ed. – São Paulo: LTR, 2018.

[34] Rennan Thamay. Manual de direito processual civil – 2. ed. – São Paulo : Saraiva Educação, 2019.

Marcus Vinicius Rios Gonçalves[35], de forma clara define a petição inicial como

> "o ato que dá início ao processo, e define os contornos subjetivo e objetivo da lide, dos quais o juiz não poderá desbordar. É por meio dela que será possível apurar os elementos identificadores da ação: as partes, o pedido e a causa de pedir".

Os conceitos acima nos permitem concluir que a petição inicial possui as seguintes características:

i. *é uma peça formal*: a formalidade da petição inicial é caracterizada pelos requisitos que deverão ser preenchidos pelo autor no momento da propositura da ação. Admite-se, no entanto, a propositura da demanda de forma verbal, haja visa o *jus postulandi* conferido às partes, a simplicidade e informalidade do processo do trabalho.

ii. *define os limites objetivos da lide:* indica os fundamentos de fato e de direito que embasam a pretensão do autor, bem como os respectivos pedidos.

iii. *define os limites subjetivos da lide:* indica os sujeitos da lide, o autor – aquele que pede a tutela jurisdicional – e o réu – aquele em face de quem a tutela jurisdicional é pretendida.

iv. *Quebra da inercia do Poder Judiciário:* a inercia do Poder Judiciário está atrelada ao princípio da imparcialidade do magistrado e seu objetivo é a preservação deste último. A petição inicial rompe a inércia.

A peça exordial é o ato processual mais importante para o autor[36]. Permite a exata compreensão dos fundamentos fáticos e de direito ao magistrado e de quem são as partes integrantes da relação jurídica processual.

Mauro Schiavi[37] afirma que na praxe forense

---

35 Marcus Vinicius Rios Gonçalves. Direito processual civil esquematizado – 10. ed. – São Paulo : Saraiva Educação, 2019. (Coleção esquematizado® / coordenador Pedro Lenza)

36 A esse respeito Carlos Henrique Bezerra Leite anota que "[...] a petição inicial é o veículo, o meio, o instrumento pelo qual o autor exerce o direito fundamental de acesso à justiça. Trata-se, pois, do ato processual mais importante para o exercício desse direito. Além disso, a petição inicial é pressuposto processual de existência da própria relação jurídica que se formará em juízo. Sem petição inicial, o processo não existe". (Carlos Henrique Bezerra Leite. Curso de direito processual do trabalho. – 16. ed. – São Paulo : Saraiva Educação, 2018).

37 Mauro Schiavi. Manual de direito processual do trabalho. – 13. ed. – São Paulo: LTR, 2018.

> "a experiência - como juiz do trabalho – tem-nos demonstrado que a inicial baliza os destinos do processo, pois uma petição inicial bem articulada possibilita o exercício do direito de defesa e a exata compreensão da lide pelo juiz".

A coesão na narrativa fática e a aptidão da petição inicial, além de permitir o contraditório e auxiliar o magistrado na prolação da sentença, viabiliza a fluidez do procedimento, na medida que evita entraves na marcha processual - como a correção ou complementação da causa de pedir ou pedido -, adiamento da audiência ou, ainda, a extinção do processo sem resolução de mérito.

A reclamatória trabalhista está prevista no art. 840 da CLT, *in verbis*, recentemente alterado pela Lei 13.467/2017 (Reforma Trabalhista):

> Art. 840 CLT – "A reclamação poderá ser escrita ou verbal. § 1o Sendo escrita, a reclamação deverá conter a designação do juízo, a qualificação das partes, a breve exposição dos fatos de que resulte o dissídio, o pedido, que deverá ser certo, determinado e com indicação de seu valor, a data e a assinatura do reclamante ou de seu representante. § 2o Se verbal, a reclamação será reduzida a termo, em duas vias datadas e assinadas pelo escrivão ou secretário, observado, no que couber, o disposto no § 1o deste artigo. § 3o Os pedidos que não atendam ao disposto no § 1o deste artigo serão julgados extintos sem resolução do mérito.

A reclamação trabalhista pode ser verbal ou escrita. Entretanto, algumas petições iniciais trabalhistas são obrigatoriamente escritas. Citamos os seguintes exemplos:

(a) **Inquérito judicial para apuração de falta grave (Artigo 854 da CLT):** É a ação ajuizada pelo empregador contra o empregado para apuração de falta grave.

(b) **Dissídio coletivo (artigo 856 da CLT):** é um processo destinado à solução de conflitos coletivos de trabalho, por meio do qual há pronunciamentos normativos estabelecendo novas condições de trabalho.

A reclamação escrita deverá ser formulada em 2 vias, desde logo acompanhada dos documentos em que se fundar, com base no art. 787 da CLT.

Francisco Ferreira Jorge Neto, Letícia Costa Mota e Jouberto de Quadros Pessoa Cavalcante[38] afirmam que

---

[38] Francisco Ferreira Jorge Neto, Letícia Costa Mota, Jouberto de Quadros Pessoa Cavalcante (colaboração Cristiane Carlovich). Prática da reclamação trabalhista – 1.

> "Os requisitos internos da petição inicial (escrita ou verbal) trabalhista são os seguintes: (a) a designação da vara do trabalho ou do juiz de direito, a quem for dirigida; (b) a qualificação do reclamante e do reclamado; (c) uma breve exposição dos fatos de que resulte o dissídio (causa de pedir); (d) o pedido; (e) a data e a assinatura do reclamante ou de seu representante".

Independentemente da forma de apresentação da reclamação trabalhista (escrita ou verbal) deverá preencher certas condições do art. 840, §1º, da CLT para ser considera válida.

Mauro Schiavi[39] ensina que

> "Confrontando-se os requisitos da petição inicial com os do Processo Civil, constatamos que a CLT contém menos exigências que o CPC, para a inicial, pois não se exige que o reclamante apresente os fundamentos jurídico do pedido, o requerimento de produção de provas, e a opção do reclamante pela não realização de audiência de mediação ou conciliação."

Os requisitos da petição inicial trabalhista são mais brandos em relação àqueles previstos no art. 319 do CPC[40]. Prevalece o entendimento da necessidade de indicação do valor da causa na reclamação trabalhista, pois o procedimento é definido com base no valor dado à causa.

2. RECLAMAÇÃO TRABALHISTA VERBAL

A reclamação trabalhista verbal consiste na possibilidade do empregado e dos empregadores reclamar pessoalmente perante a Justiça do Trabalho, de forma oral, conforme previsto no art. 791, *caput*, da CLT. Tem fundamento nos princípios da simplicidade, informalidade, celeridade, economia processual, oralidade e do *jus postulandi*.

A reclamação trabalhista verbal será distribuída, antes da sua redução a termo (art. 786, CLT).

---

ed. – São Paulo: Atlas, 2017.

[39] Mauro Schiavi. Manual de Direito Processual do Trabalho. – 13. ed. – São Paulo: LTR, 2018.

[40] Art. 319 do CPC: A petição inicial indicará: I – o juízo a que é dirigida; II – os nomes, os prenomes, o estado civil, a existência de união estável, a profissão, o número de inscrição no Cadastro de Pessoas Físicas ou no Cadastro Nacional da Pessoa Jurídica, o endereço eletrônico, o domicílio e a residência do autor e do réu; III – o fato e os fundamentos jurídicos do pedido; IV – o pedido com as suas especificações; V – o valor da causa; VI – as provas com que o autor pretende demonstrar a verdade dos fatos alegados; VII – a opção do autor pela realização ou não de audiência de conciliação ou de mediação.

O reclamante deve se apresentar à secretaria da Vara do Trabalho, no prazo de cinco dias, para que a reclamação trabalhista seja reduzida a termo, salvo em caso de força maior[41]. Caso o reclamante não compareça no prazo fixado em lei, ocorrerá a perempção (chamada de perempção provisória ou temporária), isto é, ficará impedido de reclamar em face do mesmo empregador pelo prazo de 6 meses (art. 731, CLT).

Na hipótese de o reclamante dar causa ao arquivamento da ação, por duas vezes seguidas, por ausência à audiência (art. 844, CLT), também incorrerá na perempção (art. 732, CLT). É importante dizer após a apresentação da contestação, quando adiada a instrução processual, não importa arquivamento do processo (Súmula 9 do TST).

De forma diversa, a perempção no processo civil é definitiva, se caracterizando quando o autor der causa por três vezes a extinção do processo sem resolução do mérito por abandono da causa (art. 486, §3º, CPC).

A doutrina e jurisprudência divergem sobre a amplitude da perempção trabalhista. Para uma primeira corrente a perempção abrange qualquer ação na Justiça do Trabalho (teoria ampliativa). De acordo com essa teoria, ocorrendo a perempção não pode mover ação contra nenhuma empresa ou empregador.

Outra corrente, restritiva, defende que a perempção abrange apenas o mesmo empregador e o mesmo objeto ou pedido (teoria restritiva). Para uma terceira corrente, intermediária, a perempção abrange apenas o mesmo empregador/tomador de serviços.

Por fim, há quem defende a inconstitucionalidade ou não recepção da perempção trabalhista. De acordo com essa corrente há ofensa ao artigo 5º, XXXV da CF/88 e artigo 3º, caput, do CPC/15 (Princípio do amplo acesso ao Poder Judiciário ou da Inafastabilidade da Jurisdição).

3. RECLAMAÇÃO TRABALHISTA ESCRITA

A reclamação trabalhista apresentada de forma escrita é mais comum na praxe forense.

Os requisitos da petição inicial trabalhista são classificados em: **(i) formais** – pode ser apresentada de forma verbal ou escrita; **(ii) estru-**

---

[41] Na área trabalhista não há distinção de caso fortuito ou força maior do Direito Civil, é tudo força maior. A força maior está prevista no art. 501 a 504 da CLT.

turais ou intrínsecos – previstos no art. 840, § 1º, da CLT, bem como aqueles previstos no art. 319 do CPC, aplicados de forma supletiva e subsidiária ao processo do trabalho; (iii) **externos ou extrínsecos** – imprescindíveis para a formação do convencimento do magistrado.

O art. 840, §1º, da CLT prevê os seguintes requisitos: **a) Endereçamento:** Menção do juízo a que é dirigida; **b) Qualificação das partes:** Reclamante/reclamado; **c) Breve exposição dos fatos de que resulte o dissídio; d) Pedidos; e) Data e assinatura do reclamante ou de seu representante.**

A Reforma Trabalhista trouxe a necessidade da liquidez do pedido, ou seja, a lei fala que o pedido tem que ser certo e determinado, indicando o valor. Há uma linha de entendimento que defende a inconstitucionalidade dessa exigência, tendo em vista os princípios informadores do processo do trabalho.

Nessa toada, a IN nº 41/2018 do TST explica que exigência será por estimativa. Essa exigência foi inspirada no procedimento sumaríssimo[42].

O artigo 840, § 3º da CLT diz que a ausência de liquidez do pedido resulta em extinção do pedido sem resolução do mérito.

Além disso, há uma linha de entendimento que sustenta a possibilidade de o juiz do trabalho determinar a emenda da inicial no caso de pedido ilíquido. O juiz, ao verificar que a petição inicial não preenche os requisitos dos art. 840, §1º, da CLT e do art. 319 do CPC, ou que apresenta defeitos e irregularidades capazes de dificultar o julgamento de mérito, determinará que o reclamante a emende ou a complete, no prazo de 15 dias, indicando com precisão o que deve ser corrigido ou completado, sob pena de indeferimento da petição inicial. Nesse sentido as Súmulas 263 e 299, II, do TST.

---

42 Art. 852-B da CLT – Nas reclamações enquadradas no procedimento sumaríssimo: I - o pedido deverá ser certo ou determinado e indicará o valor correspondente; II - não se fará citação por edital, incumbindo ao autor a correta indicação do nome e endereço do reclamado; III - a apreciação da reclamação deverá ocorrer no prazo máximo de quinze dias do seu ajuizamento, podendo constar de pauta especial, se necessário, de acordo com o movimento judiciário da Junta de Conciliação e Julgamento. § 1º O não atendimento, pelo reclamante, do disposto nos incisos I e II deste artigo importará no arquivamento da reclamação e condenação ao pagamento de custas sobre o valor da causa. § 2º As partes e advogados comunicarão ao juízo as mudanças de endereço ocorridas no curso do processo, reputando-se eficazes as intimações enviadas ao local anteriormente indicado, na ausência de comunicação.

Como dito acima, os requisitos da petição inicial trabalhista são menos formais se comparado ao previsto no Processo Civil. Não estão compreendidos nos requisitos previstos na CLT: (i) Fundamento jurídico do pedido; (ii) Valor da causa; e (iii) Protesto por provas.

O CPC/15 trouxe a extinção da exigência do requerimento de citação do réu. Também deveria ter eliminado o protesto por provas.

Sobre o fundamento jurídico do pedido, existe divergência quanto a necessidade de verificação desse requisito.

Para a teoria clássica ou tradicional esse requisito é desnecessário, fundamentado na interpretação gramatical ou literal do artigo 840, § 1º da CLT, bem como nos princípios informadores do processo do trabalho. De outro lado, a teoria moderna ou evolutiva defende a ideia da necessidade dos fundamentos jurídicos do pedido na petição inicial trabalhista, pois a causa de pedir é composta pelos fatos e os fundamentos jurídicos do pedido, bem como permite o devido processo legal, do contraditório e da ampla defesa (Artigo 5º, LIV e LV da CF/88 + Artigo 9º e 10º do CPC/15).

No que tange ao valor da causa, previsto no art. 292 do CPC[43], há quem aponte ser desnecessário esse requisito. Porém, prevalece o entendimento de que deve ser apontado na petição inicial, visto que é importante para a fixação do rito, das custas e despesas processuais e

---

43 Art. 292 do CPC: O valor da causa constará da petição inicial ou da reconvenção e será: I - na ação de cobrança de dívida, a soma monetariamente corrigida do principal, dos juros de mora vencidos e de outras penalidades, se houver, até a data de propositura da ação; II - na ação que tiver por objeto a existência, a validade, o cumprimento, a modificação, a resolução, a resilição ou a rescisão de ato jurídico, o valor do ato ou o de sua parte controvertida; III - na ação de alimentos, a soma de 12 (doze) prestações mensais pedidas pelo autor; IV - na ação de divisão, de demarcação e de reivindicação, o valor de avaliação da área ou do bem objeto do pedido; V - na ação indenizatória, inclusive a fundada em dano moral, o valor pretendido; VI - na ação em que há cumulação de pedidos, a quantia correspondente à soma dos valores de todos eles; VII - na ação em que os pedidos são alternativos, o de maior valor; VIII - na ação em que houver pedido subsidiário, o valor do pedido principal. § 1º Quando se pedirem prestações vencidas e vincendas, considerar-se-á o valor de umas e outras. § 2º O valor das prestações vincendas será igual a uma prestação anual, se a obrigação for por tempo indeterminado ou por tempo superior a 1 (um) ano, e, se por tempo inferior, será igual à soma das prestações. § 3º O juiz corrigirá, de ofício e por arbitramento, o valor da causa quando verificar que não corresponde ao conteúdo patrimonial em discussão ou ao proveito econômico perseguido pelo autor, caso em que se procederá ao recolhimento das custas correspondentes.

dos honorários advocatícios. A Reforma Trabalhista reforça a necessidade de que seja indicado o valor da causa.

No que se refere ao protesto por provas é exigido no art. 315 do CPC. Entretanto, é comum o requerimento na praxe forense trabalhista.

Em tese não há necessidade do seu requerimento, considerando que os princípios e valores constitucionais, especialmente o devido processo legal, o contraditório e a ampla defesa (art. 5º, LIV e LV da CF/88 e artigos 1º a 15 do CPC/15). O próprio sistema é obrigado a oportunizar a produção de provas. A prova é um ônus processual, uma faculdade processual, cuja a não produção traz uma consequência processual negativa. Essa oportunidade é dada pelo sistema, independentemente da existência do protesto pela produção de provas.

O requerimento de citação do réu, no processo do trabalho, não é exigido, embora comum na prática.

Não obstante a exigência do art. 319, VII, do CPC, de indicar a opção pela realização ou não de audiência de conciliação ou de mediação, prevalece o entendimento de que é incompatível com o processo do trabalho, tendo em vista que a tentativa de conciliação é obrigatória no processo do trabalho (artigos 764, 846, 850 e 852-E da CLT).

A reclamação trabalhista escrita deverá vir acompanhada dos documentos necessários (art. 787 da CLT e art. 320 do CPC).

O processo do trabalho permite a aplicação do **princípio da extrapetição ou da ultrapetição, é uma flexibilização do princípio da adstrição, permitindo ao magistrado julgar além dos** limites objetivos da lide (causa de pedir e pedido), como, por exemplo, a aplicação *"ex officio"* da multa do art. 467 e 477 da CLT, juros, correção monetária e reflexos, dentre outros.

4. EMENDA DA PETIÇÃO INICIAL TRABALHISTA

O termo emendar significa corrigir, reformar, eliminar erros ou defeitos, fazer alterações. Consiste na correção da petição inicial, , partindo da premissa de vício processual sanável.

A CLT não prevê é silente sobre a emenda da petição inicial. Aplica-se subsidiariamente a previsão do art. 321 do CPC:

> Art. 321. *O juiz, ao verificar que a petição inicial não preenche os requisitos dos arts. 319 e 320 ou que apresenta defeitos e irregularidades capazes de*

dificultar o julgamento de mérito, determinará que o autor, no prazo de 15 (quinze) dias, a emende ou a complete, indicando com precisão o que deve ser corrigido ou completado. Parágrafo único. Se o autor não cumprir a diligência, o juiz indeferirá a petição inicial.

Nelson Nery Jr. e Rosa Nery (apud, Arruda Alvim, Granado e Ferreira, 2019)[44] ensinam que

> "Sendo possível a emenda da inicial, porque contém vício sanável, o juiz deve propiciá-la ao autor, sendo-lhe vedado indeferir, desde logo, a petição inicial. O indeferimento liminar do vestibular somente deve ser feito quando impossível a emenda, por exemplo, no caso de haver decadência do direito".

Para que seja possível a emenda da petição inicial o vício processual deve ser sanável. Do contrário, o magistrado deve indeferir a petição inicial e extinguir o processo sem resolução do mérito.

A jurisprudência consolidada do TST reconhece a possibilidade de emenda da exordial trabalhista na Súmula 263 e 299, II, do TST:

> Súmula nº 263 do TST - PETIÇÃO INICIAL. INDEFERIMENTO. INSTRUÇÃO OBRIGATÓRIA DEFICIENTE - Salvo nas hipóteses do art. 330 do CPC de 2015 (art. 295 do CPC de 1973), o indeferimento da petição inicial, por encontrar-se desacompanhada de documento indispensável à propositura da ação ou não preencher outro requisito legal, somente é cabível se, após intimada para suprir a irregularidade em 15 (quinze) dias, mediante indicação precisa do que deve ser corrigido ou completado, a parte não o fizer (art. 321 do CPC de 2015).
> Súmula nº 299 do TST - "AÇÃO RESCISÓRIA. DECISÃO RESCINDENDA. TRÂNSITO EM JULGADO. COMPROVAÇÃO. EFEITOS - I - É indispensável ao processamento da ação rescisória a prova do trânsito em julgado da decisão rescindenda. II - Verificando o relator que a parte interessada não juntou à inicial o documento comprobatório, abrirá prazo de 15 (quinze) dias para que o faça (art. 321 do CPC de 2015), sob pena de indeferimento. III - A comprovação do trânsito em julgado da decisão rescindenda é pressuposto processual indispensável ao tempo do ajuizamento da ação rescisória. Eventual trânsito em julgado posterior ao ajuizamento da ação rescisória não reabilita a ação proposta, na medida em que o ordenamento jurídico não contempla a ação rescisória preventiva. IV - O pretenso vício de intimação, posterior à decisão que se pretende rescindir, se efetivamente ocorrido, não permite a formação da coisa julgada material. Assim, a ação rescisória deve ser julgada extinta, sem julgamento do mérito, por carência de ação, por inexistir decisão transitada em julgado a ser rescindida.

---

44 Eduardo Arruda Alvim, Daniel Willian Granado e Eduardo Aranha Ferreira. Direito processual civil – 6. ed. – São Paulo : Saraiva Educação, 2019.

Não é possível, no entanto, a emenda da petição inicial no mandado de segurança, conforme entendimento pacificado na Súmula 415 do TST, pois a prova deve estar pré-constituída:

> *Súmula nº 415 do TST - "MANDADO DE SEGURANÇA. PETIÇÃO INICIAL. ART. 321 DO CPC DE 2015. ART. 284 DO CPC DE 1973. INAPLICABILIDADE - Exigindo o mandado de segurança prova documental pré-constituída, inaplicável o art. 321 do CPC de 2015 (art. 284 do CPC de 1973) quando verificada, na petição inicial do "mandamus", a ausência de documento indispensável ou de sua autenticação.*

A emenda da inicial decorre do princípio da instrumentalidade das formas ou da finalidade (Artigos 188 e 277 do CPC/15). Se tiver um confronto entre a forma e a finalidade do ato, a finalidade do ato prevalece, pois é mais importante.

5. INDEFERIMENTO DA PETIÇÃO INICIAL TRABALHISTA

O indeferimento é a rejeição de plano (liminar) da petição inicial, haja vista a existência de vícios processuais insanáveis.

O art. 330 do CPC/15 preceitua que a petição inicial será indeferida nas seguintes hipóteses:

> *Art. 330. CPC/15 – A petição inicial será indeferida quando: I - for inepta; II - a parte for manifestamente ilegítima; III - o autor carecer de interesse processual; IV - não atendidas as prescrições dos arts. 106 e 321 . § 1º Considera-se inepta a petição inicial quando: I - lhe faltar pedido ou causa de pedir; II - o pedido for indeterminado, ressalvadas as hipóteses legais em que se permite o pedido genérico; III - da narração dos fatos não decorrer logicamente a conclusão; IV - contiver pedidos incompatíveis entre si. § 2º Nas ações que tenham por objeto a revisão de obrigação decorrente de empréstimo, de financiamento ou de alienação de bens, o autor terá de, sob pena de inépcia, discriminar na petição inicial, dentre as obrigações contratuais, aquelas que pretende controverter, além de quantificar o valor incontroverso do débito. § 3º Na hipótese do § 2º, o valor incontroverso deverá continuar a ser pago no tempo e modo contratados.*

Os exemplos mais comuns no processo do trabalho são de inépcia da petição inicial, parte manifestamente ilegítima e falta de interesse processual.

Haverá inépcia da petição inicial quando: (i) faltar pedido ou causa de pedir; (ii) o pedido for indeterminado, ressalvadas as hipóteses legais em que se permite o pedido genérico; (iii) da narração dos fatos não decorrer logicamente a conclusão; (iv) contiver pedidos incompatíveis entre si (art. 330, I, e §1º, do CPC)[45].

A Reforma Trabalhista alterou a redação do art. 840 da CLT, passando a exigir a o pedido, certo, determinado e com indicação de seu valor (§1º), sob pena de extinção sem resolução do mérito (§3º).

6. ADITAMENTO DA PETIÇÃO INICIAL TRABALHISTA

Pelo dicionário a palavra aditar significa adicionar, acrescentar, aumentar.

O aditamento é a alteração do pedido ou da causa de pedir. Trata-se de alteração objetiva, ou seja, alteração dos elementos objetivos da ação.

O CPC prevê expressamente a possibilidade do aditamento subjetivo da petição inicial, nos artigos 338 e 339 do CPC[46].

---

[45] Art. 330. A petição inicial será indeferida quando: I – for inepta; II – a parte for manifestamente ilegítima; III – o autor carecer de interesse processual; IV – não atendidas as prescrições dos arts. 106 e 321. § 1º Considera-se inepta a petição inicial quando: I – lhe faltar pedido ou causa de pedir; II – o pedido for indeterminado, ressalvadas as hipóteses legais em que se permite o pedido genérico; III – da narração dos fatos não decorrer logicamente a conclusão; IV – contiver pedidos incompatíveis entre si. § 2º Nas ações que tenham por objeto a revisão de obrigação decorrente de empréstimo, de financiamento ou de alienação de bens, o autor terá de, sob pena de inépcia, discriminar na petição inicial, dentre as obrigações contratuais, aquelas que pretende controverter, além de quantificar o valor incontroverso do débito. § 3º Na hipótese do § 2º, o valor incontroverso deverá continuar a ser pago no tempo e modo contratados.

[46] Art. 338. CPC/15 – "Alegando o réu, na contestação, ser parte ilegítima ou não ser o responsável pelo prejuízo invocado, o juiz facultará ao autor, em 15 (quinze) dias, a alteração da petição inicial para substituição do réu. Parágrafo único. Realizada a substituição, o autor reembolsará as despesas e pagará os honorários ao procurador do réu excluído, que serão fixados entre três e cinco por cento do valor da causa ou, sendo este irrisório, nos termos do art. 85, § 8º .

Art. 339. CPC/15 – "Quando alegar sua ilegitimidade, incumbe ao réu indicar o sujeito passivo da relação jurídica discutida sempre que tiver conhecimento, sob pena de arcar com as despesas processuais e de indenizar o autor pelos prejuízos decorrentes da falta de indicação.

§ 1º O autor, ao aceitar a indicação, procederá, no prazo de 15 (quinze) dias, à alteração da petição inicial para a substituição do réu, observando-se, ainda, o parágrafo único do art. 338 .

No processo do trabalho, isso diz respeito mais especificadamente ao polo passivo da demanda, pois ocorre em audiência, dependendo da anuência do réu. Se o réu aceitar ocorrerá o adiamento da audiência, para permitir a elaboração da defesa em relação aos fatos novos alegados pelo autor. Do contrário, o juiz prosseguirá com a audiência e receberá a defesa.

---

§ 2º No prazo de 15 (quinze) dias, o autor pode optar por alterar a petição inicial para incluir, como litisconsorte passivo, o sujeito indicado pelo réu."

CAPÍTULO XXVIII.
DEFESA TRABALHISTA

1. INTRODUÇÃO

A defesa do reclamado está fundamentada no princípio do devido processo legal, do contraditório e da ampla defesa (art. 5º, LIV e LV da CF/88)[47].

A resposta do réu compreende o direito de apresentar defesa para resistir à pretensão formulada pelo autor, bem como um possível contra-ataque.

A esse respeito, Eduardo Arruda Alvim, Daniel Willian Granado e Eduardo Aranha Ferreira[48], advertem que:

> "A resposta do réu comporta as defesas opostas à ação ajuizada pelo autor e, também, um possível contra-ataque, consistente na propositura de reconvenção contra o autor.[...] Num sentido estritamente técnico, todavia, somente a matéria de defesa (processual e material) constitui, em essência, contestação. A reconvenção, consubstanciada na ação proposta pelo réu contra o autor no mesmo processo da ação originária, é modalidade de resposta que não necessariamente visa a impugnar a ação ajuizada pelo autor".

No mesmo sentido, Marcus Vinicius Rios Gonçalves[49] explica de forma elucidativa que

> "O réu pode apenas defender-se das alegações e das pretensões contidas na petição inicial. A peça de defesa por excelência é a **contestação**. Mas pode

---

[47] Art. 5º CF/88 – (...) LIV - ninguém será privado da liberdade ou de seus bens sem o devido processo legal; LV - aos litigantes, em processo judicial ou administrativo, e aos acusados em geral são assegurados o contraditório e ampla defesa, com os meios e recursos a ela inerentes;

[48] Eduardo Arruda Alvim, Daniel Willian Granado e Eduardo Aranha Ferreira. Direito processual civil. – 6. ed. – São Paulo : Saraiva Educação, 2019.

[49] Marcus Vinicius Rios Gonçalves. Direito processual civil esquematizado (coordenador Pedro Lenza) – 10. ed. – São Paulo : Saraiva Educação, 2019.

> *não se limitar a defender-se e contra-atacar, por meio de uma ação incidente autônoma, em que dirige pretensões contra o autor, apresentada na contestação, denominada **reconvenção**".*

A Consolidação das Leis do Trabalho regulamenta de forma precária as defesas nos arts. 847 e 799 a 802.

Como regra, no processo do trabalho, a defesa é apresentada em audiência, no prazo de 20 minutos, após a leitura da petição inicial, na forma do art. 847 da CLT:

> Art. 847 - Não havendo acordo, o reclamado terá vinte minutos para aduzir sua defesa, após a leitura da reclamação, quando esta não for dispensada por ambas as partes.
> Parágrafo único. A parte poderá apresentar defesa escrita pelo sistema de processo judicial eletrônico até a audiência.

Marcelo Moura[50] leciona que "O termo 'defesa', referido nesse artigo, é interpretado como 'resposta do réu', englobando, portanto, as exceções e a reconvenção".

Enoque Ribeiro dos Santos e Ricardo Antonio Bittar Hajel Filho[51], enfatizam que a CLT prevê a expressão "defesa" para abranger o direito de defesa em sentido amplo, conforme vemos na explicação elucidativa a seguir:

> *"**A norma consolidada não utiliza a nomenclatura contestação, mas sim a expressão defesa.** [...] A resposta do réu pode ser de três espécies: contestação, exceção (sentido estrito) e reconvenção (não sendo esta uma defesa, mas ação típica do réu contra o autor do processo originário, uma espécie de contra-ataque). Esse direito de defesa, <u>em sentido amplo</u>, está consubstanciado nos princípios constitucionais do devido processo legal, da inafastabilidade da jurisdição, do contraditório e da ampla defesa".*
> (grifos acrescidos)

A defesa da reclamada, portanto, compreende a contestação, exceção (de incompetência territorial, de suspeição ou impedimento) e reconvenção como medidas de resistência ou contra-ataque à pretensão apresentada pelo autor.

---

50 Marcelo Moura. Consolidação das Leis do Trabalho para concursos. – 8. ed – Salvador: JusPODIVM, 2018.

51 Enoque Ribeiro dos Santos, Ricardo Antonio Bittar Hajel Filho. Curso de direito processual do trabalho. – 2. ed. – São Paulo: Atlas, 2018.

Como regra a defesa é apresentada em audiência, pois a defesa por excelência é a contestação, também denominada de "defesa" ou "resposta".

O art. 847 da CLT estabelece que aberta a audiência o juiz irá propor a conciliação às partes (1ª tentativa obrigatória de conciliação). Não sendo possível o acordo, o juiz lerá a petição inicial para as partes - na prática isso não ocorre – e, em seguida, a reclamada poderá aduzir a sua defesa, de forma oral, no prazo de 20 minutos.

O prazo para apresentação da defesa oral é improrrogável, de modo que o juiz caçará a palavra da reclamada após o esgotamento do tempo legal. Em outras palavras, o juiz do trabalho não poderá constar em ata de audiência os argumentos defensivos apresentados intempestivamente (fora do tempo estipulado em lei).

Na praxe forense a defesa é apresentada de forma escrita.

A Reforma Trabalhista inseriu o parágrafo único ao art. 847 da CLT, possibilitando a apresentação de defesa escrita pelo sistema de processo judicial eletrônico (PJe) até a audiência.

Existe divergência sobre a interpretação da expressão "até a audiência", pois é comum a pauta atrasar.

Diante disso, a doutrina questiona se a expressão "até a audiência" se refere ao horário da audiência. Essa expressão refere-se ao horário previamente designado para o início da audiência ou o horário que ela efetivamente começar? Ou seria até o momento designado na CLT para apresentação da defesa (após a primeira tentativa de conciliação/ leitura da reclamação)?

A Resolução nº. 185 de 24 de março de 2017 do Conselho Superior da Justiça do Trabalho, republicada pelo ato CSJT.GP,SG nº. 146/2020), que dispõe sobre a padronização do uso, governança, infraestrutura e gestão do Sistema Processo Judicial Eletrônico (PJe) instalado na Justiça do Trabalho e dá outras providências, rescreve em seu artigo 22, que a contestação ou a reconvenção e seus respectivos documentos deverão ser protocolados no PJe *até a realização da proposta de conciliação infrutífera, sendo facultada a* e defesa oral, na forma do art. 847 da CLT.

Na notificação inicial, geralmente, é recomendado que a contestação ou a reconvenção e os documentos que as acompanham sejam protocolados no PJe com pelo menos 48h de antecedência da audiência. O réu poderá atribuir sigilo à contestação e à reconvenção, bem como aos documentos que as acompanham, devendo o magistrado retirar o sigilo caso frustrada a tentativa conciliatória.

2. CONTESTAÇÃO

A contestação é a principal modalidade de defesa do reclamado. Nela o réu, reclamado, apresenta os fundamentos de fato e direito para resistir à pretensão postulada pelo autor (reclamante).

Araken de Assis (apud Rennan Thamay, 2009)[52], explica que

> "[...] a mais importante modalidade de resposta do réu é a contestação. Trata-se da resposta mais importante por ser através dela que o réu exerce seu direito de defesa. E é na contestação, então, que o réu apresentará toda a matéria de defesa que tenha para alegar em seu favor (art. 336). Significa isto dizer que na contestação o réu apresentará defesas processuais e defesas de mérito, suscitando razões de fato e de direito para impugnar a demanda proposta pelo autor, devendo, ainda, indicar as provas que pretende produzir (art. 336)"

Elpídio Donizetti[53] ensina que a

> "Contestação é a modalidade de resposta por meio da qual o réu impugna o pedido do autor ou apenas tenta desvincular-se do processo instaurado por ele (art. 335). [...] Com vistas a obter uma declaração de improcedência do pedido formulado na inicial, o réu impugna os fatos e fundamentos jurídicos que lastreiam a pretensão do autor".

A CLT utiliza o termo "defesa" para se referir à contestação (art. 847, CLT). O Diploma Consolidado trata da contestação de forma precária, sendo necessária a aplicação, supletiva e subsidiária, do art. 335 e seguintes do CPC.

A contestação é regida por dois princípios:

---

[52] Rennan Thamay. Manual de direito processual civil. – 2. ed. – São Paulo : Saraiva Educação, 2019.

[53] Donizetti, Elpídio. Novo Código de Processo Civil Comentado– 3. ed. – São Paulo: Atlas, 2018.

A) PRINCÍPIO DA IMPUGNAÇÃO ESPECÍFICA OU DO ÔNUS DA IMPUGNAÇÃO ESPECIFICADA (ART. 341 DO CPC/15)[54]

Por esse princípio a reclamada deverá impugnar especificadamente cada fato/pedido ventilado pelo reclamante na exordial. É a ideia de um *check list*. A ausência de impugnação específica torna o fato incontroverso, havendo a presunção relativa de veracidade. Não cabe, portanto, a contestação por negação geral.

Existe uma corrente que sustenta a possibilidade do julgamento antecipado do pedido diante da ausência de impugnação específica. Essa corrente ganhou força com edição do Ato conjunto do TST, CSJT e do Corregedor Geral da JT n°. 3, que regulamentou a possibilidade de aplicação do julgamento parcial de mérito no processo do trabalho.

> *Ato conjunto n°. 3: Art. 1° O juiz decidirá parcialmente o mérito, nas hipóteses do art. 356 do CPC/2015.*
>
> Outros defendem que a ausência de impugnação específica resultaria na procedência do pedido. O fundamento legal seria o artigo 374, III, do CPC/15[55]. Fato incontroverso resulta em desnecessidade de produção probatória.
>
> Cabe ressaltar que, excepcionalmente, nas hipóteses do art. 341 do CPC, a parte poderá apresentar contestação por negativa geral: (i) advogado dativo; (ii) Curador especial; (iii)Defensoria Pública.

A figura do curador está prevista no artigo 793 da CLT, que cuida da reclamação trabalhista ajuizada por empregado menor de 18 (dezoito) anos.

> *Art. 793. CLT – A reclamação trabalhista do menor de 18 anos será feita por seus representantes legais e, na falta destes, pela Procuradoria da Justiça do Trabalho, pelo sindicato, pelo Ministério Público estadual ou curador nomeado em juízo.*

---

[54] Art. 341. CPC/15 – Incumbe também ao réu manifestar-se precisamente sobre as alegações de fato constantes da petição inicial, presumindo-se verdadeiras as não impugnadas, salvo se: I - não for admissível, a seu respeito, a confissão; II - a petição inicial não estiver acompanhada de instrumento que a lei considerar da substância do ato; III - estiverem em contradição com a defesa, considerada em seu conjunto. Parágrafo único. O ônus da impugnação especificada dos fatos não se aplica ao defensor público, ao advogado dativo e ao curador especial.

[55] Art. 374. CPC/15 – Não dependem de prova os fatos: (...) III - admitidos no processo como incontroversos;

O dispositivo legal trata de situações em que o reclamante tem capacidade de ser parte, mas não tem capacidade processual ou para estar em juízo.

Existe três capacidades estudadas na Teoria Geral do Processo:

i) **Capacidade de ser parte:** Capacidade genérica para figurar no processo como demandante ou demandado.

ii) **Capacidade processual para estar em juízo:** Aptidão para praticar atos sozinho. Para o menor, há a necessidade de representação processual em sentido amplo – pelo representante legal, MPT, sindicato, Ministério Público Estadual ou curador nomeado em juízo.

O artigo 341 do CPC/15 traz hipóteses de exceções objetivas, isto é, aquelas em que fatos não impugnados especificadamente não resultarão em presunção relativa de veracidade.

> **Art. 341. CPC/15** – *"Incumbe também ao réu manifestar-se precisamente sobre as alegações de fato constantes da petição inicial, presumindo-se verdadeiras as não impugnadas, salvo se: I - não for admissível, a seu respeito, a confissão; II - a petição inicial não estiver acompanhada de instrumento que a lei considerar da substância do ato; III - estiverem em contradição com a defesa, considerada em seu conjunto. Parágrafo único. O ônus da impugnação especificada dos fatos não se aplica ao defensor público, ao advogado dativo e ao curador especial."*

Assim, não haverá presunção de veracidade quando não for admissível a confissão (a exemplo das normas de higiene saúde e segurança no trabalho), ou se a petição inicial não estiver acompanhada de instrumento que a lei considerar da substância do ato (v.g., a reclamação trabalhista desacompanhada de norma coletiva que fundamenta o pedido), ou se o fato não impugnado especificadamente estiver em contradição com a defesa, considerada em seu conjunto.

Traz uma obrigação da petição inicial e a contestação serem analisadas em sua inteireza, por exemplo uma reclamação trabalhista com os seguintes pedidos:

Reclamante	Reclamada – Exemplo 1	Reclamada – Exemplo 2
Pedido	Contestação	Contestação
Reconhecimento do vínculo.	Contestação OK.	Não faz.
Verbas contratuais e resilitórias.	Não faz.	Contestação OK.

Reclamante pede reconhecimento do vínculo e pagamento de verbas contratuais e resilitórias. Pela impugnação específica a reclamada tem que contestar os dois pedidos.

As verbas contratuais e resilitórias são direitos que dizem respeito ao vínculo. Analisando a contestação em sua inteireza, o vínculo foi contestado, ainda que indiretamente. O inverso também é verdade. Se contesta o vínculo e não contesta as verbas contratuais e resilitórias, indiretamente está contestando, pois a verba só existe se há o vínculo.

Tem que analisar toda a contestação, o conjunto. Não dá para aplicar presunção relativa de veracidade isoladamente.

Se não aplica a presunção relativa de veracidade, volta para o básico, que é o ônus da prova. Reclamante prova fato constitutivo e reclamada prova fato impeditivo, modificativo ou extintivo.

B) PRINCÍPIO DA EVENTUALIDADE OU DA CONCENTRAÇÃO DE DEFESAS (ARTIGO 336 DO CPC/15)[56]

Por esse princípio caberá à reclamada alegar toda a matéria de defesa no bojo da contestação, sob pena de preclusão. Não admite, portanto, a contestação por etapas, sendo necessário apresentar toda a matéria de defesa, o que envolve três partes: (i) a defesa processual; (ii) a defesa indireta de mérito; (iii) a defesa direta de mérito.

---

56 Art. 336. CPC/15 – Incumbe ao réu alegar, na contestação, toda a matéria de defesa, expondo as razões de fato e de direito com que impugna o pedido do autor e especificando as provas que pretende produzir.

2.1. DEFESA PROCESSUAL

A defesa processual são vícios processuais que inviabilizam o prosseguimento do processo. Estão previstas no art. 337 do CPC[57] como preliminares de contestação.

Elpídio Donizetti[58] esclarece que

> "[...] o réu pode apenas defender-se da relação que o vincula ao processo, ou da pretensão do autor. Em outras palavras, a defesa pode ser processual ou de mérito. (...) Quando o réu pretende apenas livrar-se do jugo da relação processual estabelecida no processo em curso ou adiar o desfecho da demanda, apresenta defesa processual (...)."

A defesa processual pode ser dilatória ou peremptória. A primeira se dá quando não atinge a relação processual, mas apenas prorroga o seu término como, por exemplo, a inexistência ou nulidade de citação, a incompetência absoluta, inviabilizando temporariamente o desfecho do processo. Já as defesas peremptórias, fulminam a relação jurídica processual, se acolhidas. Temos como exemplo, a coisa julgada ou a litispendência.

A esse respeito, Humberto Theodoro Júnior[59] ensina que

---

[57] Art. 337. Incumbe ao réu, antes de discutir o mérito, alegar: I - inexistência ou nulidade da citação; II - incompetência absoluta e relativa; III - incorreção do valor da causa; IV - inépcia da petição inicial; V - perempção; VI - litispendência; VII - coisa julgada; VIII - conexão; IX - incapacidade da parte, defeito de representação ou falta de autorização; X - convenção de arbitragem; XI - ausência de legitimidade ou de interesse processual; XII - falta de caução ou de outra prestação que a lei exige como preliminar; XIII - indevida concessão do benefício de gratuidade de justiça. § 1º Verifica-se a litispendência ou a coisa julgada quando se reproduz ação anteriormente ajuizada. § 2º Uma ação é idêntica a outra quando possui as mesmas partes, a mesma causa de pedir e o mesmo pedido. § 3º Há litispendência quando se repete ação que está em curso. § 4º Há coisa julgada quando se repete ação que já foi decidida por decisão transitada em julgado. § 5º Excetuadas a convenção de arbitragem e a incompetência relativa, o juiz conhecerá de ofício das matérias enumeradas neste artigo. § 6º A ausência de alegação da existência de convenção de arbitragem, na forma prevista neste Capítulo, implica aceitação da jurisdição estatal e renúncia ao juízo arbitral.

[58] Donizetti, Elpídio. Novo Código de Processo Civil Comentado– 3. ed. – São Paulo: Atlas, 2018.

[59] Theodoro Júnior, Humberto. Curso de Direito Processual Civil – Teoria geral do direito processual civil,

"São peremptórias as que, uma vez acolhidas, levam o processo à extinção, como a de inépcia da inicial, ilegitimidade de parte, litispendência, coisa julgada, perempção etc. (art. 485).108 Aqui, o vício do processo é tão profundo que o inutiliza como instrumento válido para obter a prestação jurisdicional. São dilatórias as defesas processuais que, mesmo quando acolhidas, não provocam a extinção do processo, mas apenas causam ampliação ou dilatação do curso do procedimento. Assim, quando se alega nulidade da citação, incompetência do juízo, conexão de causas, deficiência de representação da parte ou falta de autorização para a causa, ou ausência de caução ou de outra prestação que a lei exige como preliminar (art. 335, I, II, VIII, IX e XII),109 em todos esses casos a defesa provoca apenas uma paralisação temporária do curso normal do procedimento, enquanto o obstáculo processual não seja removido".

As hipóteses mais comuns na Justiça do Trabalho são:

A) INÉPCIA DA PETIÇÃO INICIAL (ARTIGO 330, I E § 1º E ARTIGO 485, I DO CPC)[60]

A inépcia leva ao indeferimento da petição inicial, que leva a extinção do processo sem resolução do mérito. Ocorrerá a inépcia quando faltar pedido ou causa de pedir, ou quando da narração dos fatos não decorrer logicamente a conclusão, ou, ainda, quando contiver pedidos incompatíveis entre si.

B) INCOMPETÊNCIA ABSOLUTA

Toda a discussão da competência material da Justiça do Trabalho (Artigo 114 CF/88 – fruto da EC nº 45/04). Há três hipóteses de in-

---

processo de conhecimento e procedimento comum – vol. I. - 56. ed. – Rio de Janeiro: Forense, 2015.

[60] Art. 330. CPC/15 – "A petição inicial será indeferida quando: I - for inepta; II - a parte for manifestamente ilegítima; III - o autor carecer de interesse processual; IV - não atendidas as prescrições dos arts. 106 e 321 . § 1º Considera-se inepta a petição inicial quando: I - lhe faltar pedido ou causa de pedir; II - o pedido for indeterminado, ressalvadas as hipóteses legais em que se permite o pedido genérico; III - da narração dos fatos não decorrer logicamente a conclusão; IV - contiver pedidos incompatíveis entre si. § 2º Nas ações que tenham por objeto a revisão de obrigação decorrente de empréstimo, de financiamento ou de alienação de bens, o autor terá de, sob pena de inépcia, discriminar na petição inicial, dentre as obrigações contratuais, aquelas que pretende controverter, além de quantificar o valor incontroverso do débito. § 3º Na hipótese do § 2º, o valor incontroverso deverá continuar a ser pago no tempo e modo contratados."

competência absoluta: (i) Quanto à matéria; (ii) Quanto à pessoa; (iii) Quanto à hierarquia funcional.

No processo do trabalho a incompetência relativa não é preliminar de contestação, pois possui regulamentação específica, devendo ser apresentada em uma peça autônoma, como veremos adiante (artigo 800 da CLT)

2.2. DEFESA INDIRETA DE MÉRITO / DEFESA DE MÉRITO INDIRETA

Não se trata mais de vícios processuais. É comum encontrar na doutrina a expressão prejudicial de mérito, que não se confunde com preliminar.

Em um momento se alega defesa que representa um vício processual (preliminar), depois se ataca o mérito de maneira indireta (prejudicial de mérito) e de maneira direta.

Defesa indireta de mérito[61] é aquela caracterizada quando a reclamada reconhece o fato constitutivo do direito do reclamante, mas alega a existência de fato impeditivo, modificativo ou extintivo.

2.3. DEFESA DIRETA DE MÉRITO / DEFESA DE MÉRITO DIRETA

Defesa direta de mérito é aquela em que a reclamada ataca frontalmente as teses ventiladas pelo reclamante na exordial. Nas palavras de Humberto Theodoro Júnior[62] quando o "réu ataca o fato jurídico que constitui o mérito da causa (a sua *causa petendi*), tem-se a defesa chamada *de mérito*".

---

[61] Humberto Theodoro Júnior ensina que "a defesa de mérito pode, também, ser indireta, quando, embora se reconheça a existência e eficácia do fato jurídico arrolado pelo autor, o réu invoca outro fato novo que seja impeditivo, modificativo ou extintivo do direito do autor (NCPC, art. 350). São exemplos de defesa indireta de mérito a prescrição e a compensação".(Theodoro Júnior, Humberto. Curso de Direito Processual Civil – Teoria geral do direito processual civil, processo de conhecimento e procedimento comum – vol. I. - 56. ed. – Rio de Janeiro: Forense, 2015.)

[62] Theodoro Júnior, Humberto. Curso de Direito Processual Civil – Teoria geral do direito processual civil, processo de conhecimento e procedimento comum – vol. I. - 56. ed. – Rio de Janeiro: Forense, 2015.

É oportuno consignar que o CPC traz exceções ao princípio da eventualidade, ou seja, a possibilidade de alegação superveniente de teses, após a apresentação da contestação (Artigo 342 do CPC/15).

> *Art. 342. CPC/15 – "Depois da contestação, só é lícito ao réu deduzir novas alegações quando: I - relativas a direito ou a fato superveniente; II - competir ao juiz conhecer delas de ofício; III - por expressa autorização legal, puderem ser formuladas em qualquer tempo e grau de jurisdição."*

2.3.1. COMPENSAÇÃO

A compensação, enquanto instituto jurídico, é estudada no Código Civil, na parte de Direito das Obrigações (Artigos 368 a 380 do CC/02).

A compensação é a forma indireta de extinção das obrigações, caracterizada quando duas pessoas forem ao mesmo tempo credoras e devedoras uma da outra. Nesse contexto, as duas obrigações serão extintas até onde se compensarem.

De acordo com o Código Civil, a compensação efetua-se entre dívidas líquidas, vencidas e de coisas fungíveis.

No Direito Civil é uma forma indireta de extinção das obrigações. No Processo do Trabalho compensação representa um fato extintivo, trata-se de uma defesa indireta de mérito (Artigo 818, II, da CLT c.c art. 373, II, do CPC/15). Consubstancia um ônus da prova da reclamada.

O artigo 767 da CLT dispõe que a compensação só poderá ser arguida como matéria de defesa.

> *Art. 767 CLT – "A compensação, ou retenção, só poderá ser argüida como matéria de defesa."*

A expressão matéria de defesa é gênero. Defesa e contestação são palavras que não se confundem. Toda contestação é uma defesa, mas nem toda defesa é uma contestação. Há outras defesas além da contestação.

A expressão matéria de defesa gerou controvérsia doutrinária e jurisprudencial quanto a sua interpretação. Nesse contexto, veio a Súmula 48 do TST dispor que a compensação só poderá ser arguida na contestação. Isso afasta a reconvenção.

> *Súmula nº 48 do TST - COMPENSAÇÃO (mantida) - A compensação só poderá ser argüida com a contestação."*

Essa Súmula é relativa ao CPC/73. Na época a redação fazia sentido porque a reconvenção era uma peça autônoma, era outra defesa. Hoje é uma tese dentro da contestação. É possível que essa Súmula seja alterada ou adaptada à luz do Novo CPC.

A Súmula 18 do TST traz uma restrição a dívidas de natureza trabalhista.

> *Súmula nº 18 do TST - "COMPENSAÇÃO. A compensação, na Justiça do Trabalho, está restrita a dívidas de natureza trabalhista."*

A doutrina e a jurisprudência divergem caso o crédito do empregador seja maior do que o valor devido a título de verbas rescisórias. Para uma primeira corrente doutrinária deverá ocorrer a compensação integral na contestação. Outra corrente defende que deverá compensar uma parte na contestação e apresentar reconvenção para o adimplemento do valor remanescente. Uma terceira corrente doutrinária defende a que o meio processual para a compensação nesta hipótese não é a contestação, mas, sim, a reconvenção para a compensação do débito.

2.3.2. DEDUÇÃO

A dedução não se confunde com a compensação. É o instituto jurídico caracterizado quando houver a existência de um título trabalhista já pago pelo empregador.

Tabela comparativa entre compensação e dedução	
Compensação	Dedução
O juiz do trabalho não pode conhecer *ex officio*.	O juiz do trabalho deverá conhecer *ex officio*.
É alegada como matéria de defesa na contestação.	Princípio da vedação ao enriquecimento sem causa.
	Juiz pronuncia de ofício. É matéria de ordem pública.

2.3.3. RETENÇÃO

É um instituto jurídico caracterizado pelo ato da parte em deter algo de forma legítima até que a outra parte cumpra sua obrigação.

Uma parte pratica a retenção até que a outra parte cumpra a obrigação. Fazendo uma comparação com Direito Civil seria como *"exceptio non adimpleti contractus"* (exceção do contrato não cumprido), que autoriza a retenção até que a outra parte cumpra a sua obrigação.

Está prevista no artigo 767 da CLT, que traz a ideia de que a retenção na Justiça do Trabalho somente poderá ser alegada como matéria de defesa (rechaça a possibilidade da pronúncia de ofício). Não cabe declaração "ex officio" pelo magistrado.

Citamos como exemplo as seguintes situações:

> a) O empregador poderá reter o salário do empregado vendedor até que este devolva algum bem da empresa. Exemplo: mostruário de vendas, celular, notebook, veículo.
> b) Artigo 455 da CLT c.c. a OJ 191 SDI-1 do TST – Contrato de empreitada, subempreitada e dono da obra. Diante da inexistência de previsão legal específica, o contrato de empreitada de construção civil entre o dono da obra e o empreiteiro não enseja responsabilidade solidária ou subsidiária nas obrigações trabalhistas contraídas pelo empreiteiro, salvo sendo o dono da obra uma empresa construtora ou incorporadora."

2.4. REVELIA

A palavra revelia tem sua origem na expressão *rebellis*, que significa rebeldia. A Revelia é a ausência de resposta ou defesa do réu que torne os fatos alegados pelo autor controvertidos.

Com efeito, a doutrina diferencia revelia de contumácia. A contumácia seria o gênero, traduzindo qualquer inércia do autor ou do réu. Já a revelia é uma espécie do gênero contumácia, consubstanciando a inércia do réu na apresentação da defesa.

A revelia é uma espécie do gênero contumácia, que significa a inércia do autor ou do réu no processo, com amparo legal no art. 844 da CLT e nos arts. 344 a 346 do CPC.

Alguns doutrinadores não dissociam a revelia da contumácia. Para Humberto Theodoro Júnior são termos sinônimos:

> *"Ocorre a **revelia ou contumácia** quando, regularmente citado, o réu deixa de oferecer resposta à ação, no prazo legal. Como já se expôs, o réu não tem o dever de contestar o pedido, mas tem o ônus de fazê-lo. Se não responde ao autor, incorre em revelia, que cria para o demandado inerte um particular estado processual, passando a ser tratado como um ausente do processo".*

Segundo o art. 844 da CLT, haverá revelia quando o reclamado faltar à audiência e, consequentemente, não apresentar a sua defesa. Existe posicionamento doutrinário, entretanto, que aduz que a revelia também seria a ausência de contestação.

Nesse contexto, o art. 344, caput, do CPC/2015 vaticina que se o réu não contestar a ação, será considerado revel e presumir-se-ão verdadeiras as alegações de fato formuladas pelo autor.

Ainda que ausente o reclamado, presente o advogado na audiência, serão aceitos a contestação e os documentos eventualmente apresentados (art. 844, §5º, CLT).

2.5. ASPECTOS PRÁTICOS

A apresentação da contestação pela parte reclamada, mesmo que por meio eletrônico, impede a desistência da ação pelo autor sem o consentimento da reclamada.

Nesse aspecto, há divergência doutrinária ou jurisprudencial. Há quem entende que uma vez apresentada a defesa, ainda que antes da audiência, a parte não poderá desistir sem o consentimento da reclamada.

De forma contrária, há vozes que defendem que o reclamante poderá desistir da audiência antes do recebimento da defesa pelo magistrado em audiência.

O Tribunal Superior do Trabalho, recentemente, decidiu que a juntada da contestação antes da audiência não impede a desistência da ação pelo trabalhador, pois o momento processual adequado para a apresentação da defesa é na audiência, após a tentativa de conciliação:

> AGRAVO. RECURSO DE REVISTA. ACÓRDÃO PUBLICADO NA VIGÊNCIA DA LEI Nº 13.015/2014. NULIDADE DA SENTENÇA. DESISTÊNCIA DO RECLAMANTE LOGO APÓS A JUNTADA DA CONTESTAÇÃO NO PJe. *Constou da decisão agravada que, nos termos da interpretação sistemática das normas inseridas nos arts. 267, §4º, do CPC/73, 485, § 4º, do atual CPC, 847, caput, da CLT, o momento de apresentação da defesa é aquele que sucede à tentativa de acordo, sendo certo que a inserção da contestação no sistema eletrônico, de forma antecipada, não se presta à finalidade pretendida pela reclamada, até porque a aludida desistência foi apresentada antes do referido momento processual. Acrescente-se que ficara registrado no acórdão regional que a tese da reclamada, no sentido de que o reclamante teria prévio conhecimento do conteúdo da contestação, não fora provado nos autos, motivo pelo qual não se poderia presumir tal alegação e impor ao reclamante o prejuízo do não exercício do seu direito de desistência da ação, sob o jugo da concordância da reclamada. Além disso, ressaltou que o desentranhamento da defesa foi determinado de plano pelo magistrado em audiência que homologou o pedido de desistência independentemente da anuência da parte reclamada. Nesse contexto, para se chegar a conclusão contrária, como insiste a agravante, necessário seria o reexame do contexto fático probatório dos autos, procedimento este vedado em sede de recurso de revista por conta do que estabelece a Súmula 126 do TST. Considerando a*

improcedência do recurso, aplica-se à parte agravante a multa. (TST - RR - 1120-71.2013.5.07.0012 – Relator Min. BRENO MEDEIROS, Publicado acórdão em 08/05/2020)

Comungamos do posicionamento de o momento apropriado para o recebimento da defesa é a audiência, após a primeira tentativa de conciliação, de forma que o reclamante poderá desistir da ação unilateralmente sem necessidade de consentimento da parte reclamada.

Outro tema de relevo que encontramos na praxe forense é sobre os equívocos cometidos em decorrência do uso da tecnologia.

As grandes corporações respondem a um elevado número de ações trabalhista, o que exige uma integração e controle entre os setores da empresa para gerir os prazos e audiências nas ações trabalhistas. Mesmo assim, essas empresas estão suscetíveis ao cometimento de equívocos, como por exemplo a juntada de documentos, petições, recursos ou até mesmo defesas relativo a outro processo.

Caso a reclamada junte ao processo a defesa referente a outro processo, e o preposto esteja presente na audiência, é possível a decretação da revelia ou da pena de confissão? Para uma corrente doutrinária e jurisprudencial a apresentação da defesa pela parte, implica na preclusão consumativa.

Humberto Theodoro Júnior explica que

> *"A preclusão é fato processual impeditivo que acarreta a perda de faculdade da parte. Pode decorrer simplesmente do transcurso do prazo legal (preclusão temporal); da incompatibilidade de um ato já praticado e outro que se deseje praticar (preclusão lógica); ou do fato de já ter sido utilizada a faculdade processual, com ou sem proveito para a parte (preclusão consumativa)".*

Portanto, sempre que a parte praticar um ato processual ocorrerá a preclusão consumativa, de modo que não poderá repeti-lo.

Outra corrente defende, no entanto, que se trata de mera irregularidade formal, devidamente justificável, sendo certo que a aplicação da revelia seria desproporcional, com consequências danosas à reclamada. Argumentam que o juiz, nesta hipótese, pode autorizar a correção da irregularidade ou proporcionar à parte que apresente a defesa de forma oral.

Nesse sentido colhemos o seguinte julgado:

*RECURSO DE REVISTA. NULIDADE. CERCEAMENTO DE DEFESA. COMPARECIMENTO DA PARTE RECLAMADA NA AUDIÊNCIA. APRESENTAÇÃO DE DEFESA RELATIVA A OUTRO PROCESSO. REVELIA E CONFISSÃO FICTA. EXCESSO DE RIGOR FORMAL. PROVIMENTO. Incontroverso nos autos que o reclamado compareceu à audiência em que deveria oferecer defesa. O egrégio Tribunal Regional, porém, manteve a sentença que aplicou o instituto da revelia, em razão da não apresentação de defesa adequada pelo réu na audiência (a contestação e documentos apresentados não se referiam à reclamante Thais Tayanne Carvalho Miranda, mas sim ao processo da funcionária Daniela das Graças Benevides). Indeferiu, por conseguinte, a posterior juntada de documentos e a produção de prova oral. É cediço, contudo, que no Processo do Trabalho a revelia não é caracterizada pela ausência de contestação, mas sim pela ausência do reclamado em juízo. O artigo 844 da CLT dispõe que o não comparecimento do reclamado à audiência importa em revelia. Ora, considerando que o reclamado compareceu à audiência inaugural, o **equívoco na apresentação de defesa relativa a processo movido por outro empregado, configurou, na oportunidade, mera irregularidade formal**, devidamente justificada pelo fato de que o reclamado tinha audiências marcadas para horários próximos. Diante da letra do artigo 844 da CLT, **tal equívoco é incapaz de provocar a revelia com a consequente confissão ficta, mormente porque, esclarecido que houve troca de peças de contestação, poderia ter o juízo, inclusive, oportunizado a defesa oral do reclamado, na forma do artigo 847 da CLT. Ademais, no Processo do Trabalho vigoram os princípios da informalidade, da oralidade e da instrumentalidade das formas. Assim, uma mera irregularidade formal não pode impor à parte penalidade tão pesada quanto a revelia, com as suas possíveis consequências, ficando configurado, na hipótese, evidente excesso de formalismo aplicado pelo juízo**. Dessa forma, o Tribunal Regional, ao entender presente a revelia, aplicando a confissão ficta ao réu, além de configurar excessivo rigor formal, implicou em afronta ao artigo 5º, LV, da Constituição Federal, por lhe cercear o direito de defesa. Recurso de revista de que se conhece e a que se dá provimento. (TST - RR - 2083-32.2012.5.10.0012 – 4ª Turma – Relator CAPUTO BASTOS - Publicado acórdão em 24/05/2019)*

E não para por aí. Outra situação que ocorre muito na prática é a exigência de apresentação da contestação, no processo eletrônica, antes da audiência. O Tribunal Superior do Trabalho enfrentou esse tema entendeu que os avanços da informática em prol da celeridade jurisdicional não autorizam a imposição de ônus desproporcional ao previsto em lei, de forma que no processo do Trabalho, é a apresentação de defesa, em audiência (artigo 847 da CLT):

RECURSO DE REVISTA INTERPOSTO EM FACE DE DECISÃO PUBLICADA A PARTIR DA VIGÊNCIA DA LEI Nº 13.015/2014. AUTOS ELETRÔNICOS.

DETERMINAÇÃO PARA APRESENTAÇÃO DE CONTESTAÇÃO DIAS ANTES DA AUDIÊNCIA. DIFERENÇA ENTRE ATO DE SISTEMA E ATO PROCESSUAL EXIGÊNCIA NÃO PREVISTA EM LEI. APLICAÇÃO DA PENA DE REVELIA. CERCEAMENTO DE DEFESA. CARACTERIZAÇÃO. A gênese do ato processual – e, de resto, a sua própria conceituação – sofre substancial modificação no PJe-JT, ante a utilização de procedimentos automatizados, funcionalidade impensada na realidade do processo físico. Contudo, nem todo ato praticado no sistema, em que pese fazer parte dele enquanto tal, se converte em ato processual, a caracterizar distinção entre ato de sistema e ato de processo. Para a uniformização de tais parâmetros mostrou-se urgente a padronização das regulamentações editadas pelos diversos tribunais. Nesse sentido, destaca-se a Resolução nº 94, de 23/03/2012, do Conselho Superior da Justiça do Trabalho, que, no âmbito específico da Justiça do Trabalho, regulamentou o uso do sistema e definiu tratamento uniforme para diversas questões envolvendo o PJe-JT, matéria, hoje, regulamentada pela Resolução CSJT nº 185/2017. Também o Conselho Nacional de Justiça editou, em 18/12/2013, a Resolução nº 185, de conteúdo em muito semelhante à adotada nesta Justiça Especializada. Por tais resoluções, procurou-se uniformizar as regras disciplinadoras dos procedimentos e, com isso, evitar que os diversos TRTs, no âmbito de suas jurisdições, editassem, embora com idêntica finalidade, atos normativos variados. Igualmente necessária a ponderação de que os benefícios obtidos com os avanços da informática em prol da celeridade jurisdicional não autorizam que se imponha ônus desproporcional à parte, não previsto em lei, independentemente do polo processual que assuma na demanda. Na hipótese dos autos, verifica-se desvirtuamento das diretrizes traçadas, quando da determinação de que a ré apresentasse "contestação em 20 dias por meio eletrônico (PJe-JT) (....) sob pena de preclusão", em prejuízo do prazo mais elasticido, previsto na CLT. Embora amparada em norma regulamentar do Tribunal Regional (Orientação SECOR/GP n. 1, de 21.2.2014 – Boletim Interno – TRT 24, de 27.2.2014), a medida implica desrespeito à garantia processual já incorporada ao patrimônio jurídico processual da parte, uma vez que a regra, no processo do Trabalho, é a apresentação de defesa, em audiência (artigo 847 da CLT). Configurado, portanto, cerceamento de defesa, a justificar o reconhecimento de violação do artigo 5º, LV, da Constituição Federal. Recurso de revista de que se conhece e a que se dá provimento.

Não podemos esquecer que a Reforma Trabalhista acrescentou o parágrafo único ao art. 847 da CLT, que permite a apresentação da defesa escrita, no processo eletrônico, até a audiência, de forma que a exigência da apresentação da defesa antes da audiência se mostra contraria ao texto legal.

3. EXCEÇÕES RITUAIS NA JUSTIÇA DO TRABALHO

A expressão "exceção" significa o desvio de uma regra ou de um padrão convencionalmente aceito.

Juridicamente a exceção pode ser estudada como sinônimo de defesa, utilizada para contrapor-se à demanda proposta; também, poderá ser entendida como matéria de defesa, ou como exceção ritual, isto é, uma defesa processual, para corrigir vícios referente ao local de propositura da demanda, ou referente a (im)parcialidade do magistrado (suspeição ou impedimento).

Enoque Ribeiro dos Santos, Ricardo Antonio Bittar Hajel Filho ensinam que *"Como sinônimo de defesa, abrangendo todas as suas modalidades (sentido amplo). Desse modo, exceção, como sinônimo de defesa, seria o direito constitucional do qual se acha investido o réu para obstar, por diversas maneiras, à ação que lhe foi movida. Contrapõe-se ao direito de ação. Exceções podem ser entendidas, também, como matérias de defesa que só podem ser conhecidas caso sejam suscitadas pelas partes (exemplo: o pagamento, a compensação). Em outras palavras, matérias não conhecíveis de ofício e que, alegadas a destempo, tornam-se preclusas. Podem ser entendidas como antônimo de objeção. Por fim, temos a exceção ritual, que é uma defesa processual, pois objetiva corrigir vícios que atingem o juízo (local) e o julgador (pessoa do magistrado). Logo, são defesas indiretas que não colocam termo ao processo, procurando sanar vícios relacionados aos pressupostos processuais. São as exceções de incompetência, de impedimento, de suspeição".*

A CLT prevê apenas duas espécies de exceções rituais: exceção de incompetência territorial e exceção de suspeição (art. 799 e seguintes). Existe uma lacuna quanto à exceção de impedimento.

A CLT é o Decreto Lei 5.452/43, portanto foi inspirada no CPC de 1939, que também tinha lacuna quanto ao impedimento.

O artigo 801 da CLT traz as hipóteses de suspeição do magistrado: amizade, inimizade, interesse e parentesco.

As causas subjetivas são enquadradas na hipótese de suspeição (amizade, inimizade e interesse). Contudo, o parentesco não é uma hipótese subjetiva, mas sim objetiva, portanto seria uma espécie de impedimento e não de suspeição, mas para a CLT é suspeição.

Atualmente prevalece o entendimento da aplicação subsidiária e supletiva dos artigos 144 a 146 do CPC/15. O art. 144 CPC prevê as hipóteses de impedimento (natureza objetiva). Já o art. 145 CPC dispõe sobre as hipóteses de Suspeição (natureza subjetiva).

No Processo do Trabalho, a exceção de incompetência relativa, também chamada de exceção declinatória de foro, é cabível quando há o descumprimento das normas processuais trabalhistas concernentes ao território, estampadas no art. 651 da CLT, que traz a competência territorial (ratione loci) da Justiça do Trabalho.

Carlos Henrique Bezerra Leite de forma clara explica que *"a expressão 'exceção de incompetência terminativa do feito' significa que, se o juiz acolhê-la, deverá remeter os autos para outro órgão jurisdicional diverso da Justiça do Trabalho. Noutro falar, a decisão que acolhe a 'exceção terminativa do feito', embora interlocutória, implica a 'terminação' (saída) do processo na Justiça do Trabalho e sua remessa a outro ramo do Judiciário".*

A Reforma Trabalhista trouxe a regulamentação procedimental da exceção de incompetência territorial, de forma que, nesse aspecto, fica afastada a aplicabilidade das regras contidas no Código de Processo Civil. Continua existindo, portanto, a exceção em estudo como peça autônoma, tendo regramento no art. 800 da CLT.

De acordo com art. 1º, *caput*, da Instrução Normativa n. 39/2016 do TST, a aplicação subsidiária e supletiva do CPC/2015 ao processo do trabalho depende da existência de 2 (dois) requisitos cumulativos, quais sejam, lacuna na Consolidação das Leis do Trabalho e compatibilidade de princípios e regras, à luz dos arts. 769 e 889 da CLT e do art. 15 do novo CPC.

A exceção de incompetência territorial deve ser apresentada no prazo de cinco dias a contar da notificação, antes da audiência e em peça que sinalize a existência desta exceção, portanto, em peça autônoma.

Protocolada a petição, será suspenso o processo e não se realizará a audiência até que se decida a exceção.

O processo será imediatamente concluso ao juiz, que intimará o reclamante para manifestar-se no prazo de cinco dias. Se existir litisconsortes também será intimado para manifestar-se no prazo de cinco dias, mas, o prazo será comum.

O juiz poderá designar audiência para a produção de prova oral, se entender necessária, sendo possível o depoimento do excipiente e das suas testemunhas, inclusive, por meio de por carta precatória.

Após a decisão da exceção de incompetência territorial, o processo retomará seu curso, com a designação de audiência, a apresentação de defesa e a instrução processual.

4. RECONVENÇÃO NA JUSTIÇA DO TRABALHO

A doutrina diz que reconvenção vem do latim *"reconventio"* (voltar-se contra o autor na Justiça). É o contra-ataque do réu em face do autor na mesma relação jurídica processual.

João Monteiro (1912, p. 346 apud Theodoro Júnior, 2015) conceitua a reconvenção como "a ação do réu contra o autor, proposta no mesmo feito em que está sendo demandado".

Para Eduardo Arruda Alvim, Daniel Willian Granado e Eduardo Aranha Ferreira *"A reconvenção é uma nova ação dirigida pelo réu (reconvinte) contra o autor (reconvindo), no mesmo processo por este instaurado contra aquele. Trata-se de instituto que foi idealizado em atendimento ao princípio da economia processual, ensejando a tramitação e o julgamento conjunto de litígios conexos".*

A reconvenção, portanto, trata-se de um direito conferido ao réu de acionar o autor na mesma relação jurídica processual, tendo como fundamento o princípio da economia processual, já que as causas são conexas.

No que atina a natureza jurídica da reconvenção, há divergência na doutrina e na jurisprudência.

Para uma corrente possui natureza jurídica de ação, por ser considerada uma ação autônoma na mesma relação jurídica processual (há um processo e duas ações), na forma dos artigos Essa corrente possuía mais força no CPC anterior. Nessa época, essa posição tinha muita força porque antes a reconvenção era uma peça autônoma. Por isso que fazia sentido toda a discussão do pedido contraposto na ação dúplice, pois em algumas ações não precisava de reconvenção, pois era possível na própria contestação fazer o pedido. Sendo a reconvenção uma peça autônoma, justificava um processo com duas ações.

Mesmo com o advento do CPC é possível o ajuizamento de reconvenção como peça autônoma, sendo que o autor poderá deixar de apresentar contestação, por exemplo, e apenas reconvir. Isso decorre do princípio da autonomia da reconvenção (art. 343, § 6º, do CPC).

É possível a reconvenção como peça autônoma, mas é praticamente inviável, pois hoje a reconvenção é uma tese dentro da contestação. O entendimento dessa corrente ainda existe, mas foi enfraquecido com o advento do CPC/15.

Existe outra corrente doutrinária, em sentido contrário, que defende a reconvenção como mero incidente processual. Essa tese foi reforçada pelo art. 343, caput do CPC, já que a reconvenção deve ser ventilada como tese meritória da contestação.

No processo civil as partes são denominadas de Réu-reconvinte e Autor-reconvindo. No processo do trabalho, por sua vez, as partes são denominadas de reclamada-reconvinte e reclamante-reconvindo.

4.1. REQUISITOS CUMULATIVOS DE ADMISSIBILIDADE DA RECONVENÇÃO NA JUSTIÇA DO TRABALHO

Ao longo da história do Processo do Trabalho, durante muitos anos, a reconvenção era incompatível com o processo do trabalho, pois não se coadunava com os seus princípios informadores.

Existia um raciocínio que perdurou por longos anos. A reconvenção na Justiça do Trabalho poderia trazer uma complexidade que se chocava com os princípios informadores do Processo do Trabalho.

Essa hoje é uma posição minoritária. A posição majoritária é pela admissibilidade.

Contudo no Processo do trabalho é preciso respeitar os requisitos tradicionais (clássicos) e requisitos específicos:

a) **O juiz deverá ser competente para a ação originária e a reconvenção;**
b) **Observância de procedimento adequado para a ação originária e a reconvenção** - em tese, o procedimento adequado é o ordinário ou comum, por ser o mais completo e, portanto, o mais complexo. Prevalece o entendimento da incompatibilidade da reconvenção nos procedimentos trabalhistas céleres, pois existe incompatibilidade de princípios e regras. Os princípio e regras desses procedimentos não se coadunam com os princípios e regras da reconvenção. As ações que observam esses ritos são enquadradas como de natureza dúplice (sumários e sumaríssimo), que são aquelas em que o réu na contestação pode apresentar

defesa e ataque (pedido contraposto). Nessas ações não há reconvenção, pois ela não é necessária.

c) **A reconvenção deverá ser conexa com a ação originária ou com o fundamento de defesa**

No que se refere às regras procedimentais da reconvenção na Justiça do Trabalho, é necessária a aplicação do artigo 343 do CPC/15 e realizar adaptações ao Processo do Trabalho, pois a CLT apresenta lacuna, de forma que a reconvenção será apresentada em audiência.

Ainda, tento em vista o princípio da oralidade, atávico ao processo do trabalho, é possível a apresentação da reconvenção de forma verbal ou escrita.

Hoje a reconvenção é apresentada dentro da contestação, é uma tese, mas é possível reconvenção com peça escrita. O atrigo 343, § 6º, do CPC/15 traz o princípio da autonomia da reconvenção.

O magistrado poderá julgar de forma antecipada a reconvenção, e prosseguir o feito em relação ao a reclamação trabalhista.

A decisão que indeferir a reconvenção, para uns, tem natureza jurídica de sentença, sendo possível a interposição de recurso ordinário no prazo de 8 (oito) dias (Artigo 203, § 1º, CPC/15, artigo 895, I, CLT e artigo 485, I do CPC/15). Trata-se de uma sentença terminativa ou processual.

Para uma segunda corrente essa decisão possui natureza jurídica de decisão interlocutória, aplicando-se ao caso, o princípio da irrecorribilidade imediata, direta, em separado ou autônoma das decisões interlocutórias, na forma do art. 799, § 2º e 893, § 1º da CLT e Súmulas 214 e 414 do TST.

Outra corrente doutrinária, defende a natureza jurídica híbrida, mista, atípica ou *sui generis*. É uma natureza jurídica intermediária entre a decisão interlocutória e a sentença. Isso resultou em uma sentença parcial. Não é propriamente uma sentença, nem uma decisão interlocutória. É um misto dos dois.

Proposta a reconvenção, o autor será intimado na pessoa de seu advogado para apresentar resposta no prazo de 15 (quinze) dias (art. 343, CPC).

Esse dispositivo é aplicável ao Processo do Trabalho com adaptações, na medida em que deve ser conjugado com o art. 841 da CLT, devendo ser respeitado o interstício mínimo de cinco dias entre a citação e a data da audiência, e não os 15 idas previstos no CPC. Além disso, o momento adequado para a apresentação da defesa é em audiência, após a primeira tentativa de conciliação ou da leitura da inicial, quando exigido pelas partes (art. 487 da CLT).

CAPÍTULO XXIX.
ÔNUS DA PROVA

1. NOTAS INTRODUTÓRIAS

A palavra prova é empregada corriqueiramente no sentido de demonstrar a veracidade de uma proposição ou de um fato. É o ato de comprovar algo.

Na acepção jurídica a prova é um instituto de natureza jurídica processual e tem como objetivo formar a convicção do juiz na busca da verdade real.

Nas palavras do jurista Enrico Túlio Liebman (apud Carlos Henrique Bezerra Leite, 2019), a as provas são

> *"os meios que servem para dar conhecimento de um fato, e por isso a fornecer a demonstração e a formar a convicção da verdade do próprio fato; e chama-se instrução probatória a fase do processo dirigida a formar e colher as provas necessárias para essa finalidade".*

O objeto da prova são os fatos, entretanto, nos termos do artigo 376 do CPC/15 o juiz pode exigir a prova do teor e vigência quando se tratar de direito estrangeiro, estadual, municipal ou consuetudinário.

No tocante a este último, cabe destacar a norma coletiva, que deve ser juntada pelo reclamante para fundamentar a sua pretensão. Corrente contrária, defende que a norma coletiva é comum às partes, portanto, se o reclamante não juntar e a reclamada não impugnar a existência, a pretensão é válida.

2. PRINCÍPIOS SOBRE PROVA

Os princípios são as vigas mestras dos arcabouços normativos. No processo do trabalho, os principais princípios que orientam a atividade probatória são:

2.1. PRINCÍPIO DO CONTRADITÓRIO E AMPLA DEFESA

As partes têm o direito fundamental de se manifestarem reciprocamente sobre as provas apresentadas.

Esse princípio está estampado no art. 5º, LV da CF/88, que garante *"aos litigantes, em processo judicial ou administrativo, e aos acusados em geral são assegurados o contraditório e ampla defesa, com os meios e recursos a ela inerentes".*

É garantido às partes o direito de apresentar as suas provas com paridade de armas, igualdade de oportunidades.

2.2. PRINCÍPIO DA UNIDADE DA PROVA

A prova deve ser apreciada pelo seu conjunto e não por parte.

Citamos como exemplo o depoimento de uma testemunha que faltar com a verdade em algum momento do depoimento. O juiz deve desconsiderar o depoimento como um todo.

2.3. PRINCÍPIO DA AQUISIÇÃO PROCESSUAL OU DA COMUNHÃO DAS PROVAS

A prova pertence ao processo e não a parte. Nesse sentido, é possível requerer a oitiva da testemunha trazida pela outra parte.

2.4. PRINCÍPIO DO LIVRE CONVENCIMENTO MOTIVADO

Esse princípio é utilizado no momento da valoração da prova.

Antigamente existia o sistema das ordálias divinas, que defendia que a prova era valorada, conforme a reação da parte em uma situação extrema.

Posteriormente, passou a ser utilizada o sistema da prova tarifada, da qual cada prova tinha o seu valor. Depois, prevaleceu o sistema do livre convencimento, que defendia que o magistrado tinha total liberdade na valoração da prova.

Por fim, para garantir a imparcialidade, prevaleceu o princípio do livre convencimento motivado.

2.5. PRINCÍPIO DA PRIMAZIA DA REALIDADE

Por esse princípio, a realidade prevalece em face da formalidade. Assim, a realidade dos fatos prevalece, por exemplo, sobre as anotações prevista na carteira de trabalho.

Nesse sentido, a Súmula nº 12 do TST que estabelece que a anotação na carteira gera uma presunção relativa de veracidade, justamente porque é possível às partes produzir prova em contrário, a fim de demonstrar a que as anotações não correspondem ao que efetivamente ocorreu.

2.6. PRINCÍPIO DA APTIDÃO DA PROVA

A parte que tem melhor condição, isto é, maior facilidade de produzir a prova, a esta incumbirá o ônus probatório.

A esse respeito, corroborando o princípio da aptidão da prova, a Súmula 460 do TST entende que o empregador tem melhor condição para provar que o empregado não satisfaz os requisitos para o recebimento do vale-transporte ou, ainda, que não pretende fazer uso de tal benesse.

2.7. PRINCÍPIO DA VEDAÇÃO DA PROVA ILÍCITA

O artigo 5º, LVI, da CF/88 prevê que é vedada a utilização de prova obtida de forma ilícita.

Decorre de tal princípio a teoria dos frutos da árvore envenenada (teoria da prova ilícita derivada).

Há debate na doutrina quanto a aplicação do princípio em análise.

Para uma primeira corrente, através de uma interpretação literal não se admite nenhuma exceção, ou seja, a prova ilícita sempre será proibida.

Já para a segunda corrente, se o objeto da prova é lícito ela é válida, ainda que admitida de forma ilícita.

Uma terceira vertente interpretativa, cujo o entendimento é majoritário, deve ser utilizada a ponderação, de forma que a prova ilícita pode ser admitida quando for o único meio de provar o alegado e no caso concreto através de uma ponderação o magistrado constatar que o bem jurídico que deve ser provado deve ser melhor protegido do que o bem jurídico violado pela prova ilícita.

O STF defende tal corrente ao admitir válida a gravação clandestina, quando um dos interlocutores tem o conhecimento da gravação.

3. O QUE PROVAR?

3.1. OBJETO DA PROVA

Essa indagação refere-se ao objeto da prova.

As partes devem concentrar os esforços para provar os fatos controvertidos, isto é, os fatos que são objeto de divergência entre as partes.

Como regra, apenas os fatos devem ser provados pelas partes, isso porque em nosso sistema processual presume-se que o magistrado é conhecedor do direito – *"da mihi factum, dabo tibi jus"*, ou seja, dá-me os fatos, que lhe darei o direito.

3.2. FATOS QUE NÃO DEPENDEM DE PROVA

Existem alguns fatos que não precisam ser provados.

O artigo 374 do CPC prevê que não depende de prova os seguintes fatos:

i) **Fato notório:** é um fato de conhecimento de uma cultura mediana. Exemplo: É fato notório o abalo psicológico pela perda de um ente querido.
ii) **Fato confessado:** É o alegado por uma parte e confirmado pela outra.
iii) **Fato incontroverso:** É o fato alegado por uma parte e não negado pela outra.
iv) **Fato irrelevante:** É aquele fato que não tem qualquer relação com o processo.

4. ÔNUS DA PROVA

Inicialmente, cabe diferenciar ônus de obrigação. O primeiro é uma faculdade da parte. Já a obrigação é um dever. O ônus pode ser subjetivo, referente a quem deve provar, e objetivo com relação ao objeto da prova.

A CLT durante muito tempo previu que ônus da prova é de quem alega.

A Reforma Trabalhista alterou o artigo 818 da CLT. Para prever que cabe ao reclamante o ônus de provar fato constitutivo e ao réu provar o fato impeditivo, modificativo e extintivo do direito. Nesse sentido, foi equiparada a CLT ao artigo 373 do CPC/15.

> Art. 818. CLT – "O ônus da prova incumbe:
> I - ao reclamante, quanto ao fato constitutivo de seu direito;
> II - ao reclamado, quanto à existência de fato impeditivo, modificativo ou extintivo do direito do reclamante.
> § 1º Nos casos previstos em lei ou diante de peculiaridades da causa relacionadas à impossibilidade ou à excessiva dificuldade de cumprir o encargo nos termos deste artigo ou à maior facilidade de obtenção da prova do fato contrário, poderá o juízo atribuir o ônus da prova de modo diverso, desde que o faça por decisão fundamentada, caso em que deverá dar à parte a oportunidade de se desincumbir do ônus que lhe foi atribuído.
> § 2º A decisão referida no § 1o deste artigo deverá ser proferida antes da abertura da instrução e, a requerimento da parte, implicará o adiamento da audiência e possibilitará provar os fatos por qualquer meio em direito admitido.
> § 3º A decisão referida no § 1o deste artigo não pode gerar situação em que a desincumbência do encargo pela parte seja impossível ou excessivamente difícil.
> Art. 373. CPC/15 – "O ônus da prova incumbe:
> I - ao autor, quanto ao fato constitutivo de seu direito;
> II - ao réu, quanto à existência de fato impeditivo, modificativo ou extintivo do direito do autor.
> § 1º Nos casos previstos em lei ou diante de peculiaridades da causa relacionadas à impossibilidade ou à excessiva dificuldade de cumprir o encargo nos termos do caput ou à maior facilidade de obtenção da prova do fato contrário, poderá o juiz atribuir o ônus da prova de modo diverso, desde que o faça por decisão fundamentada, caso em que deverá dar à parte a oportunidade de se desincumbir do ônus que lhe foi atribuído.
> § 2º A decisão prevista no § 1º deste artigo não pode gerar situação em que a desincumbência do encargo pela parte seja impossível ou excessivamente difícil.
> § 3º A distribuição diversa do ônus da prova também pode ocorrer por convenção das partes, salvo quando:
> I - recair sobre direito indisponível da parte;
> II - tornar excessivamente difícil a uma parte o exercício do direito.
> § 4º A convenção de que trata o § 3º pode ser celebrada antes ou durante o processo."

Segundo as regras de distribuição do ônus da prova, extraída a partir da leitura desses dispositivos, o reclamante tem ônus processual da prova do fato constitutivo do seu direito e a reclamada, por sua vez, deve demonstrar os fatos impeditivos, modificativos ou extintivos do direito do reclamante.

A respeito do fato constitutivo, o jurista Daniel Amorim[63] afirma que é o dever de *"provar a matéria fática que traz em sua petição inicial e que serve como origem da relação jurídica deduzida em juízo".*

No que se refere ao ônus probatório do réu – aplicável ao processo do trabalho – o referido doutrinador, entende por fato impeditivo *"aquele de conteúdo negativo, demonstrativo, de ausência de algum dos requisitos genéricos de validade do ato jurídico".*

Já o fato modificativo, para o doutrinador citado, *"é aquele que altera apenas parcialmente o fato constitutivo, podendo ser alteração subjetiva, ou seja, referente aos sujeitos da relação jurídica (como ocorre, por exemplo, na cessão de crédito), ou objetiva, referente ao conteúdo da relação jurídica (como ocorre, por exemplo, na compensação parcial)".*

Por fim, conceitua o fato extintivo como aquele que *"faz cessar a relação jurídica original".*

Citamos como exemplo de fato constitutivo, no processo do trabalho, o pedido de reconhecimento do vínculo empregatício em que o reclamante alega que trabalhava com pessoalidade, habitualidade, onerosidade e subordinação. Se a reclamada, em defesa, negar a existência da relação de emprego, o ônus da prova é do reclamante.

De outro lado, se a reclamada admitir que o reclamante prestou serviços – seja como autônomo, ou parceiro, ou voluntário, por exemplo – o ônus da prova será da reclamada, pois apresentou um fato impeditivo do direito do autor, atraindo para si o ônus da prova.

A súmula 212 do TST, ao analisar a carga probatória nesta situação, pacificou o entendimento de que *"o ônus de provar o término do contrato de trabalho, quando negados a prestação de serviço e o despedimento, é do empregador, pois o princípio da continuidade da relação de emprego constitui presunção favorável ao empregado".*

---

[63] Daniel Amorim Assumpção Neves. Manual de Direito Processual Civil. 10ª ed. – São Paulo: 2018

Outro exemplo que podemos citar, é quando o reclamante postula diferenças salariais e a reclamada alega que o reclamante tem direito ao reajuste salarial, mas sustenta que esse reajuste está limitado a um período diverso do alegado pelo reclamante. Neste caso o ônus de provar a data do reajuste é da reclamada, pois alegou fato modificativo do direito do autor.

No que se refere ao fato extintivo, este, ocorrerá quando o reclamante alegar labor extraordinário e a reclamada admitir que o reclamante prestava serviços extraordinários, mas as horas extras foram pagas, o ônus de provar que as horas foram pagas é da reclamada, pois estaremos diante de um fato extintivo do direito do autor (pagamento).

A regra é simples: se a reclamada negar, o reclamante que deve provar. Se ela não negar e alegar fato impeditivo, modificativo ou extintivo, o ônus passa a ser dela. Essa visão, representa a teoria estática da distribuição do ônus da prova.

Entretanto, o surgimento do Código de Processo Civil de 2015 representou uma mudança de paradigma em relação à distribuição do ônus da prova, na medida em que esse sistema passou a ser misto, sendo admitido ao juiz atribuir a carga dinâmica do ônus da prova ou distribuição dinâmica do ônus da prova.

Por carga dinâmica, se entende a atribuição diversa do ônus da prova, para parte que tiver melhor condição de produzir as provas (conforme §1º, do art. 818, CLT).

Na praxe, o ônus da prova é muito debatido em casos relacionados ao vínculo empregatício, equiparação salarial, vale transporte, horas extras, diferenças de FGTS.

O Tribunal Superior do Trabalho ao enfrentar o tema do ônus da prova, no que tange ao pedido de equiparação salarial, sedimentou o entendimento de que cabe ao empregador o ônus da prova do fato impeditivo, modificativo ou extintivo da equiparação salarial. Os fatos cuja prova cabe ao empregador são por exemplo, a prestação de serviços pelo paradigma e o empregado paragonado em estabelecimentos distintos, ou, ainda, a ausência de trabalho de igual valor, demonstrando a diferença de produtividade ou perfeição técnica, etc.

Em relação ao vale transporte, durante muito tempo o TST entendeu que o encargo probatório do preenchimento dos requisitos para a percepção do vale transporte cabia ao empregado, conforme OJ 215 da SDI-1 do TST.

Esse normativo foi cancelado em 2011, sendo que o órgão de cúpula trabalhista, modificou o entendimento, passando a entender que esse encargo cabia ao empregador, tendo em vista de que há uma presunção (relativa) de que o empregado precisa do transporte coletivo para se deslocar da sua residência até o local de trabalho. Recentemente, o TST ratificou a referida mudança de entendimento na Súmula 460.

De igual maneira, o TST entende que cabe ao empregador o ônus da prova em relação à regularidade dos depósitos do FGTS, pois o pagamento é fato extintivo do direito do autor (Súmula 461, TST).

Em um dos acórdãos que deram origem à referida súmula[64], destacou-se que o empregador é quem procede o recolhimento dos depósitos do FGTS, portanto, é quem detém melhor condição para provar a regularidade dos depósitos do FGTS.

Recentemente, o Supremo Tribunal federal decretou a suspensão do art. 29 da MP 927/2020, entendendo que o coronavírus, no contexto da relação empregatícia, pode ser considerada doença ocupacional, sendo dispensável a demonstração pelo empregado que o contágio se deu no ambiente de trabalho ou durante o desempenho das suas atribuições, sob pena de estarmos diante de uma prova diabólica, ou seja, impossível ou extremamente difícil de ser demonstrada pelo empregado.

5. INVERSÃO DO ÔNUS DA PROVA

O legislador, ao elaborar o Novo CPC de 2015 (art. 373, §§ 3º e 4º), optou pela adoção de um sistema misto de distribuição do ônus da prova, isso porque a carga estática, em algumas situações, representava uma injustiça às partes, que não conseguia se desincumbir do ônus probatório.

Sobre essa moderna teoria, o jurista Alexandre Freitas Câmara , afirma que cabe *"ao magistrado atribuir ônus da prova à parte que, no*

---

[64] PROCESSO Nº TST-E-RR-136300-53.2007.5.04.0012 - http://aplicacao5.tst.jus.br/consultaunificada2/inteiroTeor.do?action=printInteiroTeor&format=html&highlight=true&numeroFormatado=E-RR%20-%20136300-53.2007.5.04.0012&base=acordao&rowid=AAANGhAAFAAAMufAAB&dataPublicacao=30/06/2015&localPublicacao=DEJT&query= (acessado em 27/06/2020)

caso concreto, revele ter melhores condições de a produzir. Busca-se, com isso, permitir que o juiz modifique a distribuição do ônus da prova quando verifique que este impõe a uma das partes o ônus da prova "diabólica".

Adotando a mesma linha, a Reforma trabalhista modificou o art. 818 da CLT passando a prever a inversão do ônus da prova ou a "distribuição diversa" do ônus da prova. Vejamos.

> Art. 818. O ônus da prova incumbe:
> § 1º Nos casos previstos em lei ou diante de peculiaridades da causa relacionadas à impossibilidade ou à excessiva dificuldade de cumprir o encargo nos termos deste artigo ou à maior facilidade de obtenção da prova do fato contrário, poderá o juízo atribuir o ônus da prova de modo diverso, desde que o faça por decisão fundamentada, caso em que deverá dar à parte a oportunidade de se desincumbir do ônus que lhe foi atribuído.
> § 2º A decisão referida no § 1º deste artigo deverá ser proferida antes da abertura da instrução e, a requerimento da parte, implicará o adiamento da audiência e possibilitará provar os fatos por qualquer meio em direito admitido.
> § 3º A decisão referida no § 1º deste artigo não pode gerar situação em que a desincumbência do encargo pela parte seja impossível ou excessivamente difícil.

Da leitura desse dispositivo é possível concluir que é possível a inversão do ônus de prova em três hipóteses:

a. Quando a lei expressamente autorizar – A lei autoriza expressamente no art. 6º, VIII, do CDC a inversão do ônus da prova nas relações de consumo, para facilitar a defesa dos interesses do consumidor quando, a critério do juiz, for verossímil a alegação ou quando for ele hipossuficiente, segundo as regras ordinárias de experiências.

b. Quando existir uma impossibilidade ou excessiva dificuldade na produção da prova – Os casos de assédio sexual é um clássico exemplo de impossibilidade ou extrema dificuldade na produção da prova. Normalmente o assediador comete os seus atos ilícitos na clandestinidade, longe dos olhos do empregador ou dos demais empregados, de modo que é praticamente impossível e extremamente difícil a demonstração do assédio pela vítima. Na praxe forense, o juiz do trabalho acaba invertendo o ônus da prova, atribuindo tal encargo ao empregador, que detém melhores condições para demonstrar a inexistência dos fatos.

c. Quando existir uma maior facilidade na produção da prova por uma das partes

A inversão do ônus da prova é uma faculdade do juiz e não depende da vontade das partes.

Deve ocorrer na abertura da audiência, antes da instrução, para garantir que a parte cumpra com o ônus atribuído. Nesse sentido, o novo § 2º do artigo 818 da CLT, que prevê que a parte tem o direito inclusive de requerer o adiamento da audiência para produção da prova.

Por fim, o § 3º do mesmo artigo prevê que não cabe a inversão do ônus de prova quando gera à parte uma situação em que a desincumbência do novo encargo seja impossível ou excessivamente difícil.

CAPÍTULO XXX.
AUDIÊNCIA TRABALHISTA

1. LOCAL

Nos termos do artigo 813 da CLT[65], as audiências ocorrem na sede do juízo, entretanto, em situações especiais podem ocorrer em outro local, devendo as partes serem intimadas com antecedência de 24 (vinte e quatro) horas, como, por exemplo, a semana da conciliação ou a justiça itinerante.

2. HORÁRIO

As audiências ocorrem em dias úteis, das 8h às 18h, não podendo ultrapassar mais de 5 (cinco) horas seguidas, salvo matéria urgente (não confundir com os atos processuais que são praticados das 6h às 20h).

O limite de 5 (cinco) horas é para o juiz e prevalece o entendimento que se aplica para a pauta de audiência e não para uma única audiência.

O limite se aplica para o juiz, ou seja, o advogado não pode pedir adiamento da audiência se passar de 5 (cinco) horas seguidas.

Na hipótese de o juiz marcar audiência fora do horário mencionado cabe reclamação correicional.

---

[65] Art. 813 CLT – "As audiências dos órgãos da Justiça do Trabalho serão públicas e realizar-se-ão na sede do Juízo ou Tribunal em dias úteis previamente fixados, entre 8 (oito) e 18 (dezoito) horas, não podendo ultrapassar 5 (cinco) horas seguidas, salvo quando houver matéria urgente. § 1º - Em casos especiais, poderá ser designado outro local para a realização das audiências, mediante edital afixado na sede do Juízo ou Tribunal, com a antecedência mínima de 24 (vinte e quatro) horas. § 2º - Sempre que for necessário, poderão ser convocadas audiências extraordinárias, observado o prazo do parágrafo anterior."

Audiência deve ser apregoada no momento em que ela efetivamente vai ocorrer e não no horário que ela tinha sido designada, caso esteja ocorrendo outra audiência.

3. ATRASO

Nos termos da OJ 245 da SDI-1 do TST[66] não há previsão legal tolerando atraso.

Corrente contrária defende que na hipótese de um pequeno atraso deve ocorrer a tolerância, tendo em vista o acesso à Justiça e a razoabilidade e proporcionalidade.

Para a prova oral é aconselhável aplicar a OJ 245 da SDI-1 do TST e não tolerar atraso, tendo em vista que não há um parâmetro para definir quanto pode tolerar de atraso.

O Tribunal Superior do Trabalho que o juiz do trabalho deve adotar a razoabilidade de se tolerar atrasos de poucos minutos no comparecimento do preposto à audiência, quando não houver prejuízo ao rito procedimental, de modo que não deverá decretar a revelia, tampouco a incidência dos seus efeitos:

> A) AGRAVO DE INSTRUMENTO. RECURSO DE REVISTA. PROCESSO SOB A ÉGIDE DA LEI Nº 13.015/2014. CERCEAMENTO DO DIREITO DE DEFESA. REVELIA E CONFISSÃO FICTA. ATRASO ÍNFIMO DA RECLAMADA À AUDIÊNCIA. TRÊS MINUTOS. AUSÊNCIA DE PRÁTICA DE ATO PROCESSUAL RELEVANTE. *Demonstrado no agravo de instrumento que o recurso de revista preenchia os requisitos do art. 896 da CLT, dá-se provimento ao agravo de instrumento, para melhor análise da arguição de violação ao art. 5º, LV, da CF, suscitada no recurso de revista. Agravo de instrumento provido.* B) RECURSO DE REVISTA. PROCESSO SOB A ÉGIDE DA LEI Nº 13.015/2014. CERCEAMENTO DO DIREITO DE DEFESA. REVELIA E CONFISSÃO FICTA. ATRASO ÍNFIMO DA RECLAMADA À AUDIÊNCIA. TRÊS MINUTOS. AUSÊNCIA DE PRÁTICA DE ATO PROCESSUAL RELEVANTE. *O art. 843 da CLT exige o comparecimento do Reclamante e do Reclamado à audiência, independentemente do comparecimento dos seus procuradores. É permitido ao empregador, nos termos do § 1º do mesmo dispositivo de lei, ser substituído por gerente ou preposto que tenha conhecimento dos fatos. Por outro lado, o Juiz não é obrigado a esperar pelas partes, cabendo-lhe realizar a audiência no dia e hora designados. Portanto, regra geral, o atraso da Reclamada por ocasião da audiência inaugural, em virtude de não ter*

---

[66] OJ 245. SDI-1 - "REVELIA. ATRASO. AUDIÊNCIA - Inexiste previsão legal tolerando atraso no horário de comparecimento da parte na audiência."

atendido ao pregão realizado, ensejaria sua revelia e a confissão quanto à matéria de fato, como dispõem os arts. 844 da CLT e 319 do CPC/73 (art. 344 do CPC/2015), sendo esse, inclusive, o entendimento que se extrai da OJ 245 da SBDI-1/TST. Contudo, diante da necessidade de se compatibilizar os princípios do contraditório e da ampla defesa, da razoabilidade, da proporcionalidade e da razoável duração do processo, da simplicidade e da instrumentalidade, esta Corte Superior, em diversos julgados, tem adotado o entendimento no sentido de reconhecer a razoabilidade de se tolerar atrasos de poucos minutos no comparecimento do preposto à audiência, quando não houver prejuízo ao rito procedimental, sem que, em tais casos, seja decretada a revelia, tampouco a incidência dos seus efeitos. No caso dos autos, tendo sido demonstrado que o atraso da reclamada foi ínfimo (três minutos), deve ser reformada a decisão que declarou a sua revelia. Julgados desta Corte. Recurso de revista conhecido e provido. (TST - 3ª Turma - RR - 11104-21.2014.5.01.0462 - Relator: Ministro Mauricio Godinho Delgado - Publicado acórdão em 29/09/2017)

De forma diversa, o TST decidiu que o atraso em virtude de congestionamento de trânsito, greve, problemas com o metrô são extremamente previsíveis, de modo que não acarreta o adiamento da audiência, nem ilide a revelia. Vejamos.

RECURSO DE REVISTA. CERCEAMENTO DO DIREITO DE DEFESA. REVELIA E CONFISSÃO. AUSÊNCIA DA RECLAMADA À AUDIÊNCIA EM RAZÃO DE CONGESTIONAMENTO NO TRÂNSITO. 1. Na esteira da diretriz jurisprudencial perfilhada na Súmula nº 122 do Tribunal Superior do Trabalho, a Reclamada, ausente à audiência em que deveria apresentar defesa, é revel, ainda que presente seu advogado munido de procuração, podendo ser ilidida a revelia mediante a apresentação de prova apta a confirmar a impossibilidade de comparecimento do empregador ou do seu preposto no horário designado para a audiência. 2. Acórdão regional que, ao considerar previsível eventual dificuldade com o trânsito (congestionamento decorrente de acidente de trânsito), rejeita preliminar de nulidade por cerceamento do direito de defesa, resultante de sentença que declarou a revelia e confissão ficta da empregadora, encontra-se em consonância com o entendimento sufragado por esta Corte no citado verbete sumular. 3. Recurso de revista da Reclamada de que não se conhece. (TST - 7ª Turma - RR - 2309-09.2011.5.03.0031, Relator: Desembargador Convocado Altino Pedrozo dos Santos, Publicado acórdão em 16/02/2018)

O artigo 815 da CLT prevê que para o juiz há uma tolerância de atraso de até 15 (quinze) minutos. Na hipótese de ultrapassado esse período e o juiz estar atrasado de forma injustificada as partes podem se retirar consignando a presença na ata.

O Estatuto da OAB e o CPC no artigo 362, III, determinam/admitem uma tolerância de 30 (trinta) minutos, entretanto, não se aplicam ao processo do trabalho, pois esse tem regra própria.

Por fim, a Lei Orgânica da Magistratura (LC 35/79) determina que o juiz deve ser pontual, sendo que existe corrente minoritária que defende que em razão dessa previsão o dispositivo da CLT foi revogado tacitamente.

4. PUBLICIDADE

A audiência é pública, salvo segredo de justiça em que o acesso fica limitado às partes e aos advogados. O segredo de justiça pode ser de ofício ou a requerimentos das partes.

5. DESIGNAÇÃO DA AUDIÊNCIA

Nos termos do artigo 841 da CLT[67] a audiência deve ser designada respeitando o prazo mínimo de 5 (cinco) dias do recebimento da citação.

Para a Fazenda Pública o prazo será em quádruplo, ou seja, de 20 (vinte) dias (Decreto-Lei 779/69). A contagem do prazo vai ocorrer em dias úteis.

6. PODER DE POLÍCIA NA AUDIÊNCIA

O artigo 816 da CLT prevê que o juiz pode retirar da sala de audiência quem estiver perturbando, inclusive mediante força policial (artigo 360 do CPC/15).

---

[67] Art. 841 CLT – "Recebida e protocolada a reclamação, o escrivão ou secretário, dentro de 48 (quarenta e oito) horas, remeterá a segunda via da petição, ou do termo, ao reclamado, notificando-o ao mesmo tempo, para comparecer à audiência do julgamento, que será a primeira desimpedida, depois de 5 (cinco) dias. § 1º - A notificação será feita em registro postal com franquia. Se o reclamado criar embaraços ao seu recebimento ou não for encontrado, far-se-á a notificação por edital, inserto no jornal oficial ou no que publicar o expediente forense, ou, na falta, afixado na sede da Junta ou Juízo. § 2º - O reclamante será notificado no ato da apresentação da reclamação ou na forma do parágrafo anterior. § 3o Oferecida a contestação, ainda que eletronicamente, o reclamante não poderá, sem o consentimento do reclamado, desistir da ação. (Incluído pela Lei nº 13.467, de 2017)"

Por fim, o artigo 367, § 6º do CPC/15 prevê que as partes podem gravar a audiência, independente de autorização judicial.

> *Art. 816 CLT* – *"O juiz ou presidente manterá a ordem nas audiências, podendo mandar retirar do recinto os assistentes que a perturbarem."*
> *Art. 360. CPC/15* – *"O juiz exerce o poder de polícia, incumbindo-lhe: I - manter a ordem e o decoro na audiência; II - ordenar que se retirem da sala de audiência os que se comportarem inconvenientemente; III - requisitar, quando necessário, força policial; IV - tratar com urbanidade as partes, os advogados, os membros do Ministério Público e da Defensoria Pública e qualquer pessoa que participe do processo; V - registrar em ata, com exatidão, todos os requerimentos apresentados em audiência."*
> *Art. 367. CPC/15* – *"O servidor lavrará, sob ditado do juiz, termo que conterá, em resumo, o ocorrido na audiência, bem como, por extenso, os despachos, as decisões e a sentença, se proferida no ato. § 1º Quando o termo não for registrado em meio eletrônico, o juiz rubricar-lhe-á as folhas, que serão encadernadas em volume próprio. § 2º Subscreverão o termo o juiz, os advogados, o membro do Ministério Público e o escrivão ou chefe de secretaria, dispensadas as partes, exceto quando houver ato de disposição para cuja prática os advogados não tenham poderes. § 3º O escrivão ou chefe de secretaria trasladará para os autos cópia autêntica do termo de audiência. § 4º Tratando-se de autos eletrônicos, observar-se-á o disposto neste Código, em legislação específica e nas normas internas dos tribunais. § 5º A audiência poderá ser integralmente gravada em imagem e em áudio, em meio digital ou analógico, desde que assegure o rápido acesso das partes e dos órgãos julgadores, observada a legislação específica. § 6º A gravação a que se refere o § 5º também pode ser realizada diretamente por qualquer das partes, independentemente de autorização judicial."*

7. ESPÉCIES

Regra geral, nos termos da CLT, a audiência é UNA, ou seja, todos os atos ocorrem em um mesmo momento processual, entretanto a doutrina e a jurisprudência admitem a seguinte divisão:

a) Audiência inicial: o juiz tenta o acordo e caso ele não ocorra recebe a defesa, depois tenta o acordo novamente.

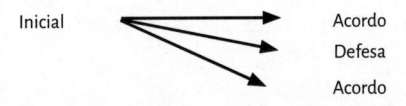

```
Inicial  →  Acordo
         →  Defesa
         →  Acordo
```

b) Audiência de instrução: o juiz tenta o acordo e caso não ocorra inicia o depoimento pessoal das partes, depois ocorre oitiva das testemunhas e as razões finais. Após, tenta a conciliação novamente.

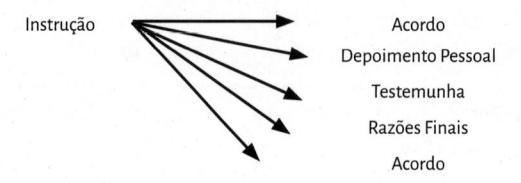

Instrução → Acordo
Depoimento Pessoal
Testemunha
Razões Finais
Acordo

c) Audiência de julgamento: o juiz profere a sentença.

Julgamento → Sentença

8. PROCEDIMENTO DA AUDIÊNCIA UNA

8.2.1. PREGÃO

Trata-se do ato processual de tornar a audiência pública. Possui previsão no artigo 815 da CLT ao afirmar que o juiz vai declarar aberta a audiência.

8.2.2. . LOCAL DE SENTAR

O reclamante senta do lado esquerdo do juiz. Já a reclamada do lado direito.

O MPT possui a prerrogativa de sentar ao lado direito do juiz, como parte ou fiscal da lei, conforme artigo 18, I, a da LC 75/93.

> Art. 18. LC 75/93 – *"São prerrogativas dos membros do Ministério Público da União: I - institucionais: a) sentar-se no mesmo plano e imediatamente à direita dos juízes singulares ou presidentes dos órgãos judiciários perante os quais oficiem;"*

Já o advogado, tem a prerrogativa de permanecer na audiência inclusive em pé.

Por fim, na hipótese de oposição, o oponente poderá sentar ao final da mesa ou no local que seria do reclamante.

8.2.3. PRIMEIRA TENTATIVA DE CONCILIAÇÃO

Nos termos do artigo 846 da CLT, aberta a audiência o juiz vai tentar a conciliação.

> *Art. 846 CLT* – *"Aberta a audiência, o juiz ou presidente proporá a conciliação. § 1º - Se houver acordo lavrar-se-á termo, assinado pelo presidente e pelos litigantes, consignando-se o prazo e demais condições para seu cumprimento. § 2º - Entre as condições a que se refere o parágrafo anterior, poderá ser estabelecida a de ficar a parte que não cumprir o acordo obrigada a satisfazer integralmente o pedido ou pagar uma indenização convencionada, sem prejuízo do cumprimento do acordo.*

8.2.4. ENTREGA DA DEFESA

Não ocorrendo acordo, o juiz vai receber a defesa, que nos termos do artigo 847 da CLT pode ser escrita ou oral em 20 (vinte) minutos.

O novo parágrafo único do artigo 847 prevê que no PJE a defesa deve ser juntada até a audiência, sendo considerado esse momento aquele em que a audiência efetivamente vai ocorrer e não o do horário exato marcado para a audiência.

Por fim, o prazo de 20 (vinte) minutos é para cada reclamada, ou seja, se existir mais de uma, cada uma delas tem direito a 20 (vinte) minutos.

8.2.5. DEPOIMENTO PESSOAL

Após a defesa, o juiz vai colher o depoimento das partes, sendo primeiro o reclamante, depois a reclamada.

Cabe destacar, que a teor do novo § 2º do artigo 775 da CLT o juiz pode inverter a ordem dos depoimentos, iniciando pela reclamada.

Não confundir inversão da ordem de depoimento (ordem da prova) com a inversão do ônus da prova.

> *Art. 775. CLT* – *"Os prazos estabelecidos neste Título serão contados em dias úteis, com exclusão do dia do começo e inclusão do dia do vencimento. § 1º Os prazos podem ser prorrogados, pelo tempo estritamente necessário, nas seguintes hipóteses: I - quando o juízo entender necessário; II - em virtude de força maior, devidamente comprovada. § 2º Ao juízo incumbe dilatar os prazos processuais e alterar a ordem de produção dos meios de prova, adequando-os às necessidades do conflito de modo a conferir maior efetividade à tutela do direito.*

8.2.6. OITIVA DAS TESTEMUNHAS

Inicialmente colhe o depoimento das testemunhas do autor e depois da reclamada, podendo também ocorrer a inversão da ordem.

Não se aplica o parágrafo único do artigo 456 do CPC/15 que exige a concordância das partes, tendo em vista que o dispositivo da CLT citado não exige.

> *Art. 456. CPC/15 – "O juiz inquirirá as testemunhas separada e sucessivamente, primeiro as do autor e depois as do réu, e providenciará para que uma não ouça o depoimento das outras. Parágrafo único. O juiz poderá alterar a ordem estabelecida no caput se as partes concordarem."*

8.2.7. RAZÕES FINAIS

Após a oitiva das testemunhas fica encerrada a instrução e, nos termos do artigo 850 da CLT, as partes poderão apresentar razões finais de forma oral no prazo de 10 (dez) minutos. A prática de forma escrita fica a critério do juiz.

> *Art. 850 CLT – "Terminada a instrução, poderão as partes aduzir razões finais, em prazo não excedente de 10 (dez) minutos para cada uma. Em seguida, o juiz ou presidente renovará a proposta de conciliação, e não se realizando esta, será proferida a decisão. Parágrafo único - O Presidente da Junta, após propor a solução do dissídio, tomará os votos dos vogais e, havendo divergência entre estes, poderá desempatar ou proferir decisão que melhor atenda ao cumprimento da lei e ao justo equilíbrio entre os votos divergentes e ao interesse social."*

A CLT não prevê prazo de réplica, ou seja, manifestação sobre defesa. Fica a critério do juiz dar o prazo de réplica e caso isso não ocorra a parte deve se manifestar sobre os documentos e defesa em razões finais.

8.2.8. SEGUNDA TENTATIVA DE CONCILIAÇÃO

Após as razões finais, o juiz tenta novamente o acordo, podendo nesse momento se manifestar mais sobre o resultado do processo.

A segunda tentativa afasta eventual nulidade da falta da primeira.

8.2.9. SENTENÇA

O juiz profere a sentença.

9. AUSÊNCIA NA AUDIÊNCIA

9.2.1. RECLAMANTE

a) Audiência una/Inicial

Nos termos do artigo 844 da CLT, a ausência da reclamante vai gerar o arquivamento, sendo possível o reclamante ajuizar uma nova ação.

Entretanto, se ele der causa a um novo arquivamento, nos termos do artigo 732 da CLT vai ocorrer a perempção, ou seja, fica impedido de ajuizar uma nova ação pelo prazo de 6 (seis) meses. Durante tal período a prescrição flui normalmente. Para o CPC, conforme artigo 486, § 3º, a perempção é definitiva e ocorre após o terceiro arquivamento.

Há debate na doutrina se ocorrer o terceiro arquivamento na Justiça do Trabalho, para uns deve aplica o CPC já que a CLT é omissa. Para corrente contrária, que prevalece, aplica-se uma nova perempção trabalhista, ou seja, a penalidade de 6 (seis) meses.

Por fim, conforme interpretação literal do artigo 731 da CLT, o reclamante fica impedido de ajuizar qualquer ação trabalhista. Corrente contrária, defende que seria somente contra a mesma reclamada.

> Art. 731 CLT – "Aquele que, tendo apresentado ao distribuidor reclamação verbal, não se apresentar, no prazo estabelecido no parágrafo único do art. 786, à Junta ou Juízo para fazê-lo tomar por termo, incorrerá na pena de perda, pelo prazo de 6 (seis) meses, do direito de reclamar perante a Justiça do Trabalho."

A reforma trabalhista inovou no §2º do artigo 844 da CLT ao determinar que no arquivamento o reclamante será condenado em custas, ainda que tenha justiça gratuita, salvo se justificar o motivo da ausência no prazo de 15 (quinze) dias. O novo § 3º do mesmo artigo prevê que para ajuizar uma nova ação é obrigatório o recolhimento das custas da ação anterior.

> Art. 844 CLT – "(...) § 2o Na hipótese de ausência do reclamante, este será condenado ao pagamento das custas calculadas na forma do art. 789 desta Consolidação, ainda que beneficiário da justiça gratuita, salvo se comprovar, no prazo de quinze dias, que a ausência ocorreu por motivo legalmente justificável. § 3o O pagamento das custas a que se refere o § 2o é condição para a propositura de nova demanda.

Na doutrina há crítica ao dispositivo citado, uma vez que se sustenta que é inconstitucional, pois o artigo 5º, XXXIV, da CF/88 prevê que a justiça gratuita é integral. Ademais, exigir o recolhimento de custas para o ajuizamento de uma nova ação viola o acesso à justiça e o direito de ação.

Também há questionamento quanto ao prazo de 15 (quinze) dias, uma vez que, como ele é superior a 8 (oito) dias já ocorreu o trânsito em julgado da decisão de arquivamento.

Há quem defenda, portanto, que o prazo de 8 (oito) dias, para eventual recurso, deve começar a contar após o prazo de 15 (quinze) dias.

b) Audiência de instrução ou em prosseguimento

Nos termos das Súmulas 9 e Súmula 74 do TST, a ausência do reclamante vai gerar a confissão, presumindo-se verdadeiro o alegado pela parte contrária.

A prova pré-constituída pode ser admitida, não caracterizando cerceamento de defesa o indeferimento de provas posteriores. Tal limitação na produção de prova não se aplica ao juiz.

Nos termos da interpretação literal da Súmula 74 do TST e do § 1º do artigo 385 do CPC/15, para gerar o efeito de confissão para a parte ausente, é necessária a intimação pessoal da parte que faltou. Corrente contrária, defende como válida, a intimação apenas do advogado.

Nos termos do artigo 843, § 2º da CLT, se em razão de doença ou outro motivo poderoso o reclamante não conseguir comparecer à audiência, ele será representado por um colega de profissão ou pelo sindicato da categoria. Tal representação serve apenas para evitar o arquivamento ou a confissão.

9.2.2. RECLAMADA

a) Audiência una/Inicial

Nos termos do artigo 844 da CLT, a ausência da reclamada vai gerar revelia e confissão, presumindo-se verdadeira a matéria de fato alegada pela outra parte, salvo as hipóteses do § 4º do mesmo artigo, em que há revelia, mas sem os efeitos de confissão.

O artigo 349 do CPC/15[68] autoriza a possibilidade da produção da prova pelo revel, desde que compareça a tempo no processo.

---

[68] Art. 349. CPC/15 – "Ao réu revel será lícita a produção de provas, contrapostas às alegações do autor, desde que se faça representar nos autos a tempo de praticar os atos processuais indispensáveis a essa produção."

A OJ 152 da SDI-1 do TST prevê que a pessoa jurídica de direito público se sujeita à revelia.

O novo § 5º do artigo 844 da CLT prevê que, ausente a reclamada, mas presente o advogado, o juiz deve receber a contestação e os documentos. Em tal hipótese não haverá mais revelia, pois tem defesa.

Prejudicada a Súmula 122 do TST[69], que menciona que a presença do advogado, ainda que munido de procuração, não afastava revelia, salvo se justificada a ausência da parte.

Crítica a novidade legislativa defende que ela ofende o princípio da igualdade, já que para o reclamante não existe essa possibilidade de prática de ato pelo advogado, bem como pelo argumento que a CLT exige a presença das partes. Ademais, permitir só a prova documental gera debate quanto a não aplicação do sistema de tarifamento de provas.

O artigo 843, § 1º, da CLT prevê que a reclamada pode ser representada em audiência por um gerente ou um preposto que tenha conhecimento dos fatos. O novo § 3º do artigo prevê que o preposto não precisa ser empregado (prejudicada a Súmula 377 do TST, que exige tal requisito).

Há debate na doutrina quanto ao advogado exercer o papel de preposto. O Estatuto da OAB veda tal possibilidade. Entretanto, se ocorrer a renúncia da procuração, há quem defenda que seja possível, pois impedimento não existiria mais.

Crítica a tal pensamento sustenta que mesmo com a renúncia, o advogado ainda se mantém procurador da parte por 10 (dez) dias.

b) Audiência de instrução

Nos termos da Súmula 74 do TST, a ausência da reclamada vai gerar a confissão quanto a matéria de fato, presumindo-se verdadeiro o alegado pela outra parte.

---

69 Súmula nº 122 do TST - "REVELIA. ATESTADO MÉDICO - A reclamada, ausente à audiência em que deveria apresentar defesa, é revel, ainda que presente seu advogado munido de procuração, podendo ser ilidida a revelia mediante a apresentação de atestado médico, que deverá declarar, expressamente, a impossibilidade de locomoção do empregador ou do seu preposto no dia da audiência. (primeira parte - ex-OJ nº 74 da SBDI-1 - inserida em 25.11.1996; segunda parte - ex-Súmula nº 122 - alterada pela Res. 121/2003, DJ 21.11.2003)"

A prova pré-constituída pode ser admitida, não caracterizando cerceamento de defesa o indeferimento de provas posteriores. Tal limitação na produção de prova não se aplica ao juiz.

9.2.3. AUSÊNCIA DE AMBAS AS PARTES

Se nenhuma parte comparece na audiência de instrução é confissão recíproca. Como a confissão é ficta, o juiz deve julgar com base no ônus de prova. Vai analisar o ônus, as duas partes são confessas, perde quem tinha o ônus, quem tinha o dever de provar.

Imagine que o Reclamante pede vínculo de emprego e a reclamada nega. Na audiência de instrução não foi ninguém. O ônus de provar o vínculo é do reclamante.

Tem adiamento no caso de ausência de advogado?

a) **Audiência una**

Em tal situação vai ocorrer o arquivamento, uma vez que inicialmente se apura a presença da parte autora, para só depois verificar o réu.

b) **Audiência de instrução o**

Na audiência de instrução vai ocorrer a confissão de ambas as partes. Em tal hipótese, o juiz vai julgar com base no ônus da prova, perdendo a parte que tinha o ônus e não cumpriu.

9.2.4. AUSÊNCIA DO ADVOGADO

Há debate na doutrina no tocante a ausência do advogado na audiência. Para uma primeira corrente, que prevalece, o juiz não deve adiar, tendo em vista a previsão do *jus postulandi* no artigo 791 da CLT. Ademais, não há previsão legal ou jurisprudencial que autoriza o adiamento.

Corrente contrária defende que o juiz deve adiar para garantir a ampla defesa da parte e que não se aplica a regra do artigo 791 da CLT, uma vez que a parte, ao constituir um advogado, abdicou do *jus postulandi*, o qual deve ser uma opção do autor e réu e não uma imposição.

A IN nº 41 do TST prevê no artigo 12 que as novidades do artigo 844 da CLT somente serão exigidas para as ações ajuizadas após a Reforma Trabalhista. Já o § 1º do artigo 12 prevê que a novidade do § 3º do artigo 843 somente se aplica para as audiências que ocorrerem após a Reforma Trabalhista.

Art. 12. IN nº 41 do TST – "*Os arts. 840 e 844, §§ 2º, 3º e 5º, da CLT, com as redações dadas pela Lei nº 13.467, de 13 de julho de 2017, não retroagirão, aplicando-se, exclusivamente, às ações ajuizadas a partir de 11 de novembro de 2017.*

§ 1º Aplica-se o disposto no art. 843, § 3º, da CLT somente às audiências trabalhistas realizadas após 11 de novembro de 2017.

§ 2º Para fim do que dispõe o art. 840, §§ 1º e 2º, da CLT, o valor da causa será estimado, observando-se, no que couber, o disposto nos arts. 291 a 293 do Código de Processo Civil.

§ 3º Nos termos do art. 843, § 3º, e do art. 844, § 5º, da CLT, não se admite a cumulação das condições de advogado e preposto."

10. CONCILIAÇÃO

A tentativa de acordo é obrigatória no início e no término da audiência. A falta da primeira tentativa é satisfeita pela segunda.

Nos termos do artigo 831, parágrafo único, da CLT o termo de conciliação é decisão irrecorrível para as partes, salvo para a Previdência Social, que poderá recorrer quanto ao recolhimento previdenciário.

Nesse sentido, não há que se falar em desistência ou renúncia pela parte após o acordo homologado. A Súmula 259 do TST prevê que somente através de ação rescisória é questionado o termo de conciliação pelas partes, uma vez que ele transita em julgado no momento da homologação, fazendo coisa julgada material.

Nos termos da Súmula 418 do TST, não há direito líquido e certo a homologação do acordo, não sendo cabível, portanto, mandado segurança ou recurso.

Já no procedimento de homologação de acordo extrajudicial, previsto no 855-B e seguintes da CLT, da decisão que não homologa acordo cabe recurso ordinário, uma vez que é definitiva.

Art. 855-B. CLT – "*O processo de homologação de acordo extrajudicial terá início por petição conjunta, sendo obrigatória a representação das partes por advogado. § 1o As partes não poderão ser representadas por advogado comum. § 2o Faculta-se ao trabalhador ser assistido pelo advogado do sindicato de sua categoria.*

Art. 855-C. CLT – "*O disposto neste Capítulo não prejudica o prazo estabelecido no § 6o do art. 477 desta Consolidação e não afasta a aplicação da multa prevista no § 8o art. 477 desta Consolidação.*

Art. 855-D. CLT – "*No prazo de quinze dias a contar da distribuição da petição, o juiz analisará o acordo, designará audiência se entender necessário e proferirá sentença.*

Art. 855-E. CLT – *"A petição de homologação de acordo extrajudicial suspende o prazo prescricional da ação quanto aos direitos nela especificados. Parágrafo único. O prazo prescricional voltará a fluir no dia útil seguinte ao do trânsito em julgado da decisão que negar a homologação do acordo.*

Nos termos da OJ 132 da SDI-2 do TST, na hipótese de constar quitação plena e ampla sem qualquer ressalva, o trabalhador não pode mais apresentar nenhuma ação trabalhista, salvo se o direito surgir após a conciliação.

A conciliação pode ocorrer a qualquer momento do processo, inclusive após o trânsito em julgado da decisão. Nessa última hipótese, é necessário respeitar o percentual da natureza das parcelas previstas na sentença, conforme artigo 832, § 3º, da CLT.

* Situação excepcional para reflexão: Juiz sentencia reconhecendo vínculo. Manda pagar FGTS, verbas rescisórias, aviso prévio, etc. Estipula que 40% (quarenta por cento) da condenação tem natureza indenizatória e 60% (sessenta por cento) tem natureza salarial. A reclamada recorre de tudo. Se teve recurso não houve trânsito em julgado. Antes de sair a decisão do recurso, as partes peticionam requerendo acordo, sem reconhecimento de vínculo, tudo indenizatório. É possível? Tem que respeitar a natureza das verbas? Cabe homologação?

Há divergência. Tem quem entenda que é possível homologar, pois a restrição se aplica quando há o trânsito em julgado, o que não ocorreu neste caso. Se não teve o trânsito em julgado ainda existe a *res dúbia*, ou seja, coisa duvidosa, ainda há divergência, portanto, é possível fazer o acordo nestes termos.

Por outro lado, há quem entenda que não. A partir do momento que tem a sentença já surgiu uma expectativa de direito para a Previdência, já existe um direito de terceiros e que, portanto, as partes não podem mais negociar direitos de terceiros.

O Novo CPC, no artigo 334, passou a regulamentar a audiência de mediação e conciliação, mediante requerimento das partes. O autor na inicial e o réu em manifestação anterior a contestação. O § 8º do artigo, prevê inclusive multa na hipótese do não comparecimento.

A Instrução Normativa nº 39, no artigo 2º, IV, prevê que o dispositivo do CPC citado não se aplica na Justiça do Trabalho. A Resolução 174 de 2016 do CSJT regulamenta o tema.

11. AUDIÊNCIA VIRTUAL

O isolamento social potencializou a utilização das tecnologias telemáticas e informatizadas no âmbito do Poder Judiciário brasileiro. Foram necessárias a utilização das ferramentas tecnológicas para viabilizar a continuidade da prestação jurisdicional (art. 93, XII, CF).

CF, Art. 93. Lei complementar, de iniciativa do Supremo Tribunal Federal, disporá sobre o Estatuto da Magistratura, observados os seguintes princípios: XII a atividade jurisdicional será ininterrupta, sendo vedado férias coletivas nos juízos e tribunais de segundo grau, funcionando, nos dias em que não houver expediente forense normal, juízes em plantão permanente;

O Conselho Nacional de Justiça expediu a Portaria Nº 61 de 31/03/2020 [70], de acordo com a Resolução nº 313, de 19 de março de 2020, para estabelecer critérios para o funcionamento dos serviços

---

[70] Portaria Nº 61 de 31/03/2020 - O PRESIDENTE DO CONSELHO NACIONAL DE JUSTIÇA, no uso de suas atribuições legais e regimentais, CONSIDERANDO as disposições da Resolução CNJ nº 313, de 19 de março de 2020, que estabelece critérios para o funcionamento dos serviços judiciários, com o objetivo de prevenir o contágio pelo Covid-19;CONSIDERANDO as disposições do Código de Processo Civil, artigos 236, § 3º; 385, § 3º; 453, § 1º e 461, § 2º, que dispõem sobre a possibilidade da prática de atos processuais por meio de videoconferência, inclusive para a oitiva de partes e testemunhas; **CONSIDERANDO** a Resolução CNJ no 105, de 6 de abril de 2010, que dispõe sobre a documentação dos depoimentos por meio do sistema audiovisual e realização de interrogatório e inquirição de testemunhas por videoconferência; **RESOLVE**: Art. 1º Instituir a Plataforma Emergencial de Videoconferência para a realização de audiências e sessões de julgamento nos órgãos do Poder Judiciário, no período de isolamento social provocado pela pandemia do Covid-19. Parágrafo único. O uso da Plataforma é facultativo aos tribunais e não exclui a utilização de outras ferramentas computacionais que impliquem o alcance do mesmo objetivo. Art. 2º A Plataforma estará disponível a todos os segmentos de Justiça, Juízos de Primeiro e Segundo Graus de jurisdição, bem como os tribunais superiores. Parágrafo único. O registro de interesse na utilização da Plataforma deverá ser realizado por intermédio de formulário eletrônico próprio disponível no Portal do CNJ na Internet. Art. 3º Todas as informações necessárias para utilização da Plataforma estarão disponíveis no endereço eletrônico <https://www.cnj.jus.br/plataforma-videoconferencia-nacional>. Art. 4º A Plataforma permitirá a gravação audiovisual do conteúdo da videoconferência, e seu armazenamento, caso desejado, poderá ocorrer no sistema denominado PJe Mídias. Parágrafo único. O armazenamento no PJe Mídias independe de qual seja o sistema de gestão processual atualmente instalado no tribunal de origem do órgão interessado na gravação da videoconferência. Art. 5º A Plataforma estará disponível durante todo o período

judiciários, durante o estado de calamidade pública com o objetivo de prevenir o contágio pelo Covid-19, bem como permitir a realização dos atos processuais por meio de videoconferência, principalmente as audiências de forma virtual, na forma dos artigos 236, § 3º; 385, § 3º; 453, § 1º e 461, § 2º, do CPC.

No âmbito do Tribunal Regional do Trabalho da 2ª Região vigorou o Ato GP nº. 07, que disciplinava, no âmbito do Tribunal Regional do Trabalho da 2ª Região, a adoção de meios virtuais e telepresenciais para a realização de audiências e sessões de julgamento nas Varas, Turmas e Seções Especializadas, durante a vigência das medidas de isolamento social para a prevenção do contágio pelo coronavírus (COVID-19). Esse ato foi posteriormente revogado pelo Ato GP nº. 08 que regulamenta a matéria atualmente.

Cada Tribunal Regional possui regulamentação específica sobre a matéria, sendo importante o estudo pormenorizado do regulamento.

No âmbito da jurisdição do TRT da 2ª Região as audiências e sessões virtuais foram permitidas a partir de 11 de maio de 2020, por meio de Plataforma Emergencial de Videoconferência

As sessões de julgamento e audiências telepresenciais têm valor jurídico equivalente às presenciais.

As partes, seus procuradores e o Ministério Público são intimados pelo magistrado, informando o dia e horário da audiência, bem como será disponibilizado um link para acesso à sala de audiência virtual, sem necessidade de cadastramento prévio das partes ou procuradores. O nome da sala será correspondente ao número do processo submetido à audiência.

No dia e horário designado para o início da audiência ou sessão, o Secretário confirmará a conexão de todos os envolvidos e informará o magistrado se todos estão presentes.

As partes, a rigor, ficam aguardando o início da audiência ou sessão em um lobby (sala de espera virtual), até que o secretário admita as partes para a realização da audiência.

Os magistrados estão dispensados do uso de toga nas audiências e sessões telepresenciais, sendo recomendável vestimentas condizentes

---

especial da pandemia causada pelo Covid-19. Art. 6º Esta Portaria entra em vigor na data da sua publicação.

com o decoro. O mesmo se aplica aos advogados. À distância ou não, devemos empenhar as mesas boas práticas empregadas na audiência presencial, seja na vestimenta ou no trato com as autoridades.

Existe uma discussão à respeito da realização da audiência virtual para a instrução processual. Alguns juristas defendem a inviabilidade da realização das audiências de instrução em ambientes virtuais, tendo em vista a fragilidade da incomunicabilidade das testemunhas (art. 456, CPC), o acompanhamento dos depoimentos por quem não depôs (art. 386, §2º, CPC) ou a utilização de materiais de apoio, documentos ou roteiros, de modo a viciar os depoimentos.

Corrente em sentido contrário defende a realização das audiências, mesmo as de instrução e julgamento, tendo em vista que não é razoável esperar o fim do estado de calamidade pública para a realização destes atos. Ainda, sustentam que é dever das partes cooperar para a efetividade do processo (art. 6º, CPC), boa-fé e lealdade processual.

Na pratica o magistrado designa a audiência de instrução e julgamento, antes de iniciar o depoimento pede para o depoente mostrar as mãos, dar um giro no ambiente para certificar que não há ninguém, além do depoente, no local em que se encontra, bem como isola as outras testemunhas na sala de espera virtual (lobby) para que uma não escute o testemunho da outras, preservando, assim, a incomunicabilidade.

Embora existam críticas, as audiências e sessões virtuais facilitaram a vida de todos os envolvidos na relação jurídica processual.

Pensamos que a medida deve ser mantida, após o período de calamidade pública, principalmente as audiências de conciliação, audiência inicial (para recebimento da defesa), audiência de processos que há a necessidade de designação de perícia – cuja instrução, a rigor, é postergada para depois da entrega do laudo pericial.

É inegável a economia de tempo ou despesas com o deslocamento, alimentação, para a realização das audiência. A falta de recursos financeiros das partes, por exemplo, impede em muitos casos a atuação dos seus advogados no âmbito dos Tribunais Superiores. A manutenção das sessões virtuais, neste caso, poderia viabilizar a atuação das partes nos julgamentos dos seus respectivos recursos ou a atuação dos seus patronos.

Outra medidas que devemos refletir, é a possibilidade de implementação de audiências telepresenciais, assim consideradas aquela alguns sujeitos processuais participam pessoalmente do ato e outros de forma remota/virtual. O Tribunal de Justiça do Estado do Ceará permite audiências telepresenciais.

A tecnologia deve ser vista como um instrumento para facilitar o acesso do cidadão ao Poder Judiciário (Art. 5º, XXXV, CF).

CAPÍTULO XXXI.
ADVOCACIA TRABALHISTA NOS TRT'S

1. RECURSO ORDINÁRIO

A atuação dos advogados perante os Tribunais Regionais do Trabalho, ao contrário do que muito imagina, se inicia na elaboração do recurso ordinário.

É indispensável a análise minuciosa da decisão terminativa ou definitiva proferida pelo magistrado de primeiro grau, a fim de possibilitar a devolução de todas as matérias – preliminares e meritórias – ao Tribunal Regional competente.

Elisson Miessa ensina que "A doutrina classifica os recursos quanto à sua natureza em: ordinários e extraordinários. Aqueles que visam à tutela do direito subjetivo, de modo que permitem a rediscussão ampla da matéria, seja de direito ou de fato. [...] Por outro lado, os recursos de natureza extraordinária fundam-se na tutela do direito objetivo, buscando a extada aplicação. Por visar à aplicação do direito, tais recursos impedem a verificação fática, inclusive o reexame de provas, ficando restritos à análise do direito"[71].

O recurso ordinário está alocado entre os recursos de natureza ordinária, prestando-se, portanto, para rediscutir os fatos, as provas e a aplicação do direito na relação jurídica processual submetida ao crivo da Justiça Especializada.

Significa dizer que as partes podem, por exemplo, impugnar a avaliação do horário de trabalho realizado pelo empregado realizada pelo juiz de primeira instância; verificar se conduta do empregador caracteriza (ou não) alguma ofensa à honra ou a imagem do trabalhador; se a conduta do empregado configura (ou não) falta grave; se o indeferi-

---

[71] Henrique Correia e Elisson Miessa. Sumulas e Orientação Jurisprudenciais do TST Comentadas. - 8ª ed. - Salvador: JusPODIVM, 2018.

mento da produção de um meio de prova viola ou não as normas de direito processual.

De acordo com o art. 893 da CLT, "**Das decisões são admissíveis os seguintes recursos:** I - embargos; II - **recurso ordinário;** III - recurso de revista; IV – agravo".

O rol de recursos mencionados nesse dispositivo é meramente exemplificativo, na medida em que a Consolidação das Leis do Trabalho não prevê todos os recursos, de modo que o direito processual comum é aplicável ao direito processual do trabalho de forma supletiva e subsidiária (art. 769 da CLT e art. 15 do CPC).

Nesse sentido Marcelo Moura ensina que "O rol de recursos trabalhista constantes do art. 893, acima, não é exaustivo, porque a legislação processual trabalhista foi alterada ao longo do tempo, incluindo outros recursos" [72].

Aplica-se, assim, ao processo do trabalho o Recurso Extraordinário (art. 1.029, CPC), o Recurso Ordinário Constitucional (arts. 102, II, e 105, II, da CF), além e outros previstos na legislação esparsa como o Recurso de Revisão ou Alçada (art. 2º da Lei 5.584/1970).

Parte da doutrina entende que o "nomen iuris" do recurso em estudo é inadequado, isso porque se assemelha ao Recurso Ordinário Constitucional previsto na Constituição Federal de 1988 (arts. 102, II, e 105, II), gerando confusão. Afirmam que o nome deve ser alterado para recurso de "apelação" – nomenclatura utilizada pelo Código do Processo Civil - tendo em vista que se assemelham em muitos aspectos[73], notadamente para impugnar decisão definitiva ou terminativa proferida pelos magistrados de primeiro grau de jurisdição.

Carlos Henrique Bezerra Leite adverte que "o recurso ordinário não se presta apenas a atacar decisões do primeiro grau de jurisdição (sentenças), sendo também manejado para impugnar acórdãos proferidos pelos Tribunais Regionais do Trabalho nos processos de sua competência originária, tanto nas ações individuais (mandado de segurança, ação rescisória etc.) como nos dissídios coletivos e nas ações anulatórias de cláusulas de acordos e convenções coletivas de trabalho".

---

[72] Marcelo Moura. Consolidação das Leis do Trabalho para concursos. 8. ed. – Salvador: JusPODIVM, 2018.

[73] Carlos Henrique Bezerra Leite. Curso de direito processual do trabalho– 16. ed. – São Paulo : Saraiva Educação, 2018.

O recurso ordinário está previsto no art. 895 da CLT, cujo teor transcrevemos a seguir: "Cabe recurso ordinário para a instância superior: I - das decisões definitivas ou terminativas das Varas e Juízos, no prazo de 8 (oito) dias; e II - das decisões definitivas ou terminativas dos Tribunais Regionais, em processos de sua competência originária, no prazo de 8 (oito) dias, quer nos dissídios individuais, quer nos dissídios coletivos".

As decisões definitivas e terminativas do feito referidas no dispositivo retro citado são: a) a sentença, pronunciamento proferido pelo magistrado de primeiro grau de jurisdição com base no arts. 485 e 487 do CPC, colocando fim à fase cognitiva (art. 203, CPC); b) as decisões definitivas ou terminativas (em regra, acórdãos) proferidas pelos Tribunais Regionais do Trabalho em dissídios individuais ou coletivos de sua competência originária – ação rescisória, mandado de segurança, dissídio coletivo.

Sobre esse aspecto é importante dizer que a decisão definitiva é aquela que aprecia o mérito da demanda (art. 487, CPC), como, por exemplo, a decisão que reconhece a diferença salarial decorrente de equiparação salarial.

Já a decisão terminativa é aquela que apresenta um vício processual acarretado a extinção do feito sem resolução de mérito (art. 485, CPC) [74], como ocorre nas decisões que acolhem o pedido de inépcia da petição inicial, ou litispendência, hipóteses em que o processo será julgado sem ter o mérito apreciado.

Muito se discute sobre a possibilidade ou não de aplicação do julgamento parcial de mérito, previsto no art. 356 do Código de Processo Civil, ao Direito Processual do Trabalho.

A redação do art. 356 do Código de Processo Civil alude que o "juiz decidirá parcialmente o mérito quando um ou mais dos pedidos formulados ou parcela deles mostrar-se incontroverso ou estiver em condições de imediato julgamento.

O julgamento parcial do mérito permite a parte liquidar ou executar, desde logo a obrigação reconhecida na decisão parcial de mérito (§2º do art. 356, CPC), tratando-se de execução provisória, convertida em execução definitiva após o trânsito em julgado (§3º do art. 356, CPC).

---

[74] Eduardo Arruda Alvim, Daniel Willian Granado e Eduardo Aranha Ferreira. Direito processual civil – 6. ed. – São Paulo : Saraiva Educação, 2019.

No Processo Civil a decisão parcial de mérito é impugnável através de agravo de instrumento (§5º do art. 356, CPC).

Diante disso, parcela da doutrina questiona a natureza jurídica desta decisão é interlocutória ou de sentença. Para uma corrente a decisão que julga parcialmente o mérito tem natureza jurídica de decisão interlocutória, sendo uma espécie diferenciada de antecipação de tutela. A opção do legislador pela utilização do agravo de instrumento - preterindo o recurso de apelação - seria um indicativo da natureza jurídica interlocutória da decisão parcial do mérito, pois, trata-se de via recursal específica para a impugnação de decisões interlocutórias, contrapondo-se aos princípios e regras do processo do trabalho (art. 893, §1º, CLT).

De outro lado, há quem defenda a aplicação do referido dispositivo ao processo do trabalho, entendendo que trata-se de decisão definitiva parcial de mérito, cujo o julgamento se dá de forma antecipado, haja vista a inexistência de controvérsia quanto a um ou mais pedidos formulados ou parcela dele, bem como diante da aptidão do feito para o julgamento, isto é, não houver necessidade de produção de outras provas ou na hipótese de revelia em que não haja requerimento de produção de provas (art. 355 e 356 do CPC).

O Tribunal Superior do Trabalho ao analisar os dispositivos do Código de Processo Civil aplicáveis e inaplicáveis ao Processo do Trabalho filiou-se à segunda corrente, na medida em que entendeu pela compatibilidade do art. 356, §§ 1º a 4º, do CPC/2015 e a possibilidade de aplicação ao Processo do Trabalho, conforme o art. 5º da Instrução Normativa nº 39/2016 do TST.

Em seguida, o Conselho Superior da Justiça do Trabalho (CSJT) editou o Ato Conjunto nº. 3 de 10 de agosto de 2020, para dispor sobre o processamento dos feitos, no primeiro grau de jurisdição, nos casos de decisão parcial de mérito.

De acordo com o art. 2º do Ato Conjunto nº. 3/2020, a decisão parcial do mérito é impugnável por meio de recurso ordinário, aplicando-se as regras relativas ao preparo (pagamento das custas processuais e do depósito recursal).

O recurso ordinário e as contrarrazões serão apresentados nos autos principais, a fim de permitir a realização do juízo de admissibilidade recursal pelo magistrado primeiro grau de jurisdição (art. 2º, §1º, do Ato Conjunto nº. 3/2020) e a Secretaria da Vara do Trabalho autuará um processo suplementar, vinculado ao processo principal, com cópia integral do processo.

Se o juiz do trabalho negar seguimento ao recurso ordinário interposto em face da decisão parcial de mérito a parte poderá apresentar o recurso de agravo de instrumento (art. 897, "b", CLT) nos autos do processo principal (art. 3º do Ato Conjunto nº. 3/2020).

Na hipótese de reforma ou anulação da decisão parcial com a determinação de novo julgamento e o processo principal já tenha sido julgado, a nova decisão será proferida no processo suplementar no prazo de 10 dias. Do contrário, se o processo principal não tenha sido julgado, mas estiver apto para o julgamento, o juiz deverá extinguir o processo suplementar e determinar o traslado das peças inéditas para os autos do processo principal, para julgamento único (art. 6º e 8º do Ato Conjunto nº. 3/2020).

O julgamento parcial do mérito permite a execução provisória da decisão. Se a parte não apresentar qualquer recurso para impugnar o julgamento parcial de mérito, a parte poderá promover a execução definitiva do capítulo não impugnado em autos suplementares.

Vale ressaltar que a decisão interlocutória, a rigor, não comporta recurso imediato (art. 893, §1º, da CLT). Contudo, a decisão interlocutória que acolhe a exceção de incompetência territorial apresentada pela reclamada e determina a remessa dos autos para Vara do Trabalho vinculada a Tribunal Regional do Trabalho de outra região, comporta o cabimento de recurso ordinário, viabilizando a defesa da competência territorial da Vara do Trabalho (juízo excepcionado) na qual a reclamação trabalhista foi proposta (Súmula 214, "c", do TST).

Há uma vertente doutrinária que entende que tais decisões não são enquadradas como terminativas do feito e, por essa razão, não seria possível a interposição de recurso ordinário.

Nessa toada, Carlos Henrique Bezerra Leite defende que "Parece-me, porém, que a decisão interlocutória que acolhe exceção de incompetência em razão do lugar, arguida pela ré, e determina a remessa dos autos para outra Vara do Trabalho, ainda que vinculada a TRT de outra região, não desafiaria, de imediato, recurso ordinário, pois não é uma decisão terminativa do feito na Justiça do Trabalho".

O prazo para interposição do recurso de ordinário é de 8 dias úteis (art. 775, CLT e art. 6º da Lei 5.584/70). As partes serão intimadas da decisões, a rigor, nas próprias audiências em que forem proferidas, ou, no caso de revelia, a parte será intimada por notificação postal, na forma do art. 834 e 852 da CLT.

Na hipótese de o juiz do trabalho prolatar a sentença em audiência UNA – em que todos os atos processuais são praticados em uma única audiência, sem fracionamento - o prazo recursal começa a fluir no dia seguinte, sendo certo que a decisão deverá ser juntada ao processo no prazo de 48 horas, do contrário, o prazo começa a fluir após a data em que a parte for intimada da sentença (Súmula 30 do TST).

O juiz do trabalho, no entanto, pode fracionar os atos processuais praticados em audiência em caso de força maior, marcando outra audiência para dar continuidade aos atos processuais (art. 849, CLT).

Depois de concluída a fase instrutória, da apresentação das razões finais pelas partes e rejeição da conciliação (2ª tentativa), o juiz do trabalho pode designar uma audiência em prosseguimento para proferir a sentença.

Se a parte não comparecer à audiência em prosseguimento, o prazo para recurso conta-se a partir da publicação da sentença (Súmula 197 do TST).

A interposição do recurso ordinário é realizada por simples petição dirigida ao juízo prolator da decisão – ao Juiz do Trabalho ou ao Juiz de Direito investido em matéria trabalhista, na hipótese do inciso I, ou ao Tribunal Regional, nos processos de sua competência originária.

Como regra, o recurso ordinário tem apenas o efeito devolutivo (art. 899, CLT), isto é, visa impugnar a decisão e possibilitar a revisão pelo Tribunal hierarquicamente superior ao juízo prolator da decisão. O efeito suspensivo – aquele que impede a eficácia da decisão impugnada, em outras palavras, impede a execução provisória da decisão - será concedido em caráter excepcional por meio de simples petição dirigida ao tribunal, ao relações ou ao presidente ou vice-presidente do tribunal recorrido, na forma do art. 1.029, §5º, do CPC e da Súmula 414, I, do TST).

A admissibilidade do recurso ordinário, diferentemente do recurso de apelação no processo civil (art. 1.010, §3º, CPC e art. 2º, XI, IN 39/2016), é realizada em dois momentos (regra geral do **duplo juízo de admissibilidade**): a) pelo juízo prolator da decisão - chamado de juízo "a quo" - antes da remessa dos autos para o tribunal competente;

b) pelo relator ou órgão colegiado do Tribunal – conhecido como juízo "ad quem" - quando da análise do recurso ordinário.

Marcelo Moura[75] ensina que "a admissibilidade do recurso ordinária é feita, inicialmente, pelo juízo de primeira instancia antes da remessa dos autos do processo para a segunda instancia. Trata-se de juízo preliminar de admissibilidade do recurso e que não vincula o juízo próprio e definitivo que será realizado pelo órgão julgador competente: a turma do Tribunal Regional do Trabalho".

Assim, v.g., mesmo que o juiz de primeira instância reconheça a admissibilidade do recurso ordinário interposto em face da sentença o Tribunal Regional do Trabalho poderá inadmitir, não conhecer ou negar seguimento ao recurso pela ausência de preenchimento dos requisitos intrínsecos (subjetivos) ou extrínsecos (objetivos).

Dentre os pressupostos de admissibilidade se destaca o preparo, composto das custas e do depósito recursal.

A sistemática das custas no processo do trabalho é diferente do regramento adotado no direito processual civil. Neste, as custas são recolhidas no início, isto é, quando do ajuizamento da demanda e as despesas processuais ao longo da demanda. Já o processo do trabalho dispensa a antecipação do recolhimento das custas, sendo devidas e recolhidas vencida após o trânsito em julgado da decisão, ou quando da interposição do recurso, em percentual de 2% sobre o valor da condenação arbitrada pelo juiz ou sobre o valor da causa ou do acordo, a depender do caso concreto (art. 789, CLT).

A Reforma Trabalhista (Lei 13.467/2017) institui um teto para o recolhimento das custas, limitando-as em quatro vezes sobre o limite máximo dos benefícios do Regime Geral de Previdência Social, conforme previsto no "caput" do art. 789 da CLT.

Segundo a Portaria 3.659 de 10 de fevereiro de 2020, da Secretaria Especial de Previdência e Trabalho do Ministério da Economia, os benefícios do Regime Geral de Previdência Social estão limitados ao teto de R$ 6.101,06.

Sobrevindo eventual condenação, por exemplo, eventual recolhimento das custas estará limitado ao valor de R$ 24.406,40.

---

75 *Idem*. Marcelo Moura, 2018.

O depósito recursal está previsto no art. 899 da CLT. Tem como objetivo a garantia do juízo em benefício do empregado, ou seja, garantir a satisfação do crédito deferido em um título executivo – em regra judicial – em favor do empregado.

Assim, o empregado-recorrente sempre estará dispensado do recolhimento do depósito recursal.

Essa temática também sofreu alterações pela Reforma Trabalhista, dentre elas: i) o depósito recursal, antes depositado na conta do Fundo de Garantia do Tempo de Serviço (FGTS) vinculada ao trabalhador, passou a ser depositado em conta vinculada ao juízo e corrigido com os mesmos índices da poupança (§4º do art. 899, CLT); ii) o valor do depósito recursal será reduzido pela metade para entidades sem fins lucrativos, empregadores domésticos, microempreendedores individuais, microempresas e empresas de pequeno porte (§ 9º do art. 899, CLT); iii) são isentos do depósito recursal os beneficiários da justiça gratuita, as entidades filantrópicas e as empresas em recuperação judicial (§ 10 do art. 899, CLT); iv) o depósito recursal poderá ser substituído por fiança bancária ou seguro garantia judicial (§11 do art. 899, CLT).

O Tribunal Superior do Trabalho regulamenta o recolhimento do depósito recursal nas Instruções Normativas nº 3, 18, 31 e 36.

Em caso de recolhimento insuficiente do depósito recursal, somente haverá deserção do recurso se, concedido o prazo de 5 (cinco) dias previsto no § 2º do art. 1.007 do CPC de 2015, o recorrente não complementar e comprovar o valor devido, conforme inciso XIII da IN nº. 3 do TST.

Os depósitos judiciais na Justiça do Trabalho serão realizados em conta judicial, perante o Banco do Brasil S.A ou Caixa Econômica Federal, pelos seguintes meios: a) depósito direto em espécie ou cheque; b) boleto bancário; c) transferência eletrônica disponível (TED); d) penhora eletrônica de dinheiro (Sistema BACEN-JUD); e) cartão de crédito ou débito (art. 1º da IN 36/2012).

A guia de recolhimento ou boleto bancário deve conter informações que permitam a identificação do depósito e estar acompanhado do respectivo comprovante de pagamento, para que seja considerado meio hábil para demonstrar a realização dos depósitos judicial e recursal.

1.1. RECURSO ORDINÁRIO NO PROCEDIMENTO SUMARÍSSIMO

O rito sumaríssimo foi instituído pela lei 9.957/2000 que acrescentou os artigos 852-A a 852-I à CLT.

Abrange os dissídios individuais cujo valor da causa seja superior a 2 (dois) salários mínimos e não supere 40 (quarenta) salários mínimos.

É o segundo rito mais célere do processo do trabalho. Apresenta características ainda mais simples e informal do que o rito ordinário, para conferir uma rápida solução ao litígio.

Seguindo essas premissas, o legislador acrescentou um procedimento mais simples para a tramitação do recurso ordinário no procedimento sumaríssimo (art. 895, §1º, CLT), conforme destacado no Manual de Processo do Trabalho [76]:

> "1ª) será *imediatamente distribuído, uma vez recebido no Tribunal, devendo o relator liberá-lo no prazo máximo de dez dias, e a Secretaria do Tribunal ou Turma colocá-lo imediatamente em pauta para julgamento, sem revisor*;
> 2ª) terá *parecer oral do representante do Ministério Público presente à sessão de julgamento, se este entender necessário o parecer, com registro na certidão*;
> 3ª) terá *acórdão fundamentado apenas na certidão de julgamento, com a indicação suficiente do processo e parte dispositiva e das razões de decidir do voto prevalente. S e a sentença for confirmada pelos próprios fundamentos, a certidão de julgamento, registrando tal circunstância, servirá de acórdão*;
> 4ª) os *Tribunais Regionais, divididos em Turmas, poderão designar Turma para o julgamento dos recursos ordinários interpostos das sentenças prolatadas nas demandas sujeitas ao procedimento sumaríssimo*".

2. CONTRARRAZÕES AO RECURSO ORDINÁRIO

As contrarrazões é o instrumento processual posto à disposição do recorrido para defender a manutenção da decisão recorrida.

O art. 900 da CLT preceitua que "Interposto o recurso, será notificado o recorrido para oferecer as suas razões, em prazo igual ao que tiver tido o recorrente".

Conquanto o art. 180 do NCPC e o Decreto-Lei 779/1969 estabeleçam o prazo em dobro para as pessoas jurídicas de direito público e

---

[76] Leone Pereira. Manual de processo do trabalho – 5. ed. – São Paulo : Saraiva, 2018.

Ministério Público do Trabalho recorrer, prevalece que o prazo para as contrarrazões será idêntico para todos[77].

A apresentação das contrarrazões não é um dever da parte recorrida, mas, sim, um ônus processual, no qual terá a oportunidade de consignar e devolver ao Tribunal os argumentos fáticos e jurídicos para manter os termos da decisão recorrida.

Esse instrumento processual é pouco explorado doutrinariamente, mas, tem uma enorme relevância prática, na medida em que contribui para a formação do convencimento do colegiado do Tribunal quanto ao acerto da decisão recorrida, bem como demonstrar eventual irregularidade no cumprimento dos requisitos de admissibilidade recursal, provocando a inadmissão do recurso apresentado pelo recorrente.

Além disso, as contrarrazões traduzem em expressão do princípio do contraditório e da ampla defesa (art. 5º, LV, CF), assegurado aos litigantes em processo judicial ou administrativo.

Gilmar Ferreira Mendes e Paulo Gustavo Gonet Branco[78] explicam com eloquência que a paridade de armas decorre do

> *"– direito de informação (Recht auf Information), que obriga o órgão julgador a informar às partes os atos praticados no processo e sobre os elementos dele constantes;*
> *– direito de manifestação (Recht auf Äusserung), que assegura a possibilidade de manifestação, oralmente ou por escrito, sobre os elementos fáticos e jurídicos constantes do processo;*
> *– direito de ver seus argumentos considerados (Recht auf Berücksichtigung), que exige do julgador capacidade de apreensão e isenção de ânimo (Aufnahmefähigkeit und Aufnahmebereitschaft) para contemplar as razões apresentadas".*

As partes, portanto, devem ser informadas dos atos processuais praticados nos autos e ter a oportunidade de se manifestar sobre todos os elementos constantes no processo.

---

[77] Esse é o entendimento defendido pelo professor Carlos Henrique Bezerra Leite que sustenta que *"o prazo de oito dias para contrarrazões seria idêntico para todos, inclusive para as pessoas jurídicas de direito público e Ministério Público do Trabalho"*. (Carlos Henrique Bezerra Leite. Curso de direito processual do trabalho – 16. ed. – São Paulo : Saraiva Educação, 2018).

[78] Gilmar Ferreira Mendes, Paulo Gustavo Gonet Branco. Curso de direito constitucional – 12. ed. – São Paulo : Saraiva, 2017.

Aliás, a esse respeito, os artigos 9º e 10 do Código de Processo Civil deixam certo que o juiz não pode decidir, em grau algum de jurisdição, sem que uma das partes seja previamente ouvida, ainda que se trate de matéria sobre a qual deva conhecer de ofício, prestigiando, portanto, o contraditório e a ampla defesa.

O recorrido poderá apresentar em sede de contrarrazões ao recurso ordinário argumentos ou matérias de ordem pública eventualmente não reconhecidas pelo juízos prolator da decisão, apontamentos sobre a inobservância dos pressupostos de admissibilidade recursal – como, por exemplo, intempestividade, deserção, inadequação da via eleita para combater a decisão, ausência do cabimento de recurso, ilegitimidade, etc -, a fim de obstar o seguimento do recurso, bem como as matérias meritórias.

Comungando desse entendimento colhemos a seguinte ementa do Tribunal Superior do Trabalho:

> "[…] ARGUIÇÃO DE PRESCRIÇÃO EM CONTRARRAZÕES. A prescrição arguida em contrarrazões ao recurso ordinário deveria ter sido examinada pelo Tribunal Regional. Todavia, com fulcro no art. 515, §3º, do CPC (atual art. 1.013, §3º, do CPC/2015), deixa-se de determinar o retorno dos autos ao Tribunal "a quo", devendo esta Corte proceder ao seu imediato julgamento. A questão das diferenças de complementação de aposentadoria está pacificada neste Corte Superior, nos moldes da Súmula 326 e 327 do TST. In casu, tratando-se de diferenças de complementação de aposentadoria, oriundas de cálculos equivocados, incide a prescrição quinquenal parcial, nos moldes da Súmula 327 do TST, conforme decidido na sentença de primeiro grau, e não a prescrição total como quer a reclamada. Recurso de revista conhecido e parcialmente provido. […] (TST – ARR: 20029820125020079, Relator Augusto César Leite de Carvalho, data de Publicação: DEJT 11/04/2017).
> RECURSO DE REVISTA DA FAZENDA PÚBLICA DO ESTADO DE SÃO PAULO. PRESCRIÇÃO BIENAL. ARGUIÇÃO NAS CONTRARRAZÕES AO RECURSO ORDINÁRIO. POSSIBILIDADE. Conforme se depreende do acórdão recorrido, o juízo de primeiro grau acolheu a prescrição parcial e julgou improcedente a reclamação. A reclamada, não possuindo interesse em recorrer – na medida em que a reclamação foi julgada improcedente -, renovou, nas contrarrazões ao recurso ordinário, a pretensão de ver declarada a prescrição bienal. Esta Corte, ao interpretar o dispositivo no art. 193 do Código Civil, pacificou o entendimento de que a prescrição poderá ser arguida até a instancia ordinária, nos termos da Súmula nº 153 do TST. Portanto, invocada ou renovada a arguição de prescrição em contrarrazões ao recurso ordinário, como no caso, deve ser a matéria apreciada pelo Tribunal Regional. Julgado. Recurso de revista que se

dá provimento para determinar o retorno dos autos ao TRT de origem, para que prossiga o julgamento do feito, como entender de direito. Fica prejudicado o exame dos demais temas do recurso de revista. (TST – RR 2262000320075020077, Relatora Kátia Magalhães Arruda, 6ª Turma, Data de Julgamento: 28/09/2016)

RECLAMADO REVEL. POSSIBILIDADE DE ARGUIÇAÕ DE PRESCRIÇÃO EM CONTRARRAZÕES. RECEBIMENTO DO PROCESSO NO ESTADO EM QUE SE ENCONTRA. ART. 322, PARÁGRAFO PUNICO DO CPC. Ausente o reclamado à audiência em que deveria ter apresentado defesa, resta caracterizada a revelia. Entretanto, pode o réu revel intervir no processo em qualquer fase, recebendo-o no estado em que se encontrar, a teor do art. 322, parágrafo único do CPC. Nesse contexto, **se mostra possível que, em contrarrazões, o reclamado provoque o Tribunal a se manifestar a respeito da prescrição total, considerando o não esgotamento da instancia ordinária.** (TRT-17, RO 01114-2013-121-17-00-6, Relator Desembargador Gerson Fernando da Sylveira Novais, DEJT 18/07/2014).

É pertinente, deste modo, o emprego de esforços da parte vencedora para defender a conservação dos fundamentos fáticos e jurídicos da decisão recorrida perante o Tribunal competente .

3. COMPETÊNCIA ORIGINÁRIA DOS TRIBUNAIS REGIONAIS DO TRABALHO

A jurisdição é a função do Estado de resolver os conflitos de interesse entre pessoas. A função jurisdicional é exercida pelo Poder Judiciário, a quem compete dizer o direito aplicável ao caso concreto[79].

É a medida, o limite, o fracionamento da jurisdição; é a divisão dos trabalhos perante os órgãos encarregados do exercício da função jurisdicional, cujo objetivo é a composição da lide e a pacificação social[80].

Para Antonio Carlos de Araujo CINTRA (apud Theodoro Júnior, 2015)[81] a jurisdição "uma das funções do Estado, mediante a qual este se substitui aos titulares dos interesses em conflito para, imparcialmente, buscar a pacificação do conflito que os envolve, com justiça".

---

[79] Eduardo Arruda Alvim, Daniel Willian Granado e Eduardo Aranha Ferreira. Direito processual civil – 6. ed. – São Paulo : Saraiva Educação, 2019.

[80] Idem. Leone Pereira, 2018.

[81] Humberto Theodoro Júnior. Curso de Direito Processual Civil – vol. I . 56. ed. – Rio de Janeiro: Forense, 2015.

Mauro Schiavi[82] conceitua a jurisdição como "a função estatal exercida pelos juízes e tribunais, encarregada de dirimir, de forma imperativa e definitiva, os conflitos de interesses, aplicando o direito a um caso concreto, pacificando o conflito".

A doutrina tradicional afirma que a competência é uma parcela da jurisdição, ou seja, representa a distribuição das atribuições da atividade jurisdicional entre os órgãos do Poder Público[83].

As regras de distribuição da competência são realizadas de diversas formas: Constituição Federal, leis de direito processual (processo civil, processo criminal ou processo do trabalho), leis esparsas e normas de organização judiciária (regimentos internos dos tribunais).

Dentre as várias classificações da jurisdição citamos as seguintes: a) competência da Justiça Comum; b) Competência da Justiça Especial; c) Competência **em razão da matéria** (ratione materiae): competência em razão da natureza da relação jurídica ou objetiva, e tem por parâmetro a natureza da relação jurídica controvertida; d) Competência **em razão da pessoa** (ratione personae): competência em razão da qualidade das partes envolvidas na relação jurídica controvertida, é aquela que tem por parâmetro certas qualidades das pessoas litigantes; e) Competência **funcional**: tem por parâmetro a natureza das funções exercidas pelo magistrado no processo, bem como das respectivas exigências especiais dessas funções. A competência funcional também é denominada de competência a interna, normalmente prevista na CLT e nos regimentos internos dos Tribunais Regionais e do Tribunal Superior do Trabalho; f) **competência originária**: define a qual o órgão compete a causa dentro de um mesmo tribunal, isto é, se a competência é de órgão superior ou ao inferior; g) competência interna: quando existem vários juízes numa mesma Vara ou Tribunal, define qual ou quais órgão é/serão competentes; h) **competência recursal/hierárquica**: é a definição do órgão competente para apreciar o recurso apresentado pelas partes, ou seja, o próprio órgão que decidiu originariamente ou de órgão hierarquicamente superior.

Como se denota a competência originária é aquela na qual a Constituição, a CLT, a lei ou o regimento interno dos tribunais, define qual o órgão jurisdicional será responsável pela apreciação do litígio.

---

82 Mauro Schiavi. Manual de Direito Processual do Trabalho. 13ª ed. – São Paulo, LTr, 2018.

83 *Idem*. Arruda Alvim, 2019.

Alguns doutrinadores entendem que a competência funcional é sinonímia de competência originária.

O art. 111 da Constituição Federal preceitua que os órgãos integrantes da Justiça do Trabalho são o Tribunal Superior do Trabalho (TST), os Tribunais Regionais do Trabalho (TRTs) e os Juízes do Trabalho.

O Tribunal Superior do Trabalho é o órgão de cúpula da Justiça Especializada trabalhista, composto por 27 ministros, colhidos dentre brasileiros com mais de trinta e cinco anos e menos de sessenta e cinco anos, de notável saber jurídico e reputação ilibada, nomeados pelo Presidente da República após aprovação pela maioria absoluta do Senado Federal (art. 111-A da CF). Imediatamente abaixo estão os Tribunais Regionais do Trabalho, composto de, no mínimo, sete juízes, recrutados, quando possível, na respectiva região, e nomeados pelo Presidente da República dentre brasileiros com mais de trinta e menos de sessenta e cinco anos (art.115, CF). Na base hierárquica estão as Varas do Trabalho, cuja a jurisdição será exercida por um juiz singular (art. 116, CF).

Segundo o art. 652 e 653 da CLT, compete originariamente às Varas do Trabalho (aos juízes do trabalho de primeira instância):

> Art. 652. Compete às Varas do Trabalho:
> a) conciliar e julgar:
> I - os dissídios em que se pretenda o reconhecimento da estabilidade de empregado;
> II - os dissídios concernentes a remuneração, férias e indenizações por motivo de rescisão do contrato individual de trabalho;
> III - os dissídios resultantes de contratos de empreitadas em que o empreiteiro seja operário ou artífice;
> IV - os demais dissídios concernentes ao contrato individual de trabalho;
> V - as ações entre trabalhadores portuários e os operadores portuários ou o Órgão Gestor de Mão-de-Obra - OGMO decorrentes da relação de trabalho;
> b) processar e julgar os inquéritos para apuração de falta grave;
> c) julgar os embargos opostos às suas próprias decisões;
> d) impor multas e demais penalidades relativas aos atos de sua competência;
> e) (Suprimida pelo Decreto-lei nº 6.353, de 20.3.1944)
> f) decidir quanto à homologação de acordo extrajudicial em matéria de competência da Justiça do Trabalho. (Incluído pela Lei nº 13.467, de 2017)
> Parágrafo único - Terão preferência para julgamento os dissídios sobre pagamento de salário e aqueles que derivarem da falência do empregador, podendo o Presidente da Junta, a pedido do interessado, constituir processo em separado, sempre que a reclamação também versar sobre outros assuntos.
> Art. 653 - Compete, ainda, às Juntas de Conciliação e Julgamento:

a) requisitar às autoridades competentes a realização das diligências necessárias ao esclarecimento dos feitos sob sua apreciação, representando contra aquelas que não atenderem a tais requisições;
b) realizar as diligências e praticar os atos processuais ordenados pelos Tribunais Regionais do Trabalho ou pelo Tribunal Superior do Trabalho;
c) julgar as suspeições arguidas contra os seus membros;
d) julgar as exceções de incompetência que lhes forem opostas;
e) expedir precatórias e cumprir as que lhes forem deprecadas;
f) exercer, em geral, no interesse da Justiça do Trabalho, quaisquer outras atribuições que decorram da sua jurisdição.

A competência originária dos Tribunais Regionais do Trabalho — atualmente divididos em 24 Regiões, na forma do art. 674 da CLT — estão elencadas no art. 678 e seguintes da CLT, in verbis:

Art. 678 - Aos Tribunais Regionais, quando divididos em Turmas, compete:
I - ao Tribunal Pleno, especialmente:
*a) processar, conciliar e julgar **originariamente** os **dissídios coletivos**;*
*b) processar e julgar **originariamente**:*
1) as revisões de sentenças normativas;
2) a extensão das decisões proferidas em dissídios coletivos;
3) os mandados de segurança;
4) as impugnações à investidura de vogais e seus suplentes nas Juntas de Conciliação e Julgamento;
c) processar e julgar em última instância:
1) os recursos das multas impostas pelas Turmas;
*2) as **ações rescisórias** das decisões das Juntas de Conciliação e Julgamento, dos juízes de direito investidos na jurisdição trabalhista, das Turmas e de seus próprios acórdãos;*
3) os conflitos de jurisdição entre as suas Turmas, os juízes de direito investidos na jurisdição trabalhista, as Juntas de Conciliação e Julgamento, ou entre aqueles e estas;
d) julgar em única ou última instâncias:
1) os processos e os recursos de natureza administrativa atinentes aos seus serviços auxiliares e respectivos servidores;
2) as reclamações contra atos administrativos de seu presidente ou de qualquer de seus membros, assim como dos juízes de primeira instância e de seus funcionários.
II - às Turmas:
*a) **julgar os recursos ordinários** previstos no art. 895, alínea a ;*
*b) julgar os **agravos de petição e de instrumento**, estes de decisões denegatórias de recursos de sua alçada;*
c) impor multas e demais penalidades relativas e atos de sua competência jurisdicional, e julgar os recursos interpostos das decisões das Juntas dos juízes de direito que as impuserem.

Parágrafo único. Das decisões das Turmas não caberá recurso para o Tribunal Pleno, exceto no caso do item I, alínea "c", inciso 1, deste artigo.
Art. 679 - Aos Tribunais Regionais não divididos em Turmas, compete o julgamento das matérias a que se refere o artigo anterior, exceto a de que trata o inciso I da alínea c do Item I, como os conflitos de jurisdição entre Turmas.
Art. 680. Compete, ainda, aos Tribunais Regionais, ou suas Turmas:
a) determinar às Juntas e aos juízes de direito a realização dos atos processuais e diligências necessárias ao julgamento dos feitos sob sua apreciação;
b) fiscalizar o comprimento de suas próprias decisões;
c) declarar a nulidade dos atos praticados com infração de suas decisões;
d) julgar as suspeições arguidas contra seus membros;
e) julgar as exceções de incompetência que lhes forem opostas;
f) requisitar às autoridades competentes as diligências necessárias ao esclarecimento dos feitos sob apreciação, representando contra aquelas que não atenderem a tais requisições;
g) exercer, em geral, no interesse da Justiça do Trabalho, as demais atribuições que decorram de sua Jurisdição.

As atribuições e competências dos presidentes dos Tribunais Regionais estão definidas nos antigos 682 da CLT [84].

---

84 Art. 682 - Competem privativamente aos Presidentes dos Tribunais Regionais, além das que forem conferidas neste e no título e das decorrentes do seu cargo, as seguintes atribuições: II - designar os vogais das Juntas e seus suplentes; III - dar posse aos Presidentes de Juntas e Presidentes Substitutos, aos vogais e suplentes e funcionários do próprio Tribunal e conceder férias e licenças aos mesmos e aos vogais e suplentes das Juntas; IV - presidir às sessões do Tribunal; V - presidir às audiências de conciliação nos dissídios coletivos; VI - executar suas próprias decisões e as proferidas pelo Tribunal; VII - convocar suplentes dos vogais do Tribunal, nos impedimentos destes; VIII - representar ao Presidente do Tribunal Superior do Trabalho contra os Presidentes e os vogais, nos casos previstos no art. 727 e seu parágrafo único; IX - despachar os recursos interpostos pelas partes; X - requisitar às autoridades competentes, nos casos de dissídio coletivo, a força necessária, sempre que houver ame e perturbação da ordem; Xl - exercer correição, pelo menos uma vez por ano, sobre as Juntas, ou parcialmente sempre que se fizer necessário, e solicitá-la, quando julgar conveniente, ao Presidente do Tribunal de Apelação relativamente aos Juízes de Direito investidos na administração da Justiça do Trabalho; Xll - distribuir os feitos, designando os vogais que os devem relatar; XIII - designar, dentre os funcionários do Tribunal e das Juntas existentes em uma mesma localidade, o que deve exercer a função de distribuidor; XIV - assinar as folhas de pagamento dos vogais e servidores do Tribunal. § 1º - Na falta ou impedimento do Presidente da Junta e do substituto da mesma localidade, é facultado ao Presidente do Tribunal Regional designar substituto de outra localidade, observada a ordem de antiguidade entre os substitutos desimpedidos. § 2º - Na falta ou impedimento do Juiz classista da Junta e do respectivo suplente, é facultado ao Presidente do Tribunal Regional designar suplente de outra Junta, respeitada a categoria profissio-

O Tribunal Superior do Trabalho funciona em sua composição plena ou dividido em Órgão Especial, Seções, Subseções Especializadas e Turmas (art. 64 do Regimento Interno do TST). Cabe do Tribunal Superior do Trabalho processar, conciliar e julgar, na forma da lei, em grau originário ou recursal ordinário ou extraordinário, as demandas individuais e os dissídios coletivos que excedam a jurisdição dos Tribunais Regionais, os conflitos de direito sindical, assim como outras controvérsias decorrentes de relação de trabalho, e os litígios relativos ao cumprimento de suas próprias decisões, de laudos arbitrais e de convenções e acordos coletivos (art. 74 do RI do TST).

4. ACOMPANHAMENTO DO PROCESSO NO TRIBUNAL E SUSTENTAÇÃO ORAL

O processamento das demandas perante os Tribunais Regionais se assemelha àquele previsto no Regimento Interno do TST.

Cada Tribunal Regional possui regramento interno próprio, cada qual com as suas peculiaridades. Recomendamos a leitura detida do regimento interno do tribunal em que atua habitualmente.

Os processos de competência do Tribunal, a rigor, serão distribuídos de acordo com a classe, competência e composição dos órgãos do tribunal, ordem cronológica do seu ingresso na Corte, observando-se o sorteio eletrônico, concorrendo ao sorteio todos os Desembargadores, excetuados os membros da direção. Da mesma forma os recurso oriundos da primeira instancia.

Atente-se para as regras de prevenção das ações ou recurso no âmbito do Tribunal Regional do Trabalho. No Tribunal Regional da 2ª Região o primeiro recurso conhecido e protocolado tornará prevento o órgão fracionário, dentro deste a cadeira do relator, para eventual recurso subsequente interposto no mesmo processo ou em processo conexo, assim definido em lei (art. 82 do RI).

Distribuída a ação de competência originária ou o recurso ordinário ao órgão interno competente, será designado um

---

nal ou econômica do representante e a ordem de antiguidade dos suplentes desimpedidos. § 3º - Na falta ou impedimento de qualquer Juiz representante classista e seu respectivo suplente, é facultado ao Presidente do Tribunal Regional designar um dos Juízes classistas de Junta de Conciliação e Julgamento para funcionar nas sessões do Tribunal, respeitada a categoria profissional ou econômica do representante.

Desembargador-Relator à quem competirá, a rigor: a) presidir o andamento do processo no Tribunal; b) determinar providências ou diligências úteis à instrução do processo, inclusive fixando prazo para o seu cumprimento, que será o magistrado competente do tribunal ao órgão competente; c) determinar a emenda ou o indeferimento da petição inicial em processo de competência originária; d) solicitar manifestação do Ministério Público do Trabalho, quando entender necessária; e) deferir ou indeferir liminares em pedidos de tutela de urgência ou da evidência; f) homologar os acordos e desistências, ainda que o processo se encontre em Mesa para julgamento ou com execução provisória na Vara; g) assinar a passagem dos autos ao Revisor, com o relatório, dentro do prazo previsto no regimento interno (no TRT 2ª Região o prazo é de 60 dias).

O Desembargador-Revisor, de outro lado, terá a competência para propor ao Relator providências processuais úteis ao julgamento, solicitar a designação de data para o julgamento do processo no prazo previsto no regimento interno e, por fim, proferir voto imediatamente após haver votado o Relator.

O Ministério Público do Trabalho, através do Procurador do Trabalho, poderá ter vista de todos os processos judiciais tramitando no Tribunal especialmente quando figurar como parte qualquer pessoa jurídica de direito público, estado estrangeiro ou organismo Internacional, ou nos casos que envolvam interesses de incapazes, ou processos de competência originária do Tribunal, ou quando entender existente interesse público que justifique sua intervenção.

As principais prerrogativas conferidas ao Ministério Público do Trabalho nos Tribunais Regionais são: a) manifestar-se, de ofício ou não, verbalmente ou por escrito, quando reputar de interesse público ou relevante a matéria objeto do processo; b) oficiar nas sessões de julgamento do Tribunal, fazendo uso da palavra para manifestação sobre a matéria posta em julgamento, podendo pedir vista em qualquer momento, como também solicitar requisições ou diligências que entender necessárias; c) instaurar a instância em caso de greve; d) nas sessões judiciais do Tribunal, o representante do Ministério Público terá assento à direita do Presidente da sessão[85].

No que se refere ao julgamento dos recursos oriundos de primeiro grau de jurisdição, após a solicitação de inclusão do processo na

---

[85] Art. 85 do RI do TRT da 2ª Região.

pauta de julgamento pelo relator, a secretaria do órgão responsável pelo julgamento irá notificar as partes – recorrente, recorrido e terceiros interessados - serão notificadas sobre a data e horário da sessão de julgamento.

As partes poderão entregar memorial por escrito para os desembargadores responsáveis pelo julgamento do recurso – Relator, Revisor, 3º Juiz – antes da sessão de julgamento no Tribunal.

Recomenda-se que a parte ou o seu advogado realize a entrega dos memoriais diretamente aos desembargadores responsáveis pelo caso, na semana da sessão de julgamento, evitando o protocolo.

A Lei 8.906/1994 (Estatuto da Advocacia) confere o direito ao advogado de "dirigir-se diretamente aos magistrados nas salas e gabinetes de trabalho, independentemente de horário previamente marcado ou outra condição, observando-se a ordem de chegada" (art. 7º, VIII).

Entretanto, a experiencia tem nos mostrado que é aconselhável, sempre que possível, o agendamento de um horário para efetuar a entregar ou despachar os memoriais com os desembargadores, a fim de poupar-se de desencontros ou de longo tempo de espera.

Os memoriais devem conter: a) as principais teses e argumentos do caso concreto; b) uma exposição fática ou jurídica abreviada, pois, os argumentos substanciais já foram consignados no bojo das razões recursais; c) no máximo 3 ou 4 laudas; d) eventualmente, poderá instruí-lo com uma peça ou decisão relevante.

Deste modo, podemos concluir que os memoriais é uma peça simples, com argumentos concisos, cujo o objetivo é a demonstração dos aspectos fáticos e jurídicos centrais das razões ou contrarrazões do recurso submetido a julgamento.

A sustentação oral consiste na exposição verbal das razões ou contrarrazões do recurso interposto. É uma poderosa ferramenta de persuasão que possibilita o convencimento dos julgadores sobre as razões fáticas ou jurídicas discutidas em sede recursal.

Antes do início da sessão de julgamento, como regra, a parte que pretender realizar a defesa oral das razões ou contrarrazões recursais deve se inscrever perante a secretaria do órgão interno responsável pelo julgamento (Turma, SDI, SDC, Pleno, Órgão Especial, etc). Somente os advogados regularmente constituídos poderem realizar a sustentação oral. A procuração poderá ser apresentada antes da sessão de julgamento perante a secretaria do órgão julgador.

Instalada a sessão de julgamento, no dia designado, o Desembargador-Presidente do órgão competente realizará a abertura da sessão oportunidade em que os processos serão submetidos a julgamento na ordem da pauta, independentemente do comparecimento das partes ou de seus representantes legais. Normalmente, o processos com sustentação oral terão preferência na pauta de julgamento.

Apregoado o julgamento do feito, o Presidente da sessão irá chamar os patronos inscritos para sustentar oralmente a ocupar a tribuna. Após a leitura do relatório, o Presidente da sessão dará a palavra aos Advogados para debates, pelo prazo de 10 (dez) minutos a cada um, prorrogável por mais 5 (cinco) minutos quando a matéria for considerada relevante.

Se houver recurso de ambas as partes, o autor ou seu patrono falará primeiro. Havendo litisconsortes representados por mais de um Advogado, alguns regimentos internos estabelecem prazo diferenciado (em dobro ou distribuído proporcionalmente entre eles).

A boa atuação do(a) advogado(a) perante os Tribunais, notadamente na sustentação oral, depende do preparo do operador do direito, isso envolve o estudo detido dos fatos, da cronologia dos atos processuais praticados nos autos, dos termos da inicial, da defesa, dos documentos, perícias, depoimento das partes e principalmente depoimentos prestados pelas testemunhas.

A missão do advogado(a) é demonstrar que o direito foi aplicado de maneira correta ou incorreta ao caso concreto submetido à julgamento, apontando as provas (documental, pericial, testemunhas, etc) que fundamentam a argumentação.

É aconselhável roteirizar a sustentação oral e manter um material de apoio (anotação, o recurso ou as contrarrazões, tablet, etc).

O discurso poderá ser estruturado da seguinte forma:

i. **Saudações** – cumprimento dirigido aos julgadores (Relator, Revisor, Presidente da sessão e demais desembargadores presentes), advogados, serventuários e público em geral. Dirija-se sempre de maneira respeitosa aos juízes-desembargadores, chamando-os pelo nome de tratamento: "Vossa(s) Excelência(s)", Nobres Julgadores.

ii. **Prólogo ou Introdução** – uma breve digressão fática ou cronológica dos atos processuais que serão objeto da sustentação .
iii. **Fixação dos pontos e teses principais** – a indicação dos assuntos mais relevantes discutidos no recurso.
iv. **Argumentação e refutação de teses contrárias** – exposição dos argumentos demonstrando/provando por meio do apontamento de documentos, trechos dos depoimentos das partes ou das testemunhas, além de teses doutrinárias ou jurisprudenciais quando se tratar de matéria eminentemente de Direito.
v. **Conclusão** – requerimento de reforma, anulação ou manutenção da decisão recorrida.

Encerradas as exposições orais o processo será julgado pelo órgão competente, com os votos do Relator e dos demais Desembargadores do Trabalho.

Ao final da votação, o Presidente da sessão proclamará o resultado e o Desembargador do Trabalho que primeiramente tenha votado nos termos da conclusão vencedora ou o que tenha o voto mais prevalecente dentre todos será designado para redigir o acórdão.

5. SESSÃO DE JULGAMENTO TELEPRESENCIAL

O isolamento social potencializou a utilização das tecnologias telemáticas e informatizadas no âmbito do Poder Judiciário brasileiro. Foram necessárias a utilização das ferramentas tecnológicas para viabilizar a continuidade da prestação jurisdicional (art. 93, XII, CF).

> *CF, Art. 93. Lei complementar, de iniciativa do Supremo Tribunal Federal, disporá sobre o Estatuto da Magistratura, observados os seguintes princípios: XII a atividade jurisdicional será ininterrupta, sendo vedado férias coletivas nos juízos e tribunais de segundo grau, funcionando, nos dias em que não houver expediente forense normal, juízes em plantão permanente;*

O Conselho Nacional de Justiça expediu a Portaria Nº 61 de 31/03/2020[86], de acordo com a Resolução nº 313, de 19 de março

---

[86] Portaria Nº 61 de 31/03/2020 - **O PRESIDENTE DO CONSELHO NACIONAL DE JUSTIÇA**, no uso de suas atribuições legais e regimentais, CONSIDERANDO as disposições da Resolução CNJ nº 313, de 19 de março de 2020, que estabelece critérios para o funcionamento dos serviços judiciários, com o objetivo de prevenir o contágio pelo Covid-19;**CONSIDERANDO** as disposições do Código de Processo Civil, artigos 236, § 3º; 385, § 3º; 453, § 1º e 461, § 2º, que dispõem sobre a possibilidade da prática de atos processuais por meio de videoconferência, inclusive

de 2020, para estabelecer critérios para o funcionamento dos serviços judiciários, durante o estado de calamidade pública com o objetivo de prevenir o contágio pelo Covid-19, bem como permitir a realização dos atos processuais por meio de videoconferência, principalmente as audiências de forma virtual, na forma dos artigos 236, § 3º; 385, § 3º; 453, § 1º e 461, § 2º, do CPC.

No âmbito do Tribunal Regional do Trabalho da 2ª Região vigora o Ato GP nº. 07, que disciplinava, no âmbito do Tribunal Regional do Trabalho da 2ª Região, a adoção de meios virtuais e telepresenciais para a realização de audiências e sessões de julgamento nas Varas, Turmas e Seções Especializadas, durante a vigência das medidas de isolamento social para a prevenção do contágio pelo coronavírus (COVID-19).

Esse ato foi posteriormente revogado pelo Ato GP nº. 08 que regulamenta a matéria atualmente.

Cada Tribunal Regional possui regulamentação específica sobre a matéria, sendo importante o estudo pormenorizado do regulamento.

---

para a oitiva de partes e testemunhas; **CONSIDERANDO** a Resolução CNJ no 105, de 6 de abril de 2010, que dispõe sobre a documentação dos depoimentos por meio do sistema audiovisual e realização de interrogatório e inquirição de testemunhas por videoconferência; **RESOLVE**: Art. 1º Instituir a Plataforma Emergencial de Videoconferência para a realização de audiências e sessões de julgamento nos órgãos do Poder Judiciário, no período de isolamento social provocado pela pandemia do Covid-19. Parágrafo único. O uso da Plataforma é facultativo aos tribunais e não exclui a utilização de outras ferramentas computacionais que impliquem o alcance do mesmo objetivo. Art. 2º A Plataforma estará disponível a todos os segmentos de Justiça, Juízos de Primeiro e Segundo Graus de jurisdição, bem como os tribunais superiores. Parágrafo único. O registro de interesse na utilização da Plataforma deverá ser realizado por intermédio de formulário eletrônico próprio disponível no Portal do CNJ na Internet. Art. 3º Todas as informações necessárias para utilização da Plataforma estarão disponíveis no endereço eletrônico <https://www.cnj.jus.br/plataforma-videoconferencia-nacional>. Art. 4º A Plataforma permitirá a gravação audiovisual do conteúdo da videoconferência, e seu armazenamento, caso desejado, poderá ocorrer no sistema denominado PJe Mídias. Parágrafo único. O armazenamento no PJe Mídias independe de qual seja o sistema de gestão processual atualmente instalado no tribunal de origem do órgão interessado na gravação da videoconferência. Art. 5º A Plataforma estará disponível durante todo o período especial da pandemia causada pelo Covid-19. Art. 6º Esta Portaria entra em vigor na data da sua publicação.

No âmbito da jurisdição do TRT da 2ª Região as audiências e sessões virtuais foram permitidas a partir de 11 de maio de 2020, por meio de Plataforma Emergencial de Videoconferência

As sessões de julgamento e audiências telepresenciais têm valor jurídico equivalente às presenciais.

As partes, seus procuradores e o Ministério Público são intimados pelo magistrado, informando o dia e horário da sessão de julgamento, bem como será disponibilizado um link para acesso à sala virtual, sem necessidade de cadastramento prévio das partes ou procuradores.

O nome da sala será deverá indicar a Turma e a data da pauta.

A inscrição para sustentação oral, nas sessões telepresenciais, em alguns tribunais, há a exigência de prévia manifestação de interesse por parte dos patronos nos autos ou através de procedimento específico.

No dia e horário designado para o início da sessão o secretário confirmará a conexão de todos os envolvidos. O advogado fica aguardando o início da sessão de julgamento em um lobby (sala de espera virtual), até que o secretário admita as partes para a realização da sessão virtual.

Eventual impossibilidade técnica ou de ordem prática para a realização da sessão telepresencial poderão ensejar sua suspensão e designação para nova data, quer por parte dos membros da Turma ou do Ministério Público do Trabalho, quer por advogados mediante pedido e por decisão fundamentada (art. 20, §1º, do Ato GP 08 do TRT-2).

Ocorrendo a interrupção durante a sustentação oral por dificuldade ou indisponibilidade tecnológica dos recursos utilizados, o julgamento do processo poderá ser interrompido, com novo pregão ao final da pauta estabelecida para a data, restituindo-se integralmente o prazo legal para sustentação oral (art. 20, §2º, do Ato GP 08 do TRT-2).

Durante o exercício da advocacia, ainda que em ambiente virtual, devemos agir com profissionalismo e empenhar as mesas boas práticas empregadas na audiência presencial, seja na vestimenta ou no trato com as autoridades.

CAPÍTULO XXXII.
RECURSO DE REVISTA

1. INTRODUÇÃO

O recurso é o instrumento processual por meio do qual as partes - ou terceiro juridicamente interessado e o Ministério Público do Trabalho quando atua na qualidade de parte ou de custos legis – impugnam a decisão judicial, com o objetivo de anular, reformar ou integrar a decisão.

Dentre os diversos conceitos de recurso, merece destaque a conceituação elaborada pelo Professor Carlos Henrique Bezerra Leite:

> *"A palavra recurso pode ser entendida em sentido amplo e em sentido restrito.* **Em sentido amplo,** *é um remédio, isto é,* **um meio de proteger um direito:** *ações, recursos processuais ou administrativos, exceções, contestações, reconvenção, medidas cautelares.* **Em sentido restrito, é a provocação de um novo julgamento,** *na mesma relação processual, da decisão pela mesma ou por outra autoridade judiciária superior"* (grifos acrescidos).

No que se refere a natureza jurídica dos recursos a doutrina e a jurisprudência é dividida.

Para uma corrente doutrinária o recurso possui natureza jurídica de ação autônoma de impugnação, isso porque, segundo a ótica dos defensores dessa interpretação, o direito de recorrer constitui um novo exercício do direito de ação, absolutamente independente da ação originada pela petição inicial, visando a obtenção de um novo título judicial constitutivo negativo, como ocorre, v.g., com a ação rescisória.

A corrente doutrinária em sentido contrário defende que o recurso não é uma ação autônoma de impugnação, mas, sim, um prolongamento do exercício do direito de ação. Para os defensores dessa corrente, amplamente majoritária, o recurso é uma continuação da demanda, está inserido na marcha processual.

O art. 893 da CLT estabelece que "Das decisões são admissíveis os seguintes recursos: I - embargos; II - recurso ordinário; III - recurso de revista; IV – agravo".

Vale dizer que a CLT o rol de recursos abarcado pelo art. 893 da CLT é meramente exemplificativo, sendo possível a interposição de outros recursos no processo do trabalho. Nesse sentido, podemos verificar que existem outros dispositivos espalhados pela CLT referenciando o cabimento de recursos que sequer são regulamentados na CLT como, por exemplo, o Recurso Extraordinário (art. 893, §2º, CLT) ou o agravo regimental (art. 709, §1º, CLT).

A jurisprudência entende que é possível a aplicação subsidiária das regras do direito processual comum em caso de omissão e compatibilidade de princípios e regras, na forma do art. 796 da CLT.

> Art. 769. Nos casos omissos, o direito processual comum será fonte subsidiária do direito processual do trabalho, exceto naquilo em que for incompatível com as normas deste Título.

Nessa toada o (Novo) Código de Processo Civil estabelece em seu artigo 15 que *"Na ausência de normas que regulem processos eleitorais, trabalhistas ou administrativos, as disposições deste Código lhes serão aplicadas supletiva e subsidiariamente".*

A doutrina entende que a expressão "fonte subsidiária" está relacionada como uma fonte secundária a ser aplicada apenas quando houver esgotamento da aplicação das normas contidas na CLT (fonte primária), ou seja, há uma completa omissão da CLT em relação determinado ato ou instituto processual - como ocorria, por exemplo, com a distribuição do ônus da prova em que se aplicava o art. 373 do CPC ou com o incidente de desconsideração da personalidade jurídica.

Já o termo "fonte supletiva" é compreendido como a possibilidade de importar uma determinada regra do direito processual comum, ainda que a CLT não seja omissa, dando celeridade a uma etapa do processo.

O Professor Homero Batista Mateus da Silva[87] ensina que

> *"O art. 15 do CPC/2015 se valeu, também, da noção de supletividade. Em verdade, a estratégia do legislador de 2015 de levar para o CPC o mesmo assunto tratado no art. 769 da CLT – a aplicação do direito processual comum ao processo do trabalho – causou grande repercussão, a começar*

---

[87] Homero Batista Mateus da Silva. CLT comentada . 2ª ed. -- São Paulo : Thomson Reuters Brasil, 2018.

pela própria conveniência de haver dois dispositivos análogos em diplomas processuais diferentes. Dada a redação mais minuciosa e o fato de se achar assentado em Lei específica, o art. 769 da CLT tem levado pequena vantagem nos debates acadêmicos como sendo o que melhor atende aos anseios da interpretação sistemática. No entanto, a presença da noção de supletividade no art. 15 chamou a atenção para um fato há muito tempo sustentado por alguns processualistas: em determinadas circunstâncias, seria razoável importar uma regra do processo comum, ainda que a CLT não seja omissa, mas quando essa aplicação pudesse agregar valor ao processo do trabalho, agilizando alguma etapa do procedimento. O exemplo mais citado é a multa de 10% sobre o valor da execução em caso de não haver pagamento voluntário pelo devedor (arts. 475-J, do CPC/1973; 523, § 1º, do CPC/2015): apesar da forte resistência a essa multa, rechaçada que foi pelo TST e outras instâncias decisórias, argumenta-se que ela teria a capacidade de alavancar algumas execuções e que os procedimentos dos arts. 882 e 884 da CLT já se acham muito superados. Seria o caso, portanto, de uma aplicação "complementar", "adicional", um reforço de posições ao processo do trabalho – e não meramente uma aplicação subsidiária, nos moldes clássicos, que pressupõe a anomia".

Assim, é possível a aplicação do direito processual comum sempre que houver uma completa omissão no direito processual do trabalho ou quando existir previsão na CLT, mas o direito processual comum se mostrar mais efetivo que o processo do trabalho.

Dito isso, é possível, portanto, a utilização do recurso de Agravo Interno (art. 1.021 do CPC) em face das decisões monocráticas proferidas pelo relator denegatória de seguimento, para que o recurso tenha seu mérito apreciado pelo respectivo órgão colegiado, ou ainda, o Recurso Extraordinário, aplicando ao processo do trabalho as regras previstas no art. 1.029 e seguintes do CPC, com adaptações.

O recurso de revista é previsto na CLT, como se depreende dos artigos 893, III, e 896 da CLT.

Esse recurso tem natureza jurídica extraordinária, tendo por escopo a uniformização da jurisprudência, conforme estudaremos adiante. Cumpre um papel similar ao Recurso Especial no processo do civil.

2. CONCEITO

Etimologicamente a palavra "revista" significa o ato ou efeito de examinar detidamente, de rever, de inspecionar ou de segunda vista.

No passado o recurso de revista já recebeu a denominação de recurso extraordinário, mas essa nomenclatura foi alterada pela Lei nº. 861/49. A partir disso, a doutrina entende que, guardadas as proporções, o recurso de revista equivale ao recurso extraordinário e ao recurso especial no processo civil, cuja natureza jurídica é extraordinária e tem por finalidade a uniformização da jurisprudência, afastando a disparidade de decisões judiciais em situações jurídicas iguais ou similares.

No sistema processual, as partes poderão discutir os fatos, as provas e o direito nas instâncias ordinárias – composta do juízo de primeiro grau e dos tribunais em instância recursal (juiz do trabalho e Tribunais Regionais do Trabalho). Entretanto, existem instâncias superiores, cuja missão é assegurar a uniformidade das decisões em relação ao direito objetivo (matérias de direito material ou processual), não sendo possível o revolvimento de matérias de fato ou de direito (Súmula 126 do TST).

A esse respeito o Professor Homero Batista Mateus da Silva[88] defende que

> "Não se deve usar a expressão terceira instância ou terceiro grau de jurisdição. O Judiciário brasileiro se estrutura em duas instâncias, a original e a recursal, representadas pelas Varas e pelos TRTs. O TST e demais tribunais superiores exercem o posto de órgãos de uniformização de jurisprudência, de sobreposição aos tribunais, e as partes não têm assegurado o acesso a eles nem têm direito adquirido ao reexame do reexame".

O jurista Vantuil Abdala (apud Carlos Henrique Bezerra Leite, 2018)[89] explica que

> "o nosso sistema processual é o do duplo grau de jurisdição. Nada impediria que o nosso legislador tivesse adotado três ou quatro instâncias; mas não o fez; adotou apenas duas instâncias ordinárias. Nós temos o juízo de primeiro grau e a instância recursal de segundo grau, e o processo naturalmente deveria acabar aí. Inobstante, existe no processo do trabalho o recurso para uma instância superior que se destina à proteção do direito objetivo e não do direito subjetivo; à regularidade da aplicação da norma jurídica, em primeiro lugar, e só em segundo plano o direito das partes; à uniformização da jurisprudência e não à justiça do caso concreto. Naturalmente, sendo esta uma instância extraordinária, e tendo este objetivo, para que o recurso possa

---

[88] Homero Batista Mateus da Silva. CLT comentada . 2ª ed. -- São Paulo : Thomson Reuters Brasil, 2018.

[89] Leite, Carlos Henrique Bezerra Curso de Direito Processual do Trabalho. 16. ed. – São Paulo : Saraiva Educação, 2018.

ser conhecido há de se respeitarem estes pressupostos, ou seja, decisão que diverge de outra ou que ofenda a lei".

Élisson Miessa[90] destaca que

> "a doutrina divide os recursos, levando em conta a sua fundamentação podendo ser de fundamentação livre ou vinculada. Os recursos de fundamentação livre são aqueles que não se ligam a determinados defeitos ou vícios das decisões, ou seja, a lei não exige que, no recurso, aponte-se especificamente determinado vício, havendo necessidade apenas de que a parte não se conforme com a decisão impugnada. É o que ocorre, por exemplo com o recurso ordinário. Já os recursos de fundamentação vinculada são aqueles que a lei exige que o recorrente indique algum vício específico na decisão impugnada, como ocorre com o recurso de revista que está vinculado à demonstração da divergência ou da violação literal de dispositivo de lei federal (…).".

A partir disso é possível concluir que a natureza extraordinária do recurso de revista admite apenas a discussão de questões de direito, para que seja corrigida a decisão proferida em violação às normas constitucionais, legislação federal ou contrária à jurisprudência uniformizada pelos Tribunais. Também, podemos extrair o entendimento de que é um recurso de fundamentação vinculada, visto que a lei impõe a demonstração de um vício ou impugnação prevista no caput do art. 896 da CLT.

A doutrina destaca que existe uma distinção entre as terminologias "reexame de fatos e provas" e "valoração da prova". A esse respeito, observa Francisco Antônio de Oliveira, citado na obra do ilustre professor Eduardo Gabriel Saad (CLT Comentada. pag. 1630)[91], que

> "[…] Inicialmente, é de ter em mente que os recursos excepcionais não se prestam ao reexame da prova. Isso, todavia, não significa que não sirvam para propiciar nova valoração à prova. Existe uma sutileza que não deve passar desapercebida entre o reexame da prova e a valoração da prova. Vale Aqui trazer à tona julgado do STF: 'Recurso Especial. Reexame da prova. Para efeito de cabimento o recurso especial. É necessário discernir entre a apreciação da prova e os créditos legais de sua valorização. No primeiro caso há pura operação mental de conta, peso e medida, à qual é imune o recurso. O segundo envolve a teoria do valor ou conhecimento, em operação

---

[90] Élisson Miessa e Henrique Correia. Súmulas e Ojs do TST Comentadas e Organizadas por Assunto. 8ª ed. Salvador: JusPODIVM, 2018

[91] Consolidação das Leis do Trabalho: Comentada. Eduardo Gabriel Saad, José Eduardo Duarte Saad, Ana Maria Saad Castelo Branco. 51 ed. – São Paulo: LTr, 2019.

que se apura se houve ou não a infração de algum princípio probatório' (RJT 56/65 - STF-RE 70.568/GB, Relato Ministro Barros Monteiro).

Isso se justifica porque o objeto do recurso deve transpor o interesse individual da parte no litígio – que ficará em plano de fundo –, deve de relevância social, política, econômica ou jurídica ou seja, é necessário que seja relevante, de grande importância, ultrapassando as balizas do interesses das partes no litígio.

Atualmente, prevalece o entendimento do cabimento do recurso de revista, tanto para direito material quanto para direito processual.

Cabe dizer que o art. 791 da CLT autoriza o *jus postulandi* na Justiça do Trabalho, sendo possível o ajuizamento de ação e a interposição de recurso perante a Justiça do Trabalho, sem a necessidade de assistência de advogado. No entanto, essa capacidade postulatória, sem a assistência de um advogado, está limitada a instância ordinária, isto é, perante a Vara do Trabalho e o TRT não alcançando os recursos de natureza extraordinária (Recurso de Revista, Embargos no TST, Recurso Extraordinário), ou outros recursos de competência do TST, nem mesmo ação rescisória, ação cautelar ou mandado de segurança (Súmula 425 do TST).

Essa vedação jurisprudencial está lastreada no aspecto técnico do recurso de revista, cujo objetivo é: (i) a uniformização da jurisprudência dos Tribunais Trabalhistas; (ii) assegurar a autoridade de lei federal ou da Constituição Federal.

O STF entende que o cabimento do recurso extraordinário depende do exaurimento das instâncias da Justiça do Trabalho.

Esse recurso tem amparo legal nos artigos 896, 896-A, 896-B e 896-C da CLT com os Reflexos da Lei 13.015/2014 (nova lei dos recursos trabalhistas) e Lei 13.467/2017 (Reforma Trabalhista).

O recurso de revista deve ser interposto no prazo de 8 dias úteis, na forma do art. 896, "caput", da CLT combinado com art. 770 da CLT e art. 6º, da Lei 5.584/70. A parte recorrida pode apresentar contrarrazões (ao recurso de revista) no mesmo prazo (art. 900, CLT).

3. PRESSUPOSTOS DE ADMISSIBILIDADE RECURSAL GENÉRICOS

A admissibilidade dos recursos está condicionada à satisfação, pelo recorrente, de pressupostos (ou requisitos) previstos em lei para que o recurso interposto possa ser conhecido.

Os pressupostos objetivos/extrínsecos são: cabimento, adequação, tempestividade, preparo e regularidade de Representação). Já os pressupostos subjetivos/intrínseco (legitimidade, capacidade e interesse).

a. *Legitimidade:* A legitimidade recursal é a habilitação outorgada por lei àquele que tenha participado, como parte, do processo em primeiro grau de jurisdição, ainda que revel. Também possui legitimidade o Ministério Público do Trabalho, tanto nos processos em que figura como parte como naqueles em que oficia como *custos legis*, segundo o disposto no art. 83, VI, da Lei Complementar n. 75/1993. ou o MPT.

b. *Capacidade:* Não basta a legitimidade. É preciso, também, que o recorrente, no momento da interposição do recurso, esteja plenamente capaz (CCB, arts. 3º, 4º e 5º). Trata-se da capacidade recursal.

c. *Interesse: significa que o recurso deve ser útil e necessário para o recorrente, de modo a melhorar a situação.*

No que se refere aos **pressupostos objetivos**:

a. **Cabimento:** o ato judicial atacado deve ser recorrível, pois o recurso somente será admitido, se inexistir, no ordenamento jurídico, óbice ao exercício do direito de recorrer.

b. **Adequação:** Não basta que o ato judicial atacado seja recorrível. É imprescindível que o recurso utilizado esteja em conformidade com a lei que estabelece determinados regramentos para possibilitar a impugnação da decisão judicial.

c. **Tempestividade:** O direito de recorrer deve ser exercitado no prazo legalmente fixado, razão pela qual os prazos para a interposição de recursos são peremptórios, ou seja, não podem as partes, por convenção, prorrogá-los ou alterá-los.

d. Regularidade de representação

e. Preparo: custas e/ou depósito recursal

O preparo é composto das custas e do depósito recursal, a depender da situação.

As *custas* têm natureza jurídica de taxa, espécie do gênero tributo, pois são valores pagos pela parte ao Estado em decorrência da prestação de um serviço público específico: a prestação jurisdicional.

As custas relativas ao processo trabalhista de conhecimento (art. 789, CLT), nos dissídios individuais e coletivos ou em quaisquer outras ações (ou procedimentos) de competência da Justiça do Trabalho incidirão na base de 2% (dois por cento), observado o mínimo de R$ 10,64 (dez reais e sessenta e quatro centavos)e o máximo de quatro vezes o limite máximo dos benefícios do Regime Geral de Previdência Social, e serão calculadas: (a)sobre o valor do acordo homologado ou da condenação; (b) sobre o valor da causa – quando houver extinção do processo sem resolução do mérito ou o pedido for julgado totalmente improcedente; (c) sobre o valor da causa – no caso de procedência do pedido formulado em ação declaratória e em ação constitutiva; (d) sobre o valor que o juiz fixar – quando o valor da causa for indeterminado.

As custas serão pagas pelo vencido, após o trânsito em julgado da decisão. No caso de recurso, as custas serão pagas e comprovado seu recolhimento dentro do prazo recursal.

Sempre que houver acordo (termo de conciliação), o pagamento das custas caberá em partes iguais aos litigantes, salvo ajuste em contrário. Todavia, caso seja estipulado no acordo que as custas serão de responsabilidade do empregado (ou trabalhador avulso), é facultado ao juiz isentá-lo da parte que lhe caiba (CLT, arts. 790, § 3º e 790-A, *caput*);

Nos dissídios coletivos, as partes vencidas responderão solidariamente pelas custas calculadas sobre o valor arbitrado pelo Tribunal (órgão colegiado) ou fixado pelo seu Presidente.

No recurso de revista as custas estarão dispensadas caso a parte já tenha recolhido quando da interposição do recurso ordinário ou esteja isenta de realizar tal recolhimento.

O depósito recursal, por sua vez, deve ser realizado em juízo, havendo situações que será reduzido pela metade (entidades sem fins lucrativos, empregadores domésticos, MEI, microempresas e EPP) e que o recolhimento é dispensado (beneficiários da justiça gratuita, as entidades filantrópicas e as empresas em recuperação judicial), na forma do art. 899 da CLT.

O valor do depósito recursal foi alterado recentemente pelo TST:

- R$ 10.059,15 - para interpor Recurso Ordinário
- R$ 20.118,30 – Recurso de Revista e Embargos;
- R$ 20.118,30 – Ação rescisória.

A ideia do depósito recursal é desestimular a interposição de recurso e o pacto de acordo entre as partes.

4. PRESSUPOSTOS DE ADMISSIBILIDADE RECURSAL ESPECÍFICOS

Além dos pressupostos de admissibilidade genéricos, analisados anteriormente, o recurso de revista possui pressupostos de admissibilidade específicos, sem os quais o recurso não será conhecido.

São eles: o prequestionamento e a transcendência.

A) PREQUESTIONAMENTO

O prequestionamento se configura quando a decisão impugnada aprecia expressamente a tese (também denominada de matéria ou questão) debatida nos autos. Essa será a tese apreciada pelo Tribunal Regional do Trabalho no bojo do recurso de revista, por isso, é imprescindível constar na decisão recorrida.

Nas palavras do professor Mauro Schiavi[92], *"o prequestionamento é próprio dos recursos de natureza extraordinária (especial, extraordinário e de revista), pois nos recursos de natureza ordinária (por exemplo, o recurso ordinário) o efeito devolutivo transfere ao tribunal todas as teses jurídicas invocadas pelas partes, ainda que a sentença não as tenha apreciado"*.

O Tribunal Superior do Trabalho, após reiteradas decisões, na Súmula 297, apresentou uma definição do que representa o prequestionamento:

> Súmula nº 297 do TST - "PREQUESTIONAMENTO. OPORTUNIDADE. CONFIGURAÇÃO (nova redação) - Res. 121/2003, DJ 19, 20 e 21.11.2003 - I. **Diz-se prequestionada a matéria ou questão quando na decisão impugnada haja sido adotada, explicitamente, tese a respeito.**

O art. 896, § 1º-A, I, da CLT preconiza que a parte deve indicar o trecho da decisão recorrida que consubstancia o prequestionamento da

---

[92] Mauro Schiavi. Manual de Direito Processual do Trabalho. 13ª ed. São Paulo: LTR, 2018

controvérsia objeto do recurso de revista, sob pena de não ser admitido o recurso. Neste ponto, sugerimos ao operador do direito elaborar um quadro analítico da divergência, a fim de demonstrar de forma pormenorizada a existência do prequestionamento e da dissonância existente entre a decisão paradigma e a decisão recorrida.

A súmula 297 do TST também estabeleceu que na hipótese de omissão do acórdão do TRT no enfrentamento da questão ou matéria que será objeto do recurso de natureza extraordinária (no caso em tela o recurso de revista) a parte interessada deve opor embargos de declaração para que o Tribunal se manifeste sobre o tema, sob pena de preclusão. É necessário, contudo, que a matéria tenha sido abordada no recurso principal.

Uma vez apresentado os embargos declaratórios com a finalidade de prequestionar a matéria, o Tribunal devem se manifestar sobre eventual omissão. Do contrário, ocorrerá o chamado "prequestionamento ficto". A dupla omissão do Tribunal – primeiro, na análise do recurso principal, depois, na análise dos embargos de declaração – enseja o prequestionamento da matéria.

Segundo o art. 1.025 do NCPC *"consideram-se incluídos no acórdão os elementos que o embargante suscitou, para fins de pré-questionamento, ainda que os embargos de declaração sejam inadmitidos ou rejeitados, caso o tribunal superior considere existentes erro, omissão, contradição ou obscuridade"*. Esse dispositivo é aplicável de forma supletiva e subsidiária ao processo do trabalho por força do art. 769 da CLT e art. 15 do CPC, bem como pelo art. 9º da IN 39/2016 do TST.

O TST já vinha decidindo nesse sentido, pois havia sedimentado esse entendimento na OJ nº. 119 da SDI-1 do TST.

> OJ 119. PREQUESTIONAMENTO INEXIGÍVEL. VIOLAÇÃO NASCIDA NA PRÓPRIA DECISÃO RECORRIDA. SÚMULA Nº 297 DO TST. INAPLICÁVEL - É inexigível o prequestionamento quando a violação indicada houver nascido na própria decisão recorrida. Inaplicável a Súmula n.º 297 do TST.

Isso significa dizer que não haverá necessidade de prequestionar a matéria caso exista erro de procedimento (*error in procedendo*) ou de julgamento (*error in judicando*), desde que a violação à norma constitucional ou à lei federal tenha surgido quando da prolação do acórdão pelo Tribunal Regional e a tese tenha sido enfrentada explicitamente.

A ausência de referência do dispositivo legal não configura ausência de prequestionamento, isto é, não configura omissão do Tribunal, desde que tenha enfrentado expressamente a tese jurídica objeto de recurso, conforme a inteligência da OJ 118 da SDI-1 do TST.

B) TRANSCENDÊNCIA

A transcendência foi criada pela MP 2226/2001, que acrescentou o art. 896-A à CLT, com o objetivo de obstaculizar a admissão do recurso de revista.

> *Art.896-A - O Tribunal Superior do Trabalho, no recurso de revista, examinará previamente se a causa oferece transcendência com relação aos reflexos gerais de natureza econômica, política, social ou jurídica.*

Inicialmente, incumbia ao Tribunal Superior do Trabalho definir o significado da transcendência.

Nunca se teve uma clara ideia do que é a transcendência. Etimologicamente, a transcendência significa alto que transcende, de grande relevância ou importância. A doutrina equiparava a transcendência à repercussão geral do Recurso Extraordinário.

José Augusto Rodrigues Pinto, citado na obra do professor Mauro Schiavi[93], ensina que:

> *"Transcendente é qualificativo do muito elevado, sublime a ponto de ser metafísico, levando o Direito a bordejar a ciência do suprassensível, o que já nos levou a pensar na transcendência como a relevância elevada ao cubo ou à 4ª potência. Por aí se imagine a carga de subjetivismo que está entregando aos magistrados incumbidos de declará-la totalmente incompatível com a imperiosa exigência de objetividade da Justiça e das declarações de convencimento dos juízes".*

Visando dar claridade ao assunto, a Reforma Trabalhista acrescentou 6 (seis) parágrafos ao art. 896-A da CLT, prescrevendo, a título exemplificativo – o que se apreende da expressão "entre outros" no §1º - que são indicadores de transcendência:

I. **Econômica**: o elevado valor da causa;
II. **Política**: o desrespeito da instância recorrida à jurisprudência sumulada do Tribunal Superior do Trabalho ou do Supremo Tribunal Federal;

---

[93] Mauro Schiavi. Manual de Direito Processual do Trabalho. 13ª ed. São Paulo: LTR, 2018

III. Social: a postulação, por reclamante-recorrente, de direito social constitucionalmente assegurado;

IV. Jurídica: a existência de questão nova em torno da interpretação da legislação trabalhista.

Conquanto seja louvável a tentativa de aclarar o instituto jurídico em comento a doutrina ainda é muito refratária à transcendência. Há vozes na doutrina que criticam enfaticamente a transcendência a ponto de afirmar que equipara indevidamente o TST ao STF, dada a dificuldade de demonstração do cumprimento de requisito para ter o mérito do recurso apreciado, ou, ainda, que tal instituto se ocupa tão somente de atender aos interesses do TST e não aos jurisdicionados, impedindo a evolução da jurisprudência.

O relator pode denegar seguimento ao recurso de revista que não demonstrar transcendência. Essa decisão comporta agravo desta decisão para o colegiado.

O advogado pode sustentar oralmente no julgamento do agravo para demonstrar a existência da transcendência, no prazo de 5 minutos. Sendo mantido a decisão denegatória, esta decisão será irrecorrível.

De outro lado, não comporta qualquer recurso a decisão proferida pelo relator, monocraticamente, que considerar inexistir a transcendência da matéria, ao analisar agravo de instrumento em recurso de revista.

O Presidente do Tribunal Regional – ou o Vice-Presidente, a depender do regimento interno do Tribunal Regional - ao analisar os pressupostos de admissibilidade recursal do recurso de revista, não pode analisar a existência (ou não) da transcendência, estando restrito a análise dos pressupostos intrínsecos e extrínsecos do recurso.

5. HIPÓTESES DE CABIMENTO

O caput do art. 896 da CLT estabelece que "Cabe Recurso de Revista para Turma do Tribunal Superior do Trabalho das decisões proferidas em grau de recurso ordinário, em dissídio individual, pelos Tribunais Regionais do Trabalho".

A interpretação que se apreende desse dispositivo é que o recurso de revista é cabível contra acórdãos proferidos pelos TRTs, nos dissídios individuais em grau de recurso ordinário.

Não é cabível, portanto, recurso de revista nos dissídios coletivos e nos processos de competência originária dos Tribunais Trabalhistas.

i. Juízo *a quo* (1º Juízo de admissibilidade recursal) - Artigo 896, § 1º, da CLT

- TRT – Desembargador presidente.
- Na prática, existe Tribunal Regional que delega a atribuição para o vice-presidente, por meio do regimento interno.

ii. Juízo *ad quem* (2º Juízo de admissibilidade recursal) -Artigo 896, caput, da CLT

De acordo com o artigo 111-A. CF/88, o Tribunal Superior do Trabalho compor-se-á de vinte e sete Ministros, escolhidos dentre brasileiros com mais de trinta e cinco anos e menos de sessenta e cinco anos, de notável saber jurídico e reputação ilibada, nomeados pelo Presidente da República após aprovação pela maioria absoluta do Senado Federal.

Um quinto dentre advogados com mais de dez anos de efetiva atividade profissional e membros do Ministério Público do Trabalho com mais de dez anos de efetivo exercício, e os demais dentre juízes dos Tribunais Regionais do Trabalho, oriundos da magistratura da carreira, indicados pelo próprio Tribunal Superior.

Junto ao Tribunal Superior do Trabalho funciona a Escola Nacional de Formação e Aperfeiçoamento de Magistrados do Trabalho (ENAMAT), cabendo-lhe, dentre outras funções, regulamentar os cursos oficiais para o ingresso e promoção na carreira, e o Conselho Superior da Justiça do Trabalho (CSJT), ao qual compete o exercício da supervisão administrativa, orçamentária, financeira e patrimonial da Justiça do Trabalho de primeiro e segundo graus, como órgão central do sistema, cujas decisões terão efeito vinculante.

Para que o recurso de revista seja viável é preciso o enquadramento em uma das alíneas do artigo 896 da CLT - ou em mais de uma alínea, a depender do caso em concreto.

ALÍNEA "A": DIVERGÊNCIA JURISPRUDENCIAL NA INTERPRETAÇÃO DE LEI FEDERAL.

A divergência jurisprudencial existe em quatro hipóteses:

DIVERGÊNCIA JURISPRUDENCIAL	
Acórdão do TRT que julgou recurso ordinário (pleno ou turma)	Acórdão da SDI-1 do TST
	Súmula do TST
	Súmula vinculante do STF

Na hipótese de o acórdão do TRT violar OJ caberá a interposição de recurso de revista?

Sim. É possível a interposição de recurso de revista ou de embargos em face de decisão em desacordo com as Orientações Jurisprudenciais do TST, conforme preconiza a OJ 291 da SDI-1 do TST.

Outro aspecto importante se refere a atualidade da divergência jurisprudência, a fim de que seja possível o cabimento do recurso de revista (Art. 896, §7º, CLT). Não será considerada divergência atual aquele que estiver ultrapassada por súmula, ou superada por iterativa e notória jurisprudência do Tribunal Superior do Trabalho. Nesse sentido a súmula 333 do TST.

Conforme determina a súmula 377 do TST, para a comprovação da divergência justificadora do recurso, é necessário que o recorrente junte certidão ou cópia autenticada do acórdão paradigma ou cite a fonte oficial ou o repositório autorizado em que foi publicado; e Transcreva, nas razões recursais, as ementas e/ou trechos dos acórdãos trazidos à configuração do dissídio, demonstrando o conflito de teses que justifique o conhecimento do recurso, ainda que os acórdãos já se encontrem nos autos ou venham a ser juntados com o recurso.

Na mesma toada, o art. 896, §§1º-A e 8º da CLT, que estabelece como pressuposto de admissibilidade, sob pena de não conhecimento, o ônus da parte indicar:

a. o trecho da decisão recorrida que consubstancia o prequestionamento da controvérsia objeto do recurso de revista;
b. indicar, de forma explícita e fundamentada, contrariedade a dispositivo de lei, súmula ou orientação jurisprudencial do Tribunal Superior do Trabalho que conflite com a decisão regional;
c. expor as razões do pedido de reforma, impugnando todos os fundamentos jurídicos da decisão recorrida, inclusive mediante demonstração

analítica de cada dispositivo de lei, da Constituição Federal, de súmula ou orientação jurisprudencial cuja contrariedade aponte; e,

d. transcrever na peça recursal, no caso de suscitar preliminar de nulidade de julgado por negativa de prestação jurisdicional, o trecho dos embargos declaratórios em que foi pedido o pronunciamento do tribunal sobre questão veiculada no recurso ordinário e o trecho da decisão regional que rejeitou os embargos quanto ao pedido, para cotejo e verificação, de plano, da ocorrência da omissão.

e. Quando o recurso fundar-se em dissenso de julgados, incumbe ao recorrente o ônus de produzir prova da divergência jurisprudencial, mediante certidão, cópia ou citação do repositório de jurisprudência, oficial ou credenciado, inclusive em mídia eletrônica, em que houver sido publicada a decisão divergente, ou ainda pela reprodução de julgado disponível na internet, com indicação da respectiva fonte, mencionando, em qualquer caso, as circunstâncias que identifiquem ou assemelhem os casos confrontados.

É possível a interposição do recurso de revista se o acórdão paradigma for do mesmo TRT? O tema foi pacificado pelo TST que entende não ser *"servível ao conhecimento de recurso de revista aresto oriundo de mesmo Tribunal Regional do Trabalho, salvo se o recurso houver sido interposto anteriormente à vigência da Lei nº 9.756/98"*.

Vale ressaltar que o artigo 926 do Novo CPC, passou a prever a necessidade de estabilidade da jurisprudência nos tribunais, através da edição de súmulas, devendo se ater às circunstâncias fáticas dos precedentes que motivaram sua criação.

ALÍNEA "B" DO ARTIGO 896 DA CLT:

A alínea "b" do art. 896 da CLT preceitua hipótese em que existe divergência jurisprudencial na interpretação de lei estadual, Convenção Coletiva de Trabalho (CCT), Acordo Coletivo de Trabalho (ACT), sentença normativa ou regulamento empresarial de observância obrigatória em área territorial que exceda a competência do TRT prolator da decisão recorrida.

Esse mesmo entendimento é encontrado na OJ 147 da SDI-1 do TST. Vejamos.

> *OJ 147. SDI-1 do TST* - *"LEI ESTADUAL, NORMA COLETIVA OU NORMA REGULAMENTAR. CONHECIMENTO INDEVIDO DO RECURSO DE REVISTA POR DIVERGÊNCIA JURISPRUDENCIAL (nova redação em decorrência da incorporação da Orientação Jurisprudencial nº 309 da SBDI-1) - Res. 129/2005, DJ 20, 22 e 25.04.2005 I - É inadmissível o recurso de revista*

> *fundado tão-somente em divergência jurisprudencial, se a parte não comprovar que a lei estadual, a norma coletiva ou o regulamento da empresa extrapolam o âmbito do TRT prolator da decisão recorrida.*
> *II - É imprescindível a arguição de afronta ao art. 896 da CLT para o conhecimento de embargos interpostos em face de acórdão de Turma que conhece indevidamente de recurso de revista, por divergência jurisprudencial, quanto a tema regulado por lei estadual, norma coletiva ou norma regulamentar de âmbito restrito ao Regional prolator da decisão."*

Para ilustrar, suponha que exista um regulamento empresarial a ser observado em uma empresa que tem sede em SP e filial em MG e o referido regulamento contém uma gratificação por assiduidade com base no salário (qual salário?). A dúvida quanto à base de cálculo resultou em diversas ações que chegaram no TRT. Um determinado empregado ajuizou demanda perante o TRT 2ª Região, que entendeu que a base de cálculo da gratificação deve ser baseada no salário mínimo. Entretanto, existe decisão do TRT 3ª Região, no sentido de que que deve ser utilizado o salário contratual como base de cálculo para o regulamento da empresa em questão. Nesta situação o empregado pode interpor recurso de revista, haja vista a divergência na interpretação do regulamento empresarial que abrange a área territorial de mais de um Tribunal Regional do Trabalho.

ALÍNEA "C" DO ARTIGO 896 DA CLT

É cabível quando o acórdão do TRT em recurso ordinário viola a Constituição ou a Lei federal. Porém, tem que ser uma afronta direta ou literal.

A doutrina majoritária entende que a expressão "lei federal" deve ser interpretada de forma ampliativa, de modo a abranger não somente as leis federais em sentido estrito, mas também as Medidas Provisórias, Decretos, Decretos-Lei.

Existe jurisprudência firmada no Tribunal Superior do Trabalho que não é possível o cabimento de recurso de revista em face de Portaria Ministerial por não se tratar de lei federal. A portaria não é lei, para fins de enquadramento para fim de admissibilidade do recurso de revista, na forma do disposto na alínea c do artigo 896 da Consolidação das Leis do Trabalho.

6. CABIMENTO DE RECURSO DE REVISTA NO PROCEDIMENTO SUMARÍSSIMO

É cabível recurso de revista no procedimento sumaríssimo?

Há três hipóteses de cabimento (art. 896, §9º, da CLT): quando o acórdão do TRT que julga o recurso ordinário viola a Constituição Federal, Súmula do TST ou Súmula vinculante do STF.

RECURSO DE REVISTA NO PROCEDIMENTO SUMARÍSSIMO: Hipóteses	
Acórdão do TRT que julgou recurso ordinário	CF
	Súmula do TST
	Súmula vinculante do STF

Se viola lei federal não cabe, por ausência de previsão legal.

7. RECURSO DE REVISTA NA EXECUÇÃO TRABALHISTA

Segundo o artigo 896, § 2º da CLT é cabível em uma única hipótese: quando o acórdão do TRT que julga agravo de petição viola a Constituição Federal. A afronta tem que ser direta e literal.

A súmula 266 do TST dispõe que a admissibilidade do recurso de revista interposto de acórdão proferido em agravo de petição, na liquidação de sentença ou em processo incidente na execução, inclusive os embargos de terceiro, depende de demonstração inequívoca de violência direta à Constituição Federal."

RECURSO DE REVISTA NA FASE DE EXECUÇÃO: Hipóteses	
Acórdão do TRT que julgou recurso ordinário	CF (Afronta tem que ser direta e literal)

CAPÍTULO XXXIII.
RESPONSABILIDADE PATRIMONIAL NA EXECUÇÃO

A execução é a fase processual na qual se busca a satisfação de um título com força executiva, que não foi adimplido voluntariamente pelo devedor.

Mauro Schiavi[94] ensina que *"a execução trabalhista consiste num conjunto de atos praticados na Justiça do Trabalho destinados à satisfação de uma obrigação consagrada num título executivo judicial ou extrajudicial, da competência da Justiça do Trabalho, não voluntariamente pelo devedor, contra a vontade do último".*

Para Rodolfo Pamplona Filho e Tercio Roberto Peixoto Souza[95] *"cabe ao processo executivo justamente a materialização, a efetivação do direito reconhecido por meio da atuação do Estado, inclusive, se necessário for, utilizando-se da força bruta".*

Segundo Amauri Mascaro do Nascimento (1978,, p. 255 apud Saad, 2019, p. 1438)[96], *"o processo de execução no dissídio individual, (é) o conjunto de atos através dos quais o vencido é constrangido a cumprir o título executório judicial".*

As denominações mais comuns encontradas na doutrina são de processo de execução, processo executivo, fase de execução – derivada do sincretismo processual – ou execução forçada.

A Reforma Trabalhista alterou o artigo 878 da CLT para prever que a execução será promovida pelas partes, sendo possível a atuação de ofí-

---

94 Mauro Schiavi. Manual de direito processual do trabalho. 13. Ed – São Paulo: LTr, 2018.

95 Curso de direito processual do trabalho / Rodolfo Pamplona Filho, Tercio Roberto Peixoto Souza. – 2. ed. – São Paulo : Saraiva Educação, 2020.

96 Eduardo Gabriel Saad, José Eduardo Duarte Saad, Ana Maria Saad Castelo Branco. CLT comentada – 51 ed. – LTr: 2019.

cio pelo juiz apenas quando as partes não estiverem representadas por advogado, ou seja, apenas o *jus postulandi*. Tal novidade, gera reflexos em toda execução, inclusive na desconsideração da pessoa jurídica.

> Art. 878. CLT – *"A execução será promovida pelas partes, permitida a execução de ofício pelo juiz ou pelo Presidente do Tribunal apenas nos casos em que as partes não estiverem representadas por advogado.*
> *Parágrafo único. (Revogado). (Redação dada pela Lei nº 13.467, de 2017)"*

A legitimidade ativa para promover a execução é das partes, assim consideradas como os sujeitos que figuram no título executivo como credor ou, ainda, quando a lei atribuir tal qualidade.

Nesse aspecto, aplica-se ao processo do trabalho, de forma supletiva e subsidiária, a previsão do art. 778 do CPC que estabelece o seguinte:

> Art. 778. *Pode promover a execução forçada o credor a quem a lei confere título executivo.*
> *§ 1º Podem promover a execução forçada ou nela prosseguir, em sucessão ao exequente originário:*
> *I - o Ministério Público, nos casos previstos em lei;*
> *II - o espólio, os herdeiros ou os sucessores do credor, sempre que, por morte deste, lhes for transmitido o direito resultante do título executivo;*
> *III - o cessionário, quando o direito resultante do título executivo lhe for transferido por ato entre vivos;*
> *IV - o sub-rogado, nos casos de sub-rogação legal ou convencional.*
> *§ 2º A sucessão prevista no § 1º independe de consentimento do executado.*

Nota-se que a lei admite que o espólio, os herdeiros ou os sucessores do exequente originário, o sub-rogado, o cessionário ou o Ministério Público poderão ser sujeitos ativos na execução.

No processo do trabalho é incontroversa a possibilidade de o espólio – formado pelo conjunto de bens do deixados pelo falecido – ou dos sucessores promover ou dar prosseguimento a execução em substituição ao exequente originário, bastando, para tanto, a habilitação autos, na forma do art. 687 e seguintes do CPC[97].

A doutrina, entretanto, é refratária quanto a aplicação da cessão ou sub-rogação do crédito trabalhista, eis que ocorreria a convolação da natureza do crédito executado em crédito de natureza civil,

---

[97] Destacamos os seguintes dispositivos: Art. 687. A habilitação ocorre quando, por falecimento de qualquer das partes, os interessados houverem de suceder-lhe no processo. Art. 688. A habilitação pode ser requerida: I - pela parte, em relação aos sucessores do falecido; II - pelos sucessores do falecido, em relação à parte.

já que o terceiro, a rigor, é pessoa alheia à relação de trabalho[98], não se enquadra em nenhum dos polos da relação processual trabalhista, escorando-se no Provimento 6 da Corregedoria Geral da Justiça do Trabalho (CGJT).

Há debate quanto a atuação de ofício do magistrado na fase de execução. Para uma corrente, numa interpretação literal, o juiz só pode atuar de ofício quando as duas partes estiverem sem advogado.

Para outros autores, basta uma das partes não ter advogado. Tal interpretação é mais razoável, uma vez que vai de encontro com a busca da efetividade da execução, principalmente se é o exequente que está sem advogado.

O devedor pode tomar a iniciativa para se ver livre da prestação que lhe cabe, sendo-lhe facultada a possibilidade de pagamento imediato do débito (art. 878-A, CLT).

No polo passivo está a pessoa apontada no título executivo como devedor. A execução pode ser promovida também em face do espólio, dos herdeiros ou sucessores do devedor, do novo devedor que tenha assumido a obrigação do título judicial, do fiador do débito, do responsável por garantia real ao pagamento do débito, ou pelo responsável tributário (art. 779 do CPC e o art. 4º da Lei 6.830/80).

A responsabilidade pela satisfação da dívida civil é meramente patrimonial, não sendo possível a aplicação de punição sobre a pessoa do devedor como, por exemplo, a prisão por dívida, exceto no caso de débito voluntário e inescusável de alimentos (art. 5º, LXVII, CF, art. 789, CPC).

A responsabilidade patrimonial consiste na viabilidade de incidência dos atos executórios em face do conjunto de bens, a rigor, dotados de valor econômico, para a satisfação de um crédito ou bem da vida pretendido.

---

[98] Mauro Schiavi defende a inaplicabilidade da cessão ou sub-rogação ao processo do trabalho. Francisco Antonio de Oliveira, Renato Saraiva, Manoel Antonio Teixeira Filho, Eduardo Gabriel Saad formam corrente doutrinária em sentido contrário, divergindo desse entendimento, apontando como fundamento o art. 109 do CPC, artigos 221, 286 e seguintes e 349 do Código Civil.

Daniel Amorim Assumpção Neves[99] ensina que *"A responsabilidade patrimonial é indiscutivelmente instituto de direito processual, compreendida como a possibilidade de sujeição de um determinado patrimônio à satisfação do direito substancial do credor".*

Manuel Antonio Teixeira Filho (2005, p. 247 apud Schiavi, 2018, p. 1141)[100], delineia que:

> *"o conceito de patrimônio, com vistas à responsabilidade a que está submetido o devedor, pode ser tomado a Resenberg: 'é a soma das coisas que tem valor pecuniário e direitos do devedor, e compreende bens móveis e imóveis, créditos e outros direitos, também expectativas, sempre que sejam direitos subjetivamente disponíveis'. O conceito desse ilustre jurista tem o mérito de destacar que foram excluídos do campo da responsabilidade do devedor determinados bens, como os que não possuem valor econômico, além disso, há aqueles que a lei considera absolutamente impenhoráveis [...]".*

Os bens sem valor econômico ou aqueles considerados absolutamente impenhoráveis (art. 833, CPC; Lei 8.009/90) não podem ser objeto da persecução executória, estando excluídos do campo da responsabilidade patrimonial. Essa limitação legal visa garantir um mínimo existencial ao devedor, criando um núcleo patrimonial duro para a garantia da dignidade da pessoa humana.

A responsabilidade patrimonial primária pela satisfação do título executivo judicial ou extrajudicial é do devedor originário, sujeito passivo da execução.

Isso decorre da ideia de autonomia patrimonial das sociedades empresárias personificadas.

Ben-Hur Silveira Claus[101] destaca que:

> *"[...] Sob o influxo do ideário do Liberalismo Econômico fundado pela Revolução Francesa de 1789, o engenho jurídico concebe então um ente abstrato que responderá com o próprio patrimônio pelas obrigações que venha a contrair perante terceiros (clientes, fornecedores, empregados, etc.),*

---

99 Daniel Amorim Assumpção Neves. Manual de Direito Processual Civil. 10ª ed. – São Paulo: 2018

100 Mauro Schiavi. Manual de direito processual do trabalho. 13. Ed – São Paulo: LTr, 2018, p. 1141.

101 Ben-Hur Silveira Claus. A desconsideração inversa da personalidade jurídica na execução trabalhista e a pesquisa eletrônica de bens de executados. Revista Eletrônica nº. 156 do Tribunal Regional do Trabalho da 4ª Região. Publicado em maio de 2013.

> *deixando a salvo o patrimônio individual da pessoa natural dos sócios integrantes desse sujeito coletivo. (...) A ideia de autonomia patrimonial está pressuposta na concepção da sociedade personificada [...]".*

A autonomia patrimonial permite à sociedade empresária cumprir um dos seus escopos: a função social da empresa, gerando empregos, riqueza, contribuindo para o desenvolvimento o desenvolvimento econômico, social e cultural, bem como a integração e cooperação social.

Entretanto, como advertido por Claus[102], a autonomia patrimonial não pode servir de subterfúgio ou salvo-conduto para isentar os sócios das responsabilidades decorrentes dos atos empresariais ou de abusos da personalidade jurídica.

A partir dessa ideia a doutrina entende que é possível, em situações excepcionais, a responsabilização patrimonial dos sócios de forma secundária, isto é, mesmo que o sujeito não conste no título executivo, será responsável pela satisfação da dívida com o seu patrimônio.

A esse respeito Daniel Amorim Assumpção Neves[103] destaca que

> *"É o patrimônio do devedor que geralmente responde por sua dívida, mas em algumas situações específicas, mesmo aquele que não participou da relação de direito material obrigacional se vê responsável por sua satisfação. Seguindo as lições de Liebman, a doutrina nacional qualifica tal situação como "responsabilidade executória secundária", prevista no art. 790 do Novo CPC. Dessa forma, a responsabilidade patrimonial do devedor é primária, enquanto nas situações previstas em lei, a responsabilidade do sujeito que não é obrigado (plano do direito material) é secundária".*

A responsabilidade patrimonial ou executória secundária permite o alcance dos bens de pessoas que mantiveram ou mantêm relações jurídicas com o devedor, como, por exemplo, o sócio – incluindo o sócio retirante -, o sucessor empresarial, grupo econômico, etc.

1. BENS DOS SÓCIOS

Conquanto a regra seja a autonomia patrimonial da sociedade empresária, o patrimônio do sócio pode ser atingido pela execução, com base na responsabilidade patrimonial secundária.

---

[102] Idem.

[103] Daniel Amorim Assumpção Neves. Manual de Direito Processual Civil. 10ª ed. – São Paulo: 2018

O art. 790 do CPC estabelece que os bens dos sócios, nos termos da lei, estão sujeitos à execução. No mesmo sentido, o art. 1.023 do Código Civil[104], topograficamente localizado no Livro II que regulamenta o Direito de Empresa, preconiza que nas relações mantidas com terceiros, se os bens da sociedade empresarial cobrir a dívida, os sócios respondem pelo saldo.

A pessoa jurídica responde aprioristicamente em relação aos titulares ou acionistas (art. 1.024, CC)[105]. A figura da sociedade empresarial é descolada da figura dos sócios ou acionistas, existindo, a rigor, um "véu" (uma proteção) sobre a pessoa jurídica que impede a responsabilidade primária dos sócios.

Para o jurista Daniel Amorim Assumpção Neves[106], existem

> *"[...] atualmente determinadas espécies de sociedade, nas quais o sócio responde com o seu patrimônio pelas dívidas da sociedade em qualquer situação de inadimplemento. É o caso da sociedade em nome coletivo (art. 1.039 do CC) e do sócio comanditado na sociedade em comandita simples (art. 1.045, caput, do CC). Ocorre, entretanto, que nesse caso não parece ser a responsabilidade dos sócios secundária, porque o texto legal é claro ao prever uma solidariedade passiva entre o sócio e a sociedade pelas dívidas contraídas por essa. Parece tratar-se, portanto, de responsabilidade primária subsidiária. O mesmo fenômeno verifica-se nas hipóteses de sociedade irregular e de sociedade de fato, nas quais a responsabilidade do sócio é solidária e ilimitada[...]"* (grifos acrescidos).

Havendo inadimplência da pessoa jurídica em relação ao crédito trabalhista, devidamente constituído através de título executivo judicial ou extrajudicial, e inexistindo bens da pessoa jurídica capazes de satisfazer a pretensão executória, será possível a execução do sócio.

Essa responsabilização independe da participação do sócio da relação jurídica processual na fase de conhecimento. Alguns doutrinadores entendem que essa ausência viola o princípio do devido processo legal, do contraditório e ampla defesa.

---

104 Art. 1.023, CC: Se os bens da sociedade não lhe cobrirem as dívidas, respondem os sócios pelo saldo, na proporção em que participem das perdas sociais, salvo cláusula de responsabilidade solidária.

105 Art. 1.024, CC: Os bens particulares dos sócios não podem ser executados por dívidas da sociedade, senão depois de executados os bens sociais.

106 Daniel Amorim Assumpção Neves. Manual de Direito Processual Civil. 10ª ed. – São Paulo: 2018

Segundo o entendimento dominante, no entanto, a ausência de participação dos responsáveis indiretos pela execução contraria o princípio do devido processo legal, do contraditório ou da ampla defesa, pois a lei confere instrumentos processuais defensivos para resistir à pretensão executória, como, por exemplo, os embargos de terceiro, embargos à execução, manifestação em incidente de desconsideração da personalidade jurídica, bem como os recursos inatos à fase de execução (agravo de petição, etc).

O Tribunal Superior do Trabalho decidiu nesse sentido em julgados recentes:

"[...] CERCEAMENTO DO DIREITO DE DEFESA. INCLUSÃO DE SÓCIO NO POLO PASSIVO. GRUPO ECONÔMICO. Não se há falar em cerceamento do direito de defesa se os elementos de prova foram suficientes para formar o convencimento do Juízo. Assim, tendo sido comprovados os fatos considerados importantes ao deslinde da controvérsia, não se há de falar em cerceamento do direito de defesa. Outrossim, esta Corte Superior entende que não afronta os princípios da legalidade, do devido processo legal e do contraditório e da ampla defesa, a inclusão da agravante no polo passivo na fase de execução. Precedentes. [...]. Agravo conhecido e desprovido" (Ag-AIRR-612-58.2014.5.02.0262, 3ª Turma, Relator Ministro Alexandre de Souza Agra Belmonte, DEJT 26/06/2020) (grifos acrescidos).

"[...] PRETENSÃO RESCISÓRIA VOLTADA CONTRA SENTENÇA PROFERIDA NA FASE DE CONHECIMENTO. INCLUSÃO DO SÓCIO DA EMPRESA DEMANDADA NO POLO PASSIVO DA EXECUÇÃO TRABALHISTA . TERMO INICIAL DA CONTAGEM DO PRAZO DECADENCIAL PARA O AJUIZAMENTO DE AÇÃO RESCISÓRIA . DIA SUBSEQUENTE AO TRÂNSITO EM JULGADO DA SENTENÇA RESCINDENDA. ARTIGO 495 DO CPC DE 1973. SÚMULA 100, I, DO TST. DECADÊNCIA. CONFIGURAÇÃO. [...] Ora, de acordo com a teoria da desconsideração da personalidade jurídica, o sócio, ao ser incluído no polo passivo da execução, recebe o processo no estado em que ele se encontra. Tampouco incide ao caso examinado, por analogia, a diretriz do item VI da Súmula 100 do TST, porque a Autora, na condição de sócia da empresa executada, é parte passiva do processo principal e não terceira interessada na causa trabalhista. Ademais, é evidente que o alegado equívoco na inclusão da Autora no polo passivo da execução, se existente, ocorreu em provimento diverso da sentença rescindenda e, por isso, não se expõe, nesse momento, ao corte rescisório. Finalmente, é <u>inexigível a citação dos sócios na fase de conhecimento, porque naquele momento processual eles não eram partes, nem estava caracterizada a insolvência da sociedade empresária</u>. Precedentes da SBDI-2 do TST. Recurso ordinário conhecido e não provido" (RO-6533-79.2013.5.15.0000, Subseção II Especializada em Dissídios Individuais, Relator Ministro Douglas Alencar Rodrigues, DEJT 11/10/2018).

Podemos concluir com tranquilidade que não há afronta aos princípios do devido processo legal ou do contraditório ou ampla defesa por ausência de participação dos sócios na fase cognitiva do processo, visto que o sócio dispõe de todos os meios de defesa na fase de execução.

A constituição da dívida trabalhista não se confunde com a responsabilidade patrimonial. A primeira, decorre da relação de direito material cujas partes em sentido material são o empregado e o empregador. A segunda, decorre da qualidade de sócio, acionista, administrador ou titular da empresa e da insolvência da sociedade empresária, o que retira, a princípio, a qualidade de parte.

Ademais, será possível a execução do sócio inclusive na recuperação judicial ou extrajudicial da empresa. Vejamos a ementa abaixo:

> "AGRAVOS DE INSTRUMENTO EM RECURSOS DE REVISTA INTERPOSTOS PELOS EXECUTADOS - ANÁLISE CONJUNTA. EXECUTADA EM RECUPERAÇÃO JUDICIAL. REDIRECIONAMENTO DA EXECUÇÃO AO SÓCIO. POSSIBILIDADE. *A jurisprudência pacificada nesta Corte é a de que a falência ou a recuperação judicial determina limitação da competência trabalhista após os atos de liquidação dos eventuais créditos deferidos*, não se procedendo aos atos tipicamente executivos, *ressalvada a hipótese em que há a possibilidade de redirecionamento da execução a empresas componentes do grupo econômico, a devedores subsidiários ou mesmo a sócios da empresa falida ou em recuperação judicial*, não sendo afetados os atos satisfativos pela competência do juízo universal falimentar. Agravos de instrumento conhecidos e não providos " (AIRR-1801-87.2013.5.02.0074, 8ª Turma, Relatora Ministra Dora Maria da Costa, DEJT 05/06/2020).

2. SÓCIO RETIRANTE

Durante muito tempo houve dissenso na doutrina e na jurisprudência sobre a possibilidade de responsabilização do sócio que se retirou da sociedade empresarial quanto aos créditos oriundos da relação de trabalho.

O artigo 1.003 e 1.032 do Código Civil estabelece que o sócio que se retirou da sociedade responde pelas dívidas da sociedade até dois anos a partir da data de averbação da retirada:

> Art. 1.003, CC: *A cessão total ou parcial de quota, sem a correspondente modificação do contrato social com o consentimento dos demais sócios, não terá eficácia quanto a estes e à sociedade.*

Parágrafo único. Até dois anos depois de averbada a modificação do contrato, responde o cedente solidariamente com o cessionário, perante a sociedade e terceiros, pelas obrigações que tinha como sócio.
Art. 1.032, CC: A retirada, exclusão ou morte do sócio, não o exime, ou a seus herdeiros, da responsabilidade pelas obrigações sociais anteriores, até dois anos após averbada a resolução da sociedade; nem nos dois primeiros casos, pelas posteriores e em igual prazo, enquanto não se requerer a averbação.

Parte dos doutrinadores entendiam que esse dispositivo era inaplicável ao processo do trabalho, por ausência de compatibilidade de princípios e regras. Os defensores dessa corrente entendiam a prestação de serviços do empregado beneficiam diretamente a empresa e os seus respectivos sócios, de modo que não poderiam se eximir de tal responsabilidade. Além disso, sustentavam que o crédito decorrente da relação jurídica trabalhista tem como características a natureza jurídica alimentar, indisponível e irrenunciável.

Outros entendiam a possibilidade da aplicação do referido dispositivo. Esse era o posicionamento majoritário na jurisprudência.

"AGRAVO DE INSTRUMENTO EM RECURSO DE REVISTA. RESPONSABILIDADE DO SÓCIO RETIRANTE. 1. Trata-se de Agravo de Instrumento objetivando o processamento de recurso de revista fundamentado na alínea "c" do art. 896 da Consolidação das Leis do Trabalho . 2. Dispõe o artigo 7º, XXIX, da Constituição da República: " Art. 7º São direitos dos trabalhadores urbanos e rurais, além de outros que visem à melhoria de sua condição social:(...) XXIX - ação, quanto aos créditos resultantes das relações de trabalho, com prazo prescricional de cinco anos para os trabalhadores urbanos e rurais, até o limite de dois anos após a extinção do contrato de trabalho ". In casu, consta no acórdão Regional que a ação principal foi ajuizada em 04 de maio de 2009. No entanto, não está registrado que o trabalhador intentou sua ação após o biênio previsto no artigo 7º, XXIX, da Constituição da República. Logo, não há que se falar em afronta a literalidade o mencionado dispositivo. 3. Consta, ainda, no acórdão Regional que, por alteração societária havida em 13 de janeiro de 2009, devidamente registrada junto ao órgão competente, o Agravante retirou-se da empresa Reclamada, devendo responder pelo prazo de até dois anos a partir da averbação da alteração societária. O acórdão registra que " A ação principal foi ajuizada em 04 de maio de 2009. A demanda trabalhista pressupõe o período contratual em que o Agravante foi sócio .". 4. Logo, reconhecida a responsabilidade do sócio retirante com amparo no artigo 1003, parágrafo único do Código Civil, não que se falar em ofensa direta ao artigo 7º, XXIX, da Constituição da República, pois este dispositivo trata do prazo que dispõe o trabalhador para demandar em juízo após a ex-

tinção do seu contrato de trabalho, e não sobre o prazo em que deve ser responsabilizado o sócio retirante por débitos trabalhistas contraídos pela empresa cujo quadro societário integrava. Agravo de Instrumento não provido .[...](AIRR-95000-10.2009.5.02.0041, 1ª Turma, Relatora Desembargadora Convocada Luiza Lomba, DEJT 23/10/2015). (grifos acrescidos)
"RECURSO DE REVISTA. EXECUÇÃO. NULIDADE DO V. ACÓRDÃO REGIONAL POR NEGATIVA DE PRESTAÇÃO JURISDICIONAL. Não demonstrado ausência de fundamentação do julgado, não se conhece do apelo. Recurso de revista não conhecido. EX SÓCIO. RESPONSABILIDADE . LIMITAÇÃO TEMPORAL . 2 ANOS APÓS A AVERBAÇÃO NO CONTRATO SOCIAL. O eg. TRT entendeu que, da combinação da exegese dos arts. 1003, parágrafo único e 1032 do CC, extrai-se que cabe ao sócio retirante responsabilizar-se pelas obrigações sociais anteriores à sua retirada, sendo de até dois anos após esse evento o prazo para ser ajuizada a reclamação trabalhista. A pretensão do reclamante está adstrita à interpretação realizada pelo eg. Tribunal Regional acerca do disposto no artigo 1032 do Código Civil, no tocante à responsabilidade do sócio quando de sua saída da sociedade, o que não impulsiona o conhecimento do apelo por afronta ao art. 5º, II, da Constituição Federal, pois o conhecimento do recurso de revista na atual fase está adstrito à violação direta e literal de dispositivo da Constituição Federal ou de lei federal. Se para analisar a violação do princípio da legalidade houver necessidade de interpretação de norma infraconstitucional, a provável violação será reflexa e não direta, a repelir o conhecimento do recurso de revista, como in casu . Recurso de revista não conhecido" (RR-119500-78.2008.5.15.0053, 6ª Turma, Relator Ministro Aloysio Correa da Veiga, DEJT 15/04/2014). (grifos acrescidos)

Esse dilema foi pacificado pela Reforma Trabalhista, na medida que passou a prever expressamente a responsabilidade do sócio retirante em relação às obrigações trabalhistas da sociedade empresária, no período em que atuou como sócio, somente nas ações que forem propostas até dois anos da data da averbação da retirada.

> Art. 10-A. O sócio retirante responde subsidiariamente pelas obrigações trabalhistas da sociedade relativas ao período em que figurou como sócio, **somente em ações ajuizadas até dois anos depois de averbada a modificação do contrato**, observada a seguinte ordem de preferência: I - a empresa devedora; II - os sócios atuais; e III - os sócios retirantes. Parágrafo único. O sócio retirante responderá solidariamente com os demais quando ficar comprovada fraude na alteração societária decorrente da modificação do contrato.

O referido dispositivo estabelece, ainda, um benefício de ordem para constrição de bens, no qual o patrimônio do sócio deve responder apenas se não houver bens da empresa devedora e dos atuais sócios da sociedade empresária.

E mais. Ressalvou, no parágrafo único do dispositivo em comento, a responsabilidade solidária com os demais sócios se configurada a fraude na alteração societária – uma atuação maliciosa do sócio, para frustrar a satisfação do crédito executado.

3. DESCONSIDERAÇÃO DA PERSONALIDADE JURÍDICA

O ingresso do sócio na execução tem fundamento na teoria da desconsideração da personalidade jurídica, prevista, inicialmente na Lei 3.708/1919 e posteriormente pelo Código Tributário Nacional (CTN) em seu artigo 135.

Existem, atualmente, duas teorias que justificam o ingresso do sócio nos autos:

i) Teoria Menor, em que a desconsideração da personalidade jurídica se dá pela simples prova de insolvência do devedor, fundamentada no art. 28 do Código de Defesa do Consumidor (CDC – Lei 8.078/1990) e no art. 4.0 da Lei de Crimes Ambientais (Lei 9.605/1998);

ii) Teoria Maior, na qual a desconsideração da personalidade jurídica será possível quando houver abuso da personalidade jurídica, caracterizado pelo desvio de finalidade ou pela confusão patrimonial, com fundamento no art. 50 do Código Civil.

Recentemente o art. 50 do código Civil foi alterado pela Lei 13.874/2019 (Lei da Liberdade Econômica), que endureceu as regras para desconsideração da personalidade jurídica com base na teoria maior.

O desvio de finalidade será caracterizado quando a pessoa jurídica é usada com o propósito de lesar credores e para a prática de atos ilícitos de qualquer natureza, não se configurando desvio de finalidade quando ocorrer a mera expansão ou a alteração da finalidade original da atividade econômica específica da pessoa jurídica, conforme preceituam os parágrafos 1º e 5º do art. 50 do CC.

A confusão patrimonial consiste na falta de divisão de fato entre o patrimônio do sócio e da sociedade empresária, restando caracterizada quando houver o cumprimento repetitivo pela sociedade de obrigações do sócio ou do administrador ou vice-versa, ou a transferência de ativos ou de passivos sem efetivas contraprestações (exceto os de valor proporcionalmente insignificante), ou, ainda, outros atos de descumprimento da autonomia patrimonial.

Antes da Reforma Trabalhista havia uma crítica enfática no que se refere a desconsideração da personalidade jurídica na Justiça do Trabalho, pois, num despacho com fundamento de poucas linhas, com base na teoria menor da desconsideração da personalidade jurídica, o magistrado incluía o sócio no polo passivo da execução. Diz-se, na praxe, que o sócio "dormia terceiro, e acordava como parte" na relação jurídica processual.

Alguns juristas defendiam uma maior rigidez para a inclusão do sócio no polo passivo da demanda.

De outro lado, outros que criticavam a denominada "cepecização" do processo do trabalho[107], ou seja, a aplicação demasiada das normas do Código de Processo Civil gerando uma ineficiência ao processo do trabalho.

---

107 O professor Homero Batista Matheus da Silva destaca que "Há um grande desalento nesse esforço todo empreendido para emprestar figuras do processo civil ao processo do trabalho – como o incidente de desconsideração de personalidade jurídica e a discussão sobre o grau de corresponsabilidade da sociedade, dos sócios atuais e dos sócios retirantes. Essa discussão parece acadêmica e revela desconhecimento do cotidiano forense: os estagiários, advogados, sindicalistas, prepostos, procuradores e magistrados, após pouco tempo de atuação autêntica nas lides trabalhistas, sabem muito bem que são as oficinas de fundo de quintal e os empreendimentos informais que dominam as questões controvertidas nas audiências trabalhistas e entravam o processo de execução. Isso sem falar nas Comarcas que lidam diretamente com a sazonalidade, como as cidades litorâneas, as zonas de predomínio rural ou as áreas em que a economia fica aquecida apenas em algumas semanas do ano, com festejos populares ou religiosos. Chega a ser caricato falar em incidente de desconsideração de pessoa jurídica para o empregado do quiosque de cachorro quente. Não vai nenhuma ironia nessa frase: apenas uma injeção de realidade para que o debate saia um pouco dos gabinetes palacianos. O processo do trabalho leva a fama de irresponsável e subversivo, mas ele nada mais é do que o anteparo do direito material do trabalho brasileiro, que convive com altos executivos e ampla atuação da economia informal. Querer que o processo do trabalho seja um apêndice do processo civil ignora completamente a realidade da nação desigual e complexa de que somos parte (Homero Batista Matheus da Silva. Comentários à reforma trabalhista.1 ed. – São Paulo: Editora Revista dos Tribunais, 2017).

Com o surgimento do Código de Processo Civil de 2015, o incidente de desconsideração da personalidade jurídica veio cumprir esse papel. Esse incidente é uma espécie de intervenção de terceiro.

A Instrução Normativa 39/2016 do TST, no art. 6º previa a aplicação do incidente de desconsideração da personalidade jurídica regulado no Código de Processo Civil (arts. 133 a 137) ao processo do trabalho:

> Art. 6º Aplica-se ao Processo do Trabalho o incidente de desconsideração da personalidade jurídica regulado no Código de Processo Civil (arts. 133 a 137), assegurada a iniciativa também do juiz do trabalho na fase de execução (CLT, art. 878). § 1º Da decisão interlocutória que acolher ou rejeitar o incidente:
> I – na fase de cognição, não cabe recurso de imediato, na forma do art. 893, § 1º da CLT;
> II – na fase de execução, cabe agravo de petição, independentemente de garantia do juízo;
> III – cabe agravo interno se proferida pelo Relator, em incidente instaurado originariamente no tribunal (CPC, art. 932, inciso VI).
> § 2º A instauração do incidente suspenderá o processo, sem prejuízo de concessão da tutela de urgência de natureza cautelar de que trata o art. 301 do CPC.

A Reforma Trabalhista a CLT passou a prever expressamente o incidente de desconsideração da personalidade jurídica no art. 855-A e seguintes:

> Art. 855-A. Aplica-se ao processo do trabalho o incidente de desconsideração da personalidade jurídica previsto nos arts. 133 a 137 da Lei no 13.105, de 16 de março de 2015 - Código de Processo Civil.
> § 1o Da decisão interlocutória que acolher ou rejeitar o incidente:
> I - na fase de cognição, não cabe recurso de imediato, na forma do § 1o do art. 893 desta Consolidação;
> II - na fase de execução, cabe agravo de petição, independentemente de garantia do juízo;
> III - cabe agravo interno se proferida pelo relator em incidente instaurado originariamente no tribunal.
> § 2o A instauração do incidente suspenderá o processo, sem prejuízo de concessão da tutela de urgência de natureza cautelar de que trata o art. 301 da Lei no 13.105, de 16 de março de 2015 (Código de Processo Civil)

Posteriormente, o art. 6º da IN 39/2016 foi revogado pelo art. 21 da IN 41/2018 do TST e estabeleceu em seu art. 13 que a iniciativa do juiz no incidente de desconsideração da personalidade jurídica, a partir da reforma trabalhista, está limitada aos casos em que as partes não estiverem representadas por advogado.

De acordo com a nova sistemática do processo do trabalho, a instauração de do incidente de desconsideração da personalidade jurídica deve ser promovido, a rigor, a requerimento da parte, haja vista que o juiz não poderá atuar de ofício na fase executória.

O incidente de desconsideração é cabível em todas as fases do processo de conhecimento, no cumprimento de sentença e na execução fundada em título executivo extrajudicial (art. 134 do CPC), inclusive nas hipóteses de pedido de desconsideração inversa da personalidade jurídica.

Instaurado o incidente o processo principal será suspenso – sem prejuízo da possibilidade de concessão de eventual tutela de urgência, na forma do art. 301 do CPC – e o sócio ou a pessoa jurídica será citado para manifestar-se e requerer as provas cabíveis no prazo de 15 (quinze) dias.

Consagrou-se a exigência do contraditório e da ampla defesa – defendida pelos acadêmicos durante muito tempo - para a desconsideração da personalidade jurídica, evitando decisões surpresas e possibilitando a oposição dos sócios ou da sociedade empresária.

A decisão que acolhe ou rejeita o incidente tem natureza jurídica de decisão interlocutória. Se esta decisão for proferida na fase de conhecimento, não cabe recurso imediato, diante do princípio da irrecorribilidade imediata das decisões interlocutórias (art. 855-A, §1º, I, CLT), portanto, recorrível quando da decisão definitiva ou terminativa do processo principal.

Contudo, se a decisão for proferida na fase de execução, cabe agravo de petição. É dispensável a garantia do juízo para a admissão do agravo de petição.

Na hipótese de instauração do incidente em comento perante o tribunal, a decisão proferida pelo relator, que acolher ou rejeitar o incidente, comporta agravo interno (art. 1.021, CPC).

4. DESCONSIDERAÇÃO INVERSA DA PERSONALIDADE JURÍDICA

A teoria inversa da desconsideração da personalidade jurídica representa a possibilidade de imputação da responsabilidade patrimonial à pessoa jurídica por obrigações contraídas pelos sócios.

Nelson Nery Junior e Rosa Nery (Comentários ao CPC/15, p.572 apud Saad, 2019, p. 1419) ensinam o pressuposto apto a legitimar a desconsideração inversa é *"que tenha havido desvio de bens de uma pessoa física para uma pessoa jurídica, sob a qual aquela detenha controle. Pressupõem-se que o desvio ocorra por abuso de direito ou fraude[...]"*.

Essa teoria aplica-se para impedir a ocultação patrimonial dos sócios com vistas a frustrar a satisfação dos direitos dos seus credores ou a utilização da pessoa jurídica como escudo para o inadimplemento das suas obrigações pessoais.

A esse respeito a jurisprudência tem adotado o entendimento de que a teoria da desconsideração inversa da personalidade jurídica tem aplicabilidade no processo do trabalho, por força do art. 769 e 880 da CLT e 15 do CPC. Vejamos:

> *"AGRAVO DE INSTRUMENTO. EXECUÇÃO. LEI 13.467/2017. DESCONSIDERAÇÃO INVERSA DA PERSONALIDADE JURÍDICA. APLICAÇÃO NO PROCESSO DO TRABALHO. ILEGITIMIDADE PASSIVA. TRANSCENDÊNCIA. O processamento do recurso de revista na vigência da Lei 13.467/2017 exige que a causa ofereça transcendência com relação aos reflexos gerais de natureza econômica, política, social ou jurídica, a qual deve ser analisada de ofício e previamente pelo Relator (artigos 896-A, da CLT, 246 e 247 do RITST). No caso o eg. TRT entendeu que a teoria da desconsideração inversa da personalidade jurídica é aplicável ao processo do trabalho, bem como que a mera indicação das recorrentes como responsáveis pelo adimplemento do crédito reconhecido ao reclamante autoriza sua inclusão no polo passivo da demanda. As matérias debatidas não possuem transcendência econômica, política, jurídica ou social. Agravo de instrumento de que se conhece e a que se nega provimento porque não reconhecida a transcendência"* (AIRR-10819-29.2015.5.03.0012, 6ª Turma, Relatora Desembargadora Convocada Cilene Ferreira Amaro Santos, DEJT 30/08/2019).

> *"[...]3 - GRUPO ECONÔMICO. NECESSIDADE DE EXAME DE MATÉRIA INFRACONSTITUCIONAL. Hipótese em que o Tribunal Regional manteve a executada no polo passivo da presente execução por entender que os fatos e provas dos autos comprovam a existência de grupo econômico. <u>Consignou que foi adotada a teoria da desconsideração inversa da personalidade jurídica, segundo a qual se atinge o patrimônio das empresas para satisfação das dívidas dos sócios</u>. Nesse contexto, da forma como proferida, não há de se falar em violação aos arts. 5.º, II, LIV e LV da Constituição Federal. Isso porque o exame da controvérsia em torno do grupo econômico esgota-se na interpretação da legislação infraconstitucional, de modo que eventual ofensa ao art. 5.º, II, LV e LIV, invocado pela recorrente somente se daria, quando muito, de forma indireta ou reflexa, o que não atende aos ditames do art. 896, § 2.º, da CLT. Recurso de revista não conheci-*

do" (RR-161100-73.2002.5.07.0001, 2ª Turma, Relatora Ministra Delaide Miranda Arantes, DEJT 02/12/2016)".

A via adequada para a constatação da tentativa de ocultação patrimonial do sócio, através da transferência dos seus bens particulares para a pessoa jurídica, é o incidente de desconsideração da personalidade jurídica. Nesse sentido preceitua o art. 133, §2º, do CPC[108].

5. SUCESSÃO DE EMPREGADORES

A sucessão trabalhista, também chamada de sucessão de empresas ou novação subjetiva do contrato de trabalho, está regulada nos arts. 10, 448 e 448-A da CLT.

> Art. 10 - Qualquer alteração na estrutura jurídica da empresa não afetará os direitos adquiridos por seus empregados.
> Art. 448 - A mudança na propriedade ou na estrutura jurídica da empresa não afetará os contratos de trabalho dos respectivos empregados.
> Art. 448-A. Caracterizada a sucessão empresarial ou de empregadores prevista nos arts. 10 e 448 desta Consolidação, as obrigações trabalhistas, inclusive as contraídas à época em que os empregados trabalhavam para a empresa sucedida, são de responsabilidade do sucessor.
> Parágrafo único. A empresa sucedida responderá solidariamente com a sucessora quando ficar comprovada fraude na transferência.
> A sucessão trabalhista ocorre quando houver alteração na estrutura jurídica ou na propriedade da empresa, bastando que reste modificado subjetivamente o polo passivo; haja a continuidade da atividade empresarial e da prestação de serviços (art. 10 e 448 da CLT).

Tem fundamento nos princípios da intangibilidade objetiva do contrato de emprego, da continuidade da relação de emprego e da despersonalização do empregador.

O professor Carlos Henrique Bezerra Leite[109] afirma que "*Na perspectiva do direito do trabalho brasileiro, sucessão é um instituto vinculado ao fenômeno da despersonalização do empregador, segundo o qual o contrato de trabalho é 'intuitu personae' em relação ao empregado, e não ao empregador. Noutro falar, o empregado fica vinculado à empresa, e não à pessoa física ou jurídica do seu proprietário ou possuidor*".

---

108 Art. 133, CPC: [...] § 2º Aplica-se o disposto neste Capítulo à hipótese de desconsideração inversa da personalidade jurídica.

109 Carlos Henrique Bezerra Leite. Curso de direito do trabalho – 11. ed. – São Paulo : Saraiva Educação, 2019.

Assim, para efeito de sucessão trabalhista, o contrato de trabalho permanece atrelado diretamente à empresa, de maneira que as alterações ocorridas em relação ao seu proprietário (ou possuidor) ou à sua estrutura, preservando a continuidade da relação de emprego.

A Reforma Trabalhista inseriu o artigo 448-A na CLT onde determina que, após caracterizada a sucessão empresarial ou de empregadores, apenas a empresa sucessora responde pelos débitos trabalhistas (responsabilidade subsidiária). A sucedida responde somente quando comprovada fraude na transferência, hipótese em que a responsabilidade será solidária.

6. GRUPO ECONÔMICO

O artigo 2º, § 2º, da CLT prevê o conceito de grupo econômico, determinando a responsabilidade solidária entre as empresas.

Nesse sentido, a Súmula 129 do TST autoriza o conceito de empregador único. O novo § 3º do artigo citado prevê que a mera identidade de sócios não caracteriza grupo econômico, é necessário demonstrar a comunhão de interesses entre as empresas.

> *Art. 2º CLT* – *"Considera-se empregador a empresa, individual ou coletiva, que, assumindo os riscos da atividade econômica, admite, assalaria e dirige a prestação pessoal de serviço.*
> *[...] § 2º Sempre que uma ou mais empresas, tendo, embora, cada uma delas, personalidade jurídica própria, estiverem sob a direção, controle ou administração de outra, ou ainda quando, mesmo guardando cada uma sua autonomia, integrem grupo econômico, serão responsáveis solidariamente pelas obrigações decorrentes da relação de emprego.*
> *§ 3º Não caracteriza grupo econômico a mera identidade de sócios, sendo necessárias, para a configuração do grupo, a demonstração do interesse integrado, a efetiva comunhão de interesses e a atuação conjunta das empresas dele integrantes.*
> *Súmula nº 129 do TST* - CONTRATO DE TRABALHO. GRUPO ECONÔMICO *(mantida) - Res. 121/2003, DJ 19, 20 e 21.11.2003 - A prestação de serviços a mais de uma empresa do mesmo grupo econômico, durante a mesma jornada de trabalho, não caracteriza a coexistência de mais de um contrato de trabalho, salvo ajuste em contrário."*

Há debate quanto ao ônus de prova do grupo econômico. Para uns, negado o grupo pela parte ré o ônus é do reclamante, pois é fato constitutivo. Já corrente contrária defende que o ônus é da parte reclamada, pelo princípio da aptidão da prova, uma vez que, a parte ré possui melhor condição para provar a existência ou não de interesses em comum.

Outro debate existente é sobre a necessidade (ou não) da empresa integrante de grupo econômico participar da fase cognitiva para ser responsabilizada patrimonialmente.

Parte da doutrina entende que a participação da sociedade empresária é indispensável, com base no primado constitucional do contraditório, ampla defesa e no devido processo legal.

Entretanto, outros entendem ser possível a responsabilização patrimonial da empresa integrante de grupo empresarial independentemente da participação desta na fase de conhecimento, principalmente quando se trata de grupo empresarial notório. Para essa corrente, majoritária, a empresa integrante do grupo pode se valer dos instrumentos de defesa atávicos da fase de execução para poder insurgir-se contra a imputação de responsabilidade solidária decorrente do grupo econômico.

Esse é o entendimento firmado no âmbito do Tribunal Superior do Trabalho, conforme ementa abaixo:

> "AGRAVO. AGRAVO DE INSTRUMENTO EM RECURSO DE REVISTA. EXECUÇÃO. PRELIMINAR DE NULIDADE DO ACÓRDÃO REGIONAL POR NEGATIVA DE PRESTAÇÃO JURISDICIONAL E CERCEAMENTO DE DEFESA. ILEGITIMIDADE PARA PROPOR EMBARGOS DE TERCEIRO. INCLUSÃO DA EXECUTADA NO POLO PASSIVO DA DEMANDA EM RAZÃO DA FORMAÇÃO DE GRUPO ECONÔMICO. Observa-se que a executada reitera os mesmos argumentos trazidos no agravo de instrumento, referentes à sua inclusão no polo passivo da execução em face da configuração de grupo econômico. Todavia, conforme se observa do acórdão regional, foram resguardados os direitos ao devido processo legal, à ampla defesa e ao contraditório, uma vez que a parte vem se utilizando dos recursos previstos na legislação processual e, por certo, nessas oportunidades, pôde se insurgir contra todas as questões alusivas ao reconhecimento do grupo econômico. Além disso, conforme explicitado por este Relator, <u>uma vez incluída no polo passivo da execução principal em razão da formação de grupo econômico,</u> a agravante não tinha legitimidade para interpor embargos de terceiro. Dessa forma, não merece provimento o agravo, pois a parte não desconstitui os fundamentos da decisão monocrática. Agravo desprovido" (Ag-ED-AIRR-7-30.2017.5.02.0029, 2ª Turma, Relator Ministro Jose Roberto Freire Pimenta, DEJT 30/04/2020).

7. BENS DOS CÔNJUGES OU COMPANHEIROS

A regra estampada no art. 789 do CPC preconiza que o devedor responde com todos os seus bens para o cumprimento de suas obrigações, exceto aqueles que a lei reputar impenhorável, para assegurar a dignidade humana do devedor.

O art. 790 do CPC estabelece que os bens do cônjuge ou companheiro, no os casos em que seus bens próprios ou de sua meação respondem pela dívida, estão sujeitos à execução.

Numa primeira análise, se a dívida foi contraída por ambos os cônjuges ambos serão materialmente responsáveis pelo adimplemento do débito, sem qualquer discussão sobre a constrição dos bens do cônjuge ou companheiro para a satisfação do crédito executado. Podemos citar como exemplo a situação em que os cônjuges ou companheiros integram o quadro societário de uma determinada pessoa jurídica, realizado a contratação de um determinado empregado e se beneficiado da prestação dos serviços. Neste caso, indubitavelmente haverá a responsabilidade patrimonial secundária dos cônjuges ou companheiros, pois os dois são sócios da empresa.

De outro lado, quando apenas um dos consortes ou companheiros contrair a dívida ou for integrante do quadro societário de uma sociedade empresarial, é possível a responsabilização patrimonial do outro?

Francisco Antônio de Oliveira (2006, p.169 apud Schiavi, 2018, p 1167) ensina que

> *"Segundo o melhor entendimento, para que o cônjuge possa ter sucesso, é mister demonstrar que a dívida contraída pela sociedade (executada) não reverteu em prol da manutenção do sustento familiar, demonstrando, v.g., a existência de rendas outras que sirvam de suporte da manutenção da família. A contrário sensu deverão corresponder pelos créditos trabalhistas os bens do casal sempre que o cônjuge meeiro não demonstrar que a renda usufruída da sociedade não foi destinada à manutenção da família".*

A ausência de reversibilidade dos frutos obtidos com a atividade empresarial, em prol da família do sócio, dificilmente irá ocorrer, tendo em vista que os sócios raramente deixam todo o lucro acumulado no negócio. Como regra, os sócios recebem pró-labore ou retiram periodicamente os lucros.

De mais a mais, dentre os deveres conjugais estão a mútua, o sustento, guarda e educação dos filhos, entre outros (art. 1.566, CC), presumindo-se que o sócio cumpria com tais deveres.

É importante destacar que os proventos decorrentes do trabalho pessoal de cada cônjuge, não estão englobados no patrimônio destinado à satisfação de eventual débito executado. Nesse sentido tem as ementas a seguir:

> RECURSO ORDINÁRIO EM AGRAVO REGIMENTAL EM MANDADO DE SEGURANÇA. ATO COATOR PROFERIDO NA VIGÊNCIA DO CPC DE 2015. BLOQUEIO EM CONTA-SALÁRIO, CONTA-POUPANÇA E APLICAÇÃO FINANCEIRA DO CÔNJUGE DO EXECUTADO. REGIME DE COMUNHÃO PARCIAL DE BENS. 1 – Hipótese em que a determinação de penhora, contida no ato coator proferido sob a vigência do CPC de 2015, recaiu sobre a conta-salário, conta-poupança e aplicação financeira do cônjuge do executado. 2 - Embora o art. 833, § 2º, do CPC de 2015 possibilite a penhora de salário e de quantia depositada em poupança para fins de pagamento de prestação alimentícia, o caso em exame ostenta uma peculiaridade, a saber, a penhora recaiu sobre bens do cônjuge do executado e, não, sobre os do próprio executado. 3 - De acordo com os documentos acostados aos autos, o executado e a impetrante são casados em regime de comunhão parcial de bens. Em sendo assim, a penhora não poderia ter recaído sobre a conta-salário, conta-poupança e aplicação financeira do cônjuge do executado, em virtude do art. 1.659, VI, do Código Civil, que excepciona os proventos decorrentes do trabalho pessoal de cada cônjuge da comunicação dentre os bens daqueles casados em regime de comunhão parcial. Recurso ordinário conhecido e provido. (TST-RO-80085-43.2017.5.22.0000 - Subseção II Especializada em Dissídios Individuais - Relatora: Ministra Delaíde Miranda Arantes - Publicado acórdão em 05/04/2019)

8. OUTRAS CONTROVÉRSIAS

- Sociedade de fato: Trata-se da sociedade que não foi devidamente registrada na Junta Comercial. Em tal hipótese, não há o benefício de ordem, ou seja, o sócio responde diretamente.
- Desconsideração da pessoa jurídica de Direito Público: Em tal hipótese, na Justiça do Trabalho não é possível tal desconsideração, tendo em vista a incompetência dessa Justiça para apreciar a responsabilidade dos gestores. Cabe destacar que, também não aprecia pretensão de improbidade administrativa
- Terceirização: O artigo 5º-A da Lei 6.019/74 no seu § 5º prevê a responsabilidade subsidiária da tomadora na hipótese de ina-

dimplência da prestadora. Tal previsão legal não exige a participação desde a fase de conhecimento, ou seja, não há a previsão que consta na Súmula 331 do TST que exige a participação no título judicial. Entretanto, não cabe defender a possibilidade de ação autônoma somente contra a tomadora, buscando apenas a responsabilidade subsidiária, após ter demandado apenas contra a prestadora, tendo em vista que viola os limites subjetivos da coisa julgada já que a tomadora não participou da ação em face da prestadora, bem como há ofensa ao contraditório e ampla defesa da tomadora. O alcance da responsabilidade citada é amplo, ou seja, alcança todas as verbas já que não há qualquer exceção mencionada na lei. A tomadora não responde apenas pela obrigação de fazer, como por exemplo, anotação na CTPS. Corrente minoritária defende que a tomadora não responde por dano moral praticado na prestadora, tendo em vista que ele é personalíssimo. Nesse sentido, o novo artigo 223-E da CLT. Também defende tal corrente que a tomadora não responde pelas multas dos artigos 477 e 467 da CLT, já que a penalidade não pode ultrapassar a pessoa do ofensor. Por fim, para a Administração Pública ainda se aplica a regra da Súmula 331, para responsabilidade apenas se apurada a sua culpa na fiscalização da prestadora.

CAPÍTULO XXXIV.
AÇÃO RESCISÓRIA NO PROCESSO DO TRABALHO

1. INTRODUÇÃO

A ação rescisória teve a sua origem na *querela nullitatis*, que era o meio cabível para impugnar as sentenças nulas. Esse era o meio processual hábil para impugnar a sentença nula transitada em julgado.

Com a evolução do Direito, a pacificação do conflito e a segurança jurídica passou a ser preocupação central do Estado Democrático de Direito, que instituiu a coisa julgada, ato jurídico perfeito e o direito adquirido (art. 5º, XXXVI, da CF; art. 6º, da LINDB), com o fito de estabilizar as relações jurídicas.

A ação rescisória pode ser conceituada como a ação de procedimento especial que tem por escopo a desconstituição da coisa julgada material, nas hipóteses expressamente previstas no ordenamento jurídico.

Eduardo Arruda Alvim, Daniel Willian Granado e Eduardo Aranha Ferreira[110] ensinam que

> "A ação rescisória, regulada pelos arts. 966 e ss. do CPC/2015, constitui ação autônoma de impugnação de decisões judiciais transitadas em julgado. Diferentemente dos recursos, a ação rescisória dá origem a um novo processo, sendo cabível após o trânsito em julgado da decisão que se pretende atacar. As ações autônomas de impugnação podem ser ajuizadas contra decisões transitadas em julgado, como é o caso da ação rescisória, mas também se podem voltar contra decisões proferidas em processos que ainda estejam em curso".

---

[110] Eduardo Arruda Alvim, Daniel Willian Granado e Eduardo Aranha Ferreira. Direito processual civil – 6. ed. – São Paulo : Saraiva Educação, 2019.

Liebman (apud Bezerra Leite, 2019)[111] afirmava que *"a ação rescisória tem o corpo de uma ação, mas a alma de um recurso"*.

Carlos Henrique Bezerra Leite[112], nesse sentido, ensina que "

> "(...) a rescisória é uma ação especial, com previsão, até mesmo, em sede constitucional, destinada a atacar a coisa julgada. Trata-se, pois, de uma ação civil de conhecimento, de natureza constitutivo-negativa, porquanto visa à desconstituição, ou, como preferem alguns, anulação da res judicata".

Tem natureza jurídica desconstitutiva ou constitutiva-negativa. O objetivo da ação rescisória é a desconstituição de uma decisão transitada em julgado, ou seja, busca a rescisão do julgado.

A ação rescisória somente é cabível em face da coisa julgada material, ou seja, da sentença com resolução do mérito. Não cabe em face da coisa julgada formal.

A ação rescisória somente é cabível nas hipóteses do artigo 966 do CPC. Trata-se de um rol exaustivo.

O artigo 975 do CPC prevê que ação rescisória possui prazo decadencial de 2 (dois) anos. Nesse sentido, a Súmula 100 do TST.

Na hipótese de ação rescisória com fundamento em prova nova, o prazo começa a contar a partir da descoberta da prova nova, observado o limite máximo de 5 (cinco) anos, contados do trânsito em julgado da última decisão proferida no processo (§2º, art. 795, CPC).

De acordo com o § 3º do mesmo artigo prevê que, na hipótese de simulação ou colusão, o prazo começa a contar para o MPT ou terceiro prejudicado a partir do momento em que tomam ciência da simulação ou colusão.

O depósito em análise tem natureza punitiva, ou seja, é aplicado a título de multa na hipótese da rescisória ser julgada improcedente ou inadmissível por unanimidade de voto. Nessa hipótese, o autor perde o depósito, sendo revertido em favor do réu. Já se procedente a ação, o autor é restituído, conforme artigos 968, II e 974 do CPC. Cabe ressaltar, que na Justiça Estadual, o valor do depósito é de 5% (cinco por cento).

---

[111] Carlos Henrique Bezerra Leite. Curso de direito processual do trabalho – 16. ed. – São Paulo : Saraiva Educação, 2018.

[112] Idem.

Segundo o § 1º do artigo 968 do CPC afasta a exigência do depósito para a Administração Pública Direta, autarquia, fundação pública, Ministério Público, Defensoria Pública e à parte que goza da Justiça Gratuita. Já o § 2º do mesmo artigo apresenta um limite ao valor a ser depositado de 1.000 (mil) salários mínimos.

A IN nº 31 do TST regulamentou o depósito, sendo que em seu artigo 6º prevê a isenção à massa falida. Há na doutrina crítica a esta previsão, pois ultrapassou o seu limite de regulamentar.

Já os artigos 2º ao 4º da IN nº 31 regulamenta o valor da causa na ação rescisória, para evitar um valor aleatório e o recolhimento de um depósito inferior.

2. COMPETÊNCIA

Na hipótese de ação rescisória em face da sentença da vara do trabalho, cabe ação rescisória no TRT da respectiva região.

Já na hipótese de ação rescisória contra acórdão do TRT, a competência da ação rescisória é do próprio TRT.

Na hipótese de ação rescisória em face da decisão do TST, a competência é do próprio TST. A Súmula 192 do TST trata da matéria.

3. LEGITIMIDADE ATIVA

De acordo com o artigo 967 do CPC, possui legitimidade para ajuizar ação rescisória quem foi parte no processo originário, o terceiro juridicamente interessado, o MPT e aquele que não foi ouvido no processo em que era obrigatória a sua intervenção.

No tocante ao MP, o novo CPC ampliou a sua atuação ao criar a alínea "c" no inciso "III" do artigo citado. O TST já possuía esse entendimento na Súmula 407.

4. LEGITIMIDADE PASSIVA

Possui legitimidade passiva para a ação rescisória o autor e réu da ação originária.

A Súmula 406 do TST prevê que tem litisconsórcio necessário no polo passivo entre autor e réu do processo originário, pois não se admite uma solução diferente para eles.

O litisconsórcio somente é necessário no polo passivo, mas não no polo ativo, uma vez que a união entre os autores decorre da vontade das partes e não da necessidade.

O inciso II da Súmula citada, prevê que o sindicato, substituto processual no processo originário, tem legitimidade para atuar como réu na ação rescisória. Não existindo litisconsórcio entre o sindicato e os empregados substituídos, ficando dispensada a citação deles.

5. CAUSA DE PEDIR

O artigo 968 do CPC regulamenta os requisitos da petição inicial, cabendo destacar que, no tocante a causa de pedir, se o autor não mencionar qual é o inciso do artigo 966 que se fundamenta, ou ainda, se mencionar o inciso errado, não é inépcia, pois o juiz conhece o direito.

Entretanto, na hipótese de usada a ação rescisória com fundamento no inciso V do 966, que trata da violação de norma jurídica, ao menos a norma alegada como violada deve ser citada. Nesse sentido, Súmula 408 do TST.

6. PEDIDO

Segundo o artigo 968, I, do CPC prevê que na ação rescisória o autor inicialmente vai pedir a rescisão do julgado e depois que seja proferido um novo julgamento. O primeiro pedido é o juízo rescindente e o segundo é juízo rescisório.

A doutrina defende que, na hipótese de ação rescisória por violação a coisa julgada, somente vai ocorrer como pedido a rescisão do julgado e não que seja proferido novo julgamento, pois violaria também a coisa julgada.

7. 7. HONORÁRIOS ADVOCATÍCIOS SUCUMBENCIAIS

Na ação rescisória sempre existiu direito aos honorários advocatícios sucumbenciais, conforme previsto na Súmula 219, II e IV do TST, que determina a aplicação dos artigos 85, 86, 87 e 90 do CPC/15.

Ocorre que com a Reforma Trabalhista, no novo artigo 791-A passou a regulamentar os honorários sucumbenciais para qualquer ação, sendo que para parte da doutrina, o novo dispositivo da CLT citado deve ser aplicado na rescisória, já que se trata de uma regra específica dentro da Justiça do Trabalho. Corrente contrária sustenta que deve continuar a serem aplicados os artigos do CPC citado, uma vez que a rescisória é um procedimento especial previsto no Direito Comum.

8. SUSPENSÃO DA DECISÃO ATACADA

O mero ajuizamento da ação rescisória não suspende a decisão atacada na ação originária.

O artigo 969 do CPC/15 prevê que para ocorrer a suspensão é necessário utilizar na ação rescisória as tutelas provisórias. Nesse sentido, Súmula 405 do TST. Tal jurisprudência antes mencionava que era cabível apenas o uso da medida cautelar.

9. CONCILIAÇÃO NA RESCISÓRIA

Para corrente que prevalece não cabe acordo na ação rescisória quanto a validade ou não da coisa julgada, uma vez que é matéria de ordem pública não sujeita a vontade das partes. Entretanto, já quanto ao novo julgamento, há quem defenda o cabimento do acordo.

10. AÇÃO RESCISÓRIA DE AÇÃO RESCISÓRIA

Prevalece o entendimento que cabe ação rescisória de ação rescisória, uma vez que a decisão proferida também poderá fazer coisa julgada material, sendo que poderá ser cabível uma nova rescisória, se essa coisa julgada da ação anterior se enquadrar em uma das hipóteses do 966 do CPC/15.

O § 2º do artigo 966 do CPC/15 trouxe como novidade o uso da ação rescisória em decisão que transitou em julgado que não seja de mérito, quando impede o ajuizamento de uma nova ação ou admissibilidade do recurso correspondente. Cabe citar como exemplo, o uso da rescisória em face de uma decisão que acolhe a perempção.

11. COMENTÁRIOS À SÚMULA 100 DO TST

A súmula 100 do TST trata de peculiaridades quanto ao prazo de ajuizamento da ação rescisória.

No **item I** estabelece que: *"O prazo de decadência, na ação rescisória, conta-se do dia imediatamente subseqüente ao trânsito em julgado da última decisão proferida na causa, seja de mérito ou não."*

Esse inciso trata de contagem de prazo e não de cabimento da ação rescisória. O prazo começa a contar quando transitar em julgado, ou seja, quando não couber mais nenhum recurso, conta da última decisão proferida no processo, seja a decisão de mérito ou não. Citamos como exemplo, a decisão de inadmissibilidade de recurso de revista. É uma última decisão, que não é de mérito. Transita em julgado quando a parte deixa passar 8 (oito) dias sem entrar com agravo de instrumento. Passado o prazo para o agravo a decisão transita em julgado.

No **Item II** aduz que: *"Havendo recurso parcial no processo principal, o trânsito em julgado dá-se em momentos e em tribunais diferentes, contando-se o prazo decadencial para a ação rescisória do trânsito em julgado de cada decisão, salvo se o recurso tratar de preliminar ou prejudicial que possa tornar insubsistente a decisão recorrida, hipótese em que flui a decadência a partir do trânsito em julgado da decisão que julgar o recurso parcial".*

Esse inciso fala de coisa julgada progressiva, que é a coisa julga que ocorre em momentos diferentes, pois transitou em julgado em momentos diferentes.

Vale dizer, que isso não existe no Processo Civil, pois só começa a contar o prazo da última decisão, não há coisa julgada parcial ou coisa julgada progressiva. Esse é o entendimento do STJ, que não se aplica na Justiça do Trabalho.

O **Item III estabelece que:** *"Salvo se houver dúvida razoável, a interposição de recurso intempestivo ou a interposição de recurso incabível não protrai o termo inicial do prazo decadencial".*

O uso de recurso incabível, portanto, não faz prorrogar o prazo inicial para a ação rescisória. O recurso intempestivo também não prorroga o prazo. Só existe uma exceção, se houver dúvida razoável, v.g., um agravo regimental, agravo de instrumento, recurso de revista.

Já o **Item IV**, preconiza que: *"O juízo rescindente não está adstrito à certidão de trânsito em julgado juntada com a ação rescisória, podendo formar sua convicção através de outros elementos dos autos quanto à antecipação ou postergação do "dies a quo" do prazo decadencial".*

Desta forma, o Tribunal não está vinculado a certificação do trânsito em julgado feito pela vara. Ele pode apurar se a certificação foi feita de forma correta.

No **Item V** preceitua que *"O acordo homologado judicialmente tem força de decisão irrecorrível, na forma do art. 831 da CLT. Assim sendo, o termo conciliatório transita em julgado na data da sua homologação judicial".*

Significa dizer que uma vez homologado o acordo não cabe desistência, arrependimento, recurso. Na data da homologação transita em julgado, ou seja, dispara o prazo decadencial para a rescisória.

Vale ressaltar, entretanto, que o TST já realizou a anulação de acordo realizado por ente sindical sem a anuência expressa do empregado, conforme consta na ementa abaixo:

> *"[...] RECURSO ORDINÁRIO. AÇÃO RESCISÓRIA. DESCONSTITUIÇÃO DE SENTENÇA. VÍCIO DE CONSENTIMENTO. OCORRÊNCIA. A homologatória de conciliação judicial está adstrita à comprovação de vício na manifestação da vontade, atuando sobre o consentimento, ou seja, ela é rescindível quando houver fundamento real para invalidá-la. Na hipótese dos autos, o cerne da controvérsia gira em torno do fato de se tratar de ação interposta por sindicato, na qualidade de substituto processual, em que se discutia direito ao pagamento de adicional de insalubridade. Nessa demanda foi celebrado acordo, que foi homologado judicialmente, pondo fim ao litígio e contemplando trabalhadores substituídos, com o pagamento parcial dos valores já liquidados e mais o valor dos honorários assistenciais. Cabe asseverar que o sindicato atuou como substituto processual da categoria, como autorizado nos artigos 8º, III, da CF/88 e 195, §2º, e 513, "a", da CLT. Contudo, o Sindicato extrapolou os limites da substituição processual, ao transacionar o crédito do Reclamante, na execução subjacente, sem sua prévia e expressa aquiescência. De fato, não poderia o ente sindical pactuar ajuste sem a anuência expressa dos substituídos, pois tal conduta implicou disposição do direito material do Autor. Vale lembrar que a transação é instituto regulado no Código Civil, traduzindo-se como negócio jurídico bilateral, no qual as partes, mediante concessões mútuas, resolvem um conflito, com a finalidade de prevenir ou terminar uma relação litigiosa (art. 840 do CCB). Recurso Ordinário conhecido e provido (TST – SDI 2 - RO-21000/1987-0281-04, Relator* ALEXANDRE LUIZ RAMOS, **Publicado** *acórdão em 14/12/2018)*

O **Item VI, por sua vez, institui que** *"Na hipótese de colusão das partes, o prazo decadencial da ação rescisória somente começa a fluir para o Ministério Público, que não interveio no processo principal, a partir do momento em que tem ciência da fraude. Isto é, só começa a correr o pra-*

zo decadencial de 2 (dois) anos do MPT, a partir do momento que ele teve ciência da colusão das partes.

O **Item VII dispõe que** *"Não ofende o princípio do duplo grau de jurisdição a decisão do TST que, após afastar a decadência em sede de recurso ordinário, aprecia desde logo a lide, se a causa versar questão exclusivamente de direito e estiver em condições de imediato julgamento.* Esse inciso trata da chamada teoria da causa madura na ação rescisória.

Imagine, por exemplo que foi acolhida uma decadência na ação rescisória. Dá decisão do Tribunal cabe recurso ordinário para o TST. O TST afasta a decadência e ao invés de devolver ao TRT para julgá-la, se causa for exclusivamente de direito e estiver em condições de imediato julgamento o TST julga.

Esse tema é tratado no artigo 1.013, § 3º, do CPC/15. A novidade é que o CPC diz que não precisa mais ser exclusivamente de direito.

O TST, antes do Novo CPC, já autorizava a teoria da causa madura em extinção com resolução do mérito (decadência). Agora acabou o debate, pois o CPC também traz expresso.

De acordo com o **Item VIII** *"A exceção de incompetência, ainda que oposta no prazo recursal, sem ter sido aviado o recurso próprio, não tem o condão de afastar a consumação da coisa julgada e, assim, postergar o termo inicial do prazo decadencial para a ação rescisória".*

A exceção de incompetência pode ser confundida com exceção de incompetência territorial, mas o inciso trata de incompetência absoluta, pois é essa que pode ser alegada a qualquer tempo.

A exceção de incompetência territorial, se não alegada no prazo, prorroga a competência. Não pode ser alegada mais.

O **Item IX estabelece que** *"Prorroga-se até o primeiro dia útil, imediatamente subseqüente, o prazo decadencial para ajuizamento de ação rescisória quando expira em férias forenses, feriados, finais de semana ou em dia em que não houver expediente forense. Aplicação do art. 775 da CLT."* Essa Súmula foi pioneira, pois pelo Código Civil, que trata de prazo decadencial, a decadência não se prorroga. Contudo, hoje também está previsto no artigo 975 do CPC/15.

Por fim, o **Item X** dispõe que *"Conta-se o prazo decadencial da ação rescisória, após o decurso do prazo legal previsto para a interposição do recurso extraordinário, apenas quando esgotadas todas as vias recursais ordinárias".* Em outras palavras, o inciso dispõe que vai contar o prazo decadencial da rescisória a partir da decisão que fala que não cabe o recurso extraordinário, quando já foram utilizados todos os recursos (RO, RR, embargo no TST e por fim o recurso extraordinário).

12. HIPÓTESES DE CABIMENTO DA AÇÃO RESCISÓRIA DO ARTIGO 966 DO CPC/15

INCISO I : SE VERIFICAR QUE FOI PROFERIDA POR FORÇA DE PREVARICAÇÃO, CONCUSSÃO OU CORRUPÇÃO DO JUIZ.

São tipos penais, são crimes (artigo 316, 317 e 319 do CP/40).

- **Concussão:** O juiz exige.
- **Corrupção:** o juiz solicita.

É a hipótese do juiz peitado.

Se a parte ingressar com ação rescisória alegando que o juiz proferiu uma sentença mediante corrupção, ou seja, que o juiz é corrupto, isso retira o juiz do processo originário? A mera alegação de corrupção afasta o juiz do processo?

Não, mas é possível na ação rescisória pedir a suspensão do processo através de tutela de urgência.

Essa ação rescisória vai tramitar sobre segredo de justiça.

Concussão
Art. 316 CP/40 – "Exigir, para si ou para outrem, direta ou indiretamente, ainda que fora da função ou antes de assumi-la, mas em razão dela, vantagem indevida: Pena - reclusão, de dois a oito anos, e multa.
Excesso de exação
§ 1º - Se o funcionário exige tributo ou contribuição social que sabe ou deveria saber indevido, ou, quando devido, emprega na cobrança meio vexatório ou gravoso, que a lei não autoriza: Pena - reclusão, de 3 (três) a 8 (oito) anos, e multa.
§ 2º - Se o funcionário desvia, em proveito próprio ou de outrem, o que recebeu indevidamente para recolher aos cofres públicos: Pena - reclusão, de dois a doze anos, e multa."
Corrupção passiva
Art. 317 CP/40 – "Solicitar ou receber, para si ou para outrem, direta ou indiretamente, ainda que fora da função ou antes de assumi-la, mas em razão dela, vantagem indevida, ou aceitar promessa de tal vantagem: Pena – reclusão, de 2 (dois) a 12 (doze) anos, e multa.

§ 1º - *A pena é aumentada de um terço, se, em conseqüência da vantagem ou promessa, o funcionário retarda ou deixa de praticar qualquer ato de ofício ou o pratica infringindo dever funcional.*
§ 2º - *Se o funcionário pratica, deixa de praticar ou retarda ato de ofício, com infração de dever funcional, cedendo a pedido ou influência de outrem: Pena - detenção, de três meses a um ano, ou multa.*
Prevaricação
Art. 319 CP/40 – *"Retardar ou deixar de praticar, indevidamente, ato de ofício, ou praticá-lo contra disposição expressa de lei, para satisfazer interesse ou sentimento pessoal: Pena - detenção, de três meses a um ano, e multa."*

INCISO II: *FOR PROFERIDA POR JUIZ IMPEDIDO OU POR JUÍZO ABSOLUTAMENTE INCOMPETENTE.*

Não cabe ação rescisória por suspeição do juiz, a lei só fala em impedimento. Não cabe ação rescisória quando se tratar de competência relativa, como a territorial.

A esse respeito, indicamos a leitura da ementa abaixo transcrita:

"[...] IMPEDIMENTO DO DESEMBARGADOR-RELATOR DO ACÓRDÃO RESCINDENDO. MAGISTRADO QUE POSSUI PARENTESCO POR ASCENDÊNCIA EM RELAÇÃO A UM DOS ADVOGADOS DA PARTE RÉ. "DISTINGUISHING". PROCEDÊNCIA DO CORTE RESCISÓRIO. O egrégio TRT de origem julgou procedente a ação rescisória por constatar que um dos desembargadores que atuaram no processo matriz era pai do patrono da parte ré, o qual, por sua vez, estava regularmente habilitado nos autos originários, atuando na sua defesa com a prática de atos como comparecimento em audiência e assinatura de peças. Efetivamente, o advogado em questão, filho do desembargador-relator do processo matriz, atuou naqueles autos, sendo tal fato, por si só, suficiente para desconstituir o julgado rescindendo, ainda que o julgamento tenha se dado por unanimidade. Com efeito, o caso concreto retratado na presente ação rescisória guarda relevante distinção ("distinguishing") em relação à tradicional jurisprudência dessa Subseção acerca do tema, no sentido de considerar improcedente o corte rescisório fundado no art. 485, II, do CPC de 1973 quando o julgamento colegiado no processo matriz se der por unanimidade. Com efeito, tal jurisprudência, calcada na ausência de prejuízo para a formação da coisa julgada, somente é aplicável quando o voto do magistrado impedido não for decisivo para o julgamento em questão, notadamente quando se limita a seguir o voto condutor, proferido por magistrado cuja imparcialidade seja inquestionável. Evidentemente, o protagonismo assumido pelo magistrado-relator na construção da decisão rescindenda torna a sua participação decisiva para o julgamento, o que impõe a procedência da ação rescisória caso seja constatado o impedimento daquele que proferiu o voto condutor, tal como se divisa na espécie. Recurso ordinário de que

se conhece parcialmente e a que se nega provimento. (TST – SDI II - RO - 5300-54.2012.5.16.0000 , Relatora Ministra Maria Helena Mallmann, Publicado acórdão em 24/05/2019)

A OJ 124 da SDI-2 do TST também prevê que o uso da ação rescisória com base nesse inciso não exige o prequestionamento, ou seja, a incompetência ou impedimento não precisa ter sido alegado no processo originário.

INCISO III: *RESULTAR DE DOLO OU COAÇÃO DA PARTE VENCEDORA EM DETRIMENTO DA PARTE VENCIDA OU, AINDA, DE SIMULAÇÃO OU COLUSÃO ENTRE AS PARTES, A FIM DE FRAUDAR A LEI.*

O Novo CPC trouxe como novidade nesse inciso a previsão da coação (antes não falava em coação, mas apenas em dolo) e incluiu também a simulação entre as partes.

A Súmula 403 do TST prevê que não caracteriza dolo o fato da parte vencedora ficar em silêncio quanto a fatos contrários a ela. Não caracteriza cerceamento de defesa. Isso vem da regra constitucional de que ninguém é obrigado a produzir prova contra si mesmo.

A OJ 94 da SDI-2 do TST fala sobre a simulação e diz que, se o acordo derivar de simulação vai ocorrer a extinção sem resolução do mérito (casadinha/lide simulada).

INCISO IV: *OFENDER A COISA JULGADA.*

O reclamante entra com uma primeira reclamação trabalhista pedindo dano moral e a ação é julgada improcedente. Na sequência, o reclamante ajuíza nova ação que corre à revelia, a reclamada não aparece na audiência. O juiz da nova ação não sabia da ação anterior. A decisão transita em julgado. No cumprimento de sentença, quando bloqueia a conta da empresa, ela descobre que o autor tinha ajuizado essa nova ação sobre o objeto já decidido na ação anterior.

Nesse caso, houve uma violação da coisa julgada. A segunda coisa julgada violou a primeira. Em razão disso, a reclamada ingressa com ação rescisória no Tribunal para rescindir a segunda coisa julgada.

O autor da rescisória só vai pedir a rescisão do julgado, não pode pedir que seja proferido novo julgamento.

INCISO V: *VIOLAR MANIFESTAMENTE NORMA JURÍDICA.*

O CPC antigo falava em violação da lei. Por conta disso, existia um debate se era só lei ordinária, se medida provisória se enquadrava, etc. O Novo CPC trocou a palavra lei por norma jurídica. Norma jurídica é gênero que comporta todas as espécies.

A Súmula 410 do TST prevê que nessa modalidade de rescisória não cabe reexame de fatos e provas.

O marco para saber se a matéria é ou não controvertida é quando ela vira OJ. Quando vira OJ deixa de ser controvertida, já pacificou, portanto, cabe ação rescisória.

Inciso VI: *For fundada em prova cuja falsidade tenha sido apurada em processo criminal ou venha a ser demonstrada na própria ação rescisória.*

Só cabe a ação rescisória se a prova for reconhecida como falsa em processo criminal ou na própria ação rescisória. Não é em qualquer processo.

INCISO VII: *OBTIVER O AUTOR, POSTERIORMENTE AO TRÂNSITO EM JULGADO, PROVA NOVA CUJA EXISTÊNCIA IGNORAVA OU DE QUE NÃO PODE FAZER USO, CAPAZ, POR SI SÓ, DE LHE ASSEGURAR PRONUNCIAMENTO FAVORÁVEL.*

Aplica-se o prazo diferenciado do artigo 975, § 2º, do CPC/15, ou seja, o prazo de 5 (cinco) anos do trânsito em julgado.

A Súmula 402 do TST diz que documento novo é o cronologicamente velho. Já existia a época da ação, mas era de impossível utilização ou a parte desconhecia a existência.

Inciso VIII: *For fundada em erro de fato verificável do exame dos autos.*

O § 1º do artigo 966 explica o que é erro de fato: "Há erro de fato quando a decisão rescindenda admitir fato inexistente ou quando considerar inexistente fato efetivamente ocorrido, sendo indispensável, em ambos os casos, que o fato não represente ponto controvertido sobre o qual o juiz deveria ter se pronunciado."

Por fim, a OJ 103 da SDI-2 do TST fala que cabe ação rescisória quando existir contradição entre a parte dispositiva e a fundamentação da sentença, por erro de fato.

A desistência da ação por coação era prevista como hipótese de ação rescisória no CPC/73. Essa previsão era polêmica, pois a desistência gera extinção do processo sem resolução de mérito (coisa julgada formal), portanto, não caberia ação rescisória. Nesse sentido, a desistência era interpretada como renúncia. Porém, essa discussão não existe mais, pois o Novo CPC retirou essa previsão.

CAPÍTULO XXXV.
ESTUDOS DA JURISPRUDÊNCIA TRABALHISTA EM TEMPOS DE PANDEMIA

1. MEIO AMBIENTE DO TRABALHO

A pandemia do coronavírus trouxe consigo a necessidade de alterações legislativa à cerca das normas trabalhistas para adequá-las às especificidades geradas pelo isolamento social. Como consequência, impactou diretamente na jurisprudência dos tribunais.

Sem dúvidas, a principal temática debatida na jurisprudência refere-se às normas de proteção à saúde, higiene e segurança do trabalho, isto é, ao meio ambiente do trabalho.

A Constituição Federal consagra a dignidade da pessoa humana, os valores sociais do trabalho a livre iniciativa como fundamentos do Estado Democrático de Direito (art. 1º, III e IV, CF), bem como o direito à saúde (art. 6º), a redução dos riscos inerentes ao trabalho, por meio de normas de saúde, higiene e segurança (art. 7º, XXII).

O art. 225, V, da Constituição Federal estabelece que *"Todos têm direito ao meio ambiente ecologicamente equilibrado, bem de uso comum do povo e essencial à sadia qualidade de vida, impondo-se ao Poder Público e à coletividade o dever de defendê-lo e preservá-lo para as presentes e futuras gerações"*, incumbindo ao Poder Público *"controlar a produção, a comercialização e o emprego de técnicas, métodos e substâncias que comportem risco para a vida, a qualidade de vida e o meio ambiente"*.

Raimundo Simão de Melo[113] aponta que

> *No inciso XIII do art. 7' assegura-se a "duração do trabalho normal não superior a oito horas diárias e quarenta e quatro semanais, facultada a com-*

---

[113] Raimundo Simão de Melo. Impactos da reforma trabalhista sobre o meio ambiente do trabalho e a saúde dos trabalhadores. Revista do Advogado. Ano XXXVIII N'137. São Paulo: AASP, Março de 2018

> pensação de horários e a redução da jornada, mediante acordo ou convenção coletiva de trabalho"; no inciso XIV, 'jornada de seis horas para o trabalho realizado em turnos ininterruptos de revezamento, salvo negociação coletiva'; e, no inciso XXIII, 'adicional de remuneração para as atividades penosas, insalubres ou perigosas, na forma da lei'. São exemplos de tutela constitucional do meio ambiente do trabalho que visam a eliminação ou diminuição dos riscos para saúde e integridade física dos trabalhadores".

No âmbito do internacional as convenções nº 148, 155, 161 e 170 da Organização Internacional do Trabalho regulamentam a matéria.

A esse conjunto de normas protetivas, sob a ótica do Direito do Trabalho, dá-se o nome de meio ambiente do trabalho, ou seja, um conjunto de normas que visam propiciar um ambiente salubre e seguro ao empregado, evitando o surgimento de doenças e acidentes de trabalho.

A doutrina classifica o meio ambiente em: (a) meio ambiente natural; (b) meio ambiente artificial; (c) meio ambiente cultural; e, (d) meio ambiente do trabalho.

A esse respeito, Ricardo Jahn e Gustavo Borges[114] ensinam que

> "O meio ambiente natural ou físico é constituído de solo, água, flora e fauna, representando o equilíbrio dinâmico entre os seres vivos na terra e o meio em que vivem (CF, art. 225, § 1º, inc. I e VII). [...] O meio ambiente artificial é o espaço urbano habitável, constituído pelo conjunto de edificações, ligado ao conceito de cidade (não exclui os espaços rurais artificiais criados pelo homem). Diz respeito aos espaços fechados e equipamentos públicos, sendo seu principal valor a sadia qualidade de vida e a dignidade da pessoa humana. [...] O meio ambiente cultural diz respeito à história, formação e cultura de um povo. Embora artificial, como sendo obra do homem, difere do anterior, que é cultural, tendo assim um sentido especial. [...] O meio ambiente do trabalho é o local onde as pessoas desempenham suas atividades laborais, sejam remunerados ou não, cujo equilíbrio está baseado na salubridade do meio e na ausência de agentes que comprometam a incolumidade físico-psíquica dos trabalhadores, independente da condição que ostentam (homens ou mulheres, maiores ou menores de idade, celetistas ou servidores públicos, autônomos, etc.)".

Para Sidnei Machado (LTr, 2001, p. 66-67 apud . Carlos Henrique Bezerra Leite, 2019), o meio ambiente de trabalho é "conjunto das con-

---

[114] RICARDO JAHN e GUSTAVO BORGES. SAÚDE E SEGURANÇA DO TRABALHADOR E "NOVAS" RELAÇÕES DE TRABALHO. Revista de Direito do Trabalho. ___: Revista dos Tribunais, janeiro de 2019.

dições internas e externas do local de trabalho e sua relação com a saúde dos trabalhadores".

Carlos Henrique Bezerra Leite indica que o conceito de meio ambiente de trabalho deve ser analisado sob uma concepção moderna, pois relaciona-se com o direitos humanos - notadamente o direito à vida, à segurança e à saúde -, superando, portanto, a concepção tradicional que reduzia o meio ambiente de trabalho às normas técnicas da CLT e das Normas Regulamentadoras do Ministério do Trabalho[115].

O direito constitucional ao meio ambiente salubre e equilibrado é um direito fundamental individual do trabalhador, como medida protetiva à saúde, à vida, à dignidade do trabalhador, bem como um direito social ou coletivo, pois, segundo a melhor doutrina, trata-se de um direito fundamental de terceira geração.

No âmbito infraconstitucional a Lei 6.938/81, que dispõe sobre a política nacional do meio ambiente, define a expressão "meio ambiente", como *"o conjunto de condições, leis, influências e interações de ordem física, química e biológica, que permite, abriga e rege a vida em todas as suas formas".*

A Consolidação das Leis do Trabalho reservou um capítulo exclusivamente para tratar das normas de segurança e medicina do trabalho (art. 154 a 201), considerando a relevância da matéria.

Segundo o art. 155 da CLT compete ao órgão de âmbito nacional, em matéria de segurança e medicina do trabalho, a incumbência de: a) estabelecer normas de saúde, higiene e segurança de trabalho; b) coordenar, orientar, controlar e supervisionar a fiscalização e as demais atividades relacionadas com a segurança e a medicina do trabalho em todo o território nacional, inclusive a Campanha Nacional de Prevenção de Acidentes do Trabalho; c) conhecer, em última instância, dos recursos, voluntários ou de ofício, das decisões proferidas pelos Delegados Regionais do Trabalho, em matéria de segurança e medicina do trabalho.

Atualmente a competência para regulamentar sobre segurança, medicina e saúde do trabalho é da Secretaria Especial de Previdência e Trabalho do Ministério da Economia - que incorporou a maioria das atribuições do extinto Ministério do Trabalho e Emprego.

---

115 Leite, Carlos Henrique Bezerra. Curso de direito do trabalho. – 11. ed. – São Paulo : Saraiva Educação, 2019.

Durante a pandemia do coronavírus foram expedidas algumas portarias pelo Ministério da Saúde e da Economia, em especial a Circular SEI nº 1088/2020/ME, de 27 de março de 2020, em que determinam normas setoriais específicas de prevenção à cada atividade empresarial em operação durante a pandemia. Dentre elas às seguintes medidas:

a. criar e divulgar protocolos para identificação e encaminhamento de trabalhadores com suspeita de contaminação pelo novo corona vírus antes de ingressar no ambiente de trabalho.

b. orientar todos trabalhadores sobre prevenção de contágio pelo coronavírus (COVID-19) e a forma correta de higienização das mãos e demais medidas de prevenção;

c. instituir mecanismo e procedimentos para que os trabalhadores possam reportar aos empregadores se estiverem doentes ou experimentando sintomas;

d. Adotar procedimentos contínuos de higienização das mãos, com utilização de água e sabão em intervalos regulares. Caso não seja possível a lavagem das mãos, utilizar imediatamente sanitizante adequado para as mãos, como álcool 70%;

e. Evitar tocar a boca, o nariz e o rosto com as mãos;

f. Manter distância segura entre os trabalhadores, considerando as orientações do Ministério da Saúde e as características do ambiente de trabalho;

g. Orientar os trabalhadores a evitar contatos muito próximos, como abraços, beijos e apertos de mão;

h. Adotar medidas para diminuir a intensidade e a duração do contato pessoal entre trabalhadores e entre esses e o público externo

i. Priorizar agendamentos de horários para evitar a aglomeração e para distribuir o fluxo de pessoas;

j. Priorizar medidas para distribuir a força de trabalho ao longo do dia, evitando concentrá-la em um turno só;

k. Limpar e desinfetar os locais de trabalho e áreas comuns no intervalo entre turnos ou sempre que houver a designação de um trabalhador para ocupar o posto de trabalho de outro;

l. Reforçar a limpeza de sanitários e vestiários;

m. Adotar procedimentos para, na medida do possível, evitar tocar superfícies com alta frequência de contato, como botões de elevador, maçanetas, corrimãos etc;

- **n.** Reforçar a limpeza de pontos de grande contato como corrimões, banheiros, maçanetas, terminais de pagamento, elevadores, mesas, cadeiras etc;
- **o.** Privilegiar a ventilação natural nos locais de trabalho. No caso de aparelho de ar condicionado, evite recirculação de ar e verifique a adequação de suas manutenções preventivas e corretivas;
- **p.** Promover teletrabalho ou trabalho remoto. Evitar deslocamentos de viagens e reuniões presenciais, utilizando recurso de áudio e/ou videoconferência;

A esse respeito, logo no início da pandemia, A presidente do Tribunal Superior do Trabalho, ministra Maria Cristina Peduzzi, indeferiu, no dia 15/04/20, dos pedido da Empresa Brasileira de Correios e Telégrafos (ECT) para suspender decisão que determinou medidas para proteger os empregados contra o coronavírus.

No referido caso, o juiz do trabalho da 30ª Vara do Trabalho do Rio de Janeiro acatou o pedido liminar solicitado pelo sindicato de classe para determinar a empresa fornecesse máscaras, luvas, talheres, copos e pratos descartáveis a todos os empregados que atuam no atendimento ao público externo e na distribuição externa de objetos postais, com o objetivo de proteger os empregados do contágio pelo vírus.

O Tribunal Regional do Trabalho das 1ª Região confirmou a decisão de primeiro grau, mas a em presa recorreu ao Tribunal Superior do Trabalho. Em sua decisão a Ministra-Presidente do TST destacou que:

> "[...]A tutela de urgência deferida encontra amparo na legislação nacional e internacional, em especial nos artigos 7º, XXII, da CFRB /88; 157 e 166 da CLT; NR 06 - Portaria MTb n.º 3.214, de 08 de junho de 1978; e na Convenção 155 da OIT, bem como nas boas práticas recomendadas pela Organização Mundial de Saúde – OMS para o enfrentamento ao novo coronavírus (SARS-COV-2), e, ainda, no art. 8º do Decreto Estadual nº 46.980 de 19/03/2020. Diante do atual quadro de pandemia pelo novo coronavírus, declarado pela Organização Mundial de Saúde – OMS em 11 de março de 2020, e da declaração de transmissão comunitária da doença (COVID-19) em todo o território nacional, feita por meio da **Portaria 454 MS/GM, de 20/03 /2020**, é necessário ressaltar o papel de toda a sociedade no esforço conjunto de conter a disseminação da doença. Nos termos do **art. 2º da Lei nº 8.080/90, Lei Orgânica da Saúde, saúde é direito fundamental do ser humano**. Deve, assim, o Estado, fornecer condições ao seu pleno exercício. De outro, assente a eficácia dos direitos fundamentais também na órbita das relações privadas, **o § 2º do referido artigo deixa expresso que o dever do Estado, esta-**

belecido no caput, "não exclui o das pessoas, da família, das empresas e da sociedade"; Nesse diapasão, ganha especial relevo **a adoção de medidas de contenção da disseminação da doença COVID-19 nos ambientes laborais, Mostra-se necessário que as empresas, especialmente aquelas cujos serviços são considerados essenciais pelo Decreto nº 10.282, de 20 de março de 2020, que regulamenta a Lei nº 13.979, de 6 de fevereiro de 2020, por permanecerem em atividade, ainda que reduzida, adotem medidas de controle de cunho administrativo ou estrutural para evitar a exposição de seus trabalhadores ao vírus e, consequentemente, a propagação para a população em geral.** O uso de máscaras e luvas é essencial à prevenção do contágio e transmissão do vírus. Deve-se ter em linha de conta a necessidade do isolamento social, de um lado, como recurso mais eficaz para o achatamento da curva de ascensão da pandemia e, de outra banda, exigência da continuidade do serviço postal, **ergue-se a proteção como medida que atenua a vulnerabilidade dos trabalhadores que estão na linha de frente da execução das atividades que constituem a finalidade da empresa, em contato diário com situações de risco e que não podem, isolar-se em quarentena, por ser imperativa a continuidade do serviço.** Por tais razões, considerada a urgência que o momento requer, não é cabível a concessão da liminar requerida, **devendo ser mantida a decisão que, em sede de tutela antecedente antecipada,** determinou sejam, no prazo de 24 horas, **fornecidas luvas, máscaras (em quantidade individual suficiente para que sejam descartadas e trocadas a cada duas horas), "para uso individual a cada empregado que trabalhe na entrega/recebimento junto ao público de correspondências e mercadorias", além de copos, talheres e pratos**. (...) Analisados os elementos trazidos aos autos pela impetrante não é possível vislumbrar o direito líquido e certo da impetrante, estando ausente o fumus boni juris que ampara as razões do pedido e, por outro lado, de acordo com os fundamentos supra expendidos, resta evidente perigo no retardamento do cumprimento das medidas determinadas, já tendo decorrido entre o dia que a impetrante tomou ciência da ação coletiva, 19/03/2010 e o da impetração do Mandado de Segurança, 30/03/2020, 12 dias, ou seja, mais do que suficientes para que tomasse as providencias que segundo alega, já estavam tomadas, e com a urgência que o momento exige." (ID 5c6ff3e) Muito embora a essencialidade dos serviços postais revele-se notória, essa premissa não justifica minimizar a adoção de medidas de segurança e saúde em relação aos seus empregados. **A Requerente é empresa pública,** de modo a se **sujeitar às mesmas obrigações trabalhistas das empresas privadas, na forma do art. 173, § 1º, II, da Constituição** da República. Nesse contexto, vale registrar que o **art. 157, I, da CLT impõe ao empregador a observância das normas de segurança e medicina do trabalho:** Art. 157 - Cabe às empresas: I - cumprir e fazer cumprir as normas de segurança e medicina do trabalho; Além disso, o **art. 16 da Convenção nº 155 da Organização Internacional do**

Trabalho, ratificada pelo Brasil, determina comportamento patronal ativo para garantir a integridade da saúde de seus trabalhadores: Artigo 161. Deverá ser exigido dos empregadores que, na medida que for razoável e possível, garantam que os locais de trabalho, o maquinário, os equipamentos e as operações e processos que estiverem sob seu controle são seguros e não envolvem risco algum para a segurança e a saúde dos trabalhadores. 3. Quando for necessário, os empregadores deverão fornecer roupas e equipamentos de proteção adequados a fim de prevenir, na medida que for razoável e possível, os riscos de acidentes ou de efeitos prejudiciais para a saúde. O art. 7º, XXII, da Constituição da República prevê como direito dos trabalhadores urbanos e rurais a redução dos riscos inerentes ao trabalho: "Art. 7º São direitos dos trabalhadores urbanos e rurais, além de outros que visem à melhoria de sua condição social: XXII - redução dos riscos inerentes ao trabalho, por meio de normas de saúde, higiene e segurança"; Sob a perspectiva da pandemia do coronavírus, o art. 3º, § 7º, do Decreto nº 10.282/20, que regulamenta a Lei nº 13.979/20, dispõe que devem ser adotadas as cautelas necessárias à redução de transmissibilidade do vírus: "Art. 3º As medidas previstas na Lei nº 13.979, de 2020, deverão resguardar o exercício e o funcionamento dos serviços públicos e atividades essenciais a que se refere o § 1º. § 1º São serviços públicos e atividades essenciais aqueles indispensáveis ao atendimento das necessidades inadiáveis da comunidade, assim considerados aqueles que, se não atendidos, colocam em perigo a sobrevivência, a saúde ou a segurança da população, tais como: XXI - serviços postais; § 7º Na execução dos serviços públicos e das atividades essenciais de que trata este artigo devem ser adotadas todas as cautelas para redução da transmissibilidade da covid -19". Assim, as medidas impostas pela decisão judicial não conflitam com as orientações de autoridades. Pelo contrário, é de conhecimento público a eficácia da utilização de máscaras, luvas e álcool em gel para impedir a propagação da pandemia. O fornecimento de talheres, pratos e copos descartáveis também contribui para combater a evolução da grave enfermidade. Também é importante mencionar a proteção constitucional da dignidade humana (art. 1º, III), o direito fundamental à saúde (arts. 6º e 196) e o valor social do trabalho (art. 1º, IV). Ademais, a suspensão das cautelas poderia resultar em risco à saúde pública, contribuindo para ampliar o risco de contágio e a exposição dos trabalhadores, seus familiares e demais membros da sociedade. **Não há fundamento para deferir o pedido. A manutenção da decisão não paralisa as atividades da empresa estatal, já que não foram impostas restrições efetivas, mas simples adoção de medidas de extremo relevo no combate à pandemia em benefício não somente dos trabalhadores envolvidos, mas de toda a sociedade.** Ante o exposto, indefiro o pedido de suspensão da liminar. Dê-se ciência do inteiro teor desta decisão à Requerente, ao Requerido, à Presidente do Tribunal Regional do Trabalho da 1ª Região e à Desembargadora Relatora do Mandado de Segurança nº 0100574-81.2020.5.01.0000. Transcorrido in albis o prazo para interposição de recurso, arquive-se. Publique-se. (TST - **SLS - 1000335-79.2020.5.00.0000**, Ministra-Presidente do TST **MARIA CRISTINA IRIGOYEN PEDUZZI,** Publicação: 16/04/2020)

Seguindo essa mesma linha, o Ministério Público do Trabalho ajuizou a Ação Civil Pública em face de uma empresa, pelo descumprimento das normas de combate ao enfrentamento do coronavírus no ambiente de trabalho, propondo o afastamento provisório de todos os trabalhadores e a implantação de protocolo de testagem, dentre outros pedidos[116].

O Ministério Público do Trabalho argumentou que se aplica ao caso as garantias trabalhistas mínimas, pois integram uma gama de posições jurídicas necessárias à consagração da dignidade humana, escorando-se na Declaração Universal dos Direitos Humanos (1948), que estabelece o direito a "condições justas e favoráveis de trabalho".

Outro argumento utilizado é que a Constituição aponta para a necessidade de real proteção da saúde do trabalhador, com a efetiva redução dos riscos afetos ao meio ambiente laboral, para alcançar a valorização do trabalho humano, inspirando a tomada de medidas preventivas para impedir a disseminação o novo coronavírus entre os trabalhadores.

O melhor caminho para as empresas, portanto, é a adoção de medidas preventivas, para evitar autuações, multas ou ações coletivas em seu desfavor. Do contrário, estará sujeita à multa, embargo, interdição ou medidas judiciais, impostas pelos órgãos competentes.

2. EQUIPAMENTO DE PROTEÇÃO INDIVIDUAL (EPI)

O equipamento de proteção individual (EPI) é todo dispositivo ou produto, de uso individual, com a finalidade de proteger trabalhador dos riscos à saúde e segurança do trabalho, como, por exemplo, capacete, capuz, Protetor auditivo, Protetor facial, máscaras, luvas vestimentas e calçados.

A empresa é obrigada a fornecer o equipamento de proteção individual, de forma gratuita, adequado ao risco e em perfeito estado de conservação e funcionamento, sempre que as medidas implementadas

---

[116] https://economia.uol.com.br/noticias/estadao-conteudo/2020/06/03/mpt-rs-pede-interdicao-de-planta-da-jbs-no-rs-por-surto-de-coronavirus.htm?cmpid=copiaecola (acessado em 04/06/2020)

não ofereçam a proteção integral contra os riscos de acidentes e danos à saúde dos empregados (art. 166, CLT).

O empregador terá a responsabilidade de adquirir o EPI adequado ao risco de cada atividade, exigir seu uso, fornecer equipamentos certificados pelo órgão competente, realizar a substituição em caso de danificação ou extravio, realizar a higienização e manutenção periódica, orientar e treinar o empregado sobre a forma correta de uso, conservação e guarda, bem como registrar a entrega dos

O Tribunal Regional do Trabalho da 2ª Região, manteve a condenação imposta em primeira instância, depois de contatado em perícia que os equipamentos de proteção individual estavam fora do prazo de validade[117], portanto, inaptos ao uso, conforme a ementa abaixo:

> [...] Adicional de insalubridade e reflexos. A segunda reclamada requer o afastamento da condenação no pagamento de adicional de periculosidade e reflexos, argumentando que o EPI era corretamente fornecido pela ex-empregadora da autora, afastando o agente nocivo. A primeira ré, por sua vez, nega a ocorrência de insalubridade nas funções da autora, aduzindo que o local onde foi feita a diligência não correspondia aquele onde a autora efetivamente desempenhava as suas atividades. Aduziu, ainda, que comprovou o fornecimento de EPI corretamente, sendo que a durabilidade de 3 meses mencionada no laudo pericial não se justifica. Analiso. A caracterização da insalubridade ou da periculosidade, por força do art. 195, parágrafo 2º da CLT, deve se basear em prova técnica a cargo de perito habilitado, médico ou engenheiro do trabalho. No caso em apreço, o laudo pericial de fls. 731/744, com esclarecimentos de fls. 261/162, elaborado por profissional de confiança do juízo de origem, após diligência realizada na ré, que contou com a presença da autora e dos representantes da reclamada (fls.735), apurou o que se segue:
> "(...)2. EQUIPAMENTO DE PROTEÇÃO INDIVIDUAL (E.P.I.)Por ocasião da realização da perícia, foi informado que a primeira reclamada fornece aos seus empregados, além de uniforme composto por calça e camisa, os seguintes Equipamentos de Proteção Individual, munidos dos respectivos Certificados de Aprovação (C.A.); a saber: - Protetor auricular; - C.A. 11512 - indicado pela reclamante como tendo sido de uso irregular - Luva hyflex; - C.A. 35982- Avental de PVC - C.A. - em uso apenas no posto 70 e por ocasião da realização da vistoria não estava em uso; - Calçado de segurança sem biqueira de aço - C.A. 9017. A reclamada logrou apresentar nos

---

[117] Esse caso ganhou repercussão após o Tribunal Superior do Trabalho negar seguimento ao recurso interposto pela empresa para reformar a decisão proferida pelo Tribunal Regional. (https://www.tst.jus.br/web/guest/-/ind%C3%BAstria-%C3%A9-condenada-por-demora-na-troca-de-protetores-auriculares?inheritRedirect=true, acessado em 27/08/2020)

autos, sob ID 50fcc7a, o comprovante de fornecimento de EPIs a reclamante, onde se denota que, em especial o protetor auricular, veio a ser fornecido nas datas de 13/10/10, 18/04/11, 09/06/11, 10/01/12, 17/07/12, 14/09/12, 02/10/12, 26/10/12 e 03/06/13, o que revela que a manutenção de intervalos entre as entregas, se deu entre um e oito meses, o que leva a irregularidade de seu fornecimento, em considerando a durabilidade deste EPI como sendo de três meses, em especial em se considerando os intervalos havidos de 13/10/10 e 18/04/11 e de 09/06/11 a 17/02/12 e assim o sendo após 26/10/12; o que consolida os informes prestados pela reclamante, mas cujas evidencias de fornecimento nos períodos adequados não pode ser desprezada.(...) V - AVALIAÇÕES AMBIENTAIS. 1. Ruído contínuo ou intermitente Para avaliação do nível de ruído, foi utilizado uma decibelímetro marca IMPAC modelo IP 170 L, dotado de circuito de integração para avaliação de nível equivalente de ruído - Leq, devidamente ajustado e calibrado a 94 db - 1000 Hz. A medição foi realizada no circuito de compensação A e circuito de resposta lenta (Slow), leituras estas efetuadas próximo ao ouvido do trabalhador, obtendo-se os seguintes resultados: Local: Ala 5 - Pré montagem de tanque de combustível. Nível de ruído medido: 85,7 db(A)Período de exposição: integral. O limite de tolerância para ruído contínuo ou intermitente previsto na Portaria 3214/78, NR-15, Anexo I, para o nível de pressão sonora de 86 db(A), é de máxima exposição diária de 07 (sete) horas. (...) VII – CONCLUSÃO -Em face do exposto, em conformidade com a Portaria 3214/78, NR 15, Anexo nr. 1 - Limites de Tolerância para Ruídos Contínuo e Intermitente, pela exposição a elevados níveis de pressão sonora, conclui este Perito pela existência de condições de insalubridade em grau médio, estando o agente agressor, em conformidade com a já mencionada Portaria 3214, NR 6 - Equipamentos de Proteção Individual, e NR 15 - Atividades e Operações Insalubres, item 15.4.1, letra "b", pelo uso regular do devido e adequado EPI; qual seja o protetor auricular, devidamente neutralizado, nos períodos compreendidos de 13/10/10 a 12/01/11, de 18/04/11 a 08/09/11, de 10/01/12 a 09/04/12, de 17/07/12 a 25/01/13 e de 03/06/13 a 02/09/13; restando assim aos períodos remanescentes, o submetimento ao agente agressor sem a devida proteção, sujeitando-a a insalubridade em grau médio, nos intervalos havidos de 11/08/10 a 12/08/10, de 13/01/11 a 17/04/11, de 09/09/11 a 09/01/12, de 10/04/12 a 16/07/12, de 26/01/13 a 02/06/13 e a partir de 03/09/13 nas atividades e ambiente vistoriado."

Após as impugnações das partes, o sr. Perito prestou os esclarecimentos de fls. 771/776, ratificando a sua conclusão anterior. E a despeito de todas as alegações das rés em sentido contrário, estas não cuidaram de produzir qualquer prova hábil a infirmar a conclusão pericial. Ainda que a primeira ré tenha demonstrado o fornecimento de protetores auriculares à autora, esta não cuidou de comprovar que a durabilidade desde equipamento superasse os três meses mencionados no laudo, ônus processual que lhe competia, nos termos dos arts. 818 da CLT, C.C. ART. 373, II do NCPC. E no que se refere ao local onde foi realizada a perícia, este foi considerado conforme informações prestadas pela autora e pelos representantes da primeira reclamada presentes no dia da diligência. Ademais, como já visto acima, a testemunha da reclamada referiu-se a mudança de local de trabalhando, ressaltando, contudo, que o procedimento, ou seja, as condições de trabalho eram as mesmas. Por todo o exposto, mantenho a conclusão pericial e rejeito os apelos das reclamadas. [...]". (TRT 2- RO 10015325120155020465 – 14ª Turma, Relator Fernando Álvaro Pinheiro, Data de julgamento 28/03/2019)

É pacífico o entendimento, no âmbito do Tribunal Superior do Trabalho, de que a ausência de certificação do equipamento de proteção individual, pode gerar o direito ao adicional de insalubridade. Vejamos a ementa a seguir:

> RECURSO DE REVISTA REGIDO PELA LEI 13.015/2014. 1. ADICIONAL DE INSALUBRIDADE. FORNECIMENTO DE EPI. CERTIFICADO DE APROVAÇÃO INEXISTENTE. EXIGÊNCIA. SÚMULA 333 DO TST. *O Tribunal Regional manteve a condenação ao pagamento do adicional de insalubridade em grau médio (agente ruído), haja vista a constatação de que a empresa fornecia equipamentos de proteção individual – EPI's, sem o correspondente certificado de aprovação. A jurisprudência do TST vem decidindo no sentido de que o fornecimento de EPI's desprovidos de certificado de aprovação, com o fim de demonstrar a observância dos padrões especificados no normativo técnico pertinente, não elide o direito ao adicional de insalubridade, em face das condições presentes no ambiente de trabalho. Nesse cenário, a decisão regional encontra-se em consonância com a jurisprudência atual, interativa e notória desta Corte. Incidência da Súmula 333/TST. Recurso de revista não conhecido.* [...] (TST – RR - 1552-18.2014.5.12.0012, 7ª Turma - Relator: Ministro Douglas Alencar Rodrigues, Publicado acórdão em 23/06/2017)

O fornecimento de equipamento de proteção individual inadequado, inapto ao uso, deteriorado, equivale a desproteção do empregado, podendo ensejar o pagamento do adicional de insalubridade ou periculosidade.

Essa mesma norma indica que o empregado deve usar o EPI, guardá-lo e conservá-lo, cumprir as determinações do empregador sobre o uso e comunicar eventual desgaste ou danificação que o torne impróprio para uso.

O sindicato, o Ministério Público do Trabalho e os órgãos de controle e fiscalização das normas de saúde, higiene e segurança do trabalho exercem um papel fundamental na exigência do cumprimento dessas normas, podendo inclusive postular a interdição ou embargo do estabelecimento, setor, máquina ou equipamento e exigir providencias para a prevenção de acidentes ou doenças ocupacionais (art. 161, CLT).

Vale ressaltar que entre os dias 23 e 24 de março, o Tribunal Regional do Trabalho da 2ª Região concedeu liminares envolvendo trabalhadores autônomos do ramo de perícia contábil, outros que prestam serviços de refeições e também os ferroviários, em razão da pandemia da Covid19.

As decisões urgentes foram concedidas em sede de dissídio coletivo pela desembargadora Sonia Franzini (vice-presidente judicial em exercício) e levam em conta o aumento de casos em nível mundial.

A magistrada determinou que a Companhia de Trens Metropolitanos (CPTM) deve liberar imediatamente das atividades presenciais os ferroviários, inclusive terceirizados, pertencentes ao grupo de risco, quais sejam: idosos (acima de 60 anos), gestantes, pessoas com doenças respiratórias crônicas, cardiopatas, diabéticos, hipertensos e portadores de outras afecções do sistema imunológico.

Além disso, a empresa deve fornecer álcool em gel e máscara em quantidade suficiente para os demais trabalhadores, especialmente de locais de maior exposição. Em caso de descumprimento, pode ser aplicada multa diária de R$ 50 mil por obrigação descumprida. A liminar foi expedida em Dissídio Coletivo, ajuizado pelo Sindicato dos Ferroviários da Zona Sorocabana em face da CPTM.

Concedida na mesma data, a outra decisão favorece o Sindicato dos Trabalhadores em Refeições Coletivas de Osasco e Região, que ajuizou dissídio em face do Sindimerenda de São Paulo e dos municípios de Osasco, Barueri, Carapicuíba, Jandira, Itapevi e Santana de Parnaíba. Para esses trabalhadores, a suscitada deverá fornecer álcool em gel e máscara, sob pena de multa diária de R$ 10 mil.

O Sindicato dos Empregados de Agentes Autônomos do Comércio em empresas de assessoramento, perícias, informações e pesquisas e de empresas de serviços contábeis no Estado de São Paulo obteve decisão favorável para que seus representados do grupo de risco sejam dispensados do trabalho presencial, permanecendo em "quarentena" e prestando serviços de suas residências, na medida do possível.

O dissídio foi ajuizado em face de nove suscitados, e a liminar não prevê multa.

Ademais, recentemente, o Tribunal Regional do Trabalho da 4ª Região determinou a necessidade de um Hospital realizar a entrega de equipamentos de proteção individual aos trabalhadores, com vistas a reduzir os riscos inerentes à contaminação dos trabalhadores no meio ambiente de trabalho. Percorramos o aresto abaixo:

MANDADO DE SEGURANÇA. IRMANDADE SANTA CASA DE MISERICÓRDIA DE PORTO ALEGRE. TUTELA PROVISÓRIA DE URGÊNCIA. *OBRIGAÇÕES DE FAZER. PANDEMIA DO NOVO CORONAVÍRUS (COVID-19).* 1. Manutenção do fornecimento de equipamentos de proteção individual aos profissionais de saúde, sob pena de multa. Observância da norma do art. 297 do NCPC, que faculta ao magistrado a determinação de medidas que considerar adequadas para a efetivação da tutela provisória. *Obrigação de fazer que está de acordo com as normas, de patamar constitucional (CF, arts. 7º, XXII, e 200, VIII) e infralegal (CLT, arts. 157 e 166), que resguardam a redução dos riscos inerentes ao trabalho e garantem a proteção ao meio ambiente do trabalho, bem como com a essencialidade da utilização dos equipamentos pelos trabalhadores da saúde, dados os índices de contágio e de letalidade que o novo Coronavírus tem manifestado, com o potencial de afetar aqueles que trabalham na linha de frente no atendimento médico à população.* 2. Afastamento de empregados maiores de sessenta anos e portadores de doenças crônicas, desde que pertençam ao grupo de risco, sob pena de multa. Padece de ilegalidade o ato judicial a justificar a concessão parcial da segurança, porquanto não resultou evidenciada a plausibilidade do direito vindicado na amplitude com que foi deferida pela autoridade dita coatora. Dentro dos limites da cognição sumária própria do exame da tutela provisória de urgência, a solução mais adequada ao contexto fático jurídico, sobretudo diante da essencialidade das atividades exercidas pela impetrante, é determinar o afastamento dos empregados substituídos maiores de sessenta anos de idade das áreas de triagem dos pacientes suspeitos de COVID-19 e do Pavilhão Pereira Filho. 3. Afastamento das empregadas lactantes e gestantes das áreas de triagem dos pacientes suspeitos de COVID-19 e do Pavilhão Pereira Filho, sob pena de multa. Mantida a ponderação promovida pela autoridade dita coatora, sendo prudente que tais trabalhadoras sejam afastadas de ambientes de trabalho que possibilitem uma maior exposição delas ao risco de contágio. Segurança parcialmente concedida. (TRT da 4ª Região, 1ª Seção de Dissídios Individuais,

0020632-16.2020.5.04.0000 MSCIV, em 23/07/2020, Desembargadora Angela Rosi Almeida Chapper)

Nota-se, portanto, que o empregador deve fornecer os equipamentos de proteção necessário aos empregados, a fim de preservar a saúde dos trabalhadores.

3. EMPREGADOS EM GRUPO DE RISCO

No que atina aos trabalhadores em grupo de risco é possível a interpretação ampliativa do conceito conferido pela Lei?

O Tribunal Superior do Trabalho deferiu a correição parcial, em caráter liminar, conferindo efeito suspensivo ao agravo regimental interposto em face da decisão prolatada no Mandado de Segurança MSCiv 0000104-79.2020.5.14.0000, para cassar decisão do Tribunal Regional que conferiu interpretação ampliativa ao conceito de "grupo de risco".

Na decisão impugnada o Tribunal Regional do Trabalho da 14ª Região (RO) classificou como integrantes do "grupo de risco" as "gestantes ou lactantes; maiores de 60 (sessenta) anos; portadores de doenças crônicas e/ou imunodeprimidos; que tiverem **filhos menores de 1 (um) ano**; que possuem **filhos em idade até doze anos**, devido à interrupção das atividades escolares; que **coabitar com pessoas idosas ou portadores de doenças crônicas ou imunodeprimidas**, sem prejuízo de que esses trabalhadores sejam incluídos em programas de teletrabalho ou, na impossibilidade deste, **sejam dispensados do comparecimento no ambiente de trabalho**, na forma autorizada pela Medida Provisória nº 927/2020".

Assim, o fato de o trabalhador ter filho menor de um ano, filho de até dez anos de idade, coabitar com pessoa idosas ou com doenças crônicas ou imunodeprimidas, lhe asseguraria o direito ao afastamento do trabalho.

Entretanto, o Corregedor-Geral da Justiça do Trabalho, Ministro ALOYSIO CORREA DA VEIGA, entendeu que não é possível conferir interpretação ampliativa ao conceito de "grupo de risco" previsto em atos normativos ou legais, pelos seguintes fundamentos:

> "[...] o Decreto nº 10.282, de 20 de março de 2020, regulamentou a Lei nº 13.979, de 6 de fevereiro de 2020, definindo, dentre as atividades essenciais, serviços praticados pelo Requerente, em seu artigo 3º, inciso XX. O parágrafo 3º do mesmo dispositivo, por sua vez, indica que "**é vedada**

a restrição à circulação de trabalhadores que possa afetar o funcionamento de serviços públicos e atividades essenciais». Nesse ponto, impende salientar que os próprios fundamentos da decisão impugnada se pautam na "decretação do Estado de Emergência em Saúde Pública de Importância Nacional (ESPIN), pelo Ministério da Saúde, que reitera a declaração da condição de transmissão pandêmica sustentada da infecção humana pelo coronavírus, anunciada pela Organização Mundial da Saúde". É mencionado expressamente que, "no Estado de Rondônia, foi editado o Decreto Estadual n. 24.887/2020, com as alterações feitas pelo Decreto 24.891/2020, declarando Estado de Calamidade Pública em todo o Estado de Rondônia, bem como as medidas restritivas adotadas pelo Governo no combate a esta pandemia", com a transcrição expressa do **inciso V do artigo 4º do aludido Decreto Estadual, o qual determina "a limitação de 40% (quarenta por cento) da área de circulação interna de clientes, não computando área externa e administração, sendo no caso de filas fora do estabelecimento, os clientes deverão manter distância de, no mínimo, 2 m (dois metros) um do outro, cabendo a responsabilidade ao proprietário de manter a ordem e o distanciamento deles na área externa da loja".** De pronto, um primeiro e imediato possível efeito da redução drástica do efetivo de atendimento seria uma maior aglomeração de pessoas à espera de atendimento, ressaltando-se o fato notório de que, não raro, **idosos (dentre os quais inclusive aposentados e pensionistas para o recebimento de seu crédito) costumam necessitar com maior frequência de atendimento presencial nas agências bancárias**, ainda que para orientação nos caixas eletrônicos, estando incluídos de maneira incontroversa no grupo de risco para efeitos da pandemia, inclusive pelo próprio Decreto citado. A possibilidade de maior aglomeração citada acaba por colidir, inclusive, com o item 4 da determinação da própria decisão em tutela de urgência ("Pelo exposto, defiro a medida liminar para determinar que, durante o período de calamidade pública, o reclamado, no prazo de 72 horas: ... 4. Adote medidas a fim de reduzir a aglomeração de pessoas nas áreas de caixa eletrônico, inclusive com a utilização de reforço policial, caso necessário"- Id. 799f06b). Acrescenta-se a tal constatação o fato de que **o conceito de grupo de risco utilizado pela decisão em comento partiu de interpretação que elasteceu a literalidade de diversos atos normativos e legais que regem a matéria, uma vez que incluiu**, além das próprias <u>pessoas definidas como integrantes dos grupos de risco, aqueles que com eles coabitam</u>. Incluiu, ainda, de maneira ampla e irrestrita, os pais de filhos menores de 12 anos. Os diversos **normativos que não trazem tal rol inclusive menores de 12 anos, pais de tais menores, e pessoas que coabitam com aqueles integrantes dos denominados grupos de risco para fins de afastamento do trabalho e/ou restrição à circulação** (à guisa de exemplo, o Decreto Estadual 891/2020, o Decreto nº 10.282/2020, a Resolução 313/2020 do Conselho Nacional de Justiça e o Ato GP.TST 122/2020), por sua vez, dão conta acerca da grande controvérsia que envolve a matéria debatida, tudo a respaldar os requisitos hábeis a demandar a concessão da liminar requerida, nos termos do parágrafo único do artigo 13 do RICGJT ("em situação extrema ou excepcional, poderá o Corregedor-Geral adotar as medidas necessárias a impedir lesão de difícil reparação, assegurando, dessa forma, eventual resultado útil do processo, até que ocorra o exame da matéria pelo órgão jurisdicional competente").[...]" (TST - CorPar - 1000289-90.2020.5.00.0000 - Ministro ALOYSIO CORREA DA VEIGA, data de publicação 31/03/2020)

Evidentemente, conferir interpretação ampliativa prejudica o funcionamento das atividades essenciais, de modo que o interesse público deve prevalecer nessas circunstancias.

4. SUPRESSÃO DE ADICIONAIS EM TEMPOS DE PANDEMIA

Outra decisão que gerou polêmica e chegou ao Tribunal Superior do Trabalho, também envolvia a Empresa Brasileira de Correios e Telégrafos (EBCT).

Em virtude da pandemia alguns funcionários que exerciam atividades presencialmente foram submetidos ao teletrabalho (trabalho remoto) por fazerem parte do grupo de risco, o que levou o empregador a descontar o adicional de atividade (AADC, AAG e AAT), Funções de Atividade Especial e Adicional por Trabalho aos Finais de Semana.

Diante disso, a Federação acional dos Trabalhadores em Empresas Correios Telégrafos e Similares ajuizou pedido de tutela cautelar antecipada, nos autos nº 0000192-57.2020.5.13.0029, tendo êxito no deferimento da tutela para obstar o desconto realizado pelo empregador.

Irresignada, a Empresa Brasileira de Correios e Telégrafos impetrou mandado de segurança perante o Tribunal Regional da 13ª Região para cassar a liminar. O Regional negou, liminarmente, a cassação da tutela cautelar.

A empresa apelou para o Tribunal Superior do Trabalho aduzindo que as referidas parcelas possuem natureza jurídica de salário-condição, de forma que o afastamento dos empregados do regime de prestação de serviços presencial autoriza a supressão de tais verbas.

A Ministra-Presidente do Tribunal Superior do Trabalho, MARIA CRISTINA IRIGOYEN PEDUZZI, acatou os argumentos da empresa validando a possibilidade do desconto de tais verbas, sob os seguintes fundamentos:

> "[...] as parcelas objeto da insurgência são diretamente relacionadas ao desempenho do trabalho em condições específicas, configurando verdadeiro salário-condição. Como decidido outrora, eliminada a condição especial na qual o labor era executado, o salário respectivo pode ser suprimido. Ante o exposto, com base nas mesmas razões de decidir que ora reitero, defiro o pedido de extensão da suspensão deferida para tornar sem efeito a decisão proferida pelo Desembargador Relator do Mandado de Segurança nº 0000111-98.2020.5.13.0000. Dê-se ciência do inteiro teor desta decisão ao requerente, ao Presidente do Tribunal Regional do Trabalho da 13ª Região e ao Desembargador Relator do Mandado de Segurança nº 0000111-98.2020.5.13.0000. Transcorrido in albis o prazo para interposição de recurso, arquive-se". (TST - SLS - 1000302-89.2020.5.00.0000, Ministra-Presidente do Tribunal Superior do Trabalho, MARIA CRISTINA IRIGOYEN PEDUZZI, Publicado em 17/04/2020)

O jurista Mauricio Godinho Delgado, conceitua o salário condição como a

> "[...]parcela contraprestativa paga em face de certas circunstâncias objetivas ou subjetivas vivenciadas no contrato, delas dependendo e, em consequência, **podendo ser suprimidas caso desaparecidas as circunstâncias propiciadoras de sua incidência (tal como se verifica com os adicionais)**".

A decisão prolatada pela Presidência do TST está em consonância com a jurisprudência da Corte.

De acordo com a Súmula 265 do TST "A transferência para o período diurno de trabalho implica a perda do direito ao adicional noturno".

De igual maneira ocorre com o adicional de insalubridade, cuja "a reclassificação ou a descaracterização da insalubridade, por ato da autoridade competente, repercute na satisfação do respectivo adicional, sem ofensa a direito adquirido ou ao princípio da irredutibilidade salarial", conforme preceitua a Súmula 248 do TST.

5. TELETRABALHO EM TEMPOS DE PANDEMIA

A Medida Provisória 927/20 permitiu ao empregador adotar (ou ampliar) o regime de teletrabalho, como medida de enfrentamento dos efeitos econômicos decorrente do estado de calamidade pública e para a preservação do emprego e da renda traçando regras mais flexíveis do que a CLT para viabilizar uma rápida implementação.

Segundo a Pesquisa Nacional por Amostra de Domicílios (PNAD) realizada pelo IBGE[118], entre os dias 21 e 27 de julho de 2020, estima-se que 8,6 milhões de trabalhadores estão em teletrabalho, sendo certo que cerca de 3,8 milhões de trabalhadores prestavam serviços em regime de teletrabalho.

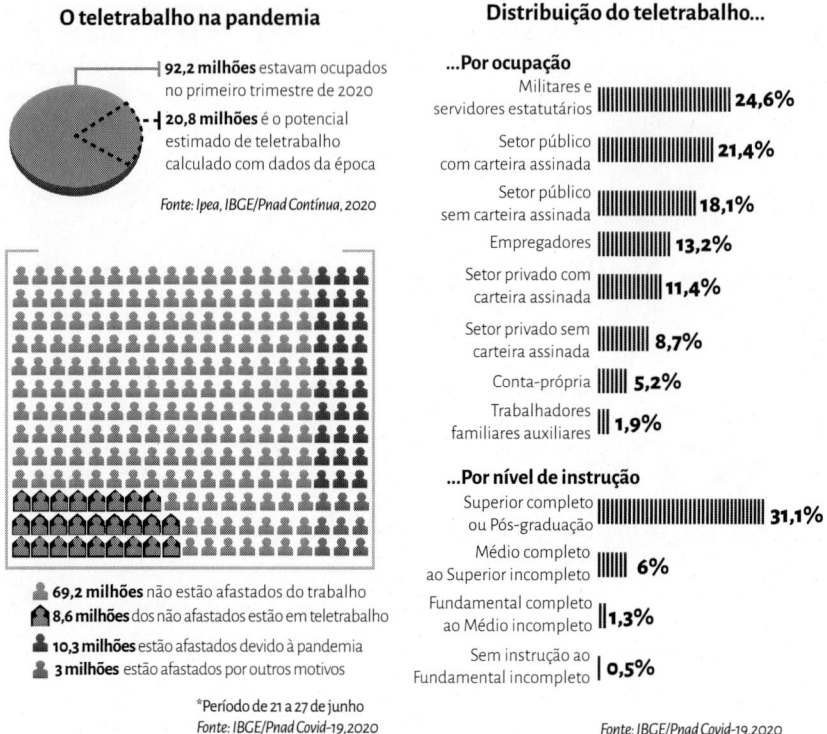

O teletrabalho na pandemia

- 92,2 milhões estavam ocupados no primeiro trimestre de 2020
- 20,8 milhões é o potencial estimado de teletrabalho calculado com dados da época

Fonte: Ipea, IBGE/Pnad Contínua, 2020

- 69,2 milhões não estão afastados do trabalho
- 8,6 milhões dos não afastados estão em teletrabalho
- 10,3 milhões estão afastados devido à pandemia
- 3 milhões estão afastados por outros motivos

*Período de 21 a 27 de junho
Fonte: IBGE/Pnad Covid-19, 2020

Distribuição do teletrabalho...

...Por ocupação
- Militares e servidores estatutários: 24,6%
- Setor público com carteira assinada: 21,4%
- Setor público sem carteira assinada: 18,1%
- Empregadores: 13,2%
- Setor privado com carteira assinada: 11,4%
- Setor privado sem carteira assinada: 8,7%
- Conta-própria: 5,2%
- Trabalhadores familiares auxiliares: 1,9%

...Por nível de instrução
- Superior completo ou Pós-graduação: 31,1%
- Médio completo ao Superior incompleto: 6%
- Fundamental completo ao Médio incompleto: 1,3%
- Sem instrução ao Fundamental incompleto: 0,5%

Fonte: IBGE/Pnad Covid-19, 2020

Estima-se que o Brasil, pelas características do mercado de trabalho tem cerca de 22,7% de potenciais trabalhadores que podem operar em regime de teletrabalho ou trabalho à distância, o que corresponde cerca de 20,8 milhões de trabalhadores. Conforme informações extraídas do sítio eletrônico do Senado Federal, o Brasil ocupa a 45ª posição no ranking mundial de potencial teletrabalho, e na América Latina a 3ª posição:

> "No trabalho de Jonathan Dingel e Brent Neiman, é apresentada uma lista de 86 países, na qual Luxemburgo apresenta a maior proporção de teletrabalho (53,4%) e Moçambique, a menor: 5,24%. O Brasil ocupa a 45º posi-

---

118 https://www12.senado.leg.br/noticias/infomaterias/2020/07/teletrabalho-ganha-impulso-na-pandemia-mas-regulacao-e-objeto-de-controversia/#link4

ção, com 25,65% de teletrabalho potencial. Entre os doze países da América Latina que constam do estudo (Brasil, Bolívia, Chile, El Salvador, Equador, Guatemala, Guiana, Honduras, México, Panamá, República Dominicana e Uruguai), o Brasil ocupou a terceira posição, muito próximo à do Chile (25,74%) e após o Uruguai (27,28%), que apresentou a maior participação de trabalho remoto".

No teletrabalho, podemos destacar que a atividade geralmente é realizada a distância; as ordens são dadas sem condições de se ter o controle físico ou direto da execução dos trabalhos; as tarefas são executadas por intermédio de computadores ou de outros equipamentos de informática e telecomunicações; essas atividades não configuram trabalho externo.

O custeio dos equipamentos tecnológicos e a infraestrutura necessária e adequada à prestação do teletrabalho, do trabalho remoto ou do trabalho a distância tem gerado discussão na doutrina e na jurisprudência.

A medida provisória 927/20 previa que a responsabilidade pela aquisição, manutenção ou fornecimento dos equipamentos e da infraestrutura ou das despesas arcadas pelo empregado serão previstas em contrato prévio escrito ou firmado no prazo de trinta dias, a contar da data da alteração do regime de trabalho. A CLT prevê apenas contrato de trabalho escrito.

O empregador, segundo a medida provisória, tinha a faculdade de fornecer os equipamentos em regime de comodato e pagar por serviços de infraestrutura – de forma desvinculada do salário – ou na impossibilidade do comodato, o período da jornada do trabalhador é computado como tempo à disposição do empregador.

Com base nesta obrigação patronal, o sindicato dos empregados da empresa Petrobrás concedeu no Estado do Rio de Janeiro ajuizou a ação civil pública nº 0100455-61.2020.5.01.0052, postulando a concessão do mobiliário ergonômico necessário ao desempenho das atividades em teletrabalho.

A juíza do trabalho substituta Danusa Berta Malfatti, em exercício na 52ª Vara do Trabalho do Rio de Janeiro, concedeu liminar que obriga a Petróleo Brasileiro S.A. - Petrobras a disponibilizar, no prazo de 10 dias úteis, mobiliário compatível com as funções exercidas remotamente para os trabalhadores que foram colocados em regime de home office devido à pandemia - cerca de 90% dos empregados da

Petrobras no Estado do Rio de Janeiro. O mobiliário deverá ser similar, em termos ergonômicos, àquele existente no local da prestação de serviços presencial.

Há quem afirme que o teletrabalho não será mais uma exceção, no mundo pós-pandemia, pois esse regime gerou uma economia enorme para as empresas, como gastos com luz, transporte, alimentação dos empregados, etc.

Essa questão é polêmica, pois há uma linha de entendimento que não considera como despesas com o consumo de água, luz, internet, energia elétrica, telefone, por exemplo, eis que não é possível mensurar qual o gasto decorre do uso pessoal e qual decorre do exercício da atividade.

Existe um projeto de Lei 3.512/2020, de autoria do Senador Fabiano Contrato, que busca regulamentar essa questão, estabelecendo a necessidade de o empregador arcar com as despesas de energia elétrica, telefonia e de uso da internet relacionadas à prestação do trabalho.

E mais. O projeto também visa revogar o inciso III do art. 62 da CLT, para que haja limite de jornada de trabalho para o empregado em regime de teletrabalho, de modo que tenha direito à desconexão, e uma clara separação entre a atividade laboral e a vida privada, além do direito a lazer, convívio com amigos, família, dormir, e para cultivar um hobby, arte ou esporte.

6. ACORDOS HOMOLOGADOS EM JUÍZO.

Segundo o art. 831, parágrafo único, da CLT, no caso de conciliação, o termo que for lavrado valerá como decisão irrecorrível, exceto para a Previdência Social quanto às contribuições que lhe forem devidas.

Rennan Thamay[119] ensina que a

> "[...] coisa julgada material tem o poder de produzir efeitos fora da decisão de mérito, influenciando a realidade de cada pessoa que luta pelo bem da vida em determinada lide. Portanto, confirmando a ideia do que seja coisa julgada substancial, vem Francisco Cavalcanti Pontes de Miranda, aduzindo que "(...) a coisa julgada material é a que impede discutir-se, noutro processo, o que se decidiu". Como afirma Pontes de Miranda, tor-

---

[119] Rennan Thamay. Manual de direito processual civil– 2. ed. – São Paulo : Saraiva Educação, 2019.

na-se indiscutível em outro processo a matéria analisada anteriormente na decisão de mérito".

A súmula 259 do TST diz que o termo de conciliação previsto no art. 831 da CLT só poderá ser impugnado por meio de ação rescisória.

Uma vez homologado o acordo em audiência, sem nenhuma ressalva, todas as parcelas do contrato de trabalho são consideradas quitadas, operando-se a coisa julgada (OJ 132 da SDI-2 do TST).

As partes podem estipular clausula penal para a parte que descumprir os termos do acordo, cujo o valor não poderá exceder da obrigação principal, na forma do art. 413 do Código Civil.

Na prática as partes estipulam penalidade em percentual de 50 a 100% sobre o valor do acordo, para o caso de descumprimento.

Em tempos de pandemia as empresas passaram a questionar sobre a possibilidade de suspensão do pagamento dos acordo em vigor, sustentando a inviabilidade do cumprimento da obrigação assumida no período pré-pandemia, em decorrência do drástico impacto econômico-financeiro causado pelo isolamento social.

De forma majoritária os magistrados tem entendido pela manutenção do cumprimento da obrigação assumida, entretanto, têm flexibilizado as penalidades aplicadas pelo descumprimento do acordo. Vejamos as ementas abaixo:

"ACORDO HOMOLOGADO PELO JUÍZO. COISA JULGADA MATERIAL. *SUSPENSÃO DO PAGAMENTO. PANDEMIA DA COVID 19. FORÇA MAIOR.* NÃO APLICAÇÃO. *POSSIBILIDADE DE ATUAÇÃO JUDICIAL APENAS PARA MODULAR A APLICAÇÃO DE PENALIDADES PELO DESCUMPRIMENTO,* COMO A INCIDÊNCIA DA CLÁUSULA PENAL. 1. Não se despreza que as consequências graves decorrentes da adoção de medidas necessárias a conter o avanço da disseminação da COVID-19 e a excepcionalidade temporária de calamidade pública – evento sem precedentes – demandam, no caso concreto, uma análise pautada pela parcimônia e pelo equilíbrio para que, dentro do possível, seja ponderada a negatividade dos efeitos que se estende a toda coletividade. *Todavia, não pode o Poder Judiciário imiscuir-se nos termos do acordo chancelado judicialmente, que integram a coisa julgada material, insuscetíveis de alteração por decisão judicial superveniente, não se aplicando ao caso o instituto de força maior em razão da ausência de previsão legal expressa nesse sentido, ficando desautorizado o uso da analogia pelo intérprete ante o silencio eloquente do legislador.* 2. Destaca-se, em prol da segurança jurídica, que o entendimento do TST acerca da aplicação dos arts. 412 e 413 do CC, que resultou na edição da OJ 54 da SBDI-1, assinala o surgimento do poder moderador do juízo, *restrito exclusivamente à análise de eventual modulação da cláusula penal, que, por se tratar de antecipação de perdas e dados, pode ter a apreciação e aplicação postergadas no tempo e até revisto o percentual, eventualmente.* Esse também é o caminho do disposto pelo art. 393, do CC, que tão somente torna sem efeitos as perdas e danos decorrentes do não cumprimento obrigacional, desservindo para o propósito de exonerar o devedor, ainda que momentaneamente, do pagamento da avença nos termos acertados e chancelados. (TRT12 – AP – 00008181-18.2017.5.12.0059, Rel. NARBAL ANTONIO DE MENDONÇA FILETI, 5ª Câmara, Data de Assinatura: 07/08/2020).

ACORDO PARCIALMENTE DESCUMPRIDO. CLÁUSULA PENAL. EXCLUSÃO. POSSIBILIDADE. **SITUAÇÃO ATÍPICA. PANDEMIA COVID-19.** *Conforme faculta o art. 413 do Código Civil, entendendo excessiva a multa convencionada, que tem natureza de cláusula penal, pode o juiz determinar sua revisão, reduzindo o valor da pena ou até mesmo excluindo-a, caso verificada a desproporcionalidade entre o dano e sua reparação, como medida de equidade e justiça.* Com muito maior razão pode e deve juiz atuar em consonância com a norma mencionada ao constatar que, no caso concreto, o devedor, microempreendedor individual, com atuação em ramo que se dedica a atividade não essencial, deu mostras efetivas da intenção de cumprir o ajuste, realizando o pagamento de parte da parcela do acordo, a despeito de ter sido severa e negativamente afetado pelas medidas restritivas impostas pelas autoridades com o objetivos de combater a pandemia provocada pelo vírus da COVID-19, pois tal situação refoge ao risco normal da atividade econômica (TRT-18 – AP: 00106031320195180141, Relator: CESAR SILVEIRA, Data de Julgamento: 28/08/2020, 1ª Turma).

Contudo, há entendimento em sentido contrário que entende pela impossibilidade de alteração dos termos do acordo ou de revisão da clausula penal prevista em acordo judicial já pactuado, com força de decisão irrecorrível, por violar a coisa julgada. Nesse sentido o aresto abaixo:

AGRAVO DE PETIÇÃO. DIREITO PROCESSUAL DO TRABALHO. **EXECUÇÃO DE ACORDO JUDICIAL** DESCUMPRIDO. **REVISÃO. IMPOSSIBILIDADE. PANDEMIA.** CORONAVÍRUS. IRRELEVÂNCIA. Uma vez descumprido o acordo, que tem força de decisão irrecorrível, nos moldes do art. 831, parágrafo único, da CLT, iniciou-se a execução com o acréscimo da cláusula penal. Assim, não há cogitar a exclusão da multa pelo fato de agravante ser responsável subsidiária porque ela subscreveu os termos do acordo e estava ciente de que a inexecução do mesmo importaria em execução com o acréscimo da penalidade. *Ademais, embora já tenha me manifestado sobre a possibilidade excepcional de revisão de parcelamento da execução, em razão dos efeitos econômicos da pandemia do coronavírus, o fiz em situação na qual se discutia parcelamento de execução, na forma*

> do art. 916 do CPC e não acordo de conciliação com força de sentença irrecorrível e, portanto, somente rescindível por meio de ação rescisória (Súmula n° 259 do C. TST).Para o acordo homologado em juízo, os efeitos econômicos da pandemia do coronavírus tornam-se irrelevantes porque não há na legislação espaço para relativizar-se os efeitos da coisa julgada pela situação emergencial em que vivemos. Agravo a que se nega provimento. (Processo: AP - 0000418-12.2019.5.06.0411, Redator: Sergio Torres Teixeira, Data de julgamento: 09/09/2020, Primeira Turma, Data da assinatura: 10/09/2020)

Inegavelmente muitos empregados sofreram drasticamente os efeitos da pandemia do coronavírus, isso porque apenas as atividade consideradas essenciais foram autorizadas a funcionar durante a pandemia. A pandemia já contabiliza milhões de dispensas, mesmo com as medidas emergenciais de preservação do emprego e da renda, bem como o encerramento de empresas de diversos setores da economia.

Mas, também, existem outras empresas que permaneceram em atividade durante a pandemia, duplicando, triplicando e até mesmo quadruplicando o seu faturamento durante a pandemia como, por exemplo, empresas do ramo alimentício, informática - em virtude do crescimento na busca por aparelhos tecnológicos para o trabalho em "home office"/teletrabalho.

De outro lado, não deve ser deixado de lado o fato de que a grande maioria dos acordos decorrem da falta de pagamento das verbas rescisórias pelo empregador.

Nesta hipótese, o empregado geralmente está desempregado e depende dos valor do acordo - recebido de forma parcelada – para prover a própria subsistência e dos seus familiares até ser reinserido no mercado de trabalho.

Entendemos, portanto, que a revisão dos termos do acordo, em especial da clausula penal prevista no acordo, deve ser analisada de acordo com a casuística.

7. ATUAÇÃO SINDICAL EM TEMPOS DE PANDEMIA

A estrutura sindical brasileira é composta da seguinte forma:
- a. Sindicato: na base, respeitando a unicidade.
- b. Federações: em âmbito estadual, sendo composta por pelo menos 5 (cinco) sindicatos, nos termos do artigo 534 da CLT.

c. Confederações: em âmbito nacional, com sede em Brasília, composta por pelo menos 3 (três) federações, conforme artigo 535 da CLT.

A central sindical não pertence diretamente a estrutura sindical brasileira, tendo em vista que não tem legitimidade para representar a categoria em negociação coletiva ou judicialmente (Lei 11.648/08).

A lei e a doutrina autorizam duas modalidades de negociação:

a) **Acordo coletivo:** firmada por uma ou mais empresas com o sindicato da categoria profissional. Aplicada no âmbito da respectiva empresa, conforme artigo 611, § 1º, da CLT.

b) **Convenção coletiva de trabalho:** acordo, de caráter normativo, firmado entre o sindicato da categoria econômica e o sindicato profissional, tendo a sua aplicação no âmbito da base territorial, conforme artigo 611, caput, da CLT.

A Reforma Trabalhista inseriu os artigos 611-A e 611-B à CLT.

O art. 611-A da CLT dispõe que "a convenção coletiva e o acordo coletivo de trabalho têm prevalência sobre a lei".

No Direito Comum os diplomas normativos são classificados hierarquicamente, segundo a sua maior ou menor extensão de eficácia e intensidade.

No vértice da pirâmide hierárquica está a Constituição Federal e, abaixo, as demais normas infraconstitucionais.

Entretanto, não vigora no Direito do Trabalho esse critério hierárquico, já que segundo o princípio da norma mais favorável, não se compatibilizando com a rigidez da pirâmide hierárquica do Direito Comum.

Segundo o jurista Mauricio Godinho Delgado[120]

> "O critério normativo hierárquico vigorante no Direito do Trabalho opera da seguinte maneira: a pirâmide normativa constrói-se de modo plástico e variável, elegendo a seu vértice dominante a norma que mais se aproxime do caráter teleológico do ramo justrabalhista. À medida que a matriz teleológica do Direito do Trabalho aponta na direção de conferir solução às relações empregatícias segundo um sentido social de restaurar, hipoteticamente, no plano jurídico, um equilíbrio não verificável no plano da relação econômico-social de emprego — objetivando, assim, a melhoria das condições socioprofissionais do trabalhador —, prevalecerá, tendencialmente, na

---

[120] Mauricio Godinho Delgado. Curso de direito do trabalho. 18. ed.— São Paulo: LTr, 2019.

pirâmide hierárquica, aquela norma que melhor expresse e responda a esse objetivo teleológico central justrabalhista".

O princípio da *norma mais favorável ao trabalhador* permite a aplicação ao caso concreto a norma que beneficia o trabalhador, independentemente da posição hierárquica.

Na contramão desse princípio a Reforma Trabalhista estabeleceu o princípio da prevalência do legislado sobre o legislado, impondo a prevalência da negociação coletiva sobre a lei, independentemente se a previsão legal seja mais favorável ao empregado.

Ainda, estabeleceu que as condições estabelecidas em acordo coletivo de trabalho sempre prevalecerão sobre as estipuladas em convenção coletiva de trabalho (art. 620, CLT).

Não obstante isso, estabeleceu limite ao objeto das convenções ou de acordo coletivo de trabalho, na forma do art. 611-B da CLT. A melhor doutrina afirma que o princípio da adequação setorial negociada dispõe *"as normas autônomas juscoletivas, construídas para incidirem sobre certa comunidade econômico-profissional, podem prevalecer sobre o padrão geral heterônomo justrabalhista, **desde que respeitados certos critérios objetivamente fixados**".*

A Medida Provisória 936/2020, convertida na Lei 14.020/20, possibilitou a redução salarial e da jornada de trabalho, bem como a suspensão do contrato de trabalho por meio de acordo individual escrito, acordo ou convenção coletiva de trabalho.

A Lei 14.020/2020 autoriza a celebração de uma nova negociação coletiva para adequação dos termos previamente negociado às novas regras estabelecidas, desde que seja realizado no prazo de dez dias corridos, a contar da data da publicação na lei em debate (§3º do art. 11).

Se houver conflito entre a negociação coletiva (acordo ou convenção coletiva de trabalho) pactuada posteriormente ao acordo individual, os termos contidos no acordo individual prevalece em relação ao período anterior à negociação coletiva. A partir da data de vigência da negociação coletiva deve imperar as condições constantes no instrumento de negociação coletiva, naquilo que conflitar com o acordo individual (art. 12, §5º).

O §6º, do art. 12 da Lei, por sua vez, afirma que as condições do acordo individual, se forem mais favoráveis ao empregado, prevalece sobre a negociação coletiva.

Pensamos que haverá conflito entre o instrumento normativo e o acordo individual quanto houver cláusulas ou previsões com posições antagônicas, inconciliáveis, como, v.g., a existência de uma cláusula em acordo individual estabelecendo a redução proporcional do salário e da jornada de trabalho a um determinado trabalhador, incluído no grupo de risco de contaminação do covid-19, e, de outro lado, uma convenção coletiva de trabalho determinando a suspensão do contrato de trabalho de todos os empregados inseridos no grupo de risco.

Note que é impossível a coexistência dos dois instrumentos, diante do choque entre as disposições.

Neste caso deve prevalecer o regramento estabelecido na convenção coletiva, se pactuada posteriormente ao acordo.

Situação diversa é aquela retratada no §6º do art. 12 da Lei. Esse dispositivo refere-se, por exemplo, a existência de acordo individual que estipulando a redução salarial em 30%, com redução proporcional da jornada de trabalho e, em seguida, é pactuada uma convenção coletiva de trabalho estabelecendo a redução de salário em percentual de 60%, com redução proporcional da jornada de trabalho.

Veja que as cláusulas são aplicáveis ao caso em concreto, na medida em ambas autorizam a redução do salário e da jornada. Sobre essa temática a doutrina e a jurisprudência prevê três teorias[121]:

> "a) Teoria do Conglobamento: defende a aplicação do diploma normativo que, no conjunto de normas, forem mais favoráveis ao trabalhador, sem fracionar os institutos jurídicos. É a posição tradicional.
> b) Teoria da Acumulação ou da Atomização: defende a aplicação dos dois diplomas normativos, extraindo-se de cada um as regras mais favoráveis ao trabalhador, isoladamente consideradas. Perceba que um terceiro instrumento normativo será criado, formado pelo conjunto de regras jurídicas mais favoráveis ao trabalhador dos outros dois instrumentos. (…).
> c) Teoria do Conglobamento Mitigado, Orgânico, por Instituto, Intermediária ou da Incindibilidade dos Institutos: defende a criação de um terceiro diploma normativo, formado pelas regras jurídicas mais favoráveis ao trabalhador, respeitando-se a unidade do instituto ou matéria (critério da especialização) (…)".

O legislador, no §6º do art. 12 da Lei 14.020/20, adotou a Teoria do Conglobamento, uma vez que será aplicado o pacto mais favorável em seu conjunto, sem fracionar os institutos jurídicos.

---

[121] Leone Pereira. Trabalhista. Coleção Prática Jurídica – 10.ed. -São Paulo: Saraiva Educação, 2020.

Sobre essa temática, indaga-se: sob a ótica da jurisprudência atual é possível os sindicatos de classe instituir medidas que visem a preservação do emprego das categorias?

O Tribunal Regional da 19ª Região se manifestou à respeito, nos autos do dissídio coletivo nº. : 0000057-67.2020.5.19.0000, permitindo a adoção de medidas de manutenção do empregado, desde que haja respeito aos direito fundamentais, como , por exemplo, a paralização das férias com posterior compensação das férias individuais. Vejamos:

> EMENTA DISSÍDIO COLETIVO. CONSENSO ENTRE AS PARTES. PACTUAÇÃO DE MEDIDAS DE PRESERVAÇÃO DE EMPREGO SEM OFENSA A DIREITOS FUNDAMENTAIS, EM TEMPO DE PANDEMIA. HOMOLOGAÇÃO. BUSCAM AS PARTES COLETIVAS À HOMOLOGAÇÃO, EM JUÍZO, DE PACTUAÇÃO DE MEDIDAS QUE VISAM À PRESERVAÇÃO DOS EMPREGOS DA CATEGORIA, EM TEMPO DE CALAMIDADE PÚBLICA, DECORRENTE DE PANDEMIA DE ALCANCE MUNDIAL. **CONSIDERANDO QUE AS MEDIDAS PROPOSTAS GARANTEM O EMPREGO SEM OFENSA A DIREITOS FUNDAMENTAIS, COMO O ACORDO PARA PARALISAÇÃO DA CATEGORIA COM POSTERIOR COMPENSAÇÃO COM FÉRIAS INDIVIDUAIS, HOMOLOGA-SE O PACTO, PARA QUE PRODUZA SEUS EFEITOS LEGAIS.** II. (TRT19 - Processo: 0000057-67.2020.5.19.0000 - DISSÍDIO COLETIVO. Data de Julgamento: 01/07/2020)

De outro lado, a Seção de Dissídios Individuais do Tribunal Regional do Trabalho da 4ª Região não concedeu a segurança para uma empresa pública implementar o denominado "plano de resiliência", com o escopo de minimizar a crise financeira causada pela pandemia do coronavírus, sem a efetiva intervenção sindical, conforme aresto abaixo:

> MANDADO DE SEGURANÇA. PETROBRAS. PLANO DE RESILIÊNCIA. *As medidas emergenciais implementadas pelo Governo Federal por meio das recentes Medidas Provisórias 927 e 936, aplicáveis às relações de trabalho em decorrência da Pandemia da Covid-19 declarada pela OMS, não têm o condão de avalizar alterações unilaterais nos contratos de trabalho alijando o processo de negociação coletiva prévia com o sindicato profissional, em afronta direta ao texto constitucional, como a promovida pela impetrante com a adoção do Plano de Resiliência aqui invocado.* A MP 936/2020 expressamente exclui a administração direta, as empresas públicas e sociedades de economia mista, inclusive suas subsidiárias, e organismos internacionais do seu campo de aplicação. De outro lado, a MP 927/2020 não respalda a redução da remuneração pela retirada das parcelas habituais pagas aos empregados sem a imprescindível negociação coletiva, na forma do art. 7º, incisos VI e XIII, da Constituição Federal, que devem nortear sua interpretação. Segurança denegada. (TRT da 4ª Região,

1ª Seção de Dissídios Individuais, 0020866-95.2020.5.04.0000 MSCIV, em 08/07/2020, Desembargadora Maria Silvana Rotta Tedesco)

Portanto, o empregador deve aproximar-se do sindicato de classe para buscar o entendimento para adoção de medidas específicas no âmbito empresarial, não podendo instituir de forma unilateral, sob pena de violação do princípio da inalterabilidade lesiva do contrato de trabalho (art. 468 da CLT).

8. AUDIÊNCIA VIRTUAL

O isolamento social potencializou a utilização das tecnologias telemáticas e informatizadas no âmbito do Poder Judiciário brasileiro.

O uso das ferramentas tecnológicas se tornou imprescindível para viabilizar a continuidade da prestação jurisdicional.

De acordo com o art. 93, XII, CF a atividade jurisdicional é ininterrupta, conforme se vê na transcrição abaixo:

> CF, Art. 93. Lei complementar, de iniciativa do Supremo Tribunal Federal, disporá sobre o Estatuto da Magistratura, observados os seguintes princípios: XII a atividade jurisdicional será ininterrupta, sendo vedado férias coletivas nos juízos e tribunais de segundo grau, funcionando, nos dias em que não houver expediente forense normal, juízes em plantão permanente;

O Conselho Nacional de Justiça expediu a Portaria N° 61 de 31/03/2020[122], de acordo com a Resolução n° 313, de 19 de março

---

[122] Portaria N° 61 de 31/03/2020 - O **PRESIDENTE DO CONSELHO NACIONAL DE JUSTIÇA**, no uso de suas atribuições legais e regimentais, **CONSIDERANDO** as disposições da Resolução CNJ n° 313, de 19 de março de 2020, que estabelece critérios para o funcionamento dos serviços judiciários, com o objetivo de prevenir o contágio pelo Covid-19;**CONSIDERANDO** as disposições do Código de Processo Civil, artigos 236, § 3°; 385, § 3°; 453, § 1° e 461, § 2°, que dispõem sobre a possibilidade da prática de atos processuais por meio de videoconferência, inclusive para a oitiva de partes e testemunhas; **CONSIDERANDO** a Resolução CNJ n° 105, de 6 de abril de 2010, que dispõe sobre a documentação dos depoimentos por meio do sistema audiovisual e realização de interrogatório e inquirição de testemunhas por videoconferência; **RESOLVE**: Art. 1° Instituir a Plataforma Emergencial de Videoconferência para a realização de audiências e sessões de julgamento nos órgãos do Poder Judiciário, no período de isolamento social provocado pela pandemia do Covid-19. Parágrafo único. O uso da Plataforma é facultativo aos tribunais e não exclui a utilização de outras ferramentas computacionais que impliquem o alcance do mesmo objetivo. Art. 2° A Plataforma estará disponível a todos os segmentos de Justiça, Juízos de Primeiro e Segundo Graus de jurisdição, bem como

de 2020, para estabelecer critérios para o funcionamento dos serviços judiciários, durante o estado de calamidade pública com o objetivo de prevenir o contágio pelo Covid-19, bem como permitir a realização dos atos processuais por meio de videoconferência, principalmente as audiências de forma virtual, na forma dos artigos 236, § 3º; 385, § 3º; 453, § 1º e 461, § 2º, do CPC.

No âmbito do Tribunal Regional do Trabalho da 2ª Região vigorou o Ato GP nº. 07, que disciplinava, no âmbito do Tribunal Regional do Trabalho da 2ª Região, a adoção de meios virtuais e telepresenciais para a realização de audiências e sessões de julgamento nas Varas, Turmas e Seções Especializadas, durante a vigência das medidas de isolamento social para a prevenção do contágio pelo coronavírus (COVID-19). Esse ato foi posteriormente revogado pelo Ato GP nº. 08 que regulamenta a matéria atualmente.

Cada Tribunal Regional possui regulamentação específica sobre a matéria, sendo importante o estudo pormenorizado do regulamento.

No TRT da 2ª Região as audiências e sessões virtuais foram permitidas a partir de 11 de maio de 2020, por meio de Plataforma Emergencial de Videoconferência

As sessões de julgamento e audiências telepresenciais têm valor jurídico equivalente às presenciais.

As partes, seus procuradores e o Ministério Público são intimados pelo magistrado, informando o dia e horário da audiência, bem como será disponibilizado um link para acesso à sala de audiência virtual, sem necessidade de cadastramento prévio das partes ou procuradores. O nome da sala será correspondente ao número do processo submetido à audiência.

---

os tribunais superiores. Parágrafo único. O registro de interesse na utilização da Plataforma deverá ser realizado por intermédio de formulário eletrônico próprio disponível no Portal do CNJ na Internet. Art. 3º Todas as informações necessárias para utilização da Plataforma estarão disponíveis no endereço eletrônico <https://www.cnj.jus.br/plataforma-videoconferencia-nacional>. Art. 4º A Plataforma permitirá a gravação audiovisual do conteúdo da videoconferência, e seu armazenamento, caso desejado, poderá ocorrer no sistema denominado PJe Mídias. Parágrafo único. O armazenamento no PJe Mídias independe de qual seja o sistema de gestão processual atualmente instalado no tribunal de origem do órgão interessado na gravação da videoconferência. Art. 5º A Plataforma estará disponível durante todo o período especial da pandemia causada pelo Covid-19. Art. 6º Esta Portaria entra em vigor na data da sua publicação.

No dia e horário designado para o início da audiência ou sessão, o Secretário confirmará a conexão de todos os envolvidos e informará o magistrado se todos estão presentes.

As partes, a rigor, ficam aguardando o início da audiência ou sessão em um lobby (sala de espera virtual), até que o secretário admita as partes para a realização da audiência.

Os magistrados estão dispensados do uso de toga nas audiências e sessões telepresenciais, sendo recomendável vestimentas condizentes com o decoro. O mesmo se aplica aos advogados. À distância ou não, devemos empenhar as mesas boas práticas empregadas na audiência presencial, seja na vestimenta ou no trato com as autoridades.

Existe uma discussão à respeito da realização da audiência virtual para a instrução processual.

Alguns juristas defendem a inviabilidade da realização das audiências de instrução em ambientes virtuais, tendo em vista a fragilidade da incomunicabilidade das testemunhas (art. 456, CPC), o acompanhamento dos depoimentos por quem não depôs (art. 386, §2º, CPC) ou a utilização de materiais de apoio, documentos ou roteiros, de modo a viciar os depoimentos.

Corrente em sentido contrário defende a realização das audiências, mesmo as de instrução e julgamento, tendo em vista que não é razoável esperar o fim do estado de calamidade pública para a realização destes atos. Ainda, sustentam que é dever das partes cooperar para a efetividade do processo (art. 6º, CPC), boa-fé e lealdade processual.

Na pratica o magistrado designa a audiência de instrução e julgamento, antes de iniciar o depoimento pede para o depoente mostrar as mãos, dar um giro no ambiente para certificar que não há ninguém, além do depoente, no local em que se encontra, bem como isola as outras testemunhas na sala de espera virtual (lobby) para que uma não escute o testemunho da outras, preservando, assim, a incomunicabilidade.

Embora existam críticas, as audiências e sessões virtuais facilitaram a vida de todos os envolvidos na relação jurídica processual.

Pensamos que a medida deve ser mantida, após o período de calamidade pública, principalmente as audiências de conciliação, audiência inicial (para recebimento da defesa), audiência de processos que há a necessidade de designação de perícia – cuja instrução, a rigor, é postergada para depois da entrega do laudo pericial.

Vale ressalta as partes que participam da relação jurídico-processual devem manter o dever de lealdade, probidade e boa-fé.

Recentemente, um escritório de advocacia foi condenado ao pagamento de multa de 5% do valor da causa (equivalente a R$ 21.770,00) por litigância de má-fé de sua preposta, que teria simulado um problema técnico na vídeo-audiência de instrução a fim de que a sessão fosse redesignada. A reclamação trabalhista do funcionário pleiteava reconhecimento de vínculo empregatício, diferenças salariais, horas extras, verbas rescisórias, entre outros pontos.

Após a juíza substituta Brígida Della Rocca Costa, da 62ª Vara do Trabalho de São Paulo, indeferir o requerimento do empregador para redesignar a audiência virtual para a forma presencial, a preposta começou a gesticular no vídeo e reclamar que não estava sendo ouvida. No entanto, respondia às perguntas dizendo que conseguia ler os lábios da magistrada. A juíza prosseguiu com a vídeo-audiência e afirmou que poderia ouvi-la no dia seguinte, dando tempo para corrigir seu áudio, e que eventual má-fé processual seria tratada em sentença. Pouco depois, a preposta conseguiu habilitar o áudio, e a audiência de instrução seguiu.

É inegável a economia de tempo ou despesas com o deslocamento, alimentação, para a realização das audiência.

A falta de recursos financeiros das partes, por exemplo, impede em muitos casos a atuação dos seus advogados no âmbito dos Tribunais Superiores.

A manutenção das sessões virtuais, neste caso, poderia viabilizar a atuação das partes nos julgamentos dos seus respectivos recursos ou a atuação dos seus patronos.

Entretanto, é imprescindível que as partes ajam com probidade, lealdade e boa-fé processual, garantindo a lisura do procedimento realizado à distância.

Outra medidas que devemos refletir, é a possibilidade de implementação de audiências semipresencial, assim consideradas aquela alguns sujeitos processuais participam pessoalmente do ato e outros de forma remota/virtual, conforme adotado pelo Tribunal de Justiça do Estado do Ceará.

Pensamos que a tecnologia deve ser encarada como um instrumento para facilitar o acesso do cidadão ao Poder Judiciário (Art. 5º, XXXV, CF), sem, porém, deixar de observar e fiscalizar os deveres processuais das partes, notadamente a boa-fé.

editoraletramento
editoraletramento
grupoletramento

editoraletramento.com.br
company/grupoeditorialletramento
contato@editoraletramento.com.br

casadodireito.com
casadodireitoed
casadodireito

Grupo Editorial
LETRAMENTO